新曲線 New Curves | 用心雕刻每一本……
http://site.douban.com/110283/
http://weibo.com/nccpub

用心字里行间　雕刻名著经典

运营管理

流程与供应链

（第10版·上册）

李·克拉耶夫斯基
[美] 拉里·里茨曼 著
马努基·马尔霍特拉

刘 晋 向佐春 肖健华 译

人民邮电出版社

北 京

图书在版编目（CIP）数据

运营管理：流程与供应链：第 10 版．上册 /（美）李·克拉耶夫斯基等著；刘晋等译．—北京：人民邮电出版社，2021.7

ISBN 978-7-115-56678-2

Ⅰ．①运…　Ⅱ．①李…②刘…　Ⅲ．①企业管理—运营管理—教材　Ⅳ．① F273

中国版本图书馆 CIP 数据核字（2021）第 156699 号

运营管理：流程与供应链（第 10 版·上册）

◆ 著　　　［美］李·克拉耶夫斯基　拉里·里茨曼　马努基·马尔霍特拉
译　　　刘　晋　向佐春　肖健华
策　　划　刘　力　陆　瑜
责任编辑　徐向娟　王润秋
装帧设计　陶建胜

◆ 人民邮电出版社出版发行　北京市丰台区成寿寺路 11 号
邮编　100164　电子邮件　315@ptpress.com.cn
网址　http://www.ptpress.com.cn
电话（编辑部）010-84931398　（市场部）010-84937152
三河市少明印务有限公司印刷
新华书店经销

◆ 开本：889 × 1194　1/16
印张：23
字数：576 千字　2021 年 9 月第 1 版　2021 年 9 月第 1 次印刷
著作权合同登记号　图字：01-2020-6818 号

定价：88.00 元

本书如有印装质量问题，请与本社联系　电话：(010) 84937152

内容提要

《运营管理：流程与供应链》（第10版）是美国高校本科及MBA运营管理课程的主流教材，也是三位作者积多年的实践和教学经验奉上的理论经典和实践精华。它在前9版的基础上，无论在总体框架还是方法上都做了重大修订，告诉管理者将内部流程与其客户和供应商流程连接，形成有竞争力的供应链才是至关重要的。本书从服务型企业和制造型企业的角度分析流程和供应链，旨在帮助学生在当今充满竞争的全球化环境中成为有效的管理者。

本书分为上下两册。《运营管理：流程与供应链》（第10版·上册）包括流程策略、流程分析、质量与绩效、能力规划、约束管理以及精益系统等内容。本教材采用了具有挑战性的练习题、案例以及与每章内容对应的仿真和实验练习，为读者提供了大量实践管理者角色的机会。利用本书，读者可以培养分析问题和做管理决策的能力。

本书可作为大学本科及MBA运营管理课程的教材，同时也是运营管理从业人员提升管理技能的理想参考书。

作者简介

Lee J. Krajewski

李·克拉耶夫斯基是俄亥俄州立大学和圣母大学的荣誉退休教授。在俄亥俄州立大学时，他获得了“大学校友杰出教学奖”和“商学院杰出教师研究奖”。他创办了卓越制造管理研究中心，并担任中心主任4年。此外，他获得过美国生产与库存控制协会的“全国会长奖”（National President's Award）和“全国功勋奖”（National Award of Merit）。他曾任决策科学研究院院长，1988年当选为该院院士。2003年获得“杰出服务奖”。

李在威斯康星大学获得博士学位。多年来，他针对研究生和本科生两个层次，设计了许多课程并付诸教学实践，其中包括运营战略、运营管理导论、运营设计、项目管理、制造计划与控制系统等。

李担任过《决策科学》的主编，是《运营管理杂志》的创刊编辑，并任多家学术期刊的编委。他在《决策科学》《运营管理杂志》《管理科学》《生产与运营管理》《国际生产研究杂志》《哈佛商业评论》《界面》等期刊上发表了多篇论文，曾五次获得最佳论文奖。他的专业研究领域包括运营战略、制造计划与控制系统、供应链管理及主生产计划等。

Larry P. Ritzman

拉里·里茨曼是俄亥俄州立大学和波士顿学院的荣誉退休教授。他在俄亥俄州立大学工作时，曾担任系主任，并在教学和科研上获得过多个奖项，其中包括Pace Setters俱乐部的杰出研究奖（Pace Setters' Club Award for Outstanding Research）。在波士顿学院工作期间，任Thomas J. Galligan, Jr教授，并获得管理学院的“杰出服务奖”。他在密歇根州立大学获得博士学位，此前曾在Babcock & Wilcox公司工作。多年来里茨曼向各个层次的学生——本科生、MBA、EMBA和博士生——讲授运营管理。

拉里在决策科学研究院特别活跃，曾担任会议协调员、出版委员会主席、分会场主席、副会长、董事会成员、执行委员会委员、博士联盟协调员、院长等多项职务。1987年拉里当选为决策科学研究院的院士，1996年获得“杰出服务奖”。他曾三次获得最佳论文奖，并担任多个专业组织的审稿人、评论员和会议主席。

拉里的专业领域是服务流程、运营战略、生产与库存系统、预测、多阶段制造和布局研究。他在《决策科学》《运营管理杂志》《生产与运营管理》《哈佛商业评论》及《管理科学》等期刊上发表了多篇论文，同时也是多家期刊的编委。

Manoj K. Malhotra

马努基·马尔霍特拉是哥伦比亚南卡罗来纳大学摩尔商学院 Jeff B. Bates 教授，自 2000 年起担任管理科学系主任。他是全球供应链与流程管理中心（Center for Global Supply Chain and Process Management, GSCPM）的第一任主任，该中心自 2005 年开始运营。1983 年他在印度坎普尔市印度理工学院获得工学学士学位，1990 年在美国俄亥俄州立大学获得运营管理专业博士学位。他是决策科学研究院的研究员，是国际认证的注册生产与库存管理师（Certified Fellow in Production and Inventory Management, CFPIM）。马努基曾给 Cummins Turbo Technologies、约翰迪尔（John Deere）、美卓造纸机械公司（Metso Paper）、Palmetto Health Richland、Phelps Dodge、实耐格（Sonoco）、UCB 化工公司、威瑞森（Verizon）、沃尔玛全球物流以及西屋核燃料部等多家企业开研讨课并提供咨询。

除了在南卡罗来纳大学讲授运营管理、供应链管理和全球商业问题之外，马努基还在美国的乔治亚大学特里商学院、奥地利维也纳经济大学、澳大利亚麦考瑞大学管理学院授课。他的研究方向主要集中于制造型企业和服务型企业中柔性资源的利用、运营管理和供应链管理与企业其他职能领域之间的衔接。他在这些相关领域的研究成果发表在《决策科学》《欧洲运筹学杂志》《工业工程师协会汇刊》《国际生产研究杂志》《运营管理杂志》、*OMEGA* 和《生产与运营管理杂志》等期刊上。1990 年马努基获得了决策科学研究院最佳应用论文“杰出成就奖”，2002 年和 2006 年因在运营管理领域发表的最佳论文获得了“Stan Hardy 奖”。2007 年，他与人合著的有关制造计划系统演化研究的论文入围了《运营管理杂志》的“最佳论文奖”。2007 年，马努基获得了南卡罗来纳大学职业学院“教育基金奖”，这是该大学在创新性研究、学术水平和创造性成果方面最权威的年度奖项。最近，他获得了《决策科学》杂志 2011 年度“最佳论文奖”。

马努基还获得了若干教学奖，其中包括 2006 年获得的南卡罗来纳大学“Michael J. Mungo 杰出研究生教学奖”，1995 年获得的摩尔商学院“Alfred G. Smith Jr. 优秀教学奖”。他被 1997 年、1998 年、1999 年、2000 年、2005 年和 2008 年国际 MBA 项目班的学员选为杰出教授；被 1998 年和 2004 年维也纳 IMBA 班的学员选为杰出教授。他于 1998 年被任命为摩尔商学院首席“高级教师”，并在 1996 年和 2000 年被列入“美国教师名人录”。

马努基是《决策科学》的副主编和《生产与运作管理学会》（*Production and Operations Management Society, POMS*）杂志的资深编辑。他曾是 *POMS* 杂志的前主编（2000—2003）、《运营管理杂志》的副主编（2001—2010）。他是该领域其他几个期刊的现任审稿人，还是《决策科学》（1999）和《运营管理杂志》（2002）热点问题的联合主编。2005 年他在旧金山举办的决策科学研究院第 36 届国际会议上担任程序委员会主席，也曾担任过生产与运作管理学会全国会议的程序委员会副主席。他曾任美国生产与库存管理协会（American Production and Inventory Control Society, APICS）中卡罗来纳分会的会长、执行委员会委员以及 CPIM 专业水平认证课程的教师。他还是南卡罗来纳州 Shingo 卓越精益奖（Shingo Prize for Lean Excellence）的创立理事。

译者简介

刘晋，教授，曾任教于南京航空航天大学经济与管理学院。本科就读于北京邮电学院（现北京邮电大学）载波通信工程专业，获工学学士学位。1984 年毕业于北京邮电学院管理工程专业，获工学硕士学位。1990 年由国家教委派遣赴英国伯明翰大学作访问学者一年。2001 年毕业于南京航空航天大学控制理论与控制工程专业，获工学博士学位。其研究领域为管理信息系统、生产与运营管理、供应链建模与管理等。

曾担任南京航空航天大学经济与管理学院院长、五邑大学管理学院院长、邮电部高校管理类专业教学指导委员会委员、中国航空学会管理专业分会委员、江苏省航空航天学会管理科学专业委员会主任委员、江苏省系统工程学会理事、江苏省技术经济与管理现代化研究会常务理事、江苏省机械学会工业工程专业委员会常务理事和广东省商业经济学会副会长。

曾主持完成国家 863 项目、子项目 3 项，省部级课题 6 项，国际招标课题 1 项，政府和企业委托课题多项。出版《创建信息时代的组织——结构、控制与信息技术》和《运营战略》两部译著以及“现代工业训练教程”系列教材中的《电子工程》一书，在《通信学报》《电信科学》《系统工程理论与实践》《系统工程学报》《控制与决策》《工业技术经济》及《企业管理》等杂志上发表论文 60 余篇。

向佐春，副教授，硕士研究生导师，现在广东江门五邑大学任教。本科就读于吉林工业大学，攻读机械制造管理工程专业，获工学学士学位；研究生就读于武汉工学院，攻读机械制造管理工程专业，获工学硕士学位；后就读于武汉理工大学，研究方向为生产管理系统设计，获管理学博士学位。其间，曾在洛阳工学院从事教学研究工作，2002 年调入五邑大学任教。

曾主持省级科研项目 2 项，市级项目 3 项，横向课题多项；在《南开管理评论》《中国管理科学》《系统科学学报》《科技进步与对策》等核心期刊及国际学术会议上发表论文 30 余篇。曾为三一重工、叶氏化工、南方电网、广东金蝶软件等多家企业提供咨询或培训。

肖健华，教授，曾任五邑大学经济管理学院院长，现为江门市海洋创新发展研究中心主任。本科毕业于天津大学应用物理专业，获理学学士学位；硕士研究生毕业于华南理工大学控制理论及其应用专业，获工学硕士学位；博士研究生毕业于华中科技大学机械制造及其自动化专业，获工学博士学位。其主要研究领域为智能信息处理、智能决策建模与仿真等。曾在 *Journal of Systems Engineering and Electronics*、《系统工程理论与实践》《振动工程学报》《系统仿真学报》《中国图像图形学报》《计算机科学》等重要学术期刊发表论文多篇。出版了《智能模式识别方法》《智能故障诊断与专家系统》等多部专著。先后开发过“江门市预测与决策支持系统”和“江门市海洋经济运行监测系统”，曾为华石涂料、金羚集团等企业提供咨询。

简要目录

详细目录

第 2 章　项目管理　53

第二编　流程管理　95

第 3 章　流程策略　95

第 4 章　流程分析　129

第 5 章 质量与绩效 167

第 6 章 能力规划 213

补充资料 B 等待线 239

第 7 章 约束管理 259

第 8 章 精益系统 293

前　言

通过运营管理创造价值

运营管理是每个商科学生都需要掌握的重要主题，因为它是企业创造财富和各国民众提高生活水平的核心。运营管理人员在对市场需求做出响应的同时，还肩负着以道德的、对环境负责的方式提供服务和产品。这听起来是否有点难？更难的是还要管理遍布全球的物料、信息和资金的供应链。尽管很困难，但是，管理人员可以利用概念、工具和方法，以应对全球化环境下的运营问题。本书的任务就是提供一个处理运营和供应链问题的综合框架。我们通过关注目前读者感兴趣的问题，同时采用系统化的方法来完成这一任务。企业内部流程的效能很重要，但是对组织来说，将内部流程与其客户和供应商的流程相连接，形成有竞争力的供应链才是至关重要的。本教材的独特之处在于彻底重建了供应链的概念。首先它分析了业务流程，并说明它们与企业的整体经营目标之间的联系，然后进一步说明如何将这些流程整合成供应链，以及如何管理流程以获得高效的物料流、信息流和资金流。这种方法强化了这样一种观念：只有当供应链中每个企业的内部流程以及跨越这些企业之间的流程足够有效时，供应链才能够有效运行。

本版教材做了全面修订，无论什么专业，都可以满足你的需求。每个管理人员都需要了解供应链的全球影响，以及如何在动态环境下做出明智的决策。每一章我们都通过开篇案例和管理实践来阐述这些大家感兴趣的当代问题。此外，书中还介绍了提高流程绩效所需的必要工具。无论你在哪个行业寻求发展，本书都会为你既从服务型企业的角度也从制造型企业的角度分析流程和供应链。我们的理念是“干中学”。因此，本教材采用具有挑战性的练习题、案例、与每章内容对应的仿真和实验练习，为读者提供大量实践管理者角色的机会。利用本教材，读者可以培养分析问题和做管理决策的能力。

第10版的新特点

自第 9 版我们就一直努力，希望在接受正反两方面意见的基础上把第 10 版修订得更好。我们仔细检查了教材和补充资料中的错误，采用了更多图表、图片、案例，配备了更多用来测试读者对学习内容掌握情况的练习题。以下是本版的一些突出变化：

1. 从“供应链库存管理”这章开始，用 5 章专门阐述供应链管理。

2. 新增第 13 章“供应链的可持续发展与人道主义物流”，讨论逆向物流、能源效率、灾害救援和道德等重要问题，并提供新的问题解决方法。
3. 在每章末尾增加“学习目标回顾”内容，重点说明与每个目标有关的内容在该章的位置。
4. 对参考文献做了全面修订，绝大部分是 2005 年以后的，重点选择适合学生阅读的文献，而不是适合于研究的。
5. 更新了大多数管理实践内容，向学生提供运营管理的最新案例。

各章内容的变化

- **章节数量：**相对于第 9 版，新增一章，全书共有 16 章和 4 个补充资料。每章页边上的核心示意图说明了该章的内容与从流程到供应链的整个主题之间的联系。
- **第一编：通过运营管理创造价值**——本书的第一编为“运营管理为什么是一种战略武器”奠定了基础。
  - 第 1 章“通过运营展开竞争”定义运营管理和供应链管理。
  - 第 2 章“项目管理”用 Xbox 360 产品开发事例开篇，并说明了如何管理项目，以实现流程和供应链的高效率。
- **第二编：流程管理**——本书的第二编说明如何设计和管理企业的内部流程。
  - 第 3 章“流程策略”对第一节进行了修改，指出供应链也有流程，在修改后的“流程策略决策”一节中说明了 4 个关键流程决策的重要性。
  - 第 4 章“流程分析”以新的开篇案例“麦当劳公司”开始，增加了泳道流程图一节，对“服务蓝图”一节的内容进行了大量扩充。
  - 第 5 章“质量与绩效”增加了道德与环境的内容，提供了识别流程绩效问题端倪的必要统计工具。
  - 第 6 章“能力规划”集中于长期能力决策，它决定了企业在未来开展业务的流程能力。
  - 第 7 章“约束管理”说明如何利用现有的流程能力得到最佳的产出率。
  - 第 8 章“精益系统”用价值流图作为分析和改进精益系统的主要工具，给出了可用于提高系统绩效的方法。
- **第三编：供应链管理**——本书的第三编提供了管理企业、供应商和客户之间的物料流、信息流和资金流所需的方法和视角。
  - 第 9 章“供应链库存管理”将第 9 版的第 9 章和第 12 章有关物料库存导论的内容组合到一起，形成内容一致且紧凑的有关“库存”的一章。
  - 第 10 章“供应链设计”做了全面修订，重点强调供应链设计，还有有关供应链设计的动机以及在当前环境下进行外包的新内容。
  - 第 11 章“供应链选址决策”，减少了 GIS 方面的内容，将第 9 版补充资料 D 中的运输法加到本章，为找到供应链中单一设施或多个设施的最佳位置提供了指南和工具。
  - 第 12 章“供应链整合”，通过更好地与供应链设计相联系，增加有关供应链动态特性对供应链设计影响的内容，重点阐述了以下问题：沿着供应链整合流程的重要性、如何选择供应商、如何确定物流系统的能力，以及如何设计对环境负责的供应链。

通过运营管理创造价值

通过运营展开竞争
项目管理

流程管理

流程策略
流程分析
质量与绩效
能力规划
约束管理
精益系统

供应链管理

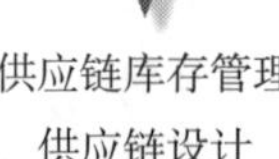

供应链库存管理
供应链设计
供应链选址决策
供应链整合
供应链的可持续发展与人道主义物流
预测
运营计划与生产调度计划
资源计划

- 第 13 章“供应链的可持续发展与人道主义物流”是考虑可持续发展问题的全新一章，它重点说明供应链如何对环境责任和社会责任提供支持，并提供了分析这些问题的定量工具。
- 第 14 章“预测”在开头采用了新案例“摩托罗拉移动技术公司”，更深入地讨论了 POM for Windows 中“误差分析”模块的应用，用“趋势投影回归模型”替代了“趋势调整指数平滑模型”。
- 第 15 章“运营计划与生产调度计划”，说明运营计划与生产调度计划在企业与其供应商及客户之间建立了联系，从而形成一种能力，这种能力是供应链整合的核心。
- 第 16 章“资源计划”，重点介绍如何将对服务和产品的需求转换成对提供服务和生产产品的资源的需求。

- **补充资料**——本书还提供了 4 个补充资料，更深入地探讨技术方法。

学习辅助

重要特点

教材中有几处新增内容和变化，保留并强化了流程与供应链主题，并用新的内容、管理实践、例题、每章后的练习题和案例等，进一步扩展这些主题。以下是本教材所设计的对学习过程有帮助的几个重要特点：

每章开篇的案例 剖析真实的企业如何解决具体的运营问题，以此来吸引和激发学生的兴趣。

管理实践 提供最新的实例，说明企业在经营中如何（成功或失败地）处理他们所面临的流程和供应链问题。

例题 说明如何应用学生所学，引导他们完成整个问题建模和求解过程。这些例题都用一种称为**决策重点**的独特形式结束，让学生重点关注决策问题对管理者的影响。

章末资源

- 为了复习的目的而编写的**学习目标回顾**。
- 为了复习的目的而归纳的**关键公式**。
- 为了复习的目的而归纳的**关键术语**。
- **问题求解**通过详细说明如何用本章介绍的适当方法对问题进行建模和求解，帮助学生完成所布置的作业。
- **讨论题**通过利用简单的场景，测试学生对概念的理解。
- **练习题**通过在本章的内容与精心挑选的作业题之间建立桥梁，提高学生的定量分析技能。还有一些难度更大的高级练习题。
- **案例**让学生尽量自己解决可作为课堂练习或课后作业或小组任务的极难问题。
- **实验练习**让学生组成小组在课内和课外做练习，练习的形式是以小组为单位讨论问题并做决策。6 个实验练习强化学生所学的知识。每个练习都经过了课堂的全面检验，并证明是很有价值的学习手段。

致 谢

任何一本书都不只是作者的成果。我们在此要特别感谢 Annie Puciloski 的辛苦工作，她对全书及其配套资料进行了认真审校，还要特别感谢天普大学的 Howard Weiss，他升级了本版书的软件。

我们还要感谢其他院校的同行们，他们对本教材第 10 版和之前的版本都提出了非常有价值的意见和建议。我们还要感谢以下教职员工，他们给我们提供了大量的书面反馈和评论意见：

Harold P. Benson, *University of Florida*
James P. McGuire, *Rhode Island College*
David L. Bakuli, *Westfield State College*
David Levy, *Bellevue University*
Tobin Porterfield, *Towson University*
Anil Gulati, *Western New England College*
Linda C. Rodriguez, *University of South Carolina-Aiken*
Kathryn Marley, *Duquesne University*
Qingyu Zhang, *Arkansas State University*
Ching-Chung Kuo, *University of North Texas*

我们希望借此机会对培生出版集团的相关人员表示感谢，他们是 Chuck Synovec、Mary Kate Murray、Ashlee Bradbury、Anne Fahlgren、Judy Leale 和 Sarah Prtersen。另外，还要感谢 PreMediaGlobal 公司的 Lauren McFalls 和 Haylee Schwenk。如果没有他们的辛苦工作、奉献和指导，就不可能有这本书。

我们要感谢圣母大学门多萨商学院的 Jerry Wei、Sarv Devaraj、Dave Hartvigsen、Carrie Queenan、Xuying Zhao 和 Daewon Sun, 他们不断给我们鼓励并且愿意和我们分享他们的教学秘诀。感谢南卡罗来纳大学的 Sanjay Ahire、Jack Jensen 和 Ashley Metcalf 对本教材的课堂教学问题所提出的设想和见解；感谢俄亥俄州立大学同行们的鼓励，以及他们对教材修订的想法。

最后，感谢我们的家人，在需要许多电话会议及长时间封闭写作的过程中给予我们的支持。感谢我们的妻子 Judie、Barb 和 Maya，在我们将第 9 版变成第 10 版的过程中给予我们的爱、安慰和鼓励。

1 通过运营展开竞争

《哈利·波特》系列的第 7 部于 2007 年 7 月 21 日一经发行，就立即成为全球畅销书。因为要在很短的时间将这本书投递给读者，学乐出版集团在发行日前几个月就开始对该书在美国的出版和配送流程进行了协调。

学乐出版集团与《哈利·波特》

学乐出版集团（Scholastic）是全球最大的童书和教育用书的出版商和分销商。该公司成立于 1920 年，2011 财年的收入为 19 亿美元，在北美、欧洲、东南亚、拉丁美洲、中东、澳大利亚、新西兰以及非洲等 16 个国家和地区设有办事处。2007 年初，学乐出版集团就开始筹划在全球发行读者急切期盼的《哈利·波特与死亡圣器》，它是 J. K. 罗琳女士所著的深受读者喜爱的有关少年魔法师系列的第 7 部。作者在 2007 年春季完成了全书的写作之后，学乐的印刷商 R. R. Donnelly & Sons 以及 Quebecor World 每天 24 小时连轴工作，以确保在发行日之前将书全部印完。为了节省时间，学乐没有将书入自己的仓库，而是要求 Yellow 运输公司和 JB Hunt 运输服务公司用同样的拖车和货盘，直接将书从 6 个印刷地点运往像巴诺和亚马逊这样的大型零售商。该运书车队如果首尾相接地排起来，可长达 15 英里。如果司机或者拖车偏离了指定路线，GPS 信号转发器就会用电子邮件提醒学乐。线上零售商的时间要求特别严格，对于每一份订单都必须提前发货，目的是同时到达全国各地，以使本书的结局被剧透的风险最小化。

由于这本书比较特殊，第一周就销售将近 90%，为了节省时间、资金、空间和工作量，它们受到了特殊对待。学乐必须在印刷、仓储、分销和零售地点的多个合作伙伴之间，对其运营和供应链流程进行定制化、协调和同步，以确保《哈利·波特》系列的最后一部在预定发行期限 7 月 21 日中午 12 点前的几小时内到达终端客户。一大批麻瓜们在没有魔法飞路粉、门钥匙以及飞天扫帚的情况下，却在一个很短的时间段里运送了 1 200 万册书，真不赖！

资料来源：Dean Foust, “Harry Potter and the Logistical Nightmare,” *Business Week* (August 6, 2007), p. 9; Michelle Regenold, “Shipping Harry Potter: How Do They Do That?”

学习目标　　学完本章内容后，你应该能够：

1. 从投入、流程、产出、信息流、供应商及客户的角度描述运营和供应链。
2. 明确运营战略以及运营战略与公司战略的联系，并了解作为竞争优势来源的运营战略在全球市场中的作用。
3. 确定运营战略中运用的九种竞争优先级及其与营销策略的联系。
4. 说明如何将运营用作竞争武器。
5. 识别运营管理所面临的全球化趋势及其挑战。

运营管理（operations management）这一术语指对流程进行系统化的设计、指挥和控制，从而将投入转化为服务或产品，以满足内部顾客和外部顾客的需求。

组织就是利用这些活动和流程来生产人们每天都要用到的产品或服务，本书旨在探讨如何对这些基本活动和流程进行有效的管理。**流程**（process）是任何一个或一组活动，这些活动利用一个或多个投入要素，对其进行转化，向其顾客提供一种或多种产出。出于组织目的，流程往往集中在一起形成运营。**运营**（operation）是指完成一个或多个流程的全部或部分工作的一组资源。流程也可以连接在一起形成一个**供应链**（supply chain），供应链是一个企业以及跨越多个不同企业的一系列相互关联的流程，这些企业提供服务或产品以满足顾客需求。[1] 一个企业可以有多条供应链，根据所提供的产品或服务的不同而不同。**供应链管理**（supply chain management）是使企业的流程与其供应商的流程及客户同步的过程，以使物流、服务流和信息流与客户需求相匹配。例如，学乐出版集团必须及时安排大量书籍的印刷，从它的最大客户接收订单，免去常规的仓储环节，派出车队装货，直接送达指定的目的地。同时利用技术手段跟踪各项活动的进展，最后，向客户发出账单并收取货款。学乐的运营计划，以及在其供应链中进行的内部协调和外部协调，是为具有竞争力的运营设计定制化流程的一个范例。

跨越组织的运营管理与供应链管理

从广义上讲，运营管理与供应链管理是一个企业的所有部门和职能领域工作的基础。不论你希望管理一个部门或者是该部门中的一个具体流程，还是仅仅想知道你所在的流程是如何融入企业的整体运转的，你都必须掌握运营管理和供应链管理的基本原理。

在许多组织中，在运营部门供职是晋升到高层管理职位的绝佳职业路径。其原因在于运营管理人员负责制定影响组织成败的关键决策。在制造型企业中，运营部门的主管通常拥有首席运营官（Chief Operations Officer, COO）或制造副总裁（或生产副总裁、运营副总裁）的头衔。在服务型组织中，对应的头衔可以是首席运营官或运营副总裁（或运营总监）。向运营主管汇报工作的是各部门经理，如客户服务、生产和库存控制以及质量保障等部门的经理。

图 1.1 表明运营是一个组织中的几大关键职能之一。图 1.1 中的环形关系突出了

1 供应链和价值链这两个术语有时可以互换使用。

在任何企业的三大主要职能之间协调的重要性，这三大职能分别是：（1）运营；（2）市场营销和（3）财务。每一种职能都是独特的，有自己的知识和技能领域、基本职责、流程和决策范围。从外部角度看，财务部门从投资者那里以及从市场上产品和服务的销售收入中得到资源、资本和资金。然后，财务部门和运营部门根据企业的经营战略，决定如何对这些资源进行投资，将其转化为实物资产和物料投入。运营部门接着将这些物料和服务投入转化为产品和服务形式的产出。而这些产出又必须与市场营销部门所选择市场的可销售特征相匹配。市场营销部门负责利用产出获得销售收入，这些销售收入反过来又成为投资者的回报以及支撑运营的资本。诸如会计、信息系统、人力资源以及工程设计等职能领域，通过提供必要的信息、服务以及其他管理支持从而使企业不断完善，成为一个整体。

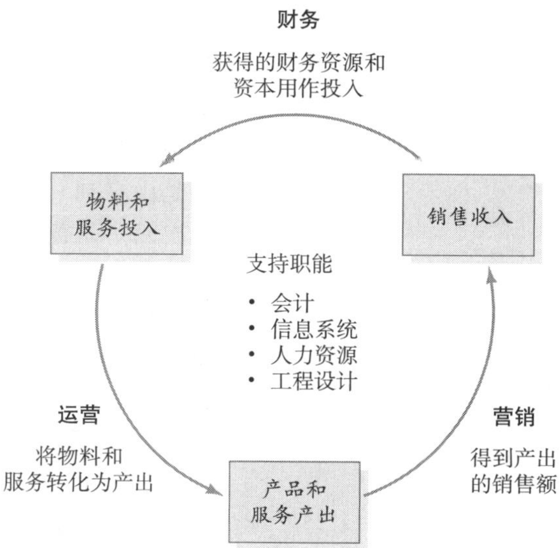

图 1.1
企业不同职能领域的整合

上述关系提供了一个指导方向，就是将企业看成一个整体，与此同时，还要使这些关系与企业的战略意图相统一。重要的是要对整个圆环进行了解，而不仅限于了解个别的职能领域。这些职能部门合作的好坏决定了组织的效益。必须对各职能进行整合和一体化，贯彻执行共同的战略。组织的成功取决于这些部门职能整合并贯彻执行共同战略的程度。若想没有效益损失，这一圆环中的任何一部分都不能缺失或不被重视。无论各个部门和职能领域各自如何进行管理，它们总是会通过流程联系在一起。因此，一个企业不仅通过提供新的服务和产品、有创意的营销以及娴熟的财务管理进行竞争，还必须通过其在运营方面的独特能力以及对核心流程的良好管理，全面提升其竞争力。

运营管理与供应链管理的历史演变

现代运营管理和供应链管理的历史丰富多彩，迄今已有 200 多年，尽管其实践在几个世纪一直只围绕着一种或另一种形式。詹姆斯·瓦特 1785 年发明了蒸汽机。随后铁路的修建促进了货物在整个欧洲的高效移动，最终甚至能达到像印度这样遥远的殖民地。随着 1794 年轧棉机的发明，伊莱·惠特尼引入了可互换零件的概念。它使机器制造的技艺产生了革命性的变化，并与蒸汽机的发明相结合，在英格兰和欧洲其他地方引发了伟大的工业革命。纺织行业是最早实现机械化的行业之一。在 19 世纪，伴随着内燃机、蒸汽动力轮船、钢铁冶炼、大规模化工生产、机床发明等一系列伟大的创新，工业革命逐步扩展到了美国和世界其他地方。在 19 世纪初期，查尔斯·巴比奇发明的机械计

1921 年在纽约的布法罗，亨利·福特和 T 型车在一起。福特汽车公司成立于 1903 年，1921 年生产了大约 100 万辆 T 型车。

算机奠定了现代制造和技术突破的基础。他还率先提出了劳动分工的概念，为运营管理和供应链管理奠定了科学管理的基础。1911 年，弗雷德里克·泰勒对科学管理理论和方法进行了改进和完善。

20 世纪后的另外三个里程碑事件界定了运营管理和供应链管理的历史。第一个事件是由亨利·福特在 1909 年发明的 T 型汽车组装生产线。这开创了大规模生产的新纪元——通过重复性生产的方式，以人们能够负担得起的价格大量生产像汽车这样的复杂产品。第二个事件是在 20 世纪 30 年代，为了实现产品的激增和多样化，艾尔弗雷德·斯隆提出了战略规划思想，他在新成立的通用汽车公司提出了“为各阶层、各种用途都准备一辆汽车”。最后，随着 1978 年《丰田生产方式》一书的出版，大野耐一为从组织中消除浪费活动打下了基础，在学习本书后面介绍的精益生产系统时会对这一概念进行深入探讨。

运营管理和供应链管理的近 30 年历史处处体现着技术的进步。20 世纪 80 年代以计算机辅助设计（CAD）、计算机辅助制造（CAM）以及自动化的广泛应用为特征；到了 90 年代，信息技术应用开始发挥日益重要的作用，通过企业资源计划（Enterprise Resource Planning, ERP）系统和提供供应链解决方案的外包技术，开始将一家企业与其延伸企业联系起来。像联邦快递、联合包裹速递和沃尔玛这样的服务型组织，也都能娴熟地将信息技术广泛应用于运营、物流以及供应链管理等领域。在新千年里，伴随着对可持续发展和自然环境的日益关注，这些趋势还可能会加速。本书将对所有这些思想和主题进行更详细地阐述。

流程观

也许读者会觉得奇怪，我们为什么从观察流程而非部门或企业开始。原因在于，企业的流程观能够提供与企业实际工作方式更为相关的描述。部门显然有自己的一套目标，具有能实现这些目标的一系列资源，以及对绩效负责的管理者和员工。某些流程，比如记账，是十分具体的，可以完全由一个部门来完成，比如会计科。

然而，流程的概念会更广泛一些。一个流程可以有自己的一套目标，涉及跨越部门边界的工作流，因此需要来自几个部门的资源。读者将在本书中看到大量的企业案例，这些案例说明企业如何利用其流程来获得竞争优势。读者将会注意到，许多组织机构成功的关键就是对其流程作用有深刻的理解，因为组织机构的有效性是由其流程的有效性决定的。因此，无论是什么专业，运营管理与所有学生都相关，而且十分重要，因为所有部门都有流程，为了获得竞争优势，必须对其有效管理。

流程如何起作用

图 1.2 表示了在一个组织中流程的工作方式。每一个流程都有投入和产出。流程的投入包括人力资源（工人和管理者）、资本（设备和设施）、外购物料和服务、土地和能源的组合。图 1.2 中有数字编号的圆圈代表服务、产品或顾客通过的运营环节以及执行流程的位置。图中的箭头代表流向，箭头可以交叉，因为一项作业或顾客可能与下一项作业或顾客有不同的需求（因此有不同的流向）。

流程向顾客提供产出，这些产出通常可能是服务（可以以信息形式提供），或是有形产品。组织中的每一个流程和每一个人都拥有顾客。其中有些是**外部顾客**（external customers），外部顾客可能是终端用户，或是购买企业最终服务或产品的中间商（如制造商、金融机构或零售商）。另一些是**内部顾客**（internal customers），内部顾客可能是企业的员工，其流程的投入实际是企业先前流程的产出。无论是哪种情况，流程管理都必须考虑客户。

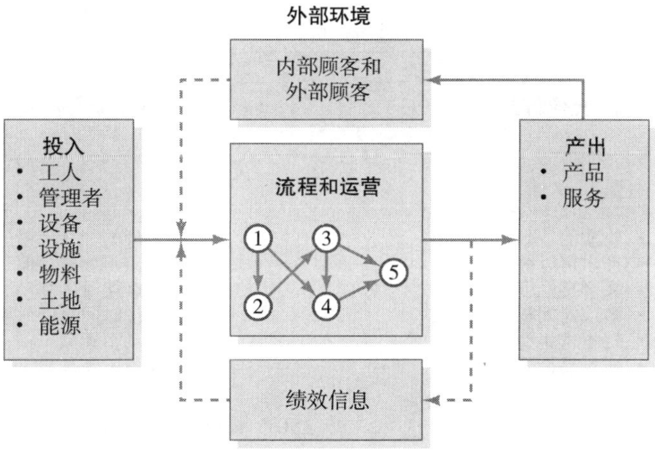

类似地，组织内的每一个流程和每一个人都依赖于供应商。**外部供应商**（external suppliers）可能是提供资源、服务、产品和原材料以满足企业短期或长期需求的其他企业或个人。流程也有**内部供应商**（internal suppliers），内部供应商可能是提供重要信息或物料的员工或流程。

图 1.2
流程和运营

流程的投入和产出随着所提供的服务或产品的不同而不同。例如，一家珠宝店的投入包括商品、商店建筑、收银机、珠宝商以及顾客，对外部顾客的产出就是服务以及所售出的商品。一个生产蓝色牛仔裤工厂的投入包括牛仔布、机器、厂房、工人、管理人员以及外部顾问提供的服务，其产出是服装和辅助性服务。投入、流程以及顾客产出的基本作用在所有组织的流程中都是如此。

图 1.2 可以表示整个企业，也可以表示一个部门、一个小组，甚至是一个单一的个人。上述每种情况都有投入，在各个运营环节利用流程来提供产出。图中的虚线代表两种特别的投入：来自内部和外部两个方面的顾客参与和绩效信息。顾客参与不仅是在接收产出时出现，而且在流程中也发挥积极作用，比如学生参与课堂讨论。绩效信息既包括有关顾客服务或库存水平的内部报告，也包括来自市场调研、政府报告或供应商电话等外部信息。管理者需要上述所有信息来最有效地管理流程。

嵌套流程

流程可以分解为子流程，而这些子流程又可以进一步分解为下一层次的子流程。我们将这种流程中的流程概念称为**嵌套流程**（nested process）。将一个流程中的一部分与另一部分划分开可能是有帮助的，有几个理由可以说明这一点。一个人或一个部门也许不能完成流程的所有部分，或者流程中不同部分要求不同的技能。流程中的某些部分可以设计成例行工作，而其他部分则可能要完成一些定制化的工作。在第 4 章“流程分析”中将对嵌套流程的概念进行更详尽的说明。第 4 章强调，需要理解和改进企业中的活动以及各流程的投入和产出。

服务流程与制造流程

流程主要有两种类型：（1）服务流程和（2）制造流程。服务流程在商业世界比比皆是，它在本书有关运营管理的论述中占有重要地位。制造流程也很重要，如果没有制造流程，我们在日常生活中所享用的产品将不复存在。此外，制造业也产生了大量的服务机会。

图 1.3
描述制造流程与服务流程特征的连续统

两类流程的不同之处　为什么我们要区分服务流程和制造流程？其答案在于具有竞争力的流程设计的核心。图 1.3 用一个连续统表示了服务流程和制造流程之间的几点区别，我们将要详细讨论的两大关键区别为：（1）产出的性质；（2）与顾客接触的程度。一般来说，制造流程也有更长的响应时间，较大的资本密集度，其质量比服务流程的质量更容易衡量。

制造流程将物料转换为具有物质形态的物品，我们称之为产品。例如，一条装配线生产 350Z 型跑车，一个裁缝为一家高档服装店制作服装。转换流程在以下一个或几个维度上改变物料：

1. 物理特性
2. 形状
3. 尺寸（如一个矩形木块的长度、宽度和高度）
4. 表面加工
5. 零部件和物料的连接

制造流程的产出可根据对未来需求的预测来生产、储存和运输。

如果一个流程没有在上述五个维度中的至少一个维度上改变物料的特性，就被认为是服务（或非制造）流程。服务流程倾向于提供无形的、易消逝的产出。例如，一家银行汽车贷款流程的产出是汽车贷款，而美国邮政总局订单履行流程的产出是投递信件。服务流程的产出一般不能以持有成品存货的形式，使流程免受不稳定的顾客需求的影响。

服务流程与制造流程的第二个重要区别是接触顾客的程度。服务流程常常有较高的顾客接触度。顾客像在超市购物那样，在流程中扮演着主动的角色，或者像在医疗门诊那样，与服务提供者密切接触，以沟通特定的需求。制造流程一般与顾客接触较少。例如，洗衣机是根据对零售需求的预测进行最终生产的。除间接通过市场调查和市场焦点小组获取信息外，其流程很少需要来自（像你我这样的）最终消费者的信息。虽然在顾客接触度的基础上区分服务流程与制造流程并不是最好的方法，但重要的是，管理者在设计流程时必须认识到所要求的与顾客接触的程度。

两类流程的相同之处　在企业层面，服务提供者不仅只提供服务，制造商也不仅只提供产品。一家餐馆的主顾会同时期望得到良好的服务和可口的食物。购买新电脑的顾客期望得到好的产品，同时也期望得到好的保修、维护、更换以及金融服务。

而且，尽管服务流程没有成品库存，但是却储存流程的投入。例如，医院需要持有医药用品以及日常运营所需物料的库存。另一方面，有些制造流程并不储存其产出，因为储存这些产品成本很高。小批量定制化产品（如定做的套装）或货架寿命很短的产品（如日报）就属于这种情况。

当从流程层面来观察正在做的事情时，很容易就能判断流程是提供服务还是生产产品。但是，当整个公司经常要完成这两类流程时，要清楚地区分它是制造商还是服务提供商就不那么容易了。例如，在麦当劳制作汉堡包的流程是生产流程，因为它改变了物料的物理特性（第 1 个维度），用小圆面包来制作汉堡包的流程（第 5 个维度）也是生产流程。但是，对麦当劳的顾客来说，大多数其他可见和不可见的流程都是服务流程。至于整个麦当劳组织应该称为服务提供商还是制造商，你可以有不同的观点，但是在流程层面上来划分则很少会弄混。

供应链观

大多数的服务或产品是通过一系列相关联的业务活动创造的。流程中的每一个活动都会在前面活动的基础上增加价值，浪费和不必要的成本也应该得以消除。虽然我们的这种企业流程观有助于理解服务或产品的创造方式，以及跨职能之间协调的重要性，但是却无法解释流程的战略意义。流程观中所缺少的战略解释，就是整个供应链上的流程必须为其顾客增加价值。供应链的概念强调了流程与绩效之间的联系，包括企业内部流程以及企业外部顾客和供应商的流程。这一概念还将注意力集中在供应链上的两类重要流程，即所谓的（1）核心流程和（2）支持流程。图 1.4 给出了企业的核心流程和支持流程，与其供应链上企业的外部顾客和供应商之间的联系。

核心流程

核心流程（core process）是向外部顾客交付价值的一组活动。这些流程的管理人员及员工与外部顾客互动，并与他们建立联系、开发新的服务和产品，与外部供应商互动、为外部顾客生产服务或产品。这类流程的实例包括酒店预订、汽车生产商的新款汽车设计，或者像亚马逊一样的线上零售商的网络采购等。当然，每个核心流程之中都含有嵌套流程。

本书我们重点关注四个核心流程：

1. 供应商关系流程。**供应商关系流程**（supplier relationship process）中的员工为其所需的服务、原材料和信息选择供应商，并促使这些服务、原材料和信息及时而有效地进入企业。有效地与供应商合作可以给企业的服务或产品显著增加价值。例如，进行协商以得到合理的价格，安排进度以便准时交付，听取来自关键供应商的意见和建议，这些只是众多创造价值的方法中有限的几种。

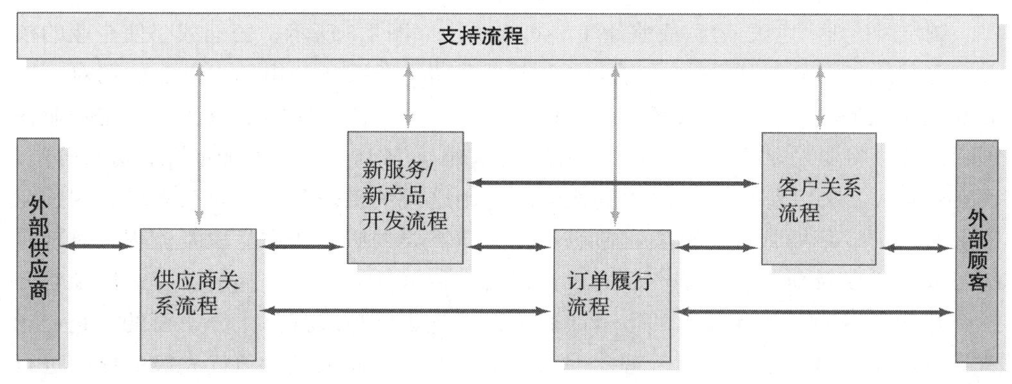

图 1.4
表示工作流和信息流的供应链连接

2. *新服务/新产品开发流程*。**新服务/新产品开发流程**（new service/product development process）中的员工设计并开发新的服务或产品。这些服务或产品通常可以根据外部顾客的具体要求进行开发，或者根据从市场上收集到的信息进行构思。
3. *订单履行流程*。**订单履行流程**（order fulfillment process）包括为外部顾客生产并交付服务或产品所需要的活动。
4. *客户关系流程，有时称为客户关系管理*。与**客户关系流程**（customer relationship process）有关的员工要识别、吸引外部顾客，并与之建立关系，促使顾客提交订单。像营销和销售这样的传统职能可能是该流程的一部分。

支持流程

支持流程（support process）为核心流程提供必需的资源和投入，它对于企业的管理也是必不可少的。企业中有许多支持流程，比如财务预算、人才招聘以及生产调度等。支持流程提供能够使核心流程发挥作用的关键资源、能力或其他投入。

组织中的人力资源职能提供许多支持流程，比如招聘和雇佣组织中不同层级所需要的人员，并对他们恰当履行分配的职责所需的技能和知识进行培训，制订对员工的业绩进行奖励的激励与薪酬计划等。法律部门落实支持流程，确保企业在经营中遵守各项法规和制度。会计职能支持流程——跟踪企业的财务资源是如何随着时间产生和分配的，而信息系统职能则负责对经营决策所需的数据和信息进行传送和处理。因此，来自会计、工程、人力资源以及信息系统等不同职能领域的支持流程，对执行图 1.4 中所突出的核心流程来说至关重要。

运营战略

运营战略（operations strategy）详细描述了运营实施公司战略的方法和手段，帮助建立顾客驱动型的企业。运营战略将长期运营决策和短期运营决策与公司战略衔接起来，开发企业竞争所需的能力。运营战略是流程和供应链管理的核心。企业的内部流程仅仅是一些基本构件：需要将这些构件组织起来，最终在竞争环境中发挥作用。运营战略是将这些流程连接在一起形成供应链的关键，供应链已然超出了企业的范围，将供应商以及客户都包括了进来。因为顾客总是希望服务或产品有所变化，因此企业的运营战略也必须以顾客的需求为导向。

制定顾客驱动型的运营战略始于*公司战略*。如图 1.5 所示，公司战略使企业的核心流程与总体目标相协调。公司战略决定了公司将要服务的市场，以及公司对环境的变化做出的响应。它提供开发企业核心能力和核心流程所需的资源，确定企业在国际市场上将要采取的战略。在公司战略的基础上，*市场分析*对企业的顾客进行分类，确定顾客需求，并评估竞争对手的优势。利用这些信息来制定*竞争优先级*。这些竞争优先级可以帮助管理者开发在市场中竞争所需要的服务或产品以及流程。对现有服务或产品以及新服务或新产品的设计，对交付这些服务或产品的流程，以及对开发企业能力以满足上述要求的运营战略来说，竞争优先级都是十分重要的。企业运营战略的制定是一个持续的过程，因为必须定期对企业满足竞争优先级的能力进行

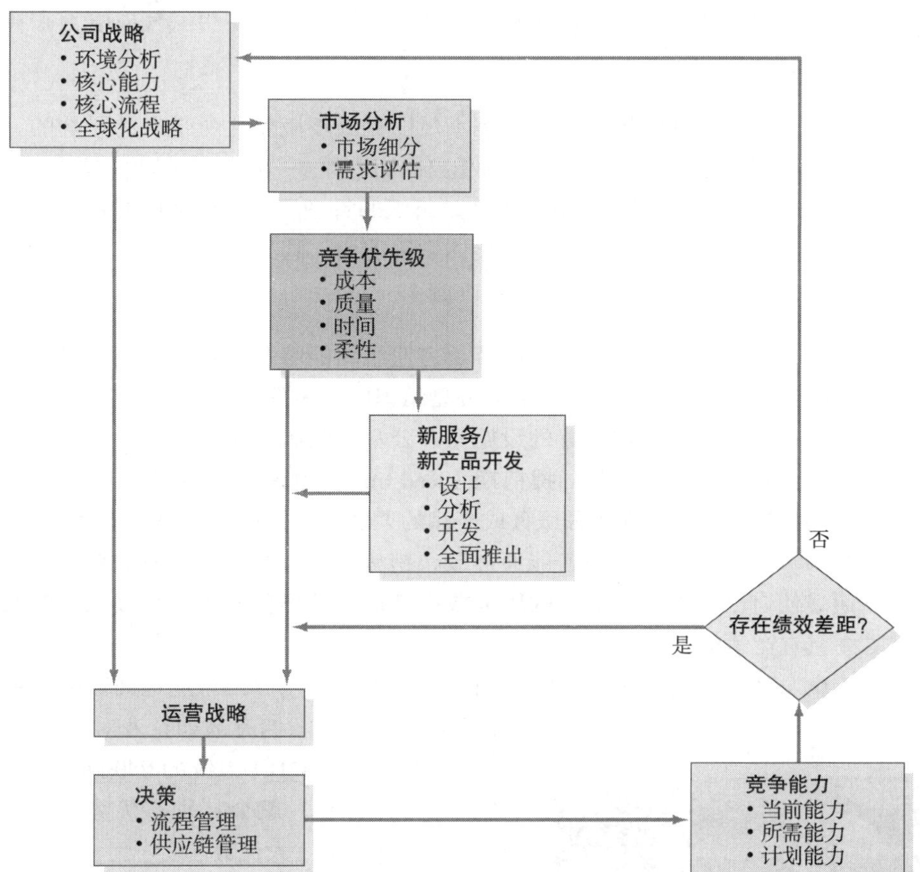

图 1.5
公司战略与关键运营管理决策之间的联系

检查，绩效上的任何差距都必须在运营战略中解决。

公司战略

公司战略指出了企业的总体方向，为实施全部组织职能提供了框架。公司战略详细说明了企业现有的或将要从事的业务范围，分清了环境中出现的新机遇与威胁，明确了企业的增长目标。

制定公司战略涉及四方面的考虑：（1）对经营环境的变化进行监测并做出调整；（2）明确并开发企业的核心能力；（3）制定企业的核心流程；（4）制定企业的全球化战略。

环境分析　企业参与竞争的外部经营环境处在不断地变化之中，组织需要不断适应这些变化。为了适应环境，首先就要进行环境分析，环境分析是管理者对环境（包括行业环境、市场环境以及社会环境）的趋势进行监测，并从中了解潜在的机会或威胁的过程。进行环境分析的一个重要原因是为了在竞争中走在前列。竞争对手可能通过扩大服务或产品系列范围、提升质量或降低成本而获得优势。市场新进入者或提供企业的服务或产品替代品的竞争者，可能会威胁企业持续的盈利能力。其他重要的环境因素还包括经济趋势、技术变革、政治环境、社会变迁（如对待工作的态度），以及重要资源的可获得性。例如，汽车生产商认识到，不断下降的石油储备

最终将要求汽车使用其他替代燃料。因此，他们设计了使用氢气或电力来补充汽油燃料的混合动力样车。

核心能力开发 仅有好的管理技能是不足以克服环境变化所带来的影响的。企业通过利用其做得特别好的方面——企业的独特优势——而获得成功。**核心能力**（core competencies，也译作核心竞争力）就是组织的管理层在制定战略时所考虑的独特资源和优势。核心能力反映了组织的整体学习能力，特别是有关流程协调与技术整合方面的知识。这些能力包括以下各项内容：

1. *劳动力*。受到良好培训的柔性劳动力使组织能够及时响应市场需求。这种能力在顾客直接与员工进行接触的服务型组织中尤为重要。
2. *设施*。拥有优越地理位置的设施（办公室、商店和工厂）是一个主要优势，因为建立新设施需要很长的**提前期**（lead time，也译作交付周期）。此外，能够以不同批量水平来处理各种服务或产品的柔性设施，也可以提供竞争优势。
3. *市场和财务知识*。组织若能通过股票销售、在市场上出售其服务或产品，或者通过使自己与市场上类似的服务或产品形成差异化而很容易吸纳到资本，说明它具有竞争优势。
4. *系统与技术*。具有信息系统专门知识的组织，在像银行业这类数据密集的行业中是具有优势的。拥有诸如企业对消费者（B2C）与企业对企业（B2B）系统的互联网技术及其应用方面的专门知识，就会特别有优势。拥有新技术专利权也是一个巨大优势。

快乐蜂（Jollibee）集团的吉祥物——一只面带微笑的红色蜜蜂在马尼拉的一家店门口欢迎顾客。从 1975 年马尼拉的两间冰淇淋店开始，快乐蜂集团已成为菲律宾最大的快餐公司，它在 7 个国家的 1 000 多家店中雇用了 26 000 多名员工。通过迎合当地的口味和喜好，在竞争激烈的菲律宾快餐市场上，快乐蜂集团占据了 65% 的市场份额，使快餐界的世界巨头麦当劳退居第二。

核心流程的开发 企业的核心能力推动了它的核心流程：客户关系、新服务 / 新产品开发、订单履行以及供应商关系。许多公司拥有所有四种核心流程，但是还有公司重点选择其中的一部分流程更好地与企业的核心能力相匹配，因为他们发现要想在所有四个流程上都很擅长且保持竞争力是十分困难的。例如，银行业中的信用卡业务，有些公司专门从事寻找顾客并维持与顾客关系的工作。美国航空公司的信用卡项目向外延伸，通过其营销数据库与顾客形成了非常密切的关系。但是诸如 CapitalOne 这样的专业信用卡公司，则重点通过形成新特色和定价程序来进行服务创新。最后，许多公司通过对信用卡交易处理和呼叫中心的管理来承接订单履行流程。最重要的是，每个企业必须对其核心能力进行评估，然后将重点放在那些能够提供最大竞争优势的流程上。

全球化战略 今天识别当前的机遇或威胁需要有全球视角。全球化战略包括购买国外的服务或者零部件，应对来自外国竞争者的威胁，或者对进入传统国界之外市场的方式进行规划。尽管避开

来自全球竞争者的威胁是十分必要的，但企业还是应该积极寻求向国外市场渗透。其中两种有效的国际化战略是：（1）战略联盟；（2）境外选址。

企业开辟国外市场的一种方式是建立*战略联盟*。战略联盟是与其他企业的一种协议，它有三种形式：第一种战略联盟形式是*协同合作*，这种形式在通常一家企业拥有核心能力，而另一家企业需要这种能力但不愿意（或者不能）复制时出现。这种情况在采购方 – 供应方关系中是很常见的。第二种战略联盟形式是*合资企业*，两家企业同意共同生产产品或提供服务。这种方法常被想进入国外市场的企业所使用。例如，为了进入中国这样一个大市场，通用汽车公司（GM）和大众汽车公司（VW）分别与上海汽车工业总公司建立了合资企业。[2] 中国的合作伙伴是一个大型汽车制造商，它与通用汽车和大众汽车公司合作生产了 60 多万辆汽车。2010 年，上海汽车工业总公司将其在上海通用汽车公司的持股份额增加到 51%，而上海通用汽车公司现在是中国大陆的三大乘用车生产商之一。第三种战略联盟形式是*技术授权*，即一家企业将其服务方法或生产方法授权给另一家。企业可以通过授权进入国外市场。

进入全球市场的另一种方式是在国外设置运营机构。但是，管理者必须认识到，在自己的国家行之有效的东西在其他国家未必行得通。经济和政治环境或者顾客需求可能是完全不同的。例如，通过迎合当地喜好的甜辣口味——将这些口味融入到炸鸡、意大利面条和汉堡包，家族企业快乐蜂集团在菲律宾已经成为占统治地位的快餐连锁店。快乐蜂集团的优势是具有创意的营销策划以及对当地口味的了解，并声称其汉堡包与菲律宾人在家中制作的十分相似。麦当劳对此做出的响应是推出自己的菲律宾式辣味汉堡，但竞争是非常激烈的。这个例子说明，为了获得成功，公司战略必须了解其他国家的风俗习惯、偏好以及经济状况。

境外选址是供应链设计中的一项关键决策，因为这会对支持企业核心流程的物料流、信息和员工产生影响。第 10 章“供应链设计”和第 11 章“供应链选址决策”将对选址的这些影响做更深入的讨论。

市场分析

无论是服务型企业还是制造型企业，要想成功地制定顾客驱动的运营战略，其中一个关键因素是要深入了解顾客需要什么样的服务或产品，以及如何提供这些服务或产品。*市场分析*首先将企业的顾客进行细分，然后识别出每个细分市场的需求。本节将探讨市场分析过程，定义和探讨市场细分和需求评估的概念。

市场细分　*市场细分*（market segmentation）是识别顾客群的过程，一个顾客群中的顾客要有足够多的共同点，才能保证设计和提供的服务或产品是顾客群想要和需要的。为了识别细分市场，分析人员必须确定能够明显区分各细分市场的特征。然后企业据此制订合理的营销计划，以及支持营销计划的有效的运营战略。例如，Gap 公司是一家大型休闲服供应商，其目标顾客是十几岁的青少年及年轻人，而对其 GapKids 商店来说，目标顾客则是从婴儿到 12 岁儿童的父母或监护人。曾经有一段时间，管理者们将顾客当成同质的大众市场；而现在管理者们则认识到，两名顾客

---

2 Alex Taylor, “Shanghai Auto Wants to Be the World’s Next Great Car Company,” *Fortune* (October 4, 2004), pp. 103–110.

可能会出于完全不同的原因而使用同一种产品。因此，识别每个细分市场的关键因素就成了制定顾客驱动的运营战略的起点。

需求评估 市场分析的第二步是做需求评估，所谓*需求评估*就是识别每个细分市场的需求，并对竞争者如何应对这些需求进行评价。每个细分市场的需求都与服务或产品以及它们的供应链有关。市场需求应包括顾客所需产品和服务的显性或隐性属性和特征。市场需求可以分为以下几类：

- *服务或产品需求*。像价格、质量、定制化程度这样的服务或产品属性。
- *交付系统需求*。为了交付服务或产品所需的流程、支持系统和资源的属性，比如可用性、便利性、礼节性、安全性、准确性、可靠性、交付速度以及交付可靠性。
- *批量需求*。对服务或产品的需求属性，如批量的大小、批量的可变度和批量的可预见性。
- *其他需求*。其他属性，比如声誉、从业年限、售后技术支持、在国际金融市场上的投资能力，以及具有法定资格的法律服务。

做了上述需求评估之后，企业就可以将顾客需求融入服务或产品设计以及交付服务或产品的供应链之中。在第 12 章“供应链整合”中，我们将进一步对这些与新服务和新产品开发有关的问题进行探讨。

竞争优先级与竞争能力

顾客驱动型的运营战略要求通过企业所有领域都要做出跨职能努力，深刻理解企业外部顾客的需求，明确企业为了超越竞争对手所需的运营能力。这一战略也要满足内部顾客的需求，因为企业的整体绩效取决于其核心流程和支持流程的表现，所以必须对这些流程进行协调，以提供外部顾客方方面面期望得到的产出。

竞争优先级（competitive priorities）是流程或供应链必须拥有的关键运营维度，企业依靠流程或供应链来使现在和将来的内部顾客或外部顾客感到满意。竞争优先级是为流程以及由流程构建的供应链而规划的。企业必须使这些优先级显现出来，以此来保持或增加市场份额，或使其他内部流程成功运行。对一个特定的流程来说，并非所有的竞争优先级都关键。管理层要将那些最为重要的优先级挑出来。**竞争能力**（competitive capabilities）是一个流程或供应链实际拥有并能够提供的成本、质量、时间和柔性水平。当竞争能力达不到与之对应的竞争优先级的要求时，管理层必须找到弥合差距的途径，否则就要对其竞争优先级进行修正。

我们重点考虑 9 个显著的竞争优先级，可以将它们划分为质量、成本、时间和柔性四大类。表 1.1 给出了这些竞争优先级的定义和实例，并说明企业如何在流程层面达到这些优先级。

有时，管理层会同时强调一组竞争优先级。例如，许多公司会重点关注其流程的交付速度和开发速度这两个竞争优先级，其战略被称为**基于时间的竞争**（time-based competition）。为了实施这一战略，管理人员仔细地界定提供服务或生产产品所需的步骤和时间，并对每一个步骤进行严格的分析，以确定在不损害质量的前提下是否可以节省时间。

表 1.1　竞争优先级的定义、流程考虑因素以及实例

成本	定义	流程考虑因素	实例
1. 低成本运营	以尽可能低的成本提供服务或产品，从而使流程或供应链的外部顾客或内部顾客感到满意	为了降低成本，必须利用严格的流程分析使流程的设计和运行高效，流程分析要考虑劳动力、工作方法、废品或返工、管理费用，以及新自动化设施和技术投资等其他因素，从而降低服务或产品的单位成本	**好市多**（Costco）通过设计所有流程来提高效率，将产品堆放在仓储式商店的货盘中，以及与供应商进行积极的谈判实现了低成本。因为好市多公司设计了低成本的运营方式，因此可以向顾客提供低价位的产品
质量			
2. 顶级质量	提供卓越的服务或产品	为了达到顶级质量，服务流程要求高度的顾客接触、高水平的帮助、高规格礼节，以及高水平的服务。对于制造流程，需要优越的产品性能、极小的公差以及更好的耐用性	**劳力士**因制造精准的计时器而闻名全球
3. 一致性质量	在质量一致的基础上提供满足设计要求的服务或产品	必须对流程进行设计和监测以减少误差、预防次品，无论其质量"水平"如何，都要长时间保持相同的质量结果	为了使各个分店达到一致的产品质量和流程质量，**麦当劳**对其工作方法、员工培训流程以及原材料采购都实行标准化
时间			
4. 交付速度	迅速完成顾客订单	对流程进行设计，通过保持备用能力缓冲、库存以及选择溢价运输方式来缩短提前期（从收到顾客订单开始直到完成订单为止所用的时间）	**戴尔**对其客户关系流程、订单履行流程以及供应商关系流程进行设计，创建了一体化的敏捷供应链，以很短的提前期向顾客提供可靠且价廉的计算机
5. 准时交付	履行对交付时间的承诺	与缩短提前期的流程相结合，利用规划流程（预测、预约、订货承诺、生产调度以及能力规划）提高按承诺时间发货的百分比（通常以 95% 为目标）	**联合包裹速递服务公司**（UPS）利用其在物流与仓储方面的专业技能，在全球范围内准时投递大量物品
6. 开发速度	快速推出新的服务或产品	流程的目的是实现跨职能整合，关键外部供应商参与服务或产品的开发流程	**Zara 公司**因具有快速将时装设计从时装秀推向市场的能力而闻名
柔性			
7. 定制化	通过服务或产品设计的变化来满足每个顾客的独特需求	采用定制化策略的流程一般具有小批量和密切的顾客接触度，以及拥有对流程重新配置以满足顾客多样化需求的能力	**丽思卡尔顿酒店**根据每个客人的喜好进行定制化服务
8. 多样性	高效地处理多种服务或产品	支持多样性的流程必须处理比定制化流程更大的批量。服务或产品对特定顾客并不一定是独有的，可以有重复性需求	**亚马逊网站**利用信息技术、顺畅的客户关系流程及订单履行流程，将大量的不同产品交付给顾客
9. 批量柔性	能快速提高或降低服务或产品的生产率以应对需求的大幅波动	流程设计要有富余的能力和库存以应对需求的波动，需求波动周期可能从几天到几个月不等。在没有累积库存和富余能力的情况下，也可以通过调节生产能力来满足竞争优先级	**美国邮政局**（USPS）的大型邮政设施（对邮件接收、分拣及发送到多个邮政分支机构的流程进行了柔性设计）可能会经历剧烈的需求波动

位于美国佛罗里达州棕榈滩的丽思卡尔顿酒店奢华的大堂装饰。

为了与公司战略相衔接，管理层将所选择的竞争优先级分配给每个流程（以及由流程构建的供应链），使其与外部顾客和内部顾客需求相适应。竞争优先级可能会随着时间的推移而发生改变。以一种大批量的标准化产品为例，比如台式彩色喷墨打印机。在磨合期的早期阶段，这种打印机刚刚进入大众市场，对制造流程的要求是一致性质量、交付速度和批量柔性。而在磨合期的后期，需求量很大时，竞争优先级则变成低成本运营、一致性质量和准时交付。随着时间的推移，经营环境和顾客的偏好都会发生变化，竞争优先级也必须随之改变和演化。

订单赢得要素与订单资格要素

竞争优先级聚焦的是运营部门能做些什么来帮助企业变得更有竞争力，并对市场需求做出响应。检验企业在市场中获胜能力的另一种有用方式是，找出订单赢得要素和订单资格要素。**订单赢得要素**（order winner）指顾客用来将一家企业的服务或产品与其他企业相区别的标准。订单赢得要素包括（由低成本运营所支持的）价格维度，以及质量、时间和柔性等其他维度。但是，订单赢得要素也包括一些并不与企业运营直接关联的标准，比如售后服务支持（是否有保修合同？是否有退货条款）；技术支持（如果出现问题，我可以得到什么帮助？技术人员专业知识水平如何）；以及声誉（这家公司经营了多长时间？其他顾客对其服务或产品是否满意）等。为了实现销售，必须在订单赢得要素标准的一部分子集中获得好的绩效，既包括运营方面的标准也包括非运营方面的标准。

订单赢得要素是根据既定细分市场的顾客在决定从哪一家企业购买服务或产品时所考虑的因素中得出的。有时，顾客在对服务或产品进一步考虑之前，需要确认其性能达到了某种水平。企业要想在一个特定的细分市场做生意，必须达到一定的标准，对这套标准的最低要求称为**订单资格要素**（order qualifier）。满足订单资格要素并不一定能保证竞争成功，只是为企业提供了在市场中竞争的机会。从运营的角度来看，在对流程与供应链的设计和管理进行投资时，重要的是弄清楚哪些竞争优先级是订单赢得要素，哪些是订单资格要素。

图 1.6 表示了订单赢得要素和订单资格要素与达到企业竞争优先级是如何相互联系的。如果企业的订单资格要素（如一致性质量）不能满足竞争优先级的最小阈值，就失去了让顾客进一步考虑的资格。例如，在汽车制造业，顾客对于质量的一致性水平有一个最低的容忍度。当 Zastava 公司生产的 Yugo 小型轿车不能保证顾客期望的质量、一致性以及可靠性的最低要求时，尽管以低于 4 000 美元的低价销售（订单赢得要素），仍不免于 1991 年被迫退出了美国汽车市场。然而，当企业通过达到高于阈值或门槛的一致性质量而取得资格后，利用进一步投资来改善订单资格要素，也只能以很低的增长率来提高销售额。订单赢得要素（如由低成本运营所驱动的低价格）的情况刚好与此相反，只要能适当满足订单资格要素（如一致性质量），企业就可以合理地期望通过不断降价来获得销售额和市场份额的更大增长。丰田汽车公

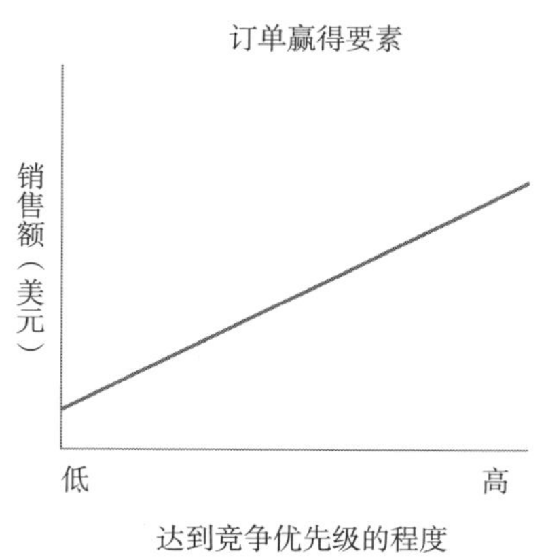

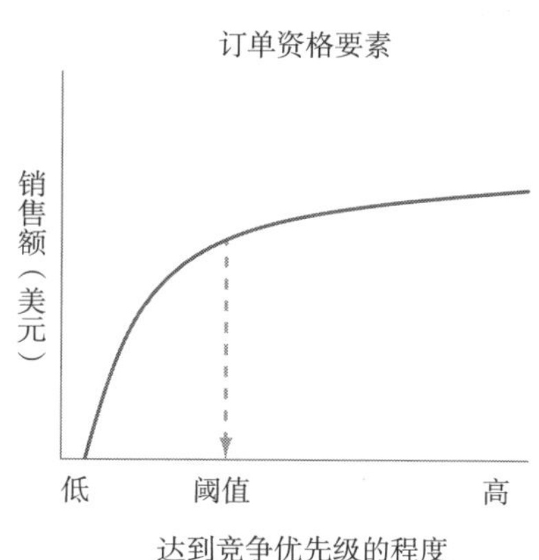

图 1.6
订单赢得要素和订单资格要素与竞争优先级之间的关系

司的卡罗拉（Corolla）汽车和本田汽车公司的思域（Civic）汽车在市场中成功地运用了这一路线，成为各自目标细分市场的领导者。

订单赢得要素与订单资格要素经常用于竞标。例如，在买家考虑一个报价之前，会要求供应商提供一致性质量的证明材料，证明其所提供的服务或零部件能够与设计规格相一致（订单资格要素）。一旦供应商符合要求，买家最终会根据低价（订单赢得要素）以及供应商的声誉（订单赢得要素）进行选择。

竞争优先级的运用：航空公司的例子

为了更好地理解企业如何运用竞争优先级，我们以一家大型航空公司为例进行说明。以两个细分市场为例：（1）头等舱乘客和（2）经济舱乘客。两个细分市场的核心服务都是订票、座位选择、行李托运以及抵达乘客目的地的交通运输。但是，两个细分市场的外围服务却有很大不同。头等舱乘客要求单独的机场候机厅；在登机手续办理、登机、离机等过程中享受优先待遇；有更舒适的座位、更可口的餐食和饮料；更多的个人关注（称呼乘客姓名的机舱乘务员）；机舱乘务员更频繁的服务；高规格的礼节以及少量的乘客（给人一种特殊的感觉）。经济舱乘客对标准化的服务（这并不奇怪）、礼貌的航班乘务员以及低价位感到满意。两个细分市场都期望航空公司严格按计划飞行。因此，可以说头等舱细分市场的竞争优先级是顶级质量和准时交付，而经济舱细分市场的竞争优先级则是低成本运营、一致性质量和准时交付。

航空公司的竞争优先级之一是服务的准时交付。其中十分关键的一点是能够迅速修理和维护飞机，以防止延误。

作为企业，航空公司知道其整体能力必须是什么，但怎样才能将这种认识传递给每一个核心流程？让我们重点关注四个核心流程：（1）客户关系流程；（2）新服务 / 新产品开发流程；（3）订单履行流程；以及（4）供应商关系流程。为了实现所要求的服务使乘客完全满意，必须将竞争优先级分配给每一个核心流程。表 1.2 列举了一些可能的分配方法，仅供参考。

表 1.2 一家航空公司不同核心流程的竞争优先级

	核心流程			
优先级	供应商关系	新服务开发	订单履行	客户关系
低成本运营	获得投入的成本必须保持最低，从而可以进行有竞争力的定价		航空公司靠价格竞争，必须使运营成本保持在控制范围内	
顶级质量		必须仔细设计新服务，因为航空业的未来取决于这些新服务	经验丰富的机舱乘务员提供高质量的餐食和饮料服务，确保向头等舱乘客提供的是最高质量的服务	对头等舱乘客有较高的顾客接触度，并为他们提供单独的候机服务
一致性质量	投入的质量必须与所要求的规格相一致。此外，向供应商提供的信息必须准确		一旦设定了质量水平，重要的就是在任何时候都要达到这一水平	信息和服务必须无差错
交付速度				乘客希望得到航班计划及其他订票信息的即时消息
准时交付	必须严格按计划交付投入		航空公司尽量按航班时刻表到达目的地，否则可能会耽误乘客转机	
开发速度		为了在竞争中抢占先机，快速进入市场很重要		
定制化		流程必须能够提供独特的服务		
多样性	必须获取许多不同的投入，包括维护用品、餐食和饮料		对各种型号的机型都要求进行维护操作	流程必须能够处理所有细分市场以及促销计划的服务需求
批量柔性	流程必须能够高效地应对供给数量的变化			

作为决策模式的运营战略

运营战略将针对各细分市场的服务或产品计划以及竞争优先级转换为影响支持这些细分市场的供应链决策。对任何企业来说，即使对其运营战略没有一个正式的陈述，其当前的运营战略实际上就是业已形成其流程及其供应链的决策模式。正如我们在图 1.5 看到的那样，公司战略为关键的运营管理决策提供了保护和框架，而运营管理决策则支持了企业的能力开发，保证了其在市场上竞争成功。一旦管理者确定了流程的竞争优先级，就有必要对该流程的竞争能力进行评估。竞争优先级与达到该竞争优先级的能力之间的任何差距，必须通过有效的运营战略来消除。

提升能力并消除差距是运营战略的推动力。为了说明这一点，假设银行信用卡分部管理层决定要开展一项营销活动，以期在保持低成本的前提下使其业务量有显著提高。该分部的关键流程是账单处理和付款，其从商家接收信用交易，向商家付款，

表 1.3　账单处理和付款流程的运营战略评估

竞争优先级	指标	能力	差距	措施
低成本运营	• 每份账单的处理成本 • 每周邮费	• 0.0813 美元 • 17 000 美元	• 目标为 0.06 美元 • 目标为 14 000 美元	• 取消账单的微缩照相和存储 • 开发基于网络的账单寄送流程
一致性质量	• 账单信息错误百分比 • 邮寄付款错误百分比	• 0.90% • 0.74%	• 可接受 • 可接受	• 不采取措施 • 不采取措施
交付速度	• 向商家付款的提前期	• 48 小时	• 可接受	• 不采取措施
批量柔性	• 利用率	• 98%	• 已然太高，无法继续支持批量的迅速增长	• 雇用临时员工 • 改进工作方法

将账单汇总并送达信用卡持卡人，最后对持卡人付款进行处理。新营销计划的目的是使账单和付款数量大幅增加。在评估能力时，要求流程必须向银行顾客提供服务，同时也要迎接新的市场营销活动的挑战。管理人员将下列竞争优先级分配给了账单和付款流程：

- *低成本运营*。因为利润率不高，所以在账单处理过程中保持低成本很重要。
- *一致性质量*。流程必须一致性地生成账单，向商家付款，并准确记录信用卡持卡人的付款情况。
- *交付速度*。商家希望尽快收到信用消费的付款。
- *批量柔性*。期望营销活动在较短的时间内产生更多的交易。

管理层假定，顾客不愿意与不能准确记账和付款的银行打交道。因此对这个流程来说，一致性质量是这一流程的订单资格要素。

账单和付款流程是否能满足竞争挑战？表 1.3 说明了在信用卡分部的运营战略中，如何使能力与竞争优先级相匹配，以及如何发现能力与竞争优先级之间的差距。对运营战略的评估程序从找出衡量每个优先级的好的指标开始。这些指标越量化越好。对每个指标收集数据以确定当前流程的能力。将每一个能力值与管理层设定的指标目标值进行比较，找出差距，通过采取适当措施来消除这些差距。

信用卡分部的情况表明其在低成本运营流程能力方面还存在明显的差距。管理层的纠正措施是对流程进行再设计，降低成本的同时不损害其他竞争优先级。类似地，对于批量柔性，管理层认识到，高利用率不利于在保持交付速度的情况下处理急速增长的批量。建议的措施是帮助建立起可满足更多波动需求的能力。

运营管理的趋势

目前有几个方面的趋势对运营管理产生了重大影响：生产率的提高、全球化竞争、商业伦理、劳动力多样化以及环境问题。信息技术、电子商务、机器人以及互联网的加速变革，对新服务和产品的设计、企业的销售流程、订单履行流程以及采购流程产生了重大影响。在本节中，我们将对这些趋势及其对运营管理者的挑战进行探讨。

生产率的提高

生产率是衡量经济、行业、企业以及流程等绩效的一个基本指标。提高生产率是运营管理的一个主要趋势，因为所有的企业都面临改进流程和供应链的压力，目的是要与国内外的竞争者展开竞争。**生产率**（productivity）是生产出的产出值（服务和产品）除以所使用的投入资源值（包括工资、设备成本等）：

$$生产率=\frac{产出值}{投入值}$$

美国制造业的从业人员在 1979 年中期达到最高，略低于 2 000 万人，而自 1979 年到 2011 年减少了近 800 万人。[3] 但是，制造业的生产率稳步上升，这是因为用更精干的劳动力高效地实现了更大的生产能力和更多的产出。将服务业和制造业生产率的增长进行比较颇有意思，甚至令人吃惊。在美国，服务业的从业人员增长迅速，超过了制造业。目前服务业的从业人员达到全部从业人员的 90%。但是，服务业生产率的增长却缓慢得多。如果服务业生产率的增长停滞，那么无论你生活在世界的哪一个地方，其整体生活标准也很难得到提高。其他主要工业化国家，如日本和德国，也正在经历着同样的问题。但这些问题现在有了改善的迹象。跨国投资的热潮迫使企业面临更激烈的竞争，从而刺激了生产率的增长。服务提供商在信息技术方面增加投资，也会促进生产率的提高。

生产率的衡量　作为管理者，如何衡量流程的生产率？有许多衡量方法可供使用。例如，产出值可以用顾客所支付的费用来衡量，或者可以简单地用生产的产品数量或服务的顾客数量来衡量。投入值可以用其成本来判断，或者简单地用工作小时数来计算。

通常，管理者会选择一些合理的指标并监测这些指标的变化趋势，以发现需要改进的地方。比如，保险公司的管理者，可能用每周每个员工处理保单的数量，来衡量办公室的生产率。地毯公司的管理者用每小时铺的地毯平方数来衡量工人的生产率。这两种衡量方法都反映了*劳动生产率*（labor productivity），即每人或每小时工作的产出指标。类似的方法可用于*机器生产率*（machine productivity），这里的分母是机器的数量。同时考虑多种投入也是可能的。*多因素生产率*（multifactor productivity）是生产过程中使用一种以上的资源来提供产出的指标，可以由产出值除以劳动力、原材料与间接成本的总和。下面是计算生产率的一个例子。

例 1.1　生产率计算

计算下列运营环节的生产率：

a. 3 名员工每星期处理 600 份保单，他们每天工作 8 小时，每周工作 5 天。

b. 一个工人小组生产 400 件产品，在市场上每件售价 10 美元。会计部门记录的这项工作的实际成本是：劳动力 400 美元，原材料 1 000 美元，间接成本 300 美元。

3 Paul Wiseman, "Despite China's Might, US Factories Maintain Edge," *The State and The Associated Press* (January 31, 2011).

解

$$\text{a. 劳动生产率} = \frac{\text{处理的保单数量}}{\text{员工人时数}}$$

$$= \frac{600\text{ 份保单}}{3\text{ 人} \times 40\text{ 小时 / 人}} = 5\text{ 份保单 / 小时}$$

$$\text{b. 多因素生产率} = \frac{\text{产出值}}{\text{劳动力成本 + 原材料成本 + 间接成本}}$$

$$= \frac{400\text{ 件} \times \$10/\text{件}}{\$400 + \$1\,000 + \$300} = \frac{\$4\,000}{\$1\,700} = 2.35$$

决策重点

我们希望多因素生产率尽可能高一些。必须将这些指标值与前期绩效水平及未来目标进行比较。若未能达到期望值，则应该对流程进行研究以寻找改进的机会。

管理的作用　流程的管理方式对生产率的改进起着非常重要的作用。管理人员必须从供应链的层面上对生产率进行考查，因为正是各单个流程的集合绩效，造成了生产率的差异。面临的挑战是要相对于投入成本不变的情况下提高产出值。如果流程用同样的投入量产出更多产品或更高质量的产品，那么生产率就提高了。如果在减少资源使用的情况下，能保持同等的产出水平，那么生产率也提高了。

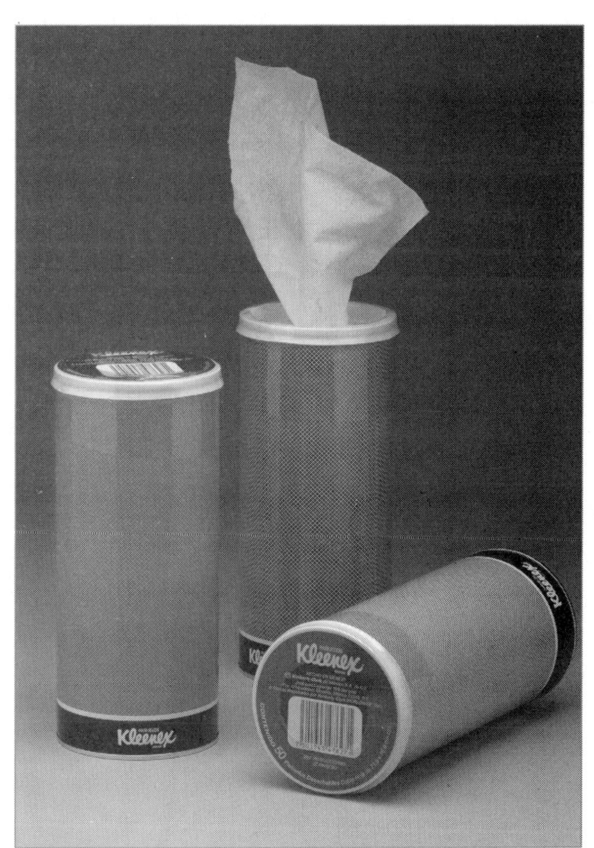

Sonoco 公司是全球领先的工业和消费包装品生产商，在 35 个国家有 300 多个运营场所，为 85 个国家提供服务。

全球化竞争

大多数企业都已认识到，要想生存和发展，就一定要用全球化的视野来看待顾客、供应商、设施选址以及竞争对手。企业发现，它们可以通过在国外建立生产设施来加强市场渗透，因为这些企业在当地生产，减少了顾客对购买进口产品的反感。当国内的经济环境不那么稳定时，全球化还可以使企业从世界其他地区来平衡现金流。总部位于南卡罗来纳州哈茨维尔的 Sonoco 公司，是一个年产 40 亿美元的工业和消费包装品生产商，在澳大利亚、中国、欧洲、墨西哥、新西兰和俄罗斯等地有 355 个运营场所，仅在欧洲就有 41 个工业品生产设施和 6 个造纸厂。即使在 2007 年国内销售步履维艰的情况下，全球化运营使其仍实现了国际销售额和收入的增长。Sonoco 公司是如何做到这些的？[4] 其中的一个原因就是将运营地点选择在那些有税收优惠的国家。意大利和加拿大的低税率有助于提高收益率。另一个原因是美元的疲软，当 Sonoco 公司将快餐包装盒、用于装胶带和纺织品的管芯材料等出口到国外时，将外币兑换为美元，因此多赚了 4 600 万美元。汇率的差额足以抵消在美国所增加的原材料、运输以及能源成本。

当今，大多数产品都是由来自全球的各种原材料和服务组成的。如你所穿的 Gap

4 Ben Werner, "Sonoco Holding Its Own," *The State* (February 7, 2008).

牌 Polo 衫是在美国裁剪，在洪都拉斯缝制的。当坐在加拿大的 Cineplex 电影院时，你一边看着被日本收购的哥伦比亚电影公司的电影，一边咀嚼着瑞士的雀巢巧克力棒。以下五方面的发展激发了对有效的全球化战略的需求：(1) 交通运输和通信技术的进步；(2) 金融机构放松管制；(3) 对进口服务和产品需求的增加；(4) 由于区域贸易集团的形成，比如欧盟和北美自由贸易协定，使进口配额和其他国际贸易壁垒减少；以及 (5) 比较成本优势。

比较成本优势 尽管随着中国和印度在经济上日益强大，其劳动力的成本优势逐渐消失，但是这两个国家仍然是低成本高技能劳动力的来源。20 世纪 90 年代末期，一些公司不顾有关劳动力素质以及不良公路和铁路系统的质疑，毅然在中国投资建厂，主要是为了在一个巨大的市场站稳脚跟，或者为了获取廉价劳动力来生产低技术含量的产品。但是今天，中国的新工厂，比如那些位于上海浦东工业园区的工厂，生产着各种各样销往美国和世界其他地区的产品。美国的制造商逐渐放弃了低利润率的产业，比如消费电子、鞋类以及玩具等，将这些产业转移到中国和印度尼西亚这样的新兴经济体。相反，他们将重点放在了昂贵的产品上，比如计算机芯片、先进的机器以及保健品等复杂且需要专业劳动力的产品。

在过去的十年里，外国公司在中国开设了成千上万家新工厂。现在美国许多来自中国的进口商品其实是由在中国经营的外资公司生产的。这些公司包括像苹果这样的手机生产商，以及几乎所有大的鞋类和服装品牌。许多更大的生产商也在那里。竞争是激烈的，没有在中国设置运营机构的公司发现，要想与那些在中国运营的公司进行低价竞争相当困难。这些公司必须将重点放在速度和小批量生产上。

如果说中国是一个制造业大国，那么印度就是一个服务业大国。和制造型企业一样，劳动力成本也是服务型企业的一个关键因素。印度的软件公司在应用软件方面业已成熟，并具有很大的成本优势。计算机服务业也因此受到影响。由于同样的原因，后勤办公室的运营也受到了影响。许多企业利用印度公司来做会计和记账、填报纳税申报单、处理保险理赔等项工作。许多科技公司，比如英特尔和微软等，都在印度设立重要的研发机构。

由于供应商的零部件短缺，使任天堂公司无法满足顾客对其受欢迎的 Wii 游戏系统的需求。

全球化的弊端 当然，在其他国家运营也有不利的一面。企业如果要将一些零部件的生产移交给离岸供应商，或者供应商需要公司的技术来达到所要求的质量和成本目标，就不得不放弃一些专利技术。还有可能会涉及政治风险。每个国家都会对在其境内的人员和财产行使主权。极端的情况是国有化，政府在不支付任何赔偿的情况下接管企业的资产。埃克森石油公司以及其他大的跨国石油公司都出于潜在被国有化方面的考虑，逐渐缩小其在委内瑞拉的运营规模。而且，如果企业因在海外运营而使本土失去了一些就业岗位，那么实际上也会疏远国内的顾客。

在国外，员工的技能可能要差一些，需要额外的培训时间。韩国企业将许多运动鞋的生产转移到

管理实践 1.1　日本大地震及其对供应链的影响

2011 年 3 月 11 日下午，日本东北部地区遭受强烈地震，不久便引发了巨大的海啸，在距离港口城市仙台市 80 英里的地方掀起超过 33 英尺高的巨浪，并以喷气式飞机的速度移动。这次地震强度接近里氏 9.0 级，是日本有记录以来的最强地震之一。地震将地球的轴线移动了 6 英寸，在 250 英里外的内陆东京都能感觉到地震的影响，使日本东部向北美方向移动了 13 英尺。除了大量的人员伤亡以及受损的福岛第一核电站核辐射灾害以外，日本制造工厂所遭受的破坏也殃及了相互连接的全球供应链，并影响到位于地球另一端的许多工厂。

在强地震和海啸过后，在日本距东京北部大约 220 公里的宫城县盐釜市，靠近热电站的一个炼油厂冒出了火焰和浓烟。

这次地震对于那些依靠从日本采购尖端电子器件的行业来说影响特别严重。信越化学工业株式会社是世界上最大的硅片生产商，占到全球硅片供应量的 20%。该公司距离福岛核电站 40 英里的工厂在地震中遭到破坏，并进而波及向该公司购买硅片的英特尔公司和东芝公司。同样，由于日立公司生产的汽车传感器供应短缺，使德国、西班牙和法国的汽车生产速度放慢甚至停滞；而克莱斯勒公司在墨西哥和加拿大的工厂也不得不缩减加班时间，以应对从日本订购的零部件的不足。更糟糕的是，由于地震，通用汽车公司完全停止了位于路易斯安那州的一家工厂的生产，福特公司也关闭了位于肯塔基州的一家卡车生产厂。由于在日本的工厂生产受到破坏，所以丰田公司的普锐斯和雷克萨斯的供应量在美国也受到限制。中国也受到了影响，中兴公司面临移动电话的电池和 LCD 屏幕的短缺。同样，中国的联想集团也遇到用于组装平板电脑的日本元器件供应的减少。这些干扰都是由于依赖日本少量集中的供应网络，以及全球连接的生产与物流系统。这造成了工人失业以及相应产品价格的上涨，感觉整个世界都因此遭受了经济损失。

资料来源：Don Lee and David Pearson, "Disaster in Japan exposes supply chain weakness," *The State* (April 8, 2011), B6-B7; "Chrysler reduces overtime to help Japan," *The Associated Press* (April 8, 2011) printed in *The State* (April 6, 2011), B7; Krishna Dhir, "From the Editor," *Decision Line*, vol. 42, no. 2, 3.

低工资的印度尼西亚和中国，但是仍然在韩国生产需要更高技能的旅游鞋和直列式轮式溜冰鞋。此外，当企业的运营机构分散在全球时，顾客响应时间会更长。在第 10 章“供应链设计”中将会对这些问题做更深入的探讨，因为当他们制定外包决策时应该考虑这些问题。就像任天堂公司在其 Wii 游戏系统的生产和全球配送中所发现的那样，从大量的供应商中对零部件进行协调也是一种挑战。[5] 尽管自 2007 年 4 月以来经过两次扩容，使生产能力达到每月 180 万套 Wii 系统，但是任天堂公司还是只能够对百思买、思科以及 Circuit City 这些零售商限量发货，根本无法满足 2007 年假日季以及后来的大量需求。此外，如管理实践 1.1 中所说明的那样，像日本大地震这样的灾难性事件会影响到欧洲和美国的生产和运营，因为相互连接的供应链会将这种破坏迅速扩散到国外。

激烈的全球化竞争对任何地方的产业都会产生影响。例如，美国的钢铁、家用

---

5 Peter Svensson, "GameStop to Sell Rain Checks for Wii," *The State* (December 18, 2007).

2010 年 11 月 11 日，在上海的一家百货商店一名中国消费者正在看添柏岚品牌的产品。添柏岚公司希望通过在世界增长最快的经济体增加收入来获得收益。添柏岚公司还将在中国香港投资开店。

电器和家居耐用品、机械和化工等产品的生产商，承受着来自国内和国际两个市场市场份额的下降。如今，世界服务贸易额每年超过 2 万亿美元，金融、数据处理、航空以及咨询服务业正开始面临许多相同的国际压力。像欧盟和北美自由贸易协定这样的区域贸易集团，进一步改变了服务业和制造业的竞争格局。不论你生活在世界的任何地方，其挑战都在于能否提供在全球市场上竞争的服务或产品，并设计出可支持这些服务或产品的流程。

商业伦理、劳动力多样化及环境问题

与以往任何时候相比，企业都面临着更多的道德困境，而日益增长的全球化以及快速的技术变革又加剧了这种困境。随着企业在其他国家为新的运营机构选址并获得了更多的供应商和客户，当根据不同的规则从事业务活动时，潜在的道德困境就可能出现。一些国家比另一些国家对利益冲突、行贿受贿、歧视少数族裔和妇女、最低工资水平和危险的工作场所等问题更加敏感。在这种情况下，管理者必须确定其设计和运行的流程是否能够更好地满足当地的标准。此外，技术变革引发了诸如数据保护和客户隐私方面的争论。在电子世界，企业与客户的地理距离十分遥远，因此信誉至关重要。

过去，许多人只把诸如有毒废物、被污染的饮用水、不良空气质量以及全球变暖等环境问题看成生活质量问题。现在，许多个人和企业则将其看成了生存问题。为了应对环境问题，汽车工业已进行了电动汽车和混合动力汽车方面的创新，同时，由于使用较低成本的燃料，也提高了经济效益。工业化国家负有特殊责任，这是因为他们的总人口消耗了更多的人均资源。包括美国和日本在内的仅 7 个国家所产生的温室气体就几乎占了全球的一半。由于过去 10 年来的经济和制造业的迅速扩张，现在印度等国家的碳排放量也增加了。

除了政府倡议外，大型跨国公司有责任且有意识地开展环境保护实践，而且依然有利可图。例如，由于对靴子、鞋类、服装和户外用品的大量需求，添柏岚公司（Timberland）在中国开了 110 家门店。该公司通过在中国北方的科尔沁沙漠投资植树造林，以此彰显其环境意识和企业的社会责任。添柏岚公司希望通过在环境方面的行动与其竞争对手形成差异化，在未来 3 年里力争使门店的数量翻一番。在第 13 章“供应链的可持续发展以及人道主义物流”中，我们将对这些问题做更详尽的讨论。

挑战显而易见：商业伦理、劳动力多样化以及环境问题正在成为每个管理者工作的一部分。当设计并运行流程时，管理者在考虑生产率、质量、成本和利润这些传统绩效指标的同时，还应该考虑诚信、尊重个体以及顾客满意度等问题。

作为一组决策的运营管理

本书对运营管理人员在实践中做的主要决策进行阐述。在战略层面上，运营管理人员的工作是开发新能力并维护现有能力，为企业外部顾客提供最好的服务。运

营管理人员设计具有战略意义的新流程，并深入地参与使外部供应商、外部顾客与企业内部流程相联系的供应链的开发和组织。运营管理人员通常对关键绩效指标负责，比如成本和质量。这些决策之所以具有战略意义，是因为它们所影响的正是企业用以获取竞争优势的流程。

运营管理者的决策应该反映公司战略。为了对企业的整体目标形成支持，运营职能的计划、政策及行动应该与其他职能领域的计划、政策及行动相联系，而企业的流程观恰能促进这些联系。不论你是想成为运营管理者，还是只想利用运营管理的原理成为更有效的管理者，都要记住：对人、资金、信息和物料的有效管理是任何流程和任何供应链成功的关键。

在学习运营管理时要牢记两条原则：

1. 不仅仅是运营职能，组织中的每个部分都必须设计和运行作为供应链一部分的流程，都要处理质量、技术以及人员问题。
2. 组织中的每种职能都有自己的特性，但又都通过共有的流程与运营职能相联系。

然而，如果支持战略决策的战术决策是错的，那么再伟大的战略决策也毫无意义。运营管理人员也要参与战术决策，包括流程改进与绩效衡量、项目管理与规划、生产计划与员工配置计划的制订、库存管理以及资源计划。通过本书你会发现许多此类决策的例子以及制定这些决策的意义。读者还可以了解一些决策工具，管理者们在实践中用这些工具来识别并界定问题，然后选出最佳解决方案。

通过运营展开竞争
项目管理

流程管理

流程策略
流程分析
质量与绩效
能力规划
约束管理
精益系统

供应链管理

供应链库存管理
供应链设计
供应链选址决策
供应链整合
供应链的可持续发展与人道主义物流
预测
运营计划与生产调度计划
资源计划

图 1.7
流程和供应链管理

用计算机处理的决策工具

MyOMLab[*] 包含一套独特的决策工具，我们称之为 OM Explorer。这个软件包包含强大的基于 Excel 的计算机程序，来解决实践中经常遇到的问题。OM Explorer 还有几个教学软件，它可以对本书所有较难的分析技术进行辅导，并通过下拉式菜单进行调用。MyOMLab 中还包括用于 Windows 系统的 POM，它是非常有用的决策工具，使你解决运营问题的手段更加完备；还有许多 Active Models（专门设计用来帮助你学习更多重要决策技巧的电子表格）以及称作 SimQuick 的基于电子表格的模拟软件包。

应对运营管理的挑战

企业如何迎接当前和未来的挑战？一种方法是将挑战看成改进现有流程和供应链的机会，或者建立新的创新流程和供应链的机会。对流程和供应链的管理不仅仅是对此进行设计，还要求有确保达到其目标的能力。企业应该对其流程和供应链进行管理，以在他们服务的市场最大化其竞争力。我们将这种运营管理的基本原理用图 1.7 来说明。在后面每一章的开头我们都用这张图来说明各章的主题如何与运营管理的理念相呼应。此外，本书还包含几章补充资料，这些补充资料没有在图 1.7 中表

* 注：MyOMLab 是 Pearson 公司开发的线上平台（英文），它包含丰富的教师支持资源和学生的学习资源，但需付费购买。

示出来。

该图说明任何有效的运营决策都来自于良好的运营战略。因此，本书由三编组成：第一编：通过运营管理创造价值；第二编：流程管理；第三编：供应链管理。图中各主题的箭头流向反映了我们的思路：在解决支持企业战略的重要的流程设计之前，首先要了解企业的运营是如何为竞争力提供坚实基础的。书中的每一编都从战略讨论开始，以支持这一编中涉及的决策问题。一旦弄清楚了企业是如何设计和改进流程以及如何实现这些设计的，我们就探讨将流程（无论是企业内部流程还是外部流程）连接起来的供应链的设计和运行。供应链的绩效决定了企业的产出，这些产出包括企业提供的服务或产品、财务业绩以及来自企业顾客的反馈。在企业的战略计划中要对这些产出加以考虑，本书要对这些产出进行阐述。

第一编：通过运营管理创造价值

第一编的最后一章讨论了项目管理的方法和工具。通过引入新的服务或产品，以及变更企业的流程或供应链，项目管理是实施运营战略的有效方式。这一章后面的补充资料 A“决策制定”介绍了很多章节都要用到的基本决策方法。

第二编：流程管理

第二编的重点是分析流程以及如何改进流程以实现运营战略的目标。我们从讨论流程设计战略方面的问题开始，然后给出由 6 个步骤构成的系统化的流程分析方法。这一编的每一章都涉及该系统化方法的某些方面。我们讨论帮助管理者做流程分析的工具，以及揭示企业用于衡量流程绩效与质量的方法。这些方法为六西格玛（6σ）和全面质量管理的应用打下了基础。

通过有效的约束管理来确定最佳流程能力，以及通过在改进增值活动的同时消除非增值活动来使流程变“瘦”，这也是流程再设计中的重要决策。流程管理中涉及的活动，对于为企业创造巨大收益来说是必不可少的。对流程的有效管理可以使企业降低成本，并提高顾客的满意度。

第三编：供应链管理

供应链管理是在流程管理和运营战略的基础上进行的。第二编我们主要关注单个流程，而在第三编中，关注的则是设计企业内部流程和外部流程的供应链，以及提高供应链运行效率的工具。这一编的开篇探讨供应链的库存管理，接下来了解供应链的设计，了解如外包、库存设置和设施选址这样的重大战略决策如何影响绩效。然后探讨当前围绕供应链整合的问题以及供应链对环境的影响。在随后的章节中，重点阐述使供应链有效运行的 3 种关键规划活动：（1）预测；（2）运营计划与生产调度；（3）资源计划。

利用供应链中的流程创新增加价值

要提醒读者注意的是，一家企业及其供应链的有效运行与企业中流程的设计和

管理实践 1.2　前进保险公司的运营创新是一竞争利器

前进保险公司（Progressive Insurance）是创建于1937 年的汽车保险公司，1991 年的销售额约 13 亿美元。到 2011 年，该公司的年保费收入超过了 140 亿美元，成为美国最大的私家乘用车保险集团之一。在该行业百年历史中从不曾有过如此高增长率的先例，该公司是如何实现这一惊人增长的呢？

答案很简单，但是其实施却富有挑战性：通过运营创新来提供低价格和更好的服务，为顾客提供更多的价值。*运营创新*（operational innovation）指通过彻底改变工作方式来设计全新的流程。例如，前进保险公司彻底改造了理赔处理流程，以降低成本并提高顾客满意度和保留率。前进保险公司的保险代理专用网站可以使保险代理人员快速、简便、安全地进行付款；浏览保险条款、账单和理赔信息；通过电子邮件直接向顾客发送报价信息；鼓励顾客上网完成常规事项，如地址变更或简单的账单查询。此外，即时响应理赔处理流程，使理赔申请人可以每天 24 小时通过电话联系到前进保险公司的理赔代理人。理赔代理人立即派出一名理赔调解人去检查受损车辆。理赔调解人乘坐机动理赔车到达事故现场，检查车辆，在现场做出受损评估，如有可能，当场开出一张支票。与改革前 7 到 10 天的理赔周期相比，现在只要 9 个小时就可以完成整个理赔。

对理赔处理过程中客户关系及订单履行供应链的运营创新，产生了几方面的收益。首先，理赔申请人以更少的烦恼接受更快的服务，这样有助于留住顾客。其次，

通过为其产品增加价值的运营创新，以及引人注意的促销广告，前进保险公司在一个低增长的行业实现了令人惊讶的增长。

缩短的理赔时间周期极大地降低了成本。保存一辆受损汽车同时提供一辆租用车辆的成本，通常可以吞噬掉一份 6 个月保单的预期承保利润。当你意识到公司一天要处理 1 万多项理赔时，就会知道这一成本多么巨大。第三，新的供应链设计要求更少的人员来处理理赔申请，从而降低了运营成本。最后，通过理赔人员迅速到达事故现场，运营创新使前进保险公司增强了发现保险欺诈的能力，进而有助于减少支出，这是因为如果付款迅速且没有烦恼，理赔申请人往往愿意接受较少的理赔款。前进保险公司在一个低增长的行业里找到了使自己不需要牺牲利润率就能脱颖而出的方法，利用运营创新成就了非凡的业绩。

资料来源：Michael Hammer, "Deep Change: How Operational Innovation Can Transform Your Company," *Harvard Business Review* (April 2004), pp. 85–93.

实施同样重要。即使在一个低增长的行业，通过流程创新也可以得到完全不同的结果。从增加价值的角度研究流程，是成功的管理者工作日程中的一个重要部分，这和了解核心流程及与之相关的供应链如何与企业的竞争优先级、市场以及运营战略相联系同样重要。正如管理实践 1.2 前进保险公司的案例介绍的那样，谁还会说运营管理无关紧要？

学习目标回顾

1. **从投入、流程、产出、信息流、供应商及客户的角度描述运营和供应链。**图 1.4 说明了供应链的重要联系及信息流。“跨越整个组织的运营和供应链管理”一节说明不同的职能领域如何共同为企业创造价值。
2. **明确运营战略以及运营战略与公司战略的联系，并了解作为竞争优势来源的运营战略在全球市场中的作用。**参见“运营战略”和“公司战略”两小节的内容以及图 1.5。
3. **确定运营战略中运用的 9 种竞争优先级及其与营销策略的联系。**“竞争优先级与竞争能力”一节对订单赢得要素和订单资格要素的概念进行了阐述。表 1.1 对一些领先企业如何实施不同的竞争优先级，从而在市场中进行独特的定位进行了重点说明并给出了案例。
4. **说明如何将运营用作竞争武器。**“作为决策模式的运营战略”一节说明了企业如何识别竞争优先级方面的差距，并通过相关流程和运营方面的变革来培养能力。请回顾一下表 1.3，它提供了很好的案例说明。
5. **识别运营管理所面临的全球化趋势及其挑战。**“运营管理的趋势”一节描述了管理者在面对全球化竞争时，为提高生产率、管理可持续发展以及与劳动力多样化相关的问题所面临的压力。

关键公式

生产率是产出值与投入值之比，即

$$生产率 = \frac{产出值}{投入值}$$

关键术语

运营管理
流程
运营
供应链
供应链管理
外部顾客
内部顾客
外部供应商
内部供应商
嵌套流程
核心流程
供应商关系流程
新服务 / 新产品开发流程
订单履行流程
客户关系流程
支持流程
运营战略
核心能力
提前期
竞争优先级
竞争能力
基于时间的竞争
订单赢得要素
订单资格要素
低成本运营
顶级质量
一致性质量
交付速度
准时交付
开发速度
定制化
多样性
批量柔性
生产率

问题求解 1

Boehring 大学学生的学费是每学分 150 美元。州政府每学分补贴学费 100 美元。一个典型的 3 学分课程的平均班级大小是 50 名学生。劳动力成本是每班 4 000 美元，资料成本是每班每个学生 20 美元，每个班级的管理费是 25 000 美元。

a. 这一课程流程的多因素生产率是多少？
b. 对于每个由 50 名学生组成的 3 学分课程的班级，如果教师工作 16 周，每周平均工作 14 小时，那么劳动生产率是多少？

解

a. 多因素生产率是产出值与投入资源值之比。

$$\text{产出值} = \frac{50\text{ 名学生}}{\text{班级}} \times \frac{3\text{ 学分}}{\text{学生}} \times \frac{\text{学费 \$150} + \text{州政府拨款 \$100}}{\text{学分}}$$

$$= \$37\ 500/\text{班级}$$

$$\text{投入值} = \text{劳动力} + \text{资料} + \text{管理费}$$

$$= \$4\ 000 + (\$20/\text{学生} \times 50\text{ 名学生}/\text{班级}) + \$25\ 000$$

$$= \$30\ 000/\text{班级}$$

$$\text{多因素生产率} = \frac{\text{产出值}}{\text{投入值}} = \frac{\$37\ 500/\text{班级}}{\$30\ 000/\text{班级}} = 1.25$$

b. 劳动生产率是产出值与劳动力小时数之比，其中产出值与（a）中的计算值相同，即每班级 $37 500，因此

$$\text{投入的劳动小时数} = \frac{14\text{ 小时}}{\text{周}} \times \frac{16\text{ 周}}{\text{班级}} = 224\text{ 小时}/\text{班级}$$

$$\text{劳动生产率} = \frac{\text{产出值}}{\text{投入值}} = \frac{\$37\ 500/\text{班级}}{224\text{ 小时}/\text{班级}} = \$167.41/\text{小时}$$

问题求解 2

Natalie Attired 公司生产时装。在某个特定的星期，员工工作 360 小时生产一批 132 件服装，其中有 52 件是“二等品”（指有瑕疵）。二等品在 Attired 工厂的折扣店里售价为每件 90 美元，其余的 80 件以每件 200 美元的价格销售给零售分销商。这一制造流程的劳动生产率是多少？

解

$$\text{产出值} = (52\text{ 件次品} \times \$90/\text{次品}) + (80\text{ 件} \times \$200/\text{件})$$

$$= \$20\ 680$$

$$\text{投入的劳动力小时数} = 360\text{ 小时}$$

$$\text{劳动生产率} = \frac{\text{产出值}}{\text{投入值}} = \frac{\$20\ 680}{360\text{ 小时}}$$

$$= \$\ 57.44/\text{小时}$$

讨论题

1. 以你最后一份（或现在的）工作为例
   a. 你从事的是什么活动？
   b. 谁是你的顾客（内部的和外部的），你如何与他们互动？
   c. 你如何衡量你完成的活动所增加的顾客价值？
   d. 你的岗位是会计、财务、人力资源、管理信息系统、营销、运营还是其他？请说明。
2. 以亚马逊网店为例，它每天有数百万次的“点击”，使顾客与成千上万种服务和产品相接触。那么，亚马逊网店的竞争优先级是什么？它的运营战略应该关注的点是什么？
3. 一家地方医院宣称，它承诺在 15 分钟内为到达急诊室的病人提供治疗，并且决不将需要住院进一步治疗的病人拒之门外。那么，这一承诺对战略性运营管理决策（即与生产能力和劳动力相关的决策）有什么影响？
4. 联邦快递业务的基础是通过空运在企业间迅速、可靠地运送物品。该公司早期的优势包括利用网络技术全球跟踪运送的物品。但互联网技术的进步使竞争者在订单跟踪上更加成熟。此外，网络业务的出现对增长中的地面运输投递业务造成了压力。请解释这种环境变化对联邦快递的运营战略产生的影响，特别是针对 UPS（UPS 在 B-to-C 地面投递业务市场上占有主导地位）。
5. 假设你正在对一本关于技术管理的新教材做市场分析。为了识别细分市场，需要了解哪些内容？怎样进行需求评估？整体的服务和产品应该是什么？
6. 本章中论述的所有 9 个竞争优先级都关系到企业在市场上的成功与否，请说明企业为什么没有必要在所有方面都做得很突出？什么决定竞争优先级（公司应该对关键流程所强调的竞争优先级）的选择？
7. 选择何种流程作为企业竞争定位的核心流程，是一项关键的战略决策。例如，著名的运动鞋公司耐克将重点放在客户关系、新产品开发以及供应商关系这几个流程上，而将订单履行流程交给其他公司去做。Allen Edmonds 公司是一家顶级质量的鞋业公司，它将所有四个流程都当作核心流程。在确定哪些流程作为你的制造公司的核心流程时，你会作何考虑？
8. 一家当地的快餐店同时处理几个顾客的订单。当服务生在不同的通道上穿行以履行订单时，会横穿通道，有时几乎相撞。如果顾客订了特殊配料组合的汉堡，则在烹制这种特殊汉堡时，顾客就要等好长时间。你如何改变餐馆的运营方式以形成竞争优势？由于需求高峰在午餐时间出现，因此批量柔性是快餐业的一个竞争优先级。你将如何实现批量柔性？
9. Kathryn Shoemaker 五年前在 Middlesburg 开了 Grandmother’s Chicken 餐馆。餐馆以一种烹饪鸡的独特秘方为特色，“就像是老祖母以前烹制的一样”。餐馆的设施是家庭式的，提供的服务让人感到轻松愉快、亲切友好。前两年午餐和晚餐的生意都很好。虽然对不及时服务的投诉最近有所增加，但顾客通常还是会等 15 分钟左右接受服务。Shoemaker 目前正在考虑是对现有的设施进行扩充，还是在附近快速发展的 Uniontown 再开一家同样的餐馆。
   a. Shoemaker 应该制订哪种战略计划？
   b. Shoemaker 在考虑 Middlesburg 和 Uniontown 时，哪种环境因素在起作用？
   c. Grandmother’s Chicken 餐馆可能的独特能力是什么？
10. Wild West 公司是一个区域性的电话公司，雇了将近 10 万名员工和 5 万名从美国电话电报公司退休的人员。Wild West 公司有一个新的使命：成为多元化经营的公司。它需要 10 年的努力进入金融服务、房地产、有线电视、家庭购物、娱乐以及移动通信服务市场——并与其他电话公司开展竞争。Wild West 计划在已有成熟竞争者的市场上（如英国）以及没有竞争者的市场上（如俄罗斯和前东盟国家），提供蜂窝移动通信和光纤通信服务。
    a. Wild West 公司应该制订哪种战略计划？“什么也不做”的选择是否可行？如果 Wild West 公司的使命看起来太宽泛，你会首先削减哪一项业务？
    b. Wild West 公司应该考虑哪种环境力量在起作用？
    c. Wild West 公司可能的核心能力是什么？它应该避免或缓解何种劣势？
11. 你正在设计一个食品杂货的配送业务。你的公司将通过互联网向大城市提供主食和冷藏食品，并在顾客指定的时间内送达。你打算和当地的两个大食品店合伙。那么，你的竞争优先级应该是什么？想在核心流程和支持流程中开发的能力是什么？

练习题

1.（参考问题求解 1）在 Bjourn Toulouse 教练的带领下，Big Red Herrings 球队在几个足球赛季中都颇令人失望。只有改进球员招募才能使 Big Red Herrings 球队回到获胜状态。由于当前的招募程序，Boehring 大学的球迷们不可能支持 192 美元的季度球票价格提价。改进球员招募将使管理费用从当前的每班 25 000 美元增加为 30 000 美元。大学的预算计划是通过使每班平均人数增加到 75 人，来弥补招生成本。劳动力成本将增加为每 3 学分课程 6 500 美元。资料成本为每名学生每 3 学分课程 25 美元。学费为每学分 200 美元，另外由州政府每学分补贴 100 美元。

   a. 多因素生产率是多少？与问题求解 1 的结果相比，课程的生产率是提高了还是降低了？

   b. 如果对于 75 名学生班级的 3 个学分课程，教师每周平均工作 20 小时，工作时间为 16 周，则劳动生产率是多少？

2. Suds and Duds 洗衣店每周洗涤并熨烫以下数量的衬衫：

周次	人员	总时数	衬衫
第 1 周	Sud 和 Dud	24	68
第 2 周	Sud 和 Jud	46	130
第 3 周	Sud、Dud 和 Jud	62	152
第 4 周	Sud、Dud 和 Jud	51	125
第 5 周	Dud 和 Jud	45	131

   a. 计算每周的劳动生产率。

   b. 解释计算数据所呈现出的劳动生产率模式。

3. CD 播放机在自动装配线流程上生产。每件 CD 播放机的标准成本是 150 美元（劳动力成本 30 美元，物料成本 70 美元，管理费 50 美元）。销售价格为每件 300 美元。

   a. 如果仅通过降低物料成本而使多因素生产率提高 10%，那么原材料成本应该降低的百分比是多少？

   b. 如果仅通过降低劳动力成本而使多因素生产率提高 10%，那么劳动力成本应该降低的百分比是多少？

   c. 如果仅通过降低管理费用而使多因素生产率提高 10%，那么管理费应该降低的百分比是多少？

4. 一个流程产出的价值为每件 100 美元。包括福利在内的劳动力成本为每小时 50 美元。会计部门提供了该流程过去 4 周以来的下列信息：

	第 1 周	第 2 周	第 3 周	第 4 周
生产量（件）	1 124	1 310	1 092	981
劳动力（美元）	12 735	14 842	10 603	9 526
物料（美元）	21 041	24 523	20 442	18 364
管理费（美元）	8 992	10 480	8 736	7 848

   a. 利用多因素生产率看一下最近的流程改造是否有效果，如果有，何时可以见到这种效果？

   b. 劳动生产率是否有变化？利用劳动生产率的数值来支持你的答案。

5. Alyssa 定制蛋糕店最近每月销售 5 个生日蛋糕、2 个婚庆蛋糕和 3 个特制蛋糕，其单价分别为 50 美元、150 美元和 100 美元。包括福利在内的劳动力成本为每小时 50 美元。制作一个生日蛋糕要用 90 分钟；一个婚庆蛋糕要用 240 分钟；一个特制蛋糕要用 60 分钟。Alyssa 蛋糕店当前的多因素生产率是 1.25。

   a. 利用给出的多因素生产率计算蛋糕制作的平均成本。

   b. 计算 Alyssa 蛋糕店每种蛋糕以美元表示的每小时劳动生产率。

   c. 单根据劳动生产率，Alyssa 想要卖得最多的是哪种蛋糕？

   d. 根据 a 中的答案，Alyssa 是否有应该停止销售的蛋糕品种？

高级练习题

6. Big Black Bird 公司（BBBC）有用于紧急军事行动的特殊塑料衬里军服的一个大订单。在正常的两班轮换，每班每周工作 40 小时的条件下，BBBC 的生产流程通常每周以每套 120 美元的标准成本生产该军服 2 500 套。第一班有 70 名员工，第二班 30 名。合同价格是每套军服 200 美元。由于急等要货，允许 BBBC 以每周 6 天，每天 24 小时的连轴转方式生产。当每班工人每周工作 72 小时后，周产量增加为 4 000 套，但成本变为每套 144 美元。
   a. 多因素生产率是提高了、降低了，还是保持不变？如有变化，变化率是多少？
   b. 劳动生产率是提高了、降低了，还是保持不变？如有变化，变化率是多少？
   c. 每周的利润是提高了、降低了，还是保持不变？
7. Mack 的吉他生产车间为初学者生产成本低且耐用的吉他。一般在每月开始生产的 100 把吉他中，只有 80% 达到出售质量，另外 20% 由于在完成生产流程后发现有质量问题而报废。每把吉他售价 250 美元。由于某些生产流程是自动化的，因此每把吉他只需要 10 个劳动小时数。每名员工每月平均工作 160 小时。劳动力成本为每小时 10 美元，物料成本是每把吉他 40 美元，管理费用为 4 000 美元。
   a. 计算劳动生产率和多因素生产率。
   b. 经过研究，运营经理 Darren Funk 提出了提高多因素生产率的三个建议：（1）售价提高 10%；（2）提高质量，使废品率只占 10%；（3）降低 10% 的劳动力成本、物料成本和管理费用。上述哪一种建议对多因素生产率的影响最大？
8. Marian 公司生产各种消费电子产品。其照相机生产厂正在考虑从两个不同的流程中选择其中的一个。这两个流程分别称为 Alpha 和 Beta，可用于生产零部件。为了做出正确的决策，该经理要对这两个流程的劳动生产率和多因素生产率进行比较。Alpha 流程和 Beta 流程每单位产出的价值分别为 175 美元和 140 美元，相应的管理费用分别为 6 000 美元和 5 000 美元。

	Alpha 流程		Beta 流程	
产品	A	B	A	B
产出（单位）	50	60	30	80
劳动力（美元）	1 200	1 400	1 000	2 000
物料（美元）	2 500	3 000	1 400	3 500

   a. Alpha 流程和 Beta 流程中哪个生产率更高？
   b. 从分析中可以得出什么结论？
9. Morning Brew 咖啡店销售普通咖啡、卡布奇诺咖啡和维也纳咖啡。咖啡店当前的日劳动力成本是 320 美元，设备成本是 125 美元，管理费用为 225 美元。饮品的日需求量以及每份饮品的售价和原料成本如下表所示。

	普通咖啡	卡布奇诺咖啡	维也纳咖啡
售出饮品量（份）	350	100	150
每份饮品单价（美元）	2.00	3.00	4.00
原料（美元）	0.50	0.75	1.25

   Morning Brew 咖啡店的经理 Harald Luckerbauer 想知道，如果增加冰淇淋咖啡（Eiskaffee，德国一种冷咖啡、牛奶、甜味剂和香草冰淇淋的混合饮品）会对店里的生产率产生什么影响。他的市场调研表明，冰淇淋咖啡会带来新顾客，并不会对现有需求形成冲击。假设在将冰淇淋咖啡加进饮品单之前购买设备，Harald 对新饮品的平均日需求量和成本进行了预测。新设备的成本是 200 美元，管理费用是 350 美元。修改后的日需求量以及新产品系列的每份售价和原料成本如下表所示。

	普通咖啡	卡布奇诺咖啡	维也纳咖啡	冰淇淋咖啡
售出饮品量（份）	350	100	150	75
每份饮品单价（美元）	2.00	3.00	4.00	5.00
原料（美元）	0.50	0.75	1.25	1.50

   a. 如果将冰淇淋咖啡加入饮品单，计算劳动生产率和多因素生产率的变化。
   b. 如果其他方面保持不变，要销售多少份冰淇淋咖啡才能确保多因素生产率比现有水平有所提高？

案例 Chad's Creative Concepts 公司

Chad's Creative Concepts 公司设计并生产木制家具。该公司由 Chad Thomas 在俄亥俄州桑达斯基市的伊利湖畔建立，从给伊利湖沿岸、Kelly 岛和 Bass 岛附近的度假屋生产定制木家具起家。作为“户外”活动爱好者，Chad 别出心裁地想将“一点户外气息”带入屋内。Chad's Creative Concepts 公司已建立起创意设计和高质量工艺的显赫声誉。销售逐渐覆盖了五大湖（Great Lake）地区。随着公司的发展，又带来了新机会。

一直以来，公司完全集中在客户定制的家具上，由顾客指定用于家具制造的木料品种。随着公司名气的扩大和销量的增加，销售人员开始向零售家具店销售一些更大众化的家具。向零售店进军使 Chad's Creative Concepts 公司进入了更普通的家具系列生产领域。这一系列产品的买家比定制客户对价格更敏感，并提出了更严格的交货要求。但是定制家具仍然在销售中居主导地位，占销售量的 60% 和销售额的 75%。目前公司在桑达斯基市运行着单一制造流程，同时生产顾客定制家具和普通家具。其设备主要是通用的，可以提供定制家具所需要的柔性。车间的布局是将锯床全部放在一个区域，而将板条放在另一区域，其他工具也是如此分类集中放置。成品的质量反映出所选用木材的质量和工人的制作技艺。定制家具和普通家具都由同样的工匠在同一台设备上竞相使用加工时间。

过去几个月，普通家具系列产品的销售稳步增长，导致这一产品系列的生产调度更固定。但是每当必须权衡生产调度计划时，定制家具由于有更高的销售额和利润率，总是放在优先位置。因此，有大量已排好进度的处于不同完成状态的普通家具部件被滞留在工厂。

当 Chad Thomas 回顾公司的发展状况时，他高兴地注意到公司已经在成长。定制家具的销售势头依然强劲，普通家具的销售也稳步增长。但是财务和会计部门却指出，利润不尽如人意。与普通系列产品相关的成本正在上升。资金被原材料库存和在制品库存占用，但必须租用昂贵的公用仓库来存放成品。Thomas 也很关注定制家具和普通家具订单提前期的延长，提前期的延长正在导致承诺的交货时间延长。生产能力有限，工厂没有扩大的空间。Thomas 开始针对新的普通系列产品，审慎地评估制造流程的总体影响。

思考题

1. 为使公司有效运行，Chad Thomas 每天必须做出何种类型的决策？从长远考虑又要做什么决策？
2. 当他们开始向零售商销售普通家具时，销售和营销是如何影响运营的？
3. 向普通家具进军如何影响公司的财务结构？
4. Chad Thomas 为了避免现在所面临的问题，可能会做出怎样完全不同的决策？

资料来源：本案例由维克森林大学的Brooke Saladin博士编写，可用作课堂讨论。

参考文献

Chase, Richard B., and Uday M. Apte. “A History of Research in Service Operations: What's the Big Idea?” *Journal of Operations Management*, vol. 25, no. 2 (2007), pp. 375–386.

Collis, David J. and Michael G. Rukstad. “Can You Say What Your Strategy Is?” *Harvard Business Review*, vol. 86, no. 4 (2008), pp. 82–90.

Fitzsimmons, James A., and Mona Fitzsimmons. *Service Management*. New York: McGraw-Hill, 2005.

Gaimon, Cheryl. “The Management of Technology: A Production and Operations Management Perspective.” *Production and Operations Management*, vol. 17, no. 1 (2008), pp. 1–11.

Hammer, Michael. “Deep Change: How Operational Innovation Can Transform Your Company.” *Harvard Business Review* (April 2004), pp. 85–93.

Heineke, Janelle, and Mark Davis. “The Emergence of Service Operations as an Academic Discipline.” *Journal of Operations Management*, vol. 25, no. 2 (2007), pp. 364–374.

Hill, Terry. *Manufacturing Strategy: Text and Cases*, 3rd ed. Homewood, IL: Irwin/McGraw-Hill, 2000.

Huckman, Robert S., and Darren E. Zinner. “Does Focus Improve Operational Performance? Lessons from the Management of Clinical Trials.” *Strategic Management Journal*, vol. 29 (2008), pp. 173–193.

Karmarkar, Uday. “Will You Survive the Services Revolution?” *Harvard Business Review*, vol. 82 (2004), pp. 100–108.

Kaplan, Robert S., and David P. Norton. *Balanced Scoreboard*. Boston, MA: Harvard Business School Press, 1997.

King Jr., Neil. “A Whole New World.” *Wall Street Journal* (September 27, 2004).

Meyer, Christopher and Andre Schwager. “Understanding customer experience." *Harvard Business Review*, vol. 85 (2007), pp. 116–126.

Neilson, Gary L., Karla L. Martin, and Elizabeth Powers. "The secrets to successful strategy execution." *Harvard Business Review*, vol. 86, no. 6 (2008), pp. 60–70.

Pande, Peter S., Robert P. Neuman, and Roland R. Cavanagh. *The Six Sigma Way*. New York: McGraw-Hill, 2000.

Porter, Michael. *Competitive Advantage*. New York: The Free Press, 1987.

Porter, Michael E., and Mark R. Kramer. "Strategy and Society: The Link Between Competitive Advantage and Corporate Social Responsibility." *Harvard Business Review*, vol. 84, no. 12 (2006), pp. 78–92.

Safizadeh, M. Hossein, Larry P. Ritzman, Deven Sharma, and Craig Wood. "An Empirical Analysis of the Product–Process Matrix." *Management Science*, vol. 42, no. 11 (1996), pp. 1576–1591.

Skinner, Wickham. "Manufacturing—Missing Link in Corporate Strategy." *Harvard Business Review* (May–June 1969), pp. 136–145.

Voss, Chris, Aleda Roth, and Richard Chase. "Experience, Service Operations Strategy, and Services as Destinations: Foundations and Exploratory Investigation" *Production and Operations Management*, vol. 17, no. 3 (2008), pp. 247–266.

Ward, Peter T., and Rebecca Duray. "Manufacturing Strategy in Context: Environment, Competitive Strategy and Manufacturing Strategy." *Journal of Operations Managemen*t, vol. 18 (2000), pp. 123–138.

Womack, James P., Daniel T. Jones, and Daniel Roos. *The Machine That Changed the World*. New York: HarperPerennial, 1991.

补充资料

A 决策制定

运营管理人员在管理流程和供应链时，要做出许多决策。尽管每次的具体情况不同，但决策制定通常涉及相同的基本步骤：（1）认识并清楚地界定问题；（2）收集用于分析备选方案所需的信息；（3）从备选方案中选择并实施最可行的方案。

有时，在一个安静的房间里认真思考就足够了。而有时，则需要与他人交流或使用更正式的程序。下面我们给出四种这样的正式程序：盈亏平衡分析法、偏好矩阵法、决策论和决策树。

- 盈亏平衡分析法帮助管理人员确定在数量上或需求上需要有多大变化才能使第二套方案比第一套方案更好。
- 偏好矩阵帮助管理人员处理一些多准则问题，这类问题无法利用总利润或总成本这样的单一衡量标准来评价。
- 决策论帮助管理人员在结果不确定的条件下选择最佳方案。
- 决策树帮助管理人员做序贯决策，即今天的最佳决策取决于明天的决策和事件。

盈亏平衡分析法

为了评估新服务或新产品的设想，或者评价现有服务或产品的绩效，我们需要确定该服务或产品在盈亏平衡点上的销售量。**盈亏平衡量**（break-even quantity）就是总收入与总成本相等时的销售量。这种方法就是众所周知的**盈亏平衡分析法**（break-even analysis）。通过找出使两种不同流程具有相同总成本的销售量，盈亏平衡分析法还可用于流程比较。

学习目标　　学完本章内容后，你应该能够：

1. 用图解法和代数法解释盈亏平衡分析。
2. 定义偏好矩阵。
3. 说明如何构造支付矩阵。
4. 认识各种决策准则：最大最小准则、最大最大准则、拉普拉斯准则、最小最大遗憾值准则及期望值准则。
5. 说明如何绘制和分析决策树。

在做出最终决策前，一名管理人员正在电脑前认真思考和分析。

评估服务或产品

盈亏平衡分析的第一个目的：评估新的或现有服务或产品的利润潜力。盈亏平衡分析法可以帮助管理人员回答下列问题：

- 预计的服务或产品销售量是否足以达到盈亏平衡（既不盈利又不亏损）？
- 根据当前的价格和销售预测结果，为了达到盈亏平衡，每单位可变成本必须低到多少？
- 为了达到盈亏平衡，固定成本必须低到多少？
- 价格水平对盈亏平衡量有什么影响？

盈亏平衡分析基于以下假设：与提供特定服务或产品有关的全部成本可以分解为两大类：（1）可变成本和（2）固定成本。

可变成本（variable cost）c 是总成本中直接与产出量成正比变化的部分：每单位原材料成本、劳动力成本，通常还有一部分间接费用。如果令 Q 等于每年服务的顾客数或生产的产品数，则总可变成本 $= cQ$。**固定成本**（fixed cost）F 是无论产出水平如何变化总成本中总保持不变的那部分成本：租用或购买新设备或新设施的年成本（包括折旧、利息、税收和保险费用）、工资、公用事业费用以及部分销售和广告预算。因此，服务或产品的总成本等于固定成本加上可变成本与数量之积，即

$$总成本 = F + cQ$$

无论 Q 的数量大小，假定每单位可变成本都是相同的，因此，总成本是线性的。如果假定所有生产的产品都售出，则年度总收入等于每单位产品的收入 p 乘以销售量 Q，即

$$总收入 = pQ$$

如果我们令总收入与总成本相等，就可以得出盈亏平衡量：

$$\begin{aligned} pQ &= F + cQ \\ (p - c)\,Q &= F \\ Q &= \frac{F}{p-c} \end{aligned}$$

我们还可用图解法得出这一盈亏平衡量。由于成本和收入是线性关系，因此盈亏平衡量所在的位置就是总收入线与总成本线相交的地方。

例 A.1　求盈亏平衡量

一家医院正在考虑以每名患者 200 美元的价格提供一种新的治疗手段。每年的固定成本为 10 万美元，每名患者的总可变成本为 100 美元。这项服务的盈亏平衡量是多少？分别用代数法和图解法求解。

解

由盈亏平衡公式得：

$$Q = \frac{F}{p-c} = \frac{100\ 000}{200-100} = 1\ 000 \text{ 名患者}$$

使用图解法要画出两条直线：一条成本线和一条收入线。两点决定一条直线，因此首先要计算出两种不同产出水平的成本和收入。下表显示了 $Q = 0$ 和 $Q = 2\ 000$ 时的结果。选择 0 作为第一个点是因为容易标出总收入（0）和总成本（F）。也可使用任何两个间隔合理的产出水平进行计算。

数量（患者数）（Q）	年度总成本（$）（100 000+100$Q$）	年度总收入（$）（200$Q$）
0	100 000	0
2 000	300 000	400 000

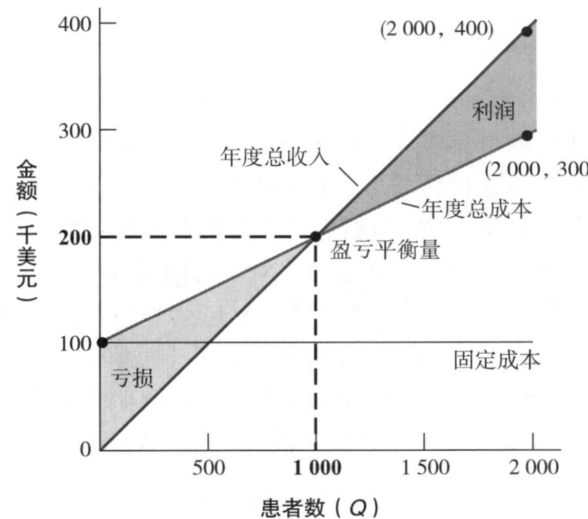

图 A.1
盈亏平衡分析的图解法

现在经过点（0，100 000）和（2 000，300 000）我们可以画出成本线。收入线在（0，0）和（2 000，400 000）之间。如图 A.1 所示，两条直线在 1 000 名患者处，即盈亏平衡量处相交。

决策重点

管理层预计需要新疗法的患者人数超过 1 000 名时的盈亏平衡量，但是在做最终选择前要先了解该决策对需求水平的灵敏度。

盈亏平衡分析无法告诉管理者是坚持一种新服务或新产品的设想，还是终止一个现有的产品系列。这种方法只能说明相对各种成本和销售量的预测可能会出现的情况。为了评估各种“如果 – 则”问题，我们可以使用一种被称为**灵敏度分析**（sensitivity analysis）的方法，这种方法系统地改变模型中的参数，从而确定由这些改变带来的影响。这一概念在后面还可应用于其他方法，如线性规划法。这里我们评估总利润对不同定价策略、总利润对销售量预测或总利润对成本估计的灵敏度。

例 A.2　销售量预测值的灵敏度分析

如果在图 A.1 中对提议的疗法最悲观的销售预测是 1 500 名患者，则该新疗法每年对利润和间接费用的总贡献为多少?

解

图中显示，即使是最悲观的预测结果仍然位于盈亏平衡量以上，这非常令人鼓舞。用总收入减去总成本，得到该疗法的总贡献为

$$\begin{aligned} pQ-(F+cQ) &= 200\times 1\,500-(100\,000+100\times 1\,500)\\ &= \$50\,000 \end{aligned}$$

决策重点

即使是最悲观的预测，新疗法每年的贡献也达到 \$50 000。在用现值法评估该方案后，管理层将该新疗法添加到医院的服务项目中。

流程评估

通常，我们必须在两个流程之间做出选择，或者在内部流程与从外部购买服务或物料之间做出选择。在这种情况下，我们假定决策结果不影响收入。管理者必须研究每种方法的所有成本及优点。分析人员不是要求出总成本与总收入相等的数量，而是要求出使两种方案总成本相同的数量。对于自制或外购决策，这一数量就是使总“外购”成本与总“自制”成本相等的量。令 F_b 为外购方案（每年）的固定成本，F_m 为自制方案（每年）的固定成本，c_b 为外购方案（每单位）的可变成本，c_m 为自制方案的可变成本。因此，外购方案的总成本为 F_b+c_bQ，自制方案的总成本为 F_m+c_mQ。为了求出盈亏平衡量，令两个总成本相等并解出数量 Q：

$$F_b+c_bQ=F_m+c_mQ$$

$$Q=\frac{F_m-F_b}{c_b-c_m}$$

在不考虑定性因素的情况下，只有在自制方案的可变成本低于外购方案的可变成本时，才会考虑自制方案。原因在于“自制”服务或产品的固定成本通常会高于外购方案的固定成本。在这种情况下，当产量低于盈亏平衡量时，外购是更好的选择。当产量超过这一数值后，自制方案则更好。在第 10 章“供应链设计”中，提出了在做自制或外购决策时其他的考虑因素。

例 A.3　自制或外购决策的盈亏平衡分析

一家以汉堡为特色的快餐店经理打算在菜单中加入沙拉。在菜单中加入沙拉的两种新方案对顾客收取的价格是一样的。自制方案需要安装存贮蔬菜、水果和沙拉调料的沙拉台，让顾客自己调制沙拉。沙拉台必须租赁获得，还要聘用一名兼职员工。该经理估计自制方案固定成本为 12 000 美元，每份沙拉的总可变成本为 1.5 美元。外购方案则是购买事先调配好的可以直接销售的沙拉。沙拉从本地供应商以每份 2 美元的价格购买。供应配好的沙拉需要另外安装和运行冷藏系统，其年固定成本是 2 400 美元。该经理预期每年可以销售 25 000 份沙拉。

自制或外购的盈亏平衡量是多少?

解

由盈亏平衡量公式得出：

$$Q = \frac{F_m - F_b}{c_b - c_m}$$

$$= \frac{12\ 000 - 2\ 400}{2.0 - 1.5} = 19\ 200（份）$$

	流程1	流程2
固定成本（F）	\$12 000	\$2 400
可变成本（c）	\$1.50	\$2.00
预期需求量	25 000	
盈亏平衡量	19 200.0	

决策结果：流程1

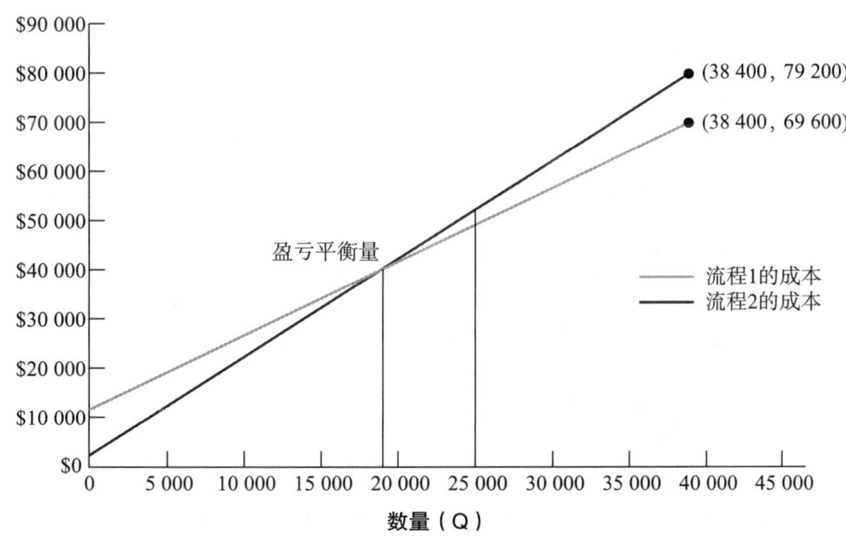

图 A.2
例 A.3 的 OM Explorer 盈亏平衡分析求解软件

图 A.2 给出了 OM Explorer 盈亏平衡分析求解软件得出的解。盈亏平衡量是 19 200 份沙拉。由于每年 25 000 份的销售预测值超过了这一数值，因此优先考虑自制方案。只有当快餐店的预期销售量低于 19 200 份沙拉时，外购才是更好的选择。

决策重点

在考虑如顾客偏好和需求不确定性等定性因素后，管理层选择了自制方案。其中一个决定性因素是 25 000 份沙拉的销售预测值大大超过了 19 200 份沙拉这一盈亏平衡量。

偏好矩阵法

我们经常需要在不能将多个标准简单合并为一个单一衡量标准（如美元）的情况下做决策。例如，关于在两个城市中的哪一个城市设立新工厂这样的决策，管理人员必须考虑这些不可量化的因素，如两个城市的生活质量、工人的工作态度、公众的接受程度等。这些重要的因素是不容忽视的。所谓**偏好矩阵**（preference matrix）就是一个表格，使管理人员根据几个绩效指标对备选方案打分。只要对所有参与比较的备选方案采用相同的分值范围，就可以对各个指标在任意范围内打分：比如可以从 1（最坏可能性）到 10（最好可能性）或者从 0 到 1。根据重要性对每个分数加权，使总权重等于 100。总分数等于所有指标的加权分数（权重 × 分数）之和。管理人员可以逐一比较，也可以根据事先确定的阈值比较各备选方案的分数。

例 A.4 利用偏好矩阵评估备选方案

下表给出了新产品蓄热空调的绩效指标、加权值和分数（1= 最差，10= 最优）。如果管理层只想引入一种新产品，且对于任何一种其他新产品设想总分最高为 800，则公司是否应该坚持生产这种空调?

绩效指标	加权值（*A*）	分数（*B*）	加权分数（*A*×*B*）
市场潜力	30	8	240
单位利润率	20	10	200
运营兼容性	20	6	120
竞争优势	15	10	150
投资需求	10	2	20
项目风险	5	4	20
			加权分 =750

解

蓄热空调加权分数之和是 750，低于另一种产品的 800 分，这一结果由图 A.3 所示的 OM Explorer 的偏好矩阵求解软件确认。

图 A.3
例 A.4 的 OM Explorer 偏好矩阵求解软件

插入一个指标 增加一个指标 删除一个指标

	加权值（A）	分数（B）	加权分数（A×B）
市场潜力	30	8	240
单位利润率	20	10	200
运营兼容性	20	6	120
竞争优势	15	10	150
投资需求	10	2	20
项目风险	5	4	20
	最终加权得分		750

决策重点

管理层应该放弃蓄热空调的设想。考虑到多项指标且管理者此时只想引入一种新产品，那么有关另一种新产品的设想要更好一些。

并非所有管理人员都愿意使用偏好矩阵法。因为这种方法要求管理人员在考察各备选方案之前先说明各指标的权重——尽管恰当的权重并不是显而易得的。也许只有在参照几个备选方案的分数后，管理人员才能确定什么是重要的，什么是不重要的。由于在一项指标上的低分可能被另一项指标上的高分所补偿，因此偏好矩阵

方法也可能使管理人员忽略重要信号。在例 A.4 中，蓄热空调的投资可能超出公司的财务能力。在这种情况下，无论分数多高，管理人员都不应该考虑这一方案。

决策论

决策论（decision theory）是在备选方案结果不确定时做决策的一种通用方法。决策论帮助运营管理人员在流程、产能、选址和库存等方面进行决策，因为这类决策都是有关未来不确定性的决策。其他职能领域管理人员也可以使用决策论。使用决策论时，管理人员按以下步骤做选择：

1. 列出可行的*备选方案*。一个始终被视为参考的备选方案就是什么都不做，这其中有个基本假定是备选方案的数量是有限的。例如，管理人员在决定在一个城市的哪个地方新开一家零售店时，理论上，他可以考虑坐落在城市地图上的每个栅格。但在现实中，管理人员必须将可供选择的数量缩小在一个合理范围内。
2. 列出对选择的结果会产生影响但是不受管理人员控制的事件（有时称为*随机事件*或*自然状况*）。例如，对新设施的需求可能很高或很低，这不但取决于选址是否会方便顾客，还取决于竞争对手的做法以及零售业的总体趋势。然后，将事件按照合理的分类进行分组。例如，假定每天的平均销量可以是从 1 到 500 的任何值，但管理人员不是考虑 500 个事件，而是仅用 3 个事件来代表需求：每天 100 件、每天 300 件或每天 500 件。事件必须是互斥且全面的，就是说这些事件既不互相重叠又能覆盖所有可能性。
3. 计算每个备选方案在每一事件中的*报酬*。一般来说，这个报酬指总利润或总成本。可以将这些报酬填入**支付矩阵**（payoff table），它表示当每种可能的事件发生时，每种备选方案的收益或损失数量。对于有 3 种方案 4 种事件的情况，矩阵有 12（3×4）个报酬值。当不考虑资金的时间价值引起的重大失真时，报酬值应该以现值或内部收益率表示。对于带有重要定性因素的多准则问题，用偏好矩阵法的加权分数作为报酬值。
4. 利用过去的数据、高级管理人员的意见或其他预测方法估计每种事件发生的可能性。将这种可能性表示为*概率*，确保概率之和为 1.0。如果认为过去的数据可以很好地预示未来，则可以根据过去的数据得出概率估计。
5. 选择*决策准则*来评价备选方案，比如选择具有最低期望成本的方案。准则的选择取决于管理人员所掌握的有关事件可能性的信息量，以及管理人员对风险的态度。

下面用上述步骤来探究三种不同情况下的决策问题：确定型决策、不确定型决策和风险型决策。

确定型决策

最简单的情况是管理人员知道哪种事件会发生。这里的决策准则是选取已知事件下具有最佳报酬值的方案。如果报酬值以利润表示，则最佳方案就是具有最大报酬值的方案。如果报酬值以成本表示，则最佳方案就是具有最小报酬值的方案。

例 A.5 确定型决策

一名管理人员正决定是建一个小型设施还是大型设施。这在很大程度上取决于未来对这一设施的需求量,这种需求可能很小也可能很大。管理人员确切地知道各方案所带来的报酬值,如下面的支付矩阵所示。表中的报酬值（千美元）是每套方案在每一事件发生时的未来收入减去成本后的现值。

	未来可能的需求量（千美元）	
方案	低	高
小设施	200	270
大设施	160	800
什么也不做	0	0

未来的需求量低时的最佳选择是什么?

解

在本例中，最佳选择是具有最大报酬值的方案。如果管理人员知道未来的需求量低，则公司应该建一个小型设施并享受其带来的 200 000 美元的收益。大型设施的收益只有 160 000 美元。“什么也不做”的方案是受其他方案支配的，也就是说，对于每一可能事件来说，其产出都不如其他方案。由于“什么也不做”方案是受支配的，因此管理人员不会进一步考虑这一方案。

决策重点

如果管理人员真知道未来需求，当需求量低时就会建小型设施，需求量大时就会建大型设施。如果需求不确定，就应该考虑其他决策准则。

不确定型决策

这里我们假定管理人员能够列出可能发生的事件，但是却无法估计这些事件发生的概率。也许是之前缺少经验使公司难以估计概率。在这种情况下，管理人员可以使用以下四种决策准则中的一种。

1. 最大最小准则。选择“最坏情况下最好的”方案。这种准则适用于悲观主义者，他们预期每套方案都会出现“最坏的情况”。
2. 最大最大准则。选择“最好情况下最好的”方案。这种准则适用于乐观主义者，他们总是有很高的预期，而且喜欢“孤注一掷”。
3. 拉普拉斯准则。选择具有最好的加权报酬值的方案。为了求出加权报酬值，对每一事件赋予同等的重要性（或者换一种说法，相同的概率）。如果有 n 种事件，则每一事件的重要性（或概率）就是 $1/n$，因此事件的概率和为 1.0。这种准则适用于现实主义者。
4. 最大遗憾中取最小准则。选择具有“最遗憾”特点的最佳方案。计算一个遗憾值表（或机会损失表），表中的行代表方案，列代表事件。遗憾值就是同一列中给出的报酬值与最佳报酬值之间的差值。对一个事件来说，它表示所选择的方案相对于该事件下的最佳方案而承受的损失。根据情况，遗憾值可以是损失的利润或者增加的成本。

例 A.6　不确定型决策

重新考虑例 A.5 中的支付矩阵，每种决策准则下的最佳方案是什么？

解

a. 最大最小准则。由于报酬值是利润，因此一种方案最差的报酬值是支付矩阵中该行的最小值。其最差报酬值（千美元）为

方案	最差报酬值（千美元）
小设施	200
大设施	160

这些最差数值中的最佳值是 200 000 美元，因此悲观主义者会选择建一个小型设施。

b. 最大最大准则。一种方案的最佳报酬值（千美元）是支付矩阵中该行的最大值。

方案	最佳报酬值（千美元）
小设施	270
大设施	800

这些最佳报酬值中的最佳值是 800 000 美元，因此乐观主义者会选择建一个大型设施。

c. 拉普拉斯准则。对于两个事件，我们给每一事件分配的概率为 0.5。因此加权报酬值（千美元）为

方案	加权报酬值（千美元）
小设施	0.5 × 200 + 0.5 × 270 = **235**
大设施	0.5 × 160 + 0.5 × 800 = **480**

这些加权报酬值中的最佳值是 480 000 美元，因此现实主义者会选择建一个大型设施。

d. 最大遗憾中取最小准则。如果需求变得很低，其最佳方案是建小型设施，因此遗憾值为 0（或者 200–200）。如果建了大型设施而此时需求变得很低，则遗憾值为 40（或者 200–160）。

	遗憾值		
方案	需求量低	需求量高	最大遗憾值
小设施	200 − 200 = **0**	800 − 270 = **530**	**530**
大设施	200 − 160 = **40**	800 − 800 = **0**	**40**

表中最右边的列表示各种方案的最大遗憾值。为使最大遗憾值最小，选择建大型设施。最大的遗憾是建了小型设施但需求量却很大。

决策重点

悲观主义者会选择小型设施。现实主义者、乐观主义者及在最大遗憾值中取最小的管理人员都会选择建大型设施。

风险型决策

这里我们假定管理人员能够列出可能的事件，并能估计这些事件发生的概率。这时，管理人员所掌握的信息比确定型决策要少，但是比不确定型决策要多。对这种中间状况，（实践中和本书中）广泛使用的决策准则是期望值决策准则。每种方案的期望值由两步得出：首先对每个报酬值用其概率进行加权，然后对这些加权的报酬值求和。具有最佳期望值（最高利润或最低成本）的方案将被选中。

这一准则与拉普拉斯决策准则十分相似，只是事件不再被假定为具有相同的可能性（或同等重要）。当决策可以多次重复时，期望值就是平均报酬值。当然，期望值决策准则在错误的事件发生时会导致坏的结果。但是，当长时间坚持应用这一准则时，它会给出最佳结果。当管理人员倾向于规避风险时，则不应该使用这一准则。

例 A.7 风险型决策

重新考虑例 A.5 中的支付矩阵。对期望值决策准则来说，如果需求量小的概率估计值为 0.4，而需求量大的概率估计值为 0.6，那么最佳方案是什么？

解

每一种方案的期望值如下所示：

方案	期望值（千美元）
小设施	0.4 × 200 + 0.6 × 270 = **243**
大设施	0.4 × 160 + 0.6 × 800 = **544**

决策重点

如果使用期望值决策准则，管理人员会选择建大型设施，这是因为长时间坚持应用这一准则，它将会提供最佳的长期结果。

决策树

决策树方法是一种在诸如产品规划、流程分析、流程能力和选址等各种流程和供应链决策中应用的常用方法。当需求不确定且涉及序贯决策时，用决策树评估不同的产能扩张方案尤其有价值。例如，一家公司在 2013 年只扩张了设施，但到 2016 年却发现需求大大高于预测。在这种情况下，就需要做第二次决策，来确定是要再次扩张，还是另建一个设施。

决策树（decision tree）是决策者可用的各种方案及其可能结果的一种图解模型。这一名称来源于模型的外观很像一棵树。决策树由一些代表决策点的方形节点，以及在这些节点右边代表不同备选方案的（从左到右的）分枝组成。由圆形节点，或称机会节点引出的分枝代表事件。每一随机事件的概率 $P(E)$ 标示于相应分枝的上方。由一个机会节点引出的所有分枝的概率加起来必须等于 1.0。条件报酬值，即每种可能的方案 – 事件组合的报酬值，标示在每种组合的末尾。在分析开始之前，报酬值只出现在每种方案 – 事件组合末端的端点上。例如，在图 A.4 中，当选择方案 1 且

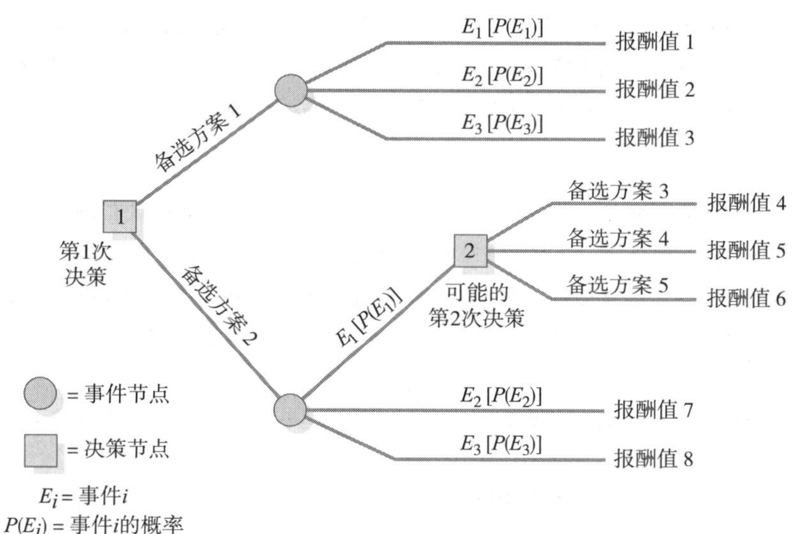

图 A.4
决策树模型

事件 1 发生时，管理人员期望得到的财务结果就是报酬值 1。

在分枝左端没有相应的报酬值，比如作为一个整体的方案 1，因为这一方案分枝后面紧跟着一个随机事件而非端点。报酬值通常用净利润的现值表示。如果收入不受决策的影响，则用净成本表示报酬值。

在画出决策树之后，我们从右到左求解，对每个节点按下述方法计算期望报酬值：

1. 对事件节点，我们用每个事件分枝上的报酬值乘以该事件的概率。将这些乘积相加就会得到该事件节点的期望报酬值。
2. 对决策节点，我们选取具有最佳期望报酬值的方案。如果一个方案后面跟着事件节点，则其方案的报酬值就等于该事件节点（已经计算出的）的期望报酬值。通过在分枝上画两条短线来“锯掉”或者“剪除”其他未被选中的分枝，这样，决策节点上的期望报酬值就等于保留下来未被剪除分枝的期望报酬值。继续这一过程直到到达最左侧的决策节点。从这里延伸出来未被剪除的分枝就是将要实施的最佳方案。如果涉及多阶段决策，在决定下一步做什么之前必须等待后续事件的结果。如果得到了新的概率或报酬值的估计值，就要重复前述过程。

有各种软件可用来画决策树。PowerPoint 虽然没有分析决策树的能力，但可以用来画决策树。除 POM for Windows 外，SmartDraw 软件、Palisade 公司的 PrecisionTree 决策分析软件以及 TreePlan 软件都具有很强的分析能力。

例 A.8 决策树分析

零售商必须决定在新地点建设一个小型设施还是大型设施。该地点的需求量可能很小，也可能很大，相应的概率估计值分别为 0.4 和 0.6。如果建小型设施但结果需求量却很大，那么管理人员可能选择不扩张（报酬值 =223 000 美元）或是扩张（报酬值 =270 000 美元）。如果建了小型设施且需求量也小，就没有理由扩张，其报酬值为 200 000 美元。如果建大型设施但结果需求量却很小，其选择是什么也不做（报酬值 =40 000 美元），或者在当地做广告刺激需求。广告的反应可能很温和也可能反响强烈，这两种情况的概率估计分别为 0.3 和 0.7。如果反应温和，估计其报酬值仅为 20 000 美元；如果反响强烈，其报酬值就会增至 220 000

美元。最后，如果建了大型设施且需求量证明也很大，则报酬值为 800 000 美元。

画出一棵决策树，然后进行分析，最后确定每个决策和事件节点的期望报酬值。哪种方案——建小型设施还是大型设施——将具有更高的期望报酬值？

解

图 A.5 所示的决策树给出了事件的概率以及 7 种方案－事件组合的报酬值。第一次决策是建小型设施还是大型设施。这一决策节点在图的最左端，因为这是零售商当前必须做的决策。第二个决策节点——是否在以后扩张——只有在建了小型设施而需求量又很大的情况下才会到达。最后，第三个决策点——是否做广告——仅当零售商建了大型设施而结果需求量很小时才会到达。

决策树分析始于从右向左计算期望报酬值，在图 A.5 中标记在对应事件节点和决策节点的下方。

1. 与广告相关的事件节点的期望报酬值是 160 000 美元，即每一事件的报酬值与其概率的加权之和（0.3 × 20 000 + 0.7 × 220 000）。
2. 决策节点 3 的期望报酬值为 160 000 美元，因为做广告（160 000）比什么也不做（40 000）要好。剪除什么也不做这一方案分枝。
3. 决策节点 2 的报酬值为 270 000 美元，因为扩张（270 000）比不扩张（223 000）要好。剪除不扩张这一方案分枝。
4. 假定建了小型设施，则与需求相关的事件节点的期望报酬值是 242 000 美元，即（0.4 × 200 000 + 0.6 × 270 000）。
5. 假定建了大型设施，则与需求相关的事件节点的期望报酬值是 544 000 美元，即（0.4 × 160 000 + 0.6 × 800 000）。
6. 决策节点 1 的期望报酬值为 544 000 美元，因为大型设施的期望报酬值最大。剪除小型设施这一方案分枝。

决策重点

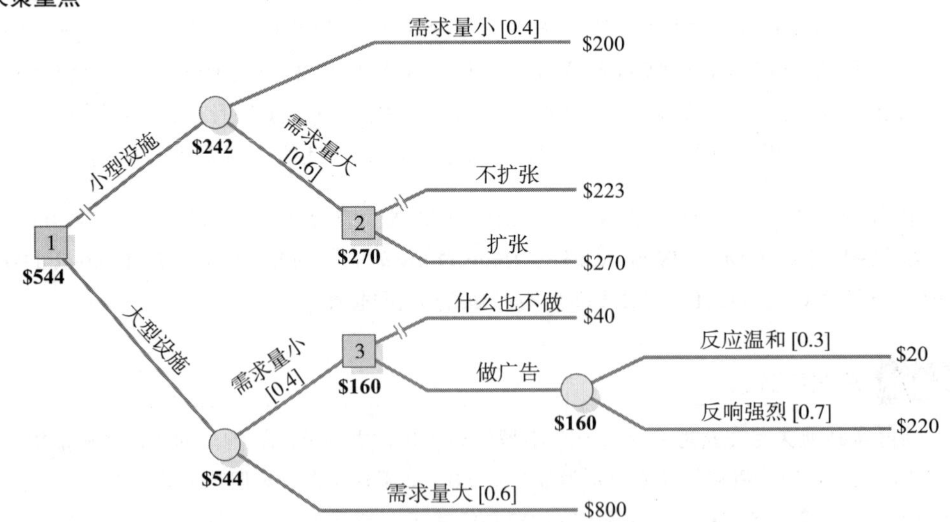

图 A.5
零售商的决策树
（千美元）

零售商应该建大型设施。这是当前所能做的唯一的初步决策。后续决策要在知道实际需求是大还是小之后再做。

学习目标回顾

1. **用图解法和代数法解释盈亏平衡分析。**“评估服务或产品”一节对这种分析方法进行了阐述。例 A.1 和问题求解 1 都说明了这两种方法。例 A.3 说明了盈亏平衡分析法在不同流程评估中的应用。
2. **定义偏好矩阵。**参见“偏好矩阵法”一节，掌握涉及非定量因素的决策方法，其中某些因素被认为比其他因素更重要。例 A.4 和问题求解 2 说明了计算过程。
3. **说明如何构造支付矩阵。**“决策论”一节一开始就说明了支付矩阵的构造步骤，表中显示了每种可行方案和每个事件的报酬值。参见例 A.5 中的支付矩阵。
4. **认识各种决策准则：最大最小准则、最大最大准则、拉普拉斯准则、最大遗憾中取最小准则以及期望值准则。**“不确定型决策”和“风险型决策”两节对这些决策准则进行了阐述，它们用于备选方案的结果不确定情况下的决策问题。例 A.6、例 A.7 及问题求解 3 说明了这些准则的应用方法。
5. **说明如何绘制和分析决策树。**“决策树”一节说明了如何绘制和分析决策树，该方法适用于在相当长的时间有几套方案可供选择时的决策问题。例 A.8 及问题求解 4 说明如何从右向左反向计算，并随着计算的推进而剪除方案分枝，直到在决策节点 1 求出最佳方案。

关键公式

1. 盈亏平衡量： $Q = \dfrac{F}{p - c}$
2. 流程评估，自制或外购型决策的无差别产量：$Q = \dfrac{F_m - F_b}{c_b - c_m}$

关键术语

盈亏平衡量	固定成本	决策论
盈亏平衡分析	灵敏度分析	支付矩阵
可变成本	偏好矩阵	决策树

问题求解 1

一家小型制造企业的所有者为一种清洗餐具和厨房下水道的新设备申请了专利。在将新设备商业化并加入现有的产品系列之前，所有者希望该设备有很大的把握能成功。每生产和销售一件设备的可变成本估计为 7 美元。固定成本大约每年 56 000 美元。

a. 如果销售价格定为 25 美元，为达到盈亏平衡，必须生产和销售多少套设备？请分别用代数法和图解法求解。
b. 如果价格降为 15 美元，第一年的预测销售量是 10 000 套。应用这一定价策略，该产品在第一年贡献的利润是多少？

解

a. 利用代数法，得到

$$Q=\frac{F}{p-c}=\frac{56\ 000}{25-7}$$
$$=3\ 111\text{（套）}$$

运用图解法，如图 A.6 所示，先画两条直线

$$\text{总收入}=25Q$$
$$\text{总成本}=56\ 000+7Q$$

两条直线在 $Q=3\ 111$ 处相交，该点即盈亏平衡点。

b. 总利润 = 总收入 – 总成本

$=pQ-(F+cQ)$

$=15\times 10\ 000-(56\ 000+7\times 10\ 000)$

$=\$24\ 000$

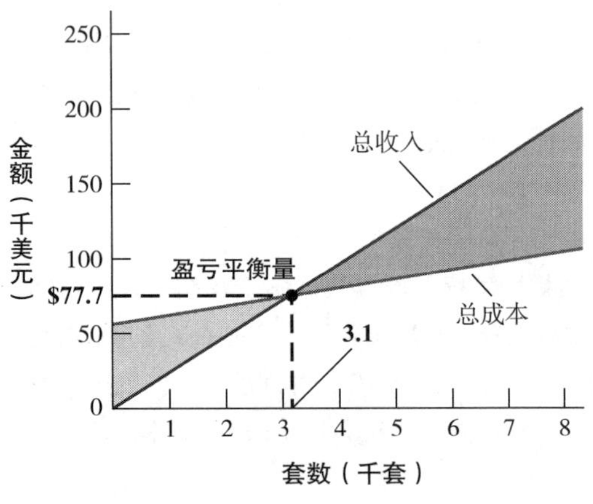

图 A.6

问题求解 2

Herron 公司正在筛选 A、B 和 C 三种新产品设想。由于资源约束，其中只有一种产品设想能够转化成商品。对于产品绩效指标及其从 1（最差）到 10（最好）的评分列于下表。Herron 公司的管理人员对所有绩效指标给予相同的权重。应用偏好矩阵法求解，找出最佳的产品方案。

	评分		
绩效指标	**产品 A**	**产品 B**	**产品 C**
1. 需求不确定性及项目风险	3	9	2
2. 与现有产品的相似性	7	8	6
3. 预期投资回报率（ROI）	10	4	8
4. 与当前生产流程的兼容性	4	7	6
5. 竞争优势	4	6	5

解

5 个指标中每一个的权值都为 1/5 或 0.20。

产品	计算	总分
A	(0.20 × 3) + (0.20 × 7) + (0.20 × 10) + (0.20 × 4) + (0.20 × 4)	= 5.6
B	(0.20 × 9) + (0.20 × 8) + (0.20 × 4) + (0.20 × 7) + (0.20 × 6)	= 6.8
C	(0.20 × 2) + (0.20 × 6) + (0.20 × 8) + (0.20 × 6) + (0.20 × 5)	= 5.4

最佳选择是产品 B。产品 A 和产品 C 的总加权分要低得多。

问题求解 3

Adele Weiss 经营校园花店。鲜花需要提前三天从墨西哥的供应商处订购。尽管情人节即将来临，但鲜花销售几乎总是在最后一分钟即兴购买。鲜花的预订量很小，Weiss 无法估计情人节那天红玫瑰需求量低（25 打）、中（60 打）或高（130 打）的概率。她以每打 15 美元的价格买入红玫瑰，并以每打 40 美元的价格售出。构造一个支付矩阵，求以下各决策准则下的最佳订购方案。

a. 最大最小准则
b. 最大最大准则
c. 拉普拉斯准则
d. 最大遗憾中取最小准则

解

本题的支付矩阵如下

	红玫瑰的需求量		
备选方案	**低（25 打）**	**中（60 打）**	**高（130 打）**
订 25 打	$625	$625	$625
订 60 打	$100	$1 500	$1 500
订 130 打	($950)	$450	$3 250
不订	$0	$0	$0

a. 在最大最小准则下，Weiss 应该订购 25 打。因为当需求量低时，Weiss 的利润是 $625，这是最坏报酬值中的最佳值。
b. 在最大最大准则下，Weiss 应该订购 130 打。最大可能的报酬值为 $3 250，是由最大订购量产生的。
c. 在拉普拉斯准则下，Weiss 应该订购 60 打。对订购 25 打、60 打和 130 打的等值加权报酬值分别是 $625、$1 033 和 $917。
d. 在最大遗憾中取最小准则下，Weiss 应该订购 130 打。如果需求量大，那么订购 25 打的最大遗憾值就会发生：$3 250 – $625 = $2 625。如果需求量大，那么订购 60 打的最大遗憾值就会发生：$3 250 – $1 500 = $1 750。如果需求量小，那么订购 130 打的最大遗憾值就会发生：$625 – (–$950) = $1 575。

问题求解 4

White Valley 滑雪度假村正计划在新的滑雪场安装滑雪缆车。管理者要确定到底需要一套缆车还是两套缆车。每套缆车每天可以接纳 250 人。滑雪通常在每年的 12 月到次年 4 月的 14 周时间，在这期间缆车每周运行 7 天。在经济状况差的条件下，第一套缆车将以 90% 的能力利用率运行，这种情况出现的概率被认为是 0.3。在经济状况正常的情况下，第一套缆车以 100% 的能力利用率运行，余下的游客将占用第二套缆车 50% 的能力利用率，这种情况出现的概率为 0.5。如果经济状况良好，这种情况出现的概率为 0.2，此时第二套缆车的利用率将提高至 90%。考虑到资金的时间价值和缆车的经济寿命，安装一套新缆车的等价年度成本是

50 000 美元。如果同时购买两套缆车，则安装两套缆车的年度成本只有 90 000 美元。如果处于运行状态，则不论利用率高低，每套缆车的年度成本都是 200 000 美元。缆车的票价是每位顾客每天 20 美元。

该度假村应该购买一套还是两套缆车？

解

决策树如图 A.7 所示。每种方案 – 事件分枝的报酬值（千美元）列于下表。一套以 100% 利用率运行的缆车的总收入是 490 000 美元（即 250 名顾客 ×98 天 ×20 美元 / 顾客 / 天）。

方案	经济状况	报酬值计算（收入 – 成本）（千美元）
一套缆车	差	0.9 × 490 – (50 + 200) = 191
	正常	1.0 × 490 – (50 + 200) = 240
	好	1.0 × 490 – (50 + 200) = 240
两套缆车	差	0.9 × 490 – (90 + 200) = 151
	正常	1.5 × 490 – (90 + 400) = 245
	好	1.9 × 490 – (90 + 400) = 441

图 A.7

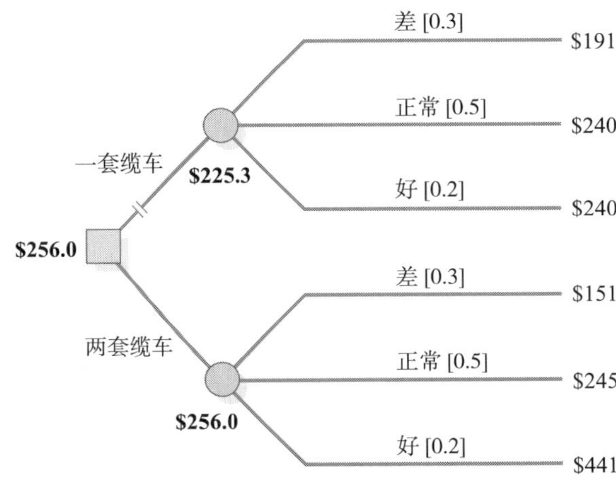

练习题

盈亏平衡分析法

1. Mary Williams 是 Williams 产品的所有人，她正在评估是否推出新的产品系列。在考虑生产流程、原材料及新设备成本之后，Williams 估算了单位产品的可变成本，以及每件产品销售价格为 6 美元，每年的固定成本为 60 000 美元。
   a. 如果售价定为每件 18 美元，Williams 必须生产并销售多少件产品才能达到盈亏平衡？分别用代数法和图解法求解。
   b. 如果售价定为每件 14 美元，Williams 预测第一年的销售量为 10 000 件。这种新产品第一年的利润将是多少？
   c. 如果售价定为每件 12.50 美元，Williams 预测第一年的销售量将提高至 15 000 件。哪种定价策略（14.00 美元还是 12.50 美元）产生的总利润更大？
   d. 对制造和销售新产品的最终决策，还有哪些至关重要的其他因素？
2. Jennings 公司一种产品的销量十分可观，但是利润却不尽如人意。去年生产并出售的数量为 17 500 件。销售价格为每件 22 美元，可变成本为每件 18 美元，固定成本为 80 000 美元。

a. 这一产品的盈亏平衡量为多少？分别用代数法和图解法求解。

b. 如果预期销量不会增加，Jennings 公司应该使可变成本降低多少才能达到盈亏平衡？

c. Jennings 公司认为价格降低 1 美元将会使销量提高 50%。这是否足以使 Jennings 公司达到盈亏平衡？如果不能，销售量必须增加多少？

d. Jennings 公司正在考虑刺激销量或者降低可变成本的途径。管理层认为销量可以增加 30%，或者可变成本可以降低至当前水平的 85%。假设实施这两种方案的成本相同，那么哪种方案对利润的贡献更大？（提示：计算两种方案的利润，找出利润最大的方案。）

e. 对（d）问题中的两套方案，单位利润变化的百分比各是多少？

3. 一种成本为每月 10 美元的互动式电视服务在信息高速公路上可以按每位客户每月 15 美元的价格销售。如果一个服务区的潜在客户数为 15 000，为了购买和维护设备，公司可以支出的最大年固定成本是多少？

4. 一家餐馆正考虑在菜谱上增加新鲜的溪鳟鱼。顾客可以选择自己从人工山涧中抓鱼，也可以要求服务员帮他们用网捞鱼。运营人工山涧每年的固定成本需要 10 600 美元。估计每条鳟鱼的可变成本为 6.7 美元。公司希望每年出售 800 份鳟鱼餐能达到盈亏平衡，这一新菜式的售价应该是多少？

5. Spartan 铸造公司必须实施一项减少向大气排放颗粒物的生产流程。已经找到能够以同等程度减少颗粒物排放的两种流程。预期第一种流程的固定成本为 350 000 美元，并且 Spartan 公司生产的每件铸造件的可变成本增加 50 美元。第二种流程的固定成本为 150 000 美元，并且每件铸造件的可变成本增加 90 美元。

a. 求出盈亏平衡量，产量超出这一数值时第一种流程就更具吸引力。

b. 当产量为 10 000 件时，两种流程的总成本差异是多少？

6. 一家新闻剪报服务公司正打算进行现代化改造。公司过去都是用手工剪下有趣的文章复印后寄给客户，现在员工从大量传阅的出版物中将一些报道用电子方式输入到数据库。每期通过关键词进行检索，比如客户公司的名称、竞争者的名称、业务类型以及公司的产品、服务和负责人等。当检索结果与某些客户相匹配时，就立即通过在线网络通知这些客户。如果客户对内容感兴趣，就通过电子方式传送，因此客户常常可以在内容人尽皆知之前就已知道并且为事后采访做好准备。手工流程每年的固定成本为 400 000 美元，每邮寄一份剪报的可变成本为 6.2 美元。每份剪报向客户收费 8.00 美元。计算机处理流程每年的固定成本为 1 300 000 美元，每份报道以电子方式传给客户的可变成本为 2.25 美元。

a. 如果两种流程收费相同，则年度业务量超过多少之后才能使计算机处理流程更具吸引力？

b. 当前的业务量是每年 225 000 份剪报。许多当前流程寄送的剪报客户不感兴趣，或者在多个出版物上出现同一报道的多次复制。新闻剪报服务公司认为，通过现代化来改进服务，并将价格降低到每份报道 4.00 美元，可以使业务量增加到每年传送 900 000 份。问剪报服务公司是否应该进行现代化改造？

c. 如果所预测的业务增长太过乐观，那么使新流程（4.00 美元的价格）盈亏平衡的业务量是多少？

7. Hahn 制造公司从当地一家供应商购买其产品的一种关键零部件。当前的采购价格是每件 1 500 美元。在努力使零件标准化成功后，现在该零部件可以用于 5 种不同产品。这样，该零部件每年的用量将从 150 件增加为 750 件。管理者想知道是否到了零件自制而不是继续向供应商采购的时候了。自行生产所需要的新设备和刀具使固定成本每年增加 40 000 美元，原材料成本和可变管理费用大约为每件 1 100 美元，劳动力成本为每件 300 美元。

a. Hahn 公司是否应该自制而不是外购？

b. 盈亏平衡量是多少？

c. 还有哪些重要的其他考虑因素？

8. Techno 公司当前以每件 5 美元的可变成本生产一种产品。生产该产品的年固定成本是 140 000 美元，该产品目前的售价是每件 10 美元，年销售量为 30 000 件。

a. Techno 公司通过安装新设备每年增加固定成本 60 000 美元，来大大改进产品质量。每件产品的可变成本将增加 1 美元，但是由于更高质量产品的销量更大，年销售量可以增至 50 000 件。Techno 公司是否应该购买新设备并维持当前售价？为什么？

b. 另一种方案是 Techno 公司将售价提高到每件 11 美元。但是年销售量将限于 45 000 件。Techno 公司是否应该购买新设备并提高产品价格？为什么？

9. Tri-County 发电和输电协会是一个非营利性合作机构，向农村顾客提供电力服务。基于错误的长期需求预测，

Tri-County 过度建设了发电和配电系统。Tri-County 现在的产能大大超过了为其顾客服务的需要。固定成本主要是对工厂和设备投资的偿债付息，每年为 8 250 万美元。可变成本主要是燃油成本，为每兆瓦小时（MWh，每小时使用一百万瓦电力）25 美元。负责需求预测的新主管预测了用于来年预算的短期需求。该预测称 Tri-County 的顾客明年将使用 100 万兆瓦小时的电量。

a. 为了达到盈亏平衡，Tri-County 明年应该每兆瓦小时电量向顾客收取多少费用？

b. Tri-County 的顾客不愿接受这一价格，因此用电很省，实际用电量只有预测量的 95%。这一结果对该非营利性机构在收益上的影响如何？

10. 电视转播记者有关地震、干旱、火灾、饥荒、洪水以及瘟疫的报道引起大批人群离开洛杉矶到科罗拉多州的博尔德市。突然增加的需求量使博尔德市电力供应系统的产能吃紧。博尔德市的解决方案限定在两个选择。一个是以每兆瓦时 75 美元的价格向 Tri-County 发电和输电协会购买 150 000 兆瓦时的电力；一个是重新启用已废弃的博尔德市区的珍珠街发电站。这一项目的固定成本为每年 1 000 万美元，可变成本为每兆瓦时 35 美元，博尔德市应该建发电站还是购买电力？

11. Tri-County 发电和输电协会每年以每兆瓦时 75 美元的价格向博尔德市销售 15 万兆瓦时的电力。每年的固定成本为 8 250 万美元，可变成本为每兆瓦时 25 美元。如果 Tri-County（除博尔德市之外）的顾客电力需求量为 100 万兆瓦时，使 Tri-County 达到盈亏平衡的费率应该是多少？

偏好矩阵法

12. Forsite 公司正在筛选新服务的三个设想。由于资源约束，目前只能有一种设想能实施。以下是管理者认为最重要的 5 种绩效标准。

	得　分		
绩效标准	服务 A	服务 B	服务 C
所需的固定设备投资	0.6	0.8	0.3
预期的投资回报率（ROI）	0.7	0.3	0.9
与当前劳动力技能的兼容性	0.4	0.7	0.5
竞争优势	1.0	0.4	0.6
与美国环保局要求的兼容性	0.2	1.0	0.5

a. 计算每一方案的加权总分。使用偏好矩阵法并假设每一绩效标准的权值相等。哪种方案最好？哪种方案最差？

b. 假设预期投资回报率的权值是分配给其余各标准的 2 倍 [权值的和应该保持与（a）相同]。这种权值的改变是否会影响三种潜在服务的排序？

13. 假设你负责分析一种重要原材料的 5 家新供应商，所得到的信息如下表所示（1= 最差，10= 最好）。管理者决定绩效标准 2 和 3 同等重要，而绩效标准 1 和 4 的重要性各是绩效标准 2 的 4 倍。最多只需要两家新供应商，但仅考虑得分超过最高总分 70% 的新供应商。

	得　分				
绩效标准	供应商 A	供应商 B	供应商 C	供应商 D	供应商 E
原材料质量	8	7	3	6	9
环境影响	3	8	4	7	7
对订单变更的响应能力	9	5	7	6	5
原材料成本	7	6	9	2	7

a. 你推荐哪家新供应商？

b. 如果认为各项标准同等重要，你是否会改变决策？

14. Accel 快递公司收集了下列有关在何处建设仓库的信息（1= 差，10= 优）。

		选址得分	
选址因素	因素权重	A	B
基建成本	10	8	5
公共设施可用性	10	7	7
商业服务	10	4	7
房地产成本	20	7	4
生活质量	20	4	8
交通	30	7	6

a. 根据加权总分，应该选择 A 和 B 两个地点中的哪一个？

b. 如果上述各因素权值相等，选择是否会发生改变？

决策论与决策树

15. Build-Rite 建筑公司从出现在公共电视家居改造节目的客人那里得到了良好口碑。公共电视节目安排决策看起来是不可预见的，因此 Build-Rite 公司无法估计利用与该节目的关系继续获利的可能性。明年对家居改造的需求可能很低，也可能很高。但 Build-Rite 公司现在就必须决定：是要雇用更多的工人、什么也不做，还是与其他家居改造承包商签订转包合同。Build-Rite 公司制定了以下支付矩阵：

	家居改造需求		
方 案	低	中	高
雇用	($250 000)	$100 000	$625 000
转包	$100 000	$150 000	$415 000
什么也不做	$50 000	$80 000	$300 000

根据以下各决策准则，哪一种方案最好？

a. 最大最小准则

b. 最大最大准则

c. 拉普拉斯准则

d. 最大遗憾中取最小准则

16. 分析下图的决策树。最佳方案的期望报酬是多少？首先要保证推断出缺少的概率。

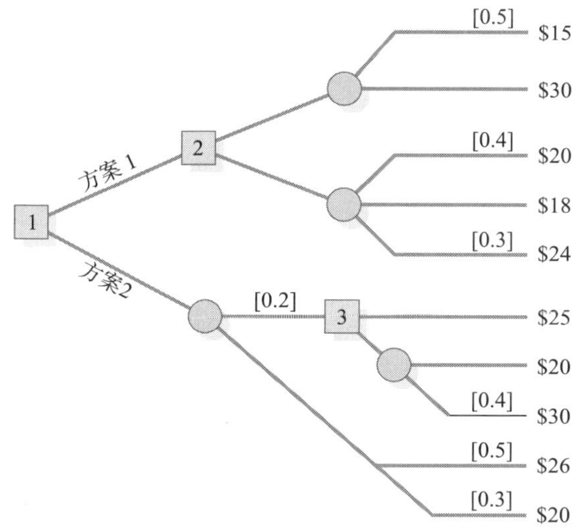

17. 一名管理人员试图决定是要购买一台机器还是两台。如果只买了一台但结果需求量却很大，可以稍后再买第二台设备。但是，由于生产这种机器的提前期是 6 个月，因此要损失一些销售额。此外，如果同时购买两台机器，则每台机器的成本会低一些。估计需求量低的概率为 0.2，同时购买两台机器的收益的税后净现值在需求量低时为 90 000 美元，在需求量高时为 180 000 美元。

如果购买一台机器且需求量低，则净现值为 120 000 美元。如果需求量高，管理人员有三种选择：什么也不做的净现值是 120 000 美元；转包的净现值是 160 000 美元；购买第二台机器的净现值是 140 000 美元。

a. 画出这一问题的决策树。

b. 该公司最初应该购买几台机器？这一方案的期望报酬值是多少？

18. 一名管理人员试图决定是建一个小型设施、中型设施，还是大型设施。需求有低、中、高三种可能，估计其出现的概率分别为 0.25、0.40 和 0.35。

如果需求量低，小型设施的预期税后净现值收益仅为 18 000 美元。如果需求量中等，小型设施的预期收益为 75 000 美元，它也可以扩大到中等规模获取 60 000 美元的净现值。如果需求量高，小型设施的预期收益为 75 000 美元，并且可以扩大到中等规模获得 60 000 美元的收益，或者扩大到大型规模获得 125 000 美元的收益。

如果建中型设施，当需求量低时，预期要损失 25 000 美元；当需求量中等时，预期收益为 140 000 美元。如果需求量高，中型设施预期可以获得 150 000 美元净现值收益，并且可以扩大到大型规模获得 145 000 美元净现值收益。

如果修建大型设施且需求量高，则预期的收益为 220 000 美元。如果需求量中等，对于修建大型设施，预期的净现值收益为 125 000 美元。如果需求量低，预期将损失 60 000 美元。

a. 画出这一问题的决策树。

b. 为达到最高预期收益，管理者应该怎样做？

c. 根据以下各决策准则，哪种方案是最佳的？

最大最小准则

最大最大准则

最大遗憾中取最小准则

19. 一家制造厂已达到全部产能。公司必须在附近建造第二家工厂——小型工厂或者大型工厂。需求有可能会很高或者很低。需求量低的概率为 0.3。如果需求量低，大型工厂的现值为 500 万美元，而小型工厂的现值为 800 万美元。如果需求量高，则大型工厂具有现值为 1 800 万美元的收益，而小型工厂的现值仅有 1 000 万美元。但是，如果需求证明确实高，小型工厂可以在以后扩张，其现值为 1 400 万美元。

a. 画出这一问题的决策树。

b. 为达到最高预期收益，管理者应该怎样做？

20. Offshore 化工公司的总工程师 Benjamin Moses 必须决定是否要基于一项实验技术建造新的加工处理设施。

如果新设施获得成功，公司将实现 2 000 万美元的净利润。如果新设施失败，公司将损失 1 000 万美元。Benjamin 最好的估计是新设施有 40% 的机会获得成功。

Benjamin Moses 应该做出什么样的决策？

参考文献

Clemen, Robert T., and Terence Reilly. *Making Hard Decisions with Decision Tools Suite*. Cincinnati, OH: South-Western, 2004.

Ragsdale, Cliff. *Spreadsheet Modeling & Decision Analysis: A Practical Introduction to Management Science*, 6th ed. Cincinnati, OH: South-Western, 2011.

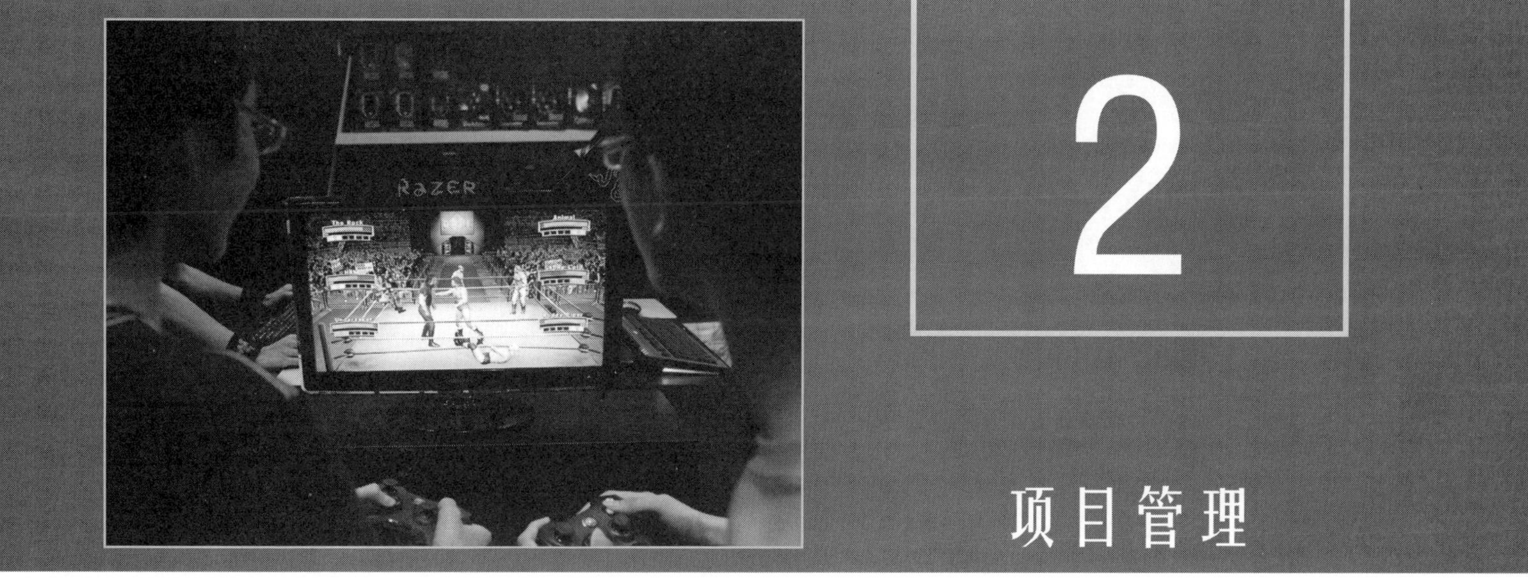

2 项目管理

2011 年在新加坡的 IT 展中，两名男孩正在玩一款 Xbox 360 的格斗游戏。

Xbox 360

在 Xbox 推出 4 年后，微软公司需要快速地设计、开发并生产新产品。索尼公司的 PlayStation 2 正在主导视频游戏市场，微软公司需要一款新产品来与即将推出的 PlayStation 3 进行抗衡。开发这样一种产品是一个大规模项目。该项目由 4 个阶段组成：（1）设计；（2）分析；（3）开发和（4）投放市场。这一项目的成果就是 Xbox 360。

设 计

Xbox 360 的设计是微软和其他众多公司共同努力的结果，其中包括：旧金山的 Astro Studios，设计了整个操作台和控制器；IBM 公司设计了处理器芯片；ATI 公司设计了绘图芯片；还有大量的游戏设计公司为新产品开发了游戏。新产品的一个关键要素是嵌入式互联网接入，使玩家可以访问在线游戏，购买游戏的插件，并访问专门为 Xbox 360 开发的多人游戏。微软公司也让它的主要生产商伟创力和纬创参与流程设计，来优化生产并组装 Xbox 360 包含的 1 000 多个零部件。

分 析

对新产品未来的销售量进行估计总是很困难的，然而在这种情况下，PlayStation 1、PlayStation 2 和 Xbox 的历史销售模式是十分有用的。分析人员发现，对一种 PlayStation 产品来说，其销售高峰是在推出 4 年以后，而且这些产品的生命周期大约是 11 年。尽管实际的销量可能会受到供应约束的限制，但这些信息为估计 Xbox 360 的销售潜力提供了基础。尽管如此，微软公司认识到，开创远远领先于市场的新一代游戏控制台的机遇就在眼前。

开 发

微软公司与伟创力公司、纬创公司以及其他一些设计公司密切合作，解决 Xbox 360 早期生产阶段的制造问题。一旦初步生产开始，微软公司就与天弘公司联手增加产能。其决策是将制造运营集中在中国。在中国，总共有 1 万名工人参与 Xbox 360 的生产。

投放市场

微软公司的 Xbox 360 在市场份额上赢得了领先地位，部分原因是其投放市场的时间比竞争对手的 PlayStation 3 和 Wii 早了 1 年。在生产的第 1 年，产品总共在 36 个国家发布，这是一项需要广泛协调和高水平项目管理技能的艰巨任务。Xbox 360 的销量超过预期，仅在第 1 年就售出了 1 000 多万台。但是微软公司也遇到了困难，无法使供应链及时满足顾客的需求。从中要吸取的教训是：虽然项目可以合理地规划并实施，但是，交付产品的基础设施对企业最终的成功也同样重要。

资料来源：David Holt, Charles Holloway, and Hau Lee, "Evolution of the Xbox Supply Chain," Stanford Graduate School of Business, Case: GS-49, (April 14, 2006); "Xbox 360," Wikipedia, the free encyclopedia.

学习目标　　学完本章内容后，你应该能够：

1. 阐明与项目的界定、组织、计划、监测与控制有关的主要活动。
2. 画出项目中相互关联的活动网络图。
3. 确定决定项目持续时间的关键活动序列。
4. 说明如何确定成本最小的项目进度。
5. 描述管理者评估项目风险时所考虑的因素，计算项目按时完成的概率。
6. 确定能缓解资源问题的可用方法。

像微软这样的公司是项目管理方面的专家。比如在 Xbox 360 项目管理中，微软公司已掌握了在严格的时间、成本和绩效要求条件下安排活动和监控进度的能力。**项目**（project）是指一系列相互关联的活动，这些活动都有明确的起始点和结束点，并对特定资源配置形成唯一的结果。

项目在日常生活和生产经营中都很常见，如筹备婚礼、改建浴室、撰写学期论文以及组织让人惊喜的聚会等等都是日常生活中小型项目的例子；而进行公司审计、规划企业兼并、开展广告宣传、流程再造、开发新的服务或产品、建立战略联盟等则是生产经营中大型项目的例子。

任何项目都有 3 个主要目标：（1）准时或提前完成项目；（2）不超出预算；（3）达到令客户满意的规格要求。当我们必须承接具有某些不确定性的项目时，也不能使有关资源可用性、完工期限和预算等方面的柔性受到影响。因此，项目可能会很复杂，这对项目管理提出了挑战。**项目管理**（project management）是对项目进行定义、组织、计划、监测与控制的系统化的分阶段方法，也是应对上述挑战的一条途径。

项目往往会跨越组织边界，因为需要多种专业和多个组织的技能。而且，每个项目都是独一无二的，即便是一个常规项目，在项目流程中也需要技能和资源的重新组合。例如，新设一个分支机构、在部门安装新电脑，或者开展一项促销活动，诸如此类的项目一年可能有好几次。每个项目在此之前可能都做过很多次，但是，每次重复都会有所不同。比如新技术的发明或者竞争对手的活动等不确定性都有可能改变项目的特征，因此需要有相应的对策。最后，项目都是临时性的，因为人员、物料和设施都是为完成项目而在一段特定的时间内组织起来，在项目完成后就会解散。

项目以及项目管理的应用，都有助于战略的实施。但是，这种方法的作用不仅仅集中在一个项目上。运营战略举措常常会要求在几个相互依存的项目之间进行协调。这样一组项目的集合称为一个**项目群**（program），这是一组具有共同战略目标的相互依存的项目组合。当新的项目建议被提出来时，管理层必须对该项目与当前的运营战略以及将要采取的措施的适应性进行评估；必须有一种方法对项目的优先程度进行排序，因为项目资金常常是有限的。项目也可用于对流程和供应链实施变革。例如，涉及重大信息技术实施的项目可能会影响企业所有的核心流程和支持流程，甚至会影响企业的一些供应商和客户的流程。因此，项目是改进流程和供应链的有用工具。

通过运营展开竞争
项目管理

流程管理

流程策略
流程分析
质量与绩效
能力规划
约束管理
精益系统

供应链管理

供应链库存管理
供应链设计
供应链选址决策
供应链整合
供应链的可持续发展与人道主义物流
预测
运营计划与生产调度计划
资源计划

跨越整个组织的项目管理

即使项目在单一部门的范围内，其他部门也可能参与到项目中来。例如，一家银行开发企业客户数据库的信息系统项目。银行的许多客户是大型企业，需要由银行的几个部门来提供服务。由于在银行没有一个部门能非常准确地了解客户从其他部门所得到的服务，所以该项目要将银行各个领域中的与企业客户相关的信息集中到一个数据库中。有了这些信息，可以设计企业的金融服务，这不仅能给企业客户提供更好的服务，还可为评估银行收取的价格提供基础。营销部门对了解一个客户所接受的全部服务感兴趣，这样它才能将客户还不了解的其他服务组成套餐进行销售。财务部门关心的是一个客户能给银行带来多大利润，以及所提供的服务定价是否合理。由信息系统部门所领导的项目团队，应该由营销部门和财务部门的代表组成，因为它们与企业客户有直接的利益关系。即便项目只在一个部门内进行，企业中的所有部门也都会从科学合理的项目管理中受益。

项目的界定与组织

清晰地了解项目的组织结构，以及人员共同完成项目的方式，是项目成功的关键。本节将讨论下述问题：（1）项目范围和目标的界定；（2）项目经理和项目团队的遴选；（3）组织结构的确定。

项目范围和目标的界定

为了管理项目，对项目的范围、时间框架以及配置的资源进行完整陈述是很必要的。这种陈述通常被称为*项目目标陈述*（project objective statement）。项目范围提供了项目目标的简明陈述，并以主要交付物的形式抓住了预期项目成果的实质。所谓交付物就是项目的具体成果。项目范围的变更不可避免地会增加成本并延误工期。范围的变更被统称为*范围蠕变*（scope creep），当变更的数量过多时，就成为导致项目失败的主要原因。项目的时间框架应该尽量具体。例如，“项目应该在 2014 年 1

月 1 日前完工”。最后，虽然在规划的初期阶段详细说明项目的资源配置是有难度的，但对项目的管理却很重要。资源的配置应该表示为资金数，或者等价的全职员工的人时数。对资源配置进行明确的表述，可使得在项目进行的过程中对项目范围做出调整成为可能。

项目经理和项目团队的遴选

一旦选定了项目，就应该对项目经理进行遴选。一个好的项目经理的素质，应该与项目经理必须发挥的作用相一致。

- *促进者*。项目经理经常要解决个人之间或部门之间的冲突，以确保项目有足够的资源来完成要做的工作。好的项目经理具有很强的领导能力和*系统的视角*，可以将项目的相互作用、项目的资源、项目的交付物以及企业看成一个整体。
- *沟通者*。有关项目进展和另外增加项目资源的请求，都必须与高级管理层和项目的其他利益相关者进行清晰地沟通。项目经理还必须经常与项目团队进行沟通，从而获得最好的绩效。
- *决策制定者*。一个好的项目经理应该对团队完成任务的最佳方法很敏感，并准备在必要时做出艰难的决策。项目经理必须组织项目团队会议，明确团队做决策的方式，决定向高级管理层汇报的内容和时机。

项目团队的遴选和项目经理的遴选同样重要。遴选时应该考虑以下特点：

- *技术能力*。团队成员应该具有他们将要承担的任务所要求的技术能力。
- *敏感性*。所有团队成员应该对可能发生的个人之间的冲突有敏感性。资深团队成员应该具有政治敏感性，协助上司解决问题。
- *奉献精神*。团队成员应该乐于解决那些不直接属于他们专业范围内的项目问题，乐于为完成项目作贡献，而不是维持一种安逸的工作安排。

组织结构的确定

项目经理与项目团队的关系是由企业的组织结构决定的。下述三种组织结构中的每一种对项目管理都有各自的含义。

- *职能式结构*。项目属于一个特定的部门或职能领域，也许是与项目关系最为密切的一个部门或领域。来自其他职能领域人员的帮助，必须由项目经理去协商。在这种情况下，与整个项目范围都在一个部门内相比，项目经理对项目时间的控制就会较弱。
- *项目式结构*。团队成员在项目经理的领导下专门做一个特定项目。这种组织结构简化了权力结构，对于那种有足够的工作使项目组所有成员投入全部时间的大型项目特别有效。但是对于小型项目，会导致各职能领域之间资源配置的大量重复。
- *矩阵式结构*。矩阵式结构是职能式结构和项目式结构的折中。企业的所有项目经理都向“项目群经理”汇报，由项目群经理对跨越职能部门的资源和技术需求进行协调。矩阵式结构使各职能部门仍然对参与某个项目的人员和所用的技

2012 年伦敦东部斯特拉特福奥林匹克运动场的建造，需要对物料、设备及人员进行协调。项目管理技术在其中起着重要作用。

术拥有控制权。这样，项目团队成员实际上就会有两个老板：一个是项目经理，另一个是部门经理。要解决这种“权力结构”上的冲突，就需要有一个强有力的项目经理。

项目计划

在完成了项目的界定与组织后，项目团队必须制订一个计划，明确要完成的具体工作及其进度安排。项目计划包括 5 个步骤：（1）工作分解结构的确定；（2）网络图的绘制；（3）进度计划的制订；（4）成本 – 时间权衡分析；（5）风险评估。

工作分解结构的确定

工作分解结构（work breakdown structure, WBS）是对要完成的全部工作的陈述。也许，项目延期最重要的原因，就是忽略了与顺利完成项目有密切关系的工作。项目经理必须同项目团队密切合作以确定所有活动。**活动**（activity）是项目经理可以安排并控制的消耗时间和资源的最小工作单元。一般来说，在累积活动的过程中，项目团队会生成一个工作分解的层次结构。大的工作组成部分被分解成较小的任务，这些小的任务又最终被分解成分配给个人的活动。图 2.1 表示了一家医院迁址的大型项目的工作分解结构。为了给周边社区提供更好的服务，圣约翰医院的董事会决定将医院搬迁到新址。该项目包括建造一家新医院并投入运营。工作分解结构中的第一层工作组成部分，可以分解成第二层的较小工作单元，而第二层的工作单元又可以进一步在第三层上进行分解，直到分解到细节层次上的活动，项目经理可以对其进行安排和控制。例如，在图 2.1 中，“项目组织和场所准备”被分解为第二层上的

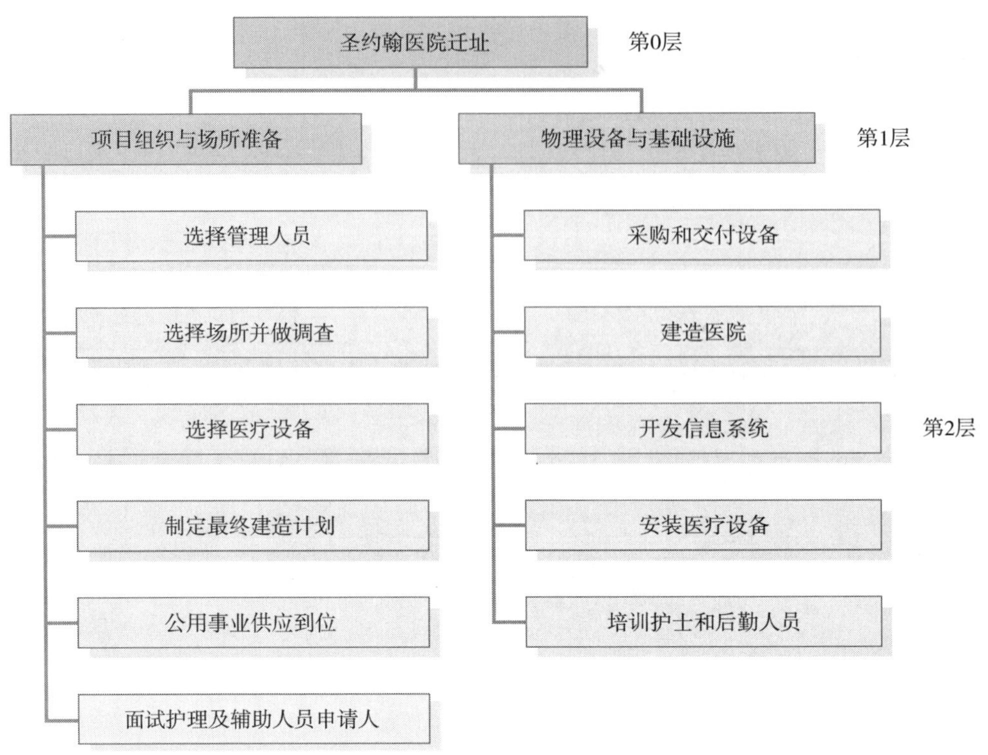

图 2.1
圣约翰医院项目的工作分解结构

6 个活动。我们让例子简单化，这样工作分解结构的概念就更易于理解。如果将例子中的活动分解为更小的工作单元，就很容易看到，这种规模的项目的全部工作分解结构，可能要包括 100 多个活动。无论是什么规模的项目，要注意在工作分解结构中必须包括所有重要活动，并避免项目延期。经常被忽略的活动包括项目计划、在各阶段获得管理层批准、对新服务或新产品进行小规模试验，以及撰写最终报告等。

工作分解结构中的每个活动都必须有一个负责人或"所有者"（owner），由他负责工作的完成。这种*活动所有制*避免了活动执行中的混乱，为及时完工而将责任落实到人。项目团队应该有一个明确的程序来给团队成员分配活动，该程序可以是民主的（团队成员一致同意），也可以是专制的（由项目经理分配）。

网络图的绘制

网络计划法可以帮助管理者监测和控制项目。这些方法将项目看成一系列相互关联的活动，而活动可以用**网络图**（network diagram）形象地表示出来。网络图由描述各活动之间关系的节点（圆圈）和弧（箭头）组成。20 世纪 50 年代形成了两种网络计划方法，即计划评审术和关键路径法。**计划评审术**（program evaluation and review technique, PERT）源自美国海军的北极星导弹项目，该项目包括 3 000 家独立的承包商和供应商。而**关键路径法**（critical path method, CPM）则是基于一家化工处理厂安排停产检修的方法而提出的。虽然早期的 PERT 和 CPM 对活动时间的估计方法是不同的，但今天这两者之间的差别很小。为了便于讨论，将它们统称为 PERT/CPM。这些方法给项目经理提供了许多帮助，包括以下几个方面：

1. 将项目看成网络，可以促使项目团队认识和组织所需的资料和数据，并明确各活动之间的相互关系。这一过程也给不同职能领域的管理者提供了平台，讨论各种活动性质及其资源需求。

2. 网络图可以帮助项目经理估计项目完成的时间，它有利于对其他事件的规划，以及与客户和供应商之间的合同谈判。
3. 报告突出那些对如期完成项目非常关键的活动，此外还可以突出那些即使推迟也不会影响完工日期（因此可腾出资源用于其他更关键的活动）的活动。
4. 网络图法使项目经理可以就资源对时间和成本的影响进行分析。

项目网络图的绘制涉及前导关系的建立以及活动时间的估计。

前导关系的建立　**前导关系**（precedence relationship）决定了执行活动的顺序，它说明一个活动必须在其紧前活动完成之后才能开始。比如，召开高管会议的资料册首先必须由程序委员会设计（活动 A），然后才能打印出来（活动 B）。也就是说，活动 A 必须前导于活动 B。对于大型项目而言，前导关系的建立是至关重要的，如果弄错或者遗漏前导关系，都会导致成本高昂的项目延期。前导关系是通过网络图表示的。

活动时间的估计　若同类活动在以前进行过多次，时间估计值就有相当高的确定性。这种情况下可以用几种方法得到时间估计值。首先，如果项目团队可以获得过去经历过的实际活动时间的数据，则可用统计方法。其次，如果活动时间随活动重复次数的增加而有所改进，则可用学习曲线模型来估计时间。最后，对于首次活动的时间，则往往根据以往的类似经验由管理人员进行主观估计（参见第 14 章“预测”）。如果估计值有很大的不确定性，就可以用活动时间的概率分布法。在本章后面讨论风险评估时，我们会讨论如何体现项目网络的不确定性。现在，我们假定活动时间是已知且确定的。

节点网络图法的应用　本书所用的图解法称为**节点网络图法**（activity-on-node network, AON），该方法用节点表示活动，用弧表示活动之间的前导关系。要绘制节点网络图，一定会用到一些图例。当有多个无前导节点的活动时，通常将这些活动从一个被称为*始点*的公共节点上引出来。当有多个无后续节点的活动时，则通常将这些活动连接到一个被称为*终点*的节点上。图 2.2 表示了几种常见活动关系的画法。

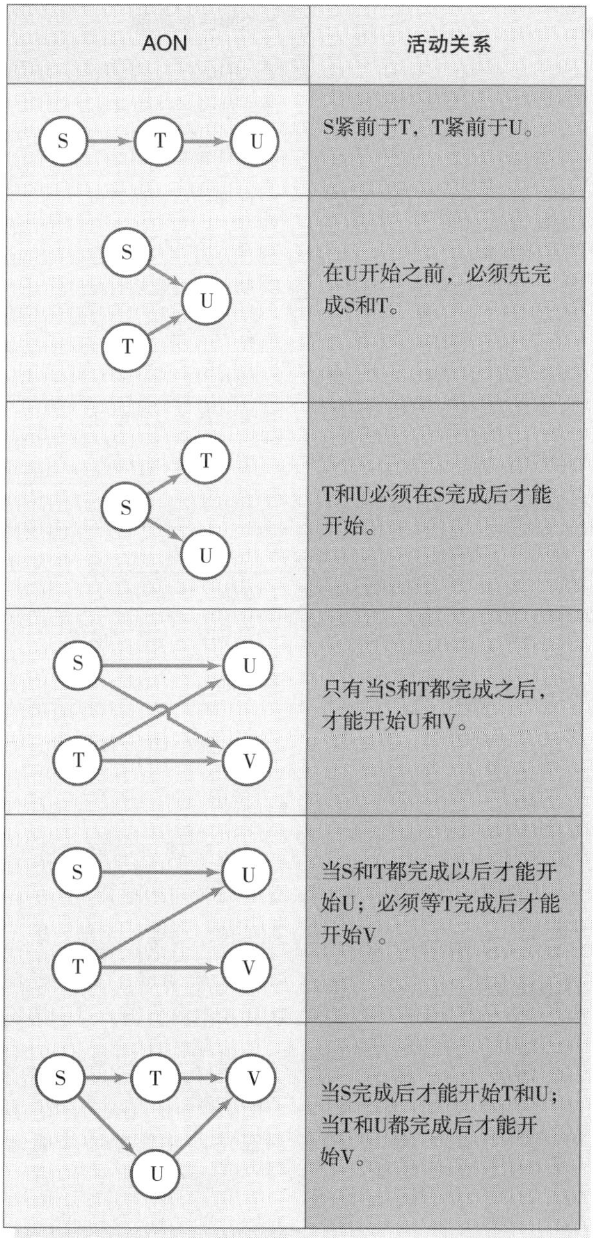

AON	活动关系
S → T → U	S紧前于T，T紧前于U。
S → U；T → U	在U开始之前，必须先完成S和T。
S → T；S → U	T和U必须在S完成后才能开始。
S → U；S → V；T → U；T → V	只有当S和T都完成之后，才能开始U和V。
S → U；T → U；T → V	当S和T都完成以后才能开始U；必须等T完成后才能开始V。
S → T；S → U；T → V；U → V	当S完成后才能开始T和U；当T和U都完成后才能开始V。

图 2.2
活动关系图的绘制

例 2.1 圣约翰医院项目的网络图绘制

圣约翰医院项目的项目经理 Judy Kramer 将项目分为两大模块。她指定 John Steward 全面负责“项目组织与场所准备”模块，Sarah Walker 负责“物理设备与基础设施”模块。项目团队应用图 2.1 的工作分解结构确定了先导关系、活动时间估计值及活动的责任人，如下表所示。

活　动	紧前活动	活动时间（周）	责任人
圣约翰医院项目			Kramer
始　点		0	
项目组织与场所准备			Stewart
A. 选择管理人员	始点	12	Johnson
B. 选择场所并做调查	始点	9	Taylor
C. 选择医疗设备	A	10	Adams
D. 制订最终建造计划	B	10	Taylor
E. 公用事业供应到位	B	24	Burton
F. 面试护士及后勤人员申请人	A	10	Johnson
物理设备与基础设施			Walker
G. 采购和交付设备	C	35	Sampson
H. 建造医院	D	40	Casey
I. 开发信息系统	A	15	Murphy
J. 安装医疗设备	E、G、H	4	Pike
K. 培训护士和后勤人员	F、I、J	6	Ashton
终　点	K	0	

在本例中，我们假定 1 个工作周由 5 个工作日组成，画出医院项目的网络图 。

解

医院项目的网络图、活动以及活动时间如图 2.3 所示。图中用圆圈表示活动，用箭头表示活动完成的先后顺序。活动 A 和活动 B 从始点引出，因为它们没有紧前活动。将活动 A 用箭头连接活动 C、活动 F 和活动 I，表示这 3 个活动都在活动 A 完成后才能开始。同理，活动 B 必须在活动 D、活动 E 开始之前完成，依此类推。活动 K 连接到终点，因为在它之后没有活动。始点和终止点并不代表真正意义上的活动，它们只是作为网络图的起点和终点。

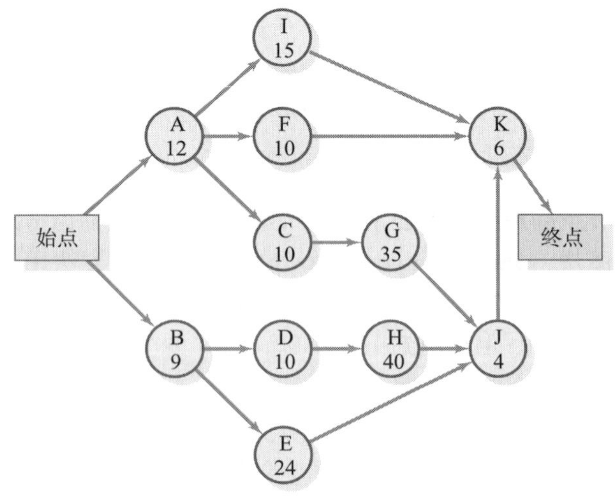

图 2.3
显示圣约翰医院项目活动时间的网络图

进度计划的制订

网络计划法的一个关键优势，就是可以生成项目活动的进度计划，帮助管理人员实现项目目标。管理人员可以：(1) 通过找出关键路径估计项目的完工时间；(2) 确定项目进度中每个活动的开始时间和结束时间；(3) 计算每个活动的松弛时间。

关键路径　项目管理的一个重要内容就是估计项目的完工时间。如果医院搬迁中的每个活动都以串行的方式完成，即每次只执行一个活动，则完工时间就等于各个活动时间之和，为 175 周。但是，图 2.3 表明，只要有足够的资源，有些活动可以同时进行。我们把项目从始点到终点之间的每个活动序列都称作一条**路径**（path）。描述医院搬迁项目的网络图有 5 条路径：(1) A-I-K；(2) A-F-K；(3) A-C-G-J-K；(4) B-D-H-J-K；(5) B-E-J-K。**关键路径**（critical path）是项目始点和终点之间耗时最长的活动序列。因此，关键路径上的活动决定了项目的完工时间。也就是说，如果关键路径上的一个活动延期，就会使整个项目延期。医院项目网络中路径的时间估计值如下：

路　径	估计时间（周）
A-I-K	33
A-F-K	28
A-C-G-J-K	67
B-D-H-J-K	69
B-E-J-K	43

活动序列 B-D-H-J-K 估计要用 69 周完成。因为时间最长，因此构成了关键路径。由于关键路径决定了项目的完工时间，所以 Judy Kramer 及其项目团队应该重点关注关键路径上的活动，同时还要注意那些长度接近关键路径的其他路径。

项目进度计划　项目管理的典型目标是尽可能在关键路径决定的时间内完成项目。项目进度计划是通过每个活动的开始时间和完工时间来具体说明的。对任何活动来说，管理人员可以使用最早的开始时间和结束时间，最晚的开始时间和结束时间（仍然按时完成项目），或者是这两个极端时间之间的某个时间。

制造飞机是大型项目的一个例子，由于涉及巨大的资金量，因此需要全面的项目进度计划。图中，华盛顿州埃弗雷特市的波音工厂有几架波音 747 飞机正在制造中。

- **最早开始时间和最早结束时间**。最早开始时间和最早结束时间用以下方法计算：
  1. 活动的**最早结束时间**（earliest finish time, EF）等于它的最早开始时间加上估计时长 t，即 $EF = ES + t$。

     活动的**最早开始时间**（earliest start time, ES）就是其紧前活动的最早结束时间。对于有多个紧前活动的情况，ES 在所有紧前活动最早结束时间中取最晚值。

为了计算整个项目的持续时间，我们需要确定关键路径上最后一个活动的最早结束时间。

- **最晚开始时间和最晚结束时间**。要得到最晚开始时间和最晚结束时间，我们必须从最终节点向前计算。首先令项目的最晚结束时间等于关键路径上最后一个活动的最早结束时间。
  1. 活动的**最晚结束时间**（latest finish time, LF）是其紧后活动的最晚开始时间。对于有多个紧后活动的活动，则最晚结束时间是所有紧后活动最晚开始时间中的最早时间。
  2. 活动的**最晚开始时间**（latest start time, LS）等于其最晚结束时间减去它的估计时长 t，即 $LS = LF - t$。

例 2.2 计算活动的开始时间和结束时间

计算医院项目中每个活动的 ES、EF、LS 和 LF 时间。Kramer 应该立即开始哪个活动？图 2.3 中包含了活动时间。

解

为了计算最早开始时间和最早结束时间，从时间为 0 的始点开始计算。由于活动 A 和活动 B 没有紧前活动，因此这些活动的最早开始时间也为 0。这两个活动的最早结束时间为

$$EF_A = 0 + 12 = 12，EF_B = 0 + 9 = 9$$

由于活动 I、活动 F、活动 C 的最早开始时间为活动 A 的最早结束时间，则

$$ES_I = 12，ES_F = 12，ES_C = 12$$

同理，

$$ES_D = 9，ES_E = 9$$

将这些最早开始时间的值填到网络图（见图 2.4）之后，就可以确定活动 I、F、C、D、E 的最早结束时间

$$EF_I = 12 + 15 = 27，EF_F = 12 + 10 = 22，EF_C = 12 + 10 = 22，$$
$$EF_D = 9 + 10 = 19，EF_E = 9 + 24 = 33$$

活动 G 的最早开始时间是所有紧前活动最早结束时间中最晚的，因此：

$$ES_G = EF_C = 22，\quad ES_H = EF_D = 19$$
$$EF_G = ES_G + t = 22 + 35 = 57，\quad EF_H = ES_H + t = 19 + 40 = 59$$

项目团队现在可以确定任何活动能够开始的最早时间。由于活动 J 有几个紧前活动，因此活动 J 能够开始的最早时间，是其全部紧前活动最早结束时间 EF_G、EF_H 或 EF_E 中的最晚时间。因此 $EF_J = 59 + 4 = 63$。同理，$ES_K = 63$，$EF_K = 63 + 6 = 69$。由于活动 K 是关键路径上的最后一个活动，因此项目完成的最早时间是 69 周。所有活动的最早开始时间和最早结束时间如图 2.4 所示。

为了计算最晚开始时间和最晚结束时间，首先令活动 K 的最晚结束时间为 69 周，这是图

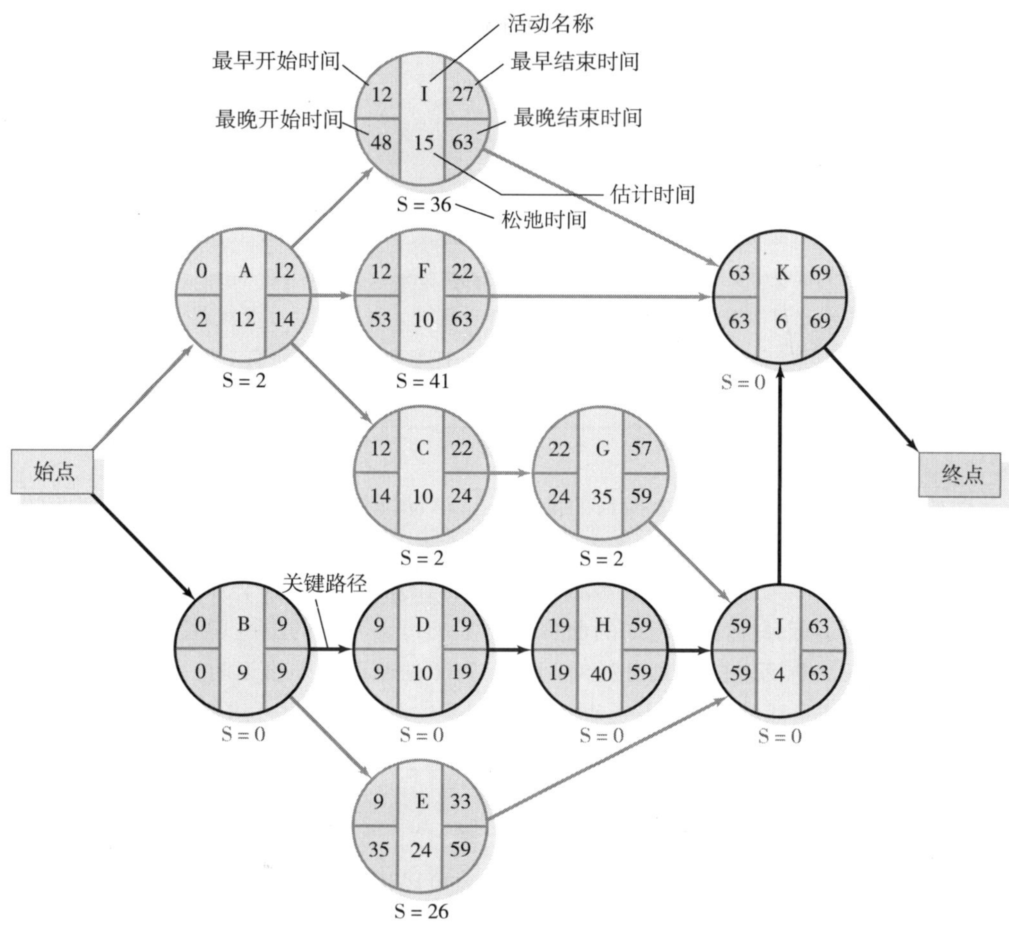

图 2.4
显示开始时间和结束时间以及活动松弛时间的网络图

2.4 中所确定的最早结束时间。因此，活动 K 的最晚开始时间为

$$LS_K = LF_K - t = 69 - 6 = 63$$

如果活动 K 的开始不迟于 63 周，那么它所有的紧前活动都要在 63 周前完成，因此：

$$LF_I = 63，LF_F = 63，LF_J = 63$$

图 2.4 中所示的这些活动的最晚开始时间为

$$LS_I = 63 - 15 = 48, LS_F = 63 - 10 = 53，LS_J = 63 - 4 = 59$$

当得出 LS_J 后，就可以计算活动 J 的紧前活动的最晚开始时间：

$$LS_G = 59 - 35 = 24, LS_H = 59 - 40 = 19, LS_E = 59 - 24 = 35$$

同理，可以计算活动 C 和活动 D 的最晚开始时间：

$$LS_C = 24 - 10 = 14, LS_D = 19 - 10 = 9$$

活动 A 有不止一个紧后活动，分别为 I、F 和 C。这些活动的最晚开始时间中最早的是活动 C，14 周，因此

$$LS_A = 14 - 12 = 2$$

同理，活动 B 有两个紧后活动 D 和 E。由于这些最晚开始时间中最早的是 9，则

$$LS_B = 9 - 9 = 0$$

决策重点

最早开始时间或最晚开始时间可以用于制订项目进度计划。例如，Kramer 应该立即开始活动 B，因为它的最晚开始时间是 0；否则，项目将无法在 69 周时间内完成。当活动的 LS 大于 ES 时，则该活动可以安排在 LS 和 ES 之间的任何时间开始。活动 E 就是这种情况，根据资源的可利用性，可以安排在第 9 周和第 35 周之间的任意时间开始。所有活动的最早开始时间、最早结束时间、最晚开始时间和最晚结束时间如图 2.4 所示。

活动松弛时间　在不延迟整个项目的前提下，活动能够推迟的最大时长称为**活动松弛时间**（activity slack）。因此，*关键路径上的活动松弛时间为零*。有关松弛时间的信息是很有用的，因为它突出了那些需要密切注意的活动。在这个意义上，活动松弛时间是指在不引起整个项目延期的前提下，活动可以容忍的进度偏移量。当活动的估计时间延长，或活动的计划开始时间由于资源的原因必须推迟时，活动的松弛时间就会减少。任意活动的活动松弛时间可以用下述两种方法之一进行计算：

$$S = LS - ES \quad 或 \quad S = LF - EF$$

对于大型项目，用计算机来计算活动松弛时间并定期生成报表，管理人员可以监测项目进展。利用这些报表，管理人员有时可以借助松弛时间来解决进度方面的问题。当资源可用于项目中多个不同活动时，就可将资源从有松弛时间的活动上抽调出来，用到那些滞后于进度的活动上，直到将松弛时间全部用完。医院项目中每个活动的松弛时间如图 2.4 所示。

甘特图　项目经理往往借助计算机软件的帮助，利用各活动的前导关系和估计的持续时间，在一个时间轴上叠加项目的活动，从而生成项目进度计划。所得到的图形称为**甘特图**（Gantt chart）。图 2.5 给出了用 Microsoft Project 软件生成的医院项目的甘特图。Microsoft Project 是一个很流行的项目管理软件。图中的关键路径用浅灰色标出。该图清楚地表明了哪些活动可同时进行，以及它们应在何时开始。图 2.5 还显示了项目的最早开始进度计划。Microsoft Project 软件也可用来显示最晚开始的进度计划，或者用来变更工作周的定义，例如将星期六和星期日设置成工作日。甘特图之所以用得很普遍，是因为它很直观，且容易构建。

成本 – 时间权衡分析

将成本维持在可接受的水平几乎总是和按期完工同样重要。本节我们将讨论利用 PERT/CPM 方法得到最小成本进度计划。

项目管理中的实际情况经常要在成本和时间之间进行权衡。例如，项目常常通过雇用更多工人或增加班次而提前完成。如果提前完工可以节省资源或增加收入，则这些措施是有利的。*项目总成本*（total project costs）是直接成本、间接成本和惩

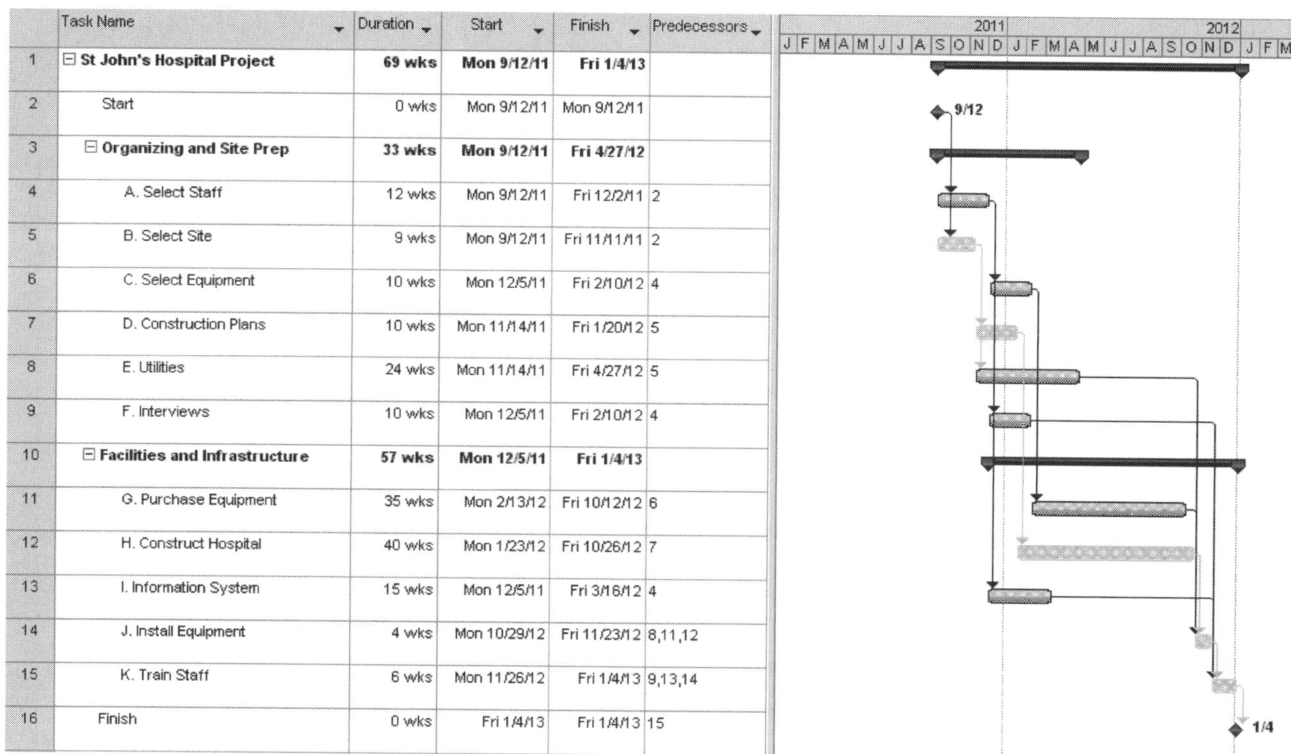

	Task Name	Duration	Start	Finish	Predecessors
1	St John's Hospital Project	**69 wks**	**Mon 9/12/11**	**Fri 1/4/13**	
2	Start	0 wks	Mon 9/12/11	Mon 9/12/11	
3	Organizing and Site Prep	**33 wks**	**Mon 9/12/11**	**Fri 4/27/12**	
4	A. Select Staff	12 wks	Mon 9/12/11	Fri 12/2/11	2
5	B. Select Site	9 wks	Mon 9/12/11	Fri 11/11/11	2
6	C. Select Equipment	10 wks	Mon 12/5/11	Fri 2/10/12	4
7	D. Construction Plans	10 wks	Mon 11/14/11	Fri 1/20/12	5
8	E. Utilities	24 wks	Mon 11/14/11	Fri 4/27/12	5
9	F. Interviews	10 wks	Mon 12/5/11	Fri 2/10/12	4
10	Facilities and Infrastructure	**57 wks**	**Mon 12/5/11**	**Fri 1/4/13**	
11	G. Purchase Equipment	35 wks	Mon 2/13/12	Fri 10/12/12	6
12	H. Construct Hospital	40 wks	Mon 1/23/12	Fri 10/26/12	7
13	I. Information System	15 wks	Mon 12/5/11	Fri 3/16/12	4
14	J. Install Equipment	4 wks	Mon 10/29/12	Fri 11/23/12	8,11,12
15	K. Train Staff	6 wks	Mon 11/26/12	Fri 1/4/13	9,13,14
16	Finish	0 wks	Fri 1/4/13	Fri 1/4/13	15

图 2.5

圣约翰医院项目进度计划的 MS Project 甘特图

罚成本的总和。这些成本取决于活动时间和项目完工时间。直接成本（direct costs）包括劳动力成本、物料成本，以及与项目活动直接相关的其他成本。间接成本（indirect costs）包括管理费用、折旧、财务成本以及其他可变管理费用，这些成本可通过缩短项目总工期来减少：项目持续时间越短，间接成本越低。最后，如果项目超过某一特定日期完工，则可能会产生惩罚成本（penalty costs），而提前完工也可能获得奖励（incentive）。管理人员可以利用额外的直接资源，比如加班、人员和设备，来缩短各个活动的时间。因此，项目经理可能会考虑对一些活动进行赶工（crashing）或加快进度，从而缩短整个项目的完工时间并降低项目总成本。

挖掘机正在新巴拿马运河项目的工地上作业，该项目有重大的国际影响并花费巨额成本。

赶工成本　无论是从成本方面还是从进度方面考虑，为了评估某些活动赶工的效益，项目经理都需要了解下列时间和成本：

1. **正常时间**（normal time, NT）是在正常情况下，完成一个活动所需的时间。
2. **正常成本**（normal cost, NC）是与正常时间相对应的活动成本。

图 2.6
成本分析中的成本－时间关系

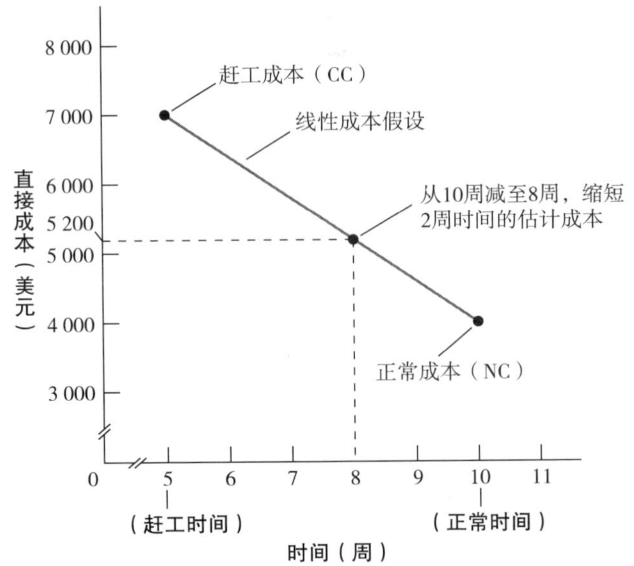

3. **赶工时间**（crash time, CT）是完成一个活动可能的最短时间。
4. **赶工成本**（crash cost, CC）是与赶工时间相对应的活动成本。

成本分析基于这样一种假定：直接成本随着活动时间从正常时间开始减少而线性增加。这一假设意味着活动时间每减少一周，直接成本就成比例地增加。例如，假设医院项目中活动 C 的正常时间为 10 周，与之联系的直接成本为 4 000 美元。再假设对活动 C 赶工，可以用 7 000 美元的总成本使时间缩短为 5 周。这样，净时间减少量为 5 周，净成本增加值为 3 000 美元。假定活动 C 的赶工成本为每周 3 000/5 = 600 美元，这是一种线性边际成本假设，如图 2.6 所示。因此，如果活动 C 加快了 2 周（即时间从 10 周减到 8 周），则直接成本估计值为 4 000 + 2 × 600 = 5 200 美元。对任意一个活动，每赶工一周的成本为：

$$每期赶工成本 = \frac{CC - NC}{NT - CT}$$

表 2.1 中包括直接成本和时间数据，以及医院项目中各活动的每周赶工成本。

成本最小化 成本分析的目标是为了确定使整个项目总成本最小的进度计划。假设项目的间接成本为每周 8 000 美元。再假设如果超过 65 周后圣约翰医院还不能全部投入运营，地区医院委员会就会向圣约翰医院征收每周 20 000 美元的罚款。由于关键路径的完成时间是 69 周，除非加快进度，否则医院将面临一大笔罚款。将项目完工时间缩短到 65 周，每缩短一周，医院就可以节省一周的罚金和间接成本，即每周 28 000 美元。如果少于 65 周，则节省额就只有每周 8 000 美元的间接成本。

为了制订进度计划，利用每个活动的赶工时间可以求出项目可能的最短持续时间。但是这种进度安排的成本可能是无法承受的。项目管理人员最感兴趣的是使项目的成本最小，才不会超出原来的预算。为了确定**最小成本进度计划**（minimum-cost schedule），要从关键路径上的正常时间进度和赶工活动着手，因为关键路径的时间长度等于项目的时间长度。首先要确定在不超过间接成本和惩罚成本节约额的前提下可以增加的赶工成本。计算步骤如下：

活动	正常时间（NT）（周）	正常成本（NC）（美元）	赶工时间（CT）（周）	赶工成本（CC）（美元）	最大缩短时间（周）	每周赶工成本（美元）
A	12	12 000	11	13 000	1	1 000
B	9	50 000	7	64 000	2	7 000
C	10	4 000	5	7 000	5	600
D	10	16 000	8	20 000	2	2 000
E	24	120 000	14	200 000	10	8 000
F	10	10 000	6	16 000	4	1 500
G	35	500 000	25	530 000	10	3 000
H	40	1 200 000	35	1 260 000	5	12 000
I	15	40 000	10	52 500	5	2 500
J	4	10 000	1	13 000	3	1 000
K	6	30 000	5	34 000	1	4 000
	合计	1 992 000		2 209 500		

表 2.1
圣约翰医院项目中的直接成本和时间数据

第 1 步： 确定项目的关键路径。

第 2 步： 找出关键路径上每周赶工成本最小的一个或多个活动。

第 3 步： 缩短该项活动的时间，直到：(a) 它不能再缩短；(b) 另一条路径变成了关键路径；或者 (c) 直接成本的增加额超过了因缩短项目时间所节省的间接成本和惩罚成本之和。如果存在不止一条关键路径，则必须同时在每一条路径上减少活动的时间。

第 4 步： 重复上述步骤，直到直接成本的增加额大于缩短项目时间所节约的成本。

例 2.3　求最小成本进度计划

利用表 2.1 和图 2.4 提供的信息，确定圣约翰医院项目的最小成本进度计划。

解

预计项目的完工时间为 69 周。这一进度的直接成本为 1 992 000 美元，间接成本为 $69 \times 8\ 000 = 552\ 000$ 美元，惩罚成本为 $(69-65) \times 20\ 000 = 80\ 000$ 美元，项目总成本为 2 624 000 美元。网络图中 5 条路径的正常时间如下：

A–I–K：	33 周
A–F–K：	28 周
A–C–G–J–K：	67 周
B–D–H–J–K：	69 周
B–E–J–K：	43 周

如果我们排除一些不需进一步考虑的路径，就能简化分析过程。如果对路径 A–C–G–J–K 上的所有活动赶工，则该路径的持续时间变为 47 周。对路径 B–D–H–J–K 上的所有活动赶工，则时间变为 56 周。又由于路径 A–I–K、A–F–K 和 B–E–J–K 上的正常时间均小于赶工后另外

两条路径的最小时间，因此可以不考虑这 3 条路径。因为无论怎样对其他路径赶工，这 3 条路径都不可能变为关键路径。

第 1 阶段

第 1 步： 关键路径为 B–D–H–J–K。

第 2 步： 活动 J 的每周赶工成本最低，为 1 000 美元，比每周 28 000 美元的间接成本和惩罚成本节约额要低得多。

第 3 步： 赶工活动 J 最大缩短限度为 3 周，因为关键路径保持不变。新的路径时间预计为：

A–C–G–J–K：64 周，　B–D–H–J–K：66 周

净节约额为：3×28 000 – 3×1 000 = 81 000 美元。此时项目总成本为 2 624 000 – 81 000 = 2 543 000 美元。

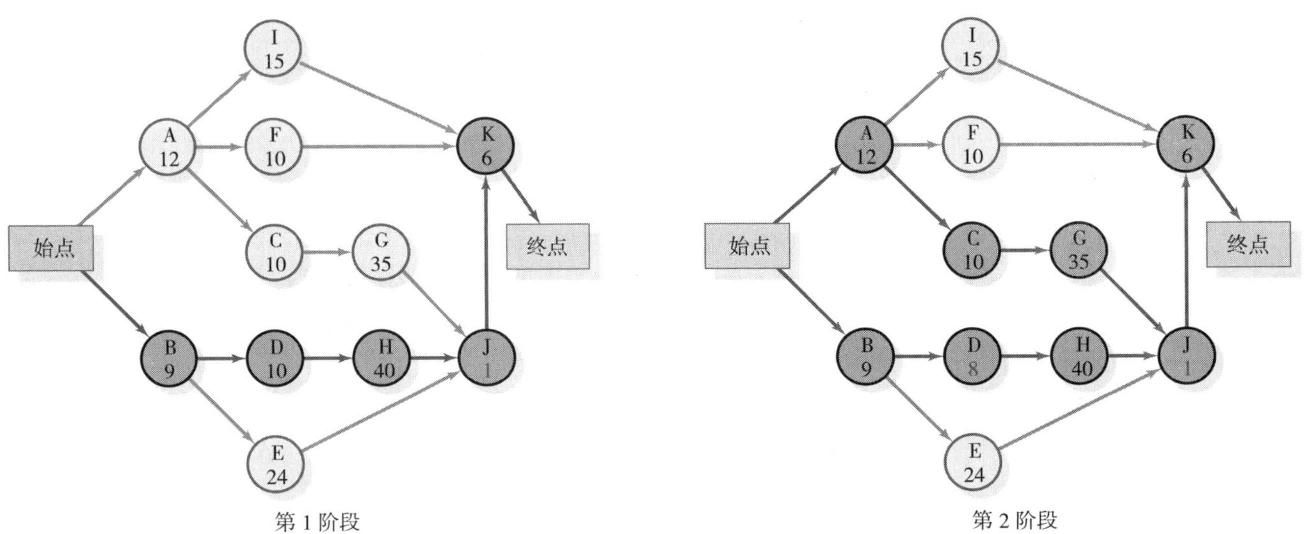

第 1 阶段　　第 2 阶段

第 2 阶段

第 1 步： 关键路径仍是 B–D–H–J–K。

第 2 步： 现在活动 D 的每周赶工成本最低，为 2 000 美元。

第 3 步： 活动 D 赶工两周。第 1 周可以节省 28 000 美元，因为减少了一周的惩罚成本和间接成本。第 2 周只能节省 8 000 美元的间接成本，因为少于 65 周后就不再进行罚款。此时节省的成本仍然大于对活动 D 第 2 周的赶工成本。更新后的路径时间为：

A–C–G–J–K：64 周　B–D–H–J–K：64 周

净节约额为 28 000 + 8 000 – 2 ×2 000 = 32 000 美元，项目总成本为：2 543 000 – 32 000 = 2 511 000 美元。

第 3 阶段

第 1 步： 在对活动 D 赶工后，有两条关键路径。为了实现间接成本的节约就必须同时缩短这两条关键路径。如果缩短了一条路径而另一条没有缩短，则项目的时间长度仍然不变。

第 2 步： 现在有多种备选方案，可以对下列活动组合中的一组进行赶工：(A，B)，(A，H)，(C，

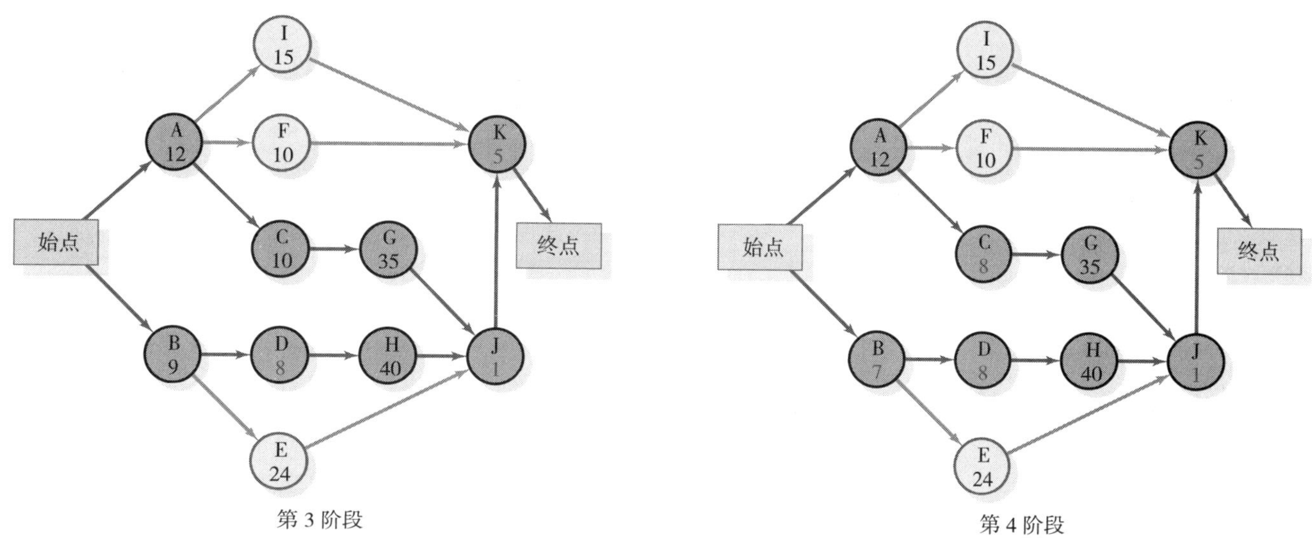

第 3 阶段

第 4 阶段

B),(C，H),(G，B),(G，H)，或者对活动 K 赶工，因为两条关键路径上都有 K (J 已经在赶工)。我们只考虑那些赶工成本小于每周会节约 8 000 美元的备选方案。可行的备选方案只有每周成本为 7 600 美元的 (C，B) 和每周成本为 4 000 美元的 K。我们选择活动 K 赶工。

第 3 步： 因为 K 位于两条关键路径，所以最大限度地对 K 赶工——只能减少 1 周。更新后的路径时间为：

A–C–G–J–K：63 周　　B–D–H–J–K：63 周

净节约额为：8 000 – 4 000 = 4 000 美元。项目总成本为 2 511 000 – 4 000 = 2 507 000 美元。

第 4 阶段

第 1 步： 关键路径为：B–D–H–J–K 和 A–C–G–J–K。

第 2 步： 这一阶段唯一可行的方案是以每周 7 600 美元的成本同时对活动 B 和 C 赶工。这一数额仍然低于每周 8 000 美元的节约额。

第 3 步： 同时对 B 和 C 赶工 2 周时间，这是活动 B 允许赶工时间的最大限度。更新后的路径时间为：

A –C–G–J–K：61 周　　B–D–H–J–K：61 周

净节约额为：2×8 000 – 2×7 600 = 800 美元。项目总成本为：2 507 000 – 800 = 2 506 200 美元。

下表对分析结果进行了汇总。

阶段	赶工活动	缩短时间（周）	生成的关键路径	项目时长（周）	最后一次赶工项目的直接成本（单位：千美元）	增加的赶工成本（单位：千美元）	总间接成本（单位：千美元）	总惩罚成本（单位：千美元）	项目总成本（单位：千美元）
0	—	—	B–D–H–J–K	69	1 992.0	—	552.0	80.0	2 624.0
1	J	3	B–D–H–J–K	66	1 992.0	3.0	528.0	20.0	2 543.0
2	D	2	B–D–H–J–K A–C–G–J–K	64	1 995.0	4.0	512.0	0.0	2 511.0
3	K	1	B–D–H–J–K A–C–G–J–K	63	1 999.0	4.0	504.0	0.0	2 507.0
4	B, C	2	B–D–H–J–K A–C–G–J–K	61	2 003.0	15.2	488.0	0.0	2 506.2

决策重点

由于赶工成本超过每周的间接成本，因此再进行任何赶工只会使项目总成本上升。最小成本进度计划为 61 周，其总成本为 2 506 200 美元。为了达到这一进度要求，项目团队必须对活动 B、D、J、K 进行最大限度地赶工，并使活动 C 的时间变为 8 周。其他活动维持正常时间不变。该进度计划比正常时间进度节约成本 117 800 美元。

风险评估

风险是对不能达到预定项目目标的可能性及后果的衡量。项目涉及不确定性的概念，因为它与项目的时间和成本有关。通常，项目团队必须应对由于劳动力短缺、天气、供货延迟或者关键测试结果等造成的不确定性。本节将讨论风险管理计划以及管理人员用来分析风险的工具，例如仿真和统计分析，它们使管理人员能够估计项目按时完工的概率以及次关键路径影响项目完工时间的可能性。

风险管理计划 项目经理在项目开始阶段的一项主要职责是制订**风险管理计划**（risk-management plan），识别影响项目成功的主要风险并提出预防措施。一个好的风险管理计划要量化风险，预测它们对项目的影响并提出应急预案。项目风险可以通过检验以下四类风险进行评估：

- **战略适应性风险** 如果项目与企业战略目标的联系不清晰，则该项目可能不具备良好的战略适应性。
- **服务 / 产品属性风险** 如果项目涉及新服务或新产品的开发，就会有市场风险、技术风险或法律风险。竞争对手可能会提供更好的产品，或者新的技术发现使服务或产品在上市前就已经被淘汰。还可能会遇到法律风险，比如法律诉讼或者债务纠纷，可能迫使对已开始开发的产品进行设计变更。
- **项目团队能力风险** 由于项目的规模和复杂性，或者项目所涉及的技术，项目团队有可能不具备成功完成项目的能力。

- **运营风险**　由于信息不够准确、缺乏沟通、遗漏前导关系，或者错误地估计活动时间，可能会引起运营风险。

管理实践 2.1　波士顿大开挖工程项目面临许多挑战

马萨诸塞州波士顿市有许多引人注目的事物：世界冠军波士顿红袜（Boston Red Sox）棒球队；自由之路——许多可以追溯到 17 世纪的历史建筑和景观；以及美国历史上规模最宏大的道路基础设施建设项目。穿越城市中心的六车道高架公路，其设计流量为每天 75 000 辆汽车，却被迫承载着每天接近 200 000 辆汽车的流量。这条公路每天拥堵达 10 小时。居民和企业每年花费在交通事故、燃油和延迟交货罚款方面的费用高达 5 亿美元。

“大开挖”工程是建造在波士顿城和波士顿港地面下的巨大的公路隧道，对于该工程有大量争议。当“大开挖”工程完工时，它超出了预算、延长了工期，且没有满足设计要求，其部分原因是以前从来没有人承担过如此复杂的项目。

要解决交通问题并不仅仅是在现有公路上增加几条车道这么简单。现有的公路建于 1953 年，高架公路的上层结构正在迅速恶化。做出的决策不是对旧公路进行维修，而是在现有道路的正下方建设一条 8—10 车道的地下公路，该公路的终点在城市北部，那里有两座横跨查尔斯河的 14 车道的大桥。在公路的南端，在南波士顿和波士顿港到洛根机场之间的地下建设一条 4 车道隧道。这也难怪该项目得到了“大开挖”（Big Dig）这一绰号。公路全长 7.8 英里，其中有一半在一座大城市和海港地下的隧道里。该项目 1983 年开始规划，1991 年开工建设，到 2007 年春天完成了 99% 的工程任务。

该项目是否成功？其答案取决于向谁发问。波士顿的居民拥有一个更加高效的交通网络，可以容纳未来多年的交通流量增长。但是，从项目管理的角度看，它没有达到每个项目都应追求的三个目标：（1）准时；（2）不超预算；（3）满足设计要求。“大开挖”项目延迟了 9 年时间（原定的进度计划是于 1998 年完工），超出预算 100 多亿美元（最初预算大约相当于现在的 40 亿美元），以及在隧道开通之后不久就需要对渗漏进行大修。2006 年夏大海港隧道入口天花板掉落路面并砸中过往车辆，导致生命伤亡惨剧的发生，这引起了许多公开的负面报道。由于该项目的资金来自纳税人，所以这个项目饱受争议也就不足为奇了。

那么这个项目为什么会遇到这么多问题？“大开挖”工程庞大且复杂是一个风险项目的例子。它被称为人类历史上最复杂且最具争议的工程项目之一，可以与巴拿马运河、英吉利海峡隧道和阿拉斯加输油管道相匹敌。为了在项目的建设方式上达成一致意见，项目管理人员与环境管理机构、社区团体、企业及政治领导人举行了多次会议。根据这些会议的意见，修正了项目范围，因此导致项目计划也要随之改变。从运营的角度看，大多数参与该项目的建筑公司之前从没有承接过如此大规模和大范围的项目，因此对他们负责的一段工程也难以合理地估计时间。工期拖延和成本超支也就在所难免。而且，因为有如此多的承包商参与到这样一个复杂项目中，质量也难以达到要求。对如此庞大且复杂的项目来说，风险是本身固有的，应该制定应急预案来应对可能出现的混乱状态。尽管进度问题和预算问题并非罕见，但是项目经理的工作就是管理风险，并使偏差最小。

资料来源：Seth Stern, “$14.6 Billion Later, Boston’s Big Dig Wraps Up,” *Christian Science Monitor* (December 19, 2003); “Big Dig Tunnel Is Riddled with Leaks,” *Associated Press* (November 19, 2004); Michael Roth, “Boston Digs the Big Dig,” *Rental Equipment Register* (November 1, 2000).

应该识别这些风险并对重大风险制订应急预案，防止事情变得更糟。项目的风险越大，该项目就越有可能遇到困难，管理实践 2.1 说明了这一点。

仿真 PERT/CPM 网络可用于量化与项目时间有关的风险。通常，与活动有关的不确定性体现在活动的持续时间上。例如，新产品开发项目中的活动可能是开发制造新产品的技术，这一活动所花的时间可能从八个月到一年不等。为了将不确定性融合到网络模型中，可以用两种方法计算活动时间的概率分布：（1）计算机仿真；（2）统计分析。在仿真方法中，每一项活动的时间是根据其概率分布随机选择的。利用活动时间确定网络的关键路径，并计算出项目的完工日期。这一过程重复多次，会得到一个完工日期的概率分布。在本章后面讨论次关键路径时，还会对仿真做更多阐述。

统计分析 统计分析法要求用以下三个合理的时间估计值来计算活动时间：

1. **乐观时间**（a）：在一切顺利的情况下，完成一项活动的最短时间；
2. **最可能时间**（m）：完成一项活动需要的最可能的时间；
3. **悲观时间**（b）：完成一项活动需要的最长的估计时间。

利用上述三个时间估计值，即乐观时间、最可能时间和悲观时间，项目经理就有足够的信息估计活动按进度完成的概率。为了做到这一点，项目经理必须首先计算每个活动概率分布的均值和方差。在 PERT/CPM 中，每个活动时间都被当作服从 β 概率分布的随机变量。这一分布可以有各种形状，使最可能时间估计值（m）可以取乐观时间估计值（a）与悲观时间估计值（b）之间的任何值。最可能时间的估计值是 β 分布的众数（mode），即具有最大发生概率的时间。正态分布是不可能满足这些条件的，它是对称的，因为正态分布要求众数与分布的两个端点是等距离的。图 2.7 说明了这两种分布之间的区别。

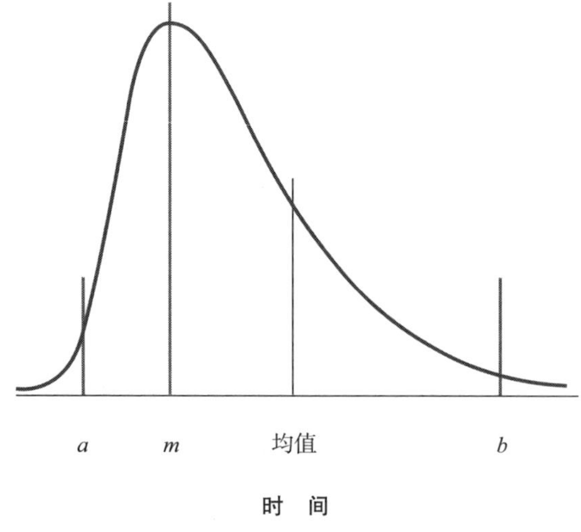

（a）**β 分布**：最可能时间（m）具有最大概率，可以位于乐观时间（a）和悲观时间（b）之间的任何地方。

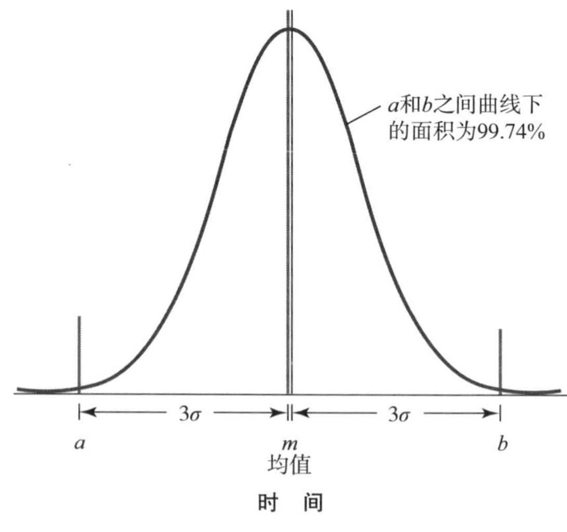

（b）**正态分布**：均值和最可能时间必须相同。如果选择 a 和 b 之间相隔 6σ，则实际活动时间位于两者之间的概率为 99.74%。

图 2.7

用于项目风险分析的 β 分布与正态分布之间的区别

分　析

分析需要两个重要的假设条件。首先，假设能够准确估计 a、m 和 b 的值。最好将这些估计值看成确定活动持续的合理时间范围值，这个范围是由项目经理与负责该活动的团队成员协商决定的。其次，假设活动时间的标准差 σ 是其极差 $b\text{-}a$ 的 1/6。因此，实际的活动时间落在 a 和 b 之间的可能性很大。这样的假设为什么有意义呢？因为如果活动时间服从正态分布，那么 6 个标准差就能覆盖大约 99.74% 的分布区间。

即使有了这些假设条件，每个活动概率分布均值和方差的偏差还是很复杂。这些偏差说明，通过以下 3 个时间估计值的加权平均可以估计 β 分布的均值：

$$t_e = \frac{a + 4m + b}{6}$$

要注意的是，最可能时间的权重是悲观时间和乐观时间估计值的 4 倍。

每个活动的 β 分布方差为：

$$\sigma^2 = \left(\frac{b - a}{6}\right)^2$$

方差是标准差的平方，它随着 b 和 a 之间差距的增加而增大。这一结果意味着对实际活动时间的估计值越不确定，方差就会越大。

例 2.4　均值和方差的计算

假设项目团队得到了圣约翰医院项目活动 B（场所选择和调查）的下列时间估计值：

$$a = 7\text{ 周},\ m = 8\text{ 周},\ b = 15\text{ 周}$$

a. 计算活动 B 的期望时间和方差。

b. 计算项目中其他活动的期望时间和方差。

解

a. 活动 B 的期望时间为

$$t_e = \frac{7 + 4 \times 8 + 15}{6} = \frac{54}{6} = 9\text{ 周}$$

注意这一活动的期望时间（9 周）与其最可能时间（8 周）并不相等。只有当最可能时间与乐观时间和悲观时间之间的距离相等时，这两个时间才能相同。活动 B 的方差计算如下：

$$\sigma^2 = \left(\frac{15 - 7}{6}\right)^2 = \left(\frac{8}{6}\right)^2 = 1.78$$

b. 下表给出了项目描述中所列出的所有活动的期望时间和方差。

	时间估计值（周）			活动统计值	
活动	乐观 (a)	最可能 (m)	悲观 (b)	期望时间 (t_e)	方差 (σ^2)
A	11	12	13	12	0.11
B	7	8	15	9	1.78
C	5	10	15	10	2.78
D	8	9	16	10	1.78
E	14	25	30	24	7.11
F	6	9	18	10	4.00
G	25	36	41	35	7.11
H	35	40	45	40	2.78
I	10	13	28	15	9.00
J	1	2	15	4	5.44
K	5	6	7	6	0.11

决策重点

项目团队应该注意到，活动 I 的时间估计值具有最大的不确定性，紧随其后的是活动 E 和活动 G 的时间估计值。应该分析这些活动的不确定性来源，并采取措施减少时间估计值的方差。

概率分析　由于活动时间的估计值具有不确定性，因此项目管理人员对项目在预计期限内完工的概率很感兴趣。为了得到项目完工时间的概率分布，假定一项活动的持续时间与其他任一活动的持续时间无关。通过对关键路径上所有活动的持续时间和方差进行加总，这一假设使我们可以估计整个项目持续时间概率分布的均值和方差。然而，如果给一个工作小组分配了两个活动，且这两个活动可以同时进行，那么这两个活动的时间就是相互依赖的，并且前面的假设就不再成立。此外，如果网络中其他路径的松弛时间较少，则其中的一条路径有可能在项目完成之前变成关键路径。这种情况下也应该计算这些路径的概率分布。

由于假定活动的持续时间是独立的随机变量，因此可以使用中心极限定理，该定理表明，对于一组独立同分布的随机变量来说，当随机变量的数量增加时，这些随机变量的和趋近于正态分布。该正态分布的均值是路径上活动期望时间之和。当所在路径是关键路径时，正态分布的均值就是项目最早完成时间的期望值：

$$T_E = \sum(\text{关键路径上活动的期望时间}) = \text{正态分布的均值}$$

同理，由于假定活动时间是独立的，我们用沿该路径上活动的方差之和作为路径时间分布的方差。也就是说，对关键路径来说：

$$\sigma_P^2 = \sum(\text{关键路径上活动的方差})$$

为了利用正态分布分析项目在给定日期前完工的概率，我们重点关注关键路径并运用 z 变换公式：

$$z = \frac{T - T_E}{\sigma_P}$$

式中

$$T = \text{项目的到期时间}$$

对给定的 z 值，利用附录中的正态分布表可求出项目在时间 T 或 T 之前完工的概率。这种方法隐含的假设是：在项目进行过程中，没有任何其他路径会变成关键路径。例 2.5（a）用圣约翰医院项目的例子说明了这种计算方法。

对项目中任何一个活动在某个具体日期之前完成概率的评估过程，与上述方法非常相似。但是，在这里不是用关键路径，而是用从初始节点到被评估的活动节点之间时间最长的路径。

次关键路径 项目的持续时间是其关键路径的函数。但是，与关键路径的持续时间接近的路径，在项目的进展过程中有可能最终成为关键路径。实际上，在项目开始时，管理人员一般并不知道活动的确切时间，而且直到项目结束得到实际的活动时间之前，也不知道哪条路径是关键路径。但是，这种不确定性不会降低概率分析方法的使用价值，利用概率分析可以确定一条路径或另一条路径引起项目超出目标完成时间的可能性。它可以帮助确定需要管理层密切注意的活动。为了评估次关键路径延长项目完工时间的可能性，我们可以重点关注项目网络中最长的路径，并记住要同时考虑这条路径上活动的持续时间和方差。具有大方差的较短路径，也和具有小方差的较长路径一样，可能引起项目延迟。因此我们可以估计出既定路径超过项目目标完成时间的概率。在例 2.5（b）中，我们用统计分析法说明这种概率的估算方法。

另外，也可以用仿真的方法来估算概率。利用仿真的优点是活动时间不必局限于服从 β 分布。而且，用仿真方法比用统计分析法更容易在模型中囊括活动或路径依赖（比如涉及承担不同活动的决策点）。幸运的是，无论采用何种方法，都几乎不需要评估网络中的每条路径。在大型网络中，许多路径都有短的持续时间，且方差较小，因此它们不可能影响项目的持续时间。

例 2.5 计算在给定日期完成项目的概率

计算圣约翰医院在 72 周内投入运行的概率，分别用（a）关键路径和（b）次关键路径 A–C–G–J–K 进行计算。

解

a. 关键路径 B–D–H–J–K 的长度为 69 周。从例 2.4 中的表格我们可以得到路径 B–D–H–J–K 的方差：σ_P^2 = 1.78+1.78+2.78+5.44+0.11=11.89。接着，计算 z 的值：

$$z = \frac{72-69}{\sqrt{11.89}} = \frac{3}{3.45} = 0.87$$

利用附录中的正态分布表，从最左侧一列向下找到 0.8，然后沿该行横向找到表头数值为 0.07 的所在列，所在单元格的数值为 0.8078。因此，可以得出路径 B–D–H–J–K 的时间长度不会超过 72 周的概率约为 0.81。由于该路径为关键路径，因此项目在 72 周以后完成的概率是 19%。这一概率在图 2.8 中标出。

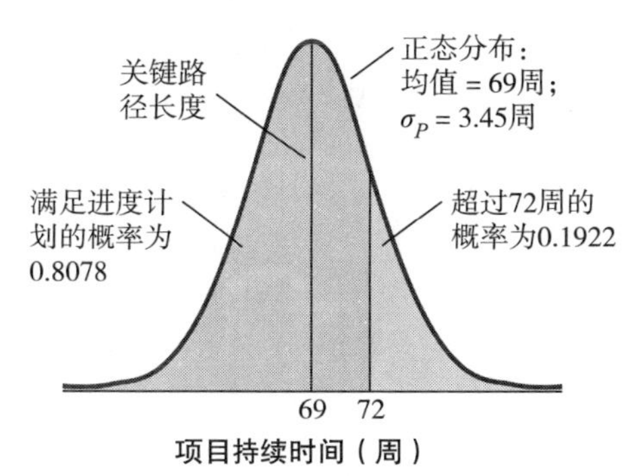

图 2.8
圣约翰医院项目按期完工的概率

b. 由例 2.4 中的表格可知，路径 A–C–G–J–K 上活动的期望时间之和为 67

周，方差 σ_P^2= 0.11+2.78+7.11+5.44+0.11=15.55。其 z 值为：

$$z = \frac{72-67}{\sqrt{15.55}} = \frac{5}{3.94} = 1.27$$

路径 A–C–G–J–K 的时间长度不超过 72 周的概率为 0.90。

决策重点

项目团队应该意识到在路径 A–C–G–J–K 上，超过 72 周目标完工时间的可能性为 10%。尽管这个概率对这条路径来说不算大，但在项目的前 57 周要对活动 A、C 和 G 密切关注，以确保与进度计划的偏差不超过 2 周。对于具有高时间方差的活动 G，尤其需要注意。

项目监测与控制

一旦完成了项目计划，接下来的挑战是保证项目在资源分配的预算内按进度实施。本节将讨论如何监测项目状态和资源使用情况。此外，还将说明对监控项目非常有用的项目管理软件的一些特点。

监测项目状态

一套好的跟踪系统能帮助项目团队实现其项目目标。有效的跟踪系统能收集三方面信息：(1) 待解决的问题；(2) 风险；(3) 进度状态。

待解决的问题和风险 项目经理的职责之一就是确保在项目进行中出现的问题能够及时得到解决。跟踪系统应该能提醒项目经理，有关待解决问题的到期日以及由谁来负责认定这些问题是否被解决。同样，该系统也要提供风险管理计划中说明的引起项目延迟的各种风险状态，以便项目团队在每次会议上审查风险。为了保持系统的有效性，跟踪系统要求团队成员定期更新与各自职责相关的信息。

轮船建造项目的监测与控制对按期完成复杂项目是至关重要的。图中，一个螺旋桨被安装在一艘远洋轮船上。

进度状态 即使是最完善的项目计划也有可能出错。对项目进度计划中的松弛时间进行定期监测的跟踪系统，可以帮助项目经理控制关键路径上的活动。对项目中正在进行的活动状态进行定期更新，使跟踪系统可以重新计算活动的松弛时间，并指出滞后于进度的活动，或者即将用完全部松弛时间的活动。这样管理层就可以重点关注这些活动，必要时也可以重新配置资源。

项目资源监测

经验证明，分配给项目的资源是以非均衡的速度消耗的，这种消耗速度由项目活动的时间进度决定。项目的生命周期有四个主要阶段：(1) 项目的界定与组织；(2) 项目计划；(3) 项目执行；(4) 项目完结。图 2.9 说明这四个阶段中的每个阶段都需要不同的资源投入。

前面已经讨论了项目的界定与组织，以及项目计划阶段的相关活动。占用资源最多的是执行阶段，在此期间管理人员关注与交付物有关的活动。项目进度计划十分重要，因为它可显示何时需要分配给指定活动的各种资源。监测整个项目的活动过程对避免资源超负荷是很重要的。当一种特定资源，如建筑队或专家，被几个进度重叠的活动同时需要时，就会出现问题。项目经理有多种选择来缓解资源问题，其中包括：

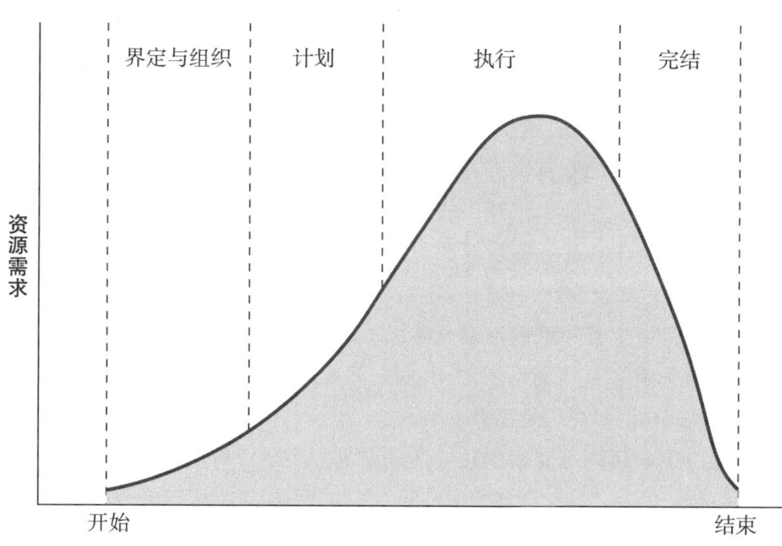

图 2.9
项目的生命周期

- *资源平衡*。这种方法通过在最早开始时间和最晚开始时间范围内，改变相互冲突活动的进度计划，尽量对资源的需求进行削峰填谷。MS Project 这类软件包中包含的算法可以调整活动的时间，避免资源约束的冲突。
- *资源配置*。这种方法将资源分配给最重要的活动。大多数流行的项目管理软件包中有几个优先规则，当出现冲突时，可用这些优先规则决定关键资源应该用来完成哪个活动。例如，当所有活动需要一种给定资源时，就将该资源分配给具有最早开始时间的活动。用活动的松弛时间报表可以找出资源转移的候选对象——将资源从那些拥有较多松弛时间的活动转移到滞后于进度的活动。
- *资源获取*。增加更多超负荷资源来保持活动的进度。显然，这一策略受到项目预算的限制。

项目控制

项目经理负责企业资源的有效利用，并对活动进行管理以达到项目在时间和质量上的目标。企业资产包括实物资产、人力资源和财务资源。对实物资产的控制是通过及时维护机器和设备进行的，所以不会因为它们的故障而使项目延迟。必须接收存货，存储起来以备将来使用，而且还要补货。项目经理还要负责人力资源的开发。项目为培养未来的领导者提供了良好环境，项目经理可以利用这一条件——通过给团队成员分配重要任务帮助他们培养管理者素质。最后，但同样重要的是，项目经理必须控制企业财务资源的支出。大多数项目管理软件包都有会计报表、预算报告、资本投资控制和现金流量表。必须定期报告与项目计划之间的偏差（通常指方差），并分析偏差产生的原因。

项目监测与控制是在项目生命周期中贯穿整个执行阶段不间断的活动。然而，**项目完结**（close out）是很多项目经理忘记将其纳入资源使用考虑范围的一个活动。项目生命周期中这一最后阶段的目的是要撰写最终报告，并完成其余的交付物。但是，这一阶段的一个重要工作是，汇编项目团队有关项目流程的改进建议。许多团队成员将被分配到其他项目中去，他们可以将从本项目中所学到的东西应用到新的项目之中。

学习目标回顾

1. **阐明与项目的界定、组织、计划、监测与控制有关的主要活动。**整个第2章都围绕着这五个重要内容进行阐述。但是，一定要阅读本章开头的案例，它说明了推出新产品 XBOX 360 这一项目的四个主要阶段，还要阅读本章的引言部分以及“项目的界定与组织”一节。
2. **画出项目中相互关联的活动网络图。**参见“工作分解结构的确定”及“网络图的绘制”。图 2.2 和例 2.1 对实现这一学习目标也是很重要的。
3. **确定决定项目持续时间的关键活动序列。**为了理解关键路径，学习“进度计划的制订”一节以及例 2.2。
4. **说明如何确定成本最小的项目进度。**“成本－时间权衡分析”一节和例 2.3 说明如何考虑相关成本以使成本最小化。图 2.6 对分析中的关键假设条件进行了解释。问题求解 1 中包含了详细的求解过程。
5. **描述管理者评估项目风险时所考虑的因素，计算项目按时完成的概率。**参见“风险评估”一节的内容，这节对项目经理面临的风险进行了阐述。“分析”一节说明了概率的计算方法。一定要理解例 2.4、例 2.5 及问题求解 2。
6. **确定能缓解资源问题的可用方法。**参见“项目监测与控制”一节。

关键公式

1. 开始时间和完成时间：

   t = 活动的持续时间估计值

   ES = 所有紧前活动中 EF 时间最晚的值

   EF = ES + t

   LF = 所有紧后活动中 LS 时间最早的值

   LS = LF − t

2. 活动松弛时间：

   S = LS − ES 或 S = LF − EF

3. 项目成本：

$$\text{每期的赶工成本} = \frac{\text{赶工成本} - \text{正常成本}}{\text{正常时间} - \text{赶工时间}} = \frac{\mathrm{CC} - \mathrm{NC}}{\mathrm{NT} - \mathrm{CT}}$$

4. 活动时间统计值：

   t_e = 活动的 β 分布均值

$$t_e = \frac{a + 4m + b}{6}$$

   σ^2 = 活动时间的方差

$$\sigma^2 = \left(\frac{b - a}{6}\right)^2$$

5. z 变换公式：

$$z = \frac{T - T_E}{\sigma_P}$$

   式中

   T = 项目到期日

   $T_E = \sum$（关键路径上活动的期望时间）

   = 关键路径时间的正态分布均值

   σ_P = 关键路径上时间分布的标准差

关键术语

项目
项目管理
项目群
工作分解结构（WBS）
活动
网络图
计划评审术（PERT）
关键路径法（CPM）
前导关系
节点网络图法（AON）
路径
关键路径
最早结束时间（EF）
最早开始时间（ES）
最晚结束时间（LF）
最晚开始时间（LS）
活动松弛时间
甘特图
正常时间（NT）
正常成本（NC）
赶工时间（CT）
赶工成本（CC）
最小成本进度计划
风险管理计划
乐观时间（a）
最可能时间（m）
悲观时间（b）
项目完结

问题求解 1

你的公司刚刚收到一个重要客户的订单，订购一辆特别设计的电动摩托车。合同指出，从现在起的第 13 天开始，直到项目完成为止，你的公司将要支付每天 100 美元的罚款。项目的间接成本为每天 200 美元。活动的直接成本及其前导关系数据如表 2.2 所示。

a. 画出项目的网络图。
b. 你建议多少天完工？

表 2.2　电动摩托项目数据

活动	正常时间（天）	正常成本（美元）	赶工时间（天）	赶工成本（美元）	紧前活动
A	4	1 000	3	1 300	无
B	7	1 400	4	2 000	无
C	5	2 000	4	2 700	无
D	6	1 200	5	1 400	A
E	3	900	2	1 100	B
F	11	2 500	6	3 750	C
G	4	800	3	1 450	D, E
H	3	300	1	500	F, G

解

a. 包括正常活动时间的项目网络如图 2.10 所示。在构建网络图时，请注意下面的要点。

1. 总是有始点和终点。
2. 尽量避免交叉路径，以使图形简洁。
3. 两个节点间只用一个箭头直接连接。
4. 将没有先导关系的活动放在左边，使箭头的指向从左向右。
5. 做好多次修改的准备，直到最后得到正确而清晰的网络图。

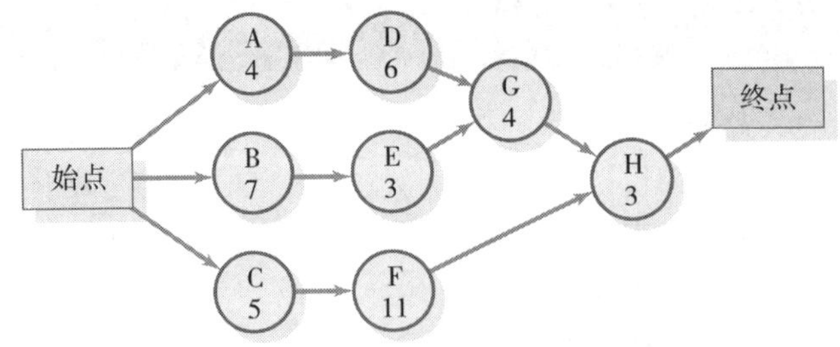

图 2.10
电动摩托项目的网络图

b. 根据图中的活动持续时间，项目将在 19 天后完成，会产生 700 美元的罚款。为了确定一个好的完成日期，需要用到最小成本进度计划方法。利用表 2.2 中的数据，可以得到每个活动每天可缩小的最大赶工时间和赶工成本。例如，对于活动 A 来说

$$\text{最大赶工时间} = \text{正常时间} - \text{赶工时间} = 4 - 3 = 1\text{ 天}$$

$$\text{赶工成本 / 天} = \frac{\text{赶工成本} - \text{正常成本}}{\text{正常时间} - \text{赶工时间}} = \frac{\text{CC} - \text{NC}}{\text{NT} - \text{CT}}$$

$$= \frac{1\,300\text{ 美元} - 1\,000\text{ 美元}}{4\text{ 天} - 3\text{ 天}} = 300\text{ 美元 / 天}$$

活动	每天的赶工成本（美元）	最大赶工时间（天）
A	300	1
B	200	3
C	700	1
D	200	1
E	200	1
F	250	5
G	650	1
H	100	2

表 2.3 汇总了整个分析过程和由此得到的项目持续时间及总成本。关键路径是持续 19 天的 C–F–H，这是网络图中最长的路径。该路径上赶工成本最低的活动是 H，每天只需多花 100 美元。这样每天可以节省的间接成本和惩罚成本额为：200+100=300 美元。如果对该活动赶工 2 天（最大赶工时间），路径的长度变为：

A–D–G–H：15 天　B–E–G–H：15 天　C–F–H：17 天

表 2.3　项目成本分析

阶段	赶工活动	时间缩短量（天）	生成的关键路径	项目持续时间（天）	最后一次赶工项目的直接成本（美元）	增加的赶工成本（美元）	总间接成本（美元）	总惩罚成本（美元）	项目总成本（美元）
0	—	—	C–F–H	19	10 100	—	3 800	700	14 600
1	H	2	C–F–H	17	10 100	200	3 400	500	14 200
2	F	2	A–D–G–H B–E–G–H C–F–H	15	10 300	500	3 000	300	14 100

关键路径仍是 C–F–H。下一个赶工成本最低的关键活动是 F，每天耗费 250 美元。对 F 能赶工 2 天，因为这时会有 3 条关键路径。要想进一步缩减项目持续期，需要同时对多个活动（D、E 和 F）进行赶工。这样做的成本是 650 美元，超过了所节省的 300 美元。因此，应该到此为止。注意每个活动都很关键。当完工时间为 15 天时，项目成本最低。但是，这会让那位希望在 12 天内完工的客户感到失望，可能会有损声誉。

问题求解 2

广告项目经理为一项新广告活动绘制了如图 2.11 所示的网络图。此外，该经理还收集了每个活动的时间信息，如下表所示。

	时间估计值（周）			
活动	**乐观时间**	**最可能时间**	**悲观时间**	**紧前活动**
A	1	4	7	—
B	2	6	7	—
C	3	3	6	B
D	6	13	14	A
E	3	6	12	A, C
F	6	8	16	B
G	1	5	6	E, F

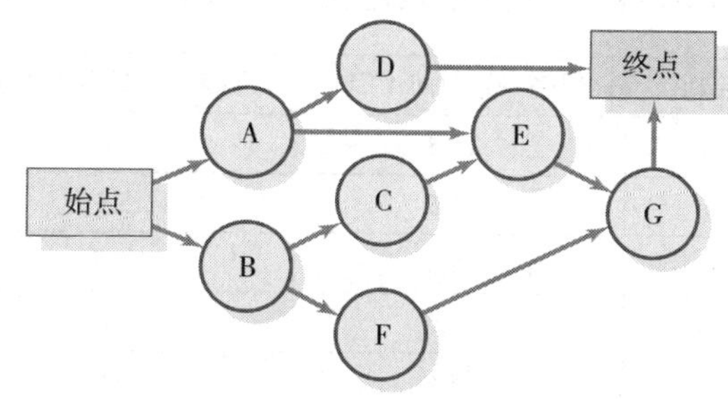

图 2.11
广告项目的网络图

a. 计算每个活动的期望时间和方差。

b. 用活动的期望时间来计算活动松弛时间，并确定关键路径。

c. 项目在 23 周内完成的概率是多少？

解

a. 每个活动的期望时间和方差计算如下：

$$t_e = \frac{a + 4m + b}{6}$$

活动	期望时间（周）	方差（σ^2）
A	4.0	1.00
B	5.5	0.69
C	3.5	0.25
D	12.0	1.78
E	6.5	2.25
F	9.0	2.78
G	4.5	0.69

b. 需要计算每个活动的最早开始时间、最晚开始时间、最早结束时间和最晚结束时间。从活动 A 和 B 开始，从网络图的始点开始移动到终点，逐个计算最早开始时间和最早结束时间：

活动	最早开始时间（周）	最早结束时间（周）
A	0	0 + 4.0 = 4.0
B	0	0 + 5.5 = 5.5
C	5.5	5.5 + 3.5 = 9.0
D	4.0	4.0 + 12.0 = 16.0
E	9.0	9.0 + 6.5 = 15.5
F	5.5	5.5 + 9.0 = 14.5
G	15.5	15.5 + 4.5 = 20.0

根据期望时间，在活动 G 完成后，项目的最早完成时间是 20 周。以 20 周为目标日期，反向推导整个网络图，计算最晚开始时间和最晚结束时间（在图 2.12 中用图解方式表示）：

活动	最晚开始时间（周）	最晚结束时间（周）
G	15.5	20.0
F	6.5	15.5
E	9.0	15.5
D	8.0	20.0
C	5.5	9.0
B	0.0	5.5
A	4.0	8.0

现在，就要计算活动的松弛时间，并确定哪些活动在关键路径上：

	开始时间（周）		结束时间（周）			
活动	最早	最晚	最早	最晚	松弛时间	关键活动
A	0.0	4.0	4.0	8.0	4.0	否
B	0.0	0.0	5.5	5.5	0.0	是
C	5.5	5.5	9.0	9.0	0.0	是
D	4.0	8.0	16.0	20.0	4.0	否
E	9.0	9.0	15.5	15.5	0.0	是
F	5.5	6.5	14.5	15.5	1.0	否
G	15.5	15.5	20.0	20.0	0.0	是

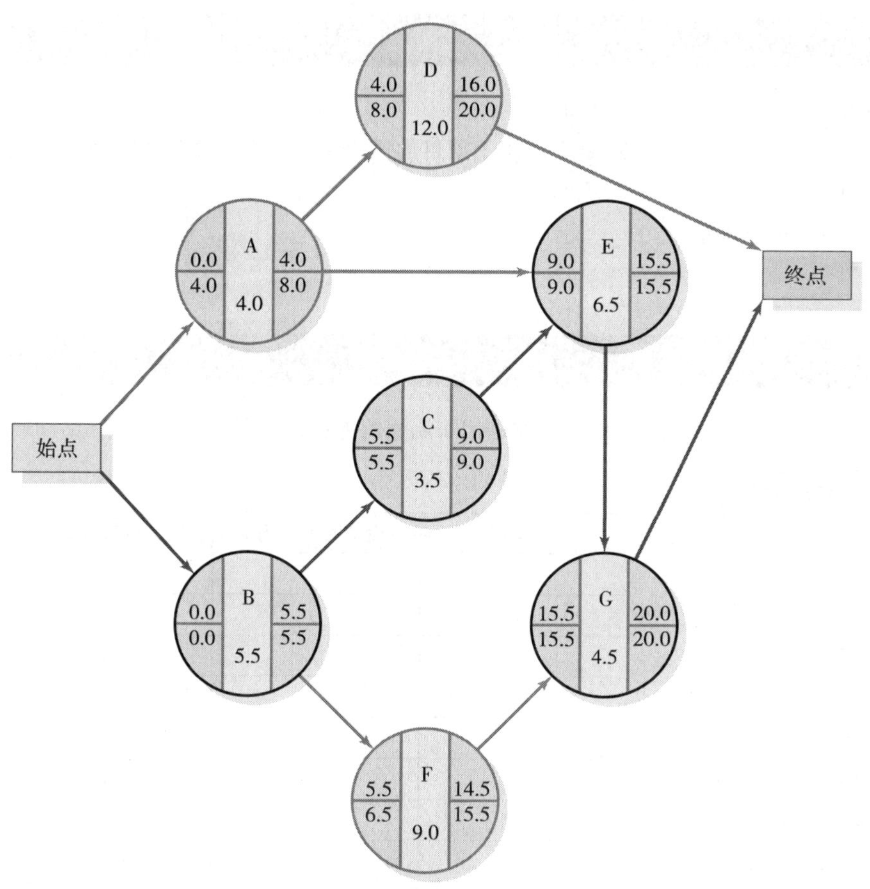

图 2.12
带有计算松弛时间所需的全部时间估计的网络图

各条路径、总期望时间和方差为：

路径	总期望时间（周）	总方差（σ_P^2）
A–D	4 + 12 = 16	1.00 + 1.78 = 2.78
A–E–G	4 + 6.5 + 4.5 = 15	1.00 + 2.25 + 0.69 = 3.94
B–C–E–G	5.5 + 3.5 + 6.5 + 4.5 = 20	0.69 + 0.25 + 2.25 + 0.69 = 3.88
B–F–G	5.5 + 9 + 4.5 = 19	0.69 + 2.78 + 0.69 = 4.16

关键路径是 B–C–E–G，其总期望时间为 20 周。但是路径 B–F–G 的时长为 19 周，且有很大的方差值。

c. 首先计算 z 值：

$$z = \frac{T - T_E}{\sigma_P} = \frac{23 - 20}{\sqrt{3.88}} = 1.52$$

利用附录中的正态分布表，可得到在 23 周之内完工的概率为 0.9357。由于路径 B–F–G 的长度非常接近关键路径，且方差很大，所以它在项目进展中很可能变成关键路径。

讨论题

1. 你的一位同事认为，软件是成功的项目管理的最关键因素，你将如何回答？
2. 说明在项目中如何确定每一个活动的松弛时间。为什么对管理人员来说，了解项目中何处存在松弛时间是很重要的？
3. 定义应用于项目的风险。项目中主要的风险来源是什么？

练习题

1. 考虑一个项目的下列数据

活动	活动时间（天）	紧前活动
A	2	—
B	4	A
C	5	A
D	2	B
E	1	B
F	8	B, C
G	3	D, E
H	5	F
I	4	F
J	7	G, H, I

 a. 画出网络图。
 b. 计算该项目的关键路径。
 c. 活动 G、H 和 I 的松弛时间各是多少？

2. 下面是关于一个项目的信息

活动	活动时间（天）	紧前活动
A	7	—
B	2	A
C	4	A
D	4	B, C
E	4	D
F	3	E
G	5	E

 a. 画出该项目的网络图。
 b. 确定关键路径和项目持续时间。
 c. 计算每个活动的松弛时间。

3. 一个改进记账流程的项目具有下列前导关系和活动时间：

活动	活动时间（周）	紧前活动
A	3	—
B	11	—
C	7	A
D	13	B, C
E	10	B
F	6	D
G	5	E
H	8	F, G

 a. 画出网络图。
 b. 计算每个活动的松弛时间，指出哪些活动位于关键路径。

4. 以下是有关一个项目的信息：

活动	活动时间（天）	紧前活动
A	3	—
B	4	—
C	5	—
D	4	—
E	7	A
F	2	B, C, D
G	4	E, F
H	6	F
I	4	G
J	3	G
K	3	H

 a. 画出网络图。
 b. 找出关键路径。

5. 以下是收集到的项目信息：

活动	活动时间（周）	紧前活动
A	4	—
B	7	A
C	9	B
D	3	B
E	14	D
F	10	C, D
G	11	F, E

a. 画出网络图。

b. 计算每个活动的松弛时间并确定关键路径。项目将花多长时间完成？

6. 对于在 Crestview 银行增加一个免下车服务窗口的项目，考虑以下信息：

活动	活动时间（周）	紧前活动
A	5	—
B	2	—
C	6	—
D	2	A, B
E	7	B
F	3	D, C
G	9	E, C
H	11	F, G

a. 画出该项目的网络图。

b. 确定关键路径。

c. 计算活动 A 和活动 D 的松弛时间。

7. Web Ventures 公司的项目经理 Barbara Gordon 编了一个表，列出了更新公司网页项目中每个活动的时间估计值，其中包括乐观时间、最可能时间和悲观时间。

活动	乐观时间（天）	最可能时间（天）	悲观时间（天）
A	3	8	19
B	12	15	18
C	2	6	16
D	4	9	20
E	1	4	7

a. 计算每个活动的期望时间 t_e。

b. 计算每个活动的方差 σ^2。

8. 最近你被指派管理公司的一个项目。你已构建了表示项目各项活动的网络图（见图 2.13）。此外，你已要求你的团队估计他们将要完成的每一个活动的期望时间，其结果列于下表：

	时间估计值（天）		
活动	乐观时间	最可能时间	悲观时间
A	5	8	11
B	4	8	11
C	5	6	7
D	2	4	6
E	4	7	10

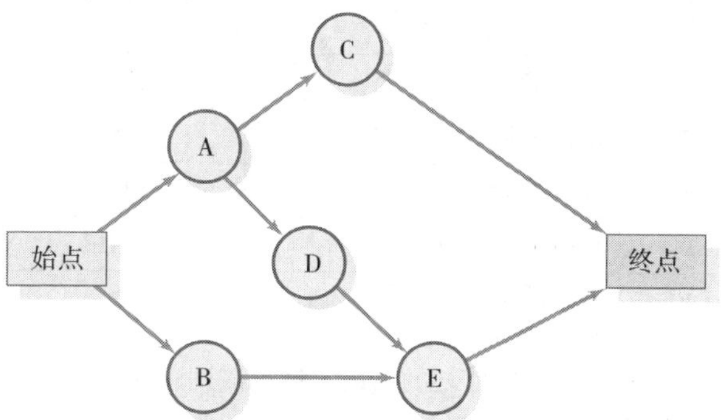

图 2.13

你公司项目的网络图

a. 项目的期望完工时间是何时？

b. 项目在 21 天内完工的概率是多少？

c. 项目在 17 天内完工的概率是多少？

9. 在问题求解 2 中，估计非关键路径 B–F–G 超过 20 周的概率。提示：用 1.0 减去路径 B–F–G 所用时间小于等于 20 周的概率。

10. 假设你的公司以前从未尝试过的一个项目，其数据如下：

活动	期望时间 t_e（周）	紧前活动
A	5	—
B	3	—
C	2	A
D	5	B
E	4	C, D
F	7	D

a. 画出该项目的网络图。

b. 确定关键路径并估计项目的持续时间。

c. 计算每个活动的松弛时间。

11. Bluebird 大学继续教育主管刚刚批准了一项销售培训课程的计划。她的行政助理已找出了必须完成的各项活动及其这些活动之间的相互关系，如表 2.4 所示。

表 2.4 销售培训课程中的活动

活动	描 述	紧前活动
A	设计小册子和课程通知	—
B	确定未来的教师	—
C	准备详细的课程大纲	—
D	发放小册子和学生申请表	A
E	发放教师申请表	B
F	选择任课教师	C, E
G	接收学生	D
H	选择课程教材	F
I	订购和接收教材	G, H
J	准备教室	G

由于新课程计划的不确定性，该助理还提供了以下各活动的时间估计值：

	时间估计值（天）		
活动	乐观时间	最可能时间	悲观时间
A	5	7	8
B	6	8	12
C	3	4	5
D	11	17	25
E	8	10	12
F	3	4	5

（续）

	时间估计值（天）		
活动	乐观时间	最可能时间	悲观时间
G	4	8	9
H	5	7	9
I	8	11	17
J	4	4	4

主管想从现在算起的 47 个工作日后开课，那么所有事情都能在此之前准备就绪的概率有多大？

12. 表 2.5 包含了环境清洁项目的有关信息。通过求出最小成本进度计划，使项目的时间缩短 3 周。假设不考虑项目的间接成本和惩罚成本。确定使额外的赶工成本最小的活动。

表 2.5 环境项目数据

活动	正常时间（周）	赶工时间（周）	赶工成本（美元/周）	紧前活动
A	7	6	200	无
B	12	9	250	无
C	7	6	250	A
D	6	5	300	A
E	1	1	—	B
F	1	1	—	C, D
G	3	1	200	D, E
H	3	2	350	F
I	2	2	—	G

13. Advanced Tech 公司有一个为一家大银行设计综合信息

表 2.6 数据库设计项目数据

活动	正常时间（天）	正常成本（美元）	赶工时间（天）	赶工成本（美元）	紧前活动
A	6	1 000	5	1 200	—
B	4	800	2	2 000	—
C	3	600	2	900	A, B
D	2	1 500	1	2 000	B
E	6	900	4	1 200	C, D
F	2	1 300	1	1 400	E
G	4	900	4	900	E
H	4	500	2	900	G

数据库的项目，表 2.6 给出了项目的有关数据。项目每天的间接成本为 300 美元，如果项目超过 14 天，公司每天要支付 150 美元的罚款。

a. 如果只使用正常时间，项目的持续时间是多少？

b. 求出最小成本进度计划。

c. 找出最小成本进度计划中的关键路径。

14. 你是你们公司记账流程改造项目的项目经理。表 2.7 包含了进行项目成本分析所需的数据。每周的间接成本为 1 600 美元，在第 12 周之后每周的惩罚成本为 1 200 美元。

a. 求出该项目的最小成本进度计划。

b. 使用“正常”时间得出的项目最早完成时间与（a）中求出的最小成本进度计划之间相差多少周？

15. 表 2.8 中包含了 Excello 公司制造流程新设备安装的数据。你的公司负责该设备安装项目。每周的间接成本是 15 000 美元，在第 9 周之后，项目每延长一周，你的公司将承担每周 9 000 美元的罚款。

a. 在不考虑成本的情况下，该项目的最短持续时间是多长？

b. 在 9 周内完工的项目最小总成本是多少？

c. 最小成本进度计划的总时间是多少？

16. 宠物乐园的所有者 Gabrielle Kramer 打算在俄亥俄州的哥伦比亚开一家新店。她主要关心的是聘用一名经理和几名助理，要求都要热爱动物。她还要协调一栋大厦的装修，该大厦以前由一家时装店所有。Kramer 收集了表 2.9 所示的数据。

a. 预计项目要花多长的时间？

b. 假设 Kramer 的个人目标是在 14 周内完工，这么快完工的概率有多大？

17. 图 2.14 是你正在负责的项目的网络图。假设你想找到用最小的附加成本来加速项目进度的方法。求出以最小成本在 25 天内完成项目的进度计划。惩罚成本和管理费用可忽略不计。每个活动的时间及成本数据如表 2.10 所示。

表 2.7 记账流程项目的数据

活动	紧前活动	正常时间（周）	赶工时间（周）	正常成本（美元）	赶工成本（美元）
A	—	4	1	5 000	8 000
B	—	5	3	8 000	10 000
C	A	1	1	4 000	4 000
D	B	6	3	6 000	12 000
E	B, C	7	6	4 000	7 000
F	D	7	6	4 000	7 000

表 2.8 设备安装项目数据

活动	紧前活动	正常时间（周）	赶工时间（周）	正常成本（美元）	赶工成本（美元）
A	—	2	1	7 000	10 000
B	—	2	2	3 000	3 000
C	A	3	1	12 000	40 000
D	B	3	2	12 000	28 000
E	C	1	1	8 000	8 000
F	D, E	5	3	5 000	15 000
G	E	3	2	9 000	18 000

表 2.9　宠物乐园项目数据

			时间（周）		
活动	描述	紧前活动	*a*	*m*	*b*
A	新经理面试	—	1	3	6
B	大厦装修	—	6	9	12
C	张贴招聘助理的广告并面试申请者	—	6	8	16
D	组织新经理人选参观	A	2	3	4
E	为新店购买并安装设备	B	1	3	11
F	向员工申请人的推荐人进行核实并做出最终选择	C	5	5	5
G	向新经理的推荐人核实并做最终选择	D	1	1	1
H	召开员工岗前会议并制作工资单	E, F, G	3	3	3

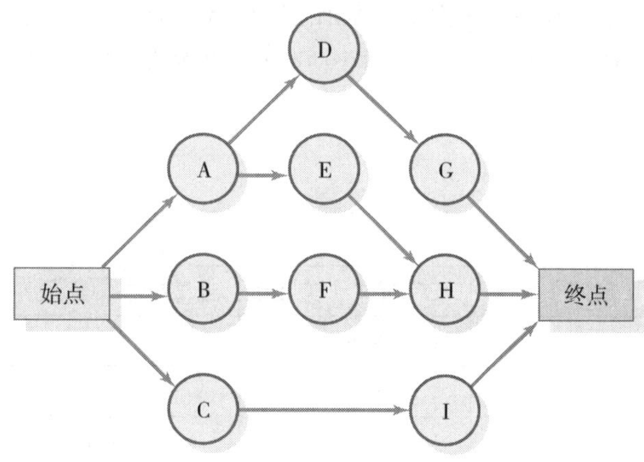

图 2.14
第 17 题的网络图

表 2.10　项目的活动及成本数据

	正常		赶工	
活动	时间（天）	成本（美元）	时间（天）	成本（美元）
A	12	1 300	11	1 900
B	13	1 050	9	1 500
C	18	3 000	16	4 500
D	9	2 000	5	3 000
E	12	650	10	1 100
F	8	700	7	1 050
G	8	1 550	6	1 950
H	2	600	1	800
I	4	2 200	2	4 000

18. Sculptures International 公司的所有者 Paul Silver 刚刚启动了一个新的艺术项目，项目数据如下：

活动	活动时间（天）	紧前活动
A	4	—
B	1	—
C	3	A
D	2	B
E	3	C, D

a. 画出该项目的网络图。

b. 确定项目的关键路径和持续时间。

c. 每个活动的松弛时间为多少？

19. Reliable Garage 公司正在完成 J2000 型赛车的生产。得到的项目数据如下：

活动	活动时间（天）	紧前活动
A	2	—
B	6	A
C	4	B
D	5	C
E	7	C
F	5	C
G	5	F
H	3	D, E, G

a. 画出该项目的网络图。

b. 确定项目的关键路径和持续时间。

c. 每个活动的松弛时间为多少？

20. 以下是有关你的公司正在进行的新项目信息：

活动	活动时间（天）	紧前活动
A	10	—
B	11	—
C	9	A, B
D	5	A, B
E	8	A, B
F	13	C, E
G	5	C, D
H	10	G
I	6	F, G
J	9	E, H
K	11	I, J

a. 画出该项目的网络图。

b. 确定关键路径和项目的完工时间。

高级练习题

21. Good Public Relations 公司的项目经理收集了如表 2.11 所示的新广告活动数据：

a. 项目可能要花多长时间？

b. 项目持续时间超过 38 周的概率有多大？

c. 考虑路径 A–E–G–H–J，这一路径超过 38 周的概率有多大？

22. 考虑表 2.12 中办公室装修项目数据。当时间估计值取“0”时，表示活动所花时间很少，在分析中可以当作数字 0 对待。

a. 根据关键路径，求出办公室装修项目在 39 天内完工的概率。

b. 求出有 90% 的把握完成项目的日期。

23. 你正在负责当地社区中心的项目。该中心需要及时改装其中的一个房间，以便开始新计划。项目延期意味着社区中心要在附近的教堂用额外成本来租用其他房间。项目的时间和成本数据如表 2.13 所示。你的任务是使社区中心的项目成本最小。

a. 利用每个活动的正常时间，求出项目可以完工的最早日期。

b. 假定项目中可变的管理成本是每天 50 美元。同时假定社区中心在第 15 天及以后每天要为临时房间支付 40 美元。求出最小成本项目进度计划。

表 2.11　广告项目的活动数据

	时间估计值（周）			
活动	乐观时间	最可能时间	悲观时间	紧前活动
A	8	10	12	始点
B	5	8	17	始点
C	7	8	9	始点
D	1	2	3	B
E	8	10	12	A, C
F	5	6	7	D, E
G	1	3	5	D, E
H	2	5	8	F, G
I	2	4	6	G
J	4	5	8	H
K	2	2	2	H

表 2.12 办公室装修项目数据

	时间估计值（天）			
活动	乐观时间	最可能时间	悲观时间	紧前活动
开始	0	0	0	—
A	6	10	14	始点
B	0	1	2	A
C	16	20	30	A
D	3	5	7	B
E	2	3	4	D
F	7	10	13	C
G	1	2	3	D
H	0	2	4	G
I	2	2	2	C, G
J	2	3	4	I
K	0	1	2	H
L	1	2	3	J, K
结束	0	0	0	E, F, L

表 2.13 社区中心项目数据

活动	正常时间（天）	正常成本（美元）	赶工时间（天）	赶工成本（美元）	紧前活动
开始	0	0	0	0	—
A	10	50	8	150	始点
B	4	40	2	200	始点
C	7	70	6	160	B
D	2	20	1	50	A, C
E	3	30	3	30	A, C
F	8	80	5	290	B
G	5	50	4	180	D
H	6	60	3	180	E, F
结束	0	0	0	0	G, H

24. 表 2.14 是大型资金募集项目的信息。
    a. 确定项目的关键路径和预计完工时间。
    b. 假定每个活动都从最早开始时间进行，画出从第 1 天开始到预计完工时间的项目总成本。与同一网络图各活动在最晚开始时间进行的结果加以比较。这种时间差异对于现金流量和项目进度有什么影响？
25. 你是表 2.15 所示软件安装项目的经理。你想要项目的最小成本进度计划。当项目超过第 25 周以后，将会有每周 1 000 美元的罚款。此外，项目团队确定的间接成本是每周 2 500 美元。
    a. 你的目标完工日期是几周？
    b. 根据你的进度计划，总共可以节省多少项目成本？
26. 考虑表 2.16 所描述的项目。

表 2.14　资金募集项目数据

活动	活动时间（天）	活动成本（美元）	紧前活动
A	3	100	—
B	4	150	—
C	2	125	A
D	5	175	B
E	3	150	B
F	4	200	C, D
G	6	75	C
H	2	50	C, D, E
I	1	100	E
J	4	75	D, E
K	3	150	F, G
L	3	150	G, H, I
M	2	100	I, J
N	4	175	K, M
O	1	200	H, M
P	5	150	N, L, O

表 2.15　软件安装项目数据

活动	紧前活动	正常时间（周）	正常成本（美元）	赶工时间（周）	赶工成本（美元）
A	—	5	2 000	3	4 000
B	—	8	5 000	7	8 000
C	A	10	10 000	8	12 000
D	A, B	4	3 000	3	7 000
E	B	3	4 000	2	5 000
F	D	9	8 000	6	14 000
G	E, F	2	2 000	2	2 000
H	G	8	6 000	5	9 000
I	C, F	9	7 000	7	15 000

表 2.16　26 题的项目数据

活动	活动时间（周）	紧前活动
开始	0	—
A	3	始点
B	4	始点
C	4	B
D	4	A
E	5	A, B
F	6	D, E
G	2	C, E
结束	0	F, G

a. 如果立即开始项目，什么时候可以完工？

b. 你希望尽快完成项目，只有一种选择。假设你指派当前活动为 G 的员工 A，去帮助当前活动为 F 的员工 B。在员工 A 帮助员工 B 的每个星期，都会导致活动 G 延长 1 周，而使活动 F 缩短 1 周。员工 A 应该在活动 F 上工作多少周？

案例 野马汽车的 PERT 图

Roberts 汽车销售与服务公司（RASAS）有三家销售美国和日本汽车的经销店、两家汽车配件店、一家大型汽车美容和喷漆店，以及一个汽车回收场。RASAS 的所有者维姬•罗伯茨，从她父亲那继承了一家福特汽车经销店后，开始涉足汽车业务。她利用自己的知识和经验，使企业进入多元化领域，并成为今天的成功企业。她的箴言——“今天卖车,明天修车！”反映出这样一种战略：她私下里称为“当顾客来时要抓住他们，当顾客走时也要抓住他们。”

罗伯茨的内心总是保留着对高性能野马汽车（Mustang）的一份温情。她刚刚买到一辆需要大修的 1965 年产的野马 Shelby GT 350 汽车。她还注意到，越来越多的人开始对修整老式汽车感兴趣。罗伯茨正在考虑进入老式汽车修理行业，但需要有人帮她做可行性评估。她希望 1965 年的野马 Shelby 车能恢复如新，或者尽可能像新的一样。如果她打算进入汽车翻新行业，就可以在销售和广告中将野马汽车作为展示品，将它送往汽车展销会，为她的新店吸引业务。

罗伯茨认为，许多人都希望体验自己动手修理老式汽车的兴奋感，只是他们没有那么多的时间去凑齐全部旧配件。另外，还有许多人想拥有一辆老式汽车，仅仅是因为它与众不同，其中有些人有足够的钱来支付别人为他修车的费用。

罗伯茨希望这个新业务对上述两种人都有吸引力。对于第一类人，她设想成为 NOS（new old stock，全新的旧存货）零配件经纪人而提供服务，NOS 是指多年以前生产但仍然未开封使用的零配件。要找到合适的零部件是一个非常费时的过程。RASAS 还可以加工新的零部件来代替那些很难找或已不存在的零部件。

此外，RASAS 收集了大量的老式汽车零部件，并编了车身手册，为那些自己动手（DIY）的修车者提供信息服务。自助修车者可以来 RASAS 查找零部件清单，RASAS 也可以帮他们购买零件。而对于第二类人，RASAS 可以负责全部维修。

罗伯茨让服务部的主管仔细检查她的野马车，并确定如果要使汽车回到 40 多年以前刚出厂时的状态，需要做哪些整修。她希望能及时修好，赶上在底特律车展的展出。如果这辆车得到了大量的媒体关注，这将是 RASAS 公司公关的一个大动作——特别是当罗伯茨决定进入这一新领地时更是如此。即使她不进入旧车翻新领域，这辆车也能成为其他业务的展品。

罗伯茨让服务部主管准备一份报告，说明修理这辆汽车所包括的内容，以及用 PERT/CPM 方法能否在 45 个工作日内把车修好，以赶上底特律车展。零部件经理、车身美容经理和总机械师提供了如下的时间估计值、需要完成的活动以及成本估计值。

a. 订购所需材料和零部件（车内装饰、挡风玻璃、化油器和机油泵）。时间：2 天；成本（电话和劳动力）：100 美元。
b. 接收座椅罩装饰材料。要等订单下达后才能进行。时间：30 天；成本：2 100 美元。
c. 接收挡风玻璃。要等订单下达后才能进行。时间：10 天；成本：800 美元。
d. 接收化油器和机油泵。要等订单下达后才能进行。时间：7 天；成本：1 750 美元。
e. 拆掉车身的铬合金。可立即进行。时间：1 天；成本：200 美元。
f. 从车架上拆除车身（车门、发动机罩、行李箱和挡泥板）。在铬合金拆除后进行。时间：1 天；成本：300 美元。
g. 由车身美容店修理挡泥板。从车架上拆除车身后进行。时间：4 天；成本：1 000 美元。
h. 修理车门、发动机罩和行李箱。从车架上拆除车身后进行。时间：6 天；成本：1 500 美元。
i. 从底盘上拖出发动机。从车架上拆除车身后进行。时间：1 天；成本：200 美元。
j. 清除车架上的铁锈。从底盘上拖出发动机后进行。时间：3 天；成本：900 美元。
k. 重新打磨发动机气门。在拖出发动机后进行。时间：5 天；成本：1 000 美元。
l. 更换化油器和机油泵。从底盘拖出发动机并收到化油器和机油泵后进行。时间：1 天；成本：200 美元。
m. 对镀铬部件重新镀铬。从车身拆除铬合金后进行。时间：3 天；成本：210 美元。
n. 重新安装发动机。在打磨好气门并安装好化油器和机油泵后进行。时间：1 天；成本：200 美元。
o. 将车门、发动机罩和行李箱重新装到车架上。必须先修理车门、发动机罩和行李箱。车架必须先除锈。时间：1 天；成本：240 美元。

p. 修复传动系统并更换刹车系统。在重装发动机且车门、发动机罩和行李箱都安装好后进行。时间：4 天；成本：2 000 美元。

q. 更换挡风玻璃。在收到挡风玻璃后进行。时间：1 天；成本：100 美元。

r. 安装挡泥板。必须先修挡泥板，然后修复传动系统并更换刹车系统。时间：1 天；成本：100 美元。

s. 汽车喷漆。在装完挡泥板和挡风玻璃后进行。时间：4 天；成本：1 700 美元。

t. 重新装修汽车内饰。要在收到装饰材料且喷漆完成后进行。时间：7 天；成本：2 400 美元。

u. 安装铬合金部件。在喷漆完成和重新镀铬后进行。时间：1 天；成本：100 美元。

v. 将车送往底特律车展。在内饰装修和铬合金部件安装完成后进行。时间：2 天；成本：1 000 美元。

罗伯茨想限制这个项目的支出，使支出在卖掉这辆车后全部收回。她在购买这辆车时已经花了 50 000 美元。此外，她想要有关业务建议的一些简要报告，比如该业务如何与 RASAS 的其他业务衔接，以及考虑到成本、质量、客户服务和柔性，RASAS 的运营任务应该有哪些。

在汽车翻新行业有各种各样不同的翻新类型。一种基本翻新就是使车看上去漂亮且能跑起来，而一个全新状态的修复就是要使汽车回到最初状态——好像“刚从装配生产线上下线”一样。再销售翻新汽车时，全新状态修复的车比只进行基本翻新的车售价要高得多。当汽车翻新后，也可以进行定制。也就是说，在车上装一些原来可能没有的东西。罗伯茨想要一辆全新修复状态的汽车，不需要客户定制。（建议的新业务能接受任何形式的翻新，只要客户想要。）

包括罗伯茨已经支出的 50 000 美元在内，总的预算不能超过 70 000 美元。另外，根据目前的财务状况，罗伯茨每个星期的支出不能超过 3 600 美元。尽管大部分工作将由罗伯茨自己的员工完成，但必须考虑劳动力成本和材料成本。所有的相关成本都已包含在成本估计中。

思考题

1. 假设项目能立刻开始，用所提供的信息准备一份罗伯茨需要的报告。假设有 45 个工作日可用于完成该项目，其中包括在车展开始之前把汽车运到底特律的时间。你的报告应该简要讨论所建议的新业务的方方面面，比如罗伯茨问到的竞争优先级问题。
2. 构建一个表格，其中包括绘制网络图所需的项目的每个活动（活动由字母表示）、时间估计值和活动的先导关系。
3. 画出一个类似于图 2.4 的项目网络图，确定关键路径上的活动，并估计每个活动的松弛时间。
4. 制订项目预算，说明各活动的成本和项目总成本。该项目能否在预算内完成？是否存在某一周资金需求超过 3 600 美元的情况？为了回答这些问题，假定活动 B、C 和 D 在接收时（这些活动的最早结束时间）必须付款。假定那些超出一周时间的所有活动的成本可以按比例分摊。每周有 5 个工作日。如果存在问题，罗伯茨应该如何解决？

资料来源：该案例由亚利桑那州立大学的退休荣誉教授Sue Perrott Siferd编写并授权使用（2007年9月更新）。

参考文献

Goldratt, E. M. *Critical Chain*. Great Barrington, MA: North River, 1997.

Hartvigsen, David. *SimQuick: Process Simulation with Excel*. 2nd ed. Upper Saddle River, NJ: Prentice Hall, 2004.

Kerzner, Harold. *Advanced Project Management: Best Practices on Implementation*, 2nd ed. New York: John Wiley & Sons, 2004.

Kerzner, Harold. *Project Management: A Systems Approach to Planning, Scheduling, and Controlling*, 10th ed. New York: John Wiley & Sons, 2009.

Lewis, J. P. *Mastering Project Management*, 2nd ed. New York: McGraw-Hill, 2001.

Mantel Jr., Samuel J., Jack R. Meredith, Scott M. Shafer, and Margaret M. Sutton. *Project Management in Practice*, 3rd ed. New York: John Wiley & Sons, 2007.

Meredith, Jack R., and Samuel J. Mantel, *Project Management: A Managerial Approach*, 6th ed. New York: John Wiley & Sons, 2005.

Muir, Nancy C. *Microsoft Project 2007 for Dummies*, New York: John Wiley & Sons, 2006.

Nicholas, John M, and Herman Stein. *Project Management for Business, Engineering, and Technology*, 3rd ed. Burlington, MA: Butterworth-Heinemann, 2008.

“A Guide to Project Management Body of Knowledge,” 2008. Available from the Project Management Institute.

Srinivasan, Mandyam, Darren Jones, and Alex Miller. “CORPS Capabilities.” *APICS Magazine* (March 2005), pp. 46–50.

3 流程策略

在任何时间，易趣都有来自全球大约 1.13 亿件商品在交易，但是其工作人员却只有 1.5 万人。如何解释这一现象？因为易趣购买和销售流程中的大部分工作都是由顾客完成的。图中一名顾客正为他在易趣销售的货物做发货准备。

易　趣

大多数制造商不需要应付那些时不时出现在工作场所闲逛的顾客。这样的顾客接触会带来相当大的变数，它会破坏精心设计的生产流程，对成本与质量也会产生不利影响。尽管对制造商来说，顾客接触也是个问题（每个流程至少有一个顾客），但对服务提供商的许多流程来说，大量的顾客接触和顾客参与是非常普遍的。比如在餐馆或租车处的顾客就会直接参与流程的执行。销售人员与顾客交流的地方就是工作场所。

顾客应该在多大程度上参与流程，才能以可持续的成本及时交货并保持一致性质量？我们可以考虑利用多种方法——有些方法可以适应顾客引入的变数，有些方法则可以降低这种变数。易趣采用了一种可以适应变异的方式。作为一个在线拍卖公司，易趣的交易量和需求的可变性都很高。易趣的顾客不要求在同一时间接受服务，也不一定是在公司方便的时间接受服务。易趣的顾客寻求购买和出售无数种商品，所以他们的需求变化多样。顾客的能力也有不同，有些顾客具有相当丰富的互联网经验，有些则需要更多帮助。如果易趣要求自己的员工完成所有流程，这些变数就使劳动力配置十分复杂。易趣每天都要与世界上数以亿计的人建立联系。它覆盖了全球 39 个市场，从 5 万多个大类商品中获得的收入达 92 亿美元，却只有 1.5 万名员工。这一相对较少的劳动力配置之所以能够应对由顾客引入的变数，是因为实际上是由顾客通过易趣的网站完成了所有销售和购买流程。当顾客负责了大多数工作时，易趣只需在恰当的时间提供恰当的服务。

资料来源：Frances X. Frei, "Breaking the Trade-Off between Efficiency and Service," *Harvard Business Review* (November 2006), pp. 93–101.

学习目标 学完本章内容后，你应该能够：

1. 解释流程为什么存在于所有组织中。
2. 讨论四种主要流程决策。
3. 在顾客－接触矩阵或产品－流程矩阵中对流程进行定位。
4. 对运营进行布局。
5. 定义顾客参与、资源柔性、资本密集度以及范围经济。
6. 讨论流程决策之间如何相互匹配。
7. 定义流程再造和流程改进。

通过运营展开竞争
项目管理

流程管理

流程策略
流程分析
质量与绩效
能力规划
约束管理
精益系统

供应链管理

供应链库存管理
供应链设计
供应链选址决策
供应链整合
供应链的可持续发展与人道主义物流
预测
运营计划与生产调度计划
资源计划

诸如易趣允许顾客参与的这些流程决策，本质上是战略决策：正如在第 1 章了解到的，这些决策促进了企业长期竞争目标的实现。在做流程决策时，管理者重点对质量、柔性、时间和成本这类竞争优先级进行控制。流程管理是一项持续活动，这一原则既适用于流程的首次选择，也适用于流程再设计。

本章的重点是**流程策略**（process strategy），它明确了流程管理中的决策模式，目的是使流程满足竞争优先级的要求。流程策略指导各种流程决策，而流程策略既要受到运营战略的影响，又要受到组织获取必要资源（来支持流程）能力的影响。我们首先定义四种基本的流程决策：（1）流程结构（包括布局）；（2）顾客参与；（3）资源柔性；（4）资本密集度。接着分别讨论这些决策在服务流程和制造流程中的运用。我们尤其关注这些决策之间的匹配方式，它取决于竞争优先级、顾客接触度及批量等因素。本章的最后，我们讨论了流程分析与调整的两种基本变革策略：（1）流程再造和（2）流程改进。

在考虑流程策略时有三个特别重要的原则：

1. 流程决策成功的关键在于，做出符合情境且合理的选择。这些选择不应该形成相互冲突的目标——以牺牲其他流程为代价而使某一流程最优化。一个更有效的流程是与关键流程的特征相匹配的，并具有高度的战略适应性。
2. 尽管本节关注单个流程，但这些单个流程是最终形成企业整个供应链的基本组成单元。它们在顾客满意度和竞争优势上有巨大的累积效应。
3. 无论供应链中的流程是由企业内部完成还是由外部供应商和顾客完成，管理层都必须特别注意流程之间的对接。对这些流程接口的关注强调了跨职能协调的必要性。

跨越整个组织的流程策略

正如第 1 章中所述，流程无处不在，是工作的基本单元。考虑以下两个要点：（1）供应链中有流程；（2）流程存在于整个组织，而不是仅仅存在于运营部门。

供应链中有流程

本书有关运营管理的第二编和第三编的标题分别是“流程管理”和“供应链管理”。如果你由此推断这两编都是运营管理的重要内容，那么你是对的。如果你还从中推断出只有第二编涉及和处理流程，那么你就错了。正确的结论是：第三编旨在介绍

表 3.1
供应链流程的例子

流程	描述	流程	描述
外包	考察可利用的供应商，根据价格、质量、交付时间及环境问题，选择最佳的供应商履行流程	客户服务	利用自动信息服务以及与顾客的语音联系，向顾客提供信息以回答问题或解决问题
仓储	从供应商处接收货物，确认质量，入库，并报告存货记录	物流	选择运输方式（火车、轮船、卡车、飞机或管道运输），对货物的进出进行调度，并提供中转库存
采购	选择、认证及评价供应商，并管理供应商合同	接驳式转运	对运进来的产品进行包装，以便以更经济的方式在中转仓库分拣后，向最终目的地发货

供应链流程（supply chain process）管理。供应链流程是包含外部顾客或供应商的业务流程。表 3.1 列出了一些常见的供应链流程。

上述这些供应链流程应该形成文件，并且能够为了流程改进而分析流程，为了提高和控制质量而审核流程，从产能和瓶颈的角度评估流程。这些主题在第三编中将不再重复讨论，取而代之的是对供应链管理中范围更广的问题进行探讨，这些问题对供应链流程的管理仍然是必不可少的。只有在只有内部供应商和顾客的组织的内部流程有效时，供应链流程才会有效。供应链中从供应商到顾客的每一个流程，其设计都必须达到竞争优先级的要求，并且为所执行的工作增加价值。

流程不仅仅存在于运营部门

会计、财务、人力资源、管理信息系统以及市场营销部门都存在流程。不同行业的组织结构有所不同，但是所有组织在很大程度上都有类似的业务流程。表 3.2 列出了一些运营领域以外的流程例子。这些流程也必须加以管理。读者在第二编中所学的全部内容都适用于所有这些业务职能。

这些流程的管理者必须确保流程尽可能多地为顾客增加价值。他们必须了解，不论企业是按职能、产品、区域，还是按流程路线来组织，许多流程都会跨越组织边界。

表 3.2
运营机构以外的业务流程说明

作业成本法	员工培养	工资单
资产管理	员工招聘	档案管理
营业额预算	员工培训	研发
投诉处理	工程	销售
信贷管理	环境	服务台
顾客满意度	外部沟通	灾难恢复
员工福利	财务	废物管理
员工薪酬	安全管理	担保

流程策略决策

流程涉及利用组织的资源来提供有价值的产品或服务。如果没有流程，就不可能提供服务，也不可能制造产品；反之，如果没有至少一种服务或产品，也就不存在流程。流程管理中一个反复出现的问题是：决定*如何*提供服务或制造产品。在选择人力资源、设备、外包服务、物料、工作流以及将投入转换为产出的手段时，有很多不同方案可供选择。还有一种选择就是决定哪些流程由企业内部承担，哪些流程要外包——由企业外部承担，并作为原材料和服务进行采购。这些决策有助于供应链的确定，后面的章节将更深入地介绍这些决策。附录 A“决策制定”还介绍了自制或外购的盈亏平衡分析。

流程决策会直接影响流程本身，并间接影响由流程所提供的服务和产品。无论所涉及的流程是办公室流程，还是服务提供商或制造商的流程，运营管理者都必须考虑四种常见的流程决策。图 3.1 表明，所有这四种决策都是实现有效流程设计的重要步骤。在流程或子流程层面（而非企业层面），可以最好地理解这四种决策。

- **流程结构**（process structure）决定相对于所需资源种类的流程类型，资源如何在流程之间分配，以及流程的关键特征。**布局**（layout）是对各种流程产生的运营的物理安排，布局把决策以有形的形式呈现出来。
- **顾客参与**（customer involvement）反映了使顾客成为流程组成部分的途径以及顾客的参与程度。
- **资源柔性**（resource flexibility）是员工和设备可以应对多种产品、产出水平、职责以及职能的难易程度。
- **资本密集度**（capital intensity）是流程中设备和人员技能的组合。设备的相对成本越高，资本密集度就越大。

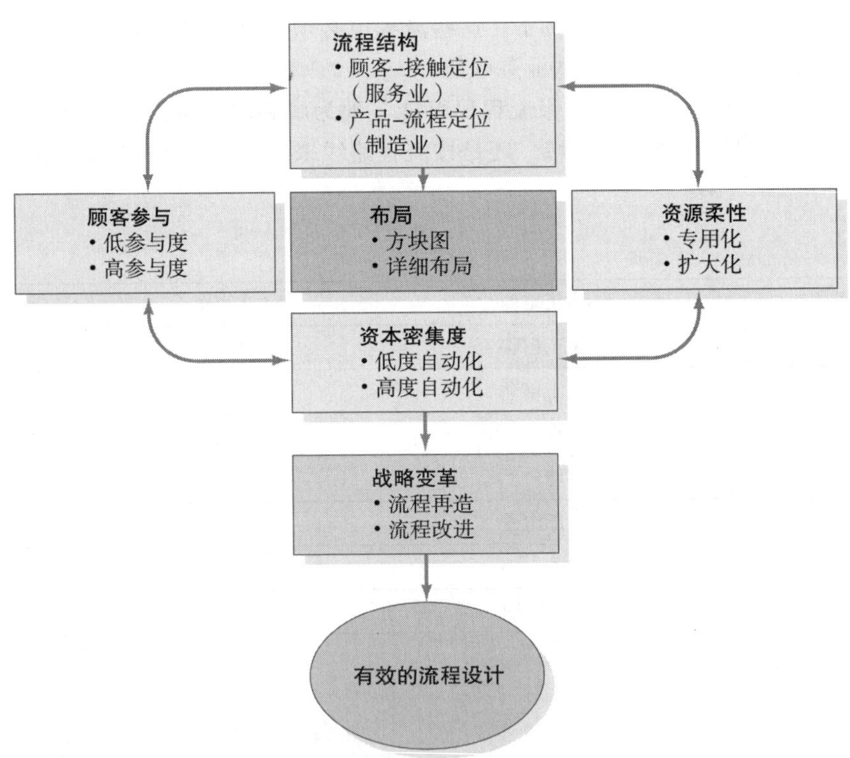

图 3.1
有效流程的主要决策

围绕这四种决策形成的概念，我们建立了一种框架，在该框架下，我们可以适当应对每一种情境中的流程设计。本章不涉及“如何”设计的问题，后面的章节将会说明如何在实际中设计流程以及如何修改现有流程。本章将建立选择模式，以便在四种决策之间形成良好契合。例如，如果你走过一家制造工厂，那里的物料顺利地从一个工作站流向下一个工作站（在后面我们将这种流程定义为线性流程），你就可能倾向于得出所有流程都应该是线性流程的结论。它们看起来是如此高效、井然有序。但是，如果批量很小且产品是客户定制的，那么转换为线性流程就是一个大错误。当批量小且产品是客户定制的，就必须有较高的资源柔性来生产各种产品。其结果就是一个更加混乱的外观，根据正在生产的产品，各种作业纵横交错。尽管如此，但这种流程才是最佳选择。

服务业的流程结构

管理者在设计性能良好的流程时，首先要做的一个决策就是选择流程类型，使其能最有效地满足流程的竞争优先级要求。流程设计策略可以有很大不同，它取决于该流程是提供服务还是制造产品。我们将从服务流程开始讨论，这是因为在工业化国家中，绝大多数劳动力从事的都是服务行业的工作。

服务流程的本质：顾客接触

快餐店中使顾客迅速进出的流程策略，对一家五星级饭店来说就不是合适的流程策略，因为在五星级饭店，顾客寻求的是一种悠闲的就餐体验。为了深入理解，我们必须从流程层面入手，认识与该流程有关的关键情境变量。对服务流程来说，好的流程策略首先（也是最重要的）取决于与顾客接触的类型和数量。**顾客接触**（customer contact）是指在服务流程中顾客到场主动参与及接受个人关注的程度。面对面的交流，有时被称为*关键时刻*（a moment of truth, MOT）或*服务接触*（service encounter），它将顾客和服务提供者联系在一起。此时，顾客对服务质量的态度就形成了。表 3.3 列出了顾客接触的几个维度。五个维度都可以取不同的值。嵌套流程概念适用于顾客接触，因为流程的某些部分具有低接触度，而其他部分则具有高接触度。

表 3.3　服务流程中顾客接触的维度

维度	高接触度	低接触度
亲自到场	到场	不到场
处理对象	人	所有物或信息
接触密度	主动的，看得见	被动的，看不见
个人关注	个人化	非个人化
交付方式	面对面	常规邮件或电子邮件

顾客 – 接触矩阵

顾客 – 接触矩阵如图 3.2 所示，该矩阵将以下三个要素结合在一起：（1）顾客接触程度；（2）定制化；（3）流程特征。该矩阵是流程评价和流程改进的基础。

顾客接触与定制化　根据顾客接触的程度和竞争优先级，矩阵的横向维度表示为顾客所提供的服务，其中一个关键的竞争优先级是需要多大的定制化程度。矩阵的左

图 3.2
服务流程的顾客 – 接触矩阵

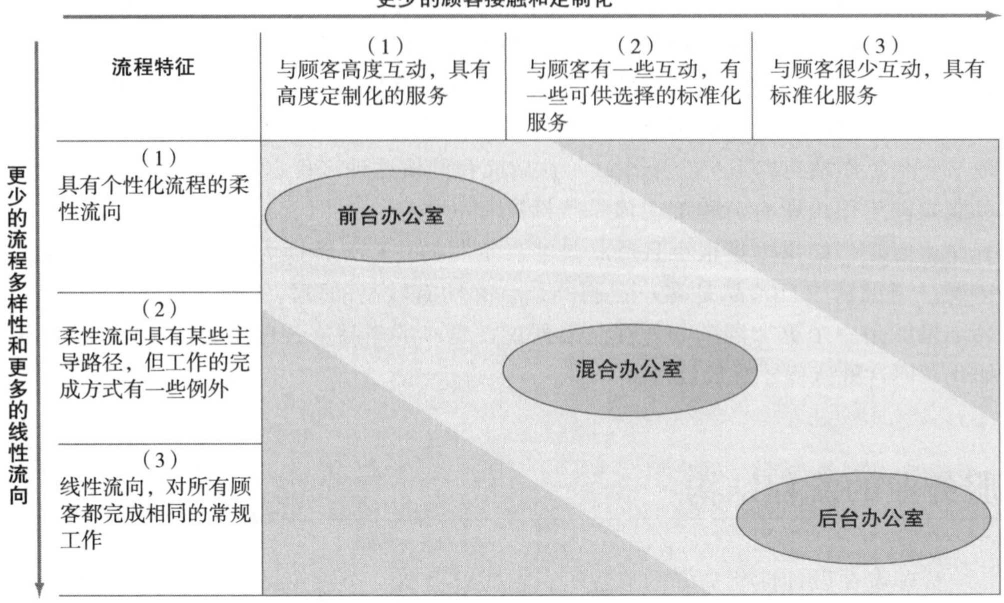

侧代表高顾客接触度和高度定制化的服务。顾客更可能出现在现场，并主动接触。流程对顾客来说更可能是可见的，顾客会受到更多的个人关注。矩阵的右侧代表低顾客接触度、被动参与、较少的个人关注，对顾客来说是看不见的流程。

流程多样性与流程流向 顾客 – 接触矩阵的纵向维度涉及流程本身的两个特征：(1) 流程的多样性；及 (2) 流程的流向。每个流程都可以根据这两个维度进行分析。

流程多样性（process divergence）是流程高度定制化的程度，它在相当大的范围内影响任务的完成方式。如果流程随着每个顾客而改变，则完成的每一次服务实际上都是独一无二的。高度多样化服务流程中的许多步骤会随每个顾客而改变，这样的例子在咨询、法律和建筑行业可以找到。另一方面，多样性程度低的服务是可重复且标准化的，对所有顾客完成的工作是完全相同的，因此不那么复杂。某些酒店服务或电话服务，为了确保其统一性，是高度标准化的。

一名理财顾问在一对年轻夫妇的家中与他们一起讨论期权问题。由于顾客在现场，主动参与服务过程，接受个人关注，有面对面的接触，因此这一流程有很高的顾客接触程度。

与多样性密切相关的问题是正在服务的顾客以及正在处理的对象或信息是如何流经服务设施的。工作在经过流程各环节时所形成的流向，可能是高度多样性的，也可能是线性的。当多样性程度较高时，工作流呈现出更加灵活的状态。**柔性流向**（flexible flow）是指顾客、物料或信息在多个不同路径上移动，一个顾客或作业的路径常常与下一顾客或作业路径相互交叉。尽管给人的第一印象是无组织且杂乱的流向，但每个顾客或作业都是沿着预先计划好的路径在移动。这种现象是流程高度多样化的自然结果。**线性流向**（line flow）指顾客、物料或信息按照固定的顺序从一道工序线性地移向下一道工序。当多样性程度低且流程标准化时，线性流向是自然的结果。

服务流程的构建

图 3.2 表明在矩阵中有几个有利的位置，这些位置有效地将服务产品与其流程联系起来。管理者有三种流程结构可供选择，这三种结构形成了一个连续统：（1）前台办公室流程；（2）混合办公室流程；（3）后台办公室流程。如果流程与这些对角线位置相距太远，在矩阵中占据由左下方和右上方所表示的极端位置（参见图 3.2），那么流程不可能有最大绩效。这样的位置代表了所提供的服务与流程特征之间严重脱节。

前台办公室 **前台办公室**（front office）流程具有很高的顾客接触程度，服务提供者在这里与内部顾客或外部顾客直接互动。由于服务的定制化和服务选择的多样性，流程中的许多环节都具有相当大的多样性。工作流向是灵活的，它们在不同的顾客之间是不同的。顾客接触程度高的服务流程适合于每个顾客，或者趋向于根据每个顾客量身定制。

混合办公室 混合办公室倾向于在表 3.3 的 5 个维度中处于中间位置，也可能在某些顾客接触指标上取值很高，而在另一些指标上取值很低。**混合办公室**（hybrid office）流程具有中等程度的顾客接触程度和标准化服务，并提供一些可供顾客选择的服务内容和方式。工作流沿着一些明显的主导路径从一个工作站流向下一个工作站。

后台办公室 **后台办公室**（back-office）流程顾客的接触程度低，几乎没有定制化的服务。工作是标准化和程序化的，它具有从一个服务提供者流向下一个服务提供者的线性流向，直到服务完成。金融服务业每月为客户生成资金结算报表就是很好的例子。这种流程具有较低的顾客接触度、低多样性以及线性流向。

制造业的流程结构

制造企业的许多流程实际上对内部顾客或外部顾客提供服务，因此前面针对服务业流程进行的讨论，同样也适用于制造业流程。同样，在服务型企业也可以找到制造流程。当在流程层面（而不是在组织层面）观察工作时可以清楚地看到这一点。这里我们重点转向讨论制造流程。由于服务流程与制造流程之间存在差别，因此我们需要不同的流程结构观。

一名员工正在和她的上司讨论工作。图中一连串工作站中的每名员工都处于后台办公室，因为他们的顾客接触程度低且很少有定制化服务。

产品－流程矩阵

产品－流程矩阵如图 3.3 所示，该矩阵将以下三个要素结合在一起：（1）批量；（2）产品定

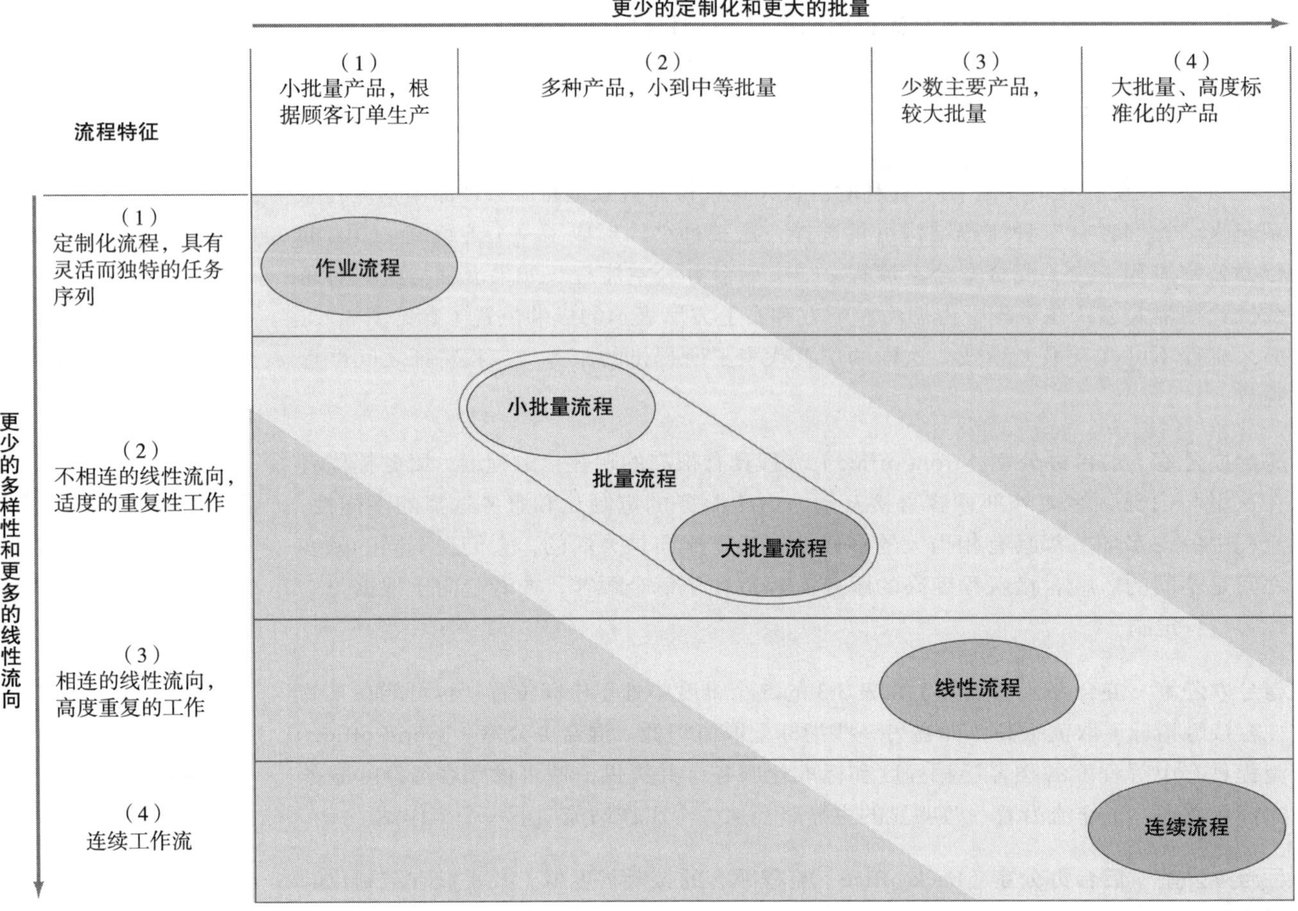

图 3.3
制造流程的产品－流程矩阵

制化；(3) 流程特征。它使制造的产品与制造流程本身相吻合。

好的制造流程策略首先取决于批量。顾客接触是服务业中顾客－接触矩阵的首要特征，但在制造流程中通常不予考虑（尽管它是制造企业中许多服务流程的一个要素）。对许多制造流程来说，产品的高度定制化意味着流程中许多环节的较小批量。产品－流程矩阵的纵向维度涉及的内容与顾客－接触矩阵中的两个特征（流程多样性与流程流向）相同。正如在服务流程中那样，每个制造流程都要根据这两个维度进行分析。

制造流程的构建

图 3.3 表示在产品－流程矩阵中有几个理想的位置（常被称为*流程选择*），这些位置将制造的产品与流程有效地联系起来。所谓**流程选择**（process choice）就是流程的构建方法，它可以围绕流程来组织资源，也可以围绕产品来组织资源。例如，围绕流程组织资源指将所有的铣床集中在一起，对所有需要使用这种设备的产品或零件进行加工。围绕产品组织资源则是指将特定产品所需的所有不同的人力资源和设备集中在一起，并使这些资源和设备专门用于该产品的生产。管理者有四种流程选择，这四种选择形成一个连续统，它们分别是：(1) 作业流程；(2) 批量流程；(3) 线性流程；(4) 连续流程。与顾客－接触矩阵一样，如果制造流程的位置远离对角线，

是不可能获得最佳效果的。图 3.3 提供的基本信息是：制造流程的最佳选择取决于流程的批量及所要求的定制化程度。流程选择可以应用于整个制造流程，也可以仅应用于嵌套于其中的一个子流程。

在丹佛市的 King Sooper's 面包厂，一批香煎苹果饼从糕点生产线上滚出来，准备包装后进行运输。糕点生产线是一种批量流程，接下来要生产另一种不同的糕点。

作业流程　**作业流程**（job process）具有大量生产多种产品所需的柔性，同时所完成的步骤具有相当大的多样性。它的定制化程度很高且任何一种产品的批量都很低。劳动力和设备都具有柔性以应对相当大的任务多样性。选择作业流程的企业常常为某项任务投标。他们通常都是根据订单生产产品，而不是提前生产。作业流程将每个新订单都作为一个单件来处理，就好像一项作业。作业流程的实例包括为定制化订单加工金属铸造件或生产定制的厨柜。

采用作业流程时，所有能够胜任某些类型工作的设备和工人都被安置在一起。由于定制化程度高且大多数作业有不同的操作顺序，这种流程选择将会生成经过运营环节的柔性流向，而非线性流向。

批量流程　迄今为止，**批量流程**（batch process）是在实践中发现的最常用的流程选择，因此出现了“小批量”或“大批量”这样的术语，得以将一种流程选择从其他流程中区分出来。批量流程在批量、品种和数量上与作业流程不同。其主要区别是批量要大一些，这是因为要在流程中重复生产相同或类似的产品或零件。对一些用于组装最终产品的零部件可以提前进行加工。批量流程里每一批次生产的数量（或批量）都比作业流程要大一些。对一种产品（或组成该产品或其他产品的零部件）的一个批次进行加工，然后转向下一种产品的生产，最后又再次生产第一种产品。批量流程具有中等批量，但流程的多样性程度仍然太高，难以保证每种产品都有单独流程。流程的流向是灵活的，但与作业流程相比，批量流程具有更多的主导路径，而且在流程中的某些部分存在线性流向。批量流程的例子包括装配线上使用的标准化零部件，或者一些固定设备的制造流程。

线性流程　**线性流程**（line process，也叫作重复式流程）在连续统中的位置介于批量流程和连续流程之间，批量大且产品是标准化的，这样可以围绕特定产品来组织资源。在这种流程或线性流向中多样性程度很低，而且在加工步骤之间也很少持有库存。每个步骤都是一次又一次地完成相同的加工，制造的产品几乎没有可变性。生产设备和物料搬运设备都是专用的。线性流程的产品包括计算机、汽车、家用电器以及玩具的组装。

标准化产品在需要之前就被提前生产出来，并作为库存持有，这样就可以为顾客下订单做准备。通过仔细控制主产品附加的标准化选项，有可能实现产品的多样性。

连续流程　**连续流程**（continuous flow process）是大批量标准化生产的一种极端情况，它具有固定的线性流向。流程的多样性可忽略不计。连续流程这一名称来源于物料沿流程移动的方式。通常，一种主要物料（如液体、气体或粉末）在流程中不停地移动。连续流程在一个重要方面与线性流程不同：（无论是无差异的还是独特的）物料不停地经过流程直到整个批次全部完成。其时间跨度可以是几个班次，甚至是几个月。连续流程的实例包括石油提炼、化学加工，以及生产钢铁、软饮料和食品（如 Borden 公司巨大的意大利面条加工厂）的流程。

生产与库存策略

制造流程策略不同于服务流程策略，不仅因为制造业的顾客接触程度及参与程度低，还因为制造业具有运用库存的能力。[1] 与流程选择相协调的三种库存方法包括面向订单生产策略、面向订单组装策略及面向库存生产策略。

面向订单生产策略 按顾客的规格要求以小批量生产产品的制造商，倾向于采用**面向订单生产策略**（make-to-order strategy），这种策略与作业流程或小批量流程相对应。这种流程比用标准零部件组装最终产品的流程更复杂。这一策略提供很高的定制化程度，通常使用作业流程或小批量流程。流程具有高度多样性。专用医疗设备、铸造件、昂贵的房屋适合采用面向订单生产策略。

面向订单组装策略 **面向订单组装策略**（assemble-to-order strategy）是在收到顾客订单后，利用相对少量的组装件和零部件生产多种产品的一种方法。典型的竞争优先级是品种和快速交付时间。面向订单组装策略常常涉及用于组装的线性流程和用于制造的批量流程。由于制造流程专门大批量生产标准化零部件和组装件，因此这些流程的重点是为组装流程生产适当数量的零部件库存。一旦接到了来自顾客的具体订单，组装流程就利用制造流程生产的标准零部件和组装件来生产产品。

由于存在各种可能的选择而使预测相当不准确，因此从经济角度应当禁止存储成品。这样，可以应用**延迟**（postponement）原则，将生产产品的最终活动延迟到接到订单之后。面向订单组装的策略也与**大规模定制**（mass customization）相联系，大规模定制指的是利用具有高度多样性的流程，以合理的低成本生产各种定制产品。第 10 章“供应链设计”将对延迟和大规模定制的内容进行更全面的阐述。

应用面向库存生产策略的一家中国企业在货板以及后面的货架上存放着大量存货。

面向库存生产策略 为了立即发货，使向顾客交付的时间最短而持有产品库存的制造企业，通常采用**面向库存生产策略**（make-to-stock strategy）。这一策略对于大批量并且以合理的准确度进行预测的标准化产品而言是可行的。这种库存策略适用于线性流程或连续流程。采用面向库存生产策略生产产品的例子包括园艺工具、电子元件、软饮料以及化学制品。

有时将线性流程与面向库存生产策略结合在一起称为**大规模生产**（mass production）。由于大规模生产的环境是稳定且可以预见的，并且工人们重复完成多样化程度低的小范围任务，所以这就是大众媒体通常所呈现的有关经典制造流程的场景。

---

1 服务型企业也持有库存，但仅仅作为采购的原材料存储。在持有组装件及产成品库存方面，制造型企业具有更大的灵活性。

布　局

为设施中的各种流程选择流程结构是一种战略决策，但是紧随其后的则应该是战术决策——形成布局。所谓布局（layout，也译作布置），就是对各种流程产生的运营（或部门）进行物理排列，将它们以有形的形式呈现出来。从组织的角度来说，流程往往以运营机构或部门的形式聚集在一起。运营机构是指完成一个或多个流程的全部或部分工作的一组人力资源和资本资源。例如，运营机构可以是在顾客接待区的几名客户服务代表，也可以是生产手机的一组设备和工人，还可以是一个营销部门。无论从组织上如何聚集流程，其中有很多流程仍然会跨越部门边界。跨部门流动的可以是信息流、服务流或者产品流。像作业流程或批量流程一类的流程结构，会产生更多的跨部门流动，其布局问题是最难解决的。

这里介绍一种布局设计方法，将那些相互之间需要密切交流的部门安排在一起。无论布局设计是针对一种新布局还是对现有布局进行调整，都包括以下三个基本步骤：（1）收集信息；（2）绘制方块图；（3）设计详细布局。我们用预算管理办公室（Office of Budget Management, OBM）的例子来说明这三个步骤的应用方法，预算管理办公室是美国大的州政府中的一个重要部门。

收集信息

预算管理办公室有分配在6个不同部门的120名员工。由于工作量增加，需要雇用30名新员工，并以某种方式把他们分配给OBM的空间里。人员安排的目的在于改善人员之间的沟通，让他们彼此有效合作，进而营造一个良好的工作氛围。

调整OBM布局的设计首先必须具备以下三种信息：（1）活动中心的空间需求量；（2）可利用的空间；（3）关联因子。OBM将它的工作流程划分为6个部门：（1）行政管理部；（2）社会服务部；（3）公共机构部；（4）会计部；（5）教育部和（6）内部审计部。每个部门以平方英尺计算的准确空间需求量表示如下：

部门	所需面积（平方英尺）
1. 行政管理部	3 500
2. 社会服务部	2 600
3. 公共机构部	2 400
4. 会计部	1 600
5. 教育部	1 500
6. 内部审计部	3 400
	合计 15 000

管理层必须把空间需求与空间容量和员工配置计划结合起来，计算出各个活动中心需要的具体设备和空间需求量，还要留下流动空间，比如走廊通道，等等。在OBM中，必须找到一种方法，可以在既定空间容纳全部150名员工。与管理者和所涉及的员工进行协商，有助于避免过多的变化阻力，从而实现平稳过渡。

可以用**方块图**（block plan）来分配空间，并指出各个部门的位置。要描述新的设施布局，方块图只需要提供设施的尺寸和空间分配。当要修改现有设施的布局时，

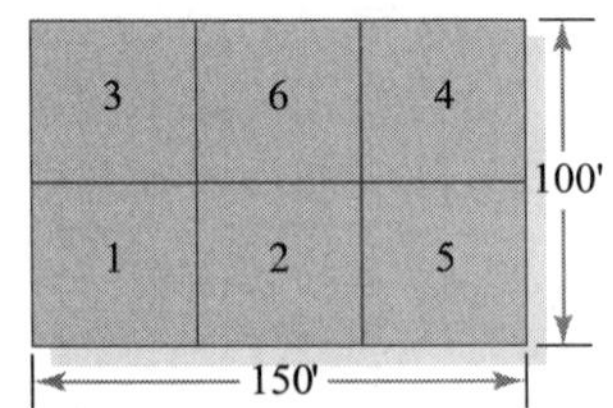

图 3.4
预算管理办公室当前的方块图

也需要用到当前布局的方块图。OBM 的可用空间为 150 英尺长、100 英尺宽，即 15 000 平方英尺。设计者通过将总面积分成相等的 6 份（每块 2 500 平方英尺）开始设计。图 3.4 所示的近似平均空间在开始详细布局以前是足够用的，到详细布局时再为较大的部门（如行政管理部门）分配更大的空间。

布局设计者还必须清楚，哪些运营机构需要安排在相互靠近的地方。下表显示的是 OBM 的**关联度矩阵**（closeness matrix），它给出了每对运营机构被安排在一起的相对重要性的标准。所用的指标取决于涉及流程的类型和组织设置。如在 OBM 案例中，可以用从 0 到 10 的数值范围定性判断，管理者在考虑多重绩效标准时常用这种判断方法。只用到矩阵的右半部分。关联因子就是需要的接近程度指标，它是根据信息流分析以及面对面交流的必要性得出的。关联因子给出哪些部门应该相互靠近的线索。例如，对 OBM 来说，最重要的交流发生在行政管理部和内部审计部之间，关联因子取值为 10。这个关联因子在第一行最后一列给出。因此，设计人员应当把部门 1 和部门 6 安排在一起，而这与目前布局中的情况是不同的。行和列交叉处的数值就是每个部门的五个关联因子得分。

关联因子						
部门	1	2	3	4	5	6
行政管理部	—	3	6	5	6	10
社会服务部		—	8	1	1	
公共机构部			—	3	9	
会计部				—	2	
教育部					—	1
内部审计部						—

在制造工厂，关联因子就是两个运营环节之间每天的来往次数（或者是物料移动的其他标准）。这种信息可以通过统计抽样、调查管理人员和物料搬运人员，或者是用工厂生产的典型产品的加工路径和订货频次得到。

最后，收集的与 OBM 相关的信息还包括一些性能标准，这些标准不是由部门之间的相对位置决定的，而是由单个部门的绝对位置决定的。OBM 有两个这样的标准：

1. 教育部门（部门 5）应该保持不变，因为它紧邻图书馆。
2. 行政管理部门（部门 1）的位置应该保持不变，因为这个位置有行政管理部门常用的最大的会议室，而会议室搬迁的成本很高。

绘制方块图

当收集完所需信息后，下一步是绘制最能满足性能标准和面积要求的方块图。最基本的方块图绘制方法就是试错法。因为成功的布局设计取决于设计人员从数据中发现规律的能力。这种方法并不能保证做出的选择是最优的或是接近最优的。但研究表明，当利用计算机作为方案评估的补充手段时，这种方法比许多先进的计算机技术更好。

加权距离法的应用

对于有效的信息流动、信息沟通、物料搬运以及取货这类问题，相对位置是主要考虑的因素，此时可以用加权距离法比较备选的方块图。**加权距离法**（weighted-distance method）是根据关联因子评价布局的一种数学模型。一种与加权距离法类似的方法，有时称为负荷距离法（load-distance method），可以用来评价设施选址。使用这些方法的目的是选择一种布局（或设施选址）方案，使总加权距离最短。两点之间的距离可以用方块图或地图上的栅格坐标表示。另一种方法是用时间来代替距离。

加权距离法只需粗略计算，可以使用欧氏距离，也可以使用直角距离。**欧氏距离**（Euclidean distance）是两点之间的直线距离，或者两点之间的最短路径。为了计算这个距离，可以画一张图。比如，A、B 两点之间的距离为：

$$d_{AB}=\sqrt{(x_A-x_B)^2+(y_A-y_B)^2}$$

式中

$d_{AB}=A$、B 两点间的距离

$x_A=A$ 点的 x 坐标

$y_A=A$ 点的 y 坐标

$x_B=B$ 点的 x 坐标

$y_B=B$ 点的 y 坐标

直角距离（rectilinear distance）测量有一系列 90 度转向的两点之间的距离，就好比沿着城市的街区行走。x 方向上的移动距离为两点 x 坐标之差的绝对值。将这一结果加上 y 坐标之差的绝对值，于是有：

$$d_{AB}=|x_A-x_B|+|y_A-y_B|$$

布局设计人员试图将那些关联因子取值大的活动中心安排得尽可能近，从而使加权距离（wd）值最小。为了计算布局的加权距离，可以选择上述两种方法中的任意一种距离度量方法，直接用关联因子乘以活动中心间的距离。这些乘积之和就是该布局最终的加权距离——这个值越小越好。活动中心的位置由其 x 坐标和 y 坐标确定。

例 3.1　加权距离的计算

图 3.5 中的方块图是用试错法得出的。好的起点是保持部门 1 和部门 5 的当前位置不变。然后，确定具有最大关联因子的两个部门的位置，其余的部门依次布局就相当容易了。

根据加权距离值，图 3.5 所示建议的方块图比图 3.4 中的当前方块图好多少？用直角距离计算。

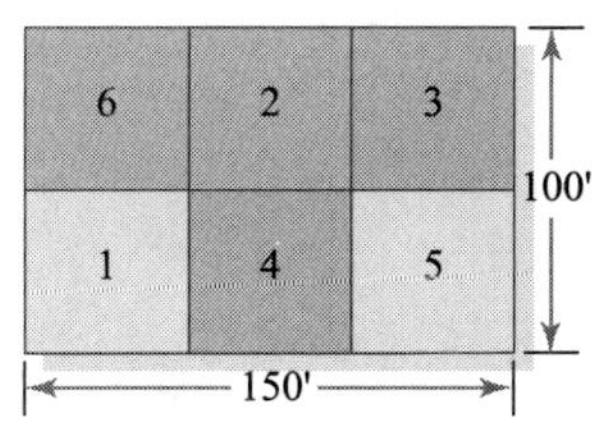

图 3.5
建议的方块图

解

下表列出了关联矩阵中具有非零关联因子的每对部门。第 3 列计算了当前布局中各部门之间的直角距离。例如，在当前方块图中部门 3 和部门 5 分别在大楼的左上角和右下角。该方块图中这两个部门之间的距离是 3 个单位（水平方向 2 个单位，垂直方向 1 个单位）。在第

4 列，我们用距离值乘以权重（关联因子），并且对这些结果求和得到当前布局的总加权距离为 112。用同样的方法对建议的方块图进行计算，得到的总加权距离只有 82。例如，部门 3 与部门 5 之间只有 1 个单位的距离（垂直方向的距离为 1，水平方向的距离为 0）。

当前方块图

3	6	4
1	2	5

建议的方块图

6	2	3
1	4	5

		当前方块图		建议的方块图	
部门对	关联因子 (w)	距离 (d)	加权距离值 (wd)	距离 (d)	加权距离值 (wd)
1, 2	3	1	3	2	6
1, 3	6	1	6	3	18
1, 4	5	3	15	1	5
1, 5	6	2	12	2	12
1, 6	10	2	20	1	10
2, 3	8	2	16	1	8
2, 4	1	2	2	1	1
2, 5	1	1	1	2	2
3, 4	3	2	6	2	6
3, 5	9	3	27	1	9
4, 5	2	1	2	1	2
5, 6	1	2	2	3	3
			合计 112		合计 82

为了精确，可用上述两个加权距离值乘以 50，因为每个单位距离代表 50 英尺。不过，两个总数之间的相对大小仍然不变。

决策重点

建议布局的加权距离值大幅下降，从 112 降到了 82，但是管理层无法确定，这种改进带来的价值是否大于重新安排 6 个部门中 4 个部门（除了部门 1 和部门 5 以外的所有其他部门）的位置所带来的成本。

尽管例 3.1 中建议布局的加权距离值已经减少了大约 27%，但设计人员也许还可以进一步改进该解。此外，管理人员还必须确定修改后的布局所带来的价值，能否抵消搬迁 6 个部门中的 4 个部门所需的成本。如果搬迁的成本太大，就必须找到一个成本较低的方案。

图 3.6
第二个建议的方块图（用布局求解软件分析得出）

◉ 直角距离　　○ 欧氏距离

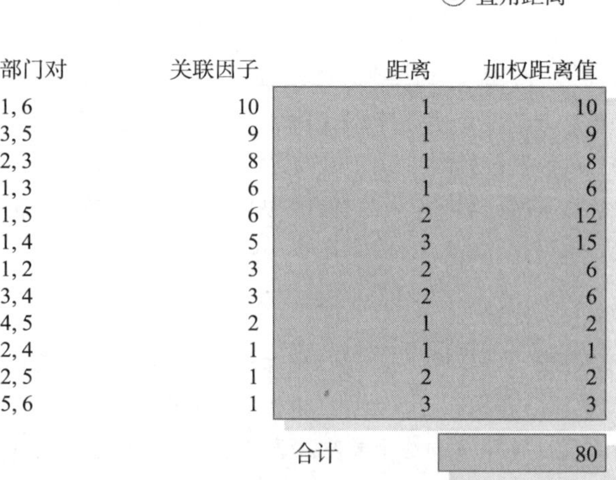

部门对	关联因子	距离	加权距离值
1, 6	10	1	10
3, 5	9	1	9
2, 3	8	1	8
1, 3	6	1	6
1, 5	6	2	12
1, 4	5	3	15
1, 2	3	2	6
3, 4	3	2	6
4, 5	2	1	2
2, 4	1	1	1
2, 5	1	2	2
5, 6	1	3	3
		合计	80

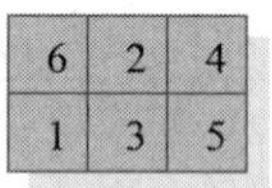

6	2	4
1	3	5

OM Explorer 和 POM for Windows 可以帮助设计者找到一些更有吸引力的方案。例如，还有一种选择就是修改建议的方块图，让部门 3 和部门 4 互换位置。图 3.6 所示的 OM Explorer 求解软件的结果表明，经过第二次修改的方案与图 3.4 的原有布局相比，不仅使加权距离值下降到 80，并且只需要搬迁 3 个部门。第二个建议的方块图也许就是最佳方案。

设计一个详细布局

找到一个满意的方块图后，最后一步是将它转变为详细描述，说明每个活动中心的精确尺寸和形状；各要素（比如桌子、机器、存储区域）的排列方式；走廊、楼梯以及其他服务性空间的位置。这种可视化的表述可以是二维图形、三维模型，或是计算机辅助制图。这一步骤可以帮助决策者讨论建议的方案以及那些可能被忽略的其他问题。这种可视化表示方法在评估顾客接触度高的流程时是非常重要的。

顾客参与

在讨论完流程结构决策以及如何将流程结构转变为流程布局之后，现在转向图 3.1 中的第二种重要决策——顾客参与。顾客参与反映了顾客成为流程组成部分的方式以及他们的参与程度。顾客参与对许多服务流程来说是特别重要的，尤其是当顾客接触程度很高（或应该很高）的时候。

易趣设计了一种能够适应因顾客参与而产生变数的方法，而星巴克则面临一种不同的顾客可变性。该咖啡连锁店允许顾客从不同的质量、口味和调制方法的多种变换中选择饮品。为了准确而高效地履行订单，星巴克对柜台服务员进行培训，让他们用一种特定顺序向饮品调制师报出订单内容。如果顾客自己能这样做就更好了。星巴克尝试教顾客这种报单方法。首先，给顾客提供一份《订单指南小册子》。其次，培训店员以正确的顺序向饮品调制师重复订单内容，这也许与顾客所报的不一样。这一过程不仅使饮品调制师的工作更容易，同时也间接地“培训”了顾客，让他们知道应该如何下订单。

详细布局变为现实。ABB 公司是电力和自动化技术的全球领导者，上图是 ABB 公司其中一个办公室的一部分。尽管这里的工作区很小而且是半私密的，但是可以利用“边缘地带”。这个公共区域有舒服的座椅，座椅还装有可以书写或使用笔记本电脑的平面桌。人们可以在这里会面，舒适地面对面交谈，而不是用电子邮件交流。

可能的弊端

顾客参与不一定总是一个好主意。某些情况下，在服务流程中让顾客更主动地接触，可能只会带来干扰，使流程的效率降低。如果顾客亲自到达现场并期望立即交付，那么管理顾客需求的时间进度和数量就更加困难。让服务设施和员工接触顾客有重要的质量意义（可能是有利的，也可能是不利的）。这种改变使人际交往技能成为服务提供者的必备条件，但是这种高技能水平是要付出代价的。既然掌控顾客的感知成为流程的重要部分，那么改变设施的布局就可能成为必要投资。如果顾客到服务提供商处接受服务，就需要在靠近各个顾客集中的区域设置许多小型的分散设施。

可能的优势

尽管存在上述可能的弊端，但是更加以顾客为中心的流程带来的好处是可以增加顾客的净值。有些顾客寻求主动参与，并控制服务流程，特别是当他们在价格和时间上都得到节约时更是如此。管理者必须根据竞争优先级和顾客满意度来判断，并评估顾客参与是否利大于弊。更多的顾客参与可能意味着更好的质量、更快的交付、更大的柔性，甚至更低的成本。自助服务就是许多零售商的选择，例如加油站、超市和银行服务。产品制造商（如玩具、自行车和家具生产商）也更愿意让顾客来完成最后的组装，因为这样会降低产品、运输和库存的成本。顾客参与也有助于跨供应链的协调（参见第 12 章“供应链整合”）。新技术使企业可以与顾客进行积极对话，并使他们成为价值创造以及预测未来需求的合作伙伴。考虑到顾客的新角色，企业还可以修改某些传统流程，比如定价系统和计费系统。例如，在企业对企业（B-to-B）的关系中，互联网改变了企业在与其他企业合作时扮演的角色。汽车企业的供应商是新汽车开发流程中的密切合作者，而不只是物料和服务的被动提供者。对分销商来说情况也是如此。沃尔玛公司除了分销宝洁公司的产品外，还做其他事情：与宝洁公司共享每日销售信息，并在库存管理和仓储运营方面进行合作。

在大型咖啡连锁店星巴克，一名顾客正在以正确的方式下订单。通过为柜台服务员和顾客构建订单流程，星巴克可以高效地应对所提供产品的多样性，同时不会对服务体验产生不良影响。

资源柔性

正如管理人员在制定顾客参与决策时必须考虑顾客接触一样，在制定图 3.1 中的资源柔性决策时，他们也必须考虑流程的多样性和不同的流程流向。高度的任务多样性和柔性流程流向要求流程的资源（员工、设施和设备）具有更大的柔性。员工需要履行多种职责，设备必须是通用的。否则，从运营的经济性考虑，资源的利用率就太低了。

劳动力

运营管理者必须决定是否需要**柔性劳动力**（flexible workforce）。柔性劳动力成员能够承担多种任务，这些任务既可以在自己的工作台完成，也可以从一个工作台移动到另一个工作台完成。然而这种柔性通常是有代价的，它要求更高的技能，因而也要求更多的培训和教育。但是，其收益也是巨大的：柔性劳动力是完成可靠的顾客服务和突破产能瓶颈的最佳方式之一。资源柔性可以帮助调节各运营环节之间忙闲不均的工作负荷，这种工作负荷是由小批量生产、多样化任务、柔性流向以及进度计划变更引起的。

ABB 公司零部件修理部的技师必须有足够的柔性，能修理现场安装在顾客的自动化设备中的不同零部件。该机构有 30 个不同的工作台，执行不同类型的流程。员工们经过多技能培训，能根据所要完成的工作，从一个工作台转移到另一个工作台。

所需劳动力的类型还取决于对批量柔性的要求。当条件允许平滑、稳定的产出速度时，就可能选择期望全职雇用的正式工。如果流程面对的是每时、每天或季节性的需求峰谷波动，那么用一些兼职或临时工补充少量核心全职员工则可能是最佳方案。但是，当对知识和技能要求太高，而临时工又无法迅速掌握这些知识和技能时，这种方法则可能不现实。

设 备

小批量意味着流程设计者应该选择具有柔性的通用设备。图 3.7 通过流程中备选的两种不同设备的总成本线来说明这种关系。每条直线都代表相应流程在不同批量水平下的年度总成本。总成本是固定成本与可变成本之和（参见补充资料 A，“决策制定”）。当批量小时（由于定制化程度高），第一套流程是更好的选择。此时要求廉价的通用设备——设备投资少且固定成本（F_1）低。这一流程的单位可变成本高，它的总成本线的斜率相当大。第一套流程可以完成任务，但是其运行效率没有达到最高。

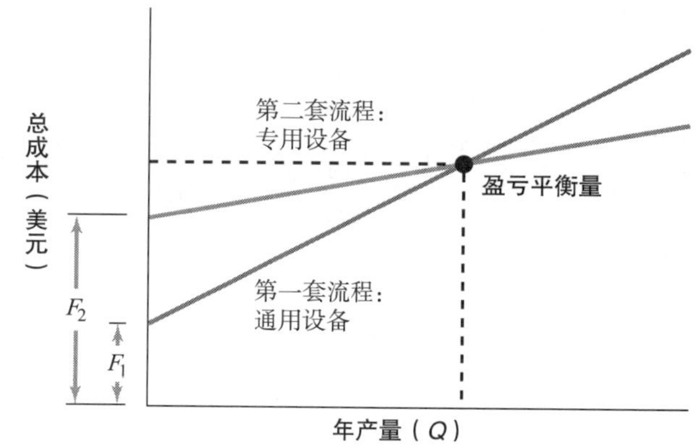

图 3.7
流程的成本与产量之间的关系

与第一套流程相反，第二套流程在批量大且定制化程度低时是更好的选择。其优点在于单位可变成本低，这一点在更平坦的总成本线上可以反映出来。当定制化程度低时这种效率是可能的，因为可以专门为少量的产品或任务设计设备。这套流程的缺点是设备投资大，因而固定成本（F_2）较高。当年产量足够高时，这些固定成本被分摊到更多的产品中去，低可变成本的优点就足以抵消高固定成本。

图 3.7 中的盈亏平衡量位于两种方案总成本相等的点上。当产量超过这一点时，第一套流程的总成本高于第二套流程的总成本。除非企业打算销售比盈亏平衡点数

量更多的产品（对于高度定制化和小批量产品，不可能出现这种情况），否则不能保证第二套流程的资本投资能收回。

资本密集度

资本密集度是指流程中设备和人员技能的组合，其中设备的相对成本越高，资本密集度就越大。随着技术能力的上升和成本下降，管理者面临的选择范围日益扩大，从很少使用自动化的运行方式，到要求专门面向任务且几乎不需人为干预的设备，都可以成为选择对象。**自动化**（automation）是指自行运转并自行调节的系统、流程或一套设备。虽然自动化常被认为是获得竞争优势的必要条件，但也有其自身的优势和缺陷。因此，自动化决策需要认真研究。

制造流程的自动化

用节省劳动力的资本设备和技术来代替劳动力，已成为制造流程中提高生产率并保持质量一致性的典型方法。如果投资成本很高，那么只有当批量大时自动化才能发挥最佳作用，而更高的定制化通常意味着生产的批量降低。例如，吉列公司在生产线和机器人上投资 7.5 亿美元，形成了年产 12 亿件剃须刀的生产能力。设备复杂而且昂贵。只有在如此大的批量下，这种线性流程才能够以消费者买得起的低价来生产产品。

大众汽车公司希望成为全系列的汽车制造商，生产的车型从最小的小型汽车到最大的豪华车型。例如在美国，大众公司提供捷达、GTI、高尔夫、帕萨特、CC、路坦、途观、途锐和 Eos 等车型。新的大众辉腾（Phaeton）就是该品牌的最新一款高端车。它使用专门用于辉腾汽车的线性流程。由于该线性流程只用于辉腾车，且不在其他生产线生产辉腾车，因此其批量很大。这种批量使 2.08 亿美元的高自动化厂房投资物有所值。该厂房位于德累斯顿市的市中心，该城市以艺术和手工艺闻名。厂房的墙面几乎全由玻璃构成，地板则全部是加拿大枫木。这里没有烟囱，没有噪声，没有有毒物质。送到这里的是零部件，离开这里的是豪华汽车。当然，并不是所有的工厂都能达到这种程度，如炼钢厂和铸造厂。图片所示的是在距离德累斯顿 60 英里的工厂里喷漆后的车体结构到达该厂。图片中看上去像刚到达，辉腾车还没开始组装。

资本密集度的一大缺陷可能是无法接受小批量运营流程的投资成本（参见图 3.7）。一般而言，资本密集型的运营流程必须有高的利用率才合理。而且，自动化也并不总是与企业的竞争优先级相一致。如果企业提供独特的产品或高质量的服务，其竞争优先级可能会提出对手工劳动和个体关注的需要，而不是对新技术的需要。这方面的一个案例是吉列公司供应链下游的剃须刀包装和存储流程。该流程为世界不同地区提供定制化的包装，因此对于任何一种类型的包装来说其数量都较低。作为小批量的结果，吉列公司没有在这些流程上使用昂贵的自动化设备。事实上，公司外包了这些流程。利用高度自动化的流程面向库存生产剃须刀，然后根据需求远程进行定制化包装，这也是运用延迟原理的一个很好案例。

刚性自动化 制造商使用两种类型的自动化：（1）刚性自动化和（2）柔性自动化（或可编程自动化）。**刚性自动化**（fixed automation）特别适合线性流程或连续流程，它以一套固定顺序的简单操作生产一

种零部件或产品。在需求量大、产品设计稳定且产品生命周期长的条件下，运营管理者更喜欢刚性自动化。这种情况可以弥补刚性自动化流程的两个主要缺陷 :（1）初始投资成本高 ;（2）相对缺乏柔性。但是，刚性自动化在批量大时可使效率最高且单位可变成本最低。

柔性自动化 **柔性自动化**（flexible automation）或**可编程自动化**（programmable automation）可以随意变化以加工各种产品。对机器重新编程的能力对低定制化流程和高定制化流程都十分有用。在高定制化的情况下，一台小批量生产各种产品的机器通过编程可以在产品之间进行切换。而在低定制化和线性流向的情况下，当一台机器专门用于一种特定产品或产品族，并且该产品正处于其生命周期的末端时，可以用新产品的新任务顺序简单地对这台机器重新编程。**工业机器人**（industrial robot）是一种计算机控制的多功能机器，通过编程完成各种任务，这是柔性自动化的一个典型例子。这些“钢领”工人在不需要人类控制的情况下独立进行操作。机器人的手臂可以进行六种标准动作。机械“手”从事实际工作。通过改变机械手可以完成不同任务，比如物料搬运、组装和测试。管理实践 3.1 说明 R.R. Donnelley 印刷公司如何从更加柔性的自动化中获益 : 它可以从一个客户订单的生产，快速地切换到另一个客户订单的生产。

服务流程的自动化

对服务流程来说，也可以利用资本投入作为节省劳动力的手段。例如，在教育服务业，现在可以用远程学习技术来补充甚至取代传统教室的体验。远程学习使用书本、计算机、网站和视频资料作为该项服务的辅助手段。证明技术需求的合理性

宾夕法尼亚州的一家糖果公司——Just Born 有限公司的柔性自动化。

在左图中，一台机器人以极高的速度四个一组捡起 PEEPS 品牌的黄色小兔形状的棉花糖，将它们放置在预制成型的托盘中，然后这些托盘移动到自动收缩膜包装机被包装，然后这些托盘被装箱发货。这一线性流程的上游，在一条传送带上放有约 1/2 英寸宽的糖，将糖挤压成兔子形状，然后这些糖果在传送带移动的过程中冷却。根据所要生产的糖果形态，定期对机器人重新编程。

在右图中，机器人用“手”上的真空杯拾取了装有 5 磅重 MIKE AND IKE 袋的箱子。每只箱子装有 6 个袋子。机器人阅读条形码，了解货板的结构，抓取货板并将货板和一个薄的纸板衬垫放到传送带上，然后将箱子垛起，直到垛满。货板然后移向镜头的方向，由叉车将其从传送带上取下，（自动）进行收缩膜包装并装上一辆 54 英尺长的拖车。PEEPS 和 MIKEANDIKE 都是 Just Born 公司的注册商标，经许可后方能使用。

不仅只限于降低成本。有时因为给顾客提供更大范围的选择实际上增加了任务的多样性。未来的技术必将使目前只能由人提供的定制化和多样化服务，变得更加的定制化、更加的多样性。除了考虑成本和品种之外，管理层还必须了解顾客，了解他们对密切接触的重视程度。如果顾客寻求的是可见的现场接触和个人关注，那么显然，通过互联网或者电话对各种选择进行分类的技术就不是好的选择。

对服务流程来说，在要求批量来充分利用昂贵的自动化设施这一点上，与制造流程是相同的。提高批量就会降低单位销售成本。对交通、通信和公用事业行业中资本密集型的流程来说，批量都是至关重要的。

范围经济

如果资本密集度高，通常资源柔性就会小。在某些类型的生产环节中，比如机器加工和组装，可编程自动化打破了这种资源柔性与资本密集度之间的反比关系。它使同时具有高的资本密集度和大的资源柔性成为可能，形成了范围经济。**范围经**

管理实践 3.1　当纳利公司的柔性自动化

当纳利（R. R. Donnelley and Sons）公司是美国最大的商务印刷商，也是排名第一的图书印刷商。印刷行业在印刷机上投资巨大，目的是降低每本书的单位可变印刷成本（参见图 3.7）。当库存太低时，像图书出版商这样的顾客会下新订单，此时印刷商会采用面向订单生产的策略。但是，为新订单生产预备的“排版调整”以及将印刷机切换到下一个客户订单，是很耗费时间的。为了产品切换而使如此昂贵的设备闲置，代价是很大的。这种高昂的成本迫使像图书出版商这样的顾客，为他们的图书下达次数较少的大订单。

当纳利公司在弗吉尼亚州罗诺克镇工厂的柔性自动化设备，使公司采取了不同的流程，得到了巨大回报。新流程从一本书的内容通过互联网以 PDF 格式文档的形式送达工厂的印前部门开始。传统印刷需要复杂的人工操作准备文本和图片，这会造成最大的瓶颈。当纳利公司现在用数字制版代替感光胶片制版。由于消除了对文件复制和整理这样的环节，原来需要几小时的工作现在只要 12 分钟就可以完成。全数字化的工作流也使电子指令的下达，也就是人们所说的使油墨预置成为可能，从而提高了生产率和质量。和胶片制版不同，电子制版不需要重复处理，因此数码印刷机的版更清洁、更清晰。

传统技术要用 4—6 周时间印刷一本四色书，相比之下当纳利公司利用更柔性的自动化流程在 2 周或更短的时间里就完成了 75% 的印刷任务。管理层在工厂——300 名工人的家园，创建了一种持续改进的文化。总之，在没有另外购买印刷机和装订生产线的情况下，当纳利公司使生产能力提高了 20%，节约资金 1 500 万美元。印刷机每天 24 小时运转，每月生产 350 万本书，生产率提高了 20%，而且服务也得到改进。现在出版商们一旦需要，就可以享受准时制的产品。

通过以数字的方式接收图书文件，并以电子方式进行印刷前准备工作，当纳利公司实现了柔性自动化。这使公司可以让图书更快进入印刷环节，印次更少，单印次印量更大。

资料来源：Gene Bylinsky, “Two of America’s Best Have Found New Life Using Digital Tech,” *Fortune*, vol. 148, no. 4 (2003), pp. 54–55.

济（economics of scope）反映了一种能力，就是以组合方式生产多种产品比分别生产这些产品的成本更低。在这种情况下，定制化和低价格这两个相互冲突的竞争优先级，就变得更加相容了。然而，要想利用范围经济，就必须要求一种零部件或产品具有足够大的总批量，使设备得到充分利用。

范围经济也适用于服务流程。例如，迪士尼公司在互联网上所用的方法。当公司的管理者刚进入瞬息万变的互联网世界时，他们的业务只是微弱地联系在一起。事实上，迪士尼公司的 Infoseek 业务甚至不完全是自营的。但是，一旦其互联网市场变得更加明朗，迪士尼公司的管理者就会采取行动获取范围经济带来的收益。通过互联网，他们积极地将公司的各个流程以及各个部门连接在一起。集中处理许多服务的柔性技术，可能比分别处理每项服务要便宜得多，特别是在市场相对稳定的情况下。

战略适应性

管理者应该了解四种主要流程决策之间如何相互联系，以便找出设计欠佳流程的改进方法。对决策的选择应该与实际情况相适应，并使各决策之间相互匹配。流程决策之间的*战略适应性*越强，流程就越有效。下面将探讨服务流程和制造流程，同时找出这两种流程中检验战略适应性的方法。

服务流程的决策模式

我们在分析了流程并确定其在图 3.2 顾客 – 接触矩阵中的位置之后，可能明显感到位置不合适，要么是太远离左侧或右侧，要么是太远离顶部或底部。改进机会是显而易见的。和当前流程相比，需要更高的定制化程度和更高程度的顾客接触。也许与前述情况相反，当前的流程多样性程度太高，出现了不必要的柔性流向。减少多样性可以降低成本并提高生产率。

流程应该反映它所要求的竞争优先级。前台办公室通常强调顶级质量和定制化，而后台办公室则更可能强调低成本运营、一致性质量和准时交付。所选择的流程结构指出了对顾客参与、资源柔性和资本密集度等进行适当选择的方法。图 3.8 表示了这些关键流程决策如何与顾客接触相关联。前台办公室服务流程中的高度的顾客接触意味着：

1. *流程结构*。（内部或外部）顾客在现场，积极参与并受到个人关注。这些条件导致了具有高度多样性和柔性流向的流程。
2. *顾客参与*。当顾客接触的程度很高时，顾客更有可能成为流程的一部分。为每个顾客提供的服务都是独一无二的。
3. *资源柔性*。高度的流程多样性和柔性流程流向与来自流程资源（劳动力、设施和设备）的更大柔性相适应。
4. *资本密集度*。当批量较大时，才更可能选择自动化和高的资本密集度。虽然通常认为后台办公室会出现较大的批量，但在金融服务业，前台办公室中出现大批量的可能性也很大。信息技术是许多服务流程自动化的一种主要类型，它将资源柔性与自动化结合在一起。

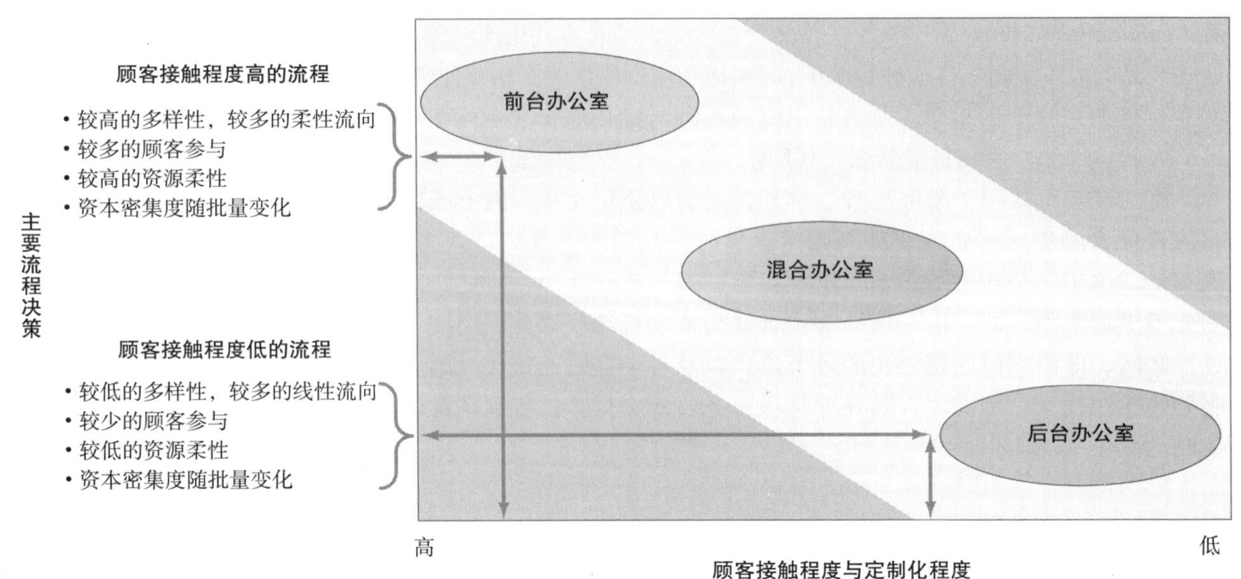

图 3.8
服务流程的决策模式

当然，以上是总体趋势而不是严格的规律。虽然也有一些例外，但是这些关系为理解服务流程决策之间的相互联系提供了一个途径。

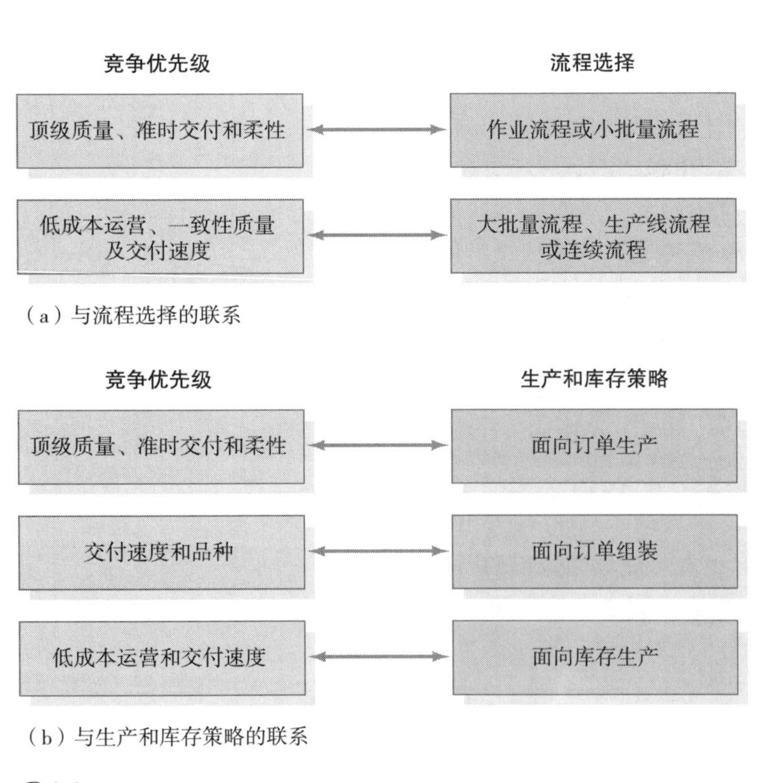

图 3.9
竞争优先级与制造策略的联系

制造流程的决策模式

正如服务流程可以在顾客－接触矩阵中重新定位一样，制造流程也可以在产品－流程矩阵中移动。既可以在图 3.3 的横向通过改变定制化程度和批量来改变定位，也可以在纵向通过改变流程的多样性来改变定位。还可以改变生产和库存策略。当将流程策略转化为具体的制造流程时，必须考虑竞争优先级。图 3.9 给出了一些在实践中十分有用的方法。当主要强调顶级质量、准时交付和柔性（定制化、多品种和批量柔性）时，通常选择作业流程和小批量流程。当强调低成本运营、一致性质量和交付速度时，与之相适应的是大批量流程、线性流程和连续流程。

对于生产和库存策略来说，面向订单生产策略与柔性（特别是定制化）和顶级质量相匹配。由于这种策略下快速交付比较困难，因此在时间维度上强调满足期限和准时交付。面向订单组装策略可以达到交付速度和柔性（特别是多品种）的要求，而当强调

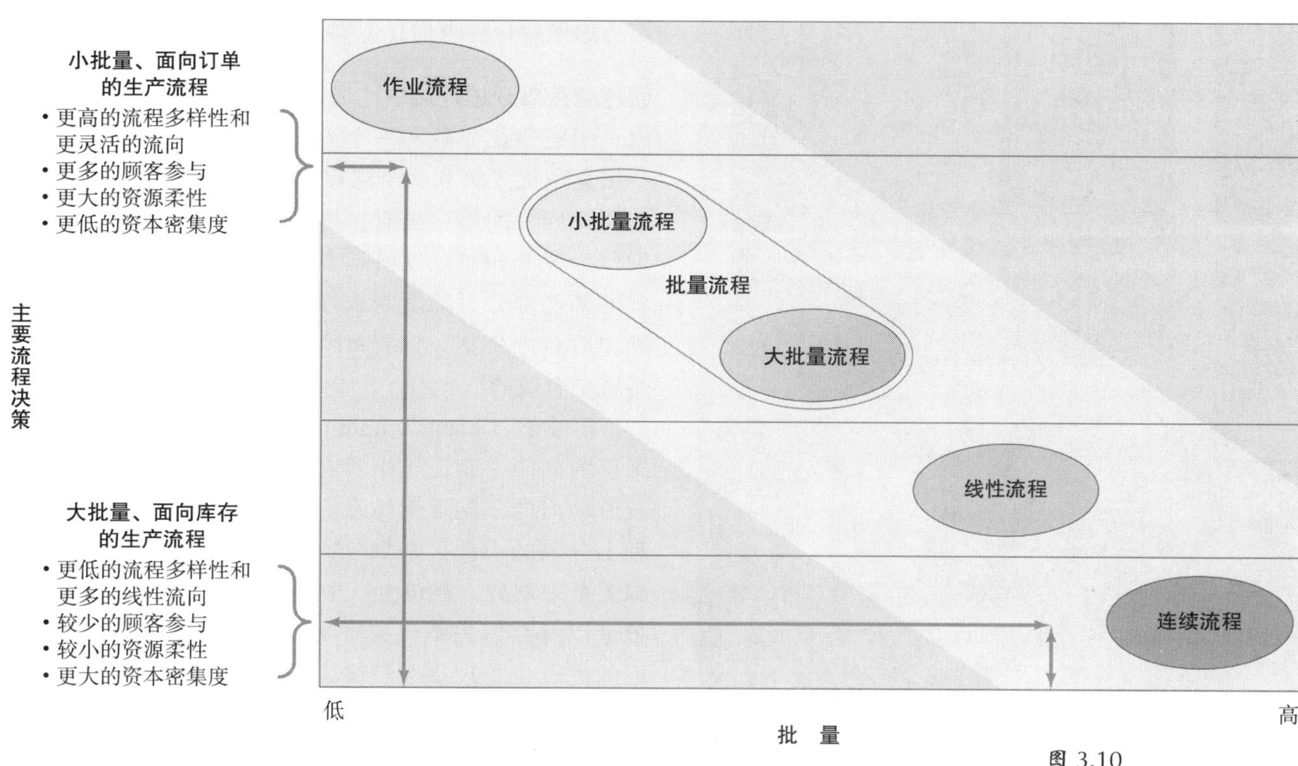

图 3.10
制造流程的决策模式

交付速度和低成本运营时，面向库存生产策略是常见的选择。将某种物品以库存形式持有，可以确保快速交付，因为在需要时一般都可以得到，不会因为生产而延迟。大批量提供了降低成本的机会。

所选择的流程结构再次指出了恰当选择顾客参与、资源柔性和资本密集度的方式。图 3.10 归纳了批量与四种关键流程决策之间的关系。制造流程中每种零件类型的大批量意味着：

1. 流程结构。大批量与标准化的产品相结合，使线性流向成为可能。这一点恰好与根据特定的顾客订单生产的作业流程相反。
2. 顾客参与。除了对产品品种和定制化程度进行选择外，顾客参与并不是大多数制造流程中的组成要素。在线性流程和连续流程中较少允许顾客自由选择，目的是避免因定制化订单引起的不可预知的需求。
3. 资源柔性。在批量大且流程多样性程度低时，不需要依靠柔性有效利用资源，专业化可以使流程的效率更高。
4. 资本密集度。大批量使固定成本高的设施可以高效运行。King Soopers 公司的面包生产线是资本密集型的。从和面到将产品放上运货架的全过程都是自动化的。扩建这一流程是很昂贵的。相反，King Soopers 公司的定制蛋糕流程是劳动密集型的，需要的设备投资很少。

实现集中

过去，为了更好地利用固定成本，并将所有东西都集中生产，新的服务或产品常常被加入原有设施中。其结果造成了竞争优先级、流程结构以及技术之间的混乱。

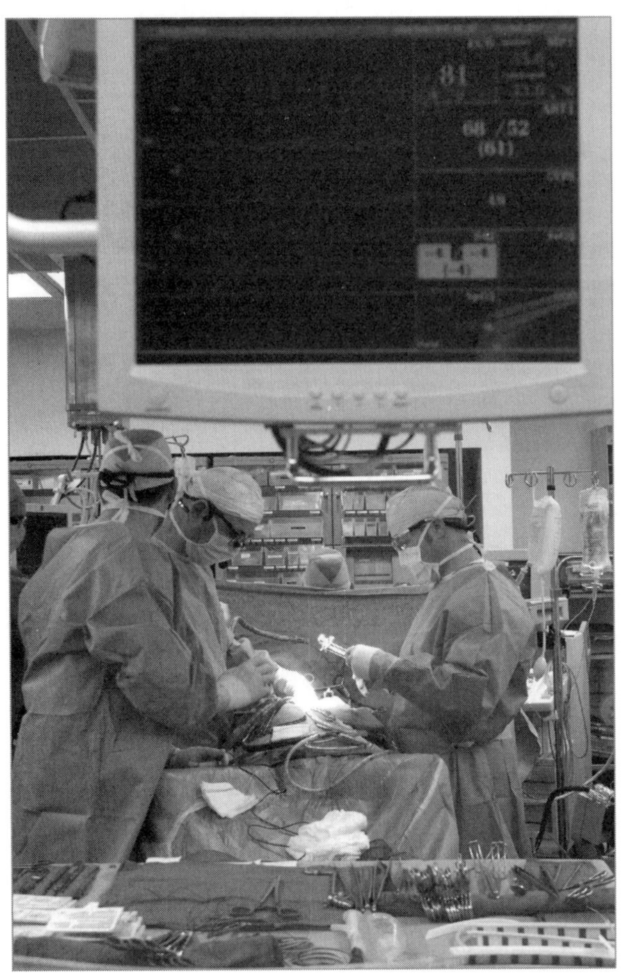

集中式工厂并不仅仅存在于制造业。图中的设施专门用于心脏外科手术，并且拥有手术所需的全部先进资源，这些资源是综合性医院无法提供的。另一个例子是位于多伦多的 Shouldice 诊所，专门治疗疝气。

努力想做好每件事情，但哪件事都没做好。

通过流程细分进行集中 通常，一套设施的运营既不能以一组竞争优先级和一个流程选择来表征，也不能为一组竞争优先级和一个流程选择来设计。King Soopers 公司在同一间厂房里有三种流程，但是管理层将它们细分为三个相对独立的运营系统。在服务设施中，流程的某些部分可能看起来像前台办公室，而其他部分则像后台办公室。只要每个流程都足够集中，这种安排就是有效的。

厂中厂（plants within plants, PWPs）是在同一间工厂内的同一套设施中具有各自竞争优先级、流程以及劳动力的不同运营体系。厂中厂的边界可以根据物理上分隔的小单位来划分，也可以简单地通过改变组织关系来划分。在每个厂中厂，定制化、资本密集度、批量以及其他关系至关重要，必须具有互补性。厂中厂的优点是管理层数较少，依靠团队解决问题的能力更强，部门之间的沟通更通畅。

集中式服务机构 服务行业也运用集中和厂中厂的概念。专业零售商开设的商店都较小，都在顾客易于到达的距离内。这些集中式的商店一般会削弱大型百货商店的业务。利用同样的理念，一些百货商店现在聚焦于特定的顾客群或产品。改变后的百货商店产生了许多小型专卖店处于同一屋檐下的效果。

集中式工厂 惠普公司、劳斯莱斯公司、日本的理光公司和三菱公司，以及英国的帝国化学工业公司（Imperial Chemical Industries, PLC），均是一些建立了**集中式工厂**（focused factories）的企业，集中式工厂将生产所有公司产品的大型工厂拆分为几家专业化的小型工厂。这样做的理论依据是：缩小设施需求的范围，可以提高绩效，因为管理层只需专注于较少的任务并将劳动力引向单一目标。

战略变革

四种主要的流程决策代表了广泛的战略问题。必须将决策制定转换到实际的流程设计或者流程的再设计。最后，我们归纳出两种不同却又互补的流程设计理念：（1）流程再造；（2）流程改进。

表 3.4　流程再造的关键要素

要素	描述
关键流程	流程再造的重点必须放在核心业务流程上。对其他流程则可以继续进行常规的流程改进活动
强大的领导力	为使流程再造获得成功，高管们应该具有强大的领导力。否则，冷嘲热讽、抵制（如“我们以前曾经试过”等说法）以及部门之间的界限会阻碍彻底的变革
跨职能团队	团队由每个受流程变化影响的职能领域的成员组成，负责流程再造项目的实施。自我管理团队和员工授权是基本工作规则而不是例外
信息技术	信息技术是流程再造的重要推动者。大多数流程再造项目围绕如顾客订单履行的信息流向来设计流程
从零开始（clean-slate）的理念	流程再造需要“从零开始”的理念——以顾客希望与公司打交道的方式开始。为确保以顾客为导向，工作团队从流程的内部顾客或外部顾客目标开始着手流程设计
流程分析	尽管有“从零开始”的理念，但是流程再造团队必须理解当前的流程：流程的任务是什么？完成任务的情况如何？影响因素有哪些？工作团队必须在整个组织内对涉及流程的每个程序进行考查

流程再造

流程再造（process reengineering）就是对流程进行根本性地再思考和彻底地再设计，使成本、质量、服务和速度等方面的绩效获得重大改进。流程再造是指彻底的改头换面，而不是渐进式的改进。这是一种十分强大的措施，但不一定总是必需的或者成功的。巨大的变革几乎总是伴随着阵痛，表现为员工遭到解雇，以及由于信息技术投资而导致大量的现金流出。但是，流程再造可以带来巨大回报。表 3.4 列出了整个方法中的关键要素。

流程再造已经获得了许多成功并将继续获得成功。但是，流程再造既不简单易行，也并非对所有流程或所有组织都适用。对流程有最好的理解，以及了解改进流程方法的人，通常是那些每天完成这些工作的员工，而不是跨职能团队或高层管理者。

流程改进

流程改进（process improvement）是为了改进流程而对每个流程中的活动和流向进行系统地研究。其目的是“掌握数字”、理解流程并发掘细节。一旦对流程有了真正的理解，就可以改进它。以更低的价格提供更高质量产品的无情压力，倒逼公司必须不断地审视其运营的各个方面。无论是否推行流程再造，都要持续进行流程改进，因为总是存在更好的办法。

个人或整个团队都可以使用下一章将要介绍的工具考察流程。我们必须找到一些方法，可以均衡工作任务、压缩整个流程、去除高成本的物料或服务、改善环境或者使工作更安全。我们还必须找到降低成本和减少延误并提高顾客满意度的方法。

学习目标回顾

1. **解释流程为什么存在于所有组织中。**“跨越整个组织的流程策略”一节，说明供应链流程存在于整个供应链之中，实际上整个组织中流程无处不在。重点关注表 3.1 和表 3.2。
2. **讨论四种主要流程决策。**“流程策略决策”一节定义了四种关键决策，围绕这四种关键决策列出了相关术语，这些术语有助于理解运营。图 3.1 说明了这四种决策在有效的流程设计中的相互关系。
3. **在顾客 – 接触矩阵或产品 – 流程矩阵中对流程进行定位。**图 3.2 所示的服务流程的顾客 – 接触矩阵说明了顾客接触的程度以及定制化程度，与流程的多样性和线性流向之间的联系。形成了三种自然定位：前台办公室流程、混合办公室流程和后台办公室流程。在制造业，主要的考虑因素是定制化程度和批量，这些与线性流向及工作的重复程度相联系。图 3.3 用产品 – 流程矩阵的形式说明了这些关系，其自然定位的范围从作业流程一直到连续流程。
4. **对运营进行布局。**“布局”一节将流程结构以物理形态呈现出来，使每个运营部门都位于一个设施之内。例 3.1 说明如何绘制方块图，并利用 OM Explorer 中的布局求解软件帮助决策者做评价。问题求解 3.1 给出了另外一个例题。
5. **定义顾客参与、资源柔性、资本密集度和范围经济。**这些问题分别在“顾客参与”“资源柔性”“资本密集度”和“范围经济”这几节中进行了阐述。注意顾客参与既有优点也有缺点；资源柔性对劳动力和设备都适用；在某些情况下，范围经济可以突破资源柔性和资本密集度之间的反向关系。
6. **讨论流程决策之间如何相互匹配。**“战略适应性”一节描述了这四种主要的流程决策应该如何相互连接。图 3.8 和图 3.9 以图解的方式说明了这些决策模式。这一节的结尾提出，通过集中来实现这些决策模式，集中可以用集中式工厂或者流程细分的方式来实现。
7. **定义流程再造和流程改进。**“战略变革”一节描述了找到更好流程设计的两种方法。表 3.4 给出了流程再造的关键要素。流程改进是一种渐进式改进的方法，需用到下一章将要介绍的工具。

关键公式

1. 欧氏距离：$d_{AB}=\sqrt{(x_A-x_B)^2+(y_A-y_B)^2}$
2. 直角距离：$d_{AB}=|x_A-x_B|+|y_A-y_B|$

关键术语

流程策略
供应链流程
流程结构
布局
顾客参与
资源柔性
资本密集度
顾客接触
流程多样性
柔性流向
线性流向
前台办公室
混合办公室
后台办公室
流程选择
作业流程
批量流程
线性流程
连续流程
面向订单生产策略
面向订单组装策略
延迟
大规模定制
面向库存生产策略
大规模生产
方块图
关联度矩阵
加权距离法
欧氏距离
直角距离
柔性劳动力
自动化
刚性自动化
柔性自动化（可编程自动化）
工业机器人
范围经济
厂中厂（PWPs）
集中式工厂
流程再造
流程改进

问题求解

一个防务承包商正在评估机加工车间的当前布局。图 3.11 给出了当前布局，下表列出了每两个部门之间每天往返次数计量的关联度矩阵。安全和健康条例要求部门 E 和部门 F 保持当前的位置不变。

E	B	F
A	C	D

图 3.11
当前布局

	部门之间往返次数					
部门	**A**	**B**	**C**	**D**	**E**	**F**
A	—	8	3		9	5
B		—		3		
C			—		8	9
D				—		3
E					—	3
F						—

a. 用试错法找出更好的布局。
b. 从加权距离值的角度来看，你得出的布局比当前布局好多少？用直角距离计算。

解

a. 除了部门 E 和 F 维持在当前的位置不动以外，一个好的方案应该将以下几个部门对安排在相互靠近的地方：A 和 E，C 和 F，A 和 B，以及 C 和 E。图 3.12 是用试错法得出的，并满足上述所有要求。首先将 E 和 F 放在它们当前的位置上。然后，由于 C 要同时尽可能靠近 E 和 F，因此将 C 放在 E 和 F 中间。将 A 放在 E 的下方，将 B 放在 A 的旁边。此时有多次往来的部门全部都安置完毕。将部门 D 安排在剩下的空档里，不需要搬迁。

E	C	F
A	B	D

图 3.12
建议的布局

		当前计划		建议的计划	
部门对	往返次数 (1)	距离 (2)	加权距离 (1) × (2)	距离 (3)	加权距离 (1) × (3)
A, B	8	2	16	1	8
A, C	3	1	3	2	6
A, E	9	1	9	1	9
A, F	5	3	15	3	15
B, D	3	2	6	1	3
C, E	8	2	16	1	8
C, F	9	2	18	1	9
D, F	3	1	3	1	3
E, F	3	2	6	2	6
			加权距离值 = 92		加权距离值 = 67

b. 上表说明，*加权距离值*从当前方块图的 92 下降到修订后方块图的 67，减少了 27%。

讨论题

1. 在制造企业，有哪些流程是涉及大量顾客接触的、真正的服务流程？即使该流程只有内部顾客，其顾客接触度是否会很高？
2. 考虑在当地一家餐馆看到的一则告示："外卖订单不包含免费赠送的薯条和沙拉。如有任何疑问，请找管理层，不要找员工。"这则告示对餐馆的员工、服务流程以及顾客满意度有什么影响？将这一方式与五星级饭店的做法进行对照。这些区别是否来源于不同的竞争优先级？
3. 易趣和麦当劳的流程策略有何不同？他们的流程选择如何与由顾客引入的可变性相联系？
4. 医疗技术可以为患者安装人工心脏，或者用激光治疗眼部疾病。但是，医院仍然在努力改进其后台办公室流程，比如在不需要派出人员的情况下，从四楼的放射科将 X 光胶片送到一楼急诊室的 X 光胶片灯箱。在每年大约 300 亿次的健康交易中，有超过 90% 是通过电话、传真或邮件进行的。信息技术在多大程度上，并且是如何提高这些流程的生产率和质量的？请记住，有些医生并没有做好放弃使用处方笺和笔的准备，而且许多医院在科室之间存在着清晰的界线，如药剂科、心血管科、放射科和儿科。
5. 考虑金融服务业流程的范围。向市民销售金融服务的流程应该在顾客－接触度矩阵中占据什么位置？制作月度资金结算报表的流程又应该占据什么位置？请解释这两种流程的不同定位。
6. 在布局时，性能准则的重要程度远远超出了沟通和物料搬运。在以下场合中找出最重要的布局性能准则类型。
   a. 机场
   b. 银行
   c. 教室
   d. 产品设计师的办公室
   e. 律师事务所
7. 呼叫中心的接线员对顾客有关公司产品的询问进行应答，根据表 3.3 的五个顾客接触维度，对接线员进行评分。使用 7 分制，其中 1= 很低，7= 很高。例如，接线员从来不与顾客直接见面，因此在亲自到场这一维度上得 1 分。解释你的评分，然后计算顾客接触的总体综合得分。在计算综合得分时你是否使用了相等的权重？说明使用或不使用的原因。你将流程定位在顾客－接触度矩阵中的什么位置？这一位置是否合适？为什么？

练习题

练习题 1 和 2 应用盈亏平衡分析法（在补充资料 A“决策制定”中介绍）做流程决策。

1. Gulakowicz 博士是一名牙医。她估计增加两张新椅子会使固定成本增加 15 万美元，这相当于一年的资本投资或新增一名技师的薪水。预计每名新患者每年可以带来 3 000 美元的额外收入，其可变成本的估计值是每名患者 1 000 美元。两张新椅子可使 Gulakowicz 医生扩展业务，即每年增加 200 名患者。如果要使新的流程达到盈亏平衡，必须增加多少患者？
2. 为了生产一种新产品，有两种不同的生产流程可供考虑。第一种流程的资本密集度较低，每年的固定成本只有 5 万美元，可变成本为每单位产品 700 美元。第二种流程的固定成本是 40 万美元，但是其可变成本仅为每单位产品 200 美元。
   a. 使第二种流程比第一种更具吸引力的盈亏平衡产量是多少？
   b. 如果产品的预计年销量是 800 件，应该选用哪种流程？
3. Baker 机械公司是一家专为航空业中的企业提供精密零部件的生产商。图 3.13 显示了面积为 75 000 平方英尺的工厂中，关键制造中心的当前布局方块图。参考下面的关联度矩阵，当 Baker 机械公司互换刀具库和检验部的位置时，用检验部的直角距离（当前从检验部到收发货部之间的距离为 3 个单位长度）计算加权距离的变化量。

关联度矩阵

	部门之间的往返次数					
部门	**1**	**2**	**3**	**4**	**5**	**6**
1. 钳床和磨床部	—	8	3		9	5
2. 数控设备部		—		3		
3. 收发货部			—		8	9
4. 车床和钻床部				—		3
5. 刀具库部					—	3
6. 检验部						—

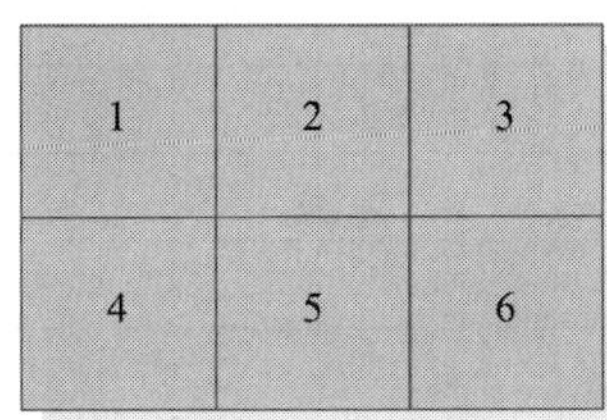

图 3.13
当前布局

4. Baker 机械公司（参见练习题 3）正在考虑两种布局方案。用直角距离比较以下两个方块图的加权距离值，确定哪一种备选布局更好一些。

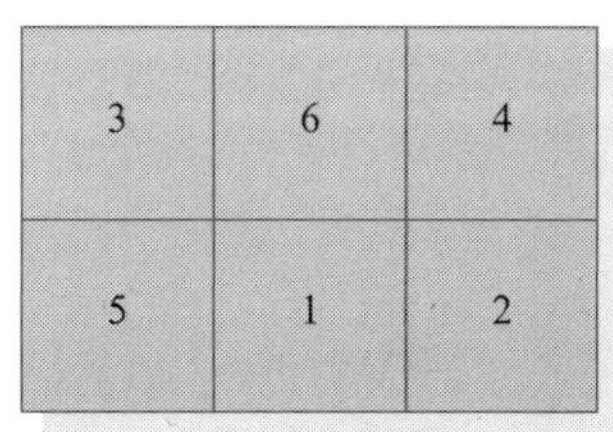

图 3.13（a）
备选布局 1

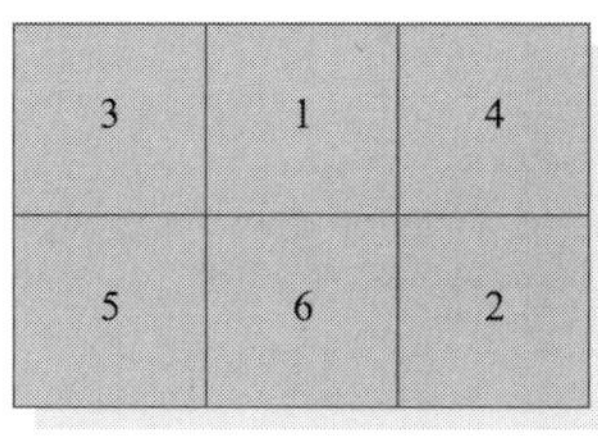

图 3.13（b）
备选布局 2

5. Conway 咨询公司信息系统组的主管必须为六名新分析师分配办公室。下面的关联度矩阵给出了分析师之间期望的联系次数。图 3.14 的方块图表示这六名分析师（A—F）可用的办公室位置（1—6）。假定办公室大小相等并且采用直角距离。

关联度矩阵

	分析师之间的接触次数					
分析师	**A**	**B**	**C**	**D**	**E**	**F**
分析师 A	—		6			
分析师 B		—		12		
分析师 C			—	2	7	
分析师 D				—		4
分析师 E					—	
分析师 F						—

1	2	3
4	5	6

图 3.14
Conway 咨询公司的方块图

评估以下三个备选布局的加权距离值，仍然使用直角距离，确定哪一个方案是最好的。

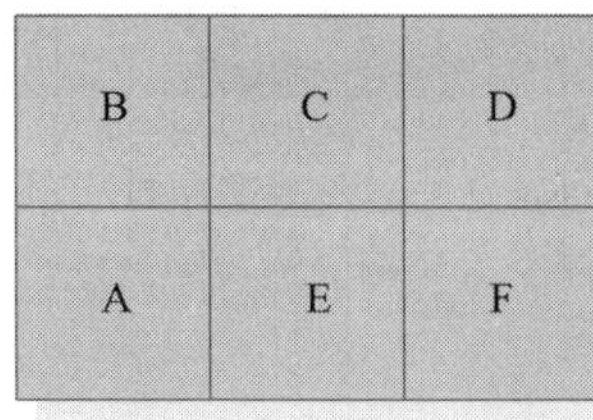

图 3.14（a）
备选布局 1

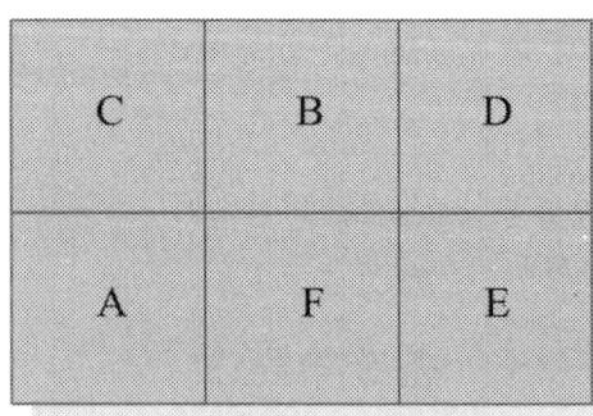

图 3.14（b）
备选布局 2

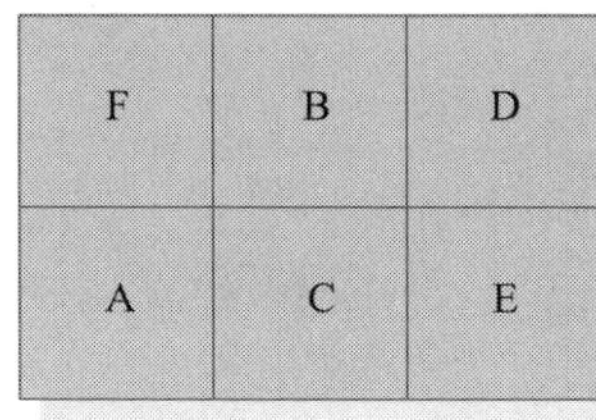

图 3.14（c）
备选布局 3

6. Richard Garber 是 Matthews and Novak 设计公司的首席设计师。Garber 被要求为一栋新建造的办公大楼设计布局。利用过去 3 个月的统计样本，Garber 得出以下表示各部门办公室之间每天往返次数的关联度矩阵。

关联度矩阵

	部门之间的往返次数					
部门	**A**	**B**	**C**	**D**	**E**	**F**
A	—	25	90			185
B		—			105	
C			—		125	125
D				—	25	
E					—	105
F						—

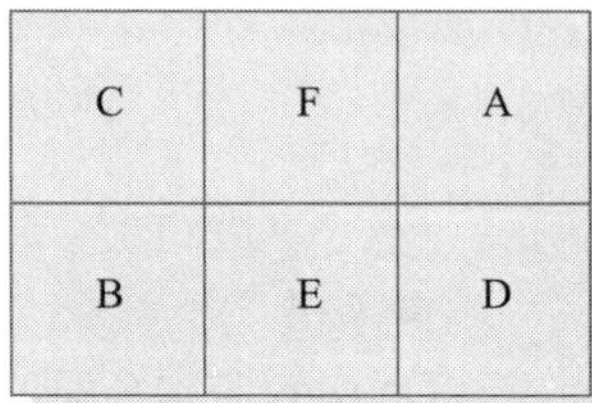

图 3.15
备选方块图

a. 如果其他因素都相同，哪两间办公室应该安排在距离最近的位置？

b. 图 3.15 表示了各部门的一种备选布局。如果采用直角距离并假定办公室 A 和 B 相距 3 个单位，那么这个布局的总加权距离值为多少？

c. 利用 POM for Windows 软件中的穷举法（explicit enumeration），求出使总加权距离值最小的方块图。

7. 一个拥有四个部门的公司有下面的关联度矩阵和图 3.16 所示的当前布局方块图。

关联度矩阵

	部门之间的往返次数			
部门	**A**	**B**	**C**	**D**
A	—	12	10	8
B		—	20	6
C			—	0
D				—

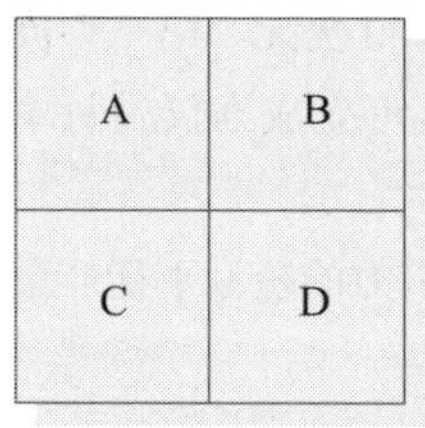

图 3.16
当前的方块图

a. 当前布局的加权距离值为多少（假定采用直角距离）？

b. 设计一种更好的布局。该布局的总加权距离值是多少？

8. 新泽西一所大学的工程系必须为六名教师安排新办公室。下面的关联度矩阵指出了各教师之间每天预计的接触次数。图 3.17 显示了六名教师的办公室空间（1—6）。假定办公室的面积是相同的。办公室 1 和办公室 2 之间的距离（以及办公室 1 和办公室 3 之间的距离）为 1 个单位长度，而办公室 1 和办公室 4 之间的距离是 2 个单位长度。

关联度矩阵

	教师之间的接触次数					
教师	**A**	**B**	**C**	**D**	**E**	**F**
A	—		4			
B		—		12		10
C			—	2	7	
D				—		4
E					—	
F						—

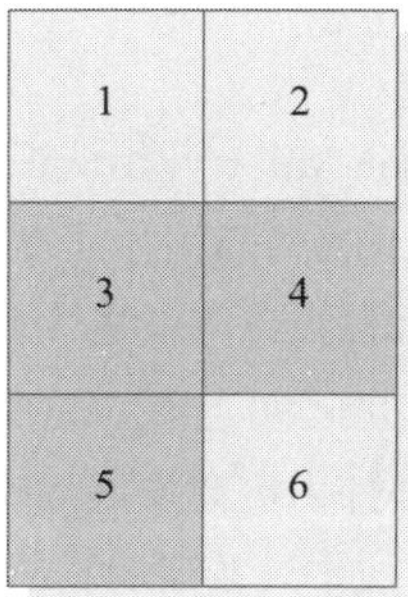

1	2
3	4
5	6

图 3.17
可用的空间

a. 由于学术地位不同，A 教师必须安排在办公室 1，C 教师必须安排在办公室 2，D 教师必须安排在办公室 6。为了使总加权距离值最小（假定采用直角距离），哪几名教师应该分别分配到办公室 3、4 和 5？

b. 你方案中的加权距离值是多少？

案例　定制模具有限公司

定制模具有限公司（Custom Molds, Inc.）生产客户设计的用于生产塑料零部件的模具，以及用于电子行业的客户定制的塑料连接器。位于亚利桑那州图森市的定制模具公司由 Tom Miller 和 Mason Miller 父子于 1987 年创立。Tom Miller 是一名机械工程师，在连接器行业的安普有限公司（AMP, Inc.）有 20 多年的工作经验。安普有限公司是一家生产电子连接器的大型跨国制造商。Mason Miller 1986 年毕业于亚利桑那州立大学，获得化学与化工双学位。

公司最初是向电子连接器生产商提供高质量的客户设计的模具，用于生产塑料零部件。其市场主要由那些生产商的产品设计和开发部门构成。定制模具公司与每个客户密切合作，设计和制作用于客户产品开发流程的模具。因此，实际上每个模具都必须精确地满足标准，并在某种程度上是独一无二的。当客户从开发的设计、试验阶段转向新零部件的大规模生产阶段时，公司就会收到多个模具的订单。

随着时间的推移，定制模具公司作为精密模具的设计者和制造者而声名鹊起。基于这种声誉，Miller 父子决定扩展业务范围，进行少量的塑料零部件生产。公司添置了配料和混合设施及注塑设备，到 20 世纪 90 年代中期，定制模具公司又建立了高质量塑料零部件供应商的声誉。由于生产能力有限，公司将其销售力量集中在供应用于研发和前期试验的少量零部件上。

生产流程

到 2000 年，定制模具公司的运营涉及两个不同的流程：一个用于制造模具，另一个用于生产塑料零部件。虽然这两种流程截然不同，但是在许多情况下是相互联系的。当顾客让定制模具公司既制造模具，又提供必要的零部件以支持客户的研发活动时就是如此。所有的制造和生产工序都在一个工厂内进行。其布局具有典型的作业车间的特点，相近的流程和相似的设备分类集中排放在工厂的各个地点。图 3.18 是一个工厂的平面布局示意图。包括铣床、车床、切割机和钻孔设备在内的各种高精度机器，被放置在模具制造区。

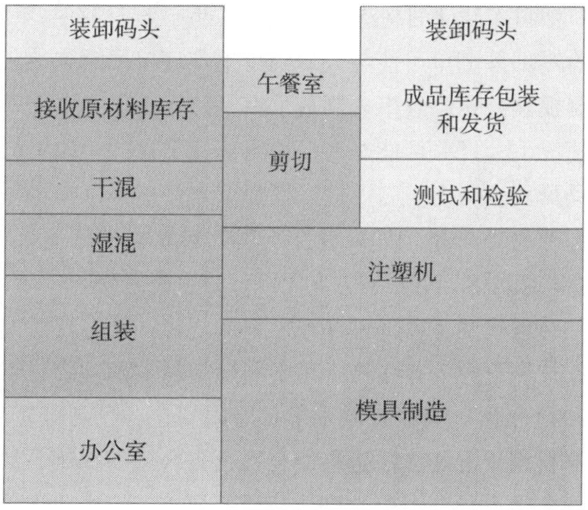

图 3.18
工厂布局

制造模具是一种技能导向的工匠驱动流程。收到一份订单后，由 1 名设计工程师和 13 名熟练技工中的一人组成的设计小组，审查设计规格。该小组与顾客密切合作，确定模具的最终规格，并将其交给熟练技工制造。常常由分配到设计小组中的这名技工制造。与此同时，也交给采购部门一份这样的设计规格说明，据此订购适当的原材料以及专用刀具。收到订购的原材料所需时间通常为 3—4 周。当收到某个特定模具的原材料时，工厂的主调度核准指定熟练技工的工作负荷，并安排模具生产进度。

根据技工手头已安排的任务量，制造一套模具需要花2—4周的时间。其中制造流程本身只需要3—5天。一旦生产完成，模具就被送到测试检验区，这里该模具在一台注塑机上生产少量的零部件。如果生产出来的零部件符合设计小组制订的设计规格，模具就会被送去清洁和抛光。然后进行包装并发货给顾客。检查测试模具要花1天时间，清洁、抛光、包装和向顾客发货也要花1天时间。如果用该模具生产的零部件不能达到设计规格的要求，模具就会返还给技工重新加工，流程重新开始。目前，定制模具公司向外界公布的定制模具的交付提前期为9周。

塑料零部件的制造流程与模具的制造流程有些不同。一份零部件订单可能与一份模具生产订单同时到达。在定制模具公司已经事先制造了模具并将其保存在仓库中的情况下，订单可能是专门为零部件下达的。如果已有模具可用，则由1名设计工程师审查订单，以核实零部件和原材料规格。如果设计工程师对规格有任何疑问，就会联系顾客，并由双方共同修订并达成一致。

一旦接受了零部件和原材料的规格，就会订购原材料并按照订单安排生产。用于制造塑料零部件的化学制剂和化合物一般在订单发出1周内到达。收到订货后，对原料用干混的方法进行混合以达到合适的比例。然后对混合物进行湿混以达到注塑机所要求的浓度（称为浆体）。当一切准备就绪后，浆体从一个悬在头顶上方的管道送往注塑区，并装入靠近注塑机的储存罐中。整个混合流程只花1天时间。

当浆体准备好以后，就会选取适当的模具——从仓库中选，或者如果模具（以及零部件）是根据订单制造的，则从清洁和抛光操作工序上选用。虽然不同的零部件需要设置不同的温度和压力，但生产1个零部件所用的时间却是相对固定的。定制模具公司的注塑部拥有每天生产5 000个零部件的生产能力，但在历史上，该部门处理订单的提前期平均为1周。当注塑工序完成后，零部件被送往剪切操作工序。在那里，零部件被切开并去掉残留部分。经检验后，零部件可能进行组装或者传送到装运区，以便向顾客发货。如果不要求对零部件进行最后组装，就可以在注塑2天后发货。

有时需要对最终产品进行组装，通常是将金属导线插入塑料连接器。如果需要组装，在发货前还另外需要3天时间。目前，定制模具公司报出，不需要制造模具的零部件的提前期为3周。

环境的变化

2009年初，Tom Miller和Mason Miller开始认识到，他们供应的电子行业以及他们自己的业务都发生了变化。传统上，电子制造商自己生产零部件，以降低成本并确保零部件的及时供应。但是到20世纪90年代，这种趋势发生了变化。制造商正在与零部件供应商发展战略伙伴关系，以保证及时供应质量好、成本效益高的零部件。这种方法可以使资金转用于能够获得更高投资回报的其他地方。

以上变化对定制模具公司的影响可以从过去3年的销售数据中看到。销售组合正在变化。虽然每年模具订单的数量实际上维持不变，但如下表所示，多模具订单正在减少：

	订单数量		
订货量	2006年模具	2007年模具	2008年模具
1	80	74	72
2	60	70	75
3	40	51	55
4	5	6	5
5	3	5	4
6	4	8	5
7	2	0	1
8	10	6	4
9	11	8	5
10	15	10	5
订单总数	230	238	231

塑料零部件则相反，每年的订单数量在减少，但如下表所示，订单的订货量却增大了：

	订单数量		
订货量	2006年零部件	2007年零部件	2008年零部件
50	100	93	70
100	70	72	65
150	40	30	35
200	36	34	38
250	25	27	25
500	10	12	14
750	1	3	5
1 000	2	2	8

（续）

	订单数量		
订货量	2006 年零部件	2007 年零部件	2008 年零部件
3 000	1	4	9
5 000	1	3	8
订单总数	286	280	277

同一时期，定制模具公司开始出现交货方面的问题。顾客开始投诉零部件订单要拖上 4 到 5 周的时间，而不是所声称的 3 周时间，这种延误扰乱了生产进度。当被问及这种情况时，主调度说要确定一个特殊订单承诺的交货时间，是十分困难的。瓶颈出现在生产流程中，但是却无法预知会在何时何处出现。瓶颈似乎总是从一个运营环节转移到另一个运营环节。

Tom Miller 认为在模具制造区还有富余的劳动力。因此，为了向前推进那些落后于进度的订单，他指定一名熟练技工找出并加快处理这些延迟的订单。但这种措施看来起不了多大作用，仍然会收到有关交货延迟的投诉。更加糟糕的是，最近有两份订单由于零部件的次品数量过多而被退货。Miller 知道必须有所作为，但问题是该做"什么"。

思考题

1. Tom Miller 和 Mason Miller 面临的主要问题是什么？
2. 定制模具公司流程的竞争优先级以及行业变化的特点是什么？
3. Miller 父子可以实施什么样的方案？当他们对这些方案进行评估时，应该考虑哪些关键因素？

资料来源：本案例由维克森林大学的Brooke Saladin博士整理，可作为课堂讨论。

参考文献

Brink, Harold, Senthiah, and Rajan Naik. "A Better Way to Automate Service Operations." *McKinsey on Business Technology*, no. 20 (Summer, 2010), pp. 1–10.

Baghai, Ramin, Edward H. Levine, and Saumya S. Sutaria. "Service-Line Strategies for US Hospitals." *The McKinsey Quarterly* (July 2008), pp. 1–9.

Booth, Alan. "The Management of Technical Change: Automation in the UK and USA since 1950." *The Economic History Review*, vol. 62, no. 2 (May 2009), pp. 493–494.

Chase, Richard B. and Uday M. Apte. "A History of Research in Service Operations: What's the Big Idea?" *Journal of Operations Management*, vol. 25 (2007), pp. 375–386.

Fisher, Marshall L. "Bob Hayes: Forty Years of Leading Operations Management Into Uncharted Waters." *Production and Operations Management*, vol. 16, no. 2, (March–April 2007), pp. 159–168.

Grover, Varun, and Manoj K. Malhotra. "Business Process Reengineering: A Tutorial on the Concept, Evolution, Method, Technology, and Application." *Journal of Operations Management*, vol. 15, no. 3 (1997), pp. 194–213.

Hayes, Robert. "Operations, Strategy, and Technology: Pursuing the Competitive Edge." *Strategic Direction*, vol. 22, no. 7, (2006).

Johansson, Pontus and Jan Olhger. "Linking Product-Process Matrices for Manufacturing and Industrial Service Operations." *International Journal of Production Economics*, vol. 104 (2006), pp. 615–624.

Hammer, Michael. "Deep Change: How Operational Innovation Can Transform Your Company." *Harvard Business Review*, vol. 82, no. 4 (April 2004), pp. 85–93.

Hill, Terry. *Manufacturing Strategy: Text and Cases*, 3rd ed. Homewood, IL: Irwin/McGraw-Hill, 2000.

Jack, Eric, and John Collis. "Strengthen and Tone: A Flexible Approach to Operations Can Build Some Serious Muscle." *APICS Magazine* (June 2006), pp. 35–38.

Kung, Peter and Claus Hagen. "The Fruits of Business Process Management: An Experience Report from a Swiss Bank." *Business Process Management Journal*, vol. 13, no. 4 (2007), pp. 477–487.

Malhotra, Manoj K., and Larry P. Ritzman. "Resource Flexibility Issues in Multistage Manufacturing." *Decision Sciences*, vol. 21, no. 4 (1990), pp. 673–690.

Metters, Richard, Kathryn King-Metters, and Madeleine Pullman. *Successful Service Operations Management*. Mason, OH: South-Western, 2003.

Prajogo, Daniel. "The Implementation of Operations Management Techniques in Service Organisations. *International Journal of Operations & Production Management*, vol. 26, No. 12 (2006), pp. 1374–1390.

Safizadeh, M. Hossein, Joy M. Field, and Larry P. Ritzman. "An Empirical Analysis of Financial Services Processes with a Front-Office or Back-Office Orientation." *Journal of Operations Management*, vol. 21, no. 5 (2003), pp. 557–576.

Safizadeh, M. Hossein, Larry P. Ritzman, and Debasish Mallick. "Revisiting Alternative Theoretical Paradigms in Manufacturing." *Production and Operations Management*, vol. 9, no. 2 (2000), pp. 111–127.

Sehgal, Sanjay, B.S. Sahay, and S.K. Goyal. "Reengineering the Supply Chain in a Paint Company." *International Journal of Productivity and Performance Management*, vol. 55, no. 8 (2006), pp. 655–670.

Skinner, Wickham. "Operations Technology: Blind Spot in Strategic Management." *Interfaces*, vol. 14 (January–February 1984), pp. 116–125.

Swink, Morgan and Anand Nair. "Capturing the Competitive Advantages of AMT: Design-Manufacturing Integration as a Complementary Asset." *Journal of Operations Management*, vol. 25 (2007), pp. 736–754.

Zomerdijk, Leonieke G. and Jan de Vries. "Structuring Front Office and Back Office Work in Service Delivery Systems." *International Journal of Operations & Production Management*, vol. 27, no. 1 (2007), pp. 108–131.

4 流程分析

麦当劳公司不断寻求流程改进的途径，目的是用更可持续的资源以更低的成本提供质量更好的产品。这种努力加上创新的菜单选择得到了回报。2011 年 9 月，公司连续 100 个月实现全球可比销售额的正增长。其中美国的销售额增长了 3.9%，欧洲增长了 2.7% 。

麦当劳公司

2010 年整个麦当劳连锁系统（公司的自营店和加盟店）收入达到 240 亿美元，创历史最高纪录。麦当劳在全球有 32 000 家门店，每天有 6 200 万名顾客光顾。它在全球雇用了 170 万名员工。2011 年 10 月公司的股票价格为 89.94 美元。但是在 2002 年，麦当劳的情况却没有这么乐观，当时顾客的投诉越来越多，也越来越激烈。到 2002 年底，其股票价格仅为 16.08 美元。麦当劳公司现在开始重新听取顾客的意见，并根据这些意见改进流程。董事会新任命了一位有 20 年企业运营经验的 CEO。带着测评顾客满意度并与运营人员自由分享这些数据的热情，他努力实现了一种转变，其速度之快、范围之广令业内的所有人都感到震惊。

为了满足顾客期望，麦当劳启动了收集绩效指标、改进流程的计划。公司派遣神秘顾客到门店，采用硬数字评分机制进行匿名检查。来自外部调查公司的神秘就餐者在一张纸质检查表上记下各项服务内容的分数，包括服务速度、食物温度、产品外观和口味；柜台、餐桌和调料台的干净程度；甚至柜台人员是否对就餐者微笑等。然后将最近 6 个月和本年度到目前为止的记录数据，张贴在麦当劳公司的内部网站上，这样每家店的店长都可以将自己的得分与区域平均水平进行对比。运营人员可以针对这些长期存在的问题采取措施，而绩效指标则重点考核运营人员对所需流程变革的重视程度。麦当劳公司鼓励顾客通过电子邮件、常规邮件或免费电话的形式，报告他们在美国某一具体分店的就餐体验。

转变的另一项举措是派遣 900 名运营使者到门店现场。每名使者都要多次访问门店，微调流程，同时还开一天的讨论会，门店经理可以在这里分享来自公司厨房专家的一些诀窍（如员工的站位等），这样可以使平均服务时间缩短几秒。将流程改回烘烤小圆面包，而不是用微波炉加热，使它们具有更加香甜的焦糖味。其他举措在麦当劳的快速通道实施。等待时间每缩短 6 秒，就会使销售额增长 1 个百分点。门外的菜单板上现在有更多的图片和更少的文字。LED 显示屏将顾客的点餐内容显示出来，避免后面的混乱。特级汉堡放在盒子里而不是用纸包装，这样可以节省几秒钟。盒子上印着彩色的三明治标记，这样可以提高速度和准确度。

从店面的柜台延伸到供应链，流程都要改变为环境友好型。美国餐馆的菜单有 330 种独特的消费包装设计，目前有 83% 的包装材料是用纸或其他木纤维材料制成的。麦当劳公司的散装食用油送货系统使用可重复利用的容器，每个分店每年可以减少 1 500 磅重的包装垃圾。麦当劳致力于使用可持续资源，它与供应商合作改进食品的外包装。在过去 5 年里，公司还更换了来自不可持续采购源的 18 000 多吨鱼。公司强调循环再利用，注重电能及有效的水资源管理。公司还寻求经认证的可持续食品源。例如，公司正在对养牛场进行为期 3 年的试点研究，对 350 个养牛场的碳排放情况进行调查。

总之，绩效测评和流程分析可以增加顾客价值，并得到利润回报。

资料来源：Daniel Kruger, "You Want Data with That?" *Forbes*, vol. 173, no. 6 (March 2004), pp. 58–60.

学习目标　　学完本章内容后，你应该能够：

1. 解释流程分析的系统化方法。
2. 定义流程图、泳道流程图、服务蓝图以及工序图。
3. 描述各种工作测量方法。
4. 确定流程评估的指标体系。
5. 描述排列图、因果图以及流程仿真。
6. 运用标杆法创建更好的流程。
7. 确定有效流程管理的关键因素。

在一家企业，流程也许是人们了解最少且管理最为薄弱的环节。企业如果有错误的流程，无论其员工有多高的天分和多大的动力，都不可能获得竞争优势。就像马克・吐温笔下的密西西比河，流程只是在不停地滚滚向前——然而，这里存在很大差别。如果有人想出一种方法并有效地实施它，那么大多数流程是可以改进的。事实上，企业要么调整流程来适应顾客需求的变化，要么就被淘汰出局。企业的长期成功来源于真正了解业务的管理者和员工。但是，常常会有这样的情况：一些大力宣扬的看起来能提供快速解决方案的努力，无论是制订企业愿景规划，开展文化变革活动，还是进行领导力培训，从长远来看都无法达到预期效果。

近几十年在运营管理领域出现了许多重要创新，如工作简化法、方法改进计划、统计过程控制、最优化方法、统计预测方法、物料需求计划、柔性自动化、精益制造、全面质量管理流程再造、6σ 法、企业资源计划以及电子商务等。在后面的章节将陆续阐述这些重要方法，因为这些方法可以为流程增加巨大的顾客价值。但是，最好将这些方法看成有效管理工作流程的整个体系中的一部分，而不可当成包治百病的灵丹妙药。

当然，在流程再造和流程改进时，都需要进行流程分析，但是流程分析也只是监测流程绩效随时间变化的一部分。本章从一种系统化的流程分析方法开始，用这种方法来识别流程改进机会，记录当前流程，评估流程以找出绩效差距，进行流程再设计以消除差距，并实施所希望的变革。其目的是实现流程的持续改进。

利用四种支撑技术——（1）流程图；（2）服务蓝图；（3）工作测量方法；（4）工序图，可以更好地深入理解当前的流程和所提议的变革。数据分析工具，诸如检查表、柱状图、排列图（帕累托图）及因果图，使分析人员能够根据表面现象找出问题的根本原因。而仿真则是一种更加先进的技术，可以评估流程绩效。在本章的最后，将给出有效管理流程的一些重要方法，以确保变革的实施，为流程持续改进打下基础。然而，流程分析不仅仅是针对单个流程的分析，它也是改善供应链运行的工具。

跨越整个组织的流程分析

组织中的所有部门都需要关注流程分析，理由很简单，因为这些部门都参与实际的工作，而流程分析的重点在于实际的工作方式。流程是否为（内部或外部）顾客提供了最大价值？是否还可以进一步改进？运营部和销售部常常是最早进入视野的部门，因为它们与核心流程的联系十分密切。但是，会计、财务、人力资源等支持流程，对一个组织的成功也是至关重要的。和其他部门一样，最高管理层也会涉及其中。在部门之间移交“接力棒”的过程中，联系不畅的情况往往最为严重，但也是改进机会最多的地方。

系统化方法

图 4.1 是一个由 6 个步骤组成的流程分析蓝图。**流程分析**（process analysis）是对工作如何完成以及如何再设计的说明和深入理解。流程分析从识别流程改进的新机会开始，到实施修正后的流程结束。然后从最后一步又返回到第一步，形成持续改进的循环。我们在第 5 章“质量与绩效”中将引入一个密切相关的模型，作为 6σ 法改进模型（DMAIC）的一部分。其他的流程改进方法还有第 3 章“流程策略”中的流程再造，以及第 8 章“精益系统”中的价值流图等。为了避免重复，对每种方法只在每章介绍这些方法的实质时阐述一次。这些章节都有一个共同目标：设计更好的流程。

第 1 步：识别机会

为了识别机会，管理者必须特别关注四个核心流程：(1) 供应商关系流程；(2) 新服务 / 新产品开发流程；(3) 订单履行流程；(4) 客户关系流程。上述每个流程以及嵌套于其中的子流程，都与向外部顾客提交价值有关。顾客目前是否对所接受的服务或产品感到满意？是否还有改进的余地？内部顾客是否感到满意？必须定期对顾客满意度进行监测，既可以使用正式的测评体系，也可以进行非正

图 4.1
流程分析蓝图

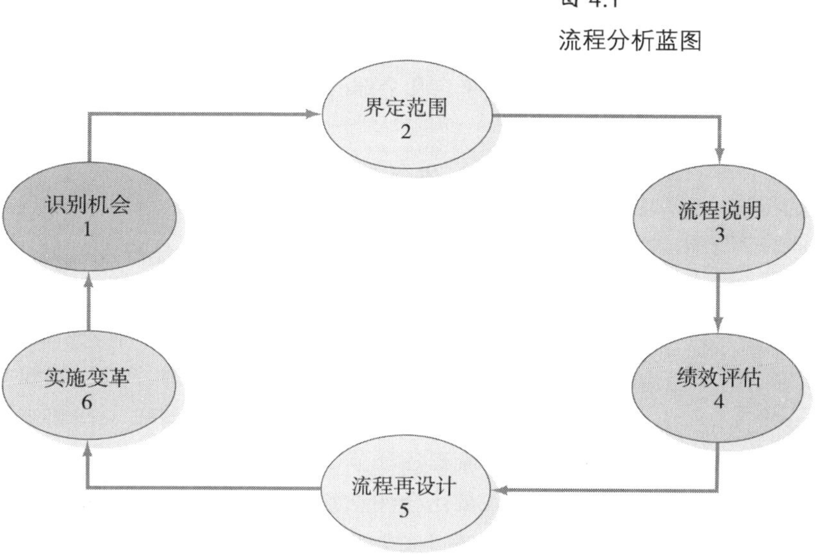

式的检查或研究。管理者有时会制定核心流程与支持流程的详细目录，指出需要对哪些流程进行重点监测。

识别机会的另一种方法是从战略层面考虑问题。正如第 1 章“通过运营展开竞争”中的信用卡分部在评估运营战略时所发现的那样，在流程的竞争优先级与当前的竞争能力之间是否存在差距？成本、顶级质量、质量一致性、交付速度以及准时交付等多项指标，是否达到或超过预期？流程是否具有良好的战略适应性？如果是提供服务的流程,那么它在顾客 – 接触矩阵（参见图 3.2）中的位置看起来是否合适？顾客接触度与流程结构、顾客参与、资源柔性以及资本密集度之间的匹配程度如何（参见图 3.8）？对于制造流程，也应该针对流程选择、批量及产品定制化之间的战略适应性，提出类似问题（参见图 3.10）。

应该鼓励实际完成流程的员工、内部供应商或顾客，向管理者以及专业人员（如工业工程师）提出自己的建议，或者通过正式的建议机制提交建议。**建议机制**（suggestion system）是一种自愿机制,员工通过这种机制提交有关流程改进的设想。一般情况下由一名专家评估建议，保证有价值的建议得到实施，并向提出该建议的人进行反馈。有时，提出好建议的个人或者小组会得到物质或精神奖励。

第 2 步：界定范围

第 2 步是确定待分析流程的边界。这是一个跨越整个组织，涉及许多环节和许多员工的范围很广的流程吗？还是仅仅局限于一个人工作的一部分嵌套子流程？流程范围可能会过窄或过宽。例如，如果对流程的界定过宽，超出了可用资源的范围（有时称为试图“将大海煮沸”），是注定要失败的，因为它只会增加员工的挫败感，而不会产生任何结果。

管理层分配给流程改进或流程再造的资源，应该与流程的范围相匹配。对只涉及一名员工的小型嵌套流程来说，也许要求这名员工自己对流程进行再设计。对涉及重要核心流程的项目，管理者一般会成立一个或多个小组。**设计小组**（design team）由那些在流程的一个或多个环节中工作的、掌握流程知识且具有团队精神的人员组成，他们的任务是做流程分析，进而做出必要的改革。其他资源可以是被称为内部或外部辅导人员的全职专家。辅导人员掌握流程分析方法，可以对设计小组进行指导和培训。如果流程跨越几个部门，也许还要成立一个指导小组。指导小组由来自几个部门的管理人员组成，由一名项目经理牵头，并监督流程分析。

第 3 步：流程说明

一旦确定了流程范围，分析人员就应该对流程进行说明。首先列出一个清单，包括流程的投入、（内部或外部）供应商、产出以及（内部或外部）顾客。然后将这些信息以图的方式表示，并用一个表格做更详细的分解。

说明工作的下一步是用本章后面将要介绍的图、表格和图表中的一种或多种形式，理解流程所完成的不同环节。当将流程分解为各个环节时，分析人员就会注意到流程各环节中的顾客接触度及类型，以及沿流程各环节形成的流程多样性。分析人员还会注意到，哪些环节是顾客可见的，以及在流程中的哪些地方，工作会从一个部门移交给另一个部门。

第 4 步：绩效评估

要有能很好地评估流程的绩效指标，才能找出改进流程的线索，这一点很重要。**指标体系**（metrics）是为流程以及其中的环节设置的绩效测量。一个好办法是从竞争优先级着手，但这些竞争优先级必须是明确而具体的。分析人员可以在质量、顾客满意度、每个环节或整个流程的完成时间、成本、差错、安全性、环境保护措施、准时交付、柔性等方面设置多项指标。

指标体系一旦确定，就要针对每个指标收集有关流程当前表现的信息。测量方法可以是粗略估计，也可以是深入研究。分析等待时间和延迟的方法，可以提供重要信息（参见补充资料 B，“等待线”）。工作测量法也是一种深入研究的方法，在本章的后面将对其简要介绍。

第 5 步：流程再设计

根据精心挑选的指标体系对流程及其绩效进行全面的分析，应该能揭示出实际绩效与期望绩效之间的断层或差距。绩效差距可能是由不合逻辑的、遗漏的或不必要的环节引起的。当流程跨越几个部门时，绩效差距也可能是因为选择了强化各部门筒仓心理（silo mentality，也可译作孤岛思维）的指标体系引起的。分析人员或设计小组应该深入挖掘，找出产生这些绩效差距的根本原因。

麦当劳公司用神秘顾客评价其门店。公司还派遣运营“使者”到各门店帮助管理者微调流程，同时修订流程及其供应链，使其就餐环境更友好。

设计小组运用解析式思维和创造性思维，对可能的改进设想列出一个长长的清单。然后对列出的想法进行筛选和分析，将那些收益大于成本的合理想法反映到新流程的设计中去。将新设计作为“建议流程”进行记录。将新的流程设计方案与当前的流程说明结合在一起，可以使分析人员清晰对比前后两种方案。新流程的说明应该明确表述修订后流程的工作方式，以及各项指标的预期绩效。

第 6 步：实施变革

实施变革并不仅仅是制订计划和执行计划这么简单。许多流程都曾被有效地再设计，但从未得到过实施。人们通常会抵制变革，找理由辩解说“我们一直是那样做的”，或“我们以前也曾尝试过”。因此，流程分析的广泛参与是很有必要的，不仅因为流程所涉及的工作，而且因为这样做可以达成共识。当某件事成为自己想法的一部分时，实施起来就容易得多。此外，还可能需要一些特定的专业知识，比如软件开发。也许还需要新的工作和技能，其中包括对新技术的培训和投资。实施就是要启动工作步骤，使再设计的流程投入运行。管理层或指导委员会必须确保项目实施按进度进行。

后面我们将详细阐述流程分析中的各个步骤。

流程说明

说明和评估流程有五种有效的方法：（1）流程图 ；（2）泳道流程图；（3）服务蓝图；（4）工作测量法；（5）工序图。利用这些方法，可以透过表面现象深入观察组织是如何完成工作的。你可以在任何细节上观察流程的运行方式及其运行状况。当试图画出上述其中一种图时，你甚至可能发现原流程中存在的缺失。这也许不是美丽的画面，却是实际的工作完成方式。流程的说明方法可以帮助流程找出绩效差距、提出流程改进的设想，并记录重新设计流程的大致轮廓。

一名咨询顾问正在一次跟进会议上就一个新的组织发展计划与客户进行讨论。对咨询公司来说，流程图的应用有助于理解这一步骤——它仅仅是整个销售流程中的一部分。

流程图

流程图（flowchart）通过流程的各环节追踪信息、顾客、设备或物料的流向。流程图没有精确的格式，常用线框表示（在线框内标有简要的步骤说明），并用线段和箭头表示流程的顺序。尽管有一些其他形状（○、⬭、⬯、▽或▱）用来表示不同环节（如操作、延迟、存贮、检验等）之间的区别，但矩形（□）是最常用的线框符号。颜色和阴影可以引起对不同类型环节的注意，比如那些具有特别高的流程多样性的环节。当从一个环节向外引出的箭头分解为两个或多个连接到不同线框的箭头时，也表示了多样性。虽然多种表示方法都是被接受的，但是在使用过程中的约定必须前后一致。这些约定可以在流程图的某个地方标示出来，或者在流程图所附的文本中加以说明。说明经过流程的对象（如信息、顾客订单、顾客、物料等）也是十分重要的。

你可以用几种不同的计算机程序来生成流程图。Microsoft PowerPoint 提供了许多用于画流程图的格式选择（参见“自选图形”下的“流程图”子菜单）。其他可用来画流程图以及图表（如组织结构图和决策树）的功能强大的软件包还有：SmartDraw、Microsft Visio 和 Micrografx。

可以在组织中的几个层面生成流程图。例如，在战略层面，流程图可以表示核心流程及其联系，如图 1.4 所示。在这个层面，流程图不应有太多细节，但是应该给出整个企业的鸟瞰图。确定核心流程是非常有帮助的。接着转向流程层面，自此我们探讨待分析流程的细节。图 4.2 就表示这样一个流程。该流程很复杂，由许多具有嵌套子流程的步骤组成。图 4.2 给出了整个流程的综合视图，而不是在一个流程图中表示出所有内容。该图描述了一家专门从事组织发展和企业教育计划的咨询公司的销售流程。四个不同部门（会计部、咨询部、营销部和销售部）与外部顾客（委托人）打交道。流程经过三个主要阶段：（1）产生业务的部门牵头；（2）委托协议与服务交付；（3）记账和收款。

图 4.2 说明了另一个特点。菱形（◇）代表了是或否的决策或结果，比如检验的结果，或者识别不同类型客户需求的结果。图 4.2 中，菱形代表三个是或否的决策

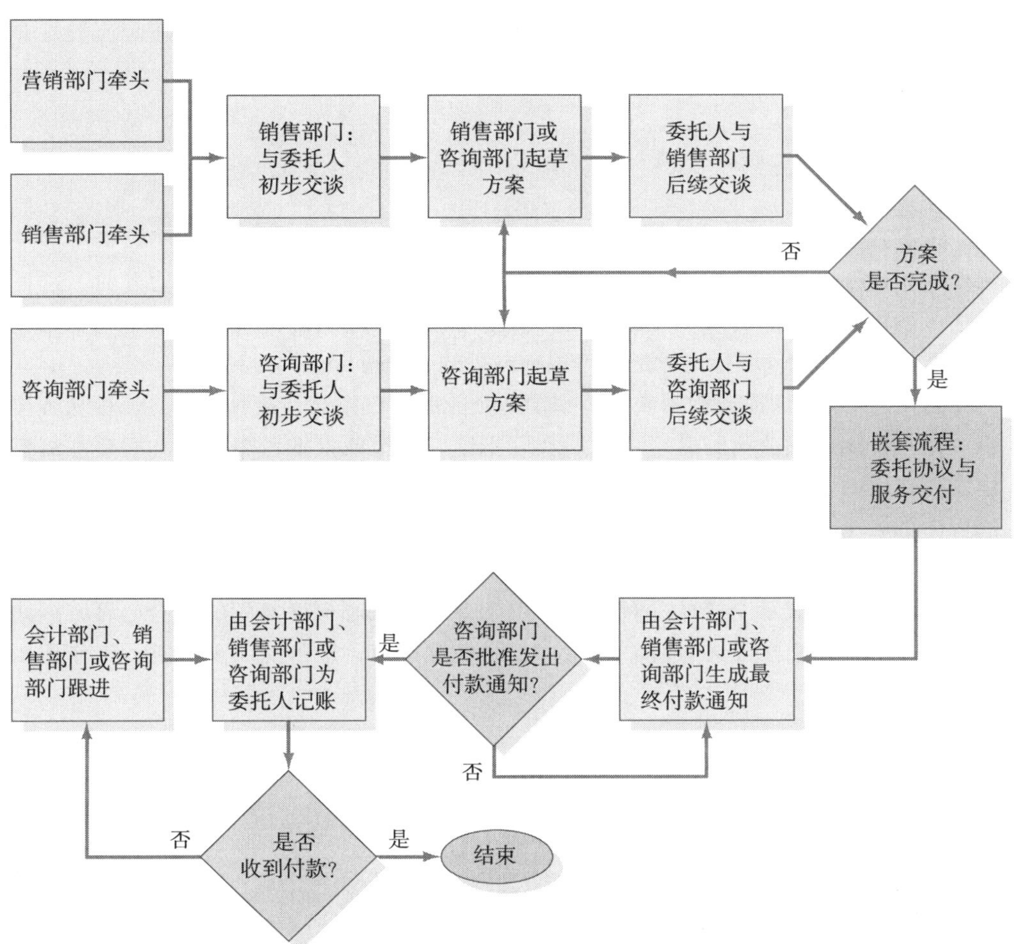

图 4.2
一家咨询公司销售流程的流程图

点：(1) 方案是否完成；(2) 咨询部门是否批准发出付款通知；(3) 是否收到付款。当流程具有高度的多样性时，这种决策点就更有可能出现。

有时不可能在一页纸上画出整个流程图。图 4.2 和图 4.3 说明如何对那些综合程度较高的步骤建立嵌套子流程。例如，图 4.3 是图 4.2 中委托协议与服务交付步骤中嵌套子流程的流程图。图 4.3 给出了更多细节，如在交付服务前向客户发出总服务费用估算值 50% 的付款通知，在服务结束后再对余额发出最终付款通知。因为在任

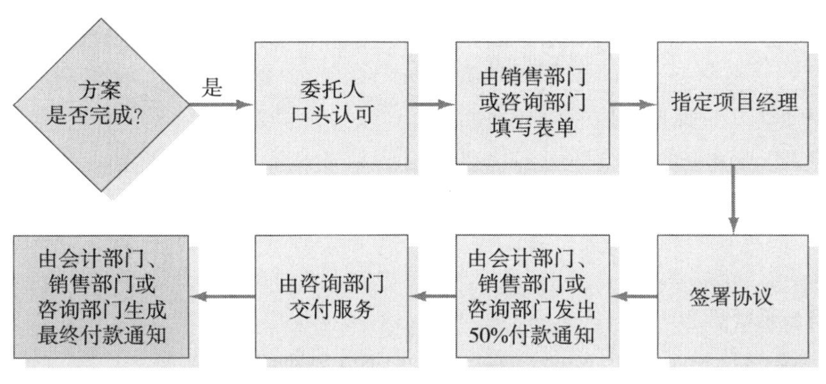

图 4.3
委托协议与服务交付步骤的嵌套子流程的流程图

何一张单一的流程图中，只能表现出有限的细节，因此在实践中这种嵌套流程是非常必要的。

泳道流程图

泳道流程图（swim lane flowchart）是一种可视化的表示方法，它将负责不同子流程的职能领域集中到相应的通道中。当业务流程跨越了几个部门的边界时，这种方法最适用，每个部门或职能领域用类似于游泳池中泳道的平行线分隔开。根据各泳道所代表的职能领域标记泳道，可以横向排列，也可以纵向排列。

图 4.4 所示的泳道流程图表示一家制造企业的订单提交和接收流程。流程从客户生成订单开始，到公司与客户协商后实际拒绝、修改或批准订单结束。所有在流程中发挥作用的职能部门都包含在流程图中。图中的各列表示不同的部门或职能领域，流程中的各个步骤画在完成该步骤的部门列。客户也作为一列出现。当从一个步骤引出的箭头进入另外一列时，这种方法表示了从一个部门到另一部门的交接。使用特殊的虚线也是表示交接的一种方法。由于存在只关心自己部门的筒仓心理，因此在跨职能协调的交接点尤其存在风险。正是在这些点，最可能出现误解、工作积压和差错。

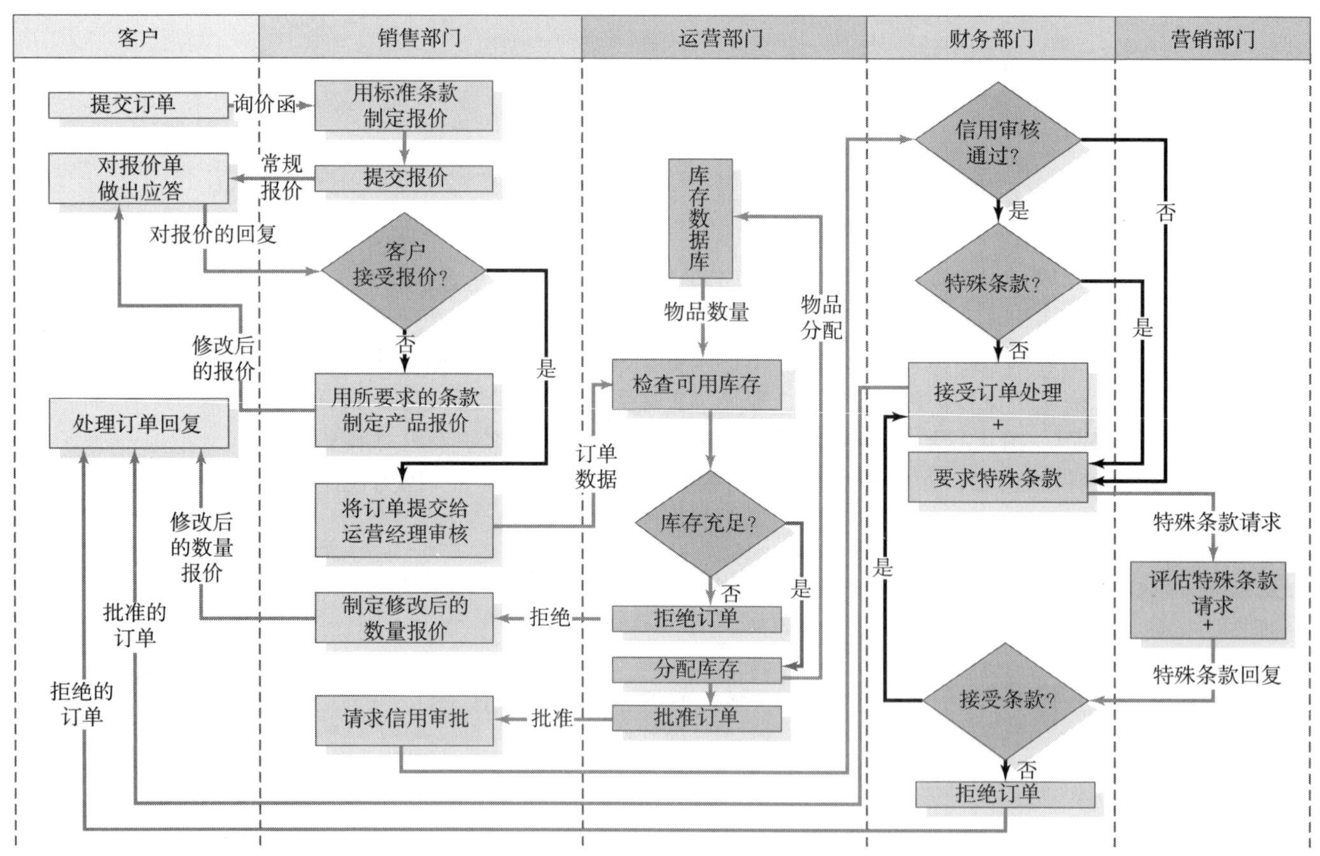

图 4.4

表示部门之间交接的订单填写流程的泳道流程图

资料来源：D. Kroenke, *Using MIS*, 4th ed., 2012, p.336. Reprinted by permission of Pearson, Upper Saddle River, NJ.

流程图使流程分析人员和管理人员从横向观察组织，而不是从组织结构图中隐含的纵向组织结构和部门边界的角度观察。流程图表明组织是如何通过跨职能的工作流程获得产出的，它让设计小组看到职能领域和部门之间的所有关键界面。

服务蓝图

好的服务流程设计首先取决于顾客接触的类型和数量。**服务蓝图**（service blueprint）是服务流程的特殊流程图，它表示哪些环节具有高度的顾客接触。该图使用一条可见度界线，指出哪些环节对顾客是可见的（因而更适合前台办公室流程），哪些环节对顾客是不可见的（后台办公室流程）。

另一种绘制服务蓝图的方法是创建三个层面。这些层面清晰地说明每个环节中对顾客的控制程度。例如，一名顾客开车进入 Fast Lube 店要求服务。层面 1 表示由顾客控制的时刻，比如开车进店要求服务，或者是最后付款。层面 2 是顾客与服务人员交流的时刻，比如提出最初的服务要求，或者告知需要哪些服务。层面 3 是服务脱离顾客控制的时刻，比如正在执行工作或者准备发票。

图 4.5 是一个相当复杂的服务蓝图。它不仅表示与顾客交流的环节，还表示与顾客的顾客交流的环节。该图表示一家专门从事库存评估和库存清理的咨询公司所采用的步骤。该公司的外部顾客是从事资产抵押贷款的大型银行，而银行的顾客又是那些根据自身资产（含库存）价值寻求贷款的公司。图 4.5 描述了该咨询公司当前的库存评估流程。这一服务蓝图不仅表示当前库存评估流程的步骤，还说明哪些步骤对外部顾客（银行）以及顾客的顾客（寻求贷款的公司）是可见的。对银行可见的步骤（浅灰色的矩形框）用纵向的可见度界线隔开。对寻求贷款的公司可见的步骤（白色的矩形框）用左上部的纵向可见度界线和横向可见度界线隔开。而深灰色的步骤是由咨询公司完成的，对外部顾客是不可见的。

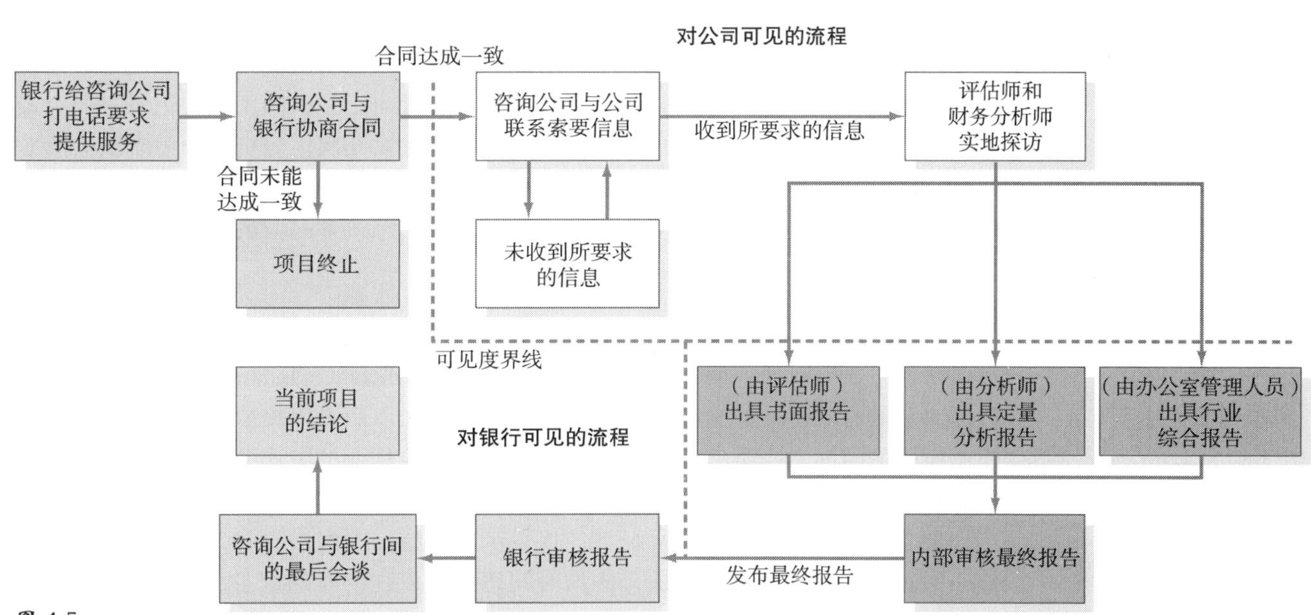

图 4.5
咨询公司库存评估流程的服务蓝图

流程从来自银行的寻求咨询服务的电话开始。在整个流程中有三个主要步骤：

1. 银行与咨询公司联系，且双方就合同达成一致。
2. 咨询公司在寻求银行贷款的公司现场完成库存评估。
3. 咨询公司整理最终报告并提交给银行。

当然，可见度只是顾客接触的一个方面，它不足以说明顾客参与活动的主动程度或所要求的个人关注程度。服务蓝图可以用颜色、阴影或线框来代替可见度界线，以表示顾客接触的程度和类型。服务蓝图的另一种画法是用编号来标记每个步骤，然后用一个附表详细说明每个有编号步骤的顾客接触情况。不存在所谓绘制流程图或服务蓝图的“正确方法”。

工作测量方法

如果没有对流程中每个环节所花的平均时间进行估计，流程说明工作就不算完成。不仅在流程改进时需要时间估计，在能力规划、约束管理、绩效评价以及生产调度中都要用到时间估计。对于任务时间的估计可以很简单，比如进行合理的猜想，向有相关知识的人请教，或者在观察流程时进行记录。更深入的研究包括收集几周的数据、咨询费用核算数据，或者查阅信息系统中记录的数据。

也可以利用正规方法，这些方法依靠有经验的观察人员的判断。它们包括：（1）时间研究法；（2）标准要素数据法；（3）给定数据法；（4）工作抽样法；（5）学习曲线分析法。第五种方法特别适用于引入新产品或新流程的情况，这时每生产一单位产品的时间还不稳定。所选用的方法取决于数据的目的、流程类型（作业流程或生产线流程）以及产品的定制化程度。

时间研究法 在对作业或者流程设置时间标准时，**时间研究**（time study）法由受过专门训练的分析师来完成四个步骤：（1）在被研究的流程中选择工作要素（流程图或者工序图中的步骤）；（2）对这些要素进行计时；（3）确定样本大小；（4）设置最终标准。这一方法实际上是经过正常工作时间调整后所观察的平均时间，它考虑了因休息、不可避免的时间延误等安排的冗余时间。分析师用秒表记录被研究流程中每个要素所花的时间，并且将这一记录过程重复几次。分析师为每个要素确定一个完成时间的额定值，再调整得到正常时间。根据分析师的判断，有些要素可能比标准时间完成得快一些或慢一些。其冗余时间用总正常时间的一个比例或百分比表示。

标准要素数据法 当产品或服务高度定制化，以作业流程为主且流程的多样性程度很高时，需要用到另一种方法。**标准要素数据**（elemental standard data）是由企业分析师编制的有关基本要素标准的数据库，这些标准以后可以提取出来用于估计特定作业所需的时间。当某些作业中的工作要素与其他作业的工作要素相同时，这一方法效果很好。有时，工作要素所需的时间取决于作业的可变特征，比如为焊接这一流程储备的金属量。在这些情况下，将表示这些特征与所需时间关系的公式也要存储于数据库中。其他一些方法，比如时间研究或以往的时间记录，也必须用于编制存储于数据库中的（加上冗余时间之前的）正常时间。

例 4.1　手表组装流程的时间研究

手表组装工厂中的流程一直在变革。该流程划分为 3 个工作要素。时间研究法得出的结果在下表中给出。以前流程的时间标准是 14.5 分钟。根据新的时间研究结果，是否应该修正该时间标准？

解

新的时间研究有 4 个观察值的初始样本，其结果显示在下表中。表中还显示了每个要素完成时间的额定值系数（rating factor，RF），用于对正常发挥情况下的时间进行调整。整个流程的冗余时间是总正常时间的 18%。

	观察值 1	观察值 2	观察值 3	观察值 4	平均时间（分钟）	RF	正常时间
要素 1	2.60	2.34	3.12	2.86	2.730	1.0	2.730
要素 2	4.94	4.78	5.10	4.68	4.875	1.1	5.363
要素 3	2.18	1.98	2.13	2.25	2.135	0.9	1.922
							总正常时间 = **10.015 分钟**

该表中一个要素的正常时间等于其平均值乘以额定值系数。整个流程的总正常时间是三个要素正常时间之和，即 10.015 分钟。为了得到该流程的标准时间（ST），只要加上冗余时间就可以了，即

$$ST = 10.015 \times (1+0.18) = \mathbf{11.82}\ 分钟$$

决策重点

组装一只手表的时间看起来缩短了很多。但是，根据管理层要求的精确度，分析师决定在设定新标准之前增加样本的数量。

给定数据法　**给定数据法**（predetermined data approach）将每个工作要素进一步划分成组成该工作要素的一系列微动作。然后，分析师会查询公开的数据库，里面含有全部可能的微动作的正常时间。一个流程的正常时间可以通过数据库给出的流程中完成的工作要素时间之和算出。这种方法对于多样性程度低、线性流向的、高度重复的流程非常有意义。微动作（如伸手、移动、加压等）是十分具体的。

工作抽样法　**工作抽样**（work sampling）根据在一段时间内的随机观测值，对人或机器在不同活动上所花时间的比例进行估计。这些活动包括正在完成一项服务或一个产品，从事书面工作，等待指示，等待维修或者是空闲。然后将这些数据用于评估流程的生产率，估计为其他工作测量方法设定标准时所需的冗余时间，以及发现需要流程改进的领域。当流程具有高度多样性的柔性流向时此方法是非常有用的。图 4.6 给出了观察一周的输入数据和输出的数值结果。图 4.6 显示该周的空闲时间是 23.81%。它还说明，为了达到输入数据所要求的置信水平和精度，需要再进行 237 次观察。

学习曲线分析法　上面阐述的时间估计方法假定流程是稳定的。如果该流程经过修订，则在流程稳定之后，可以对修订后的流程重复使用上述方法。另一方面，学习

(a) 输入数据和数值输出

增加观测次数 | 删除一个观测值

置信水平 z	1.96	精度 p	0.05
观测期	**忙碌次数**	**空闲次数**	**观测次数**
星期一	6	1	7
星期二	5	2	7
星期三	7	0	7
星期四	9	2	11
星期五	5	5	10
合计	32	10	42

(b) 空闲时间及需要的观察次数

空闲次数比例	0.2381
需要的总观测次数	279
需要的额外观测次数	237

图 4.6

利用 OM Explorer 中的时间研究求解软件，对保健诊所入院处办事员做工作抽样研究

曲线分析法将考虑持续的学习过程，比如经常推出新产品或新服务的情况。经过指导和重复操作，工人们学会更高效地完成工作、实现了流程改进，并产生了更好的管理方法。可以用学习曲线预测这些学习效应。**学习曲线**（learning curve）是表示生产产品或提供服务所需的加工时间与生产的产品或提供服务的累计数量之间关系的一条曲线。生产一件产品或提供一次服务所需的时间，随着产品生产数量或服务顾客人数的增加而缩短。一个流程的学习曲线取决于学习率，以及加工的第 1 件产品的实际时间或估计时间。图 4.7 显示了一条假设学习率为 80% 的学习曲线，其中生产第 1 件产品所花的时间为 120 000 小时，并给出了生产前 100 件产品的累计平均时间。该学习率指产量每增加一倍时平均时间的折算率。生产第 2 件产品的时间是第 1 件的 80%（即 120 000×0.80 = 96 000 小时），生产第 4 件产品的时间是第 2 件的 80%（即 96 000×0.80 = 76 800 小时），依此类推。

工序图

工序图（process chart）是记录工作站的一个人或一组人完成全部活动的一种组

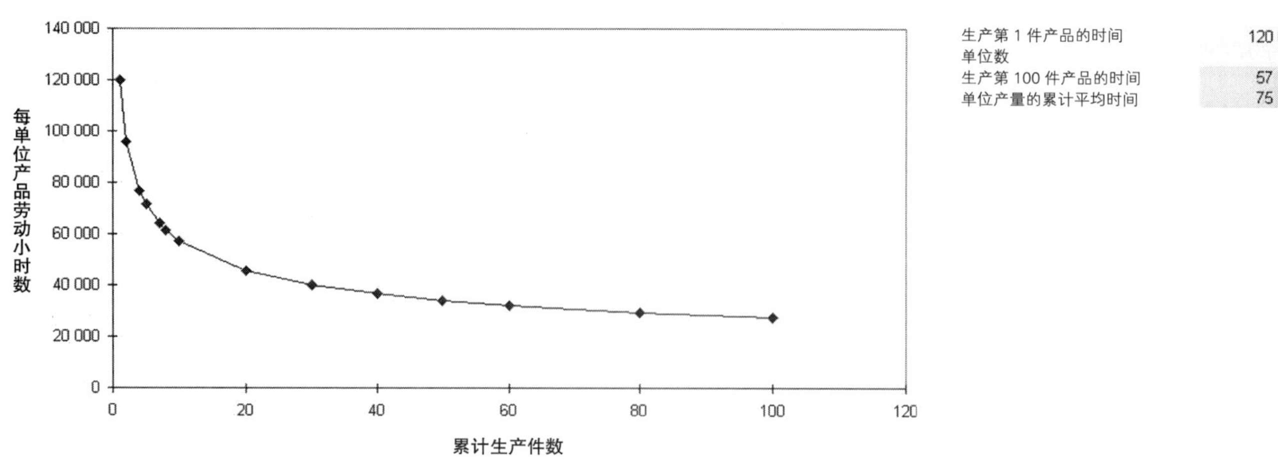

图 4.7

利用 OM Explorer 中的学习曲线求解软件，学习率为 80% 时的学习曲线

织方法，这些活动是针对一名顾客或某些物料进行的。它用表格来分析流程，并提供流程中每个环节的信息。与流程图、泳道流程图和服务蓝图不同，工序图需要时间估计（参见上一节的工作测量法）。它常用于为一个人、一个小组或一个重点嵌套流程深入到作业层面。工序图可以有很多不同格式，这里我们将一个典型流程中的活动类型归纳为五类：

- 操作：改变、产生或增加某些东西。钻一个孔或服务一名顾客都是操作的例子。
- 搬运：将所研究的对象从一个地方转移到另一个地方（有时称为物料搬运）。其研究对象可以是一个人、一种物料、一件工具或一套设备。一名顾客从柜台的一端走向另一端，一架起重机将一捆钢材吊到一个地方，一条传送带将半成品从一个工位传送到下一个工位等等，这些都是搬运的例子。搬运还可以是将一件制成品运送到顾客处或仓库。
- 检验：检查或确认某种东西，但不改变它。收集顾客反馈意见，检查表面瑕疵，称量一件产品，以及读取温度计读数等等，这些都是检验的例子。
- 延迟：当研究对象停下来等待进一步行动时会出现延迟。等待一名服务员所花的时间，等待物料或设备所花的时间，清洁时间，以及由于无事可做而造成的工人、机器或工位闲置时间，都是延迟的例子。
- 贮存：当某些东西被放在一边直到晚些使用时就会出现贮存。卸下供给物并作为库存存放于贮存间，设备在使用后放置备用，以及放入文件柜的文件等等，这些都是贮存的例子。

根据具体情况，还可以使用其他分类方法。例如，外部服务的转包是一类；将临时性贮存和永久性贮存或对环境有害的废弃物分为三个不同的类别。对每个活动选择恰当的分类，需要对主题图有一个清晰的理解。设备的延迟可能是因为设备检验或者操作者搬运所引起。

为了画出新流程的工序图，分析人员必须确定完成的每一个步骤。如果流程是已有的，那么分析人员就可以实际观察流程的步骤，根据研究对象确定每一步骤的类型。然后分析人员记录完成每一步骤的移动距离及所用时间。在记录了所有活动和步骤之后，分析人员对步骤、时间和距离数据进行汇总。图 4.8 表示用 OM Explorer 工序图求解软件画出的工序图。这是一名踝关节扭伤的患者在一家医院接受治疗的流程。该流程从医院入口处开始，在患者拿到药离开医院时结束。

工序图画完以后，分析人员有时要估算整个流程的年度成本。该成本将作为评估其他流程完成方法的标杆。年度劳动力成本可用下列各项的乘积估算：（1）以小时计量的每次执行流程的时间；（2）每小时的可变成本；（3）每年执行该流程的次数，即

$$年劳动力成本 = 流程执行小时数 \times 每小时可变成本 \times 每年执行流程的次数$$

例如，如果为一名顾客服务的平均时间是 4 小时，每小时的可变成本为 25 美元，每年为 40 名顾客服务，则劳动力成本为每年 4 000 美元（4 小时 / 顾客 × 25 美元 / 小时 × 40 名顾客 / 年）。

在图 4.8 所示的患者案例中，不一定要用这一计算方法，用患者的总时间就足够了。要追踪的是患者的时间，而不是服务提供者的时间和成本。

读者可以自己设计工序图，突出被分析流程中特别重要的问题，例如，顾客接

图 4.8
进入急诊室工序图

流程：	进入急诊室
对象：	踝关节扭伤患者
开始：	走进急诊室
结束：	离开医院

插入步骤

添加步骤

删除步骤

汇总

活动		步骤数量	时间（分钟）	距离（英尺）
操作	●	5	23.00	
搬运	➡	9	11.00	815
检验	■	2	8.00	
延迟	◗	3	8.00	
贮存	▼	—	—	

步骤编号	时间（分钟）	距离（英尺）	●	➡	■	◗	▼	步骤描述
1	0.50	15.0		X				走进急诊室，靠近患者窗口
2	10.00		X					坐下填写病历
3	0.75	40.0		X				护士陪同患者到急诊分诊台
4	3.00				X			护士检查受伤部位
5	0.75	40.0		X				返回候诊室
6	1.00					X		等候可用床位
7	1.00	60.0		X				到达急诊病床
8	4.00					X		等候医生
9	5.00				X			医生检查伤情并询问患者
10	2.00	200.0		X				护士带患者到放射科
11	3.00		X					技师为患者做X光检查
12	2.00	200.0		X				回到急诊室病床
13	3.00					X		等候医生返回
14	2.00		X					医生诊断并提出治疗建议
15	1.00	60.0		X				回到急诊入口区
16	4.00		X					交费
17	2.00	180.0		X				走到药房
18	4.00		X					按处方取药
19	1.00	20.0		X				离开医院大楼

一个设计小组的组长正在展示他们分析办公室流程的几张图表。他从大量不同指标中发现了几个低于绩效标准的区域。下一步就是对流程进行再设计。要快速激发小组成员有关流程改进的设想时，图右侧的活动挂图是十分有用的。

触的类型、流程的多样性，等等。你也可以追踪时间和移动距离以外的绩效指标，比如差错率等。此外，你还可以创建一种不同版本的工序图表，像流程图那样研究流程，不同的是用表格的形式来表达。划分活动类型的列可以用一列或多列感兴趣的不同指标来代替，而不是将指标纳入一张流程图中。尽管这看起来不太简洁，但是可以提供足够的信息，并且容易创建。

绩效评估

为了完善流程的说明工作（参见图 4.1 中第 3 步），还需要收集指标数据和绩效信息。可以用各种方法来表示指标，有时可以直接在流程图或工序图上标出这些数据。当指标数量太多时，就要用其他方法来生成一张图的附表。表格中的行表示流程图、泳道流程图、服务蓝图或工序图中的步骤，表格

第5章 质量与绩效

- 顾客满意度指标
- 差错率
- 返工或废品率
- 内部缺陷成本

第6章 能力规划；补充资料B，等待线；产出率的度量；学习曲线分析

- 加工时间
- 设置调整时间
- 能力利用率
- 平均等待时间
- 队列中等待的平均顾客数或工件数

第7章 约束管理

- 从开始到结束的总时间（吞吐时间）
- 设置调整时间
- 周期时间
- 吞吐时间
- 空闲时间（闲置时间）
- 运营支出

第8章 精益系统

- 设置调整时间
- 节拍时间
- 平均等待时间
- 浪费

图 4.9

流程图、工序图以及所附表格中的指标

中的列则表示各项指标的当前绩效、目标以及绩效差距。

分析人员选择的具体指标体系取决于被分析的流程和竞争优先级。收集如下数据是好的开始：每个步骤的单位加工时间和成本、流程从头至尾所用的时间。能力利用率、环境问题以及顾客（或工件）的等待时间等揭示出在流程中最有可能出现延迟的地方。顾客满意度指标、差错率和废品率指出可能存在的质量问题。在后面的章节中还会介绍许多这样的指标体系。图 4.9 列出了与一些基本指标有关的章节或补充资料。只有理解了这些后续章节的内容之后，才能真正结束有关流程分析的讨论。

数据分析工具

指标体系可能揭示出绩效差距。有各种工具可以帮助你理解问题产生的原因。[1] 这里给出六种工具：(1) 检查表；(2) 直方图和柱状图；(3) 排列图（或帕累托图）；(4) 散点图；(5) 因果图；(6) 图表。这些工具最初是为了分析质量问题而开发的，但它们也同样适用于所有的绩效测量。

检查表 通过使用检查表收集数据通常是指标分析中的第一步。所谓**检查表**（checklist）是用来记录流程缺陷出现频次的表格。**流程缺陷**（process failure）指任

1 其中几种工具，特别是排列图和因果图，与第 5 章“质量与绩效”有密切联系。在本章介绍这些内容，是因为它们适用于一般意义上的流程缺陷，而不仅仅是质量问题。

何绩效差距，比如差错、延迟、环境废弃物、返工等。这些特征可以在连续刻度上测量（如重量、从 1 到 7 打分的顾客满意度、单位成本、废品损失百分比、时间或长度），或者做是或否的选择（如顾客投诉、记账差错、油漆褪色或漫不经心的服务员）。

直方图和柱状图 从检查表得到的数据通常可以用直方图或柱状图简洁而清楚地表达。**直方图**（histogram）对用连续刻度测量的数据进行汇总，表示一些流程缺陷的频次分布（统计学术语称之为数据的集中趋势和离散趋势）。通常在直方图中标出数据的平均值。**柱状图**（bar chart，见图 4.10）是一系列长方形的块，它代表在是或否的基础上测得的数据特征出现的频次。柱子的高度表示所观察的某个特定的流程缺陷出现的次数。

排列图 当管理人员发现了几个需要处理的流程问题时，就必须决定应该首先解决哪个问题。维尔弗雷多·帕累托是 19 世纪的意大利科学家，他的统计工作集中在数据的不均衡上，提出绝大多数"活动"是由相当少的因素引起的。在一家餐馆的质量问题中，活动可能是顾客投诉，而引起该活动的因素可能是"不礼貌的服务员"。对一家制造商来说，活动可能是产品缺陷，而起因可能是"缺失零件"。帕累托的这一概念称为 80/20 法则，即 80% 的活动由 20% 的因素引起。管理者将注意力集中在 20% 的因素上（"关键少数"），就可以解决 80% 的流程缺陷问题。当然，精确的百分比视具体情况而有所不同，但必定是由于少数因素导致了大多数的绩效差距。

少量关键因素可以用**排列图**（Pareto chart, 也译作帕累托图）识别出来，这是一种根据因素出现频次沿横轴按降序排列的柱状图（参见图 4.11）。该图有两个纵轴，左边的纵轴表示频次（与直方图相同），右边纵轴表示频次的累计百分比。用累计频次曲线可以识别出需要立即引起管理者注意的少数几个关键因素。

例 4.2 一家餐馆的排列图

一家社区餐馆的经理在为光顾其餐厅的顾客数量减少而担心。投诉量一直在上升，他想用一些方法找出需要解决的问题，并以员工可以理解的方式表述。

解

经理做了为期几周的顾客调查，并收集到以下数据：

投诉	次数
不礼貌的服务员	12
服务速度慢	42
饭菜凉	5
拥挤的餐桌	20
就餐氛围	10

图 4.10 是柱状图，图 4.11 是排列图。这两张图都是用 OM Explorer 中的柱状图、排列图和线图求解软件画出的。这些图将数据表示出来，说明哪种投诉是最普遍的（关键少数）。你可以通过电子表格解除保护而用其他的"是 / 否"指标来重新绘制这些图表。另一种方法是从头开始绘制你自己的图表。具有点击界面的更高级的软件包括 Minitab、SAS 以及 Microsoft

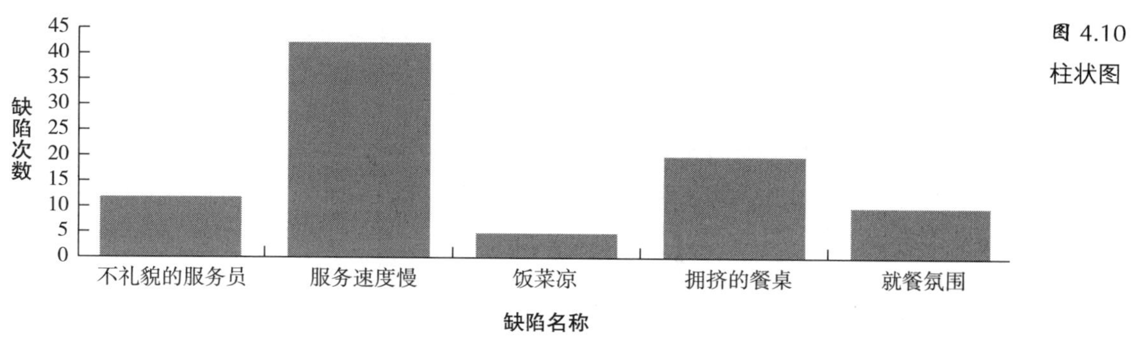

图 4.10
柱状图

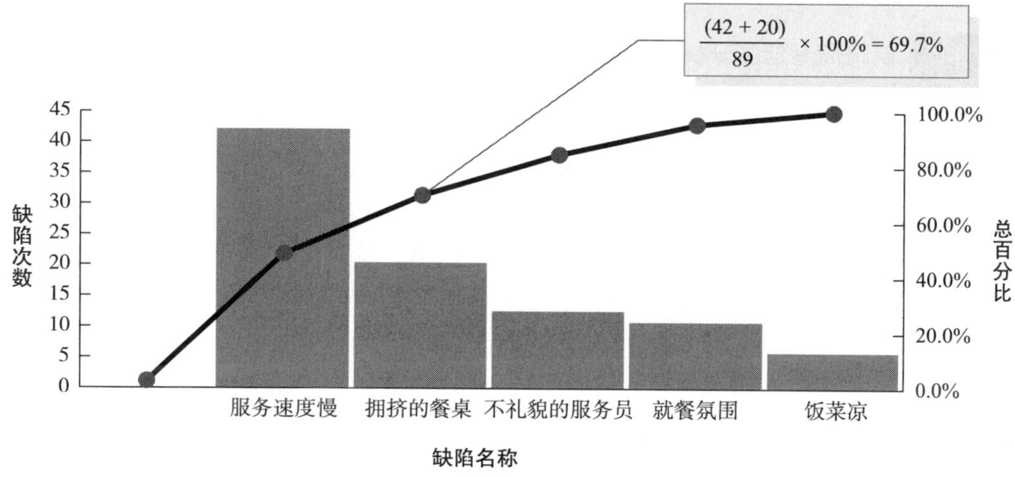

图 4.11
排列图

Visio。

决策重点

经理（和所有员工）都很清楚，纠正了哪些投诉问题就可以解决他们的餐馆中大多数的流程缺陷。首先，通过培训现有员工，再增加服务员，以及改进食物制作流程，来解决服务速度慢的问题。将一些装饰性的家具从就餐区搬走，并将餐桌更合理地摆放，这样就可以解决餐桌拥挤的问题。排列图显示，如果这两个问题得到纠正，就可平息近 70% 的投诉。

散点图　有时管理人员怀疑某个因素正在引起特定的流程缺陷。可以用**散点图**（scatter diagram）——用两个变量画一个点，表示这两个变量是否相关。散点图可用于确认或否定这种怀疑。散点图中每个点代表一个数据观察值。例如，铸造车间的管理人员怀疑，铸造件次品的产生与铸造件的直径有关。可以通过画出所生产的每种铸造件直径对应的次品数量来构造散点图。散点图完成后，就可以清楚地观察到直径与流程缺陷数量之间的关系。

因果图　流程分析的一个重要方面是将每个指标与对服务或产品特定属性产生影响的投入要素、方法和流程步骤联系起来。识别设计问题的一种方法是绘制**因果图**（cause-and-effect diagram），在关键绩效问题与其潜在原因之间建立联系。这种方法最早由石川熏（Kaoru Ishikawa）提出，该图可以帮助管理者跟踪与运营没有直接联系的环节。与特定问题无关的流程不会出现在图中。

因果图有时也称为鱼骨图（fishbone diagram）。主要的绩效差距作为“鱼头”标出，其潜在原因的大类构成“骨骼”，而可能的具体原因则是“刺”。在构造和使用因果图时，分析人员可以确定问题的所有潜在原因的主要类别。这些类别可能是人员、机器、物料和流程。对每个大类，分析人员列出导致绩效差距的所有可能原因。在人员大类下可能列有“缺乏培训”“沟通不畅”以及“缺勤”等。创造性思维可帮助分析人员对所有值得怀疑的原因进行识别和适当分类。然后，分析人员可对图中列出的每一大类原因进行系统化研究，当明显出现新的原因时对图进行修改。构造因果图的过程唤起了管理层和员工关注导致流程缺陷的主要因素。例 4.3 给出了一家航空公司应用因果图的案例。

例 4.3　航班离港延误分析

Checker Board 航空公司在哥伦布国际机场的运营经理注意到，航班离港延误数量增长。

解

为了分析该问题所有可能的原因，该经理构造了图 4.12 所示的因果图。其主要问题，即航班离港延误是图中的“鱼头”。他和员工用头脑风暴法列出了所有可能原因，共同确定出几个大类：设备、人员、物料、程序以及超出了管理控制范围的“其他因素”。对每一大类又确定出几种可能的原因。

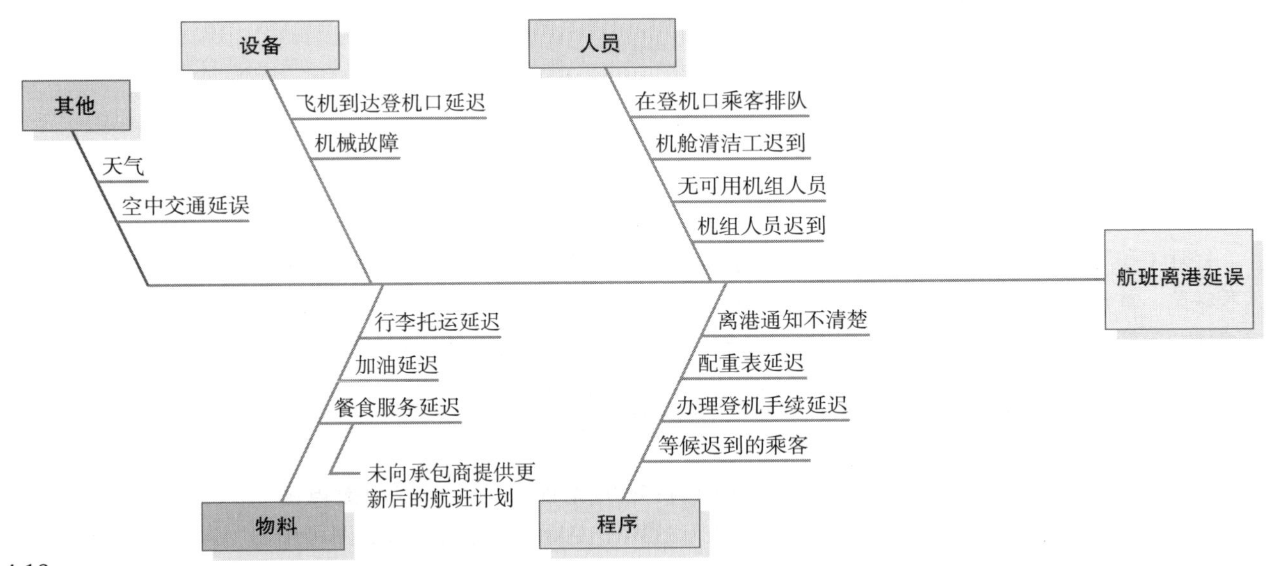

图 4.12
航班离港延误因果图

资料来源：Adopted from D. Daryl Wyckoff, “New Tools for Achieving Service Quality,” *The Cornell H.R.A. Quarterly*. Used by permission. All rights reserved.

决策重点

运营经理对流程深入了解后，怀疑大多数航班延误是由物料问题引起的。因此，他让人对餐食服务、加油、行李托运环节进行了检查。他得知用于行李转运的拖车数量不足，飞机由于等待转接航班上的行李而延误。

图表　**图表**（graph）以各种图形方式表示数据，如线图和饼图。线图用线段将数据点按顺序连接起来，突出数据所表现出的趋势。线图用于控制图（参见第 5 章“质

量与绩效”）和预测（参见第 14 章“预测”）。饼图将流程中的因素表示为饼中的切块，每块的大小表示因素出现次数的比例。饼图在表达由一组因素构成的数据时很有用，其中每个因素表示为一个百分比，各因素的总和为 100%。

每种质量改进工具都可以单独使用，但结合在一起使用时作用最大。在解决与流程相关的问题时，管理人员必须像侦探那样，过滤和筛选数据以弄清涉及的问题，并推断其原因。我们把这一过程称为*数据探测*（data snooping）。例 4.4 说明，如何将质量改进工具用于数据探测。

仿真模型比数据分析工具更进一步，因为仿真模型可以说明流程如何随着时间动态变化。**流程仿真**（process simulation）是利用描述每个环节的模型来重现流程行为的活动。一旦对流程建立了模型，分析人员就可通过模型的变化测量这些变化对某些指标的影响，比如响应时间、排队、资源利用率等。

流程再设计

医生对患者进行全面检查后确定病情，然后根据诊断结果提出治疗建议，流程也是如此。在说明流程，收集指标数据并找出差距之后，流程分析人员或设计小组提出一套能使流程变得更好的变革方案。在这一阶段，要求那些与流程直接相关的人员提出想法和建议。

产生设想：质疑与头脑风暴

有时，在说明了流程，仔细研究了绩效不达标的领域、部门之间的交接以及顾客接触度高的环节之后，流程改进或改造的设想就会很明显。例 4.4 说明了这种流程说明工作是如何通过更好的培训指出搬运纤维板的更好方法。在其他情况下，好的解决方案则不那么明显。这时，对流程中的每个环节以及将流程作为一个整体提出如下六个问题就会发现好的设想（因为总是存在更好的方法）：

1. 做什么？
2. 何时做？
3. 由谁做？
4. 在何处做？
5. 怎样做？
6. 在各个重要指标上表现如何？

通过进一步询问一系列问题来质疑这些问题的答案。为什么要执行这一流程？为什么要在那个地方执行？为什么要在那时执行？

例 4.4 内顶板流程缺陷原因识别

Wellington 纤维板公司生产内顶板，它是轿车内顶用的玻璃纤维部件。管理者想确定哪些流程缺陷是最普遍的，并找出导致缺陷的原因。

第1步： 检查表

内顶板缺陷

流程缺陷	计数	总数
A. 纤维撕裂	IIII	4
B. 纤维脱色	III	3
C. 纤维板破损	卌卌卌卌卌卌卌I	36
D. 边缘粗糙	卌II	7
		总计 50

第2步： 排列图

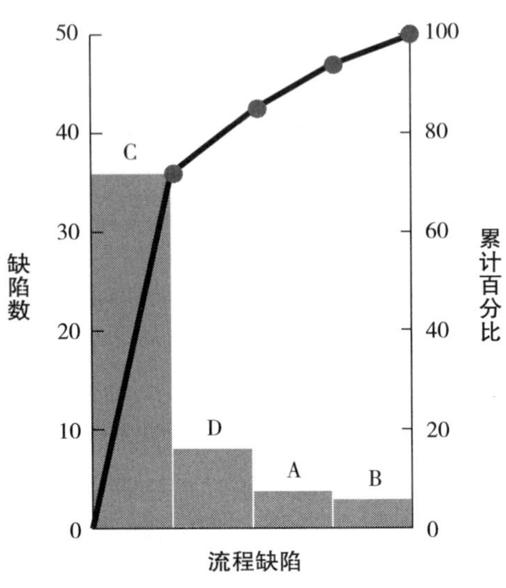

第3步： 因果图

物料
不符合规格
不可用
人员
培训
缺勤
沟通
破损的纤维板
潮湿
计划变更
其他
机器维护
机器速度
错误的设置
流程

第4步： 柱状图

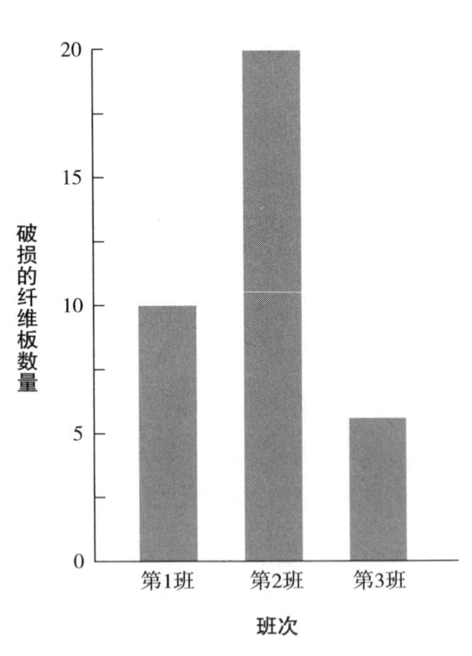

图 4.13
质量改进工具的应用

解

在图 4.13 中依次使用了几种质量改进工具。

第 1 步：根据上个月的生产记录构造不同类型流程缺陷的检查表。

第 2 步：根据检查表数据画出排列图，指出破损的纤维板占流程缺陷的 72%。

第 3 步：破损纤维板的因果图确定了问题的几个可能原因。其中管理者认为最可能的原因是员工培训问题。

第 4 步：管理人员根据班次将生产记录重新排列成柱状图，因为三个班次人员的经验不同。

决策重点

柱状图说明，经验最少的第二班工人产生的流程缺陷最多。进一步调查揭示，工人在压合操作后没有按照正确的程序堆放纤维板，这引起纤维板破碎。管理人员开设了重点讲解纤维板搬运的培训课程。虽然第二班工人不对所有的流程缺陷负责，但找出许多缺陷的源头，可以使管理者改进运营绩效。

让了解流程的一群人通过说出所能想到的任何想法来提出设想，这种**头脑风暴**（brainstorming）也可以激发创造性。一名辅助人员在活动挂图板上记下这群人的想法，以便所有人都能够看到。不鼓励参与者去评价头脑风暴会议所产生的任何想法。其目的就是要鼓励创造性，并得到尽可能多的想法，不论这些想法看起来是多么不着边际。头脑风暴会议的参与者并不局限于设计小组，也可包括其他人员，只要他们曾经看到过或听说过流程说明。越来越多的大公司，诸如永明金融集团（Sun Life Financial）和乔治亚太平洋公司，都在利用互联网和专门设计的软件来召开头脑风暴会议，让不在现场的人线上“会面”，并提出特定问题的解决方案。这种方法可以让员工了解并借鉴他人的想法，从而使一个不成熟的设想发展成一个可行方案。

在头脑风暴会议结束后，设计小组转向“实现”阶段：评估不同的设想。设计小组找出能为流程再设计带来最好回报的变革方案。流程的再设计可能包含能力、布局、技术，甚至是选址问题，所有这些问题都将在后续章节中做更详细的论述。

对重新设计的流程要再次进行说明，此时看作对流程的“事后”观察。对预期回报以及可能的风险要认真估计。涉及投资的变化，必须考虑资金的时间价值。在评估新设计时，还必须考虑对人（技能、变化程度、培训要求、变革的阻力）的影响。

管理实践 4.1 说明，浸信会纪念医院如何分析其流程，在不增加任何新资源的情况下解决医院的患者接纳能力问题，同时提高患者满意度。

标杆法

在流程再设计中，标杆法可以作为另一种有价值的方法。**标杆法**（benchmarking）是参照行业领导者的指标对企业的流程、服务以及产品进行测评的一种系统化方法。企业使用标杆法的目的旨在更好地了解杰出企业的行事方式，以便改进自己的流程。

标杆法的重点是建立量化的改进目标。竞争性标杆法是直接与行业竞争者进行比较。职能性标杆法则在行政管理、顾客服务以及销售运营这些领域与所有行业的杰出企业的指标进行比较。例如，施乐公司将其分销职能以 L. L. Bean 公司为标杆，因为后者是在分销效率和顾客服务方面领先的著名零售商。

内部标杆法用有出色绩效的组织单位作为其他单位的标杆。这种形式的标杆法对具有几个业务单位或事业部的企业是有利的。所有形式的标杆法只有在追求持续改进的长期计划下才能得到最好应用。

标杆法中常用的指标包括单位成本、每位顾客的服务中断、每单位加工处理时间、顾客保留率、单位收益、投资回报率以及顾客满意度水平。

管理实践 4.1 浸信会纪念医院

位于孟菲斯市的浸信会纪念医院（Baptist Memorial Hospital）是一家拥有 760 张床位的第三保健医院。医院存在患者接纳容量不足的问题，床位使用率一般都在 90% 以上。但是，该医院通过流程改进而不是增加员工或床位的数量，有效地解决了这一问题。管理人员、护士和医生对床位实行集中分配，并增加了一个新床位跟踪系统来提供实时的床位信息。然后，他们将重点放在急诊部（ED）的流程改进上。对外开放了快速入院部（EAU），EAU 是一个有 21 张床位的处理直接住院和急诊住院的专用区域，以此减轻繁忙科室护士耗时活动的负担。改进后的流程有较低的多样性和较多的线性流向。然后他们开始在小范围内试验流程改进的设想，通过流程改变来改进流程，当获得成功后再向其他范围推广。他们先把急诊部的报告传真给接收单位；在高峰期调入更多的护士；当急诊部满负荷运转时，从分诊时就开始化验和 X 光诊断程序；当有空床位时，直接将患者带到病房，在床边做住院登记；同时细分急诊部的紧急护理人员。

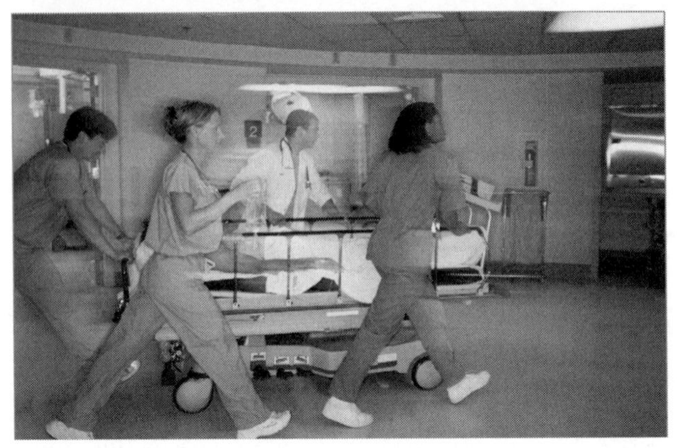

田纳西州孟菲斯市的浸信会纪念医院每天至少召开三次短会，以寻求流程改进的方法。会议召集了医院的病房主管、总务部主管和主要责任护士。该医院的流程有了非常显著的改进。2011 年，该医院在全美急诊诊疗中排名前 5%。

重新设计后的流程减少了患者的延误时间。即使在急诊部患者增加的情况下，整个急诊部的周转时间缩短了 9%，住院时间减少了 2 天，相当于增加了 12 张重症护理病床。死亡率下降了，接纳患者的数量增加了 20%，患者满意度也有了很大的提高。一个最初看起来是接纳容量的问题，却在没有增加人员和床位的情况下得到了解决——是有效的流程再设计解决了这一问题。

资料来源：Suzanne S. Horton, "Increasing Capacity While Improving the Bottom Line," *Frontiers of Health Services Management*, vol. 20, no. 4 (Summer 2004), pp. 17–23; Richard S. Zimmerman, "Hospital Capacity, Productivity, and Patient Safety—It All Flows Together," *Frontiers of Health Services Management*, vol. 20, no. 4 (Summer 2004), pp. 33–38.

标杆法由四个基本步骤组成：

第 1 步 规划。确定需要使用标杆法的流程、服务或产品，以及用于比较的企业；确定用于分析的绩效指标；收集数据。

第 2 步 分析。明确企业当前绩效与标杆企业绩效之间的差距；找出造成重大绩效差距的原因。

第 3 步 整合。建立目标并得到管理者支持，因为管理者必须提供实现目标所需的资源。

第 4 步 行动。受变革影响最大的部门建立跨职能小组；制订行动计划并明确小组分工；实施计划；监测进展情况；在得到改进后重新设立标杆值。

有时，收集标杆数据可能就是一个挑战。收集内部标杆数据肯定是最方便的。有一种标杆法总是可行的——在一段时间内跟踪流程绩效。职能性标杆数据通常由专业的协会或咨询公司收集。有一些企业和政府组织愿意共享和标准化绩效标杆数

Omgeo 是一家在金融服务企业之间进行交易结算的幕后企业。过去，一宗典型交易的流程涉及大量忙乱的传真、电传和电话，其一条的交易成本从 10—12 美元不等。现在，每条交易的成本只有 20 美分到 1 美元——投资经理们基本上免费获得了这项服务。一个关键变化是利用了互联网和新信息技术解决方案。全部信息都被输入中心数据库，经纪人、投资经理和托管银行都可以实时访问，可自动比较交易细节来消除差错。

据。美国生产力与质量中心（American Productivity and Quality Center）是一家非营利组织，它建立了如图 4.14 所示的数以千计的指标。完整的指标体系可以从网上获得。还有一些指标数据来源于供应链委员会（Supply Chain Council），该委员会在其供应链运营参考（Supply-Chain Operations Reference, SCOR）模型中定义了关键指标（参见第 12 章，“供应链整合”）。

流程管理和实施

流程管理的失败就是企业管理的失败。实施一次漂亮的流程再造只是持续监控并改进流程的起点。必须不断地对目标指标体系进行评估，并随着需求的变化而重新设置目标指标体系。在流程管理中必须避免以下七种错误：[2]

1. *没有与战略问题相联系。*在流程分析中是否特别关注核心流程、竞争优先级、顾客接触与批量的影响，以及战略适应性？
2. *没有以恰当的方式包含恰当的人员。*流程分析与执行流程的人员紧密相关，还是与流程密切联系的那些内部客户和供应商紧密相关？
3. *没有给设计小组和流程分析人员明确的授权，却让他们承担责任。*管理层是否对变革设立了预期并为了取得成果而持续施压？是否因要求过多的分析而允许流程改进停止？
4. *除非进行了根本性的“再造”，否则就不满意。*是否期望从流程再造中得到彻底的变革？如果是，就会损失由许多小的增量改进所产生的累积的效果。尽管会有工作的削减或结构的改变，但流程管理不应局限于缩小规模或重组。虽然会经常出现技术变革，但是流程管理也不应仅局限于大的技术创新项目。

2 Geary A. Rummler and Alan P. Brache, *Improving Performance*, 2nd ed. (San Francisco: Jossey-Bass, 1995), pp. 126–133.

图 4.14
根据流程类型划分的解释性标杆指标

客户关系流程

- 每1 000美元收入中“接受订单、处理订单和跟踪订单”的总成本
- 每处理10万美元收入的系统成本
- 由于缺货，未能履行销售订单项的价值，以收入的百分比表示
- 退货的成品销售价值百分比
- 从收到销售订单到生产部门或者物流部门得到通知的平均时间
- 每个销售订单项与顾客直接接触的平均时间
- 产品运输所消耗的能源
- 产品移动总距离
- 温室气体排放量

订单履行流程

- 每名员工的工厂发货价值
- 成品库存周转率
- 以处理订单总数的百分比表示的订单拒绝率
- 由于质量问题被客户退货的订单百分比
- 从接受订单到发货之间的标准客户提前期
- 准时发货的订单百分比
- 非再生能源的使用量
- 有毒材料用量
- 安全健康的工作环境

新服务/新产品开发流程

- 去年推出的新服务/新产品的销售额百分比
- 每1 000美元收入中“创造新服务/新产品”流程的成本
- 进入该流程的项目数与完成该流程的项目数的比值
- 现有服务/产品改进项目进入市场所用时间
- 新服务/新产品项目进入市场所用时间
- 现有服务/产品改进项目获得盈利所用时间

供应商关系流程

- 每1 000美元收入中“选择供应商和签定/维护合同”的成本
- 每采购1 000美元物品的员工人数
- 用电子方式批准的采购订单百分比
- 提交一份采购订单所用的平均时间
- 每采购1 000美元物品的活跃供应商总数
- 从经过认证的供应商处采购物料的百分比
- 供应商的生产流程中使用有毒化工材料的数量
- 原材料和零部件运输所消耗的能源
- 原材料和零部件移动的总距离
- 温室气体排放量
- 在生产流程中使用有毒化工材料的供应商数量
- 供应商使用童工的百分比

支持流程

- 每1 000美元收入中财务职能的系统成本
- 专门从事内部审计的财务人员百分比
- 每1 000美元收入中制作工资单的总成本
- 所接受的岗位数量与所提供岗位数的百分比
- 每1 000美元收入中“寻找、招聘和遴选”流程的总成本
- 员工平均离职率

5. 没有考虑对人的影响。这些变革是否与必须执行再设计流程的人的态度或技能相一致？了解和处理好流程变革中人员方面的问题是十分关键的。
6. 没有关注实施问题。是否存在流程已经重新设计但从未实施过？如果所提议的变革没有实施，绘制流程图和采用标杆法所做的大量工作就仅仅只有学术意义。实施变革需要合理的项目管理实践。

7. 没有为流程的持续改进打好基础。是否有一套测量机制，监测一段时间的关键指标？是否有人检查重新设计的流程的预期收益得以实现？

管理者必须确保其组织在流程改进的持续研究中发现新的绩效差距。流程的再设计必须成为定期检查甚至是年度计划的一部分。衡量绩效是下一章的重点。下一章将论述绩效跟踪机制是如何成为反馈和改进基础的。学习型组织的本质就是合理利用这些反馈。

学习目标回顾

1. **解释流程分析的系统化方法。**"系统化方法"一节中给出了流程分析的 6 个步骤。重点掌握图 4.1，了解这 6 个步骤的顺序。
2. **定义流程图、泳道流程图、服务蓝图以及工序图。**"流程说明"一节解释了这三种流程的说明和评估方法。可以用多个流程图来处理嵌套流程。服务蓝图中显示了可见度界线，说明流程中的哪些部分是顾客可见的。
3. **描述各种工作测量方法。**在"工作测量方法"这一节，对时间研究法、标准要素数据法、给定数据法、工作抽样法以及学习曲线分析法进行了简要叙述。
4. **确定流程评估的指标体系。**"绩效评估"一节对各种绩效指标进行了定义。图 4.9 把它们展现出来，并与第二编中其余章节对应。
5. **描述排列图、因果图以及流程仿真。**在"数据分析工具"一节中描述的这些方法，可以帮助你理解产生绩效差距的原因。流程仿真是一种更先进的工具。
6. **运用标杆法创建更好的流程。**"标杆法"，无论是职能性标杆、内部标杆，还是竞争性标杆，都是参照其他领域衡量企业的流程或产品的一种系统化程序方法。图 4.14 提供了一套可供使用的指标体系，可根据所要评价的流程选用。
7. **确定有效流程管理的关键因素。**"流程管理和实施"一节指出了可能出现的 7 种错误。必须不断地对流程改进进行研究。

关键术语

流程分析	标准要素数据	柱状图
建议机制	给定数据法	排列图
设计小组	工作抽样	散点图
指标体系	学习曲线	因果图
流程图	工序图	图表
泳道流程图	检查表	流程仿真
服务蓝图	流程缺陷	头脑风暴
时间研究	直方图	标杆法

问题求解 1

为零售连锁店（专门销售书籍和音乐 CD）如下的电话订货流程画流程图。除了常规的门店销售外，这一流程给对时间敏感的顾客提供了电话订货系统。

首先，系统自动向顾客表示问候，并识别顾客所用电话是音频式的还是脉冲式的。顾客如果使用音频电话则选择 1；否则，等待第 1 个服务代表来处理他们的请求。如果顾客用的是音频电话，就可通过电话进行选择而完成请求。首先，系统检查顾客是否已有账号。顾客如果已有现成账号就选择 1；如果想开设一个新账户，则选择 2。如果选择 2，则等待服务代表来开设新账户。

下一步，顾客在以下三种操作中选择一种：下订单；取消订单；向客户代表提问或投诉。

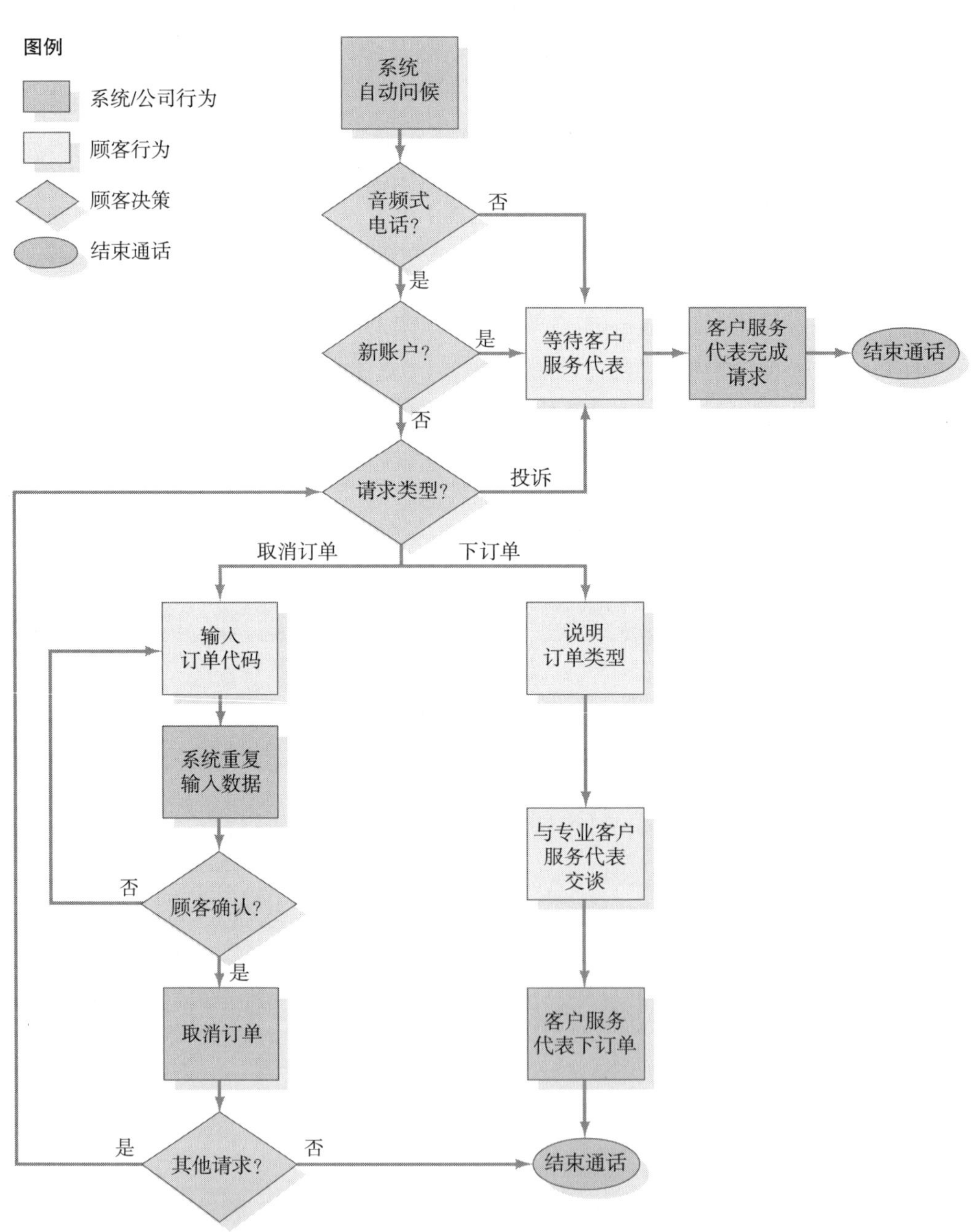

图 4.15
电话订货系统流程图

如果顾客选择下订单，就要说明订单的类型是书籍还是音乐 CD，接着专门负责书籍或音乐 CD 的客户代表就会接电话，记录订单的细节。如果顾客选择取消订单，就要等待自动回应。顾客通过电话键输入订单代码，就可以取消订单。自动系统报出所订物品的名称，并要求顾客予以确认。如果顾客确认订单取消有效，则系统将订单取消；否则，系统要求顾客再次输入订单代码。在对顾客的请求做出响应后，系统询问顾客是否还有其他请求，如果没有，则流程结束。

解

图 4.15 给出了该系统的流程图。

问题求解 2

汽车服务站很难像其广告所说的那样，在 29 分钟内更换好机油。你打算分析更换汽车发动机机油的流程。研究对象是服务机械师。流程在机械师引导顾客到达时开始，到顾客支付服务费用后结束。

解

图 4.16 给出了完整的工序图。流程被分解为 21 个步骤。时间和行走距离的汇总结果示

图 4.16 更换发动机机油的工序图

流程：	更换发动机机油
对象：	机械师
开始：	引导顾客到达
结束：	计算费用，收取付款

插入步骤

添加步骤

删除步骤

汇总

活动		步骤数量	时间（分钟）	距离（英尺）
操作	●	7	16.50	
搬运	➡	8	5.50	420
检验	■	4	5.00	
延迟	◗	1	0.70	
贮存	▼	1	0.30	

步骤编号	时间（分钟）	距离（英尺）	●	➡	■	◗	▼	步骤描述
1	0.80	50.0		X				引导顾客到达服务区
2	1.80		X					记录姓名及所要求的服务
3	2.30				X			打开发动机罩，核实发动机类型，检查软管，检查液体
4	0.80	30.0		X				走向等待区的顾客
5	0.60		X					提出其他服务建议
6	0.70					X		等候顾客决策
7	0.90	70.0		X				走到仓库
8	1.90		X					查看过滤器型号，找到过滤器
9	0.40				X			核对过滤器型号
10	0.60	50.0		X				将过滤器拿到修车地沟
11	4.20		X					完成车底部服务
12	0.70	40.0		X				从地沟中爬出，走向汽车
13	2.70		X					给发动机加油，启动发动机
14	1.30				X			检查漏油情况
15	0.50	40.0		X				走向修车地沟
16	1.00				X			检查漏油情况
17	3.00		X					清洁和整理工作区
18	0.70	80.0		X				回到车上，从修理区开出
19	0.30						X	停车
20	0.50	60.0		X				走到顾客等候区
21	2.30		X					计算费用，收取付款

于工序图的右上方。

流程累计的总时间为 28 分钟，如果要满足承诺的 29 分钟，就不允许出现任何差错，机械师总共行走了 420 英尺。

问题求解 3

对图 4.16 所示的流程，你可以做出什么样的改进？

解

你的分析应该验证以下三种改进设想，也可以提出其他设想。

a. **将第 17 步移至第 21 步**。机械师打扫工作场地时，顾客不必在此等待。

b. **在修车地沟中存储少量常用的过滤器**。第 7 步和第 10 步涉及在候车地沟与仓库之间往返行走。如果将过滤器移到地沟处，参考资料也应放在地沟内。地沟应该布置好，并有良好的照明。

c. **用两名机械师**。第 10、12、15 和 17 步涉及在地沟上下来回移动，其中许多移动可以取消。当一名机械师在地沟中工作的同时，由另一名机械师在汽车前盖下工作，可缩短服务时间。

问题求解 4

Vera Johnson and Merris Williams 公司生产面霜。他们的包装流程有 4 个步骤：(1) 混合；(2) 装填；(3) 封盖；以及 (4) 贴标签。他们请人将上报的流程缺陷进行了分析，如下表所示。

流程缺陷		频次
混合不匀的块团		7
瓶子装得太满或未装满		18
瓶盖未密封		6
标签有褶皱或缺失		29
	总计	60

画出排列图来识别关键缺陷。

解

有缺陷的标签占到缺陷总数的 48.33%：

$$\frac{29}{60} \times 100\% = 48.33\%$$

装瓶不合格占缺陷总数的 30%：

$$\frac{18}{60} \times 100\% = 30.00\%$$

以上两种最常出现的缺陷累计的百分比为

$$48.33\% + 30.00\% = 78.33\%$$

块团占缺陷的 $\frac{7}{60} \times 100\% = 11.67\%$，三项累计百分比为

$$78.33\% + 11.67\% = 90.00\%$$

有缺陷的封口占缺陷的 $\frac{6}{60} \times 100\% = 10\%$，四项累计百分比为

$$10\% + 90\% = 100.00\%$$

与之对应的排列图见图 4.17。

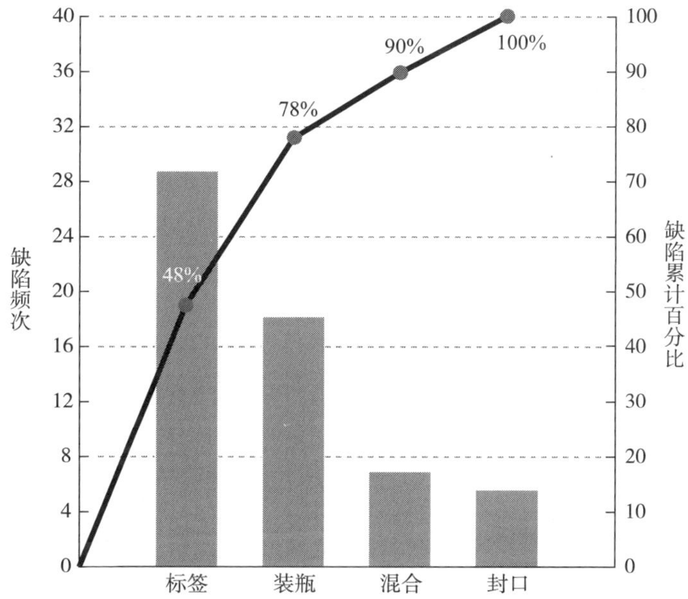

图 4.17
排列图

讨论题

1. 持续改进的理论基础在于，许多小的改进累积起来可形成巨大收益。那么持续改进能否使处于行业底层的公司变成行业中最好的公司？请解释。
2. 水电公司（The Hydro-Electric Company，HEC）有三种电力来源。第一是通过在河流上筑坝产生少量的水电；第二种电力来源是燃煤，其排放物会引起酸雨并引起全球变暖；第三种电力来源是核裂变。HEC 的火力发电厂使用过时的污染控制技术，更新这种技术需要几亿美元的投资。环保主义者督促 HEC 迅速改进环保技术，从使用清洁燃料和技术的供应商处购买电力。

   但是，HEC 正在经历销售额下滑，造成了投资几十亿美元的设备闲置。它的大客户从低成本供应商处购买电力（法律允许）。HEC 必须通过向余下的客户提高收费来弥补过剩产能的固定成本，否则就要面临破产。提高收费就会刺激更多客户去寻找低成本供应商，这是 HEC 恶性循环的开始。为防止进一步提价，HEC 实施了一项成本削减计划，并将更新污染控制技术的计划搁置起来。

   形成持不同观点的各方，讨论与 HEC 的战略有关的道德伦理、环境和政治问题以及其中的利弊权衡。
3. 美国前财政部长保罗·奥尼尔估计，美国人一年花在保健上的两万亿美元中，大概有一半是不必要的浪费。用头脑风暴法找出解决下述问题的 10 种大胆设想。
   a. 一家有代表性的零售药店花 20% 的时间，不停地轮番给医生打电话，试图弄清楚给定处方的意思。
   b. 当负责填写处方的人确定了他们认为应该做什么之后，在填写处方时仍然有可能出错。例如，在早产儿的重症监护室使用成人剂量（而不是一个早产儿的剂量）的抗凝剂是会致命的。
   c. 医院对药品是成批发送的。例如，在星期一、星期三和星期五装车。星期一会有大量的药品被送回来，因为这些药品在从星期五到星期一的这段时间内没有被病房消耗掉，其原因可能是患者情况发生变化，或者医生决定采用不同的治疗手段。由药剂师利用一天中

剩下的时间将这些送回的药品重新放在药品架上，将星期五早晨配制好的静脉注射用品中的 40% 倒入下水道。

d. 对药品的管理有时不是按照预定的计划进行的，因为护士正忙于别的事情。

e. 对急症诊疗医院的每张病床来说，在一年中总会有人从床上掉下来。大多数的坠落发生在晚上 11 点到清晨 6 点之间。有时会发生骨折，导致无法动弹，然后患上肺炎。

f. 每 14 个进入美国医院的人中就有 1 人会传染入院之前没有的疾病。

练习题

1. 考虑第 3 章“流程策略”结尾的定制模具公司的案例。绘制模具制造和零件制造流程的流程图，说明这两部分流程之间的联系。
2. 用自己设计的、与 OM Explorer 工序图求解软件不同的工序图表格，再做一次问题求解 1 的题目。其中包括一列或多列，记录你认为相关的信息或指标值，这些信息可能包括：外部顾客接触、时间延迟、完成时间、返工百分比、成本、能力或需求率。即使在案例中只有一部分信息是可利用的，你设计的表格栏中仍会显示出你想要收集的信息。
3. 成立于 1970 年的 ABC 公司是世界上最大的保险公司之一。它在世界上 28 个国家都有运营机构。根据以下描述，就像在 1970 年成立时那样，画出制订新保险条款的流程图。

   需要制订新保险条款的每个顾客，将访问 ABC 公司 70 个分支机构中的一个，或与一名代理人取得联系。然后，他们会填写一份申请表，有时还会附上一张支票。分支机构通过公司邮件将申请表寄往位于伦敦的 XYZ 部。此外，顾客也可以在家填写申请表，并将其寄往任何一家分支机构，这些机构再将申请转发到伦敦。收到申请表后，XYZ 部对申请表的各个部分进行分解、扫描和数字化。然后从一台服务器中读取电子图像，并将其传送到一名员工的台式客户机上，该员工负责将表格中的信息录入相应的数据库中。如果申请表中所提供的信息是完整的，就会自动打印出确认通知书，并寄给顾客。如果表中的信息不完整，就会由另一名员工——经过与顾客电话沟通的培训——给顾客打电话获取其他信息。如果顾客注意到收到的确认通知书中有错误，就通过拨打免费电话或邮寄的方式来说明情况。顾客问题处理部对这一阶段出现的问题进行处理。经过修改的确认通知书被再次寄给顾客。如果信息正确，则申请过程结束。
4. 用自己设计的、与 OM Explorer 工序图求解软件不同的工序图表格，再做一次问题求解 3 的题目。其中要包括一列或多列，记录你认为在流程分析时应该收集的信息或指标值（参见练习题 2）。
5. 针对下面描述的 DEF 公司现场服务部的流程，绘制一张流程图。从接电话开始，到一名技师完成作业为止。

   DEF 公司是一家年产值几十亿美元的公司，生产和销售用于工程和医疗系统的各种电子设备、摄影设备和复印设备。现场服务部雇了 475 名现场服务技师，对 DEF 公司所销售的设备进行维护和保修。客户会给 DEF 公司的全国服务中心（National Service Center，NSC）打电话，该中心每天大约接到 3 000 个电话。NSC 在呼叫中心配备了 40 名电话接线员。一般由 NSC 接收打进来的电话，并转接到一名接线员，该接线员将有关机器的信息、打电话人的姓名以及问题的类别录入到 DEF 公司的主机。在有些情况下，电话接线员试图帮助客户解决问题。但是，电话接线员目前只能解决紧急维修服务电话中 10% 的问题。如果接线员不能解决电话中的问题，通常就会对客户这样说：“鉴于可利用的服务技师的情况，从现在起的 2X（“X”是在设备型号代码和区域基础上确定的目标响应时间）时间内，技师会上门服务。”给客户提供这一信息，是因为许多客户希望知道技师什么时候能够到达现场。

   电话接线员将服务呼叫信息录入 DEF 公司的计算机系统，系统再将该信息转发到客户所在地的区域派遣中心（DEF 公司有四个区域派遣中心，共有约 20 名调度员）。派遣中心将服务呼叫信息打印在一张小卡片上。每隔一小时，从打印机上撕下卡片，交给专门负责顾客所在地的调度员。根据需要维修的机器所在位置、技师当前的位置以及技师的培训情况，调度员将每张卡片放在技师名字下方的磁板上，该技师是调度员认为最适合电话中所要求服务的技师。在接完服务电话后，技师给区域派遣中心的调度员打电话，处理完后，再接调度员指派的新的电话。在接到调度员的电话通知后，技师通过电话告知客户预计的到达时间，驱车到达客户所在地，诊断问题，如果修理车中有可用的零件，就对机器进行修理，然后给调度员打电话，接受下一个服务任务。如果技师没有合适的修理零件，技师就会通知 NSC，零件会通过快递送给客户，第二天早晨再进行修理。

6. Big Bob's Burger Barn 想用图形的方式描绘订午餐的顾客与其 3 名员工的交流情况。顾客进入餐馆就餐，而不是开车经过并在车内用餐。利用下面简要的流程描述，画出服务蓝图。

   负责油炸的员工：从柜台员工处接收顾客订单，取出未烹制的食物，将食物放入炸锅，将烹制好的食物放入特殊包装内，将包好的食物放到柜台上。

   负责烧烤的员工：从柜台员工处接收顾客订单，取出未烹制的食物，将食物放到烧烤架上，用要求的调味品制作汉堡，将汉堡交给柜台员工。

   柜台员工：从顾客处接收订单，将订单分别传送给负责油炸的员工和负责烧烤的员工，收款，取饮料，包汉堡，打包，将所订的食物交给顾客。

7. 在 11 月份的全民公投活动中你的班级担任志愿者工作，该活动提倡对除"运营管理"之外的所有大学课程免除学费和书本费。全民公投的声援活动包括在秋天的一个周六安装 1 万码长的标语（事先印在防水纸上，用胶水粘贴或钉书钉钉在木柱子上的标语）。画出标语安装的流程图和工序图。其中涉及哪些物料、人力和设备投入？请估算需要的志愿者、钉书钉、胶水、设备、草坪和车库空间以及比萨饼的数量。

8. 假设你负责向学校的校友寄送大批邮件，邀请他们为奖学金基金捐款。在信件和信封上已经分别印上了地址和姓名（未使用邮寄标签）。要对信件进行处理（与正确的信封相对应，估计每封信需要 0.2 分钟）、折叠（每封 0.12 分钟）并塞进信封（每封 0.1 分钟）。然后封信（每封 0.05 分钟），并在右上角盖一个大的纪念邮戳（每封 0.1 分钟）。

   a. 假设这是由一个人操作的，绘制这一活动的工序图。
   b. 估算 2 000 个信封的塞信、封口和盖戳要花多少时间。假定每小时付给从事这项工作的人 8 美元，处理 2 000 封信的成本是多少？
   c. 分别考虑以下几种流程变化，哪种变化会减少当前流程的时间和成本？
      - 每一封信用"亲爱的校友"这一相同的问候语来代替收件人姓名。
      - 使用邮寄标签并贴在信封上（每封 0.1 分钟）。
      - 使用预先盖戳的信封。
      - 用邮资计算器给信封盖戳，每分钟可盖 200 个信封。
      - 使用带窗口的信封。
      - 给每一位捐款人，准备一个事先印好地址的信封（在装信封环节，每封增加 0.05 分钟）。
   d. 以上哪一种变化会降低邮寄的有效性？如果有，是哪一个？为什么？
   e. 使时间和成本增加的变化是否有可能提高邮寄的有效性？为什么？

9. 两个位于路口拐角处的自助加油站的示意图分别如图 4.18（a）和图 4.18（b）所示。两个加油站都有四台一排的两排加油泵和一个服务员收费的小亭子。两个加油站都不需要顾客事先付费。出口和入口都在图中标出。请分析通过每个加油站的汽车和人员流向。

   a. 从顾客的角度考虑哪一个加油站流向的效率更高？

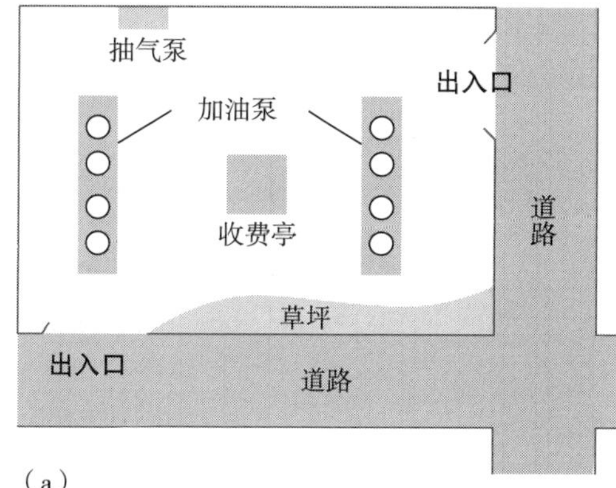

（a）

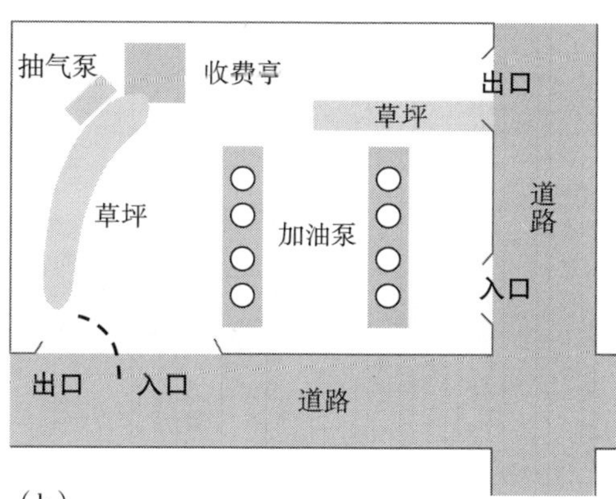

（b）

图 4.18　两个自助加油站

b. 哪一个加油站可能因为前面有另一方向的车辆而无法到达加油泵，从而损失潜在的顾客？

c. 在哪一个加油站顾客不用下车就可以付款？

10. Just Like Home 餐馆的管理者要求你分析餐馆的一些流程。其中一个流程是制作一勺量的蛋筒冰淇淋。蛋筒冰淇淋可以由服务员订购（餐桌服务），也可以由顾客订购（外卖）。

图 4.19 给出了这一操作过程的工序图。

- 冰淇淋柜台的服务员每小时收入为 10 美元（含可变的附加福利）。
- 流程每小时（平均）执行 10 次。
- 餐馆每年营业 365 天，每天 10 小时。

a. 完成工序图（右上部）的汇总部分。

b. 与该流程有关的劳动力总成本是多少？

c. 如何使这一操作效率更高？用 OM Explorer 的工序图求解软件画出改进后的工序图。如果实施新的流程，每年在劳动力成本上的节省额是多少？

11. 作为研究生助教，你的职责是给“运营管理”课程的家庭作业评分并做记录。每学期 40 名学生上 5 次课。有少量的研究生参加第 3 次和第 4 次课的学习。研究生每次作业必须完成一些额外的工作才能达到更高的标准。在每周二，每名学生直接将一次家庭作业递交(或应该递交）到你的办公室，或塞到你办公室门下。你的工作是批改家庭作业，记录成绩，先按照课次将作业分组，再根据学生姓氏的字母顺序排列，然后将家庭作业返还给特定的教师（不一定要按上述顺序进行）。还有一些复杂情况，绝大多数的学生清楚地签上他们的名字，还有一些学生通过正确的身份代码识别作业，但也有少数学生在作业上既不写名字，也不写身份代码。有极少的学生通过他们的课程编号或学位状态来识别。请列出工序图步骤的清单，并按照效率高低的顺序排列。

12. 在机动车部（Department of Motor Vehicles，DMV），获得汽车牌照的过程从进入大厅并得到一个号码开始。你要步行 50 英尺到达等待区。在等待的过程中，你算了一下有大约 30 名顾客在等待服务。你注意到许多顾客失去信心并且离开。当叫到一个号码时，如果有顾客站起来，就由一名穿制服的人员对号票进行查验，顾客被引导到一个空闲的办事员处。当没有顾客站起来时，重复叫号会浪费几分钟时间。最终，会叫到下

图 4.19
蛋筒冰淇淋制作工序图

流程：制作一支蛋筒冰淇淋
对象：柜台服务员
开始：走到蛋筒存放区
结束：将蛋筒冰淇淋交给服务员或顾客

插入步骤
添加步骤
删除步骤

汇总

活动		步骤数量	时间（分钟）	距离（英尺）
操作	●			
搬运	➡			
检验	■			
延迟	◗			
贮存	▼			

步骤编号	时间（分钟）	距离（英尺）	●	➡	■	◗	▼	步骤描述
1	0.20	5.0		X				走到蛋筒存放区
2	0.05		X					取下空蛋筒
3	0.10	5.0		X				走到柜台
4	0.05		X					将蛋筒放到支架上
5	0.20	8.0		X				走到洗涤区
6	0.50					X		要求洗碗工清洗勺子
7	0.15	8.0		X				拿着干净勺子回到柜台
8	0.05		X					拿起空蛋筒
9	0.10	2.5		X				走向预订口味的冰淇淋处
10	0.75		X					用勺子从容器中舀冰淇淋
11	0.75		X					将冰淇淋装入蛋筒
12	0.25				X			检查稳定性
13	0.05	2.5		X				走到下单区
14	0.05		X					将蛋筒冰淇淋交给服务员或顾客

一个号码，而且经常出现的情况是下一个顾客也离开了。DMV 的办事员已空闲了几分钟，但他看起来并不在意。

过了 4 小时之后，你的号码才被叫到，并由穿制服的人检查。你步行 60 英尺到办事员处，用 4 分钟的时间完成了城市销售税的交纳过程。办事员将你引到 80 英尺以外的交纳州个人财产税的等待区。你取了另一张号票，并与另一些刚刚更换了牌照的顾客坐在一起。这次等了 1 小时 40 分钟，步行了 25 英尺之后用 2 分钟完成了财产税的交纳过程。既然已付了税款，就可以交纳注册费和牌照费了。这个部门在 50 英尺以外员工自助餐厅的另一边。

交纳注册费和牌照费的顾客按照交纳个人财产税时的号码顺序叫号，这里只花了 10 分钟等待，用 3 分钟交费。你得到了牌照，并用 1 分钟的时间痛骂了办事员，在整整 6 个小时以后离开了 DMV。

用 OM Explorer 的工序图求解软件画出工序图来说明这一流程，并提出改进建议。

13. 参考问题求解 2 中的更换汽车机油的工序图，根据以下条件计算年劳动力成本：
- 机械师每小时收入是 40 美元（包括可变的附加福利）。
- 流程每小时（平均）执行两次。
- 服务站每年营业 300 天，每天 10 小时。

a. 与该流程有关的劳动力总成本是多少？

b. 如果去掉第 7、10、12 和 15 步，估算实施新流程后劳动力成本的年节省额。

14. 对一名安装阀门的员工进行时间研究，得到了以下观测值。在额定系数为 95%，冗余时间为总正常时间 20% 的条件下，标准时间是多少？

平均时间（秒）	观察次数
15	14
20	12
25	15

15. 对一个流程做初步的时间研究得到以下结果（以分钟为单位）。根据到目前为止所得的数据，假定冗余时间为正常时间的 20%，基于这些初步样本，你估计为每名顾客服务的时间是多少？

要素	额定系数	观察值 1	观察值 2	观察值 3	观察值 4	观察值 5
要素 1	70	4	3	5	4	3
要素 2	110	8	10	9	11	10
要素 3	90	6	8	7	7	6

16. 做一次工作抽样研究来确定一名工人空闲时间的比例。随机获取了以下数据：

日期	工人空闲次数	观察总次数
周一	17	44
周二	18	56
周三	14	48
周四	16	60

a. 根据这些初步结果，工人工作时间的百分比是多少？

b. 如果认为空闲时间过多，为找出根本原因，你会在随后的工作抽样中增加哪些内容？

17. 一个承包商正准备为与住宅配套的游泳池项目投标。修建第一座游泳池的时间估计值是 35 小时。该承包商估计学习率为 85%。不要使用计算机：

a. 估计修建第 2 座游泳池的时间是多少？

b. 估计修建第 4 座游泳池的时间是多少？

18. 回到练习题 18。利用 OM Explorer 的学习曲线求解软件，估计修建第 5 座游泳池的时间是多少？估计修建全部 5 座游泳池的总时间是多少？

19. Perrotti's 比萨店的经理收集有关顾客投诉比萨饼送货的数据。投诉包括比萨送货延迟或者送错比萨。

问题	次数
配料粘到了盒盖上	17
比萨送货延迟	35
弄错比萨配料	9
饼皮的风味弄错	6
尺寸弄错	4
比萨饼被吃掉一部分	3
比萨饼没送到	6

a. 使用排列图来识别送货的“关键少数”问题。对这些问题可能的根本原因做评论，确定任何突出的质量缺陷。

b. Perrotti's 比萨店的经理试图了解比萨饼送货延迟的根本原因，并要求每名司机记录造成延迟的具体困难。一个星期之后，记录中包括以下内容：

送货车出现故障；无法穿过城镇及时进行下一次送货；无法将 4 个比萨及时送给 4 名不同的顾客；厨房在制作所订比萨时延迟；迷路；订单小票在制作比萨的过程中丢失；无法识别小票上的地址导致送错地方。

对这些原因进行整理，画出因果图。

20. SST（Smith, Schroeder, and Torn）公司是一家短途家具搬运公司。公司的劳动力是从当地社区大学的足球队中挑选的，都是兼职的临时工。SST 公司正在考虑最近收到的投诉，投诉情况如下列计数表所示。

投诉	计数
打碎玻璃	卌 卌 |||
送错地址	卌 ||||
家具在卡车上相互摩擦	卌 卌 卌 卌
送货迟	卌
取货晚	卌 卌 卌 |||
丢失物品	卌 卌 卌 卌 卌	
野蛮搬运导致的刮痕和擦痕	卌 卌
弄脏室内装潢	卌 |||

a. 用 OM Explorer 画出柱状图和排列图，来确定最严重的搬运问题。

b. SST 公司的经理试图了解引起投诉的根本原因。他列出了以下在送货过程中出现问题的清单：

卡车出现故障；包装箱用完了；在一天中多次送货导致车辆晚点；没有家具衬垫；员工丢失了几件物品；司机迷路找不到地址；卡车的跳板弯曲；没有包装胶带；新员工不知道怎样包装；推车轮子破损，员工上班迟到。

对这些原因进行整理，画出因果图。

21. Golden Valley 银行信用管理部经理 Rick DeNeefe 最近注意到，一家重要的竞争对手在其广告中声称，资产抵押贷款申请可以在两个工作日内得到审批。由于贷款的快速审批是一个竞争优先级，因此 DeNeefe 想了解自己的部门相对于竞争对手做得如何。Golden Valley 银行对每一份申请都盖上收到的日期和时间戳，在做出是否批准的决策后也盖上相应的日期和时间戳。3 月份共收到了 104 份申请。每个决策所需的时间，四舍五入后列于下表。Golden Valley 银行的员工每天工作 8 小时。

决策处理时间（小时）	次数
8	8
11	19
14	28
17	10
20	25
23	4
26	10
合计	104

a. 画出这些数据的柱状图。

b. 分析这些数据，Golden Valley 银行在这一竞争优先级上做得如何？

22. 去年，East Woods Ford 公司服务部经理制订了一项为改进服务而收集顾客意见的计划。当车辆服务完成一周后，助理就会打电话给顾客，了解顾客对工作是否满意以及如何改进服务。经过一年的数据收集，助理发现顾客的投诉可以分为以下五类：

投诉	次数
气氛不友好	5
等待服务时间长	17
价格太高	20
账单出错	8
需要返回纠正错误	50
合计	100

a. 用 OM Explorer 画出柱状图和排列图，识别出严重的服务问题。

b. 将下列投诉原因进行分类，画出因果图：工具、进度、次品零件、培训、记账系统、绩效指标、诊断设备以及沟通。

23. Oregon 纤维板公司为汽车行业生产内顶板。制造经理正在考虑产品质量问题。她怀疑纤维板上的裂缝这种特殊的产品缺陷与生产批次的规模有关。一名助理从生产记录中收集了下列数据。

批次	规模	缺陷率（%）	批次	规模	缺陷率（%）
1	1 000	3.5	11	6 500	1.5
2	4 100	3.8	12	1 000	5.5
3	2 000	5.5	13	7 000	1.0
4	6 000	1.9	14	3 000	4.5
5	6 800	2.0	15	2 200	4.2
6	3 000	3.2	16	1 800	6.0
7	2 000	3.8	17	5 400	2.0
8	1 200	4.2	18	5 800	2.0
9	5 000	3.8	19	1 000	6.2
10	3 800	3.0	20	1 500	7.0

a. 画出这些数据的散点图。

b. 生产批次的规模与缺陷率之间是否相互关联？这些分析结果对 Oregon 纤维板公司的业务意味着什么？

24. 生产磨削工具的 Grindwell 有限公司正在考虑其产品的耐用性，它取决于生产过程中所用的烧结混合料的渗透性。由于怀疑碳含量可能是问题的根源，所以工厂管理者收集了以下数据：

碳含量（%）	渗透指数
5.5	16
3.0	31
4.5	21
4.8	19
4.2	16
4.7	23
5.1	20
4.4	11
3.6	20

a. 画出这些数据的散点图。

b. 渗透性与碳含量之间是否相互关联？

c. 如果希望渗透率低，那么根据含碳量从散点图能看出什么？

25. 芝加哥奥黑尔国际机场的 Superfast 航空公司的运营经理注意到，航班离港延误数量增加。她与员工一起用头脑风暴法列出了可能原因：

- 飞机到达登机口延迟
- 接受迟到的乘客
- 乘客到达登机口延迟
- 登机口检票延迟
- 行李运达飞机延迟
- 其他晚到的人员或未获得的物品
- 机械故障

画出因果图，将航班离港延误原因按以下大类进行划分：设备、人员、物料、程序，以及超出管理控制范围的“其他因素”。对运营经理确定的每个大类列出一组具体原因，并将这些原因加到因果图中。

26. Plastomer 有限公司是一家专门生产高级塑料薄膜（用于食品包装）的制造商。薄膜由于各种原因（如不透明、碳含量过高、厚度或尺寸不对、有划痕等）被拒收而成为废品。上个月，管理层收集了拒收的产品型号和每种型号产生的废品数量数据。这些结果列于下表。

缺陷类型	废品量（磅）
气泡	500
裂口	19 650
碳含量	150
不均匀	3 810
厚度或尺寸	27 600
不透明	450
划痕	3 840
剪切	500
起皱	10 650

画出排列图，确定管理层应该首先消除的缺陷类型。

27. 一家洗发水装瓶公司的管理层引入了一种 13.5 盎司的新包装，并用已有的机器经改造后进行灌装。为了测量改造后机器灌装的一致性（设定的灌装量是 13.85 盎司），分析师收集了 100 瓶随机样本的以下数据（以盎司为计量单位）。

a. 画出这些数据的直方图。

b. 少于 12.85 盎司和多于 14.85 盎司的瓶子被认为是不合格的。根据以上抽样数据，由该机器灌装的瓶子中不合格率是多少？

装瓶量（盎司）									
13.0	13.3	13.6	13.2	14.0	12.9	14.2	12.9	14.5	13.5
14.1	14.0	13.7	13.4	14.4	14.3	14.8	13.9	13.5	14.3
14.2	14.1	14.0	13.9	13.9	14.0	14.5	13.6	13.3	12.9
12.8	13.1	13.6	14.5	14.6	12.9	13.1	14.4	14.0	14.4
13.1	14.1	14.2	12.9	13.3	14.0	14.1	13.1	13.6	13.7
14.0	13.6	13.2	13.4	13.9	14.5	14.0	14.4	13.9	14.6
12.9	14.3	14.0	12.9	14.2	14.8	14.5	13.1	12.7	13.9
13.6	14.4	13.1	14.5	13.5	13.3	14.0	13.6	13.5	14.3
13.2	13.8	13.7	12.8	13.4	13.8	13.3	13.7	14.1	13.7
13.7	13.8	13.4	13.7	14.1	12.8	13.7	13.8	14.1	14.3

高级练习题

28. 本题应该作为小组练习求解。

剃须是大多数男人每天早晨要完成的流程。假设这一流程在卫生间的水槽边开始，剃须者走（比如，5英尺）到橱柜（存放剃须用品）处，拿起碗、肥皂、毛刷和剃须刀。他走回到水槽边，旋转水龙头直到水温变暖，在脸上涂上肥皂泡，剃须，并检查结果。然后冲洗剃须刀，擦干脸，再走回到橱柜处放回碗、肥皂、毛刷和剃刀，回到水槽边清洁水槽，完成全部流程。

a. 画出剃须的工序图（假设流程中各种活动所需时间的适当值）。

b. 用头脑风暴法产生改进剃须流程的思路，至少要有20种以上的想法（在整个小组尽可能完整地列出各种想法之前，不要评价，否则会妨碍创造性的发挥）。

29. 在生产定制印刷电路板的Conner公司，成品电路板在发送给顾客之前要经过最后的检验。作为Conner公司的质量保障经理，你负责在每月初就质量问题向管理层做一次陈述。你的助手分析了上月所有被拒收的电路板的记录，交给你一份汇总材料，列出了电路板的参考号码，以及以下几类拒收原因：

A = 电解液覆盖不良

B = 积层结构不好

C = 镀铜太少

D = 镀层脱离

E = 蚀刻不当

上月拒收的50个电路板汇总报告如下：

C B C C D E C C B A D A C C C B C A C D C A C C B

A C A C B C C A C A A C C D A C C C E C C A B A C

a. 制作一份拒收原因不同的计数表（或检查表）。

b. 制作一张排列图以确定更重要的拒收类型。

c. 使用因果图查找最重要缺陷类型的原因。

案例 José's 正宗墨西哥餐馆

“两份玉米面豆卷，一份鸡肉玉米煎饼，配一份西班牙米饭。”Ivan Karetski 在准备饮料的同时，向厨房报出了他的餐桌订单。餐馆生意兴隆，Karetski 喜欢这样的场景。客人多就意味着小费多，而且作为一名正在努力奋斗的研究生，额外的收入总是让人喜出望外。但是，最近他的小费数量在减少。

José's 餐馆是一家有 58 个座位的小餐馆。它供应以传统墨西哥风味为特色的各种墨西哥食品。餐馆坐落在新英格兰一个大都市边上的成熟商业区。该地点邻近中心交通要道，街边的免费停车位有限。餐馆的内部装饰彰显了墨西哥主题：墙看起来是由土坯垒成的，并挂着华丽的毛织布，家具是西班牙－墨西哥风格的，餐馆内交替播放着由弗拉门科吉他和墨西哥流浪乐队演奏的背景音乐。

顾客从一个直接通向就餐区的小门厅进入餐馆。没有单独的等待区，一进入餐馆，老板娘就会问候客人，要么直接就座，要么被告知需要等待。除了周五和周六晚上要等上 45 分钟左右，平时一般都可以立即就座。由于餐馆内的空间十分有限，顾客必须在外面等候直到被叫到。José's 餐馆不接受预订。

客人就座后，老板娘递上菜谱并倒上一杯水。如果一切就绪，在一分钟之内就会有一名指定为该餐桌服务的服务员来招待客人（由于是一家传统的墨西哥餐馆，所有服务员都是男性）。服务员先进行自我介绍，告知当天的特价菜，然后记录饮料订单。服务员在送上饮料之后再点菜。

菜谱中有 23 种主菜，由 8 种基本储备食物（鸡、牛肉、豆类、大米、玉米饼、面饼、西红柿和生菜）和各种其他配料（水果、蔬菜、调味汁及香料）组成。在就餐时间开始前，厨师就开始制作基本储备食物，以便在顾客点餐后他们能快速将这些食物组合，做成顾客所要求的饭菜。在订单下达后完成一道菜的时间通常是 12 分钟。其中大部分时间是最后的烹制，因此厨师可以同时烹饪几道菜。可以想象，一名好厨师所需要的一项技能就是安排同一张餐桌上各道菜的烹调顺序，以便这些饭菜差不多同时做好。当厨师做好全部主菜和配菜之后，服务员就会检查所有的饭菜是否正确，是否赏心悦目，如果发现错误就进行纠正，最后再加上必要的点缀。当一切就绪后，服务员将所有饭菜放进一个托盘并送到客人餐桌。从这时起，服务员就随时注意这张餐桌，以观察顾客是否需要其他服务或者帮助。

当就餐者看起来将要吃完主菜时，服务员就会走到跟前，询问是否可以撤走盘子，并记下对甜点或咖啡的要求。当整顿饭都吃完后，服务员就会递上账单，并在很短的时间内来收钱。José's 餐馆接受现金和大多数信用卡，但不接受支票。

Karetski 觉得他与厨师的关系很重要。由于食物的质量主要由厨师掌控，所以 Karetski 想与他搞好关系。他尊重厨师，并且尽量将订单上的各道菜按照烹饪时间长短的顺序排列，还确保订单上的字写得清楚，方便厨师阅读。尽管不是他份内的工作，他还是在厨师忙的时候帮助厨师从冰箱或储物间取出食物，或者亲自做菜。近来厨师一直很烦躁，抱怨说送来的食材质量不好。例如，上星期，他收到的生菜已经蔫了，鸡肉很老，并且骨头比肉还多。在就餐高峰时间，要花 20 多分钟的时间才能将饭菜做好。

Karetski 已经看到了管理者在上周五和上周六晚餐时间进行的顾客调查结果。下表是对顾客反馈结果的汇总。

顾客调查结果		
您是否很快就座	是：70	否：13
服务员是否令您满意	是：73	否：10
您是否在合理的时间内得到服务	是：58	否：25
您认为食物可口吗	是：72	否：11
您的就餐体验是否物有所值	是：67	否：16

当 Karetski 端着盛放饮料的托盘走到餐桌前时，他不知道最近小费的减少是否是由他可控制的原因引起。

思考题

1. 这家餐馆的饭菜质量应该如何界定？
2. 餐馆流程缺陷的代价是什么？
3. 使用一些流程分析工具评估 José's 餐馆的情况。

资料来源：作为课堂讨论，本案例由波士顿学院的Larry Meile整理。经Larry Meile同意后使用。

参考文献

Andersen, Bjørn. *Business Process Improvement Toolbox*. 2nd ed. Milwaukee, Wiscconsin: American Society for Quality, 2007.

Ahire, Sanjay L. and Manoj. K. Malhotra. "Scripting a Holistic Rx for Process Improvement at Palmetto Health Imaging Centers." *Journal of Global Business and Organizational Excellence*, vol. 30, no. 2 (January/February 2011), pp. 23–35.

Bhuiyan, Nadjia, Amit Baghel, Jim Wilson. "A Sustainable Continuous Improvement Methodology at an Aerospace Company," *International Journal of Productivity and Performance Management*, vol. 55, no. 8 (2006), pp. 671–687.

Davenport, Thomas H. "The Coming Commoditization of Processes." *Harvard Business Review*, (June 2005), pp. 101–108.

Edmondson, Amy C. "The Competitive Imperative of Learning." *Harvard Business Review*, vol. 86 (July August, 2008), pp. 1–13.

Fleming, John H., Curt Coffman, and James K. Harter. "Manage Your Human Sigma." *Harvard Business Review*, (July–August 2005), pp. 101–108.

Greasley, A. "Using Process Mapping and Business Process Simulation to Support a Process-Based Approach to Change in a Public Sector Organisation." *Technovation*, 26 (2006), pp. 95–103.

Grosskopf, Alexander, Gero Decker, and Mathias Weske. *The Process: Business Process Modelling Using BPMN*. Tampa, Florida: Meghan-Kiffer Press, 2009.

Hammer, Michael. "The Process Audit." *Harvard Business Review*, vol. 82, no. 4 (April 2007), pp. 111–123.

Hammer, Michael. "What is Business Process Management?" *Handbook on Business Process Management 1*, 2010, pp. 3–16.

Hartvigsen, David. *SimQuick: Process Simulation with Excel*, 2nd ed. Upper Saddle River, NJ: Prentice Hall, 2004.

Jain, Rashmi, Angappa Gunasekaran, and Anithashree Chandrasekaran. "Evolving Role of Process Reengineering: A Perspective of Employers." *Industrial and Commercial Training*, vol. 41, no. 7 (2009), pp. 382–390.

Jeston, John and Johan Nelis. *Management by Process: A Roadmap to Sustainable Business Process Management*, Oxford, UK: Elsevier, 2008.

Karmarkar, Uday. "Will You Survive the Services Revolution?" *Harvard Business Review*, vol. 82, no. 6 (June 2004), pp. 100–107.

Kulpa, Margaret, K. and Kent A. Johnson. *Interpeting the CMMI: A Process Improvement Approach*, 2nd ed. Boca Raton, FL: Auerbach Publications, 2008.

La Ferla, Beverly. "Mapping the Way to Process Improvement." *IEE Engineering Management* (December 2004–January 2005), pp. 16–17.

Lee, Hau L. "The Triple-A Supply Chain." *Harvard Business Review* (October 2004), pp. 102–112.

Rummler, Geary A., and Alan P. Brache. *Improving Performance*, 2nd ed. San Francisco: Jossey-Bass Inc., 1995.

Scott, Bradley, S., Anne E. Wilcock, and Vinay Kanetkar. "A Survey of Structured Continuous Improvement Programs in the Canadian Food Sector." *Food Control*, vol. 20 (2009), 209–217.

5 质量与绩效

威瑞森公司的一名基线工程师已准备好他的计算机，对一组向不同网络发出呼叫并接收来自不同网络呼叫的手机进行控制。他开着一辆有全套装备的汽车，在北弗吉尼亚、华盛顿和马里兰州行驶，测试威瑞森公司及其竞争对手的服务情况，并找出威瑞森公司系统的缺陷。

威瑞森无线公司

每个有手机的人都知道电话掉线的苦恼。你是否了解电话掉线可能是因为手机自身，而不是因为信号强度？威瑞森无线公司（Verizon Wireless）与其他大型运营商一起为美国6 200多万顾客提供服务，公司知道，如果手机不能正常工作，受到顾客指责的是电信公司而不是制造商。威瑞森公司对外标榜其服务的可靠性，但负担不起由于制造商的质量问题而造成的手机故障。威瑞森公司希望诸如苹果、三星和LG这些制造商，能够提供无缺陷的手机产品。但是，经验表明，由威瑞森公司的员工进行全面测试也是必需的。

威瑞森公司除了用拆卸分析法查找电话硬件和元器件弱点外，还测试电话硬件承受温度的极限、抗振动及抗压能力。除了这些物理测试，威瑞森公司还使用两种方法评估手机接收移动信号，以及与对方清晰通话的能力。首先，威瑞森公司雇用了98名测试人员，开着装有价值30万美元专用设备的车辆，每年行驶100多万英里，用将要推出的新手机测试网络性能。每年他们要进行300多万次语音呼叫尝试和1 600多万次数据检测。这些测试检查网络的覆盖情况，以及手机获取信号并与对方清晰通话的能力。其次，威瑞森公司利用一个叫“Head先生”的机器人模型——它有录制好的声音，装有橡胶制成的电子耳朵——评估手机话筒传送语音的效果。“Head先生”的发音不是很清晰，但它实际上覆盖了正常语音模式的声音范围。还有其他系统对测试过程进行监测，并对测试结果进行汇总。

有些手机在测试阶段花了很长时间，最终也没能进入市场。很显然，在这种情况下，手机质量低下对制造商而言代价是巨大的。

资料来源：Amol Sharma, “Testing, Testing,” *Wall Street Journal* (October 23, 2007); Janet Hefler, “Verizon Tester Checks Vineyard Networks,” *The Martha's Vineyard Times* (August 30, 2007); Jon Gales, “Ride Along With a Verizon Wireless Test Man,” *Mobile Tracker* (April 4, 2005).

学习目标 学完本章内容后，你应该能够：

1. 定义四种主要的质量成本。
2. 说明道德在服务和产品质量中的作用。
3. 解释 TQM 计划的基本原理。
4. 解释 6σ 法的基本原理。
5. 描述如何构建控制图，并用它们确定流程是否脱离统计控制。
6. 描述如何确定流程是否能够提供符合规格要求的服务或产品。

通过运营管理创造价值

通过运营展开竞争
项目管理

流程管理

流程策略
流程分析
质量与绩效
能力规划
约束管理
精益系统

供应链管理

供应链库存管理
供应链设计
供应链选址决策
供应链整合
供应链的可持续发展与人道主义物流
预测
运营计划与生产调度计划
资源计划

今天的企业面临的挑战是：以其流程的杰出绩效使顾客满意。威瑞森无线公司就是通过设计和管理令客户完全满意的流程来应对挑战的一个例子。要做到这一点，评估流程的绩效就十分重要。

流程的绩效评估对供应链的管理也是必不可少的。例如，在威瑞森无线公司，向顾客提供移动电话通信的流程，可以通过服务的一致性以及语音传输的声音质量来衡量。公司的采购流程，包括手机供应商的选择及其交付方式的评价，则可根据以下三个方面来衡量：交付给威瑞森公司的手机质量、供应商准时交付的绩效以及手机的成本。最后，对由这两个流程以及许多其他流程组成的供应链的评估则取决于威瑞森公司的顾客满意度，即由顾客来判断服务是否达到或超过预期。需提请注意的是，各单个流程的绩效必须与供应链的绩效指标相一致。

跨越整个组织的质量与绩效

质量与绩效应该是每个人都关心的事情。以 QVC 为例，这是一家年销售 74 亿美元的电视购物服务公司。QVC 每天播出 24 小时，全年无休。其销售的商品从珠宝、工具、厨房用具、服装、美食到电脑等等，有 6 万种之多，每年向全世界发送超过 1.66 亿件包裹。

QVC 的流程跨越了所有职能领域，由顾客订单启动流程：接受订单、承诺交付日期、开具发票以及订单交付，所有这些都在订单下达之后发生。QVC 有 4 个呼叫中心，每年处理 1.79 亿个来自顾客的电话，包括订购商品、投诉问题，或只是获取商品信息。呼叫中心服务代表的态度和技能对实现成功的顾客接触至关重要。QVC 的管理层跟踪所有流程的生产率、质量和顾客满意度指标。一旦指标下滑，就要积极予以解决。QVC 管理者必须具备的关键技能是：知道如何评价流程是否良好运行，以及何时采取行动。本章首先讨论质量成本，然后重点介绍全面质量管理和 6σ 法，这是许多企业用来评估和改进质量与绩效的两种重要理念和辅助工具。

质量成本

当流程不能满足顾客的要求时，就被认为是一种**缺陷**（defect）。例如，根据加利福尼亚州家庭医生学会的定义，医生工作流程的缺陷是："在我的办公室中发生的任何不应该发生的事，以及那些我绝对不想再发生的事。"显然，这一定义包含了患者看得见的流程缺陷，如沟通不畅或者处方中用量的错误，也包含了患者看不见的缺陷，如病历记录出错。

为了提高流程的质量与绩效，许多企业在系统、培训以及组织变革上花费了大量的时间、精力和金钱。他们认为，能够测量流程当前的绩效水平，以找出流程中存在的所有差距是十分重要的。差距反映了潜在的不满意顾客以及企业需支付的额外成本。大多数专家估计，质量成本大约占总销售额的 20% 到 30%。这些成本可以分解为四大类：（1）预防成本；（2）评估成本；（3）内部缺陷成本；（4）外部缺陷成本。

预防成本

预防成本（prevention cost）是在缺陷出现以前加以预防的成本。预防成本包括以下几方面的费用：对流程进行再设计以消除产生不良绩效的原因；对服务或产品进行再设计使其更易于生产；对员工进行持续改进方法方面的培训；以及与供应商合作来提高采购品或转包服务的质量。为了防止出现问题，企业必须投入额外的时间、精力和金钱。

评估成本

企业评估流程的绩效水平时，会产生**评估成本**（appraisal cost）。当预防成本增加且绩效提高时，评估成本会随之下降，这是因为在质量检验以及随后寻找问题的原因时，需要的资源更少。

内部缺陷成本

内部缺陷成本（internal failure cost）来自服务或产品生产过程中发现的缺陷。这种缺陷分为两大类：（1）*返工*，如果服务的某个方面必须重新完成，或者一件不合格品必须重新返回到先前的某个或几个操作来纠正缺陷时，就会出现返工；（2）*废品*，如果某件不合格品无法继续加工，就会出现废品。例如，如果缺少对一家公司满足环保要求的历史评价内容，有关收购该公司的可行性分析报告就可能退回给并购部门。有关该公司收购的建议就会被拖延，这样可能就会失去收购机会。

外部缺陷成本

外部缺陷成本（external failure cost）在顾客已经接受了服务或产品之后发现缺陷而产生的成本。不满的顾客向他们的朋友谈论糟糕的服务或产品，而朋友们又转而讲给其他人听。如果问题足够糟糕，消费者权益保护团体还会通报给媒体。虽然对未来利润的潜在影响很难估计，但是外部缺陷成本无疑会侵蚀市场份额和利润。因此当产品到了顾客手中之后才发现缺陷并进行纠正的代价是巨大的。

外部缺陷成本还包括保修服务和诉讼费用。**保修单**（warranty）是一份书面保证书，保证生产者将对有缺陷的部件进行更换或修理，或者提供服务直到顾客满意为止。通常，保修单有一个指定的时间期限。例如，电视机的保修期通常是 90 天，而新汽车的保修期则是 5 年或者 50 000 英里，取最先达到的那个指标。在新服务或新产品的设计中必须考虑保修成本。

伦理与质量

质量成本不仅限于与培训、评估、废品、返工、保修、诉讼，或由于不满的顾客造成的销售额损失等相关的现金支出成本。在涉及服务或产品的生产决策时，还必须考虑更大的社会影响，这经常需要在传统的质量绩效指标与整体社会效益之间取得平衡。例如医疗保健业，在心脏手术中追求零并发症听起来很不错，但是，如果这种零并发症是以拒绝接收高危患者为代价，那么这是否是以最好的方式为社会提供了服务？或者说，有多少时间、精力和金钱要花在接种疫苗或预防并发症上？这些问题通常都没有明确的答案。

欺诈性商业行为是对服务或产品质量担忧的另一来源。欺骗性商业行为包括以下三个要素：(1）服务或产品提供者的行为是故意的，主观上有想要利用顾客的动机；(2）服务或产品提供者隐瞒他们实际知道的真相；(3）交易行为是有意在牺牲顾客利益的前提下使服务或产品的提供者获得超出正常范围的经济利益。这种行为是不道德的，它降低了顾客体验的质量，还可能造成相当大的社会成本。所谓质量，说到底就是要提高顾客的满意度。当企业涉足不道德的行为而被顾客发现时，顾客就不可能对它的质量体验做出好评，也不会再次成为该企业的顾客。

提供较好服务或产品的企业期望因为更高的质量而获得更高的收益。因为它们具有为顾客创造真正价值的能力，因而也可以预期实现长期的成长和繁荣。但是那些参与欺诈的企业，会降低其员工的能力，损伤与外部顾客之间的关系。这些企业传递给员工（同时也是其内部顾客）的令人遗憾的信息是：管理层认为这些员工与那些遵守道德的企业员工相比，缺乏提供高质量服务或产品的能力。在这样一种环境下，员工也不可能有动力付出最大努力。那些不道德的企业传递给外部顾客的信息是：他们的服务或产品无法有效地与其他企业竞争，因此为了盈利只好采取欺诈手段。那些试图通过欺诈顾客来获取利润的企业的员工，不可能通过改进产品或服务来提高顾客体验，从而为顾客创造真正的价值。这样就会侵蚀掉企业当前和未来的竞争能力。

道德的行为是一个组织所有员工的共同责任。有意欺诈顾客以及将不合格的服务或产品交给内部顾客或外部顾客都是不道德的。应该考虑所有利益相关者的利益，如股东、顾客、员工、合伙人、债权人的利益。

必须在预防成本、评估成本、内部缺陷成本和外部缺陷成本这些质量成本与伦理之间取得平衡，才能运用适当的流程和方法控制成本。但是，要创建一种道德的文化环境并非没有代价。必须教育员工，使他们明白伦理如何与他们的工作相互影响。企业可以组织伦理工作小组或者伦理公共关系小组，在企业与社会之间就伦理问题进行交流。现在，我们转向全面质量管理和 6σ 法的讨论，企业运用这两种理念从技术、服务和道德的角度评估和改进质量与流程绩效。

全面质量管理

全面质量管理（total quality management，TQM）是一种质量管理理念，它强调实现高水平流程绩效与质量的三个原则。这些原则是：（1）顾客满意度；（2）员工参与；（3）绩效的持续改进。如图 5.1 中指出的，TQM 还包含了许多其他重要因素。在第 4 章已对流程问题求解、流程再设计以及流程改进中要用到的工具和流程分析方法做了介绍。本书的后面将介绍服务 / 产品设计和采购问题。这里重点阐述 TQM 的三个主要原则。

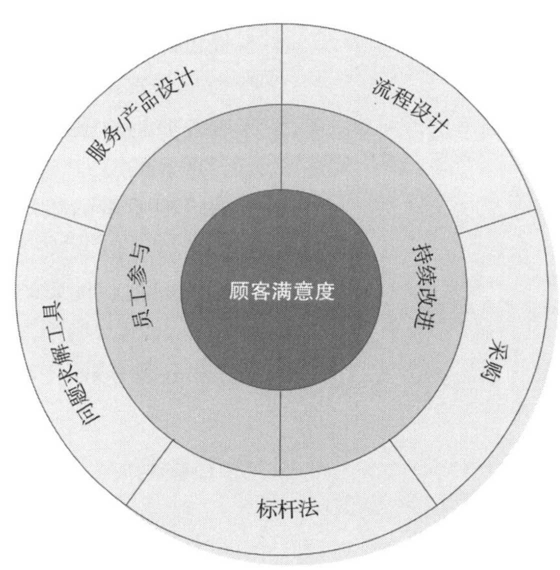

图 5.1 TQM 轮

顾客满意度

无论是内部顾客还是外部顾客，当一项服务或产品达到或超过他们的预期时就会感到满意。通常，顾客会用**质量**（quality）这一通用术语来描述他们对服务或产品的满意程度。在顾客的心目中，质量有多个维度，贯穿于第 1 章“通过运营展开竞争”中所阐述的 9 个竞争优先级。在任何时候，下列 5 个定义中总有一个或多个是适用的。

符合规格要求 虽然顾客是在评价他们所接受的服务或产品，但实际上他们是在判断创造服务或产品的流程。在这种情况下，所谓流程缺陷就是指流程不能满足某种公开的或是隐含的绩效标准。*符合规格要求*（conformance to specifications）可能与一致性质量、准时交付或交付速度有关。

价值 顾客定义质量的另一种方式是通过价值，或者说一项服务或产品在多大程度上以顾客愿意支付的价格实现了其预期目标。在这方面服务 / 产品的开发流程起着重要作用，与顶级质量与低成本运营相关的企业竞争优先级也起了重要作用。必须在质量和成本之间取得平衡，才能为顾客创造价值。一项服务或产品在顾客的心中具有多大的价值，取决于顾客在购买之前的预期。

适用性 在评价服务或产品是否实现其预期目标时，顾客可能会考虑服务的便利性或产品的机械性能，或外观、风格、耐用性、可靠性、工艺水平、可维护性等其他因素。例如，你可能会根据安装的难易程度，以及外观和风格来确定所购买的家庭娱乐中心的质量。

支持 对顾客来说，厂家对服务或产品提供的支持常常与服务或产品本身的质量一样重要。如果财务报表不正确，对申报保修的响应不及时，广告有误导性，或者问题出现后公司员工不能提供帮助，顾客就会对企业感到不满。良好的产品售后支持

呼叫中心为企业的产品或服务提供支持，同时也有助于加深顾客对产品或服务体验的心理感受。呼叫中心的电话通常受到监控，以确保顾客满意。

可以减轻质量缺陷所引起的不良后果。

心理感受 人们常常会根据心理感受来评价服务或产品的质量：氛围、形象或美感。在提供服务的过程中，顾客与服务提供者有着密切接触，因此服务提供者的外表和行为是非常重要的。着装得体、礼貌、友好且富有同情心的员工，可以影响顾客对于服务质量的感知。

企业的所有领域都达到质量要求是一件困难的事情。使事情变得更加困难的是消费者对质量的感知也在发生变化。总的来说，企业的成功取决于对消费者预期的精确感知，以及弥合这些预期与运营能力之间差距的能力。好的质量可以得到更高的利润回报。优质的服务或产品可以定价更高，从而产生更大的回报。差的质量削弱了企业在市场中的竞争力，增加了提供服务或产品的成本。管理实践 5.1 说明了 Steinway & Sons 公司如何平衡消费者对高端钢琴的预期与公司满足这些预期的能力。

员工参与

TQM 中的一个重要组成部分是员工参与，如图 5.1 所示。员工参与计划包括变革组织文化和鼓励团队合作。

文化变革 要创建适合 TQM 的企业文化，其中一个主要挑战就是确定每名员工的*顾客*。一般来说，顾客有内部顾客或外部顾客之分。*外部顾客*就是购买服务或产品的个人或企业。有些员工，特别是那些很少与外部顾客接触的员工，很难了解他们的工作在整个服务或产品创造中所起的作用。

给员工指出他们中的每个人都有一个或多个*内部顾客*是有好处的，内部顾客就是企业中依靠其他人的产出进行工作的员工。如果最终要令外部顾客满意，每名员工都必须做好为各自的内部顾客服务的工作。只有当每名内部顾客要求的价值增值得到外部顾客的认可并为此付费时，内部顾客才会满意。内部顾客的概念适用于企业中的所有部门，它促进了企业的跨职能协调。例如，会计部门必须准确而及时地为管理层制作报表，采购部门必须准时为运营部门提供高质量的物料。

在全面质量管理中，组织中的每个人都必须达成共识，认同质量控制本身就是最终目的的观点。必须从源头上发现并纠正差错或缺陷，不要将它转移给内部顾客或外部顾客。例如，咨询小组在将计费时间提交给会计部门之前必须确保其正确性。这一理念被称为**源头质量**（quality at the source）。此外，企业应该避免在所有环节都完成之后再通过检验员“检验产品质量”来清除令人不满的服务或有缺陷的产品。相比之下，在一些制造企业，工人在发现质量问题时有权停止一条生产线的运行。

团队 员工参与是改进流程和质量的一个关键手段。实现员工参与的一种方法是团队的运用。**团队**（team）是由一些人组成的小组，这些人拥有共同的目标、设定自己的绩效目标和方法，并负责获得成功。

团队合作最常用的三种方式有：（1）问题解决团队；（2）专项任务团队；（3）自我管理团队。这三种方式都要用到某种程度的**员工授权**（employee empowerment），即将决策的责任沿组织结构图尽量下移——移到真正做这项工作的员工那里。

20 世纪 20 年代首次引入*问题解决团队*（problem-solving team），又称**质量环**（quality circle），20 世纪 70 年代末它在日本得到成功运用后开始普及。问题解决团

管理实践 5.1　Steinway & Sons 公司的质量与绩效

在位于德国汉堡的 Steinway & Sons 工厂中，一名专业人员正在调节音乐会用的大三角钢琴的琴键和制音器。

范·克莱本国际钢琴比赛（Van Cliburn International Piano Competition）的第一个参赛选手将要在得克萨斯州沃思堡市的观众面前演奏柴可夫斯基第一钢琴协奏曲。当他的手指接触到 Steinway & Sons 的大三角钢琴的琴键时不免有些紧张。参赛者和钢琴的完美表现，会令参赛者和音乐会的运营经理感到安心。为什么这样一个引人注目的活动会选择 Steinway 钢琴？因为这是你能够买到的最高质量的三角钢琴之一。此外，Steinway 钢琴在音乐大厅的市场份额占到 95% 以上，也是从范·克莱本到比利·乔尔这些专业音乐家常选的钢琴。

Steinway 公司从 19 世纪 80 年代开始经营。今天，该企业将公司刚成立时所使用的手工工艺与 21 世纪的制造技术结合起来，每年生产约 3 100 架钢琴。每架钢琴要用大约 12 000 个零件进行组装，这些零件大多数是在公司内部制作的，一架钢琴从开始制作到完成要用 9 个月到 1 年的时间，而大规模生产的钢琴只需要 20 天。每架钢琴要用到 8 种不同的木料，每种木料都是根据其物理特性和美学特征挑选的。为了确保每个环节的质量，公司采用了以工艺为导向的非常费力的生产流程。例如，钢琴既定部位的每块板子都是手工挑选的。在耗时的生产流程中，工匠们用钳子将钢琴的 17 层硬枫木薄板弯曲后安装到位。阿拉斯加西特卡的云杉木共鸣板是手工刨削的，所以它是拱形的，中间较厚，越到边上越薄，可以承载 200 多根琴弦的 1 000 磅的张力。钢琴的“击弦机”（包括 88 个键、变音管、音锤等）使用数控机械生产的 100 个零部件来发出每一个音符，这些零部件被码放在 30 张不同的桌子上，然后拼装在一起。在每个环节都要检查质量，防止将不合格的零部件传送到下游生产环节。

Steinway 钢琴有 6 大质量特征：

- **音色**　音调和音高影响钢琴音色的饱满度和圆润度。在一个称为“调律”的工艺中，对钢琴击弦机中的每个弦槌毡进行微调，既可以使音调更加圆润，也可以提高声音的明亮度。然后调律师听钢琴的音高，并转动调音弦轴调整琴弦的张力。Steinway 钢琴的音色是世界闻名的，但是，由于木料的自然特征，每一架钢琴都有自己的个性。
- **光洁度**　为了美观而选用木材饰面。不满足标准的木板被废弃，因此产生了大量的废料。
- **手感**　88 个琴键都要用相同的力量来弹奏。在一道称为“配重”的工艺中，在每个琴键中加入铅，使其有一致的触感。击弦机部件的安装公差为 ±0.0005 英寸（1 英寸 ≈ 2.54 厘米）。
- **耐用性**　钢琴必须有很长的使用寿命，并且在使用期间弹奏效果达到预期。
- **形象**　Steinway 品牌有一种神秘感。有些人近乎狂热地希望拥有一架 Steinway 钢琴。
- **服务**　Steinway 公司尽一切可能为失效钢琴提供服务，甚至为大型音乐会提供租借。

上述 6 大质量特征与我们的 4 个质量定义相联系：（1）符合规格要求（手感）；（2）适用性（音色、光洁度、耐用性）；（3）支持（服务）；以及（4）心理感受（形象）。至于质量的第五个定义——价值，Steinway 大三角钢琴在任何地方的价格都在 4.7 万美元到 16.5 万美元之间，如果你想要 1887 年制造、长达 9 英尺的著名的 Alma-Tadema 钢琴的翻版，则要花费 67.5 万美元。你想买一架吗？

资料来源：Andy Serwer, “Happy Birthday, Steinway,” *Fortune*, vol. 147, no. 5 (March 17, 2003), pp. 94–97; Leo O’Connor, “Engineering on a Grand scale,” *Mechanical Engineering*, vol. 116, no. 10 (October, 1994), pp. 52–58; Steinway Musical Instruments, Inc. Annual Report 2006.

流程的测量是改善质量的关键所在。图中一名质量检验人员正在测量机加工零件上的钻孔直径。

队是由管理者和员工共同组成的小组，小组成员聚在一起，识别、分析并解决流程和质量问题。当允许员工对自己的工作发表见解时，他们会感到骄傲且对工作更有兴趣。虽然问题解决团队可以成功地降低成本并改进质量，但是，如果管理层不能实施他们提出的许多建议，问题解决团队就会消亡。

作为问题解决团队的衍生物，**专项任务团队**（special-purpose team）处理管理层或工人极为关心的问题。例如，管理层可以成立一个专项任务团队，设计和引入新的工作方法或新技术，或者解决顾客服务问题。本质上，这一方法使工人对高层决策有发言权。专项任务团队在 20 世纪 80 年代早期最先出现在美国。

自我管理团队（self-managed team）是员工参与的最高层次：一个小组的员工在一起合作，生产出服务或产品的大部分，有时甚至是全部。团队成员了解运营中的全部任务，在一种工作和另一种工作之间轮换，并且承担一些管理责任，比如工作和休假计划安排、订购物资和人员招聘等等。在有些情况下，团队成员设计流程，并对流程的运行有高度的发言权。因为员工对自己的工作有控制权，所以自我管理团队从本质上改变了工作的组织方式。有些自我管理团队使企业的劳动生产率提高了 30%，甚至更多。

持续改进

持续改进（continuous improvement）源自日本的 *kaizen*（“改进”的音读）概念，是一种持续寻求流程改进的理念。持续改进包括识别最佳实践标杆，以及在流程中向员工灌输流程的主人翁意识。持续改进项目的重点是减少浪费，比如缩短处理银行贷款申请所需的时间，减少一台铣床产生的废品量，或者减少建筑工地受伤的员工数。持续改进理念的基础是这样一种信念：流程的任何一个方面实际上都是可以改进的，而且与流程关系最密切的人最了解应该在哪些方面变革。其主要思想就是不要等到问题成堆时才采取行动。

员工必须掌握解决问题的工具，比如本章后面将要介绍的统计过程控制法（SPC），还要让员工具有改进流程的主人翁意识。当员工对流程以及所用方法有责任感，并会为他们提供的服务或产品质量感到自豪时，操作人员的主人翁意识就会油然而生。这种主人翁意识来自参与工作团队和解决问题的活动，这些活动向员工灌输了一种意识，即他们在某种程度上掌控着自己的工作场所及所承担的任务。

大多数积极开展持续改进活动的企业都培训他们的工作团队，让他们学会使用解决问题的**计划－实施－检查－行动循环**（plan-do-study-act cycle）。这种循环方法的另一个名称叫“戴明轮”，它以著名统计学家爱德华兹·戴明（W. Edwards Deming）的名字命名。在第二次世界大战后，戴明向日本人教授了质量改进方法。图 5.2 说明了这种循环，它以持续改进理念为核心内容。这一循环由以下步骤构成：

1. 计划。团队选择一个需要改进的流程（活动、方法、机器或政策）。然后团队通过分析相关数据来说明所选流程；建立流程改进的定性目标；对实现这些目标的各种途径进行讨论。在评估各备选方案的收益和成本之后，团队制订出一个带有量化指标的改进计划。
2. 实施。团队实施计划并监测流程。团队不断地收集数据以测量流程改进情况。流程的任何变化都被记录下来，在必要时做进一步的修订。
3. 检查。团队对实施阶段收集的数据进行分析，确定其结果与计划阶段设立的目标的接近程度。如果存在大的差距，团队就会重新评估计划，或者中止该项目。
4. 行动。如果实施的结果是成功的，那么团队对修改过的流程进行说明，使其成为所有使用者的标准程序。然后在使用修订流程时，团队可以指导其他员工。

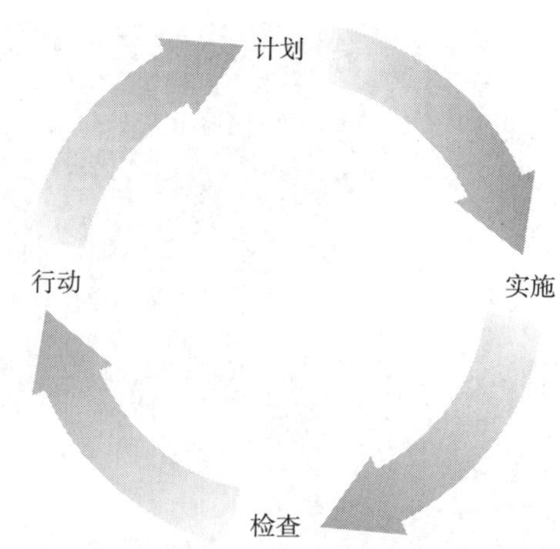

图 5.2
计划 – 实施 – 检查 – 行动循环

问题解决项目常常将重点放在流程不能为服务或产品增值的那些环节。诸如机器加工一个零件，或通过网页服务顾客这样的流程都增加了价值；而像检查零件的缺陷，或将贷款申请表分送到几个不同部门这样的流程是不增加价值的。持续改进的思想就是要减少或消除因不增加价值而造成浪费的活动。

6σ 法

在很大程度上依赖于 TQM 原理的**6σ 法**（Six Sigma）是一种全面、灵活的体系，它通过最小化流程中的缺陷和变动，从而使企业获得、保持成功，并最大化这种成功。6σ 法与 TQM 关注的重点不同：TQM 的出发点是深刻理解顾客的需求；按一定规律运用事实、数据和统计分析；以及勤于管理、改进和再造业务流程。图 5.3 显示了 6σ 法是如何降低流程的可变性，并使流程向绩效指标的目标值集中的。流程变动太大或者偏离了目标，这两种缺陷都会降低流程的绩效。例如，一家银行的抵押贷款部可能对外宣称可以在 2 天内完成贷款审批决策。如果实际的绩效是在 1 到 5 天的范围内变动，其平均值为 2 天，那些等待时间超过 2 天的顾客就会不满意。流程的这种变动引起了顾客的不满。同理，如果实际情况是所有贷款审批决策都一致地用 3 天时间完成，则所有顾客都会感到不满。在这种情况下，流程是一致的，但是偏离了目标。6σ 法是一种严格的方法，它以低的可变性将流程与其目标绩效指标结合起来。

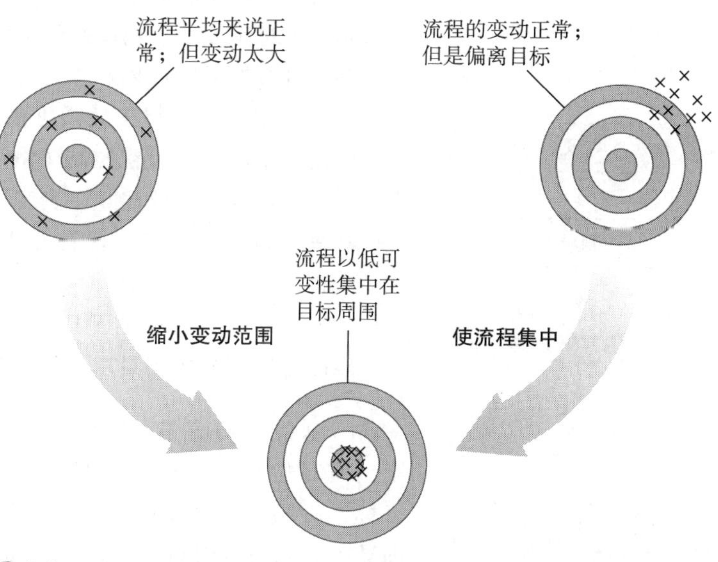

图 5.3
6σ 法集中于缩小流程变动范围并向流程中心集中

6σ 法的名称最初来自摩托罗拉公司的生

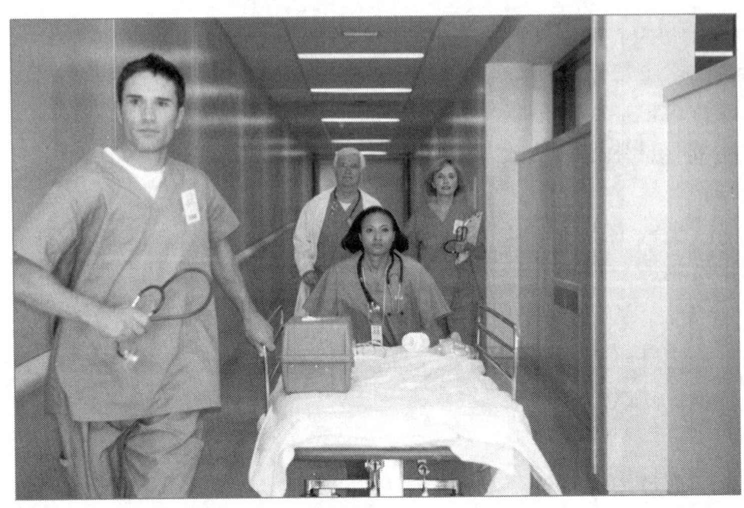
在急诊室，医院工作人员急匆匆赶去帮助一名患者。6σ 法可用来改进医院的服务流程。

产运营机构，与降低产品的次品率目标有关，摩托罗拉公司通过开发流程，使产出绩效指标的均值与服务或产品设计规格的偏差在 ±6 个标准差（σ）之间。我们在介绍统计过程控制工具时，将讨论流程的可变性及其对在可接受水平下运行的流程性能所产生的影响。

虽然 6σ 法起源于改进制造流程的尝试，但在非制造流程（比如销售、人力资源、客户服务以及金融服务等流程）的应用普及应归功于通用电气公司。尽管对“缺陷”的定义由于所涉及的流程不同而有所不同，但是消除缺陷的理念是相同的。例如，人力资源部门未完成一次招聘目标被记作一次缺陷。6σ 法已成功应用于大量服务流程，其中包括金融服务、人力资源流程、营销流程和卫生保健管理流程。

6σ 改进模型

图 5.4 显示了 6σ 改进模型，该模型包含使流程绩效得到改善的 5 个步骤。该模型与图 4.1 的流程分析示意图有很多相似之处，原因在于两者的目的都是改进流程。这两个模型都可应用于对流程进行渐进改进的项目，也可用于需要重大变革的项目，其中包括对现有流程进行再设计或开发新流程。但是，6σ 改进模型在很大程度上依赖于统计过程控制。模型由以下步骤组成：

- *定义*。确定对顾客满意度至关重要的流程产出特征，并识别这些特征与流程性能之间的差距。通过利用*流程图*或*工序图*说明流程，进而了解当前流程。
- *测量*。对流程中影响差距的工作进行量化。选择要测量的内容，识别出数据来源，并制订数据采集计划。
- *分析*。用上一步得出的数据做流程分析，使用排列图、散点图、因果图等工具以及本章的统计过程控制（SPC）工具来确定需要改进的地方。无论是否需要重大的再设计，都要建立一套工作程序，以使期望的结果成为惯例。
- *改进*。修订或再设计现有方法，以满足新的绩效目标。实施修订后或再设计的流程。
- *控制*。对流程进行监测以确保维持高绩效水平。再次使用排列图、柱状图、散点图等数据分析工具以及统计过程控制工具来控制流程。

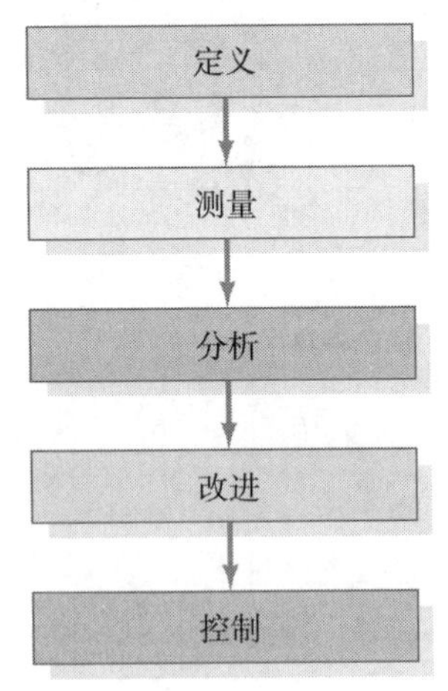

图 5.4
6σ 改进模型

6σ 法的成功使用者发现，严格执行 6σ 改进模型的步骤是十分必要的。6σ 改进模型有时也称为 *DMAIC* 过程（取模型中每一步骤的首字母）。为了实现 6σ 法的目标，必须就质量改进的“原因”和“方法”及其对内部顾客和外部顾客的意义培训员工。成功运用 6σ 法的企业培养了一批内部骨干教师队伍，然后这些骨干教师再负责对参与流程改进项目的小组进行辅导和帮助。这些教师根据其经验和成就水平而拥有不同的头衔。**绿带教师**（Green Belts）的一部分时间用于辅导和帮助项目小组，其余时间则分配给他们的常规职责。**黑带教师**（Black Belts）是 6σ 项目小组的全职教师和领导者。最后，**高级黑带教师**（Master Black Belts）则是负责对黑带教师进行审查和指导的全职教师。

验收抽样

在评估任何内部流程的绩效之前，该流程的投入要素都必须具备良好的质量。**验收抽样**（acceptance sampling）应用统计技术，根据对一个或多个样本的检验或测试来决定是接受还是拒绝一定数量的来自供应商的物料，而将买方的风险控制在一定范围内。这些风险包括拒绝质量良好的物料（导致生产的产品或提供的服务出现不必要的延迟），或者是接收了质量不良的物料（由于有缺陷的物料造成生产中断，或者将有问题的产品卖给了顾客）。相对于买方采购物料的规格要求，由买方指定一个**可接受的质量水平**（acceptable quality level, AQL）——它是买方在发货中接受的不合格产品（超出规格要求）的比例。近来这一比例变得很小，常常以每万件中的次品数来计量。验收抽样指的是不检查全部物料的数量，而是抽样，因为这样做的成本通常会小一些。但这样做存在一定的风险——样本并不能代表来自供应商的整批物品。抽样的基本程序是很直观的：

1. 从大量的物品中随机抽样，根据规格要求或感兴趣的质量指标进行检测或者测量。
2. 如果样本通过了检验（不合格品很少），那么全部数量的物品都被接受。
3. 如果样本没有通过检验，则采用以下两种方式之一：（a）对全部物品进行检验，对查出的所有不合格品进行修复或更换；（b）将全部数量的物品退回供应商。

在一条供应链中，任何企业既可以是另一家企业所购买产品的生产者，也可以是另一家企业供应的产品或原材料的消费者。图 5.5 给出了供应链中验收抽样与内部流程绩效控制（TQM 或 6σ 法）之间交互的流程图。从供应链的角度看，买方对各

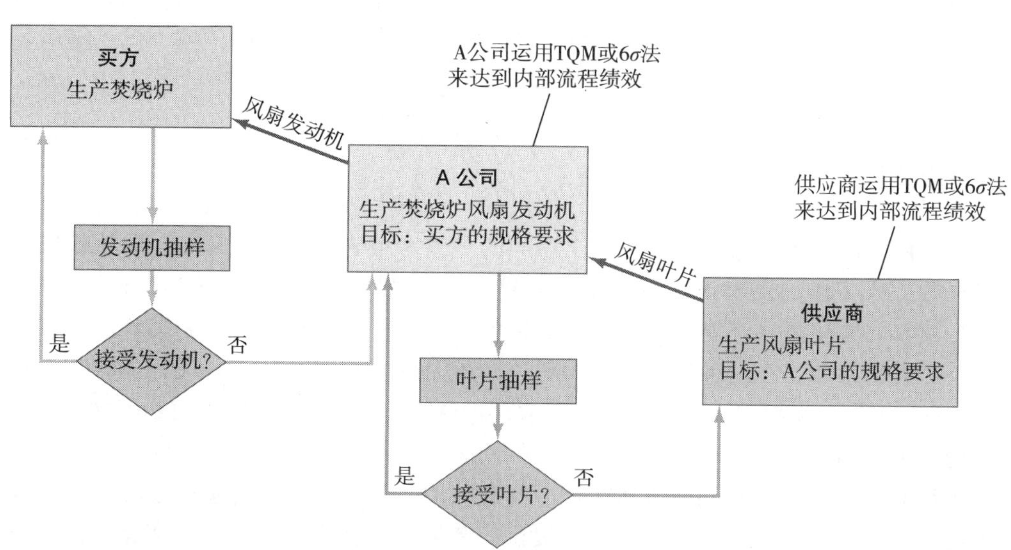

图 5.5
供应链中验收抽样与内部流程绩效控制界面

种质量维度的规格说明成为供应商在供应合同中力争达到的目标。供应商的内部流程必须达到这些要求。TQM 或 6σ 法有助于达到所要求的绩效。买方的抽样计划将以很高的概率接受达到可接受质量水平（或更好）的物品。

统计过程控制

不论企业提供服务还是生产产品，确保企业的流程能够提供顾客所要求的质量是十分重要的。TQM 或 6σ 法的一个关键要素是具备监测流程绩效的能力，以便及时开展纠错活动。评估流程的绩效需要各种数据采集方法。前面我们已经讨论了检查表、直方图、柱状图、排列图、散点图、因果图以及图表（参见第 4 章“流程分析”）。所有这些工具都可以和 TQM 或 6σ 法结合起来使用。这里重点介绍可对重复性流程进行监测和管理的功能强大的统计工具。

统计过程控制（statistical process control, SPC）应用统计方法来确定一个流程是否正在交付顾客想要的东西。在 SPC 中，主要使用称为控制图的工具来检测有缺陷的服务或产品，或是指出流程发生了变化，除非采取某种措施来纠正这种状况，否则服务或产品将偏离其设计的规格要求。SPC 也可用于告知管理层经过改进的流程所发生的变化。用 SPC 可以检测流程变化情况的例子有：

- 一家酒店每天平均投诉量的减少
- 齿轮箱不合格率的突然上升
- 处理抵押贷款申请的时间增加
- 一台铣床废品量的下降
- 一家保险公司理赔支付延迟的数量上升

让我们考虑最后一种情况。假定一家保险公司应付账款部的经理注意到，收到付款延迟的理赔者的比例从平均 0.01 上升到了 0.03。第一个问题是：这种上升是一种警告，还是只是随机现象。统计过程控制法可以帮助该经理决定是否应该采取进一步行动。如果这种比例的上升不仅仅是一种随机现象，那么该经理就应该找出绩效不佳的原因。也许是理赔的数量大大增加，使该部门的员工负担过重，因此相应的决策可能是聘用更多的人员。也许是所用的程序失效或员工的培训不足。SPC 是 TQM 和 6σ 法不可缺少的一个组成部分。

产出的变化

没有两种服务或两个产品是完全相同的，因为用于产生它们的流程即使是按照期望的方式工作，也包含许多变化的来源。然而，使产出的变化最小是很重要的，因为频繁的变化是顾客能够看见或感觉到的。假定一个内科诊所代表患者向一家保险公司提出索赔。在这种情况下，内科诊所就是保险公司账单支付流程的顾客。在某些情况下，诊所可以在 4 周内收到付款，而在另一些情况下，则需要 20 周的时间。处理一项索赔支付申请所用的时间，因保险公司的处理负荷、患者的病史，以及员工的技能和工作态度不同而有所不同。与此同时，诊所在等待付款的过程中必须承担这部分支出。一个流程，不论它是提供服务还是生产产品，都不可能完全消除产出的变化，但是，管理层应该对变化的原因进行调查，目的是使变化最小。

绩效测量　绩效评估有两种方法。一种方法是测量**变量**（variables）——测量像重量、长度、体积和时间一类可测量的服务或产品特性。使用绩效变量的优点是，一旦服务或产品不能满足性能规格的要求，检验员就会知道其差距有多大。其缺点是这种测量通常要求有专门的设备、员工技能、精确的程序，还有时间和精力。

另一种绩效评估的方法是测量属性。**属性**（attribute）指能够对可接受的绩效进行快速计数的服务或产品特征。这种方法可使检验人员对服务或产品是否满足规格要求做出简单的是或否的判断。当性能规格要求复杂，并且对变量的测量有困难或成本较高时，则经常使用属性。一些可计数属性的例子包括：因错误引起缴付不足或过多缴付的保险单数量；在计划时间 15 分钟内到达的航班比例；以及有油漆斑点的炉盖组装件的数量。

属性计数的优点是：与测量变量相比，所需的精力更少，资源也更少。其缺点是，尽管属性计数可以揭示流程的绩效发生了变化，但是不能指出变化有多大。例如，一个计数可以确定在计划时间 15 分钟内到达航班的比例下降，但是这一结果却不能说明航班到达时间超出 15 分钟允许范围的程度有多大。因此，需要对实际到达时间与计划到达时间之间的实际偏差这一变量进行测量。

抽样　最彻底的检验方法是在流程的每一环节检查每个服务或产品的质量。这种称为完全检验的方法，适用于将不合格品传递给内部顾客或外部顾客的成本高于检验成本的情况。企业经常使用自动检验设备，记录、汇总和显示数据。许多企业发现自动检验设备可以在相当短的时间内收回成本。

周密的**抽样计划**（sampling plan）可以达到与完全检验相同的预防效果。抽样计划具体说明**样本大小**（sample size，即随机选择的流程产出观察值的数量）、两次相继抽样之间的间隔时间，以及确定在何时采取行动的决策准则。因为需要专门的知识、技能、程序以及昂贵的设备来完成检验，所以导致检验成本很高时，或者检验具有破坏性时，适合做抽样检查。

葡萄酒的生产是一种不做完全检验的情况。图中，一名质量检验师正从不锈钢酿酒罐中取出一份白葡萄酒样本。

抽样分布　相对于绩效测量，流程产出可以用流程分布来描述，流程分布的均值和方差只有通过百分之百准确的完全检验才能得到。但是，抽样的目的是在不做完全检验的情况下，对流程产出的测量变量或测量属性进行估计。然后用这种估计值来评估流程自身的绩效。例如，医院重症监护实验室处理样本所花的时间（变量测量）是会发生变化的。如果你测量完成分析大量患者的时间，并画出测量结果，数据将趋向于形成一种模式，可以将这种模式描述为流程分布。通过抽样，我们可以尝试利用样本均值、样本极差或者标准差这些统计值来估计流程分布的参数。

1. 样本均值等于观察值的和除以观察的总次数：

$$\bar{x}=\frac{\sum_{i=1}^{n}x_i}{n}$$

式中，

x_i = 一个质量特征（比如时间）的观察值

n = 总观察次数

$\bar{x}$ = 均值

2. 极差是样本最大观察值与最小观察值之间的差值。而标准差则是方差分布的平方根。根据样本得出的流程标准差估计值由下式给出：

$$\sigma=\sqrt{\frac{\sum_{i=1}^{n}(x_i-\bar{x})^2}{n-1}} \quad \text{或} \quad \sigma=\sqrt{\frac{\sum_{i=1}^{n}x_i^2-\frac{\left(\sum_{i=1}^{n}x_i\right)^2}{n}}{n-1}}$$

式中，

σ = 样本的标准差

n = 样本的总观察次数

$\bar{x}$ = 均值

x_i = 一个质量特征的观察值

相对小的极差或标准差意味着观察值集中在均值附近。

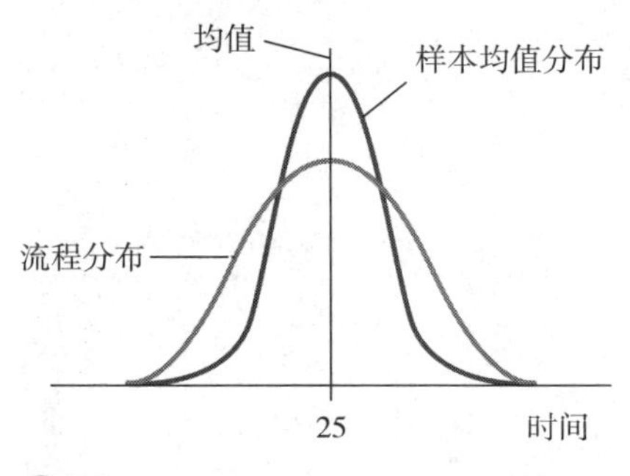

图 5.6
样本均值分布与流程分布之间的关系

这些样本的统计值有自己的分布，我们称为抽样分布（sampling distribution）。例如，在实验室分析流程中，一个重要的绩效变量就是将分析结果交到重症监护病房所花的时间。假定管理人员希望得到分析结果的平均时间是 25 分钟，也就是希望流程分布的均值为 25 分钟。一名定期抽取 5 次分析样本并计算样本均值的检验员，可用这一均值来确定流程的运行状况。假定该流程实际上以 25 分钟的均值完成分析。如果画出大量样本均值，可以看出这些样本均值有自己的抽样分布，和流程分布的均值一样，样本均值以 25 分钟为中心，但是波动的幅度要小得多。其原因是样本的均值抵消了每个样本的时间峰值和谷值。图 5.6 表示了样本均值的抽样分布与分析时间的流程分布之间的关系。

有些抽样分布（例如，样本大小为 4 或大于 4 的均值，以及样本大小为 20 或大于 20 的比例值）可以近似为正态分布，因此可以使用正态分布表（参见附录 1 的“正态分布”）。例如，假如你希望确定一个样本均值大于两个标准差且两个标准差大于流程均值的概率，翻开附录 1，注意到表中的 z = 2.0 一栏的标准差是 0.9772。因此，上述概率为 1–0.9772 = 0.0228 或 2.28%。样本均值大于两个标准差且两个标准差小于流程均值的概率同样也是 2.28%，因为正态分布相对于均值是对称的。将概率分配给抽样结果的能力，对于控制图的构造和使用是十分重要的。

偶然原因 产出的变化有两种基本类型：偶然原因和非偶然原因。**变化的偶然原因**（common causes of variation）是纯随机的、无法识别的变化来源，它是当前流程不可避免的。流程的分布特征用位置、分散度和形状来表示。位置用分布的均值来测量，

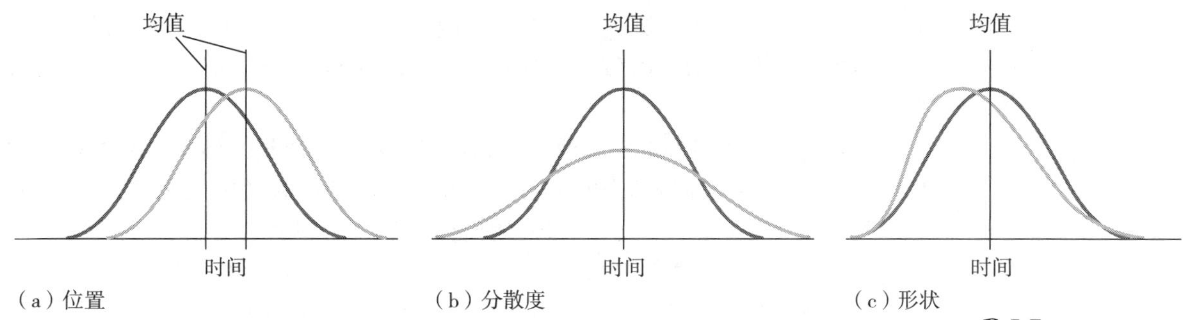

图 5.7
非偶然原因对实验室分析流程的流程分布产生的影响

分散度用极差或标准差来测量。流程分布的形状可以是对称的或者是偏态的。对称分布在均值的上方和下方有相同个数的观察值。偏态分布在均值的上方或者下方观察值数量要多一些。如果流程的可变性仅仅来自于变化的偶然原因，那么一个典型的假定条件是分布是对称的，其中绝大多数的观察值分布在中心附近。

非偶然原因　变化的第二种类型是**变化的非偶然原因**（assignable causes of variation），也称特殊原因，包括任何可以识别并消除的引起变化的因素。变化的非偶然原因包括需要培训的员工或需要修理的机器。让我们回到实验室分析流程的例子。图 5.7 表明非偶然原因是如何改变分析流程的产出分布的。图中**深灰色**曲线是仅出现变化的偶然原因时的流程分布，**浅灰色**曲线描绘出由于非偶然原因所引起的分布变化。在图 5.7（a）中，**浅灰色**曲线说明在许多情况下流程花的时间比计划的要多，因而增加了每次分析的平均时间。在图 5.7（b）中，在每种情况下，时间的可变性增加对分布的分散度产生了影响。最后，在图 5.7（c）中，**浅灰色**曲线说明流程在低于平均时间的检验中占有优势。这样的分布是偏态的，也就是说，不再相对于均值对称。当一个流程分布的位置、分散度和形状不随时间变化时，我们就说这个流程处于统计控制状态。当流程处于统计控制状态之后，管理者可使用 SPC 程序来检测非偶然原因的出现，并予以消除。

控制图

为了确定所观察到的变化是否异常，我们可以测量绩效，并在一个按时间顺序排列的图上画出从样本中得到的绩效指标值。这个按时间顺序排列的图称为**控制图**（control chart）。控制图有一个标称值和两个控制界限。标称值即中心线，它可以是流程的历史平均值，或者是管理者希望流程达到的目标值；两个控制界限是以质量标准的抽样分布为基础的。控制界限用于判断是否需要采取措施。其中较大的值代表控制上限（upper control limit, UCL），而较小的值则代表控制下限（lower control limit, LCL）。图 5.8 表示控制界限与抽样分

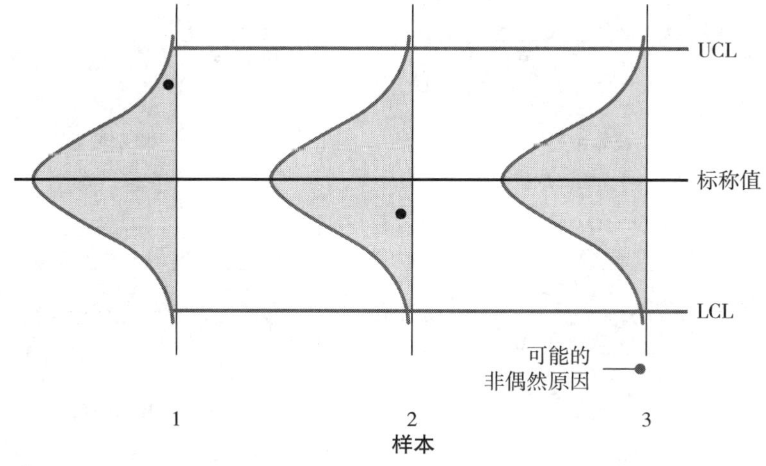

图 5.8
控制界限与样本分布之间的关系：3 组样本的观察值

布之间的关系。落入控制上限和控制下限之间的样本统计值，表示流程呈现的变化是由偶然原因引起的；而落在控制界限以外的样本统计值则说明流程的变化是由非偶然原因引起的。

落在控制界限以外的观察值并不总是意味着不良质量。例如，图 5.8 中的非偶然原因可能是引入一种新的记账流程，它减少了送达顾客的错误账单数量。如果来自账单样本的不正确账单比例，即绩效指标，落在控制图的控制下限以下，则新的程序可能使记账流程向更好的方向变化，并且应该构造新的控制图。

负责流程评估的管理人员或员工可以按以下方法使用控制图：

1. 从流程中随机抽取样本，并计算绩效指标的变量值或属性值。
2. 如果统计值落在图的控制界限之外，或者呈现出异常行为，则查找非偶然原因。
3. 消除引起绩效下降的原因，总结归纳引起绩效提高的原因。利用新数据重新构造控制图。
4. 定期重复上述过程。

有时，即使没有超出控制界限，也可以发现流程中的问题。图 5.9 中给出了控制图的 4 个例子。图（a）表示处于统计控制状态的流程，不需要采取任何行动。但是图（b）表示了一种称为链（run）的模式，或者是具有某种特点的一个观察值序列。一个有代表性的准则是：当 5 个或更多观察值呈现出下降或者上升趋势时，即使观察点没有超出控制界限，也要采取矫正措施。图中有 9 个连续观察值低于均值且呈现出下降趋势。偶然发生这种结果的概率是非常低的。

图（c）表示流程突然偏离了正常模式。最后 4 个观察值是不正常的：第 1 个观察值降至 LCL 附近，随后的 2 个观察值向 UCL 方向上升，第 4 个观察值则维持在标称值以上。即使未超出控制界限，管理人员或员工也应该监测这种突然变化的流程。最后，图（d）说明，由于有两个样本结果落在控制界限之外，因此流程有两次失控。此时流程分布发生变化的概率很大。在本章后面对流程性能进行阐述时，还会讨论超出统计控制范围的更多影响。

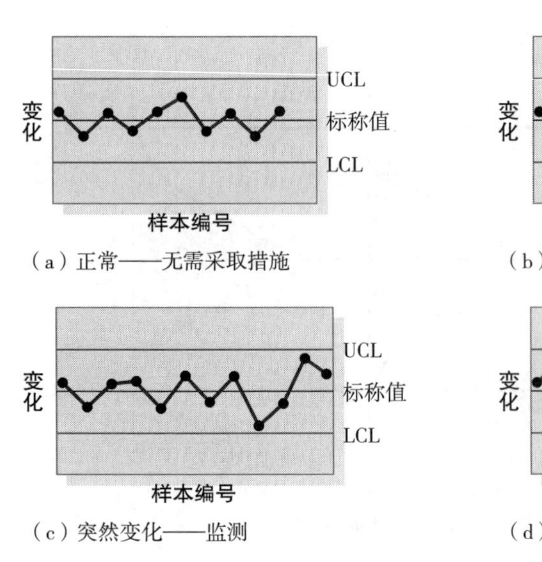

（a）正常——无需采取措施

（c）突然变化——监测

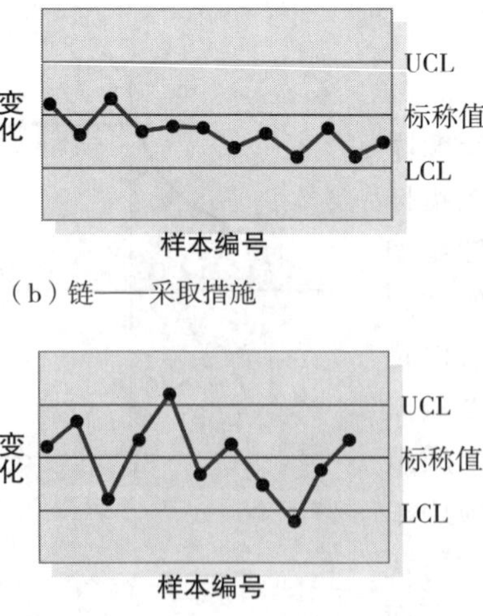

（b）链——采取措施

（d）超出控制界限——采取措施

图 5.9
控制图实例

对于发现检测流程分布的偏移来说，控制图并非是完美的工具，这是因为控制图是根据抽样分布画出的。使用控制图时可能出现两类错误。当根据落在控制界限之外的样本结果得出流程失控的结论，但是事实上它纯粹由偶然原因引起时，会出现**第一类错误**（type I error）。当流程实际上已经超出统计控制范围，却得出了流程仍处于控制状态，只是出现了偶然情况的结论时，就会出现**第二类错误**（type II error）。

这两类错误可以通过选择控制界限来控制。这种选择取决于两种成本（在根本不存在非偶然原因的情况下，去查找非偶然原因所花的成本，以及未发现流程偏移所发生的成本）的比较。例如，把控制界限设定在与均值相差 ±3 个标准差，可以减少第一类错误，因为除非流程脱离了统计控制，否则样本结果落在控制界限之外的机会很小，只有 0.26%。但这样，第二类错误就会很大，这是由于控制界限的跨度很大，与流程分布性质有轻微的偏离不会被察觉。另一种方法是，将控制界限的跨度减小为 ±2 个标准差，从而增大了无差错流程的样本结果落在控制界限之外的概率，达到 4.56%。此时第二类错误更小，但是第一类错误会变大，因为当样本结果只是偶然发生偏离时，员工可能会去查找非偶然原因。作为一个通用准则，相对于不能发现流程分布偏移的成本，查找非偶然原因的成本更大时，就会使用较宽的界限范围。

统计过程控制法

统计过程控制（SPC）法，无论是测量当前的流程绩效，还是检测流程是否发生了影响未来流程绩效的变化，都是很有用的。本节首先讨论绩效变量标准的均值图和极差图，然后再考虑属性标准的控制图。

变量控制图

变量控制图用于监测流程分布的均值和可变性。

R–图 极差图，或称 **R– 图**（*R*-chart），用于监测流程的可变性。为了计算一组样本数据的极差，分析人员从每组样本中用最大值减去最小值。如果有任何一个极差数据落在控制界限之外，则流程的可变性就超出了控制范围。

R- 图的控制界限为：

$$\text{UCL}_R = D_4\overline{R} \text{ 及 } \text{LCL}_R = D_3\overline{R}$$

式中，

$\overline{R}$ = 以往几个 R 值的平均值和控制图的中心线，

D_3，D_4 = 常数，对给定的样本大小提供 3 个标准差（3σ）控制界限。

注意，列于表 5.1 中 D_3 和 D_4 的值是样本大小的函数。另外还要注意，随着样本大小的增加，控制界限的跨度变窄。这一变化的原因是有更多信息作为依据来估计流程极差。

$\overline{x}$ – 图 **$\overline{x}$ – 图**（读作 “*x*-bar 图”）用于判断流程的平均产出是否与管理层为流程设定的目标值一致，或者根据绩效标准均值，流程当前的绩效是否与过去的绩效一致。当流程完全重新设计时，目标值是很有用的，同时过去的绩效不再具有相关性。当识别出流程可变性的非偶然原因，且流程可变性处于统计控制状态时，分析人员就可以构建 $\overline{x}$- 图。$\overline{x}$- 图的控制界限为

$$\text{UCL}_{\overline{x}} = \overline{\overline{x}} + A_2\overline{R} \text{ 及 } \text{LCL}_{\overline{x}} = \overline{\overline{x}} - A_2\overline{R}$$

式中，

表 5.1 $\bar{x}$ – 图和 R– 图 3σ 控制界限的计算因子

样本大小（n）	$\bar{x}$ – 图的 UCL 和 LCL 计算因子（A_2）	R– 图的 LCL 计算因子（D_3）	R– 图的 UCL 计算因子（D_4）
2	1.880	0	3.267
3	1.023	0	2.575
4	0.729	0	2.282
5	0.577	0	2.115
6	0.483	0	2.004
7	0.419	0.076	1.924
8	0.373	0.136	1.864
9	0.337	0.184	1.816
10	0.308	0.223	1.777

资源来源：Reprinted with permission from *ASTM Manual on Quality Control of Materials*, copyright © ASTM International, 100 Barr Harbor Drive, West Conshohocken, PA 19428.

$\bar{\bar{x}}$ = 图的中心线，可以是流程以往样本均值的平均值，也可以是为流程设定的目标值。

A_2 = 为样本均值提供 3σ 控制界限的常数。

A_2 的取值列于表 5.1 中。注意控制界限用 $\bar{R}$ 值，因此必须在流程的可变性处于控制范围之后才可以构建 $\bar{x}$- 图。

构建和使用 $\bar{x}$- 图、R- 图的步骤如下：

第 1 步：收集质量的变量标准数据（如时间、重量或直径），并用样本编号来组织数据。在构造控制图时最好至少使用样本数量为 n 的 20 组样本。

第 2 步：计算每组样本的极差 R 以及样本集合的平均极差 $\bar{R}$。

第 3 步：用表 5.1 确定 R- 图的控制上限和控制下限。

第 4 步：画出样本极差。如全部都在控制范围内，则进入第 5 步。否则，查找非偶然原因，予以纠正，返回第 1 步。

第 5 步：对每组样本计算 $\bar{x}$，并确定图的中心线 $\bar{\bar{x}}$。

第 6 步：用表 5.1 确定 $UCL_{\bar{x}}$ 和 $LCL_{\bar{x}}$ 的参数，构造 $\bar{x}$- 图。

第 7 步：画出样本均值。如果全部在控制范围内，依据流程均值和流程可变性判断，流程处于统计控制状态。继续采样并监控流程。如果有任何失控现象，则找出非偶然原因并予以纠正，然后返回第 1 步。如果经仔细查找后仍未发现非偶然原因，就假定失控点的变化是由偶然原因引起的，然后继续监测流程。

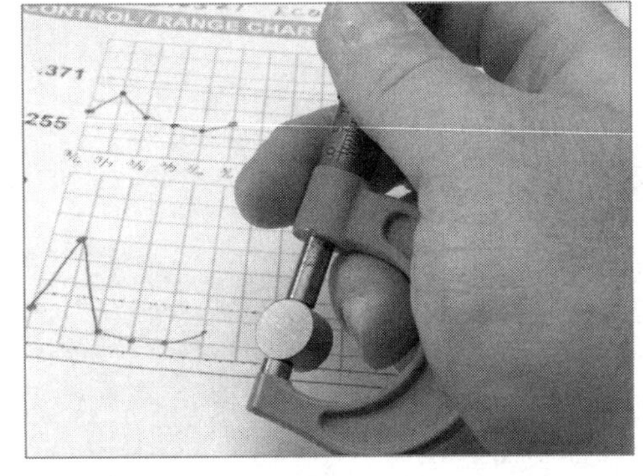

一名分析人员用千分尺测量一个零件的直径。对样本进行测量后，他将极差画在控制图上。

例 5.1 用 $\bar{x}$ – 图和 R– 图监测流程

West Allis 工业公司的管理层正在考虑专用金属螺杆的生产问题，公司的几个大客户都使用这种金属螺杆。螺杆的直径对客户很重要。5 组样本的数据列于下表，样本的大小为 4。问流程是否处于统计控制状态？

解

第 1 步： 为简便起见，我们只用了 5 组样本。实际上要求 20 组以上的样本。数据列于下表。

用于 $\overline{x}$ – 图和 R– 图的数据：螺杆直径观察值（英寸）

	观察值					
样本编号	1	2	3	4	R	$\overline{x}$
1	0.5014	0.5022	0.5009	0.5027	0.0018	0.5018
2	0.5021	0.5041	0.5024	0.5020	0.0021	0.5027
3	0.5018	0.5026	0.5035	0.5023	0.0017	0.5026
4	0.5008	0.5034	0.5024	0.5015	0.0026	0.5020
5	0.5041	0.5056	0.5034	0.5047	0.0022	0.5045
				平均	0.0021	0.5027

第 2 步： 用各组样本中的最大值减去最小值，计算每组样本的极差。例如，样本 1 的极差为 0.5027 – 0.5009 = 0.0018 英寸。类似地，样本 2、样本 3、样本 4 和样本 5 的极差分别为 0.0021、0.0017、0.0026 和 0.0022 英寸。如表中所示，$\overline{R}$ = 0.0021。

第 3 步： 为了构造 R– 图，从表 5.1 中选取样本大小为 4 时的常数，控制上限和控制下限分别为：

$$UCL_R = D_4\overline{R} = 2.282 \times 0.0021 = 0.00479\text{（英寸）}$$

$$LCL_R = D_3\overline{R} = 0 \times 0.0021 = 0\text{（英寸）}$$

第 4 步： 在 R– 图上画出极差，如图 5.10 所示。样本的极差无一落在控制界限以外，因此流程的可变性处于统计控制状态。如果有任何样本的极差落在控制界限之外，或者出现了非正常模式（参见图 5.9），就必须查找可变性过大的原因并予以纠正，然后返回第 1 步。

第 5 步： 计算每组样本的均值。例如，样本 1 的均值为

$$\frac{0.5014 + 0.5022 + 0.5009 + 0.5027}{4} = 0.5018\text{（英寸）}$$

类似地，样本 2、样本 3、样本 4 和样本 5 的均值分别为 0.5027、0.5026、0.5020 和 0.5045 英寸。如表中所示，$\overline{\overline{x}}$ = 0.5027。

第 6 步： 现在可以构造流程平均值的 $\overline{x}$ – 图。螺杆的平均直径是 0.5027 英寸，平均极差是 0.0021 英寸，因此，应用 $\overline{\overline{x}}$ = 0.5027、$\overline{R}$ = 0.0021 以及从表 5.1 中取出的样本大小为 4 的值，可以构造控制界限：

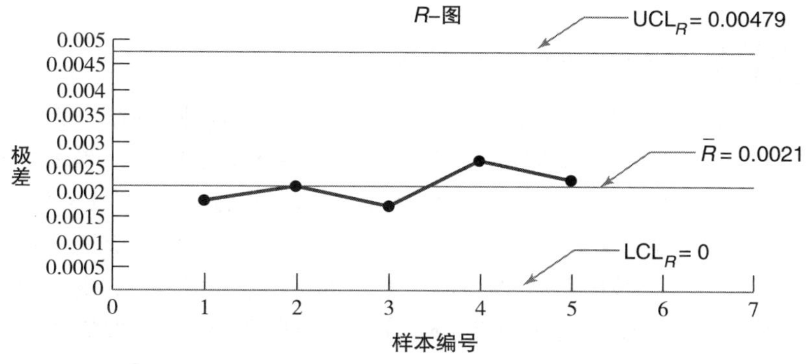

图 5.10 用 OM Explorer 的 $\overline{x}$ – 图和 R– 图求解软件画出的极差图，表明流程的可变性处于控制状态

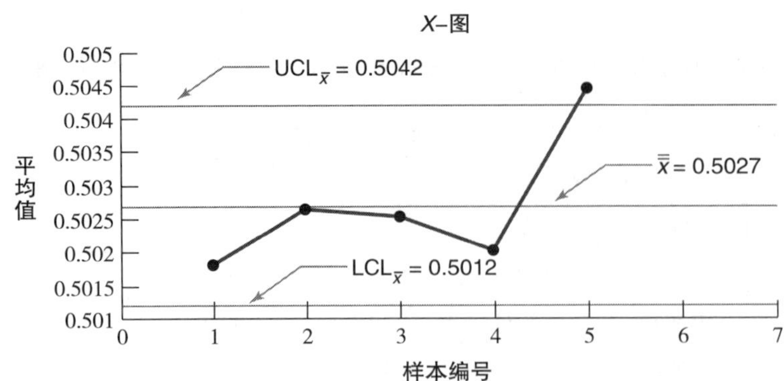

图 5.11
用 OM Explorer 的 $\bar{x}$－图和 R－图求解软件画出的金属螺杆 $\bar{x}$－图，表明样本 5 超出控制范围。

$$\mathrm{UCL}_{\bar{x}} = \bar{\bar{x}} + A_2\bar{R} = 0.5027 + 0.729\times0.0021 = 0.5042\text{（英寸）}$$
$$\mathrm{LCL}_{\bar{x}} = \bar{\bar{x}} - A_2\bar{R} = 0.5027 - 0.729\times0.0021 = 0.5012\text{（英寸）}$$

第 7 步： 在控制图中画上样本均值，如图 5.11 所示。

样本 5 的均值落在 UCL 的上方，表示流程平均值脱离了统计控制范围，因此必须查找非偶然原因（也许可以使用因果图）。

决策重点

一名新员工在对样本 5 抽样的那天操作了生产螺杆的车床。为了解决这一问题，管理层启动了对这名员工的培训课程。后来的抽样表明流程回到了统计控制状态。

如果流程分布的标准差是已知的，则可以使用另一种形式的 $\bar{x}$- 图：

$$\mathrm{UCL}_{\bar{x}} = \bar{\bar{x}} + z\sigma_{\bar{x}} \text{ 以及 } \mathrm{LCL}_{\bar{x}} = \bar{\bar{x}} - z\sigma_{\bar{x}}$$

式中，

$\sigma_{\bar{x}} = \sigma/\sqrt{n}$，即样本均值的标准差

σ = 流程分布的标准差

n = 样本大小

$\bar{\bar{x}}$ = 图的中心线，可以是过去样本均值的平均值，也可以是为流程设立的目标值

z = 正态离差（偏离平均值的标准差个数）

在构造 $\bar{x}$- 图之前，分析人员可以使用 R- 图来确保流程可变性处于控制状态。使用这种形式的 $\bar{x}$- 图的优点是：分析人员可以通过改变 z 的取值来调整控制界限的分散度。这种方法在平衡第一类错误和第二类错误的影响时是很有用的。

例 5.2* 用流程标准差设计 $\bar{x}$－图

Sunny Dale 银行监测了“免下车窗口”顾客服务所需的时间，因为这是与城市中其他银行竞争的一个重要质量因素。利用对窗口运营深入研究所采集的数据进行分析后，银行管理层确定在需求高峰期为每名顾客服务的平均时间是 5 分钟，其标准差为 1.5 分钟。管理层想通过定期抽取 6 位顾客的样本监测服务 1 位顾客的平均时间。假定流程的可变性处于统计控制状态，设计第一类错误为 5% 的 $\bar{x}$－图。也就是说，设定控制界限，使样本结果落在 LCL 以下和 UCL 以上的可能性各为 2.5%。在几个星期的抽样后，有两个连续样本分别是 3.70 分钟

和 3.68 分钟。问顾客服务流程是否处于统计控制状态？

解

$$\bar{\bar{x}} = 5.0 \text{ 分钟}$$
$$\sigma = 1.5 \text{ 分钟}$$
$$n = 6 \text{ 名顾客}$$
$$z = 1.96$$

由于，流程可变性处于统计控制状态，因此可直接绘制 $\bar{x}$– 图。控制界限为：

$$\text{ULC}_{\bar{x}} = \bar{\bar{x}} + z\sigma/\sqrt{n} = 5.0 + 1.96 \times 1.5/\sqrt{6} = 6.20 \text{（分钟）}$$
$$\text{LCL}_{\bar{x}} = \bar{\bar{x}} + z\sigma/\sqrt{n} = 5.0 - 1.96 \times 1.5/\sqrt{6} = 3.80 \text{（分钟）}$$

其中 z 值可以用以下方法得到：正态分布表（参见附录 1）给出了从 $-\infty$ 到 z 之间位于正态曲线下方总面积的比例。我们希望第一类错误占 5%，或者说曲线的 2.5% 位于 UCL 的上方，曲线的 2.5% 位于 LCL 的下方。因此，我们需要在表中找出仅留 2.5% 的面积在正态曲线上方（即在表中取 0.9750）的值。这个值是 1.96。两个新样本的值均在 $\bar{x}$ – 图的 LCL 以下，这意味着为一位顾客服务的平均时间有所下降。应该找出非偶然原因，了解是什么引起了质量改进。

决策重点

管理层研究了采样的时间区间，发现流程的管理员正在试验某种新程序。因此管理层决定将这种新程序固化到顾客服务流程中。在所有员工都接受了新程序的培训之后，再进行新的抽样并重新构造控制图。

属性控制图

根据属性标准进行绩效评价的两种常用图是 p- 图和 c- 图。p- 图用于控制流程产生的不合格率。在一项服务或产品中出现的缺陷多于 1 个时，c- 图用于控制缺陷的数量。

p– 图　**p– 图**（*p*-chart）是一种常用的属性控制图。绩效的特征是通过计数而不是测量得到，因此可以据此宣布整个服务或产品的好坏。例如，在银行业，所计量的属性可能是没有背书的存单数，或者是交给顾客的不正确的财务报表数目。这种方法包括选择一组随机样本，检查样本中的每一件，计算样本中的不合格率 p，即用不合格品的件数除以样本大小。

为了制作 p- 图而进行抽样涉及一个是与否的判断：流程的产出是不合格的，还是合格的。其基本的统计分布是二项分布。但是，对于大样本来说，正态分布是一个很好的近似分布。不合格率分布的标准差 σ_p 为

$$\sigma_p = \sqrt{\bar{p}(1-\bar{p})/n}$$

式中，

n = 样本大小

$\bar{p}$ = 图的中心线，可以是不合格率的历史平均值，也可以是目标值

我们可以利用 σ_p 得到 p- 图的控制上限和控制下限：

$$\text{UCL}_p = \bar{p} + z\sigma_p，\ \text{LCL}_p = \bar{p} - z\sigma_p$$

式中，

z = 正态离差（偏离平均值的标准差个数）

p- 图可以按以下方式使用。定期抽取大小为 n 的随机样本，记下服务或产品的不合格数量。用不合格数量除以样本大小，得到样本的不合格率 p，将这个比例画在图上。当样本的不合格率落在控制界限以外时，分析人员就假定流程产生的不合格率发生了变化，并要找出非偶然原因。降至 LCL_p 以下的观察值说明，流程实际上得到了改进。分析人员发现没有非偶然原因，因为失控的不合格率总有可能是偶然出现的。但是，如果分析人员发现了非偶然原因，就不应该用那些样本数据计算 p- 图的控制界限。

例 5.3 用 p– 图监测流程

Hometown 银行预约服务部的运营经理正在为员工记录的顾客账号出错数量而感到担忧。每周进行 2 500 份存款的随机抽样，并记录错误账号的数量。过去 12 周的抽样结果列于下表。预约流程是否超出了统计控制的范围？请使用 3σ 的控制界限，这一界限出现第一类错误的可能性为 0.26%。

样本编号	错误账号数量	样本编号	错误账号数量
1	15	7	24
2	12	8	7
3	19	9	10
4	2	10	17
5	19	11	15
6	4	12	3
			合计 147

解

第 1 步： 用这些样本数据计算 $\bar{p}$

$$\bar{p} = \frac{\text{不合格总数}}{\text{观察数量}} = \frac{147}{12 \times 2\,500} = 0.0049$$

$$\sigma_p = \sqrt{\bar{p}(1-\bar{p})/n} = \sqrt{0.0049(1-0.0049)/2\,500} = 0.0014$$

$$\text{UCL}_p = \bar{p} + z\sigma_p = 0.0049 + 3 \times 0.0014 = 0.0091$$

$$\text{LCL}_p = \bar{p} - z\sigma_p = 0.0049 - 3 \times 0.0014 = 0.0007$$

第 2 步： 计算每一组样本的不合格率。样本 1 的不合格率是 15/2 500=0.0060。

第 3 步： 在图上画出每一组样本的不合格率，如图 5.12 所示。

样本 7 超出了 UCL，因此流程超出了控制，应该确定那一周绩效不佳的原因。

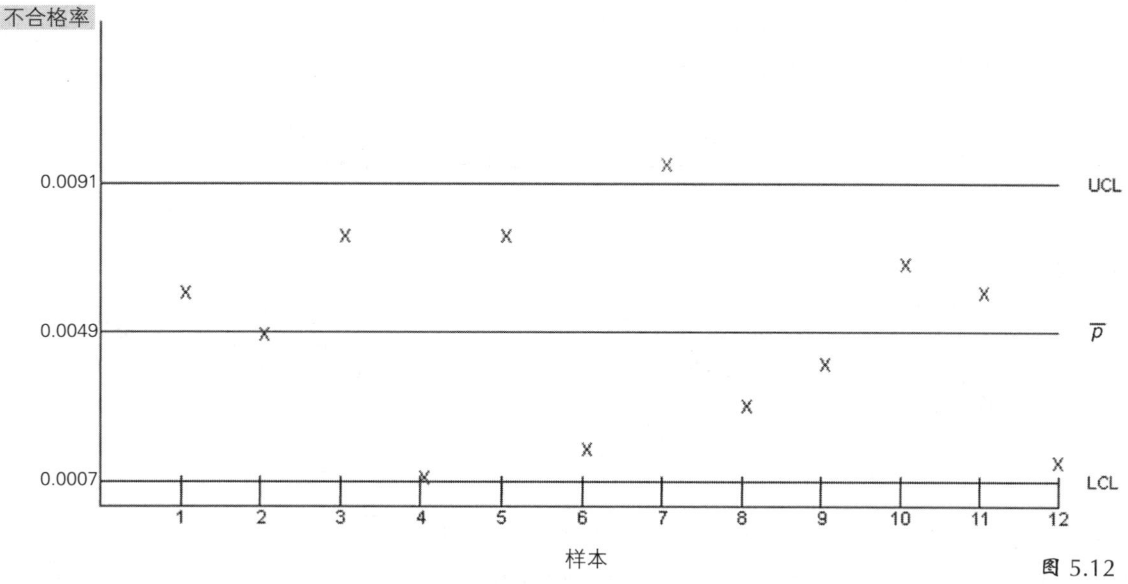

图 5.12
用 POM for Windows 画出错误账号的 p– 图，表明样本 7 超出了控制范围

决策重点

管理层调查了样本 7 取样时的情况。往支票上打印账号的编码机在那一周出现故障。随后的一周修好了编码机，但是，在机器出故障前的几个月没有做提示的预防性维护。管理人员检查了维护部门的绩效，对编码机的维护程序做出修改意见。在问题得到纠正之后，分析人员用不包括样本 7 在内的数据重新计算了控制界限。对随后的几周做了抽样，确定预约流程处于统计控制状态。因此，p– 图提供了一种工具，它可以指出在何时需要调整流程。

c– 图　有时服务或产品不止有一种缺陷。例如，一卷地毯可能有几种缺陷，比如起球、纤维褪色或者生产过程中沾有污渍。其他可能出现不止一种缺陷的情况包括：在一个特定十字路口的交通事故，电视机显像管面板上的气泡，以及一家酒店顾客的投诉。当管理层想要减少每单位产品或服务出现缺陷的数量时，另一种类型的控制图，即 **c– 图**（c-chart），是很有用的。

c- 图的基本抽样分布是泊松分布。泊松分布基于如下假定：缺陷在产品表面上一个连续区域出现，或者在提供服务期间的一个连续时间段中出现。而且，进一步假定，表面上任何一个地方或者任何一个时刻出现两种及两种以上缺陷的概率可忽略不计。分布的均值是 $\overline{c}$，标准差是 $\sqrt{\overline{c}}$。一个有用的策略是使用正态分布作为泊松分布的近似分布，使图的中心线为 $\overline{c}$，且控制界限为

$$\mathrm{UCL}_c = \overline{c} + z\sqrt{\overline{c}}，\ \mathrm{LCL}_c = \overline{c} - z\sqrt{\overline{c}}$$

例 5.4　用 c– 图监测每单位产品的缺陷

Woodland 纸业公司为报业生产纸张。流程的最后一个步骤，是纸张经过测量产品各种质量特征的机器。当纸张生产流程处于控制状态时，每卷平均有 20 个缺陷。

a. 对每卷的缺陷数建立一个控制图。本例中，使用 2σ 的控制界限。
b. 5 卷纸的缺陷数分别为：16、21、17、22 和 24。第 6 卷纸使用了不同供应商的纸浆，有 5 个缺陷。纸张生产流程是否处于控制状态？

解

a. 每卷平均缺陷数是 20。因此

$$UCL_c = \bar{c} + z\sqrt{\bar{c}} = 20 + 2\sqrt{20} = 28.94$$
$$LCL_c = \bar{c} - z\sqrt{\bar{c}} = 20 - 2\sqrt{20} = 11.06$$

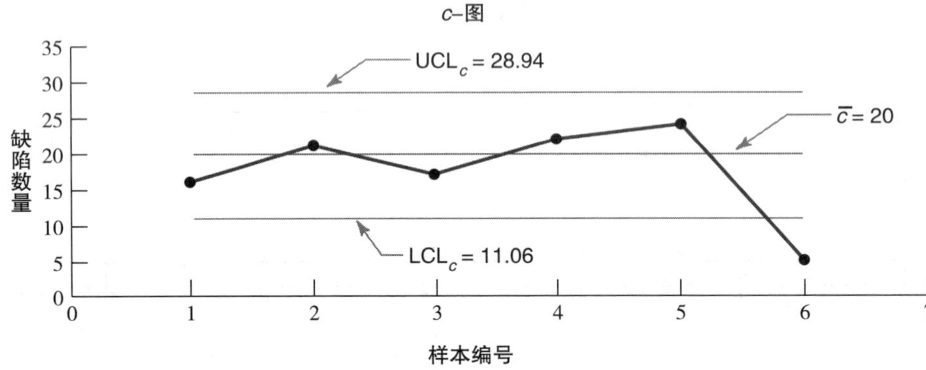

图 5.13
OM Explorer c– 图求解软件画出每卷纸缺陷的 c– 图

其控制图如图 5.13 所示。

b. 由于前 5 卷的缺陷数落在控制界限之内，因此流程仍然处于受控状态。然而，第 6 卷纸的 5 种缺陷低于 LCL，因此流程在技术上 "失控"。控制图表明某些好的变化发生了。

决策重点

前 5 个样本的供应商已向 Woodland 纸业公司供货多年。第 6 个样本的供应商是公司新启用的一家供应商。管理层决定继续使用这家新供应商一段时间，监测缺陷数量，看看缺陷率是否一直很低。如果这一数字在 20 组连续样本中保持在 LCL 以下，管理层将永久地选择该供应商，并重新计算控制图的参数。

流程性能

统计过程控制方法帮助管理者实现并保持流程分布的均值和方差不发生变化。控制图中的控制界限会在流程的均值或可变性出现变化时发出信号。然而，处于统计控制范围内的流程，并不能提供满足设计规格的服务或产品，因为控制图的控制界限是根据抽样分布的均值和可变性得出的，不是按照设计规格得出的。**流程性能**（process capability）指的是流程满足产品或服务设计规格要求的能力。设计规格常常表示为**标称值**（nominal value）、目标和**公差**（tolerance）——高于或低于该标称值的容许误差。

例如，由于在生命垂危的情况下对抢救速度有很高的要求，重症监护实验室的行政主管规定将分析结果交到主治医生手中的周转时间的标称值为 25 分钟，公差为 ±5 分钟。这一公差给出了 30 分钟的规格上限和 20 分钟的规格下限。实验室流程必须在这个规格范围内提供分析结果，否则就会产生某种比例的 "缺陷"。行政主管对低于 20 分钟周转时间的检测情况也很感兴趣，因为从中可以学到某种方法，在将来可能用于实验室流程。目前，医生对在 20 到 30 分钟之间能得到结果感到满意。

流程性能的确定

图 5.14 给出了两种情况下流程分布与实验室流程周转时间的规格上限和规格下限之间的关系。在图 5.14（a）中，流程是合格的，因为流程分布的极限落在规格上限和规格下限之间。在图 5.14（b）中，则流程是不合格的，因为实验室流程产生了过多的周转时间长的报告。

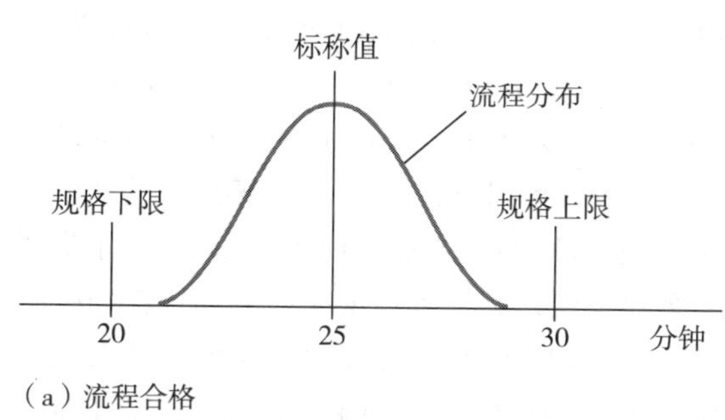

（a）流程合格

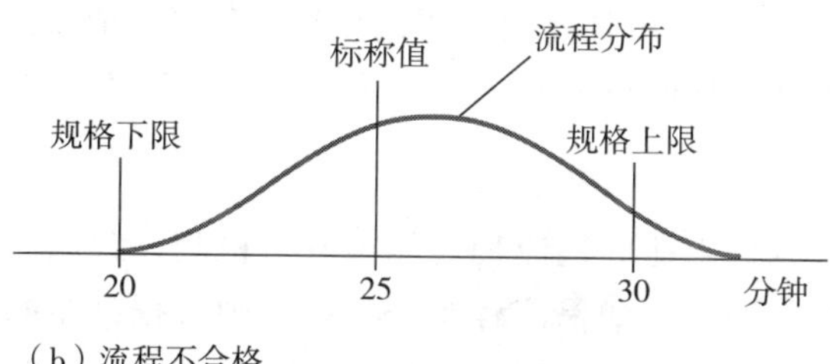

（b）流程不合格

图 5.14 流程分布与规格要求上限和规格要求下限之间的关系

图 5.14 清楚地说明了管理者为什么对降低流程可变性如此关心。可变性越小——表现为标准差越小——则不良产出的次数就越少。图 5.15 说明了对于具有正态概率分布的流程来说，降低可变性意味着什么。具有 2σ 质量水平（规格界限等于流程分布均值的 ±2 个标准差）的企业，产生 4.56% 的不合格品，即每 100 万件产品中有 45 600 件不合格品。而具有 4σ 质量水平的企业，则只产生 0.0063% 的不合格品，即每 100 万件产品中有 63 件不合格品。最后，具有 6σ 质量水平的企业只产生 0.0000002% 的不合格品，即每 100 万件产品中有 0.002 件不合格品。[1]

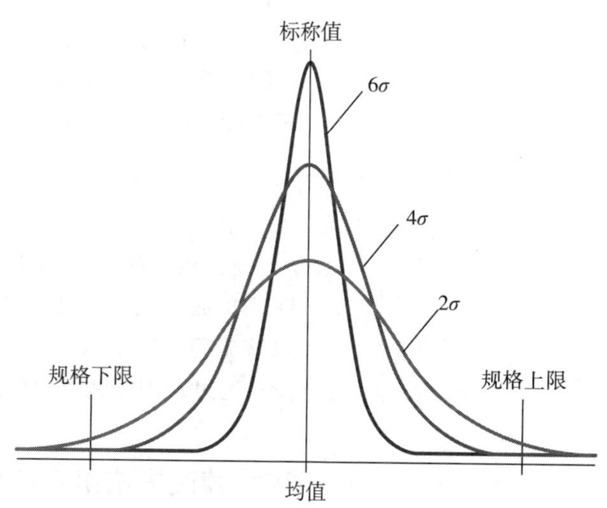

图 5.15 降低流程性能可变性的影响

管理者如何用定量方法确定流程是否合格？在实践中常用两种标准评价流程的性能：流程性能指数和流程性能系数。

流程性能指数 **流程性能指数**（process capability index, C_{pk}）定义为：

$$C_{pk} = \text{Min}\left[\frac{\bar{\bar{x}} - \text{规格下限}}{3\sigma}, \frac{\text{规格上限} - \bar{\bar{x}}}{3\sigma}\right]$$

1 我们的讨论假定流程分布不存在非偶然原因。但 6σ 方法中根据流程的平均值移动了 1.5 个标准差的假设来定义不合格。这种情况下，每 100 万件产品中将会有 3.4 件不合格品。

式中

σ = 流程分布的标准差

流程性能指数测量流程的居中情况，以及其可变性是否被接受。作为通用法则，任何流程分布的大多数值都会落在其均值的 ±3 个标准差之间。因此，用 ±3 个标准差作为基准。由于流程性能指数关心的是流程相对于其规格要求的居中情况，因此用该指数检查流程的平均值是否与其规格上限和下限之间至少偏离了 3 个标准差。我们在两个比例之间取最小值，因为该最小值给出了最坏的情况。

流程性能指数必须与一个临界值比较，以判断流程是否合格。努力达到 3σ 质量水平的企业使用的临界比例值为 1.0。以 4σ 质量水平为目标的企业，将临界值取为 1.33（即 4/3），以 5σ 质量水平为目标的企业将临界值取为 1.67（即 5/3），而努力达到 6σ 质量水平的企业，则将临界值取为 2.0（即 6/3）。对于提供的服务或生产的产品低于 3σ 质量水平的企业来说，其流程性能指数 C_{pk} 小于 1.0。

如果一个流程通过了流程性能指数的检测，就可以宣布流程是合格的。假定企业要求其流程以 4σ 质量水平进行生产。如果 C_{pk} 大于或等于临界值 1.33，就可以说流程是合格的。如果 C_{pk} 小于该临界值，要么是其流程平均值太接近其公差极限，导致不合格产出；要么是流程的可变性太大。为了确定可变性是否是罪魁祸首，我们还需要做另一种检测。

流程性能系数　如果流程未能通过流程性能指数的检测，我们需要迅速测定流程可变性是否是导致问题的原因。如果流程是合格的，则流程分布的极限值就会落在服务或产品的规格上限与规格下限之间。例如，如果流程分布是正态分布，则 99.74% 的值会落在 ±3 个标准差之间。换句话说，由流程产生的质量指标的取值范围，大约是流程分布的 6 个标准差。因此，如果流程在 3σ 质量水平上是合格的，那么其规格上限和下限之间的差，称为*公差宽度*（tolerance width），它必须大于 6 个标准差。**流程性能系数**（process capability ratio, C_p）定义为

$$C_p = \frac{\text{规格上限} - \text{规格下限}}{6\sigma}$$

假定管理层希望流程达到 4σ 的质量水平，但流程恰恰未能通过这一水平的流程性能指数检测。比如，C_p 值为 1.33 就意味着流程的可变性达到了 4σ 质量水平，如果该流程是居中的，就能有符合规格要求的产出。由于 C_p 值通过了检测，而 C_{pk} 值没有通过，因此就可以假定产生问题的原因是流程没有完全居中。

用持续改进法确定流程的性能

为了确定流程在公差范围内生产产品的性能，可利用以下步骤：

第 1 步：收集流程产出数据，计算流程产出分布的均值和标准差。

第 2 步：使用流程分布数据计算流程控制图的参数，如 $\bar{x}$- 图和 R- 图。

第 3 步：从流程中取一系列样本大小为 n、至少 20 个连续随机样本，并将结果画在控制图上。如果样本统计值位于控制图的控制界限之内，则流程处于统计控制状态。如果流程超出了统计控制范围，则查找非偶然原因并予以消除。重新计算流程分布的均值和标准差，以及控制图的控制界限。继续这一过程直到流程处于统计控制状态。

第 4 步： 计算流程性能指数。如果结果是可接受的，则流程合格并记录流程的任何改变；用控制图继续监测其产出。如果结果是不可接受的，则计算流程性能系数。如果结果是可接受的，则流程可变性处于正常状态，管理层应该重点关注流程的居中情况。如果流程性能系数是不可接受的，管理层就应该将重点放在降低流程的可变性上，直到其通过检测。在做出改变之后，重新计算流程分布的均值和标准差，以及控制图的控制界限，并返回到第 3 步。

质量工程

良好的质量绩效不仅涉及流程改进，还涉及服务或产品的设计。源于田口玄一（Genichi Taguchi）的**质量工程**（quality engineering）是一种方法，它将工程设计方法与统计方法结合起来，通过最优化产品设计和制造流程，来降低成本并提升质量。田口认为，不受欢迎的成本与偏离质量特征的目标值有关。田口的观点是：当服务或产品的质量特征与目标值精确相等时，**质量损失函数**（quality loss function）的取值为零，而当质量特征向规格界限趋近时，质量损失函数呈指数级增长。其基本原理是：勉强达到规格要求的服务或产品与完美的服务或产品相比，更可能是有瑕疵的。图 5.16 以图解的方式表示了田口的质量损失函数。田口总结说，管理者应该不断地寻找方法，减少偏离生产流程目标值的所有可变性，而不要满足于仅仅达到规格界限。

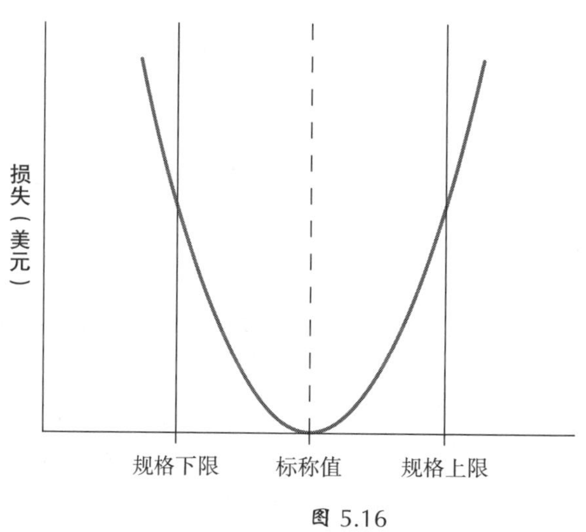

图 5.16
田口的质量损失函数

例 5.5　重症监护实验室的流程性能评价

重症监护实验室流程的平均周转时间为 26.2 分钟，标准差为 1.35 分钟。该项服务的标称值是 25 分钟，其规格上限为 30 分钟，规格下限为 20 分钟。实验室的行政主管希望她的实验室达到 4σ 的质量水平。问该实验室的流程性能在这一绩效水平是否合格？

解

行政主管应用流程性能指数对流程是否合格做了快速检查：

$$规格下限计算值 = \frac{26.2-20.0}{3\times1.35} = 1.53$$

$$规格上限计算值 = \frac{30.0-26.2}{3\times1.35} = 0.94$$

$$C_{pk} = \text{Min}\,[1.53，0.94] = 0.94$$

因为 4σ 质量水平的目标值是 1.33，该流程性能指数告诉行政主管流程是不合格的。但是，她不知道问题是由流程的可变性引起的，还是由流程的中心定位引起的，或者是两者兼而有之。改进流程的可选方案取决于究竟是什么地方出了问题。

她接着用流程性能系数检查了流程的可变性：

$$C_p = \frac{30.0-20.0}{6\times1.35} = 1.23$$

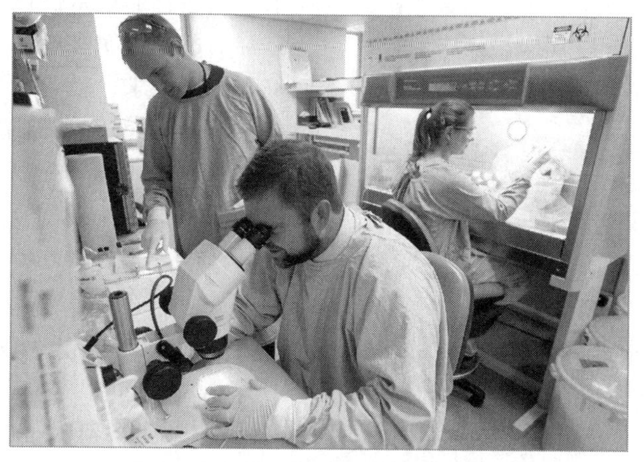

St. Vincent's 医院的一名医生在实验室用显微镜检查样本

流程可变性不能满足 4σ 质量水平 1.33 的目标。因此，行政主管开始研究，以弄清这种可变性是由流程的什么地方引起的。经确定，准备化验报告和准备承载样本玻璃片这两类活动的程序不一致。修改这些程序，以提供一致的绩效。收集新数据后，现在的平均周转时间是 26.1 分钟，标准差为 1.2 分钟。现在，流程可变性达到了 4σ 质量水平的要求，其流程性能系数为：

$$C_p = \frac{30.0 - 20.0}{6 \times 1.20} = 1.39$$

但是，流程性能指数指出，还存在一些需要解决的问题：

$$C_{pk} = \text{Min}\left[\frac{26.1 - 20.0}{3 \times 1.20}, \frac{30.0 - 26.1}{3 \times 1.20}\right] = 1.08$$

决策重点

实验室流程在周转时间上仍然没有达到 4σ 质量水平的要求。实验室行政主管查找了周转时间分布偏离中心的原因。她发现在一台重要的检测设备上会定期出现积压。购买另一台设备来扩张能力，可以使周转时间缩短，从而达到 4σ 的质量水平。

国际质量文件标准

企业一旦经过努力使流程具备相应的能力，就必须为质量水平提供证明文件，才能更好地出售其服务或产品。这种质量证明文件在国际贸易中尤为重要。但是，如果每个国家都有自己的一套标准，那么在国际市场上销售产品的企业，就难以满足每个业务所在国的质量文件标准。为解决这一问题，国际标准化组织为在欧盟开展业务的企业设计了一套称为 ISO 9000 的标准。后来，又为环境管理体系设计了一套 ISO 14000 标准，为社会责任指南设计了 ISO 26000 标准。

ISO 9001：2008 文件标准

ISO 9001：2008 是 ISO 9000 质量管理文件标准的最新版本。根据国际标准化组织的解释，ISO 9001：2008 针对质量管理问题，具体说明企业为满足顾客的质量要求以及适合的规章制度要求该做的工作，目的是提高顾客满意度，并且在追寻这些目标的过程中实现绩效的持续改进。企业通过向有资格的外部审核机构证明，它们符合全部要求，就可以通过认证。一旦通过认证，该企业就会被列入目录，这样潜在的顾客就可以看到有哪些企业通过了认证，达到了怎样的质量水平。符合 ISO 9001：2008 标准还无以判断产品的实际质量。相反，它向顾客说明该企业可以提供文件来支持企业对质量的宣传。截至 2009 年，世界上有 100 多万个组织通过了 ISO 9000 系列标准的认证。

ISO 14000：2004 环境管理体系

ISO 14000：2004 标准要求企业提供环境计划的证明文件。根据国际标准化组织的解释，ISO 14000：2004 针对环境管理问题，具体说明企业为使其活动对环境造成的有害影响最小化，并持续改进其环境绩效该做的工作。文件标准要求参与企业跟踪它们的原材料使用，以及有害废弃物的产生、处理和倾倒。尽管没有明确说明允许每家企业排放什么，但是该标准要求企业制订环境绩效的持续改进计划。ISO 14000：2004 覆盖了许多领域，其中包括：

- 环境管理体系。要求在资源使用和污染排放上改进绩效的计划。
- 环境绩效评价。关于企业认证的具体指南。
- 环境标志。对如可循环使用、节能、对臭氧层无害等术语进行定义。
- 生命周期评估。评估产品从制造、使用直到处置的整个生命周期对环境的影响。

为了保持认证资格，企业必须定期由外部专业审计机构进行检查。截至 2010 年，已有 155 个国家的 20 多万个组织通过了 ISO 14000 体系的认证。

ISO 26000：2010 社会责任指南

根据国际标准化组织的解释，ISO 26000：2010 指南根据国际专家的共识，对私营和公共领域各类组织的社会责任提供全球统一的相关指南。企业不需要通过 ISO 26000 认证；该指南是自愿的，目的在于促进企业伦理行为的最佳实践。指南中涉及社会责任的 7 个核心主题是：（1）人权；（2）劳工；（3）环境；（4）公平经营；（5）消费者权益保护；（6）社区参与和发展；（7）组织。国际社会用这种方式鼓励企业与消费者之间道德的商业行为。

ISO 认证的益处

企业完成认证过程可能需要长达 18 个月的时间，而且要花费管理层和员工许多时间。大型企业的认证成本可能超过 100 万美元。尽管 ISO 认证需要花费巨大成本和精力，但是也会获得巨大的外部收益和内部收益。外部收益来自遵守 ISO 体系要求的企业所具有的潜在销售优势。在所有其他条件都相当的情况下，寻求供应商的企业更可能选择那些符合 ISO 标准的企业作为自己的供应商。因此，越来越多的企业寻求认证来获得竞争优势。

认证的内部收益也是巨大的。已经认证注册的企业报告平均有 48% 的利润增长和 76% 的营销改进。英国标准协会（British Standards Institute）是一个重要的第三方审计机构，它估计大多数 ISO 9000 注册企业由于在努力满足文件要求的同时得到的质量改进而使产品生产成本下降了 10%。ISO 9001：2008 认证要求企业对其工作程序进行分析和记录，而这对于实施持续改进、员工参与以及类似计划的任何活动来说都是必不可少的。ISO 文件标准的指南和要求也推动了企业 TQM 计划的实施。

鲍德里奇卓越绩效计划

很显然，不论企业在何处开展业务，如果想要具有竞争力，任何企业都必须提供高质量的产品和服务。为了强调这一点，1987 年 8 月，美国国会签署了《马尔科姆·鲍德里奇国家质量改进法案》，设立了马尔科姆·鲍德里奇国家质量奖，现在的名称为**鲍德里奇卓越绩效计划**（Baldrige Performance Excellence Program）。该奖项以美国已故商务部长的名字命名，他强烈倡导以提高质量作为减少贸易赤字的手段。此奖促进、认可并公布了质量战略及其成就。

鲍德里奇奖的申请和评审过程是很严格的。但是准备申请本身对企业来说常常就是一个很大的收获，因为这一过程可以帮助企业明确质量对他们意味着什么。根据美国商务部国家标准和技术研究所（National Institute of Standards and Technology，NIST）的统计，在质量原则和卓越绩效方面的投资可以在三个方面获得回报，即生产率的提高、员工和顾客的满意度提高，以及顾客和投资者的收益率提升。鲍德里奇国家质量奖的 7 个主要标准是：

1. *领导力*。描述高层领导者的行为如何引导和支撑组织，以及他们如何与员工进行沟通并激励高绩效。
2. *战略规划*。描述组织如何制定战略来应对战略挑战，发挥其战略优势，以及总结组织的关键战略目标和其他相关目标。
3. *顾客至上*。描述组织如何确定服务或产品供给，以及支持顾客使用其服务或产品的机制。
4. *测评、分析和知识管理*。描述组织如何使用组织中各个层面的数据和信息，来测量、分析、检查及改进绩效。
5. *以员工为中心*。描述组织如何调动、补偿和奖励员工，以及如何使员工成长以达到高绩效。
6. *以运营为中心*。描述组织如何设计其工作体系，确定向顾客提供价值的关键流程，制订可能的应急预案，以及实现组织的成功和可持续发展。
7. *成果*。从五个方面描述组织绩效及其改进情况：产品和流程、顾客至上、以员工为中心、领导与治理、财务与市场。

顾客满意度是这 7 条标准的基础；而第 7 条标准，即成果，在遴选获奖者时被赋予了最大权重。

学习目标回顾

1. **定义四种主要的质量成本**。参见“质量成本”一节。
2. **说明道德伦理在服务和产品质量中的作用**。在“伦理与质量”一节中，我们解释了欺诈性商业活动如何影响顾客体验，以及质量成本为何应该与道德因素相平衡。
3. **解释 TQM 计划的基本原理**。参见“全面质量管理”一节。重点掌握顾客对质量的五个定义、管理实践 5.1（说明企业如何将流程与这五个定义相匹配）、员工参与的重要性以及持续改进的原理。关键的图表是图 5.1 和图 5.2。
4. **解释 6σ 法的基本原理**。在“6σ 法”一节中我们总结了这些重要方法的性质。重点掌握图 5.3（该图说明了 6σ 法的目标）和图 5.4（给出了 6σ 法改进模型）。图 5.5 则通过验收抽样策略说明了 TQM 或 6σ 法在供应链中的应用原理。
5. **描述如何构建控制图，并用它们确定流程是否脱离统计控制**。参见“统计过程控制”一节。理解图 5.6 和图 5.7 是理解该方法的关键。“统计过程控制法”一节说明如何确定流程是否处于统计控制状态。学习例 5.1 到例 5.5，以及问题求解 1 到问题求解 3。
6. **描述如何确定流程是否能够提供符合规格要求的服务或产品**。该章的内容要点是“流程性能”一节。确保理解图 5.4 和图 5.5，学习例 5.5 和问题求解 4。

关键公式

1. 样本均值：$\bar{x}=\frac{\sum_{i=1}^{n}x_i}{n}$
2. 样本的标准差

$$\sigma=\sqrt{\frac{\sum_{i=1}^{n}(x_i-\bar{x})^2}{n-1}} \quad 或 \quad \sigma=\sqrt{\frac{\sum_{i=1}^{n}x_i^2-\frac{\left(\sum_{i=1}^{n}x_i\right)^2}{n}}{n-1}}$$

3. 流程变量控制图的控制界限：

a. R- 图，样本的极差：

$$控制上限=\mathrm{UCL}_R=D_4\bar{R}$$
$$控制下限=\mathrm{LCL}_R=D_3\bar{R}$$

b. $\bar{x}$- 图，样本均值：

$$控制上限=\mathrm{UCL}_{\bar{x}}=\bar{\bar{x}}+A_2\bar{R}$$
$$控制下限=\mathrm{LCL}_{\bar{x}}=\bar{\bar{x}}-A_2\bar{R}$$

c. 当流程分布的标准差 σ 已知时：

$$控制上限=\mathrm{UCL}_{\bar{x}}=\bar{\bar{x}}+z\sigma_{\bar{x}}$$
$$控制下限=\mathrm{LCL}_{\bar{x}}=\bar{\bar{x}}-z\sigma_{\bar{x}}$$

式中，

$$\sigma_{\bar{x}}=\frac{\sigma}{\sqrt{n}}$$

4. 属性流程控制图的控制界限

a. p- 图，不合格率：

$$控制上限=\mathrm{UCL}_p=\bar{p}+z\sigma_p$$
$$控制下限=\mathrm{LCL}_p=\bar{p}-z\sigma_p$$

式中，

$$\sigma_p=\sqrt{\bar{p}(1-\bar{p})/n}$$

b. c- 图，缺陷数量：

$$控制上限=\mathrm{UCL}_c=\bar{c}+z\sqrt{\bar{c}}$$
$$控制下限=\mathrm{LCL}_c=\bar{c}-z\sqrt{\bar{c}}$$

5. 流程性能指数

$$C_{pk}=\mathrm{Min}\left[\frac{\bar{\bar{x}}-规格下限}{3\sigma},\ \frac{规格上限-\bar{\bar{x}}}{3\sigma}\right]$$

6. 流程性能系数

$$C_p=\frac{价格上限-价格下限}{6\sigma}$$

关键术语

缺陷
预防成本
评估成本
内部缺陷成本
外部缺陷成本
保修单
全面质量管理（TQM）
质量
源头质量
团队
员工授权
质量环
专项任务团队
自我管理团队
持续改进
计划－实施－检查－行动循环
6σ 法
绿带教师
黑带教师
高级黑带教师
验收抽样
可接受的质量水平（AQL）
统计过程控制（SPC）
变量
属性
抽样计划
样本大小
变化的偶然原因
变化的非偶然原因
控制图
第一类错误
第二类错误
R- 图
$\bar{x}$- 图
p- 图
c- 图
流程性能
标称值
公差
流程性能指数 C_{pk}
流程性能系数 C_p
质量工程
质量损失函数
ISO 9001：2008
ISO 14000：2004
ISO 26000：2010
鲍德里奇卓越绩效计划

问题求解 1

Watson 电气公司生产白炽灯泡。以下有关 40W 灯泡流明数的数据是在流程处于控制状态时收集的。

	观察值			
样本	1	2	3	4
1	604	612	588	600
2	597	601	607	603
3	581	570	585	592
4	620	605	595	588
5	590	614	608	604

a. 计算 R- 图和 $\bar{x}$- 图的控制界限。

b. 在收集这些数据之后，又聘用了一些新员工。观察到的新样本有如下读数：570、603、623 和 583。该流程是否仍然处于控制状态？

解

a. 为了计算 $\bar{x}$，算出每组样本的均值。为了计算 R，用样本中的最大值减去最小值。例如，对于样本 1，

$$\bar{x}=\frac{604+612+588+600}{4}=601$$

$$R=612-588=24$$

样本	$\bar{x}$	R
1	601	24
2	602	10
3	582	22
4	602	32
5	604	24
合计	2 991	112
平均值	$\bar{\bar{x}} = 598.2$	$\bar{R} = 22.4$

R- 图的控制界限为

$$\mathrm{UCL}_R = D_4\bar{R} = 2.282 \times 22.4 = 51.12$$
$$\mathrm{LCL}_R = D_3\bar{R} = 0 \times 22.4 = 0$$

$\bar{x}$- 图的控制界限为

$$\mathrm{UCL}_{\bar{x}} = \bar{\bar{x}} + A_2\bar{R} = 598.2 + 0.729 \times 22.4 = 614.53$$
$$\mathrm{LCL}_{\bar{x}} = \bar{\bar{x}} - A_2\bar{R} = 598.2 - 0.729 \times 22.4 = 581.87$$

b. 根据新数据，首先检查可变性是否仍然处于控制状态。极差是 53（即 623−570），这一数值在 R- 图的控制上限之外。由于流程的可变性失控，因此使用当前的估计值来检测流程的平均值是没有意义的。必须查找引起可变性过大的非偶然原因。

问题求解 2

Arizona 银行的数据处理部有 5 名数据录入员。主管人员每个工作日都要核实 250 个记录的随机样本数据的准确性。包含一个或多个错误的记录被认为是不合格的，必须重新录入。最新的 30 组样本结果列于下表。检查所有数据确保都没有失控。

样本	不合格记录数	样本	不合格记录数	样本	不合格记录数	样本	不合格记录数
1	7	9	6	17	12	24	7
2	5	10	13	18	4	25	13
3	19	11	18	19	6	26	10
4	10	12	5	20	11	27	14
5	11	13	16	21	17	28	6
6	8	14	4	22	12	29	11
7	12	15	11	23	6	30	9
8	9	16	8				
						合计	300

a. 根据这些历史数据，用 $z = 3$ 构造 p- 图。

b. 随后 4 天的样本如下表所示：

样本	不合格记录数
星期二	17
星期三	15
星期四	22
星期五	21

主管对数据录入流程的评价可能是什么？

解

a. 主管从表中得知，在总共 7 500（30 × 250）个样本中不合格的记录数共有 300 个。因此，图的中心线为

$$\bar{p} = \frac{300}{7\ 500} = 0.04$$

其控制界限为

$$UCL_p = \bar{p} + z\sqrt{\frac{\bar{p}(1-\bar{p})}{n}} = 0.04 + 3\sqrt{\frac{0.04 \times 0.96}{250}} = 0.077$$

$$LCL_p = \bar{p} - z\sqrt{\frac{\bar{p}(1-\bar{p})}{n}} = 0.04 - 3\sqrt{\frac{0.04 \times 0.96}{250}} = 0.003$$

b. 随后 4 天的样本如下表所示：

样本	不合格记录数	不合格率
星期二	17	0.068
星期三	15	0.060
星期四	22	0.088
星期五	21	0.084

星期四和星期五的样本失控。主管应该查找问题，一经找出，随即采取纠正行动。

问题求解 3

Minnow 郡公路安全部在 123 号公路和 14 号公路的交叉路口监测交通事故。交叉路口的交通事故平均为每月 3 起。

a. 应该使用哪一种控制图？用 3σ 控制界限构造控制图。

b. 上个月，交叉路口发生了 7 起交通事故。这是否有充足的证据来证明交叉路口发生了某种变化？

解

a. 安全部不能确定没有发生的事故数量，因此无法计算交叉路口的不合格率。因此，管理者必须使用 c- 图。

$$\text{UCL}_c = \bar{c} + z\sqrt{\bar{c}} = 3 + 3\sqrt{3} = 8.20$$
$$\text{LCL}_c = \bar{c} - z\sqrt{\bar{c}} = 3 - 3\sqrt{3} = -2.196$$

事故数量不可能为负，因此将这种情况下的 LCL 调整为 0。

b. 上个月的事故数量落在图的 UCL 和 LCL 之间。因此得出的结论是：没有非偶然原因出现，其事故数量的增加是由偶然原因引起的。

问题求解 4

Pioneer Chicken 为卡路里含量降低 30% 的“低盐”鸡块做广告。（鸡块的大小降低 33%。）“低盐”鸡脯肉流程的平均分布是 420 卡路里，标准差为 25 卡路里。Pioneer Chicken 随机抽取了 6 块鸡脯肉样本来测卡路里含量。

a. 用流程标准差设计一个 $\bar{x}$- 图，使用 3σ 控制界限。

b. 产品设计要求鸡脯肉平均含有 400 ± 100 卡路里。计算流程的性能指数（目标为 1.33）和流程性能系数。解释计算结果。

解

a. 对于 25 卡路里的流程标准差，样本均值的标准差为

$$\sigma_{\bar{x}} = \frac{\sigma}{\sqrt{n}} = \frac{25}{\sqrt{6}} = 10.2 \text{ 卡路里}$$
$$\text{UCL}_{\bar{x}} = \bar{\bar{x}} + z\sigma_{\bar{x}} = 420 + 3 \times 10.2 = 450.6 \text{ 卡路里}$$
$$\text{LCL}_{\bar{x}} = \bar{\bar{x}} - z\sigma_{\bar{x}} = 420 - 3 \times 10.2 = 389.4 \text{ 卡路里}$$

b. 流程性能指数为

$$C_{pk} = \text{Min}\left[\frac{\bar{\bar{x}} - \text{规格下限}}{3\sigma}, \quad \frac{\text{规格上限} - \bar{\bar{x}}}{3\sigma}\right]$$
$$= \text{Min}\left[\frac{420 - 300}{3 \times 25} = 1.60, \ \frac{500 - 420}{3 \times 25} = 1.07\right] = 1.07$$

流程性能系数为

$$C_p = \frac{\text{规格上限} - \text{规格下限}}{6\sigma} = \frac{500 - 300}{6 \times 25} = 1.33$$

由于流程性能系数为 1.33，因此流程应该能够在规格范围内可靠地生产产品。但是，流程的性能指数是 1.07，因此当前的流程并没有恰当进行 4σ 质量水平的中心定位。流程分布的均值太靠近规格上限。

讨论题

1. 考虑管理实践 5.1 以及有关 Steinway 达到顶级质量的方法的讨论。但是，Steinway 也使用自动化设备生产击弦机，这是三角钢琴的关键组装件。由于 Steinway 钢琴给人的整体印象是手工制作的具有美感的昂贵艺术品，那么你对 Steinway 使用自动化设备有什么看法？你是否认为使用自动化这种方式是一种错误？

2. 最近，著名的家用电器和汽车零部件制造商通用汽车波兰公司启动了一个 130 亿美元的项目来生产汽车。就管理层和员工而言，需要他们大量地学习。虽然面临在 2012 年初新产品进入市场的压力，但是新成立的汽车事业部的生产经理坚持认为：在开始销售前至少要进行一年的试运行，因为工人们必须进行 60 至 100 次的重复工作，才能记住正确的操作顺序。新产品的发布时间定为 2013 年初。用这种方式让新产品进入市场的结果会是什么？
3. 解释为什么不道德的商业行为会降低顾客对服务或产品的质量体验？国际标准化组织打算如何鼓励符合道德的商业行为？

练习题

1. Quickie 洗车店所做的宣传是洗车时间不到 7 分钟。因此，管理层为洗车流程设立了一个平均 390 秒的目标。假定一组 9 辆车的样本的平均极差是 10 秒，使用表 5.1 来建立洗车流程的样本均值和极差的控制界限。
2. 在 Isogen 制药厂，对哮喘吸入剂灌装流程设立的标准是每瓶装 150 毫升的类固醇溶液。一组 4 瓶的样本的平均极差是 3 毫升。使用表 5.1 来建立灌装流程的样本均值和极差的控制界限。
3. Garcia 修车厂希望用一些彩色的图表说明，其机械师如何可靠地“在引擎罩下修复故障”。在 30 天保修期内，由于相同问题返修的顾客比例的历史平均值是 0.10。每个月，Garcia 跟踪 100 名顾客，看他们是否返回进行保修。将结果按比例画出，以报告向目标靠近的程度。如果将控制界限设为目标两侧的两个标准差，那么确定一下该图的控制界限。3 月份，样本组的 100 名顾客中有 8 名返回保修。问修理流程是否处于控制状态？
4. Canine Gourmet 公司为宠物狗生产不同口味的美味狗粮。管理层想设定装盒生产线流程，使每包的平均重量是 45 克。为了确保流程处于控制状态，在装盒生产线的终端有一名检验员定期随机选择一盒（10 包），并对每一包称重。当流程处于控制状态时，每批样本重量的极差平均为 6 克。
   a. 设计该流程的 R- 图和 $\bar{x}$- 图。
   b. 最后 5 组 10 包样本的结果见下表：

样本	$\bar{x}$	R
1	44	9
2	40	2
3	46	5
4	39	8
5	48	3

   问流程是否处于控制状态？请解释。
5. Aspen 塑料公司按顾客订单生产塑料瓶。质量检验员从制瓶机上随机选取 4 个瓶子，并测量瓶颈的外径。瓶颈的外径是决定瓶盖能否盖紧的一个重要质量维度。最后 6 次抽样的尺寸（英寸）如下表：

	瓶子			
样本	1	2	3	4
1	0.594	0.622	0.598	0.590
2	0.587	0.611	0.597	0.613
3	0.571	0.580	0.595	0.602
4	0.610	0.615	0.585	0.578
5	0.580	0.624	0.618	0.614
6	0.585	0.593	0.607	0.569

   a. 假定这 6 个样本已经足够，用这些数据确定 R- 图和 $\bar{x}$- 图的控制界限。
   b. 假定瓶颈尺寸的规格是 0.600 ± 0.050 英寸，标准差是 0.013 英寸。该流程的流程性能指数是多少？流程性能系数又是多少？
   c. 如果企业寻求 4σ 质量水平，生产瓶子的流程是否合格？
6. 在对授课质量进行判断和监测的尝试中，Mega-Byte 学院的管理人员设计了一种考试，测试学生应该掌握的基本概念。每年，随机抽取即将毕业的 10 名学生进行测试。其平均分数用于跟踪教学流程的质量。近 10 年的测试结果列于表 5.2。

   使用这些数据估计这一分布的中心和标准差。然后计算流程均值的 2σ 控制界限。你对 Mega-Byte 学院的管理部门提出什么建议？
7. 作为一家大医院的行政主管，你正在考虑护士助手的

表 5.2　毕业考试分数

	学生										
年	1	2	3	4	5	6	7	8	9	10	平均
1	63	57	92	87	70	61	75	58	63	71	69.7
2	90	77	59	88	48	83	63	94	72	70	74.4
3	67	81	93	55	71	71	86	98	60	90	77.2
4	62	67	78	61	89	93	71	59	93	84	75.7
5	85	88	77	69	58	90	97	72	64	60	76.0
6	60	57	79	83	64	94	86	64	92	74	75.3
7	94	85	56	77	89	72	71	61	92	97	79.4
8	97	86	83	88	65	87	76	84	81	71	81.8
9	94	90	76	88	65	93	86	87	94	63	83.6
10	88	91	71	89	97	79	93	87	69	85	84.9

缺勤问题。这一问题由注册护士提出，她们认为自己经常不得不完成本应由助手完成的工作。为了了解事实，收集了最近 3 周的缺勤数据，这 3 周被认为是对未来情况具有代表性的时期。在每天随机抽取 64 份人事文件的样本后，得到以下数据：

日	助手缺勤数	日	助手缺勤数
1	4	9	7
2	3	10	2
3	2	11	3
4	4	12	2
5	2	13	1
6	5	14	3
7	3	15	4
8	4		

由于你对缺勤的评价可能是经过仔细检查得出的，所以你希望出现第一类错误的可能性只有 1%。你想要确定任何非正常缺勤的情况。如果一些人出勤，你不得不代表注册护士调查她们。

a. 设计一个 p- 图。

b. 根据 p- 图和最近 3 周的数据，你对护士助手的缺勤得出什么结论？

8. 一家纺织品生产商想要为每 100 平方码地毯上的瑕疵（如油污、车间尘土、脱线和破损）建立控制图。以下数据是从 20 张 100 平方码地毯的样本中收集的。

样本	1	2	3	4	5	6	7	8	9	10
瑕疵	11	8	9	12	4	16	5	8	17	10
样本	11	12	13	14	15	16	17	18	19	20
瑕疵	11	5	7	12	13	8	19	11	9	10

a. 使用这些数据，取 $z = 3$，画出 c- 图。

b. 假定后面的 5 个样本分别有 15、18、12、22 和 21 个瑕疵，那么你的结论是什么？

9. 由于纳税信息由税收代表通过电话报出，所以美国国家税务局（IRS）正在考虑提高纳税信息的准确性。以往的研究涉及向许多 IRS 代表询问 25 个问题（一组）来确定正确答复的比例。过去，正确答复比例的平均值一直为 72%。最近，IRS 代表接受了更多的培训。在 4 月 26 日，就这一组 25 个税收问题再一次向随机选取的 20 名 IRS 电话代表进行了询问。这次正确答案的数量分别为 18、16、19、21、20、16、21、16、17、10、25、18、25、16、20、15、23、19、21 和 19。

a. 取 $z = 3$，IRS 的 p- 图控制上限和下限是多少？

b. 税收信息流程是否处于统计控制状态？

10. 旅行社担心为客户准备的旅行指南的准确性和印刷质量。其问题包括以下方面的错误：时间、航空公司、航班号、价格、汽车租赁信息、住宿、记账卡号、预订号以及印刷错误。由于可能出现的错误数量几乎是无限的，因此该旅行社只对确实出现的错误进行计量。当前的流程导致每份旅行指南上平均出现 3 个错误。

a. 这些问题的 2σ 控制界限是多少？

b. 一名顾客安排了一次去达拉斯的旅行，她的旅行指南上有 6 处错误。请对这一信息做出解释。

11. Jim 男士服装有限公司生产高档定制男士衬衫。衬衫可能出现各种瑕疵，包括纤维的编织和颜色、纽扣或装饰品松动、尺寸错误以及针脚不均匀。Jim 随机检查了 10 件衬衫，得到以下结果：

衬衫	瑕疵数
1	8
2	0
3	7
4	12
5	5
6	10
7	2
8	4
9	6
10	6

a. 假定 10 个观察值足够，确定每件衬衫瑕疵数的 3σ 控制界限。

b. 假设下一件衬衫有 13 处瑕疵。现在关于流程你有什么看法？

12. Big Black Bird 公司生产野营挂车的玻璃纤维车顶板。必须控制生产车顶板的流程，使凹痕的数量保持在低水平。当流程处于控制状态时，在一段较长的时间内随机选取的 10 块车顶板发现以下缺陷：

车顶板	凹痕数
1	7
2	9
3	14
4	11
5	3
6	12
7	8
8	4
9	7
10	6

a. 假定 10 个观察值足够，确定每张车顶板凹痕数的 3σ 控制界限。

b. 假设下一张车顶板有 15 处凹痕。关于流程你有什么看法？

13. Sunny Soda 有限公司的生产经理对跟踪公司 12 盎司（1 盎司≈ 28.35 克）装的灌瓶生产线的质量很感兴趣。因为标签上的服用信息表明，每次的服用量是 12 盎司，因此瓶子必须在该产品设定的公差范围内进行灌装。产品的设计标准要求灌装水平为 12 ± 0.10 盎司。生产经理收集了以下生产流程的样本数据（以每瓶液体盎司量为单位）：

	观察值			
样本	1	2	3	4
1	12.00	11.97	12.10	12.08
2	11.91	11.94	12.10	11.96
3	11.89	12.02	11.97	11.99
4	12.10	12.09	12.05	11.95
5	12.08	11.92	12.12	12.05
6	11.94	11.98	12.06	12.08
7	12.09	12.00	12.00	12.03
8	12.01	12.04	11.99	11.95
9	12.00	11.96	11.97	12.03
10	11.92	11.94	12.09	12.00
11	11.91	11.99	12.05	12.10
12	12.01	12.00	12.06	11.97
13	11.98	11.99	12.06	12.03
14	12.02	12.00	12.05	11.95
15	12.00	12.05	12.01	11.97

a. 流程的均值和极差是否处于统计控制状态？

b. 流程是否能满足 4σ 质量水平的设计标准？请解释。

14. Money Pit 抵押贷款公司对监测抵押贷款流程的绩效感兴趣。在流程被认为处在控制状态的一段时期内抽取了 15 组样本，每组样本由 5 个完整的抵押交易组成。对完成这些交易的时间进行了测量，以天为单位测量的抵押贷款流程交易时间的均值和极差如下表所示：

样本	1	2	3	4	5	6	7	8	9	10	11	12	13	14	15
均值	17	14	8	17	12	13	15	16	13	14	16	9	11	9	12
极差	6	11	4	8	9	14	12	15	10	10	11	6	9	11	13

接着，在后面的 10 周里，每周抽取大小为 5 的样本。对处理时间进行了测量，得到以下结果：

样本	16	17	18	19	20	21	22	23	24	25
均值	11	14	9	15	17	19	13	22	20	18
极差	7	11	6	4	12	14	11	10	8	6

a. 用最初的 15 个样本构造均值控制图和极差控制图。

b. 在（a）中得出的控制图上画出 16 号到 25 号的样本值，并评论流程是否处于控制状态。

c. 在（b）部分，如果你的结论是流程失控，你认为是由均值的偏移引起，还是由可变性的增加引起的，或是两者都有？请解释你的答案。

15. 练习 14 中的 Money Pit 抵押贷款公司对流程做了一些改变，并研究了流程性能。以下数据是从样本大小为 5 的 15 个样本中得到的。根据个人的观察，管理层估计用于流程性能分析的流程标准差为 4.21（天）。抵押贷款流程时间的规格下限与规格上限分别是 5 和 25（以天为单位）。

样本	1	2	3	4	5	6	7	8	9	10	11	12	13	14	15
均值	11	12	8	16	13	12	17	16	13	14	17	9	15	14	9
极差	9	13	4	11	10	9	8	15	14	11	6	6	12	10	11

a. 计算流程性能指数和流程性能系数。

b. 假定管理层对 3σ 的绩效水平感到满意，那么管理层从流程性能分析中可能得出什么结论？从分析中是否能得到流程有效的结论？

c. 如果可以补救，你建议管理层采取什么措施？

16. Webster 化工公司生产建筑行业用的填补剂和填塞材料。产品在大型搅拌器中混合，然后装进管子中封盖。管理层关心填塞材料装管流程是否处于统计控制状态。该流程应该以每管 8 盎司为中心。抽取了几组 8 管一组的样本，对每一管进行称重，并列于表 5.3 中。

a. 假定只要 6 个样本就足够了，画出均值控制图和极差控制图。

b. 将观察值画在控制图上，并评价你的结论。

17. 练习 16 中，Webster 化工公司的管理层，现在关心装填塞材料的管子是否被严密封口。如果大量的管子没有封好口，Webster 公司就会使顾客陷入窘境。这些管子用大盒子包装，每盒 144 管。对几盒产品进行了检验，发现管子出现渗漏的数量如下：

样本	管数	样本	管数	样本	管数
1	3	8	6	15	5
2	5	9	4	16	0
3	3	10	9	17	2
4	4	11	2	18	6
5	2	12	6	19	2
6	4	13	5	20	1
7	2	14	1	合计	72

计算 p- 图的 3σ 控制界限，用以评估封盖流程是否处于统计控制状态。

18. 在 Webster 化工公司，填塞材料混合物中的结块使从管子中挤出的混合物不够均匀。即使在流程处于控制状态的情况下，每管填塞材料中仍然保持平均有 4 个结块的水平。对是否有结块进行测试会损坏产品，因此分析人员进行随机抽样，得到以下结果。

管号	结块数	管号	结块数	管号	结块数
1	6	5	6	9	5
2	5	6	4	10	0
3	0	7	1	11	9
4	4	8	6	12	2

表 5.3　每管填塞材料的重量（盎司）

	管子编号							
样本	1	2	3	4	5	6	7	8
1	7.98	8.34	8.02	7.94	8.44	7.68	7.81	8.11
2	8.33	8.22	8.08	8.51	8.41	8.28	8.09	8.16
3	7.89	7.77	7.91	8.04	8.00	7.89	7.93	8.09
4	8.24	8.18	7.83	8.05	7.90	8.16	7.97	8.07
5	7.87	8.13	7.92	7.99	8.10	7.81	8.14	7.88
6	8.13	8.14	8.11	8.13	8.14	8.12	8.13	8.14

确定该流程 c- 图的 2σ 控制上限和控制下限。该流程是否处于统计控制状态？

19. Pine Crest 医疗诊所的 CEO Janice Sanders 担忧患者的等候时间超过 30 分钟，这个时间已经超过了计划的约定时间。她要求助手对 64 名患者一组进行随机抽样，了解每组样本中有多少人的等待时间在 30 分钟以上。每次等待时间超过 30 分钟的情况都被看作诊所流程中的缺陷。下表中包含 15 组样本数据。

样本	缺陷数量
1	5
2	2
3	1
4	3
5	1
6	5
7	2
8	3
9	6
10	3
11	9
12	9
13	5
14	2
15	3

a. 假定 Janice Sanders 打算使用 3σ 控制界限，请构造 p- 图。

b. 根据画出的 p- 图和表中的数据，你对患者的等待时间可以得出什么结论？

20. 由注册护士到保险申请人的住处做重要的体检之前，Patriot 保险公司的业务代表通过电话向未来的保险申请人询问医疗信息。当电话交谈中含有不正确或者不完整信息时，整个申请的审批过程就会遭到不必要的延迟，因而有造成业务流失的可能性。通过收集以下数据来了解有多少申请是有错误的。每组样本包含 200 份随机选择的申请资料。

样本	缺陷数量	样本	缺陷数量
1	20	16	15
2	18	17	40
3	29	18	35
4	12	19	21
5	14	20	24
6	11	21	9
7	30	22	20
8	25	23	17
9	27	24	28
10	16	25	10
11	25	26	17
12	18	27	22
13	25	28	14
14	16	29	19
15	20	30	20

a. 不合格申请数量的 p- 图的控制上限和下限各是多少？取 $z = 3$。

b. 流程是否处于统计控制状态？

21. Digital Guardian 公司公布了一些措施，防止客户由于计算机系统故障而造成停机损失。迅速回应这些措施是十分重要的，因为长的周期时间不仅使客户面临风险，也会使 Digital Guardian 公司失去业务。以天计算的服务周期时间很长，导致服务水平下降，管理层为此感到担忧。下表中包含了 5 组样本数据，每组样本由 8 个随机观察值组成。

	观察值（天）							
样本	1	2	3	4	5	6	7	8
1	13	9	4	8	8	15	8	6
2	7	15	8	10	10	14	10	15
3	8	11	4	11	8	12	9	15
4	12	7	12	9	11	8	12	8
5	8	12	6	12	11	5	12	8

a. 你对流程平均值的估计值是多少？

b. 你对平均极差的估计值是多少？

c. 构造该流程的 R- 图和 $\bar{x}$- 图，流程是否出现了非偶然原因？

22. Farley 制造公司为其产品质量而骄傲。公司正在竞争一个十分重要的项目。一个关键要素是最终装入精密测试设备中的零件。该零件的规格要求是 8.000 ± 3.000

毫米。管理层关心的是生产该零件的流程性能。以下数据是在流程试运行中随机抽取的。

	观察值（毫米）							
样本	1	2	3	4	5	6	7	8
1	9.100	8.900	8.800	9.200	8.100	6.900	9.300	9.100
2	7.600	8.000	9.000	10.100	7.900	9.000	8.000	8.800
3	8.200	9.100	8.200	8.700	9.000	7.000	8.800	10.800
4	8.200	8.300	7.900	7.500	8.900	7.800	10.100	7.700
5	10.000	8.100	8.900	9.000	9.300	9.000	8.700	10.000

假定流程处于统计控制状态。流程是否能够在 3σ 质量水平上生产该零件？请解释。

23. 呼叫中心服务质量的一个关键维度是，呼叫者在与销售代表通话前的等待时间。定期测量 3 次顾客呼叫随机样本的时间。最近 4 组样本的结果列于下表：

样本	时间（秒）		
1	495	501	498
2	512	508	504
3	505	497	501
4	496	503	492

a. 假定管理层希望使用 3σ 控制界限，并且只使用 4 组样本包含的历史信息。试证明呼叫中心的接通时间处于统计控制状态。

b. 设该流程分布的标准差是 5.77，如果接通时间的规格要求是 500±18 秒，则该流程是否合格？为什么？假定要求 3σ 质量水平。

24. 一台自动车床生产滚柱轴承的滚轴，用统计过程控制图监测流程。样本均值图的中心线设在 8.50，均值的极差是 0.31 毫米。对于大小为 5 的样本进行计算，流程处于控制状态。滚轴直径的规格上限和下限分别是（8.5+0.25）毫米和（8.5–0.25）毫米。

a. 计算均值控制图和极差控制图的控制界限。

b. 如果流程分布的标准差估计为 0.13 毫米，则流程是否能满足规格要求？假定要求 4σ 质量水平。

c. 如果流程是不合格的，则产出值落在规格界限以外的百分比是多少？（提示：使用正态分布。）

高级练习题

25. Canine Gourmet Super Breath 公司的狗粮以盒为单位销售，盒子上标明每盒净重 12 盎司（340 克）。每盒含有 8 个 1.5 盎司的独立小包装。为了降低分量不足的可能性，产品设计规格要求小包装的装包流程的平均值为 43.5 克，使每 8 包一盒的平均净重为 348 克。每盒的公差设为 348 ± 12 克。小包装装包流程的标准差是 1.01 克，流程性能系数的目标值是 1.33。一天，小包装装包流程的平均重量向下漂移至 43 克。该小包装装包流程是否合格？是否需要做调整？

26. 精密机械加工公司在组装线上生产手持式工具，该组装线每分钟生产一件产品。对于其中一种产品来说，关键质量维度是组装件上钻孔的直径（以千分之一英寸计量）。管理层要检测偏离流程平均直径 0.015 英寸的所有直径。管理层认为流程的方差处于控制状态。一直以来，无论流程的平均值是多少，平均极差都是 0.002 英寸。设计一个 $\bar{x}$- 图对流程进行控制，取中心线为 0.015 英寸，按 3σ 水平设置中心线两侧的控制界限。

管理层提供了生产线上 80 分钟的产出数据，如表 5.4 所示。在这 80 分钟里，流程平均值变化了一次。所有测量值都以千分之一英寸为单位表示。

a. 绘制一个 $n = 4$ 的 $\bar{x}$- 图。抽样频率应该是抽取 4 个，跳过 4 个。因此第 1 个样本应该从第 1 分钟到第 4 分钟，第 2 个样本应该从第 9 分钟到第 12 分钟，以此类推。在何时你会让流程停下来，检查流程均值的变化？

b. 绘制一个 $n = 8$ 的 $\bar{x}$- 图。抽样频率应该是抽取 8 个，跳过 4 个。现在你会在何时让流程停下来？在频繁抽样间隔的情况下，你对大样本的可取性作何评价？

27. 用练习题 26 中的数据，通过对以下抽样计划的尝试，继续分析样本大小和抽样频率。

a. 用 $n = 4$ 的 $\bar{x}$- 图。尝试用抽取 4 个、跳过 8 个的抽样频率。在这种情况下，你会在什么时候让流程停

表 5.4　精密机械加工公司的样本数据

分钟	直径（千分之一英寸）										
1~12	15	16	18	14	16	17	15	14	14	13	16	17
13~24	15	16	17	16	14	14	13	14	15	16	15	17
25~36	14	13	15	17	18	15	16	15	14	15	16	17
37~48	18	16	15	16	16	14	17	18	19	15	16	15
49~60	12	17	16	14	15	17	14	16	15	17	18	14
61~72	15	16	17	18	13	15	14	14	16	15	17	18
73~80	16	16	17	18	16	15	14	17				

表 5.5　Data Tech 信用卡服务公司的样本数据

样本	250 个样本中的错误数量									
1~10	3	8	5	11	7	1	12	9	0	8
11~20	3	5	7	9	11	3	2	9	13	4
21~30	12	10	6	2	1	7	10	5	8	4

下来？

b. 用 $n = 8$ 的 $\bar{x}$- 图。尝试用抽取 8 个、跳过 8 个的抽样频率。你认为流程在什么时候会失控？

c. 利用你在（a）和（b）中得到的结果，在对上述两种情况做出选择时，确定你要权衡的因素有哪些？

28. Data Tech 信用卡服务公司客户服务部的经理很关心记账流程产生的不合格数。每天随机抽样 250 份报表，检查涉及账号、客户账号交易、利息收费和罚款收费等方面的录入错误。具有一个或多个上述错误的报表被认为是不合格的。该项研究持续了 30 天，得到表 5.5 中的数据。

a. 构造记账流程的 p- 图。

b. 记账流程中是否存在任何需要引起管理层注意的非随机行为？

29. Red Baron 航空公司每天服务几百个城市，但是来自附属于大运输团体的小公司的竞争日益激烈。其中一个重要的竞争优先级是准时到港和离港。Red Baron 航空公司对准时的定义是，在计划时间 15 分钟之内到港或离港。为了保持在市场中的领导地位，管理层设定了 98% 的准时率的高标准绩效指标。指定由运营部负责监测航空公司的绩效。每周随机抽取 300 个航班到港和离港的样本，检查按计划飞行的情况。表 5.6 包含最近 30 周到港和离港航班次数，它们都没有满足 Red Baron 航空公司的准时服务要求。对于服务质量，你会对管理层说些什么？你是否发现流程中存在任何非随机行为？如果存在，引起这种行为的原因可能是什么？

30. Beaver Brothers 有限公司正在进行一项研究，评估 150 克条皂生产线的性能。一个关键的质量指标是条皂在冲压后的重量。其规格下限和上限分别为 162 克和 170 克。作为最初流程性能研究的一个环节，质量保障小组收集了样本大小为 5 的 25 个样本，并将观察值记录在表 5.7 中。

质量保障小组在用统计控制图分析数据之后，计算了流程性能系数 C_p 和流程性能指数 C_{pk}。然后，该小组决定改进冲压流程，特别是进料装置。在做了所有必要的改变之后，又收集了 18 个样本。这些样本的汇总数据是

$$\bar{\bar{x}} = 163 \text{ 克}$$
$$\bar{R} = 2.326 \text{ 克}$$
$$\sigma = 1 \text{ 克}$$

所有样本观察值都在控制图的界限之内。质量保障小组利用新数据再次计算了流程性能指标。令人高兴的是 C_p 值得到提高，但是流程应该以 166 克为中心，以保证所有环节都秩序井然。小组以这一结论结束了整个研究工作。

表 5.6　Red Baron 航空公司的样本数据

样本	300 个到港和离港样本中飞机晚点的数量									
1—10	3	8	5	11	7	2	12	9	1	8
11—20	3	5	7	9	12	5	4	9	13	4
21—30	12	10	6	2	1	8	4	5	8	2

表 5.7　Beaver Brothers 有限公司的样本数据

样本	观察值 1	观察值 2	观察值 3	观察值 4	观察值 5
1	167.0	159.6	161.6	164.0	165.3
2	156.2	159.5	161.7	164.0	165.3
3	167.0	162.9	162.9	164.0	165.4
4	167.0	159.6	163.7	164.1	165.4
5	156.3	160.0	162.9	164.1	165.5
6	164.0	164.2	163.0	164.2	163.9
7	161.3	163.0	164.2	157.0	160.6
8	163.1	164.2	156.9	160.1	163.1
9	164.3	157.0	161.2	163.2	164.4
10	156.9	161.0	163.2	164.3	157.3
11	161.0	163.3	164.4	157.6	160.6
12	163.3	164.5	158.4	160.1	163.3
13	158.2	161.3	163.5	164.6	158.7
14	161.5	163.5	164.7	158.6	162.5
15	163.6	164.8	158.0	162.4	163.6
16	164.5	158.5	160.3	163.4	164.6
17	164.9	157.9	162.3	163.7	165.1
18	155.0	162.2	163.7	164.8	159.6
19	162.1	163.9	165.1	159.3	162.0
20	165.2	159.1	161.6	163.9	165.2
21	164.9	165.1	159.9	162.0	163.7
22	167.6	165.6	165.6	156.7	165.7
23	167.7	165.8	165.9	156.9	165.9
24	166.0	166.0	165.6	165.6	165.5
25	163.7	163.7	165.6	165.6	166.2

a. 用最初研究中获得的数据画出控制图，并证实流程处于统计控制状态。

b. 在最初的流程性能研究中，质量保障小组得到的 C_p 值和 C_{pk} 值是多少？请对你的结论做出评论，并解释为什么需要进一步改进。

c. 改进后的 C_p 值和 C_{pk} 值是多少？对你的结论做出评论，说明质量保障小组为什么要做出改变流程中心定位的决策。

d. 流程中心位于 166 时的 C_p 值和 C_{pk} 值是多少？对你的结论做出评论。

实验练习 投币的统计过程控制

练习 A：变量控制图

材料

1 把直尺

1 支笔

1 枚硬币（25 美分的就很好）

1 根码尺

一张练习计算表

计算器

任务

分成 2 到 4 人一组，如果一组有 4 人，

一人拿码尺并观察行动，

一人调整投币装置并发射硬币，

一人观察每次发射的最高高度，

一人记录结果。

如果小组人数少于 4 人，给码尺提供支撑，并适当合并其他任务。

练习

为了投射硬币，将一支笔放在直尺的 6 英寸刻度下方，将硬币放在 11 英寸刻度上。尽量向下压直尺的两端。让有硬币的一端突然向上将硬币弹向空中。拿码尺的人应该将码尺放在靠近但不干扰硬币运行轨迹的地方。为了观察硬币到达的最高点，观察员应该向后站，使眼睛可以平视硬币轨迹的顶部。进行练习直到每个人都能轻松完成自己的任务。操作投币装置的人应该确保起杠杆支点作用的笔，在每次发射时位置相同，以及发射过程尽可能一致。

第 1 步： 收集数据。每 5 次观察（发射）为一组样本，取 4 组样本。在计算表的第 1 个数据表上记录硬币到达的最大高度。完成之后，确定每组样本的均值和极差，计算均值 $\bar{x}$ 的均值和极差 $\bar{R}$ 的均值。

第 2 步： 绘制 R− 图。利用收集到的数据和适当的 D_3、D_4 值，计算极差的 3σ 控制上限和下限。在计算表的极差图上标出这些数值，并画出 4 组样本中的每个极差。确保在 y 轴上标出合适的极差刻度。

第 3 步： 绘制 $\bar{x}$− 图。现在，利用收集到的数据和适当的 A_2 值，计算样本均值的 3σ 控制上限和下限。在计算表的 $\bar{x}$- 图上标出这些数值，并画出 4 组样本中每一个的均值。当然，还要在 y 轴上标出合适的刻度。

第 4 步： 观察流程。一旦画好了流程的控制图，就可以用来监测流程并确定流程在何时处于非“正常”运行状态。用与第 1 次收集数据相同的方法，再收集至少两组样本，每组样本有 5 次观察值。每收集完一组样本，就在绘制好的控制图上画上极差和样本均值。你观察到影响流程的因素了吗？控制图是否表明流程是以你第 1 次收集数据时的方式在运行？

第 5 步： 观察改变后的流程。现在做一些改变（例如将笔移到 8 英寸刻度处）。收集数据作为样本 7 和样本 8。每收集完一组样本，就在计算表中画好的控制图上画出极差和样本均值。你是否从控制图中发现了流程的变化？如果流程发生了变化，你有多大把握确定这一变化是真实的，而不仅仅是由你所选择的这一特定样本引起的？

练习 B：属性控制图

材料

1 把直尺

1 支笔

1 枚硬币（25 美分的就很好）

1 张纸或 1 只塑料杯（4 英寸杯口）

一张练习用的计算表

计算器

任务

分成 2 人一组或 3 人一组。如果一组有 3 人，

一人调整投币装置并发射硬币，

一人观察发射结果并捡回硬币，

一人记录结果。

如果小组有 2 人，适当地合并任务。

练习

目的是用直尺将硬币抛到杯中。为了抛投硬币，将一支笔放在直尺的 6 英寸刻度下方。

将硬币放在 11 英寸刻度上，让硬币的重量将直尺的这一端压在桌面上。你用手击打直尺翘起的一端，将硬币弹向空中。将一只杯子放在硬币落下的地方，以便在下一次抛投时硬币可以落在杯子里面。可能进行多次练习，才能找准击打直尺的力度和放杯子的最佳位置。要确保起杠杆支点作用的笔在各次发射时位置相同，以及发射过程尽可能一致。

第 1 步： 收集数据。向杯中弹硬币 10 次作为一组样本。在计算表上的数据表记录每次实验，当硬币落入杯中时记为击中（H），未落入杯中记为失败（M）。失败率为失败次数除以样本大小 n，本例中 $n = 10$。一次失败就是一个"缺陷"，因此失败率就是不合格率 p。

第 2 步： 绘制 p- 图。计算平均不合格率的 3σ 控制上限和下限。在计算表的 p- 图上标出这些数值，并画出 4 组样本中每一个的均值。

第 3 步： 观察流程。一旦画好了流程的控制图，就可以用来监测流程并确定异常行为。交换任务，让其他人抛投硬币。经过几次练习后，再抽取 10 个观察值为一组的 4 组样本。画出这个人的产出不合格率。流程是否仍然处于控制状态？如果不是，你有多大把握确定流程失控？你是否能确定 95% 置信水平的控制界限？根据这些控制界限，修改后的流程是否仍然处于控制状态？

资料来源：练习A的基础部分由西华盛顿大学的J. Christopher Sandvig编写。这是Janelle Heinle和Larry Meile所著，由Prectice Hall（1995）出版的*Games and Exercises for Operations Management*一书中"投币练习"的一种变化形式。在上述基础上，波士顿大学的Larry Meile编写了练习A。他还编写了练习B作为新的扩展内容。

参考文献

Babbar, Sunil. "Service Quality and Business Ethics," *International Journal of Service and Operations Management*, vol. 1, no. 3, 2005, pp. 203–219.

Babbar, Sunil. "Teaching Ethics for Quality as an Innovation in a Core Operations Management Course," *Decision Sciences Journal of Innovative Education*, vol. 8, no. 2, 2010, pp. 361–366.

Besterfield, Dalc. *Quality Control*, 8th ed. Upper Saddle River, NJ: Prentice Hall, 2009.

Collier, David A. *The Service Quality Solution*. New York: Irwin Professional Publishing; Milwaukee: ASQC Quality Press, 1994.

Crosby, Philip B. *Quality Is Free: The Art of Making Quality Certain*. New York: McGraw-Hill, 1979.

Deming, W. Edwards. *Out of the Crisis*. Cambridge, MA: Massachusetts Institute of Technology Center for Advanced Engineering Study, 1986.

Duncan, Acheson J. *Quality Control and Industrial Statistics*, 5th ed. Homewood, IL: Irwin, 1986.

Feigenbaum, A.V. *Total Quality Control: Engineering and Management*, 3rd ed. New York: McGraw-Hill, 1983.

Hartvigsen, David. *SimQuick: Process Simulation with Excel*, 2nd ed. Upper Saddle River, NJ: Prentice Hall, 2004.

Hoyle, David. *ISO 9000*, 6th ed. Oxford: Butler-Heinemann, 2009.

Juran, J.M., and Frank Gryna, Jr. *Quality Planning and Analysis*, 2nd ed. New York: McGraw-Hill, 1980.

Lucier, Gregory T., and Sridhar Seshadri. "GE Takes Six Sigma Beyond the Bottom Line." *Strategic Finance* (May 2001), pp. 41–46.

Mitra, Amitava. *Fundamentals of Quality Control and Improvement*, 3rd ed. Hoboken, NJ: Wiley & Sons, 2008.

Pande, Peter S., Robert P. Neuman, and Roland R. Cavanagh. *The Six Sigma Way*. New York: McGraw-Hill, 2000.

Russell, J. P., and Dennis Arter. *ISO Lesson Guide to ISO 9001*, 3rd ed. Milwaukee: ASQC Quality Press, 2008.

Schwarz, Anne. "Listening to the Voice of the Customer Is the Key to QVC's Success." *Journal of Organizational Excellence* (Winter 2004), pp. 3–11.

Sester, Dennis. "Motorola: A Tradition of Quality." *Quality* (October 2001), pp. 30–34.

Yannick, Julliard. "Ethics Quality Management," *Techne' Journal*, vol. 8, no. 1 (Fall 2004), pp. 117–135.

6

能力规划

图中是夏普电子公司位于日本中部三重县（Mie Prefecture）的龟山（Kameyama）工厂、投资 1 500 亿日元的 LCD 电视机生产线。这些顶级的 LCD 电视机，在其 8.65cm 的超薄机身上装有 622 万像素的 LCD 面板。这款电视机是为了满足对更大更薄电视机急剧增长的需求而设计的。

夏普公司

1912 年在日本成立的夏普公司，是消费品和信息产品的全球制造商和分销商，其产品包括：LCD 电视机、投影仪、DVD 刻录机、移动通信手机、收银机系统、冰箱和微波炉等家用电器，以及如闪存、LCD 面板、光学传感器等电子元器件。公司在全球 25 个国家和地区设有生产、销售和研发机构。为了生产电视机的大尺寸 LCD 面板，夏普公司将位于日本龟山 2 号工厂的生产能力从 2006 年 8 月的每月生产 15 000 片面板，提高到 2007 年 1 月第二阶段的每月 30 000 片。在第三阶段（2007 年 7 月）将生产能力提高到每月 60 000 片 LCD 面板。当时世界上最大的 LCD 电视屏幕尺寸是 108 英寸，就是在龟山 2 号工厂用第八代玻璃基片生产的。

对长期的生产能力进行如此迅速地扩张是一个好主意吗？对此有很多不同的观点。虽然夏普公司近年来由于其 LCD 业务而蓬勃发展，但是因为生产能力已经达到极限，无法满足市场需求，夏普公司才做出扩张的决定。结果，夏普公司在全球的 LCD 电视销量被竞争对手超越，2006 年第 2 季度的市场份额只有 10.8%，排在索尼、三星和飞利浦公司之后，位居第四。但即使夏普公司迅速地扩大了 LCD 面板的生产能力，竞争也没有停止。索尼和三星的合资公司计划在 2007 年秋天开办一家新工厂，该厂的生产能力将与夏普公司在龟山的工厂相同。评论家们担心，如果三家大型制造商继续以高于市场增长的速度来扩大生产能力，将会催生一个产能过剩而盈利能力过低的成熟产业。

与此同时，夏普公司将赌注押在平板 LCD 的成本会由于大规模生产而迅速下降，这一战略也同样用于扩大葛城（Katsuragi）工厂的薄膜型太阳能电池的生产能力，从每年生产 15MW 电量提高到每年 160MW。夏普公司还希望在 LCD 面板上的大规模能力投资有助于提高公司在未来 LCD 行业中的领导地位，即使以降低整个行业的利润率为代价也在所不惜。

资料来源：William Trent, “LCD Producers Continue to Add Too Much Capacity As They Battle for Market Share.”

学习目标 学完本章内容后，你应该能够：

1. 定义能力和利用率。
2. 描述规模经济与规模不经济。
3. 确定不同的能力扩张时间进度和规模战略。
4. 掌握能力规划的系统化方法。
5. 描述如何用等待线模型、仿真及决策树辅助能力决策。

通过运营管理创造价值

通过运营展开竞争
项目管理

流程管理

流程策略
流程分析
质量与绩效
能力规划
约束管理
精益系统

供应链管理

供应链库存管理
供应链设计
供应链选址决策
供应链整合
供应链的可持续发展与人道主义物流
预测
运营计划与生产调度计划
资源计划

能力（capacity）是流程或系统的最大产出率。管理者负责确保企业具有满足当前或未来需求的能力。否则，组织就会错失增长和获利的机会。像夏普公司在落后于最接近的LCD电视竞争者时所做的那样，提高能力或者克服能力不足的调整，是管理者工作的重要组成部分。获得新能力需要全面规划，常常涉及大量的资源和时间支出。例如，在半导体行业或建新核电厂的情况下，使新能力投入运营可能要花几年的时间。

与流程相关的能力决策需要根据流程在组织内部，以及在整个供应链上所起的作用来制定，因为改变流程的能力会对供应链中其他流程产生影响。提高或降低能力本身就像保证从订单录入到交付的整个供应链的有效性一样重要。能力决策必须根据几个长期问题来制定，如企业的规模经济与规模不经济、能力缓冲、能力扩张的时间进度和规模战略，以及顾客服务和能力利用率之间的权衡等。

本章的重点是管理者如何从长远角度对能力水平进行最佳调整，以及确定提高或降低能力的最佳时机。能力决策的类型由于时间周期的不同而有所不同。与能力规划和约束管理有关的长期问题和短期问题都是很重要的，这二者也必须结合起来进行理解。这里我们讨论能力管理框图中所示的长期决策，而通过约束管理来应对大多数现有能力问题的短期决策问题将在第7章“约束管理”中进行更全面阐述。

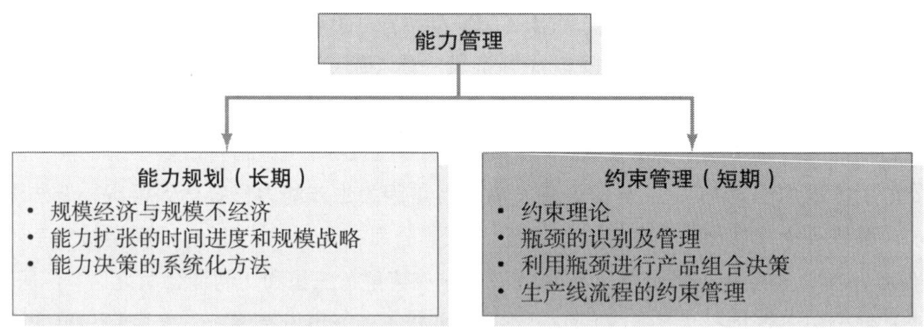

跨越整个组织的能力规划

能力决策对整个组织的不同职能领域都有意义。会计部门要提供评估能力扩张决策所需的成本信息；财务部门对所提议的能力扩张投资进行财务分析，并募集资金来支持这些投资；市场营销部门提供识别能力差距所需的需求预测；管理信息系统设计电子基础设施，以提供做能力选择分析所需的数据，这些数据可能包括：成本信息、财务绩效指标、需求预测及工作标准；运营部门参与能力战略的选择，使战略实施可以有效地满足未来的需求；采购部门帮助从供应商处获得外部能力；最后，人力资源部门重点关注员工的招聘和培训，以支持企业内部的能力规划。因此，企业中的所有部门都要参与进来，同时也受到长期能力规划决策的影响。

长期能力规划

长期能力规划涉及在组织层面对新设施和新设备的投资，需要最高管理层的参与和批准，因为这种规划的结果是不易逆转的。这些规划将覆盖未来至少两年的时间，但是能力建设的提前期有时可能会更长一些，这就会导致更长的规划周期。

正如从本章开头案例中所看到的那样，长期的能力规划是一个组织成功的核心。能力过剩和能力不足一样令人烦恼。正如过去 20 年来航空业和大型游轮业所表现的那样，整个行业通常会在长期能力过剩和能力不足之间波动。在选择能力战略时，管理者必须考虑下述问题：需要多大的能力缓冲来应对多变的或不确定的需求？我们应该在需求出现之前就扩张能力，还是等到需求更明朗一些再扩张？甚至在回答这些问题之前，管理者就需要测量流程的能力。所以，需要一种系统化的方法来回答这类问题并制定符合每种情况的能力战略。

能力和利用率的测量

不存在一种适用于所有情况的单一能力测量标准。一家零售商用每平方英尺所产生的年销售额来测量能力；一家航空公司用每月可用的座位英里数（available seat-miles，ASMs）来测量能力；一家剧院用座位数来测量能力；而一个车间则用机器小时数来测量能力。总的来说，能力可以用以下两种方法中的一种来表示：产出标准和投入标准。

能力的产出测量标准　能力的产出测量标准（output measures of capacity）最适用于企业中的单个流程，或者企业提供相对较少的标准化服务和产品的情况。像汽车制造厂流程那样的大批量流程就是很好的例子。在这种情况下，能力可以用每天生产的汽车数量来测量。但是，许多流程提供不止一种服务或产品。随着产品组合中定制化程度的提高和品种数量的增加，基于产出的能力测量标准就变得不那么有用了。此时，能力的投入测量标准就成为测量能力的常规选择。

自 1992 年以来，英特尔公司首次在港口城市大连北部的金州新区投资 25 亿美元建立新的芯片生产工厂。该厂有 1 700 多名员工，厂房总面积达 16.3 万平方米，大约相当于 23 个足球场的面积。该厂于 2007 年 9 月破土动工，于 2010 年 10 月开始生产笔记本电脑用的 300 毫米集成电路晶圆芯片、高性能台式机以及功能强大的服务器。

能力的投入测量标准　能力的投入测量标准（input measures of capacity）通常用于小批量

的柔性流程，比如与生产定制家具有关的流程。在这种情况下，家具生产商可能用工作站的数量或工人的数量等这类投入标准来测量能力。使用投入标准的问题是需求总是无一例外地用产出率来表示。如果家具生产商想要满足需求，就必须将企业的年家具需求量转换为劳动力小时数，以及为了满足这些小时数所需要的员工数量。本章后面将对这种投入 – 产出转换方法进行详细说明。

利用率 **利用率**（utilization）指设备、空间或劳动力等资源当前的利用程度，它用平均产出率与最大能力的比值来测量（表示为一个百分比）。必须用相同的量纲来测量平均产出率和能力，例如，时间、顾客数、件数或美元等。利用率指需要额外增加的能力或者削减不需要的能力。

$$\text{利用率} = \frac{\text{平均产出率}}{\text{最大能力}} \times 100\%$$

这里，最大能力指一个流程利用实际的员工工作计划和现有设备，在较长时期可以合理维持的最大产出水平。在某些流程中，这一能力水平指一个班次的生产操作；而在另一些流程中，则指三个班次的生产操作。流程可以通过生产的外延方法在超过其能力水平的情况下运行，比如加班、增加班次、临时性地减少维护活动、配备超编人员以及转包等。虽然这些方法有助于应付临时性的高峰，但是不能长时间持续下去。例如，在一周的高峰期能够应付 40 名顾客与将这种做法持续 6 个月是完全不同的。员工不愿意长时间超负荷加班，因此，加班会使质量下降。此外，与加班有关的成本使企业的成本上升。因而使操作流程接近（或者甚至临时超过）其最大能力运行会导致低顾客满意度、低利润，甚至高销售额水平下的亏损。美国飞机制造商在 20 世纪 80 年代后期的状况就是如此。当时为了支撑大幅上扬的成本和急剧下滑的利润，美国波音公司在 1997 年收购了麦道公司。

规模经济

最佳能力水平的确定需要考虑运营效率。大家熟悉的**规模经济**（economies of scale）概念说明，可以通过提高产出率而降低服务或产品的平均单位成本。规模经济之所以可以在产出增加的情况下降低成本，有四个主要原因：（1）在更多单位之间分摊固定成本；（2）建造成本下降；（3）物料采购成本降低；以及（4）发现流程优势。

分摊固定成本 在短期内，某些成本不会随着产出率的变化而变化。这些固定成本包括供暖成本、偿债以及管理者的薪水。现有的厂房和设备折旧在会计意义上也是固定成本。当平均产出率增加而使设施利用率提高时，固定成本在更多的单位之间进行分摊，因此平均单位成本下降。

降低建造成本 在建设大型设施和小型设施时，需要某些活动和支出：建筑许可、建筑师的费用、建筑设备的租赁，等等。设施规模的翻倍通常不会使建筑成本翻倍。

降低物料采购成本 较大的批量可以降低采购物料或服务的成本。这给了采购者更有利的讨价还价地位和利用数量折扣的机会。像沃尔玛这样的零售商，由于在国内

和国际超市对每一个品类的采购量和销售量都十分巨大，因此获得了巨大的规模经济效益。

发现流程优势 大批量生产提供了许多降低成本的机会。在较高的产出率水平上，流程转向生产线流程，其资源专门用于生产单一产品。企业可以合理使用更高效的技术或者更专业化的设备。企业通过为单个服务或产品配备资源而得到的好处可能包括：加速学习效应、降低库存、改进流程与工作设计，以及减少设备更迭次数。

规模不经济

但是，规模并非总是越大越好。当设施的规模大到一定程度时会出现**规模不经济**（diseconomies of scale），也就是说，随着设施规模的增大，平均单位成本也相应提高。究其原因是因为过大的规模会带来复杂性，失去重点，效率低下，从而使服务或产品的平均单位成本上升。当有太多的员工层级和官僚层级时，管理层便失去了与员工和顾客的接触。组织变得不够敏捷，失去了响应需求变化所需的柔性。许多大型企业所做的分析和规划，少有创新并且会规避风险。其结果是在许多行业，小型企业的表现优于行业巨头。

图 6.1 说明了从规模经济到规模不经济的变迁。图中，500 张床位的医院表现出规模经济性，由于其平均单位成本处于最佳运行水平，低于 250 张床位医院的平均单位成本。但是，假定存在足够的需求，进一步扩张到 750 张床位的医院会导致更高的平均单位成本和规模不经济。500 张床位的医院比 250 张床位的医院享有更大的规模经济的一个原因，在于其建筑成本和设备成本不到较小医院相应成本的两倍。当然 750 张床位的医院也有同样的节约。其更高的平均单位成本只能用规模不经济来解释，增加的成本超出了在建筑成本上实现的节约。

图 6.1 并不意味着对所有医院来说最佳规模都是 500 张床位。最佳规模取决于每周要服务的患者数量。一方面，小型社区医院选择 250 张床位的能力会比 500 张床位的成本低一些。但另一方面，如果当规模更大时存在规模不经济，则对一个大型社区来说，由两家 500 张床位的医院提供服务比一家 1 000 张床位的医院效率更高。

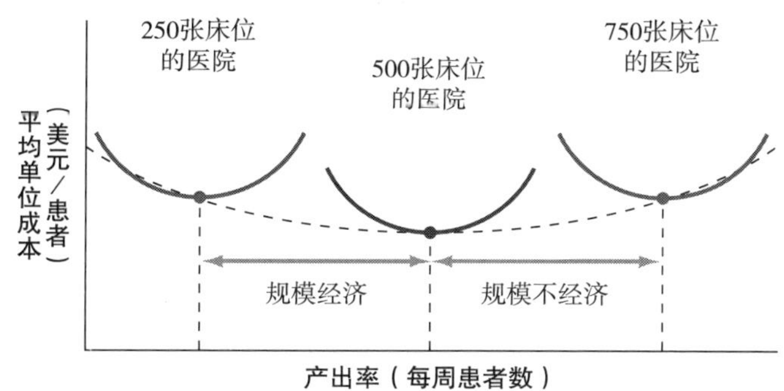

图 6.1
规模经济与规模不经济

能力扩张的时间进度和规模战略

在做能力决策之前，运营管理者必须研究能力战略的三个维度：(1) 规模能力缓冲的大小；(2) 扩张的时间进度和规模；(3) 流程能力与其他运营决策的联系。

规模能力缓冲

从长期来看，任何资源的平均利用率不应该太接近 100%，尽管对于某些流程来说在短期内会时不时地靠近这一数值。如果在一段时间内需求持续增加，那么就必须提高长期能力，并且要提供一些缓冲以应对不确定性。当平均利用率接近 100% 时，通常就是一种信号，此时应该扩大能力或减少接收订单的数量，从而避免生产率的下降。**能力缓冲**（capacity cushion）指一个流程的预留能力，用于应对需求的突然增加或者生产能力的临时性丧失。它代表了（相对于总能力的）平均利用率低于 100% 的数量。具体来说就是：

$$能力缓冲 = 100（\%）- 平均利用率（\%）$$

恰当的缓冲量大小因行业的不同而有所不同。在资金密集型的造纸业，每台机器要花费数亿美元的成本，因此倾向于 10% 以下的缓冲。资金不那么密集的酒店业，盈亏平衡点为 60% 到 70% 的利用率（40% 到 30% 的缓冲），当缓冲量下降到 20% 时就会产生顾客服务方面的问题。资金更加密集的游轮业，倾向于低至 5% 的缓冲。对于顾客期待快速服务的前台办公室流程而言，大的缓冲是特别重要的。

企业发现当需求出现变化时，大的缓冲是合适的。在某些服务行业（如食品杂货业），可以预见一周中某些天的需求比其他几天的要高，甚至在一天中每个小时的需求量不同也是司空见惯的。顾客等待时间较长是不被接受的，因为如果顾客在超市的收款台前排队等待超过几分钟，就会不耐烦。即时的顾客服务要求超市保持足够大的能力缓冲，以应付高峰时的需求。当未来的需求不确定时，特别是当资源柔性很低时，大的缓冲也是必要的。仿真方法或等待线分析（参见补充资料 B“等待线”）可以帮助管理人员更好地预测能力缓冲和顾客服务之间的关系。

另一类需求的不确定性来自产品组合的变化。虽然以金额计的总需求可能保持稳定，但是随着产品组合的变化，工作负荷不可预见地从一个工作中心向另一个工作中心转移。与所购物料的交付相联系的供应的不确定性也使拥有大的能力缓冲变得有用。能力的增量一般都较大，因为即使只需要用到一台机器可用能力的一小部分，也必须购买整台机器，这样就会产生大的缓冲。企业还需要建立超额能力，以允许员工缺席、休假、度假以及其他方面的延误。如果一家企业承受很高的加班成本且经常需要依赖合同转包，也许就需要增加能力缓冲了。

偏好小的能力缓冲的理由很简单：未使用的能力会消耗资金。对于资金密集型企业来说，使能力缓冲最小化至关重要。研究指出，高资本密集型的企业在能力缓冲大时会得到低投资回报。但是，在劳动密集型的企业中不存在这种强相关性。在这些企业中，不同能力缓冲的投资回报率是差不多的，因为较低的设备投资使高利用率显得不那么重要。小的能力缓冲还有其他优点。企业通过实施小的能力缓冲，有时可以发现在能力缓冲大时难以发现的低效率。这些低效率可能包括员工缺勤，或者不可靠的供应商。管理者和工人们一旦发现了这些问题，就可以找到解决的途径。

在美国密歇根州底特律的底特律 – 汉姆川克组装厂，Dawn Bacon 正在安装通用汽车公司 2012 款的欧宝汽车，即伏特车的欧洲版。随着汽车制造商增加美国的产量，通用汽车公司将在制造雪佛兰伏特插电式混合动力车的底特律工厂投资 6 900 万美元，并增加 2 500 个就业岗位，开始两种新型号汽车的生产。

扩张的时间进度和规模

能力战略要考虑的第二个问题是何时调整能力水平，以及调整的幅度有多大。有时，能力的扩张是通过响应市场趋势的变化进行的。由于公众强烈的兴趣，通用汽车公司决定在 2012 年将其四座雪佛兰伏特混合动力车系列的生产能力从 3 万辆提高到 4.5 万辆。虽然我们在这里从能力扩张的角度更详细地讨论这个问题，但必须注意的是企业并非总在寻求能力扩张，就如航空运输业的情况，有时不得不缩减能力。在航空运输业，面对不断上升的燃油成本，所有大型航空公司都合并了航线，减少了航班的总数量。其中有些航线合并是通过兼并实现的，如美国联合航空公司和大陆航空公司合并成世界上最大的航空公司，以及德尔塔航空公司和西北航空公司的合并。

图 6.2 表示两种极端的能力扩张战略：一种是*扩张主义战略*，涉及次数较少的大的能力跳跃；另一种是*等待观望战略*，涉及经常性的较小的能力跳跃。

扩张的时间进度和规模是相互关联的，也就是说，如果需求增长且在两次能力扩张之间的时间加长，则能力扩张的规模也必须增大。扩张主义战略在达到需求之前进行能力扩张，使因能力不足而导致的销售机会损失达到最小。等待观望战略则在达到需求后才进行扩张，依靠短期措施（如利用加班、临时工、合同转包、缺货以及推迟对设备的预防性维护）来应对能力的短缺。

有几个因素支持扩张主义战略。扩张可以导致规模经济和更快的学习速度，因此有助于企业降低成本并以价格竞争。这一战略可以增加企业的市场份额，或者作为先发制人的一种市场营销手段。通过大的能力扩张或者宣布即将扩张，企业可以阻止其他企业的扩张。而其他企业则要么必须牺牲一部分市场份额，要么承担行业能力过剩的风险。但是，为了获得成功，先发制人的企业必须有足够的信誉，让竞争对手相信它会实施其计划——并且必须在竞争对手采取行动之前公布其计划。管

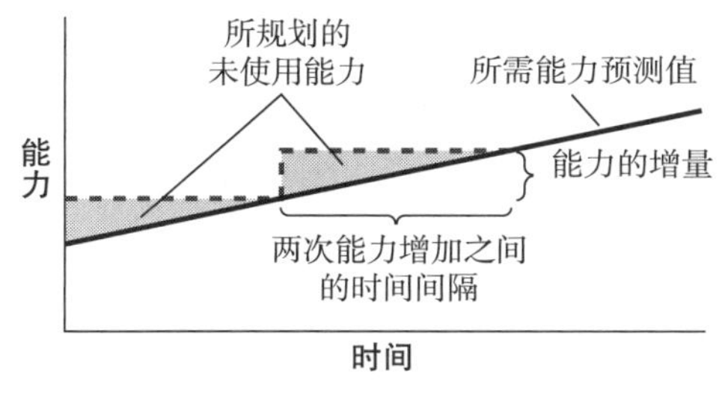

（a）扩张主义战略

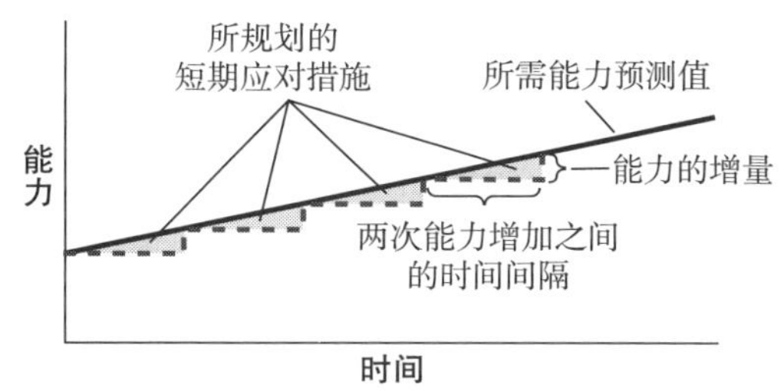

（b）等待观望战略

图 6.2
两种能力战略

管理实践 6.1 乙醇行业中扩张主义能力战略

对可再生能源和燃料的替代资源的寻找，使乙醇生产成为美国快速增长的行业。仅内布拉斯加州就投资 50 多亿美元，建设了 24 家乙醇生产厂，每年生产 20 多亿加仑乙醇。内布拉斯加州为美国西部的乙醇市场提供服务，而像爱荷华州这样位于美国中西部的州则拥有最大的投资容量。这些工厂有许多从 2007 年就开始投入运营。

但是，令人不安的迹象已开始显现。企业和农场的合作组织如此迅速地建造了如此多的酿酒厂，以至乙醇市场突然供大于求，过剩的供应正在给价格造成下行压力。与此同时，乙醇工厂所需原材料的短缺和价格也逐渐成为问题。一蒲式耳玉米大约生产 2.6 加仑乙醇，仅内布拉斯加州的乙醇工厂每年就需要超过 7.69 亿蒲式耳的谷物。因此，玉米的价格从 2006 年每蒲式耳不到 2 美元稳定攀升到 2011 年 4 月的每蒲式耳 7.76 美元。尽管随着玉米种植增加且出口降低使玉米储备上升，预计将来的价格会有所下降，但每蒲式耳玉米的价格在 2010 到 2011 仅一年的时间就翻了一倍。原材料价格的上升进一步削减了利润率。虽然原油价格直线上升，但是对乙醇的需求并没有相应增加，因为其效率低，且在大多数的汽油混合物中只占 10% 或者更少。

能力扩张也没有考虑乙醇的运输要求。和汽油不同，它不能使用传统的管道运输方式，因为乙醇具有腐蚀性且含有少量的水。因此，乙醇必须使用专用的火车、卡车和驳船运输。这样的运输网络的能力没有跟上迅速过剩的乙醇生产。因此，腹地玉米产区的乙醇厂不能迅速有效地满足沿海地区对乙醇的需求。

Lincolnway 能源厂是位于爱荷华州内华达的一个中等规模的酿酒厂，它用大型的自动化流程将玉米转化成乙醇。Lincolnway 能源厂曾经是该地区唯一一家乙醇生产厂，但如今相互竞争的酿酒厂正在投入运营，并向市场倾销更多的乙醇。

虽然政府的补贴可以保持乙醇产出量的增长，但是专家认为，该产业的扩张没有得到有效管理。有些公司由于害怕合并和破产，正在修订未来的计划并取消了新厂建设。

资料来源：Clifford Krauss, “Ethanol’s Boom Stalling as Glut Depresses Price,” *New York Times* (September 30, 2007); Christopher Leonard, “Corn Reserves Expected to Rise, Easing Food Prices,” *The Associated Press*, May 12, 2011.

理实践 6.1 说明了扩张主义战略在乙醇行业中的应用。

保守的等待观望战略以较小的增量进行扩张，比如通过改造现有设施而不是建造新设施来扩张。由于等待观望战略滞后于需求，它降低了基于过分乐观的需求预测、过时的技术或不准确的竞争假设而进行过度扩张的风险。

但是，这种战略也有其自身的风险，比如会被竞争对手抢占先机，或者当需求出乎意料的高时无法做出响应。等待观望战略曾被批评为具有典型的美国管理风格的短期战略。处于晋升快车道的企业管理者倾向于承担较小的风险。通过避免大的过错，以及使短期利润和投资回报最大化，企业管理者将得到晋升。等待观望战略与这种短期观点相适应，但是从长期来看会侵蚀市场份额。

管理层可以在这两种战略中选择一种，也可以在这两种极端之间的多种不同组合中选择一种。采用比较温和的中间战略，企业可以用比扩张主义战略更多的次数（较小规模）进行扩张，但是又不会像等待观望战略那样总是滞后于需求。一种中间战略是跟随者战略，即在其他企业扩张时跟着扩张。如果其他企业是正确的，那么你的企业也是正确的，没有企业能够获得竞争优势。如果其他企业犯了过度扩张的错误，你的企业也一样犯错误，但是大家要共同承担能力过剩的后果。这种情况在航空业中尤其显著，也可能在 LCD 行业出现如在本章开头案例中所描述的夏普、索尼和三星大量的能力扩张。

流程能力与其他决策的联系

能力决策应该与整个组织的流程和供应链密切联系。当管理者做有关流程设计、确定资源柔性程度及库存量、设施选址等决策时，必须考虑这些决策对能力缓冲的影响。像资源柔性、库存以及较长的提前期一样，能力缓冲在长期可以缓解不确定性对组织的冲击。如果任何一个决策领域有所改变，能力缓冲可能也需要随之改变来进行弥补。例如，遇有下列情况时可以降低流程的能力缓冲：不太强调快速交付（竞争优先级）、成品率损失（质量）下降、资金密集型设备投资的增加，或劳动力柔性的提高（流程设计）。当企业有意在库存量少时提价而在库存量大时降价，以此来缓和产出率时，也可以降低能力缓冲。

长期能力决策的系统化方法

长期能力决策一般包括：是增加一个新工厂或仓库，还是减少现有工厂或仓库的数量？一个既定部门应该有多少个工位？或一个既定流程需要配备多少工人？有些决策可能花几年的时间才能实施。因此，需要用系统化的方法规划长期能力决策。

虽然每种情况都或多或少有所不同，但是用一种 4 个步骤的决策程序通常可以帮助管理者做出合理的能力决策。（为了描述这一程序，假定管理层已经完成了确定流程现有能力和评估当前能力缓冲是否恰当的前期工作。）

1. 估计未来的能力需求。
2. 通过对能力需求和可用能力之间的比较找出差距。
3. 制定缩小差距的备选方案。
4. 对每一个备选方案进行定性和定量评估，并做出最终选择。

第 1 步：估计能力需求

流程的**能力需求**（capacity requirement）是指在未来的一定时期内，为了满足企业（外部或内部）的顾客需求，在所要求的能力缓冲条件下，一个流程应该拥有的能力。对于将来可能成为瓶颈的流程或工作站，需求也会更大，因此管理层甚至要规划出比正常情况更大的能力缓冲。

可以用下述两种方式中的一种来表示流程的能力需求：产出标准或投入标准。无论哪种方法，能力估计的基础都是对需求、生产率、竞争状态以及技术变革所做的预测。这些预测常常需要针对**规划周期**（planning horizon）的几个时间段进行，所谓规划周期是指为规划目的而划分出的一组连续的时间段。长期能力规划比短期规划需要考虑更远的将来（也许是整整 10 年）。遗憾的是，向前看得越远，做出的预测就可能越不准确。

使用产出标准 能力需求最简单的表达方式就是产出率。如前文所述，产出标准适用于具有少量品种或流程多样性程度低的大批量流程。在这里，对未来年度的需求预测是推断未来能力需求的基础。如果预计在未来 5 年时间里需求会翻一番，则能力需求也要翻一番。例如，如果一个流程当前的能力需求是每天 50 名顾客，那么 5 年后的需求将是每天 100 名顾客。如果所要求的能力缓冲是 20%，那么管理层应该规划出足够的能力，可以在 5 年内为 [100/(1–0.2)]=125 名顾客提供服务。

使用投入标准 在下列情况下仅有产出标准是不够的：

- 产品种类多，流程多样性程度高。
- 产品或服务组合正在变化。
- 预期生产率会改变。
- 预期会有巨大的学习效应。

在这些情况下，更适合用投入标准来计算能力需求，如员工、机器、计算机或卡车的数量。用投入标准表示能力需求可以将需求预测、流程的时间估计值以及希望的能力缓冲结合在一起。当一个运营环节仅处理一种服务或产品，而且时间段为一年时，其能力需求 M 为

$$\text{能力需求} = \frac{\text{年度需求所需的加工小时数}}{\text{减去所需的缓存后，一个能力单位（如一名员工或一台机器）每年可用的小时数}}$$

$$M = \frac{Dp}{N[1-(C/100)]}$$

式中，

D = 该年的需求预测值（服务的顾客数或生产的产品数）

p = 加工时间（每服务一名顾客或每生产一件产品的小时数）

N = 流程每年运行的总小时数

C = 要求的能力缓冲（表示为一个百分比）

M 是所需要的投入单位数，应该在时间周期内的每一年都计算它。加工时间 p 取决于为完成这项工作选择的流程和方法。表达式的分母是一个能力单位（一名员工或一台机器）每年可用的总时间 N，乘以代表希望的能力缓冲 C 的比率。这一比率就是 1.0–C/100，其中 C 从一个百分数除以 100 而转换成一个比率。例如，20% 的能力缓冲意味着 1.0–C/100 = 0.8。

如果生产多种产品，就涉及设置调整。**设置调整时间**（setup time）指将一个流程或操作环节从提供一种服务或产品转换为提供另一种服务或产品所需要的时间。总的设置调整时间可以按以下方法求出：用每年预测的需求量 D 除以每批次的生产量（在两次设置调整之间加工的产品量）Q，得出每年需要的设置调整次数，再乘以每次设置调整所用的时间 s。例如，如果年需求量是 1 200 单位，平均批次大小是 100，则每年有 1 200/100 = 12 次设置调整。当有多种服务和产品时，若同时考虑加工时间和设置调整时间，则

$$能力需求 = \frac{对所有服务或产品汇总得到的年度所需加工时间和设置调整时间}{减去所需的缓存后，一个能力单位每年可用的小时数}$$

$$M = \frac{[Dp + (D/Q)s]_{p1} + [Dp + (D/Q)s]_{p2} + \cdots + [Dp + (D/Q)s]_{pn}}{N[1-(C/100)]}$$

式中，

Q = 每一批次的单位数

s = 每批次的设置调整时间（以小时计）

当 M 不是整数时的处理方法取决于具体情况。例如，不可能购买零点几台机器，在这种情况下，除非使用像加班或缺货这类短期措施来弥补能力短缺的成本效益比较高，否则就要对小数部分向上取整。相反，如果能力单位是流程中员工的数量，则 23.6 的数值可以只用 23 名员工再加上适度的加班（等价于有另外一名 60% 的全职员工）来满足。这里，作为有用信息应该将小数部分保留。

例 6.1　利用投入标准估算能力需求

一个办公大楼的复印中心为两个客户制作装订报告。该中心对每一份报告要制作多册（批量大小）。除其他因素外，复印、分页、装订的处理时间取决于报告的页数。该中心每年营业 250 天，每天 8 小时一班。管理者认为（除了在时间标准中已预留的余量之外）15% 的能力缓冲是最好的。该中心目前有 3 台复印机，请根据下表信息确定复印中心需要的复印机数量。

项　目	客户 X	客户 Y
年度需求预测（册）	2 000	6 000
标准处理时间（小时 / 册）	0.5	0.7
平均批量大小（每份报表的册数）	20	30
标准设置调整时间（小时）	0.25	0.40

解

$$M = \frac{[Dp + (D/Q)s]_{p1} + [Dp + (D/Q)s]_{p2} + \cdots + [Dp + (D/Q)s]_{pn}}{N[1-(C/100)]}$$

$$= \frac{[2\,000 \times 0.5 + (2\,000/20) \times 0.25]_{顾客X} + [6\,000 \times 0.7 + (6\,000/30) \times 0.40]_{顾客Y}}{250 年/天 \times 1 班/天 \times 8 小时/天 \times (1.0 - 15/100)}$$

$$= \frac{5\,305}{1\,700} = 3.12$$

向上取整，得出 4 台机器的需求量。

决策重点

在现有 3 台机器的情况下，该复印中心的能力正在被过度使用，没有达到所要求的 15% 的能力缓冲。因不想让顾客服务水平受到影响，管理者决定使用加班作为短期解决方案来处理过期的订单。如果需求继续保持目前的水平或者增加，该中心就要购买第 4 台复印机。

第 2 步：找出差距

能力差距（capacity gap）指预测的能力需求（M）与当前能力之间的差值（正或负）。当涉及多个运营环节和几种资源投入时，情况就会变得复杂。某些运营环节的能力扩张会提高整体能力。但是，正如我们将在第 7 章“约束管理”所了解的，如果有一个运营环节受到的限制比其他环节多，则只有扩张了该受限运营环节的能力，整体的流程能力才能得到扩张。

第 3 步：制定备选方案

下一步是要制定备选方案以应对预计到的差距。一种称为**基础方案**（base case）的备选方案，就是什么都不做，因此只是简单地失去超过当前能力需求的订单，或者因为能力过剩而造成损失。如果预计的需求超出当前的能力，其他的备选方案则是各种增加新能力的时间进度和规模的选择，包括图 6.2 所述的扩张主义战略和等待观望战略。还有其他一些可能性，包括在另一个地点进行扩张以及使用加班、临时工及合同转包等短期措施。用于缩减能力的备选方案包括关闭工厂或仓库、裁员、减少运行的天数或小时数等。

第 4 步：评估备选方案

在最后一个步骤中，管理者对每一个备选方案进行定性和定量评估。

定性评估考虑因素　定性评估时，管理者必须考虑每个备选方案与整体能力战略，以及财务分析未曾涉及的其他业务的适应程度。需要特别关注的可能是需求的不确定性、竞争者的反应、技术变革及成本估计。其中的一些因素无法量化，必须根据判断和经验来评价。另一些因素是可以量化的，管理者可以用未来的不同假定分析每个备选方案。一组假定代表最坏的情况，需求很少，竞争很激烈，而且建筑成本比预期的要高。另一组假定则代表对未来最乐观的看法。这种类型的假设（what-if）分析使管理者在做出最终选择前，了解每种备选方案的意义。

当企业试图进入新市场或转移经营战略重点时，定性因素往往会占据主导地位。例如，戴尔公司打算 2011 财政年度在云计算（通过计算机网络而不是本地计算机即时提供所需的数据和软件计算资源）和虚拟化（生成虚拟的而不是实际的操作系统或存储设备版本）领域投资 10 亿美元。必须对数据中心的能力进行大规模扩张来支持这种多元化战略，其中还包括更强的销售培训和专业技能，但几乎没有硬数据来指导准确的扩张规模和时间进度。

戴尔公司的绿色节能环保数据中心将监测位于中国北京 54 个政府机构的能源消耗指数。

定量评估考虑因素　在定量评估时，管理者通过预测的时间进度与基础方案的对比估计每种备选方案的现金流变化。**现金流**（cash flow）是在一段时间内流入和流出一个组织的资金流的差值，

包括收入、成本以及资产和负债变化。这里管理者仅考虑与项目有关的现金流计算。

例 6.2　备选方案的评估

Grandmother's Chicken餐馆正是生意兴隆的时候。餐馆的主人预计今年供应8万份饭菜。虽然厨房已是满负荷运行，但是餐厅每年可以招待 10.5 万名就餐者。今后 5 年的需求预测为：明年 9 万份，随后的几年每年增长 1 万份。一种方案是现在同时扩张厨房和就餐区，使其能力达到每年 13 万份饭菜。初始投资是 20 万美元，到今年年底（第 0 年）完成。平均每份饭菜的价格是 10 美元，税前利润率是 20%。20% 的数字是这样得出的：每 10 美元的饭菜中，有 8 美元用于支付可变成本，余下的 2 美元是税前利润。

相对于不做任何改变的基础方案的现金流，今后 5 年预测结果的税前现金流量如何?

解

回顾一下，不做任何改变的基础方案导致超过 8 万份饭菜的所有潜在销售额的流失。在新的能力下，现金流量等于由拥有 13 万份饭菜的能力所提供的额外饭菜数量乘以每份 2 美元的利润。在第 0 年，唯一的现金流量就是初始投资的 –20 万美元。第 1 年末，9 万份饭菜的需求将由扩张后的能力全部满足，因此现金流量的增量是（90 000 – 80 000）X $2= $20 000。在接下来的几年，数据如下：

第 2 年：需求 =100 000；现金流量 =（100 000 – 80 000）× $2= $40 000
第 3 年：需求 =110 000；现金流量 =（110 000 – 80 000）× $2= $60 000
第 4 年：需求 =120 000；现金流量 =（120 000 – 80 000）× $2= $80 000
第 5 年：需求 =130 000；现金流量 =（130 000 – 80 000）× $2= $100 000

如果新的能力在任何年份比预期的需求量小，那么我们将用新的能力（而不是需求量）减去基础方案的能力。餐馆的所有者应该考虑资金的时间价值——应用净现值或内部收益率等方法计算。例如，以 10% 的贴现率计算，这个扩张项目的净现值（NPV）等于 13 051.76 美元，具体计算过程如下：

$$\begin{aligned}NPV &= -200\,000 + [20\,000/1.1] + [40\,000/(1.1)^2] + [60\,000/(1.1)^3] + [80\,000/(1.1)^4] \\ &\quad + [100\,000/(1.1)^5] \\ &= -200\,000 + 18\,181.82 + 33\,057.85 + 45\,078.89 + 54\,641.07 + 62\,092.13 \\ &= 13\,051.76\text{（美元）}\end{aligned}$$

决策重点

在做出能力改变的决策之前，餐馆的所有者还应该考虑定性评估因素，比如竞争者未来的选址。此外，餐馆所营造出的舒适氛围可能会因为扩张而消失。而且，还应考虑一些其他方案（参见问题求解 2）。

能力规划方法

能力规划要求在较长的时间内做需求预测。但遗憾的是，预测的准确度随着预测周期的延长而下降。此外，对竞争者行为的预测也增加了需求预测的不确定性。

任何时间段的需求都不是均匀分布的，在一个时间段中可能（而且经常）出现需求的高峰或低谷。这些现实情况使能力缓冲的运用成为必要手段。本节将介绍较为规范地处理需求的不确定性和可变性的 3 种方法：(1) 等待线模型；(2) 仿真和 (3) 决策树。根据顾客到达时间和处理需求的时间，等待线模型和仿真考虑的是许多顾客随机且独立的行为。决策树则允许对事件进行预测，如竞争者行为，它要求对能力做序贯决策。

等待线模型

等待线模型在能力规划中通常是很有用的，比如为顾客接触程度高的流程选择适当的能力缓冲等。等待线一般会在工作中心的前方形成，比如机场的票务柜台、加工中心或者中央计算机。其原因是工件或者顾客的到达时间间隔是不同的，而且对每个顾客所用的处理时间也不同。等待线模型利用概率分布对顾客的平均等待时间、等待线的平均长度及工作中心的利用率进行估计。管理者可利用这些信息来选择成本效益最佳的能力，在顾客服务水平和增加能力的成本之间取得平衡。

本章后面附的补充资料 B“等待线模型”，将更全面地介绍这类模型。该补充资料给出了等待线重要特征的估算公式，比如在不同设计条件下的顾客平均等待时间和设施的平均利用率。例如，一个设施可能被设计成在每个操作环节有一条或多条队列，并引导顾客通过一个或多个操作。用这些公式得出能力估计值和等待时间及空闲时间的成本估计值之后，管理者就可以在满足所要求的顾客服务水平条件下，选择成本效益好的设计方案及能力水平。

图 6.3 表示用 POM for Windows 得出的等待线输出结果。模型描述的流程是：一名教授在办公时间约见学生，其到达率为每小时 3 名学生，而服务率为每小时 6 名

Waiting Lines Results

Example Solution

Parameter	Value	Parameter	Value	Minutes	Seconds
Single-Server Model		Average server utilization	.5		
Arrival rate(lambda)	3	Average number in the line(Lq)	.5		
Service rate(mu)	6	Average number in the system(L)	1		
Number of servers	1	Average time in the line(Wq)	.17	10	600
		Average time in the system(W)	.33	20	1200

Table of Probabilities

Example Solution

k	Prob (num in sys = k)	Prob (num in sys <= k)	Prob (num in sys >k)
0	.5	.5	.5
1	.25	.75	.25
2	.13	.88	.13
3	.06	.94	.06
4	.03	.97	.03
5	.02	.98	.02
6	.01	1	.01
7	.0	1	.0

图 6.3

用 POM for Windows 得出的办公时间的等待线输出结果

学生。输出结果显示能力缓冲为 50%（1– 取值为 0.5 的服务台平均利用率）。这一结果在预料之中，因为处理率是到达率的两倍。而没有预料到的是一名学生平均花费 20 分钟用于排队等候或与教授谈话，同时有两名或两名以上学生在办公室的概率是 0.25。在这样一个大的能力缓冲下，这些数字高得令人吃惊。

仿 真

更复杂的等待线问题必须用仿真分析。即使是具有随机需求模式和一天中有可预见的需求高峰的复杂流程，通过仿真也能够识别出流程的瓶颈以及合适的能力缓冲值。SimQuick 仿真软件包可以建立动态的模型和系统。其他的仿真软件包还有：Extend、Simprocess、ProModel 和 Witness。

决策树

当需求不确定且涉及序贯决策时（参见补充资料 A“决策制定”），用决策树对不同的能力扩张备选方案进行评价，就显得特别有价值。例如，Grandmother’s Chicken 餐馆（参见例 6.2）的所有者可能现在在扩张餐馆，结果发现到第 4 年需求的增长大大高于预测。在这种情况下，她需要决定是否还要进一步扩张。考虑到建筑成本和停业时间，两次扩张可能比一开始就建一个更大型的设施花费更多。但是，如果需求量增长低迷，现在进行大规模的扩张就意味着设施利用率低。因此，选用哪种方案主要取决于需求量的大小。

图 6.4 给出了从这一角度考虑问题的决策树，它提供了一些新信息。需求的增长可能很低，也可能很高，其概率分别为 0.4 和 0.6。第 1 年的初次扩张（标号为 1 的方形节点）可以是小规模的，也可以是大规模的。只有在初次进行小规模扩张而结果需求量又很大时，才会到达第 2 个决策点（标号为 2 的方形节点），即是否在以后再次扩张。如果需求量很大且最初只进行了小规模扩张，则必须在第 4 年做出有关第二次扩张的决策。要对树中每个分支的收益进行估计。例如，如果最初是大规模扩张，其财务收益是 4 万美元或者 22 万美元，具体收益根据需求量是低还是高确定。将这些收益值用其概率加权，得到 14.8 万美元的期望值。其收益的期望值比最初进行小规模扩张的收益期望值 10.9 万美元要高，因此较好的选择是在第 1 年进行大规模扩张。

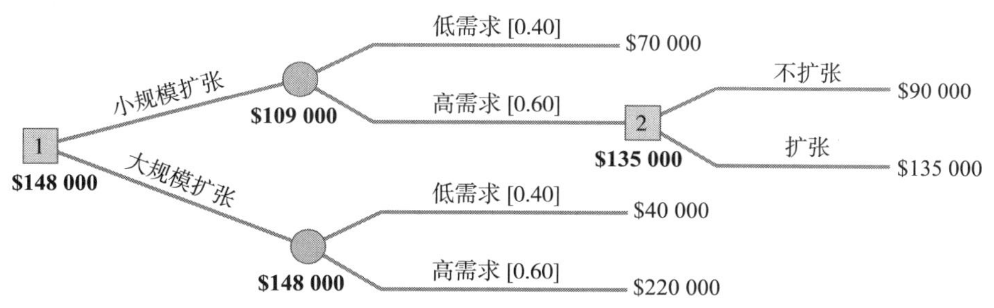

图 6.4
能力扩张的决策树

学习目标回顾

1. **定义能力和利用率。**复习“能力和利用率的测量”一节，理解为什么大批量流程的能力测量方法与小批量柔性流程不同，以及如何测量这两类流程的能力。
2. **描述规模经济与规模不经济。**参见“长期能力规划”一节。图 6.1 说明了平均单位成本与产出率之间的关系，并显示了规模经济和规模不经济可能出现的不同产出范围。
3. **确定不同的能力扩张时间进度和规模战略。**“能力扩张的时间进度和规模战略”一节和图 6.2 解释了扩张主义战略和等待观望战略之间的区别。理解能力缓冲的概念以及它与其他企业决策之间的关系。
4. **掌握能力规划的系统化方法。**“长期能力决策的系统化方法”一节说明如何用投入标准和产出标准估计能力需求。重点掌握如何制订不同的方案来弥补能力需求与当前能力之间的差距。
5. **描述如何用等待线模型、仿真及决策树辅助能力决策。**“能力规划方法”一节说明了如何利用这些不同方法来做能力决策。

关键公式

1. 利用率，表示为百分比：

$$利用率 = \frac{平均产出率}{最大能力} \times 100\%$$

2. 能力缓冲 C，表示为百分比：

$$C = 100\% - 平均利用率（\%）$$

a. 一种服务或产品的能力需求：

$$M = \frac{Dp}{N[1-(C/100)]}$$

b. 多种服务或产品的能力需求：

$$M = \frac{[Dp+(D/Q)s]_{p1}+[Dp+(D/Q)s]_{p2}+\cdots+[Dp+(D/Q)s]_{pn}}{N[1-(C/100)]}$$

关键术语

能力	能力缓冲	能力差距
利用率	能力需求	基础方案
规模经济	规划周期	现金流量
规模不经济	设置调整时间	

问题求解 1

要求你为 Surefoot 凉鞋公司的关键操作环节制订能力规划。你所用的能力测量标准是机器数量。该公司一共生产 3 种产品（男士凉鞋、女士凉鞋和儿童凉鞋）。在下表中给出了（加工和设置调整）时间标准、批量大小及需求预测。该企业的运行时间为每年 50 周、每周 5 天、每天 2 个 8 小时的班次。经验表明 5% 的能力缓冲就足够了。

	时间标准			
产品	加工（小时 / 双）	设置调整（小时 / 双）	批次大小（双 / 批）	需求预测（双 / 年）
男士凉鞋	0.05	0.5	240	80 000
女士凉鞋	0.10	2.2	180	60 000
儿童凉鞋	0.02	3.8	360	120 000

a. 需要多少台机器?

b. 如果该操作环节目前有 2 台机器，那么能力差距有多大?

解

a. 每年的运行小时数 N 为

$$N = 2\text{ 班 / 天} \times 8\text{ 小时 / 班} \times 250\text{ 天 / 机器 / 年}$$
$$= 4\,000\text{ 小时 / 机器 / 年}$$

所需的机器数量 M，等于所有 3 种产品所需机器小时数的和除以一台机器可用于生产的小时数。

$$M = \frac{[Dp + (D/Q)s]_{\text{男士}} + [Dp + (D/Q)s]_{\text{女士}} + [Dp + (D/Q)s]_{\text{儿童}}}{N[1-(C/100)]}$$

$$= \frac{[80\,000 \times 0.05 + (80\,000/240) \times 0.5] + [60\,000 \times 0.10 + (60\,000/180) \times 2.2] + [120\,000 \times 0.02 + (120\,000/360) \times 3.8]}{4\,000[1 - (5/100)]}$$

$$= \frac{14\,567\text{ 小时 / 年}}{3\,800\text{ 小时 / 机器 / 年}} = 3.83\text{ 或 4 台机器}$$

b. 能力差距是 1.83（3.83 – 2）台机器。除非管理层决定用短期措施来弥补差距，否则应该再购买两台机器。

OM Explorer 中的能力需求求解软件证实了上述计算，如图 6.5 所示，其中对需求预测只使用了“期望”的情况。

图 6.5
使用能力需求求解软件求解问题 1

班次/天	2
小时/班	8
天数/周	5
周数/年	50
缓冲（以百分比表示）	5%
当前能力	2

组件数 3

更多组件
更少组件

组件	加工时间（小时/件）	设置调整时间（小时/批）	批次大小（件/批）	需求预测 悲观	需求预测 期望值	需求预测 乐观
男士凉鞋	0.05	0.5	240		80 000	
女士凉鞋	0.10	2.2	180		60 000	
儿童凉鞋	0.02	3.8	360		120 000	

一年中一个能力单位的生产小时数 3 800

	悲观 加工时间	悲观 设置调整时间	期望值 加工时间	期望值 设置调整时间	乐观 加工时间	乐观 设置调整时间
男士凉鞋	0	0.0	4 000	166.7	0	0.0
女士凉鞋	0	0.0	6 000	733.3	0	0.0
儿童凉鞋	0	0.0	2 400	1 266.7	0	0.0
	0	0.0	12 400	2 166.7	0	0.0
所需的总小时数		0.0		14 566.7		0.0
总能力需求（M）		0.00		3.83		0.00
取整		0		4		0
当前系统/能力能够满足的情况：				悲观，乐观		
如果能力增加		0%				
扩张后的当前能力		3 800				
总能力需求（M）		0.00		3.83		0.00
取整		0		4		0
扩张后的当前能力能够满足的情况				悲观，乐观		

问题求解 2

Grandmother's Chicken 餐馆（参见例 6.2）的基础方案是不做任何改变。在基础方案条件下厨房的能力是每年 8 万份饭菜。Grandmother's Chicken 餐馆的备选能力方案是两阶段扩张。这一方案在第 0 年底对厨房进行扩张，将每年 8 万份饭菜的能力提高到就餐区的能力水平（每年 10.5 万份饭菜）。如果在第 1 年和第 2 年销售情况达到预期水平，则在第 3 年年末要同时将厨房和就餐区的能力都提高到每年 13 万份饭菜的水平。这种升级后的能力水平应该在 5 年内都能满足需求。第 0 年年末的初始投资为 8 万美元，第 3 年年末的追加投资为 17 万美元。税前利润是每份饭菜 2 美元。与基础方案相比，这一方案一直到第 5 年的税前现金流量是多少？

解

表 6.1 表示现金的流入和流出。第 3 年的现金流量在两个方面不同寻常。首先，来自销售的现金流入量是 5 万美元而不是 6 万美元。由于餐馆的能力低于需求，超出基础方案的销售增量是 25 000（105 000 – 80 000）份饭菜而不是 30 000（110 000 – 80 000）份饭菜。其次，在第 3 年年末，当进行第 2 阶段的扩张时，出现了 17 万美元的现金流出量。因此，第 3 年的净现金流量是 50 000 – 170 000 = –120 000 美元。

为了进行比较，下面用 10% 的贴现率计算该项目的净现值（NPV），净现值等于 –$2 184.90。

$$NPV = -80\,000 + 20\,000/1.1 + 40\,000/(1.1)^2 - 120\,000/(1.1)^3 + 80\,000/(1.1)^4 + 100\,000/(1.1)^5$$
$$= -\$80\,000 + \$18\,181.82 + \$33\,057.85 - \$90\,157.77 + \$54\,641.07 + \$62\,092.13$$
$$= -\$2\,184.9$$

单纯从纯货币的角度看，单一阶段扩张方案似乎比这种两阶段扩张的方案要好一些。但是，对前面提到的其他定性评估因素也必须考虑。

表 6.1　Grandmother's Chicken 餐馆两阶段扩张的现金流量表

年份	预期需求（份 / 年）	预期能力（份 / 年）	与基础方案（80 000 份饭菜 / 年）对比的现金流量增量计算	现金流入量（流出量）
0	80 000	80 000	将厨房能力提高到 105 000 份 =	（$80 000）
1	90 000	105 000	90 000 – 80 000 = 10 000 份 × $2/ 份 =	$20 000
2	100 000	105 000	100 000 – 80 000 = 20 000 份 × $2/ 份 =	$40 000
3	110 000	105 000	105 000 – 80 000 = 25 000 份 × $2/ 份 =	$50 000
			将总能力提高到 130 000 份 =	（$170 000）
				（$120 000）
4	120 000	130 000	120 000 – 80 000 = 40 000 份 × $2/ 份 =	$80 000
5	130 000	130 000	130 000 – 80 000 = 50 000 份 × $2/ 份 =	$100 000

讨论题

1. 大学里班级大小的规模经济是什么？随着班级规模的扩大，会出现什么样的规模不经济现象？这些现象与顾客接触度有什么关系？
2. 一个年轻的男孩在 College Street 和 Air Park Boulevard 的拐角处开了一个出售柠檬水的售货亭。该地区的温度在夏季高达 100 ℉。该十字路口靠近一所很大的大学和一个大型建筑工地。向这个年轻的创业者解释，他的生意如何从规模经济受益。还要解释一些可能导致规模不经济的情况。

练习题

1. Dahlia 医疗中心有 30 间待产室、15 间待产分娩室、3 间产房和 1 间专为难产预留的特殊产房。所有这些设施都 24 小时运转。在待产室中所花的时间从几小时到几天不等，其平均时间约为 1 天，在产房中顺产平均大约需要 1 个小时的时间。

   在一个格外忙碌的 3 天时间里，Dahlia 医疗中心有 109 名健康婴儿出生。其中 60 名婴儿分别在不同的待产室和产房中出生，45 名在待产分娩室出生，只有 4 名婴儿需要 1 间待产室和一间特殊产房。哪种设施（待产室、待产分娩室或产房）具有最大的利用率？
2. 一个流程目前每天平均为 50 名顾客服务。最近几周的观察表明，其利用率约为 90%，只有 10% 的能力缓冲。如果预计未来 5 年的需求量是当前需求的 75%，且管理层只想拥有 5% 的能力缓冲，应该规划多大的能力需求？
3. 一个航空公司必须规划其机队的能力和飞机使用的长期日程安排。对一个航段来说，平均每天的乘客数是 70 人，这代表了分配给该航段的设备有 65% 的利用率。如果预计在 3 年内该航段的需求会增加到每天 84 名乘客，应该规划多大的能力需求？假定管理层认为 25%

的能力缓冲是合适的。

4. Macon 控制器厂生产用于预防工业设备过热的 3 种不同类型的控制单元。这些控制单元中的每一种都必须由一台机器加工，而这台机器被 Macon 公司看作流程中的瓶颈。该厂运行时间为每年 52 周、每周 5 天、每天两个 8 小时的班次。表 6.2 提供了这 3 种控制单元在瓶颈处的时间标准、批次大小和需求预测。由于需求的不确定性，运营经理得到了 3 组需求预测值（悲观值、期望值和乐观值）。该经理认为 20% 的能力缓冲是最佳的。
   a. 为满足最小（悲观）需求量、预期需求量和最大（乐观）需求量，分别需要多少台机器？
   b. 如果运营经理决定将每个批次的数量扩大 1 倍，需要多少台机器？
   c. 如果运营经理有 3 台机器，并且认为通过流程改进活动，工厂可以将设置调整时间减少 20%，那么在不增加批量的情况下，该厂是否有足够的能力满足全部需求？

表 6.2 Macon 控制器厂的能力信息

	时间标准			需求预测		
零部件	加工（小时 / 件）	设置（小时 / 批）	批量（件 / 批）	悲观值	预期值	乐观值
A	0.05	1.0	60	15 000	18 000	25 000
B	0.20	4.5	80	10 000	13 000	17 000
C	0.05	8.2	120	17 000	25 000	40 000

5. Up, Up, and Away 是一家风筝和风向袋的生产商。下表给出了下一个财政年度车间的瓶颈操作环节的相关数据。

项目	风筝	风向袋
需求预测	30 000 件 / 年	12 000 件 / 年
批量大小	20 件	70 件
标准加工时间	0.3 小时 / 件	1.0 小时 / 件
标准设置调整时间	3.0 小时 / 批	4.0 小时 / 批

   车间的工作时间是每年 200 天，每天两个班次，每班 8 小时。公司目前有 4 台机器，要求有 25% 的能力缓冲。在不借助任何短期能力解决方案的情况下，为了满足下一个财政年度的需求，需要购买多少台机器？

6. Tuff-Rider 有限公司生产观光自行车和登山自行车，有各种车架尺寸、颜色和配件组合。相同的自行车以 100 件为一个批次进行生产。预计需求量、批次大小和时间标准列于下表：

项目	观光自行车	登山自行车
需求预测	5 000 件 / 年	10 000 件 / 年
批次大小	100 件	100 件
标准加工时间	0.25 小时 / 件	0.5 小时 / 件
标准设置时间	2 小时 / 批	3 小时 / 批

   车间目前的工作时间是每年 50 周、每周 5 天、每天 8 小时。有 5 个工作站，每个工作站用表中所示的时间生产一部自行车。车间保持 15% 的能力缓冲。在不加班和不降低公司当前能力缓冲水平的条件下，为满足预期的需求，明年需要多少个工作站？

7. Arabelle 的进口时装店名为 The French Prints of Arabelle，现在她正考虑扩大她的店面，将其在 Cherry Creek 购物广场租用的店面从 2 000 平方英尺增加到 3 000 平方英尺。Cherry Creek 购物广场号称是全国每平方英尺销售额最高的购物中心之一。租金（包括水电、保安及类似费用）为每年每平方英尺 110 美元。与 French Prints 扩张有关的工资增加额如下表所示，表中还给出了每平方英尺的预计销售额。服装的采购成本平均为销售价格的 70%。销售是季节性的，在年末的假日期间是重要的销售高峰。

年	季度	销售额（每平方英尺）($)	增量工资 ($)
1	1	90	12 000
	2	60	8 000
	3	110	12 000
	4	240	24 000
2	1	99	12 000
	2	66	8 000
	3	121	12 000
	4	264	24 000

a. 如果 Arabelle 在第 0 年时扩张店面，在 2 年的时间里，每季度的税前现金流量是多少？

b. 假定销售模式（10% 的年增长率）持续到第 3 年，预测其各季度的税前现金流量。

8. Astro World 游乐园现在（第 0 年末）有一个扩大乐园面积的机会，用 25 万美元购买邻近的资产，并以 55 万美元的成本增加游玩项目。与不进行扩张的预测数相比，这次扩张预计可以增加 30% 的游园者。入园票价是 30 美元，计划在第 3 年年初提高 5 美元。增加的运营成本预计为每年 10 万美元。在不进行扩张的情况下，估计未来 5 年的游园人数如下：

年	1	2	3	4	5
游园人数	30 000	34 000	36 250	38 500	41 000

a. 因游乐园的扩张引起的从第 0 年到第 5 年的税前组合现金流量是多少？

b. 不考虑税收、折旧和资金的时间价值，确定需要多少年可以收回投资。

9. Kim Epson 经营一家提供全方位服务的洗车店，营业时间从早上 8 点到晚上 8 点，每周工作 7 天。该洗车店有两个洗车站：一个是自动洗车风干站，一个是人工操作的车内清洁站。自动洗车风干站每小时可以处理 30 辆汽车，车内清洁站每天可以处理 200 辆汽车。根据最近的一项年终经营调查，Kim 估计以每天平均汽车数表示的一周 7 天的车内清洁站未来需求量如下表：

日	周一	周二	周三	周四	周五	周六	周日
汽车数	160	180	150	140	280	300	250

通过安装附加设备（其成本为 5 万美元），Kim 可以将车内清洁站的能力提高到每天 300 辆汽车。每清洁一辆车可以产生 4 美元的税前收入。如果 Kim 期望税前投资回报期不超过 3 年，那么她是否应该安装该附加设备？

10. Roche 兄弟公司正在考虑对其超市进行能力扩张。土地所有者将建设附楼，用完工时收取的 20 万美元和 5 年的租金收回投资。附楼租金的增加额是每月 10 000 美元。预计 5 年内的销售额如下表所示。当前的有效能力等价于每年服务 50 万名顾客。假定销售的税前利润是 2%。

年	1	2	3	4	5
顾客数（名）	560 000	600 000	685 000	700 000	715 000
每位顾客的平均销售额（美元）	50.00	53.00	56.00	60.00	64.00

a. 如果 Roche 公司现在（第 0 年末）将能力扩张到每年服务 70 万名顾客，预计由这次扩张引起的税前现金流量的增量是多少？

b. 如果 Roche 公司在第 2 年年末将能力扩张到每年服务 70 万名顾客，那么土地所有者将建设相同的附楼，一次性收取 24 万美元，且 3 年的租金为每月 12 000 美元。预计由这一扩张方案引起的每年税前现金流量的增量是多少？

11. MKM 国际公司为了降低成本，正在寻求购买一台新的 CNC 机器。有两种不同的机器可供考虑。第一种机器的购买成本为 50 万美元，但是与当前用的机器相比每年可以节省 15% 的费用。第 2 种机器的购买成本为 90 万美元，但是与当前使用的机器相比每年可以节省 25% 的费用。为了满足需求，还提供了对当前所用机器的预测成本信息，如下表所示。

年	预计成本（美元）
1	1 000 000
2	1 350 000
3	1 400 000
4	1 450 000
5	2 550 000

a. 根据这 5 年现金流量的净现值（NPV），MKM 国际公司应该购买哪种机器？假定贴现率为 12%。

b. 如果 MKM 国际公司将要求的贴现率降低为 8%，将会购买哪种机器？

12. Dawson 电子公司是高技术控制模块（用于草坪喷洒装置）的制造商。公司的 CEO Denise 正试图决定公司是否应该开发两种新产品中的一种，这两种新产品分别是节水 1000 型和绿草 5000 型。如果公司选择通过购买额外的机器来扩大生产能力，利用这两种产品中的任何一种，公司都可以获取更大的市场份额。考虑不同的需求情况以及各种情况出现的概率，将扩大生产能力与不扩大能力的情况进行对比，每种产品可能的销售额如表 6.3 所示。

表 6.3 Dawson 电子公司的需求和销售信息

	节水 1 000 型销售额（单位：千美元）	绿草 5 000 型销售额（单位：千美元）	出现概率
进行能力扩张			
需求量低	1 000	2 500	0.25
需求量中等	2 000	3 000	0.50
需求量高	3 000	5 000	0.25
不进行能力扩张			
需求量低	700	1 000	0.25
需求量中等	1 000	2 000	0.50
需求量高	2 000	3 000	0.25

a. 在进行能力扩张和不进行能力扩张的情况下，节水 1000 型产品和绿草 5000 型产品的预期收益各是多少？

b. Denise 会选择哪种产品进行生产，选用哪种能力扩张方案？

高级练习题

13. Knott 工业公司生产普通型号和高档型号的庭院秋千。当前公司有 4 套相同的秋千生产机器，每年运行 250 天，每天 8 小时。要求有 20% 的能力缓冲。已知下列数据：

	普通型号	高档型号
年需求量	20 000	10 000
标准加工时间	7 分钟	20 分钟
平均批量	50	30
每批的标准设置调整时间	30 分钟	45 分钟

a. Knott 公司是否有足够的生产能力来满足年需求量？

b. 如果 Knott 公司能够将高档型号秋千的设置调整时间从 45 分钟缩短为 30 分钟，当前的生产能力是否足够各生产每种秋千 20 000 套？

14. 一名管理者试图决定是购买一台机器还是两台机器。如果只买了一台机器结果需求量又很大，则可以在晚些时候再购买第 2 台机器。但是，因为这种机器的交货提前期是 6 个月，因此会损失掉一些销售额。此外，如果同时购买两台机器，则每台机器的成本会低一些。估计需求量小的概率为 0.30，需求量大的概率为 0.70。同时购买两台机器的税后收益净现值（NPV）在需求量小的情况下是 9 万美元，在需求量大的情况下是 17 万美元。

如果购买一台机器且需求量小，则 NPV 为 12 万美元。如果需求量大，管理人员有 3 种选择：(1) 什么也不做，这种情况下的 NPV 为 12 万美元；(2) 转包，这种情况下的 NPV 为 14 万美元；(3) 购买第 2 台机器，此时 NPV 为 13 万美元。

a. 画出该问题的决策树。

b. 最佳决策是什么？该决策的期望回报是多少？

15. 几年前，River City 修建了一个水质净化厂，去除水中的有毒物质并过滤城市饮用水。由于污染的增加，下一年对水的需求将超出该厂每年 1.2 亿加仑的处理能力。因此，城市必须扩建该设施。对今后 20 年需求的估计值列于表 6.4。

城市规划委员会正在考虑 3 种备选方案：

- 方案 1：在第 0 年年末进行足够维持 20 年的扩张。这意味着 8 000 万（2 亿 – 1.2 亿）加仑的增加量。
- 方案 2：分别在第 0 年年末和第 10 年年末进行扩张。
- 方案 3：分别在第 0 年、第 5 年、第 10 年和第 15 年末进行扩张。

每套方案都能在第 20 年年末提供每年所需的 2 亿加仑水，无论选用哪套方案，到那时工厂的价值都是相同的。在建筑成本上存在着巨大的规模经济性：一次 2 000 万加仑的扩建成本为 1 800 万美元；一次 4 000 万加仑的扩建成本为 3 000 万美元；而一次 8 000 万加仑的扩建成本则只有 5 000 万美元。未来的利率水平是不确定的，导致最低预期回报率的不确定。该城市认为这一回报率可能在 12% 到 16% 之间。

a. 与什么也不做的基础方案相比，计算每一套方案的现金流量。（注意：作为城市公共设施，该运营机构是不用纳税的。）

b. 如果贴现率为 12%，哪套方案使今后 20 年的建筑成本现值最小？如果贴现率为 16%，哪套方案的建筑成本现值最小？

c. 由于决策涉及公共政策和折中，规划委员会面临哪种政治上的考虑因素？

表 6.4 对水的需求量

年份	需求量	年份	需求量	年份	需求量
0	120	7	148	14	176
1	124	8	152	15	180
2	128	9	156	16	184
3	132	10	160	17	188
4	136	11	164	18	192
5	140	12	168	19	196
6	144	13	172	20	200

16. Mars 公司对一种新的节能装置进入市场很感兴趣，这种装置可以连接到电动工业车辆。该装置的代号为"Python"，承诺可以节省操作普通电动叉车所需电力的 15%。Mars 公司预计该产品推出的当年需求量不大，在随后的年份里需求量会稳步上升。这种需求量增加的程度是基于顾客对于未来电力成本的期望值，这些数据列于表 6.5 中。Mars 公司希望以每套 500 美元的价格销售该设备，且在可预见的未来并不指望提高售价。

表 6.5 Python 省电装置的需求量

	装置的预计需求量（单位：套 / 年）	
年份	电力成本小幅提高	电力成本大幅提高
1	1 000	10 000
2	5 000	8 000
3	1 000	15 000
4	15 000	20 000
5	18 000	30 000

Mars 公司面临两种方案的选择：

- 方案 1：自行生产该装置，需要在工厂和设备方面进行 25 万美元的初始投资，每套装置的可变成本为 75 美元。
- 方案 2：将生产外包，这样不需要初始投资，但每套的可变成本为 300 美元。

a. 假定电力成本小幅提高，计算每种方案的现金流量。如果贴现率为 10%，未来 5 年里哪种方案使该项目的净现值最大？

b. 假定电力成本大幅提高，计算每种方案的现金流量。如果贴现率为 10%，未来 5 年里哪种方案使该项目的净现值最大？

17. Acme 钢铁制造公司在过去 5 年里一直生意兴隆。公司生产各种钢产品，比如栏杆、梯子以及轻型钢结构框架。目前的人工物料搬运方法正在造成过量库存和堆积。Acme 公司正在考虑购买高架轨道起重装置或叉式装卸车来增加能力和提高生产效率。

系统的年度税前回报取决于未来的需求。如果需求停留在当前的水平上（这种情况的概率为 0.5），则高架轨道起重装置的年节省额将为 1 万美元。如果需求上升，起重装置将每年节省 2.5 万美元，因为除了销售额提高外，操作效率也提高了。最后，如果需求下降，估计起重装置将导致每年 6.5 万美元的损失。需求上升和下降的概率估计值分别为 0.3 和 0.2。

如果购买叉式装卸车，需求不变时的年收益将是 5 000 美元，需求上升时的年收益是 1 万美元，而需求下降时则损失 2.5 万美元。

a. 画出该问题的决策树，并计算每种方案的期望收益。

b. 基于期望值方法，哪一种方案最佳？

18. 参考练习题 4，Macon 控制器厂的运营经理认为，悲观需求的概率为 20%，期望需求的概率为 50%，而乐观需求的概率为 30%。当前，必须以每台 50 万美元的价格购买新机器，每个控制单元的售价为 110 美元，生产该产品的每件可变成本为 50 美元。（提示：由于每件控制单元的价格和可变成本在各种情况下都是相等的，因此使利润最大的产品组合与使生产的产品数量最大的产品组合是相同的。）

a. 画出该问题的决策树。

b. 公司应该购买多少台机器？其期望收益是多少？

19. Darren Mack 拥有"Gas n'Go"便利店和加油站。在听过一次市场营销讲座之后，他意识到，通过降低汽油售价吸引更多顾客到他的高利润率的便利店是可能的。但是，"Gas n'Go"在汽油采购中不具有批量折扣的资格，因此如果降价销售汽油就无利可图。每安装一台新加油泵的成本为 9.5 万美元，但每年可增加便利店顾客 1 000 人。而且，由于“Gas n’Go”将以零利润销售汽油，Darren Mack 打算在未来 5 年逐步提高便利店商品的利润率。假定贴现率为 8%。未来 5 年便利店预计每位顾客的销售额和预计利润率如下表所示：

年份	便利店每位顾客预计的销售额	预计利润率
1	$ 5.00	20%
2	$ 6.50	25%
3	$ 8.00	30%
4	$10.00	35%
5	$11.00	40%

a. 如果 Darren Mack 安装了 4 台新加油泵，未来 5 年现金流量的净现值是多少？

b. 如果 Darren Mack 要求投资回报期为 4 年，他是否应该继续安装新加油泵？

20. Mackelprang 有限公司正处在亚利桑那州菲尼克斯大都市区第一规划社区建造的启动阶段。其主要卖点是该社区的豪华高尔夫球场。拥有高尔夫球场景观的住宅与没有高尔夫球场景观的住宅相比，将产生更大的溢价，但修建高尔夫球场的费用十分昂贵，而且要占用可以修建无景观住宅的宝贵空间。Mackelprang 有限公司的土地容量有限。为了使利润最大化，公司面临着修建多少个高尔夫球场的决策，而这一决策反过来又影响有高尔夫球场景观和无景观时分别可以修建多少住宅。Mackelprang 有限公司意识到，这一决策直接关系到购买拥有高尔夫球场景观住宅的买家愿意付出的溢价。要求 Mackelprang 有限公司至少要修建一个高尔夫球场，但其空间足够修建多达 3 个高尔夫球场。下表给出了每个球场的成本及可能的收入：

	Indian River	The Cactus	Wildwood
成本	260 万美元	125 万美元	250 万美元
可能的最高收入	400 万美元	200 万美元	200 万美元
高收入的概率	0.3	0.2	0.3
可能的收入	250 万美元	150 万美元	400 万美元
可能的收入概率	0.4	0.5	0.5
可能的最低收入	100 万美元	100 万美元	100 万美元
低收入的概率	0.3	0.3	0.2

a. Mackelprang 有限公司应该修建哪些高尔夫球场？

b. 该项目的期望回报是多少？

21. 为扩张 Mother’s Chicken 餐馆（参见问题求解 2）提出了两套新的备选方案。这些方案包括厨房里自动化程度更高，以保留鸡肉原有口味的特殊制作流程为特征。虽然流程的资本密集度更高，但会使劳动力成本下降，因而使所有销售额（不仅仅是增加能力部分的销售额）的税前利润从 20% 上升到 22%。这一收益将使 80 万美元（8 万份饭菜乘以每份 10 美元）以下的每一美元销售额增加 2% 的税前利润，而对从 80 万美元到新能力上限之间的每一美元销售额增加 22% 的税前利润。在其他方面，这两套新方案都与例 6.2 和问题求解 2 相同。

- 方案 1。现在（第 0 年末）同时扩张厨房和就餐区，将能力提高到每年 13 万份饭菜。包括新自动化在内的建筑成本将为 33.6 万美元（不同于之前的 20 万美元）。
- 方案 2。现在只扩张厨房，将能力提高到每年 10.5 万份饭菜。到第 3 年年末，同时将厨房和就餐区扩张到每年 13 万份饭菜的容量。建筑和设备成本将为 42.4 万美元，其中 22 万美元用于第 0 年年末，其余部分用于第 3 年年末。与方案 1 相同，其边际收益将上升到 22%。

对两套新方案来说，残值可忽略不计。比较所有备选方案的现金流量。Mother’s Chicken 餐馆应该用新技术进行扩张，还是用老方法扩张？应该现在扩张还是以后再扩张？

22. Dintell 公司是一家生产乘客一侧自动安全气囊的供应商，其运营副总裁正考虑对位于得克萨斯州沃思堡市的生产总厂进行价值 5 000 万美元的扩张。最近的经济预测指出，在未来 5 年整个市场每年有 4 亿美元销售额的概率是 0.6，在同一时期整个市场每年只有 2 亿美元销售额的概率是 0.4。营销部门估计 Dintell 公司有 0.5 的概率获得 40% 的市场份额，有 0.5 的概率只获得 30% 的市场份额。估计销货成本是销售额的 70%。为了规划，公司目前使用 12% 的贴现率、40% 的税率以及 MACRS 折旧法。Dintell 公司的投资决策标准是：（1）期望净现值必须大于 0；（2）必须至少有 70% 的机会使净现值为正值；（3）企业损失 20% 以上初始值的可能性不大于 10%。

a. 根据上述标准，决定 Dintell 公司是否应该为该项目投资。

b. 若以 0.7 的概率获得 40% 的市场份额，对决策会产生什么影响？

c. 贴现率提高到 15% 对决策会产生什么影响？如果下降到 10% 呢？

d. 如果在第 3 年还需要再投入 1 000 万美元，对决策会产生什么影响？

案例　Fitness Plus 俱乐部

Fitness Plus 研究扩展新城市设施的各种备选方案。

Fitness Plus 是位于北卡罗来纳州格林斯博罗市的一个全方位的健康运动俱乐部。俱乐部提供各种设施和服务来支持 3 种主要活动：健身、娱乐和放松。健身活动一般在俱乐部的 4 个区域：（1）每堂课可以容纳 35 人的有氧运动室；（2）装有力量训练器材的房间；（3）一间有 24 套 Nautilus 器材的锻炼室；以及（4）一间包含 29 套心肺功能锻炼器材的锻炼室。这些心肺功能锻炼器材包括 9 台爬楼机、6 台跑步机、6 台生命周期健身车、3 台空气动力脚踏车、2 台有氧交叉训练机、2 台划船练习架和 1 台助爬器。娱乐设施由 8 个壁球场、6 个网球场和 1 个大型室外游泳池构成。Fitness Plus 俱乐部还对城市娱乐联盟的垒球队、排球队和游泳队提供赞助。放松的方式有：每周在健身操房有两次瑜伽课；每个更衣室有冲浪浴缸可供冲浪；训练有素的按摩治疗师可提供按摩服务。

Fitness Plus 俱乐部坐落在郊区的一个大型写字楼园区，从 1995 年开始营业。在头两年，会员数量很少，设施的使用量也很少。到 1997 年，当健身开始在越来越多人的生活中起重要作用时，Fitness Plus 俱乐部的会员数量开始增长。随着会员的增加，俱乐部设施的使用量也开始增加。记录表明，在 2000 年，普通的一天每小时平均有 15 名会员进入俱乐部。当然，实际的每小时会员数每天每小时都各不相同。在人数少的某些天里，每小时只有 6 到 8 名会员进入俱乐部。而像周一下午 4 点至 7 点这样的高峰时间，每小时的会员数量则高达 40 人。

俱乐部周一至周四的营业时间从早上 6 点 30 分到晚上 11 点，周五和周六晚上提前到 8 点关门，周日的营业时间是从中午 12 点到晚上 8 点。

由于健康和健身意识的普及程度持续提高，Fitness Plus 俱乐部也越来越受欢迎。到 2005 年 5 月，在普通的一天每小时平均到达的会员数量增加到了 25 人。在人数最少的时候，平均每小时 10 人；在高峰时段，每小时有 80 人使用健身设施。这样的增长引起了会员对人员拥挤和无器材可用的抱怨。大多数抱怨集中在 Nautilus、心肺功能锻炼器材和有氧健身区。俱乐部的所有者想知道对会员来说俱乐部是否真的太小了。过去的研究表明，单个会员平均每次锻炼 60 分钟的时间。从会员调查收集的数据表明了下列器材的使用模式：30% 的会员做有氧运动；40% 的会员使用心肺功能锻炼器材；25% 的会员使用 Nautilus；20% 使用力量训练器械；15% 使用壁球场；以及 10% 使用网球场。俱乐部所有者想知道，他们是否能利用这些信息估计现有能力的利用情况。

如果打算扩张能力水平，那么现在是时候决定该做什么了。现在已经是五月份，对现有设施的任何扩张都至少要花 4 个月的时间。俱乐部的所有者知道，一月份是会员入会的高峰月，所需的新设施必须在这之前准备就绪。然而，还要考虑其他因素。从人口和地理的角度看，俱乐部所在区域正在不断发展。市中心刚刚进行了市容改造，许多新的办事处和企业正在往回搬迁，这导致该区域又重新充满活力。

伴随这些增长而来的是更激烈的竞争。一家新的基督教青年会（Young Men's Christian Association，YMCA）以低成本提供全方位服务。过去一年，在离 Fitness Plus 俱乐部 10 到 15 分钟路程的地方新开了两家健身机构。第一家叫 Oasis，目标顾客是年轻成人群体，限制 16 岁以下儿童入内。另外一家叫 Gold's Gym，只提供力量和心肺功能训练。

当俱乐部的所有者考虑这些情况时，他们有许多疑问：现有设施的能力是否受到约束？如果是，在什么地方？如果能力扩张是必要的，是否应该对现有设施进行扩张？因为目前的场地面积有限，某些服务的扩张可能需要减少其他服务的能力。最后，由于竞争加剧和城区扩大，现在是否是新建设施来提供服务的时机？一个新设施将花 6 个月的时间来翻新，而且财务资源不允许同时做这两件事。

思考题

1. 你用什么方法来测量 Fitness Plus 俱乐部的能力？Fitness Plus 达到它的能力极限了吗？
2. 哪种能力战略适合 Fitness Plus？证明你的答案。
3. 你如何将 Fitness Plus 做的能力决策与其他类型的经营决策建立联系？

参考文献

Bakke, Nils Arne, and Ronald Hellberg. "The Challenges of Capacity Planning." *International Journal of Production Economics*, vols. 31–30 (1993), pp. 243–264.

Bower, J.L., and C.G. Gilbert, "How Managers' Everyday Decisions Create or Destroy Your Company's Strategy." *Harvard Business Review*, voi. 85, no. 2 (2007), pp. 72–79.

Hartvigsen, David. *SimQuick: Process Simulation with Excel*, 2d ed. Upper Saddle River, NJ: Prentice Hall, 2004.

Tenhiala, A. "Contingency Theory of Capacity Planning: The Link between Process Types and Planning Methods." *Journal of Operations Management*, vol. 29 (2011), pp. 65–77.

Klassen, Robert D., and Larry J. Menor. "The Process Management Triangle: An Empirical Investigation of Process Trade-offs." *Journal of Operations Management*, vol. 25 (2007), pp. 1015–1034.

Ritzman, Larry P., and M. Hossein Safizadeh. "Linking Process Choice with Plant-Level Decisions About Capital and Human Resources." *Production and Operations Management*, vol. 8, no. 4 (1999), pp. 374–392.

补充资料

B

等待线

任何一个曾经在交通信号灯、麦当劳或注册办公室等待过的人都经历过等待线的情形。有效管理等待线的一个最好例子也许就是迪士尼乐园。某天，迪士尼乐园的游客人数可能只有 25 000 人，但在另一天，这一数字有可能高达 90 000 人。认真分析流程流向、人员运输（物料搬运）设备的技术水平、接纳能力和布局，使热门项目的等待时间保持在可接受的水平。

等待线分析[1]是值得管理人员关注的问题，因为它影响流程设计、能力规划和流程绩效，并最终影响供应链的绩效。在本补充资料中，我们将讨论等待线形成的原因、等待线模型在运营管理中的应用及等待线模型的构成。我们还要讨论管理人员运用该模型所做的决策；也可以用计算机仿真方法分析等待线。

等待线形成的原因

等待线（waiting line）指一名或多名“顾客”等候服务。这里的顾客可以是人，也可以是各种无生命的对象，比如需要维修的机器、等候发货的销售订单或等待使用的库存物品。服务的需求量与提供服务的系统能力之间出现暂时性的不平衡就会形成等待线。在大多数真实的等待线问题中，需求率是变化的，也就是说，顾客以不可预知的间隔时间到达。根据顾客需求的不同，提供服务的速度也经常不同。假设银行客户在一天中以平均每小时 15 人的速度到达，而银行平均每小时可以为 20

学习目标　　学完本章内容后，你应该能够：

1. 确定真实条件下的等待线问题要素。
2. 描述单服务台、多服务台和有限来源模型。
3. 说明如何应用等待线模型评价流程的运行特征。
4. 描述应该用仿真分析等待线的场合，以及可获得的信息特征。
5. 说明如何利用等待线模型做管理决策。

1 等待线理论在我国常称为“排队论”或“随机服务理论”。——译者注名客户提供服务。那么，为什么会形成等待线？答案是客户在整个一天中的到达率是不同的，而且每服务一名客户所需的时间也是不同的。在中午时，可能有 30 名顾客到达银行，其中有些客户的业务较复杂，所需要的服务时间超过平均值。等待的队伍可能会在一段时间内增加到 15 名客户，直到最后消失。尽管银行管理人员提供了高于平均水平的足够的服务能力，但是仍然会形成等待线。

即使在服务每名顾客的时间相同的情况下也会形成等待线。例如，地铁由计算机控制沿线路到达各车站。在一个车站，受程序控制的列车每 15 分钟到达一次。尽管服务时间相同，但由于乘客等候下一次列车或在一天的高峰时间人流太多而上不了车，就形成了等待线。因此，在这种情况下需求率的变化决定了等待线的长度。一般而言，如果需求率或服务率不发生变化，且提供了足够的服务能力，就不会形成等待线。

等待线理论的应用

等待线理论既适用于服务型企业，也适用于制造型企业，它将顾客到达和服务系统的处理特征与服务系统的产出特征相联系。在我们的讨论中，使用广义的服务这一术语——为顾客做工作的行为。服务系统可能是在发廊剪发、处理顾客投诉或者在某台机器上加工生产订单的零件。其他一些顾客和服务的例子包括等候买票的戏迷队列、在仓库等候卸货的车辆、等候维修人员修理的机器和等候医生检查的患者等。无论是哪种情况，等待线问题都有几个共同要素。

等待线问题的构成

要分析等待线问题，首先就要描述等待线的基本要素。每种具体情况都有不同的特征，但是有四个基本要素是所有情况共有的：

1. 产生潜在顾客的一组输入，或**顾客源**（customer population）
2. 一条顾客等待线
3. **服务设施**（service facility），由完成顾客服务所需的一个人（或一组人），一台机器（或一组机器）或两者同时构成
4. 一组**优先规则**（priority rule），服务设施根据此规则选择下一个接受服务的顾客

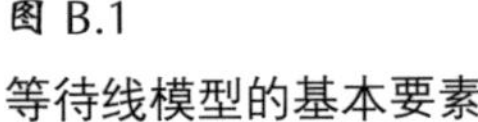
图 B.1
等待线模型的基本要素

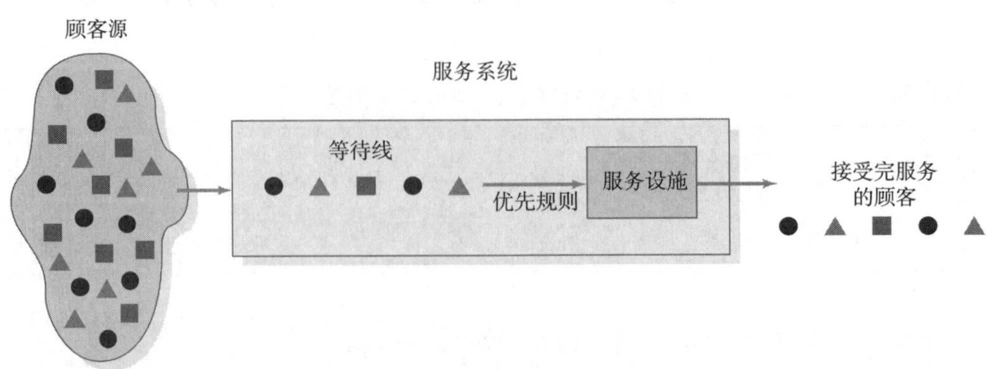

图 B.1 显示了这些基本要素。图中的三角形、圆形和正方形旨在说明具有不同需求的各种顾客。**服务系统**（service system）说明队列的数量和服务设施的排列方式。当服务完成后，接受完服务的顾客将离开系统。

有时顾客并不是整齐地排在队列中。这里船只正在等候使用中国香港西九龙维多利亚港的港口设施。

顾客源

顾客源是服务系统的输入源。如果服务系统潜在新顾客的数量明显受到已经在系统中的顾客数量的影响，那么输入源是*有限的*。例如，假定一个维修小组被指派负责维修 10 台机器。维修小组的顾客源是处于正常运转状态的 10 台机器。该顾客源根据机器的故障率产生维修小组的顾客。当有多台机器故障且进入服务系统时，这些机器要么在等候服务，要么正在被修理，这时顾客源变小，且产生另一个新顾客的速度降低。因此，该顾客源是有限的。

与上述情况相反，无限的顾客源是指系统中的顾客数量不会影响顾客源产生新顾客的速度。例如，考虑一个邮件订货运营系统，其顾客源由收到该公司销售产品目录的购物者组成。由于顾客源非常庞大，并且在任何时间只有很少一部分购物者下订单，所以它产生的新订单数量不会受到正在等候服务或服务系统处理的订单数量的影响。在这种情况下，顾客源是无限的。

等待线中的顾客可能*有耐心*，也可能*没有耐心*。当在一个炎热的天气里长时间排队，顾客是否有耐心与顾客使用的不同的语言无关。在等待线问题中，有耐心的顾客指进入系统并一直逗留到接受完服务的顾客；没有耐心的顾客指决定不进入系统（拒绝），或没有接受服务便离开系统（放弃）的顾客。在本补充资料使用的方法中，我们简单地假定所有顾客都是有耐心的。

服务系统

服务系统可以用队列的数量和服务设施的排列方式来描述。

队列的数量 等待线可以设计成*单队列*或*多队列*的。图 B.2 给出了每种队列的一个例子。一般来说，单队列用于航空公司柜台、银行内部和一些快餐店，而多队列则用于杂货店、免下车银行服务点和折扣商店。当有多个服务台可供利用且每个服务台都可以处理所有事务时，单队列的排队方式可以使服务台的忙闲均衡，并且给顾客一种公平的感觉。顾客认为他们是根据到达时间的先后顺序接受服务，而不是根

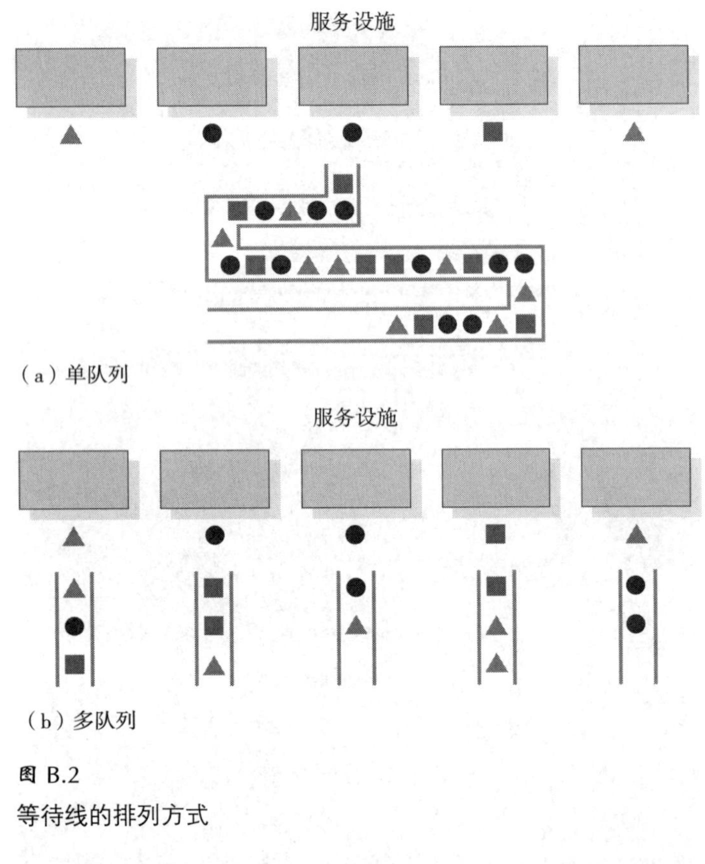

图 B.2
等待线的排列方式

据他们选择队列时所猜测的等待时间是否准确来接受服务的。当有些服务台提供有限种类的服务时，多队列的设计是最合适的。在这种排列方式下，顾客选择他们所需要的服务并在提供这种服务的队列中等待，比如在杂货店，为支付现金或买少于 10 件物品的顾客提供专门的队列。

有时顾客并不是整齐地排在“队列”中。在工厂生产车间等候修理的机器可能被放在原地，修理人员到现场进行维修。然而，我们可以想象这些机器根据修理人员的数量和专长形成了单一队列或多个队列。类似地，用电话叫出租车的乘客，即使他们在不同的地方等候，也形成了一个队列。

服务设施的排列 服务设施由完成顾客服务所需的人员和设备组成。服务设施的排列方式用通道数和阶段数来描述。**通道**（channel）是完成既定服务所要求的一个或多个设施。**阶段**（phase）是服务提供过程中的一个单一步骤。有些服务需要一个阶段，而另一些服务则需要一系列阶段。因此，服务设施使用通道数和阶段数的某一组合。管理人员应该根据顾客的数量和所提供服务的性质来选择服务设施的排列方式。图 B.3 给出了服务设施 5 种基本排列方式的例子。

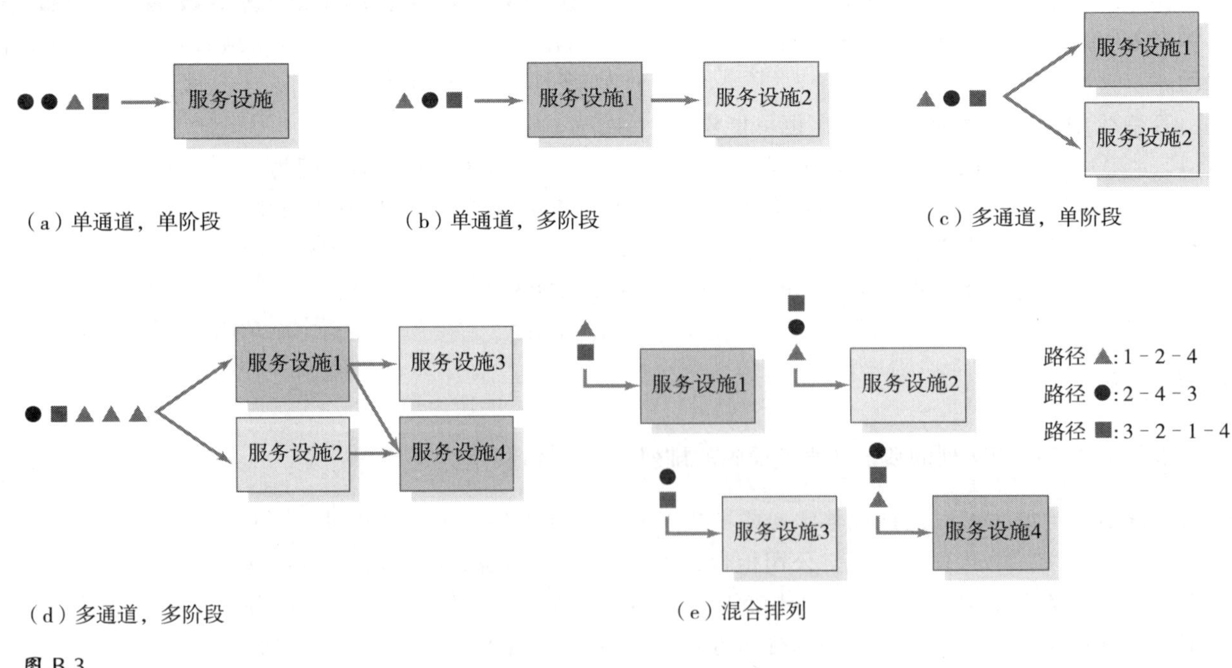

图 B.3
服务设施排列方式的例子

在单通道、单阶段系统中，一个顾客需要的全部服务都可以由一个单一的服务设施完成。顾客排成单队，一次一个地通过服务设施。其实例包括自动洗车店和必须加工几批零件的机器。

单通道、多阶段的排列方式适用于服务由多个设施按顺序完成，但由于顾客的数量或其他方面的约束而只能设计成一个通道的情况。顾客排成单队，依次从一个服务设施进入下一个服务设施。这种排列的一个实例是麦当劳的免下车服务——第一个服务设施接收订单，第二个设施收钱，第三个设施提供食物。

多通道、单阶段的排列方式用于需求量大到足以用多个设施提供相同的服务，或者多个设施提供不同服务的情况。根据设计，顾客排成一个或多个队列。在单队列情况下，顾客由第一个可用的设施提供服务，就如同在银行的营业大厅排队一样。如果每个通道都有自己的等待线，则顾客一直等到所在队列的服务台向其提供服务为止，就如同银行的免下车服务设施一样。

当顾客首先由第一阶段的一个设施提供服务，然后又需要第二阶段的一个设施提供服务时，就会出现多通道、多阶段的排列方式。在有些情况下，服务开始后顾客不能改变通道，而在另一些情况下他们可以改变通道。这种排列方式的一个实例是自助洗衣店。洗衣机是第一阶段的设施，烘干机是第二阶段的设施。有些洗衣机和烘干机可能被设计成超大容量，因此顾客可以选择通道。

最复杂的等待线问题涉及顾客有独特的服务顺序要求，因此无法简单地用阶段描述服务。混合排列就属于这种情况。在混合排列中，在每个设施前都可以形成等待线，就像在医疗中心，一名患者进入检查室，由一名护士量血压称体重，然后返回到候诊室，一直等到医生为他看病，经过会诊后根据具体需要，继续到化验室抽取血样、到放射科拍 X 光片或到药房取处方药。

优先规则

优先规则决定下一个接受服务的顾客。你碰到的大多数服务系统都使用先到先服务（first-come, first-served, FCFS）的规则。排在等待线最前面的顾客具有最高的优先权，最后到达的顾客优先权最低。其他优先规则可能包括具有最早承诺到期时间（earliest promised due date，EDD）的顾客有最高优先权，或者具有最短预期处理时间（shortest expected processing time，SPT）的顾客有最高优先权。[2]

强占优先规则（preemptive discipline）允许具有更高优先级的顾客中断对另一名顾客的服务。例如，在一家医院的急诊室，不论到达时间顺序的先后，生命垂危的患者首先得到救治。对具有复杂优先规则的系统建模通常利用计算机仿真。

概率分布

等待线问题的变化来源于顾客随机到达和服务时间的不同。这些来源中的每一种都可以用概率分布来描述。

2 本补充资料中我们使用 FCFS 规则。第 15 章“运营计划与生产调度计划”对 FCFS 和 EDD 做了更多讨论。

到达分布

顾客随机到达服务设施。顾客到达情况的变化通常可以用泊松分布来描述，该分布说明在时间间隔 T 内到达 n 个顾客的概率为

$$P_n = \frac{(\lambda T)^n}{n!}e^{-\lambda T}, n = 0, 1, 2, \cdots$$

式中，

P_n = 在时间间隔 T 内到达 n 个顾客的概率

λ = 每个时间段内到达顾客的平均数

$e = 2.7183$

泊松分布的均值是 λT，其方差也是 λT。泊松分布是一种离散分布，也就是说，每单位时间到达的具体数量的概率。

例 B.1　计算顾客到达的概率

一个大型百货商店的管理者正在对顾客服务流程进行再设计。能容纳 4 名顾客是很重要的。顾客到达服务台的速度是每小时 2 名顾客。在任何一小时内有 4 名顾客到达的概率是多少?

解

这一案例中 λ= 每小时 2 名顾客，T = 1 小时，n = 4 名顾客。在任何一小时内有 4 名顾客到达的概率是

$$P_4 = \frac{(2 \times 1)^4}{4!}e^{-2\times 1} = \frac{16}{24}e^{-2} = 0.090$$

决策重点

顾客服务台的管理人员可以利用这一信息来决定服务台和等候区所需要的空间。在一个小时内有 4 名顾客到达的概率相当小。因此，除非为每名顾客服务的时间很长，否则两三个座位应该足够了。有必要对服务时间做进一步分析。

另一种描述到达分布的方法是用顾客**到达间隔时间**（interarrival times）来表示，即两名顾客到达之间的时间。如果顾客源按照泊松分布来产生顾客，则指数分布就描述了下一位顾客在下一个 T 时间内到达的概率。因为指数分布也可用来描述服务时间，所以下一节我们将详细阐述这种分布。

服务时间分布

指数分布描述了顾客在一个特定服务设施的服务时间不超过 T 的概率。这一概率可以用下式计算

$$P(t \leq T) = 1 - e^{-\mu T}$$

式中

μ = 每单位时间完成服务的平均顾客数

t = 顾客的服务时间

T = 目标服务时间

服务时间分布的均值是 $1/\mu$，方差是（$1/\mu$）^{2}。当 T 增大时，顾客服务时间小于 T 的概率趋近于 1。

为简单起见，我们先看一个单通道、单阶段的例子。

例 B.2 计算服务时间的概率

例 B.1 中大型百货商店的管理层必须决定是否需要对顾客服务人员进行更多培训。顾客服务台的员工平均每小时可以为 3 名顾客提供服务。一名顾客的服务时间少于 10 分钟的概率是多少?

解

我们必须令所有的数据使用相同的时间单位。由于 μ = 每小时 3 名顾客，将分钟换算为小时，即 T = 10 分钟 = 10/60 小时 = 0.167 小时。因此

$$P(t \leq T) = 1 - e^{-\mu T}$$

$$P(t \leq 0.167\text{ 小时}) = 1 - e^{-3\times(0.167)} = 1 - 0.61 = 0.39$$

决策重点

一名顾客需要的服务时间小于或等于 10 分钟的概率并不高，因此存在顾客经历长时间等待的可能性。管理层应该考虑对服务人员进行更多培训，以减少处理顾客需求所花的时间。

指数分布的某些特征并不总是与实际情况相吻合。指数分布模型是基于以下假设：每位顾客的服务时间与前一位顾客的服务时间相互独立。然而，在现实生活中，随着服务人员对工作的了解加深，生产率可能会提高。模型的另一个假设是服务时间可能很短，也可能很长。然而现实情况往往需要一个固定长度的启动时间、总服务时间的截止时间，或者接近恒定的服务时间。

用等待线模型分析运营

运营管理人员可以利用等待线模型平衡提高服务系统效率所得到的收益和提高效率所花费的成本。此外，管理人员还应该考虑不改进系统所承担的代价：长的等待线或长的等待时间可能导致顾客犹豫或放弃。因此，管理人员应该考虑以下系统运行的特征：

1. 队列长度。等待线中的顾客数量反映了以下两种情况中的一种。短队列意味着好的顾客服务，或者过剩的能力。同理，长队列则说明服务人员效率低，或者需要增加服务能力。
2. 系统中的顾客数量。位于队列中和正在接受服务的顾客数量也与服务效率和服务能力有关。除非增加更多的服务能力，否则系统中大量的顾客会造成拥挤并引起顾客不满。
3. 在队列中的等待时间。长的队列并不总是意味着长的等待时间。如果服务速度很快，那么长队列也可以得到高效服务。但是，当等待时间看起来很长时，顾

客就会感觉服务质量很差。管理人员可以尝试改变顾客的到达率，或者对系统进行设计，使长的等待时间看起来比实际时间要短。例如，在迪士尼乐园，让在等待热门项目的游客观看视频，并告知预计的等待时间，似乎可以帮助他们忍耐这种等待。

4. *在系统中的总时间*。从进入系统到离开系统的总逗留时间说明顾客、服务人员的效率或能力等方面的问题。如果某些顾客在服务系统中花费了太多时间，可能就需要改变优先规则、提高生产率或以某种方式调整服务能力。
5. *服务设施利用率*。服务设施的总体利用率反映出设施忙碌时间的百分比。管理者的目标是在不对其他运行特征造成不利影响的前提下保持高的利用率和盈利能力。

分析等待线问题的最佳方法是将五个运行特征及其替代方案与资金量联系起来。但是用金额数表示某些特征（比如购物者在杂货店的等待时间）是很困难的。在这种情况下，分析人员必须权衡实施替代方案所需的成本和对不做改变的成本的主观评估。

现在我们给出三种模型和一些例题，说明如何利用等待线模型帮助管理人员做决策。我们分析单服务台、多服务台和有限来源模型（三者都是单阶段的）的问题。在本补充资料的后面列出了更复杂的模型的参考文献。

在佛罗里达州奥兰多迪士尼乐园的迪士尼米高梅影城，游客们在耐心地排队等待玩史密斯飞船之摇滚过山车。这是一个单通道、单阶段系统的实例。

单服务台模型

最简单的等待线模型包括一个服务台和一条顾客队列。为了进一步对模型进行描述，我们做出以下假设：

1. 顾客源是无限的且所有顾客都是有耐心的。
2. 顾客的到达服从泊松分布，其平均到达率为 λ。
3. 服务时间服从指数分布，其平均服务率为 μ。
4. 平均服务率大于平均到达率。
5. 顾客根据先到先服务的规则接受服务。
6. 等待线的长度不受限制。

利用这些假设，我们可以应用各种公式描述系统的运行特征：

ρ = 系统的平均利用率

$$=\frac{\lambda}{\mu}$$

P_n = 系统中有 n 个顾客的概率

$$=(1-\rho)\rho^n$$

L = 服务系统中的平均顾客数

$$=\frac{\lambda}{\mu-\lambda}$$

L_q = 等待线中的平均顾客数

$= \rho L$

W = 包括服务在内消耗在系统中的平均时间

$$= \frac{1}{\mu - \lambda}$$

W_q = 在队列中的平均等待时间

$= \rho W$

例 B.3　计算单通道、单阶段系统的运行特征

退休社区 Sunnyville 的杂货店经理希望为光顾她商店的老年市民提供良好服务。目前，商店有一个老年市民专用的收银台。平均每小时有 30 名老年市民按照泊松分布到达收银台，服务时间服从指数分布，平均每小时服务 35 名顾客。求出以下运行特征。

a. 系统中顾客数为 0 的概率
b. 收银台工作人员的平均利用率
c. 系统中的平均顾客数
d. 队列中的平均顾客数
e. 在系统中所花的平均时间
f. 在队列中的平均等待时间

解

该收银台可以模拟为单通道、单阶段系统。图 B.4 显示了用 OM Explorer 等待线求解软件得出的结果。对单服务台模型公式的手工计算过程在本补充资料后面的问题求解中进行说明。

服务台数量		（在单服务台模型中假定服务台数量s为1）
到达率（λ）	30	
服务率（μ）	35	

系统中有0个顾客的概率（P_0）	0.1429
系统中 恰好有 0个 顾客的概率	0.1429
服务台的平均利用率（p）	0.8571
系统中的平均顾客数（L）	6.0000
队列中的平均顾客数（L_q）	5.1429
系统中等候/服务的平均时间（W）	0.2000
队列中的平均等待时间（W_q）	0.1714

图 B.4
单通道、单阶段系统的等待线求解软件

系统中的平均等待时间（W）和队列中所花的平均等待时间（W_q）都用小时表示。为了将结果换算为分钟，只要乘以每小时 60 分钟就可以了。例如，$W = 0.20 \times 60 = 12.00$ 分钟，$W_q = 0.1714 \times 60 = 10.28$ 分钟。

例 B.4　分析单服务台模型的服务率

例 B.3 中 Sunnyville 社区杂货店的经理希望回答下列问题：

a. 为了使顾客在系统中的平均时间只有 8 分钟，要求的服务率是多少?

b. 在这一服务率下，系统中的顾客数多于 4 人的概率是多少?

c. 如要使系统中顾客数多于 4 人的可能性只有 10%，要求的服务率是多少?

解

可以用 OM Explorer 的等待线求解软件回答上述问题。这里我们说明如何用手工计算的方式求解这些问题。

a. 我们利用系统中平均时间公式求出 μ

$$W = \frac{1}{\mu - \lambda}$$

$$8\text{ 分钟} = 0.133\text{ 小时} = \frac{1}{\mu - 30}$$

$$0.133\mu - 0.133 \times 30 = 1$$

$$\mu = 37.52\text{ 个顾客 / 小时}$$

b. 系统中顾客数大于 4 的概率等于 1 减去系统中顾客数小于等于 4 的概率。

$$P = 1 - \sum_{n=0}^{4} P_n$$

$$= 1 - \sum_{n=0}^{4} (1 - \rho)\rho^n$$

且

$$\rho = \frac{30}{37.52} = 0.80$$

则

$$P = 1 - 0.2 \times (1 + 0.8 + 0.8^2 + 0.8^3 + 0.8^4)$$

$$= 1 - 0.672 = 0.328$$

因此，系统中的顾客数大于 4 有近 33% 的概率。

c. 利用与 b 相同的思路，但现在 μ 是决策变量。最简单的方法是首先求出正确的平均利用率，然后再求出服务率。

$$P = 1 - (1 - \rho)(1 + \rho + \rho^2 + \rho^3 + \rho^4)$$

$$= 1 - (1 + \rho + \rho^2 + \rho^3 + \rho^4) + \rho(1 + \rho + \rho^2 + \rho^3 + \rho^4)$$

$$= 1 - 1 - \rho - \rho^2 - \rho^3 - \rho^4 + \rho + \rho^2 + \rho^3 + \rho^4 + \rho^5$$

$$= \rho^5$$

即

$$\rho = P^{1/5}$$

若 $P = 0.10$

则

$$\rho = (0.10)^{1/5} = 0.63$$

因此，对于 63% 的利用率，系统中多于 4 个顾客的概率为 10%。对于 $\lambda = 30$，其平均服务率必须为

$$\frac{30}{\mu} = 0.63$$

$$\mu = 47.62 \text{ 个顾客 / 小时}$$

决策重点

服务率只需要适当提高就可以达到 8 分钟的目标。但是，系统中顾客数大于 4 的概率太大。该经理现在必须找到使服务率从每小时 35 人提高到每小时近 48 人的方法。她有几种不同方法来提高服务率，包括聘用一名中学生帮助装袋，或者安装自助结算台。

多服务台模型

在多服务台模型中，顾客形成一个队列，当 s 个服务台中有一个可供利用时，顾客选择该服务台。服务系统只有一个阶段。除了在单服务台模型中的假设条件以外，我们还要做出如下假设：有 s 个相同的服务台，每个服务台的服务时间服从均值为 $1/\mu$ 的指数分布。$s\mu$ 应该总是大于 λ。

例 B.5　用多服务台模型估算空闲时间和每小时的运行成本

UPS 威斯康星州维罗纳投递站的管理者正在为公司车辆的闲置时间（未在路上投递）感到担忧，公司对于闲置时间的定义是在站内等待卸货或正在卸货。该投递站有 4 个卸货点，每个卸货点要求 2 名工人一组，每组工人每小时工资为 30 美元。一辆闲置车辆的估计成本为每小时 50 美元。车辆到达服从泊松分布，平均到达率为每小时 3 辆。小组工作人员的卸货时间服从指数分布，平均每小时卸载一辆半挂车的货物。该系统每小时的总运营成本是多少？

解

这是一个 $s = 4$，$\mu = 1$ 和 $\lambda = 3$ 的多服务台模型。为了求出劳动力和闲置车辆的总成本，我们必须计算全部时间系统中的平均车辆数。

图 B.5 显示了用 OM Explorer 的等待线求解软件得出的 UPS 问题的结果。结果表明，4 个卸货点设计的时间利用率为 75%，而正在接受服务和在队列中等待的车辆平均数为 4.53 辆。也就是说，在任一时刻，闲置的车辆数为 4.53。现在我们可以计算劳动力和闲置车辆的每小时成本。

劳动力成本：	$\$30 \times s = \$30 \times 4 = \$120.00$
闲置车辆成本：	$\$50 \times L = \$50 \times 4.53 = \$226.50$
	每小时总成本 = \$346.50

服务台数量	4
到达率（λ）	3
服务率（μ）	1

系统中有0个顾客的概率（P_0）	0.0377
系统中 恰好有 0个 顾客的概率	0.0377
服务台的平均利用率（p）	0.7500
系统中的平均顾客数（L）	4.5283
队列中的平均顾客数（L_q）	1.5283
系统中等候/服务的平均时间（W）	1.5094
队列中的平均等待时间（W_q）	0.5094

图 B.5
多服务台模型的等待线求解软件

决策重点

现在管理者要评估该运营机构每小时 346.50 美元的成本是否可接受。如果试图通过减少工人小组数的方式来降低成本，只会延长车辆的等待时间，车辆每小时的成本比工作人员的要高。但是，通过更好的工作方法可以提高服务率，例如，可以降低 L，从而降低每天的运营成本。

利特尔法则

等待线理论中一个最实用和最基本的定理是**利特尔法则**（ Little's law ），它将等待线系统的顾客数与顾客的到达率和等待时间联系起来。用与单服务台模型相同的符号，利特尔法则可以表示为 $L = \lambda W$ 或 $L_q = \lambda W_q$。但是，这一关系对各种到达过程、服务 – 时间分布和服务台数量都成立。利特尔法则在实践中的优点在于，你只需要知道两个参数，就可以估计第 3 个参数。例如，机动车牌照授权机构的经理，收到许多有关在更新牌照或获取新的汽车牌照时等待时间太长的投诉。要得到单个顾客在该机构中所花时间的数据是很困难的。但是，该经理可以让助手监测每小时到达该机构的顾客数量，以此来计算平均到达率（λ）。该经理还可以定期清点座位区和正在服务站接受服务的人数，并计算平均顾客数（L）。利用利特尔法则，该经理就可以估计每名顾客在该机构中所花的平均时间 W。例如，如果每小时有 40 名顾客到达，正在接受服务或等待中的顾客平均为 30 人，则每名顾客在该机构中所花的平均时间可以用下式计算：

$$\text{在该机构中的平均时间 } W = \frac{L\text{ 名顾客}}{\lambda\text{ 名顾客 / 每小时}} = \frac{30}{40} = 0.75\text{ 小时，或 45 分钟}$$

如果顾客在该机构中所花的时间不合理，该经理就会重点关注增加服务能力或改进工作方法，来缩短为顾客服务所花的时间。

汽车在纽约市三区大桥的收费站前排起了长队。这是多通道、单阶段系统的一个例子，其中某些通道专门用于特殊服务。

同理，利特尔法则可用于生产流程。假定生产经理知道一件产品在一个生产流程中所用的平均时间（W）和每小时到达该流程的平均件数（λ），该经理就可以用利特尔法则估计出在制品的平均数量（L）。*在制品*（work-in-process，WIP）由生产最终产品所需的物品，比如零部件或组装件组成。例如，如果船用舷外发动机的齿轮箱在一个加工中心所用的平均时间是 3 小时，平均每小时有 5 个齿轮箱到达该加工中心，则在该加工中心等待和正在加工的齿轮箱（即在制品）的平均数量为

$$在制品数量 = L = \lambda W = 5 \text{ 个齿轮箱} / \text{小时} \times 3 \text{ 小时} = 15 \text{ 个齿轮箱}$$

了解了到达率、提前期和在制品数量之间的关系，该经理就有了评估在制品流程改进效果的基础。例如，对流程的瓶颈增加一些产能可以降低产品在该流程的平均提前期，从而降低在制品库存数量。

虽然利特尔法则适用于服务业和制造业环境的许多情况，但是却不适用于顾客源有限的情况，关于这一点将在下面讨论。

有限来源模型

现在考虑一种情况：对单服务台模型的所有假设，除了一条以外全部适用。在这种情况下，顾客源是有限的，只有 N 名潜在顾客。如果 N 大于 30，则使用无限来源假设的单服务台模型是合适的。否则，就只能使用有限来源模型。

例 B.6　用有限来源模型分析维修成本

Worthington 齿轮公司三年前安装了 10 台机器人。这些机器人大大地提高了公司的劳动生产率，但近期工作的重点是机器人的维修。由于机器人出故障的时间分布是不同的，所以公司没有进行预防性维护。每台机器的故障（或间隔）分布为指数分布，故障间隔时间平均为 200 小时。每停机一小时损失 30 美元，这意味着公司必须对机器故障快速反应。该公司聘用了一名维修人员，他修理一台机器人平均需要 10 个小时。实际维修时间服从指数分布。该维修人员的工资是每小时 10 美元，当不修理机器人时他可以高效地从事其他工作。确定劳动力和机器人故障的每日成本。

解

*有限来源模型*适用于这一分析，因为顾客源仅包含 10 台机器，且其他假设条件都满足。这里，λ = 每小时 1/200 或 0.005 次故障，μ = 每小时 1/10 或 0.1 台机器人。为了计算劳动力和机器人故障的成本，我们需要估计维修人员的平均利用率，以及任一时刻机器人在维修系统内的平均数量 L。OM Explorer 或 POM for Windows 都可以用来辅助计算。图 B.6 显示了用 OM Explorer 等待线求解软件得出的 Worthington 齿轮公司问题的结果。该结果表明维修人员的时间利用率只有 46.2%，等待和正在维修的机器人平均数量是 0.76 台。但是，一台出故障的机器人平均要在维修系统中花 16.43 个小时，其中的 6.43 个小时是在等候服务。虽然单个机器人可能要花维修人员 2 天多的时间，但是在时间利用率仅为 46.2% 的情况下，维修人员有大量的空闲时间。这就是在任一时刻平均只有 0.76 台机器人在维修的原因。

图 B.6
有限来源模型的等待线求解软件

顾客数量	10
到达率（λ）	0.005
服务率（μ）	0.1

系统中有0个顾客的概率（P_0）	0.5380
系统中顾客数 小于 0 的概率	#N/A
服务台的平均利用率（p）	0.4620
系统中的平均顾客数（L）	0.7593
队列中的平均顾客数（L_q）	0.2972
系统中等候/服务的平均时间（W）	16.4330
队列中的平均等待时间（W_q）	6.4330

劳动力和机器人故障的每日成本为

劳动力成本：	\$10/ 小时 ×8 小时 / 天 × 利用率 0.462	= \$ 36.96
闲置机器人成本：	0.76 台机器人 ×\$30/ 机器人时数 ×8 小时 / 天	= 182.40
	每日总成本	= \$ 219.36

决策重点

机器人维修的劳动力成本只占机器人闲置成本的 20%。如果同时有 2 台或更多台机器人等待维修，管理者可能会考虑让第二个维修人员随叫随到。

等待线与仿真

对于用等待线模型分析的每个问题，顾客到达都服从泊松分布（或指数间隔时间），服务时间服从指数分布，服务设施简单排列，等待线长度不受限制，优先规则是先到先服务。等待线理论用于建立不满足这些标准的其他模型，但这些模型很复杂。例如，POM for Windows 包含了可以限制系统规模（等待线或服务台的服务能力）的模型。它还包含了几个放松对服务时间分布假设的模型。然而，许多时候，由于顾客源的性质、队列的约束、优先规则、服务时间分布以及服务设施的排列，等待线理论不再适用。在这些情况下，通常用仿真。这里我们介绍用 SimQuick 软件对流程进行仿真。

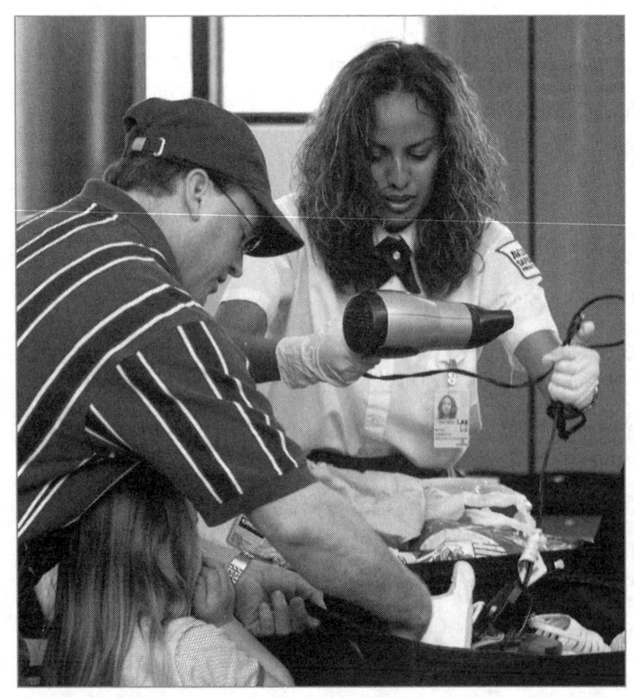

被随机选择做进一步检查的乘客正配合洛杉矶机场安保人员检查行李。机场安保流程是一个多通道多阶段系统。

SimQuick SimQuick 是易用软件，它只是一个带宏指令的 Excel 电子表格。它可以为各种简单流程建模，比如等待线、库存控制和项目。这里，以在中等规模机场候机楼中上午 8 点到 10 点之间的乘客安检流程为例。流程工作原理如下：到达安检区的乘客立即进入一条队列，在队列中排队后，每名乘客经过两个检查站中的一个，这包括经过一个金属探测器和随身行李过扫描仪。在完成这一检查后，随机选取 10% 的乘客做进一步检查，其中包括搜身检查以及对随身行李做

更彻底的检查。由两个检查站负责进一步检查，被挑选出来的乘客通过其中任意一个检查站。管理层希望研究逐渐增加的进行二次检查的乘客百分比的效果。具体来说，他们想随机选择 10%、15% 和 20% 的乘客进行二次检查的等待时间。管理层还想了解开放第三个检查站进行二次检查对这些等待时间有何影响。

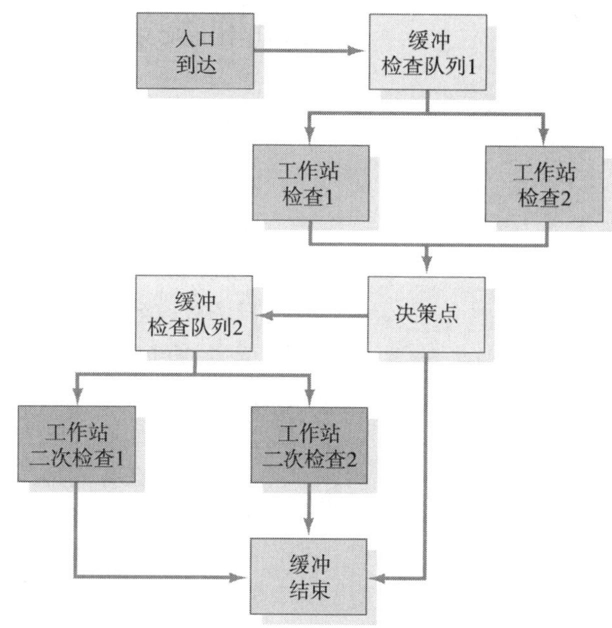

图 B.7
乘客安检流程图

用 SimQuick 对这一流程进行仿真的第一步，是用 SimQuick 的构件画出该流程的流程图。SimQuick 中有 5 种构件，可用各种方式组合这些构件。其中 4 种构件可用于对该流程建模。*入口*用于对安检流程的乘客到达建模。*缓冲*可用于对两条等待线（每种检查前面都有一条等待线）建模，还可用来对已完成该流程的乘客建模。4 个检查站中的每一个都用*工作站*来建模。最后，随机选择二次检查的乘客用*决策点*来建模。图 B.7 显示了该流程图。

将描述每个构件的信息录入 SimQuick 表格中。在这一模型中，录入了 3 类重要信息：（1）乘客到达入口的时间；（2）4 个检查站所用的检查时间；（3）乘客被随机选择做二次检查的百分比。所有这些信息都必须以统计分布的形式录入 SimQuick 中。前两类信息通过观察上午 8 点到 10 点之间的真实流程确定。第三类信息是由政策决定的（10%、15% 或 20%）。

要素类型	要素名称	统计内容	总平均值
入口 (s)	门	进入流程的对象	237.23
缓冲 (s)	队列1	平均库存	5.97
		平均周期时间	3.12
	队列2	平均库存	0.10
		平均周期时间	0.53
	结束	成品库存	224.57

图 B.8
乘客安检流程的仿真结果

最初的模型运行 30 次，对上午 8 点到 10 点之间到达的乘客进行仿真。用 SimQuick 收集统计数据并汇总。图 B.8 给出了由 SimQuick 输出的当前流程模型的一些重要结果（还收集了许多其他统计结果，但没有在图中显示）。

图中显示的数字是 30 次仿真的平均值。数字 237.23 是在两小时的仿真期间进入队列 1 的平均乘客数。两个*平均库存*统计值告诉我们，仿真乘客中平均 5.97 人站在队列 1，0.1 人站在队列 2。两个*周期时间*的统计值——在这里指一名乘客在一个或多个 SimQuick 构件中所花的时间——告诉我们，仿真乘客在队列 1 中平均等待了 3.12 分钟，在队列 2 中平均等待了 0.53 分钟。成品库存统计值告诉我们，在仿真的两个小时中，平均有 224.57 名仿真乘客通过了安检流程。下一步是将选择二次检查的仿真乘客的百分比变为 15%，然后再变为 20%，重新运行模型。当然，这些流程的改变会延长二次检查的平均等待时间，但是会延长多少？最后一步是增加一个检查站，重新运行上述仿真过程，看它对二次检查等待时间的影响。*SimQuick: Process Simulation with Excel* 一书有该模型（以及许多其他模型）的所有细节。

管理的决策领域

分析完等待线问题后，管理者可通过改变以下一个或多个要素来改善服务系统：

1. *到达率*。通常通过广告、特价促销或差别定价，管理层可以影响顾客到达率。例如，位于加勒比海地区的酒店在炎热的雨季通过降低房费来吸引更多的顾客，提高酒店的利用率。
2. *服务设施的数量*。通过增加服务设施的数量，比如工具盒、收费亭或银行柜员，或者通过指定某些设施在一个阶段专门从事一组服务，管理层可以提高系统能力。
3. *阶段数*。如果管理人员确定两个串行的设施比一个设施的效率高，他们可以决定将服务任务划分给两个串行的阶段。例如，组装线上的决策要考虑组装线上所需的阶段数或工人的数量。决定组装线上所需的工人数量也涉及给每个工人分配一组工作要素。改变设施的排列方式可以提高每个设施的服务率 μ 和系统能力。
4. *每个设施的服务人员数量*。管理人员可以通过为每个服务设施分配一个以上的员工来影响服务率。
5. *服务人员的效率*。通过调整资金与劳动力之间的比率、设计改进的工作方法或制订激励计划，管理层可以提高分配给一个服务设施的服务台的效率。这种改变反映在 μ 上。
6. *优先规则*。管理人员设置所使用的优先规则，决定是否对每个服务设施采用不同的优先规则，是否允许强占（如果允许，在什么条件下可以强占）。这种决策会影响顾客的等待时间和服务台的利用率。
7. *队列安排*。管理人员通过决定在给定的服务阶段是采用单一队列，还是在每个设施前都采用一个队列，来影响顾客的等待时间和服务台的利用率。

显然，这些因素是相互关联的。在某种程度上，顾客到达率的调整可能必须伴随服务率的增加。关于设施数量、阶段数量和等待线排列方式的决策也都是相互关联的。

学习目标回顾

1. **确定真实条件下的等待线问题要素。**“等待线问题的构成”一节界定了每个等待线问题的4个要素。图 B.1、图 B.2 和图 B.3 描绘了这些要素以及各种服务设施的排列方式。
2. **描述单服务台、多服务台和有限来源模型。**有关这三种模型的描述和说明，参见“用等待线模型分析运营”一节。例 B.3、例 B.4 和本补充资料后面的问题求解例题适用于单服务台模型。例 B.5 和例 B.6 分别说明了多服务台模型和有限来源模型的应用。
3. **说明如何应用等待线模型评价流程的运行特征。**例 B.3 到例 B.6 说明如何应用等待线模型来获得流程运行重要特征的估计值。
4. **描述应该用仿真分析等待线的场合，以及可获得的信息特征。**“等待线与仿真”一节说明在什么情况下必须利用仿真，并给出例子，解释从这种分析中可以获得的管理信息特点。
5. **说明如何利用等待线模型做管理决策。**“管理的决策领域”一节描述了可以用等待线模型分析的 7 个决策领域。

关键公式

1. 顾客到达泊松分布：

$$P_n = \frac{(\lambda T)^n}{n!}e^{-\lambda T}$$

2. 服务时间指数分布：

$$P(t \leq T) = 1 - e^{-\mu T}$$

3. 系统的平均利用率：

$$\rho = \frac{\lambda}{\mu}$$

4. 系统中有 n 个顾客的概率：

$$P_n = (1-\rho)\rho^n$$

5. 系统中有 0 个顾客的概率：

$$P_0 = 1-\rho$$

6. 服务系统中的平均顾客数：

$$L = \frac{\lambda}{\mu-\lambda}$$

7. 等待线中的平均顾客数：

$$L_q = \rho L$$

8. 包括服务在内在系统中所花的平均时间：

$$W = \frac{1}{\mu-\lambda}$$

9. 在队列中的平均等待时间：

$$W_q = \rho W$$

10. 利特尔法则：

$$L = \lambda W$$

关键术语

等待线
顾客源
服务设施
优先规则
服务系统
通道
阶段
强占优先规则
间隔时间
利特尔法则

问题求解

一名摄影师平均每小时拍摄 20 张护照相片。摄影师必须等到顾客微笑才能拍摄，因此拍摄相片的时间服从指数分布。顾客到达服从泊松分布，到达率为平均每小时 19 名顾客。

a. 该摄影师的利用率是多少？

b. 每名顾客与摄影师待在一起的平均时间是多少？

解

a. 问题陈述中的假设条件与单服务台模型一致。利用率为

$$\rho = \frac{\lambda}{\mu} = \frac{19}{20} = 0.95$$

b. 每名顾客与摄影师待在一起的平均时间是

$$W = \frac{1}{\mu - \lambda} = \frac{1}{20 - 19} = 1 \text{ 小时}$$

练习题

1. Solomon，Smith and Samson 律师事务所为委托人和企业生成许多需要文字处理的法律文件。要求每小时平均 8 页纸的文件，按照泊松分布到达。秘书平均每小时处理 10 页纸的文字，处理时间服从指数分布。
   a. 秘书的平均利用率是多少？
   b. 正在等待或处理的页数大于 4 的概率是多少？
   c. 等待文字处理的平均页数是多少？
2. Benny 游戏室有 6 台视频游戏机。机器故障的平均间隔时间是 50 小时。维修工程师 Jimmy 平均 15 小时可以修好一台机器。机器的故障间隔时间服从指数分布，Jimmy 的服务时间也服从指数分布。
   a. Jimmy 的利用率是多少？
   b. 故障机器，即等待修理或正在被修理的机器的平均数是多少？
   c. 一台机器停止服务的平均时间是多少？
3. Moore，Aiken and Payne 诊所是一个急救护理牙科诊所，按照先到先服务的顺序为公众的紧急需求服务。该诊所有 5 套牙科治疗椅，目前其中的 3 套配备了牙医。疼痛的患者按照泊松分布平均每小时到达 5 人，不存在拒绝或放弃的情况。一次紧急治疗需要的平均时间是 30 分钟，服从指数分布。利用 POM for Windows 或 OM Explorer 回答下列问题：
   a. 如果诊所管理人员想确保患者看牙所花的平均等待时间不超过 15 分钟，聘用 3 名牙医是否足够？如果不够，需要增加多少名牙医？
   b. 从目前有 3 名牙医在职的状态来看，当聘用第 4 名牙医时，下列每种运营特征会发生什么变化？
      - 平均利用率
      - 队列中的平均顾客数
      - 系统中的平均顾客数
   c. 从目前有 3 名牙医在职的状态来看，当聘用第 5 名牙医时，下列每种运营特征会发生什么变化？
      - 平均利用率
      - 队列中的平均顾客数
      - 系统中的平均顾客数
4. Fantastic Styling 沙龙由 3 名造型师 Jenny Perez、Jill Sloan 和 Jerry Tiller 经营，他们每人每小时平均能服务 4 名顾客。利用 POM for Windows 或 OM Explorer 回答下列问题：

   在一天中的繁忙时段，平均每小时到达 9 名顾客，所有 3 名造型师都当班。

   a. 如果所有顾客在同一个队列中等待下一个可用的造型师，在接受服务之前，一名顾客在队列中等待的平均时间是多少？
   b. 假定每名顾客都想用特定的造型师提供服务，其中

1/3 的顾客想用 Perez，1/3 的顾客想用 Sloan，1/3 的顾客想用 Tiller。在接受服务之前，一名顾客在队列中等待的平均时间是多少？

在一天中的非繁忙时段，平均每小时到达 6 名顾客，只有 Perez 和 Sloan 当班。

c. 如果所有顾客在同一个队列中等待下一个可用的造型师，在接受服务之前，一名顾客在队列中等待的平均时间是多少？

d. 假定每名顾客都想用特定的造型师提供服务，其中 60% 的顾客想用 Perez，40% 的顾客想用 Sloan。在接受 Perez 服务之前，一名顾客在队列中等待的平均时间各是多少？在接受服务之前，所有顾客在队列中等待的平均时间是多少？在接受 Sloan 服务之前，一名顾客在队列中等待的平均时间各是多少？

5. 假设你是当地一家银行的经理，银行有 3 名柜员为顾客提供服务。每名柜员平均用 3 分钟时间服务一名顾客。顾客平均每小时到达 50 人。由于最近收到一些顾客的投诉——他们在接受服务之前要等待很长时间，所以你的老板要求你评价服务系统。具体来讲，你必须回答下列问题：

a. 由 3 名柜员组成的服务系统的平均利用率是多少？

b. 没有顾客接受服务或正在排队的概率是多少？

c. 在队列中等待的平均顾客数是多少？

d. 在接受服务之前，一名顾客在队列中等待的平均时间是多少？

e. 在柜员服务台和队列中的平均顾客数是多少？

6. Pasquist 水务公司（PWC）有一个 24 小时运行的设施，它的设计是为了高效地向运水车装水。运水车随机到达该设施，在队列中等待连接到水泵上。由于运水车的大小不同，且装水操作是由运水车司机人工完成的，因此装满一车水的时间也是随机的。

a. 如果 PWC 公司的经理用多服务台模型来计算该设施的等待线运行特征，关于等待的车辆和车辆到达过程，列出她必须做出的 3 个假设条件。

b. 假定每天平均有 336 辆运水车到达，有 4 只水泵，每只水泵平均每小时可以服务 4 辆车。

- 在任意给定的一天，下午 1 点到 2 点之间恰好有 10 辆车到达的概率是多少？
- 一旦一辆运水车到达水泵处，装水时间小于 15 分钟的可能性有多大？

c. 对下列不同情况的绩效差异进行对比和评论：

- 由一条队列进入 4 个加水站。
- 一条队列接入其中的 2 个加水站，而另一条队列则接入另外 2 个水泵。假定司机看不见队列长度，必须随机选择其中的一条队列。再假定司机一旦做出选择，就不能退出那条队列。

7. Precision Machine Shop 的主管想确定使总运营成本最小的员工配置策略。在工具库向工人发放工具，平均到达率是每小时 8 名机械师。每名机械师的工资是每小时 20 美元。该主管可以用两种方式聘用工具库保管员：一是聘用一名初级保管员，每小时工资为 5 美元，每小时可以接待 10 名到达的机械师；二是聘用一名高级保管员，每小时工资为 12 美元，每小时可以接待 16 名到达的机械师。应该选择哪一个保管员？估计每小时的总成本是多少？

8. 当地一家汉堡店主的女儿打算新开一家叫 Hasty 汉堡的快餐店。根据她父亲门店的到达率，她预期顾客按照泊松分布到达免下车窗口，平均每小时到达 20 名顾客。服务率可以灵活设置，但是服务时间服从指数分布。免下车窗口是一个单服务台的运营。

a. 为了保持服务系统中（排队和接受服务）的平均顾客数为 4 人，需要的服务率是多少？

b. 对于从（a）中求出的服务率，排队和接受服务的顾客数超过 4 人的概率是多少？

c. 对于从（a）中求出的服务率，每名顾客在队列中等待的平均时间是多少？这一平均值对快餐业务来说，是否令人满意？

9. Mexicali 银行一家分支机构的经理观察，在营业高峰时间平均每小时有 20 名顾客到达，在任一时刻，该分支机构中平均有 4 名顾客。每名顾客用在排队和接受服务上的平均时间为多少？

10. Paula Caplin 是 Fisher 电器公司旗下的一家大型电器修理店的经理。最近高层管理者表示对修理店待修理电器数量的增长感到担忧。平均到达率是每天 120 件电器。平均每件电器在修理店的时间为 4 天。

a. 修理店当前的在制品数量是多少？

b. 假定高层管理者将在制品数量的上限限定在当前数量的一半。Paula 应该建立什么目标？她如何才能完成这一目标？

高级练习题

11. Failsafe 纺织品公司聘用了 3 名高技能的维修人员，负责修理公司生产流程中所用的各种工业机器人。每名工人每 8 小时可以修好一台机器人，修理时间服从指数分布。一台机器平均每 3 小时就出现一次故障，故障服从泊松分布。每台故障机器人在生产上给公司造成每小时 100 美元的生产损失。一名新的维修人员在工资、福利和装备上的成本为每小时 80 美元。该经理是否应该聘用新的维修人员？如果要聘用，该聘多少人？根据你的分析，应该向该经理提出什么建议？
12. Benton 大学商业与公共管理学院的每一层楼都有一台复印机供全院使用。对 5 台复印机的大量使用造成频繁故障。维修记录显示一台复印机平均每 2.5 天出一次故障（即 λ = 每天 0.4 次故障）。学院与授权的复印机经销商签订了维修合同。由于复印机频繁出故障，所以经销商指派了一名工作人员到学院进行维修。该工作人员平均每天可以修好 2.5 台机器。利用有限来源模型回答下列问题：
    a. 该维修人员的平均利用率是多少？
    b. 平均有多少台复印机正在修理或等待修理？
    c. 一台复印机在维修系统中（等待和修理）所花的平均时间是多少？
13. 你负责向你所在公司的建筑工地供应沙子和石料的采石场。从建筑工地出来的空车到达采石场巨大的沙石堆前，排在队列中等待进入装车站，装载沙子或石料。在装车站对空车进行装载、称重、结账，再运往建筑工地。目前平均每小时到达 9 辆空车。当车辆进入装车站后，装车、称重和结账花 6 分钟的时间。考虑到车辆花太长时间等待和装车，你正在评估减少车辆在系统中所花平均时间的两套备选方案。第一套方案是以 50 000 美元的总成本在车辆上加装侧板（可以装更多物料），同时在装车站增加一名助手（可以缩短装车时间）。车辆的到达率将改变为每小时 6 辆，装车时间将缩短为 4 分钟。第二套方案是以 80 000 美元的成本增加一个和当前一样的装车站。车辆在同一个队列中等待，排在前面的车辆可以前往下一个可用的装车站。

    如果你希望缩短目前车辆花在系统中（包括服务在内）的平均时间，你会推荐哪套方案？

参考文献

Cooper, Robert B. *Introduction to Queuing Theory*, 2nd ed. New York: Elsevier-North Holland, 1980.

Hartvigsen, David. *SimQuick: Process Simulation with Excel*, 2nd ed. Upper Saddle River, NJ: Prentice Hall, 2004.

Hillier, F.S., and G.S. Lieberman. *Introduction to Operations Research*, 2nd ed. San Francisco: Holden-Day, 1975.

Little, J.D.C. "A Proof for the Queuing Formula: $L = \lambda M$." *Operations Research*, vol. 9, (1961), pp. 383–387.

Moore, P.M. *Queues, Inventories and Maintenance*. New York: John Wiley & Sons, 1958.

Saaty, T.L. *Elements of Queuing Theory with Applications*. New York: McGraw-Hill, 1961.

7 约束管理

在美国路易斯安那州格兰德岛附近的女王岛（Queen Bess），硬围油栏在收集海水中的泡沫。

英国石油公司墨西哥湾漏油事件

英国石油公司（British Petroleum，BP）是世界领先的石油、天然气及石化产品公司，在 29 个国家有运营机构。公司拥有 79 000 名员工，2010 年的销售额接近 300 亿美元。该公司经营着 22 000 多个零售点。2010 年 4 月 20 日，英国石油公司特许的越洋公司（Transocean Ltd）“深水地平线”钻井平台发生爆炸并起火。该平台两天后沉没于 5 000 英尺深的海水中，在受损的油井于 2010 年 7 月中旬被最终封闭之前，它向墨西哥湾泄漏了 49 亿桶原油。原油的泄漏使当地的渔业停止作业，并威胁到美丽的海岸线及其脆弱的生态系统。Pinnacle 战略咨询公司是英国石油公司雇来提高像船只、钻探设备等防漏设备产出的公司，同时它还提供如海上围油栏、撇油器以及净化设备等关键资源。

围油栏是一种充气漂浮设备，可用于拦截水面上顺流而下的石油。这些石油通过撇油设备被抽入容器中。但是，围油栏有限的生产能力给清污工作带来了巨大挑战。位于密歇根州沃克市的 Prestige Products 公司，每天只能生产 500 英尺围油栏，而英国石油公司一个订单所要求的围油栏长度就超过整个美国所有围油栏生产商加起来的总生产能力。员工人数从 5 人增加到了 75 人，日产量提高到了 12 800 英尺之后，Prestige 工厂还是觉得日产量已经达到了极限。这时 Pinnacle 战略咨询公司的 Ed Kincer 介入进来。他注意到，围油栏处于手忙脚乱的组装状态，中间有几分钟时间组装工作是停滞的。裁剪师裁完面料的一边，再行走 100 英尺去裁剪另外一边。工人们在等候焊接机时也闲着无事可做。生产能力因为过多地走动、等候机器以及改变生产节奏等原因出现了浪费。Kincer 发现了流程中的约束，并找到了解决办法，使生产能力扩大到原来的 3 倍以上。Prestige 工厂最终为英国石油公司生产了一百多万英尺的围油栏。

约束理论也是 Pinnacle 战略咨询公司用来提高英国石油公司其他供应商产出率的一种科学方法。位于西雅图的 Kvichak Marine 公司撇油器的产出率提高了 4 倍，位于伊利诺斯州的 Elastec 公司将撇油器的产出从每周 4 套提高到每周 26 套。一家位于休斯顿的围油栏生产商 Abasco 公司，由于重新平衡了员工排班，使焊接操作在工间休息时间也保持均衡，所以产出增加了 20%。得克萨斯州的吸油栅生产商 Supply Pro 公司，通过用纤维素代替稀缺的聚丙烯材料使生产能力提高了几倍。在 6 个月的时间里，Pinnacle 公司发现了几十家工厂的瓶颈，并围绕瓶颈解决问题，使撇油器、围油栏以及其他重要资源的供给量翻了数倍。英国石油公司整个供应链能力的提高确保了在阻止石油泄漏中不会因为物料短缺而约束海面清洁操作。

资料来源：Brown, A. "Theory of Constraints Tapped to Accelerate BP's Gulf of Mexico Cleanup." *Industry Week* (March 18, 2011).

学习目标　　学完本章内容后，你应该能够：

1. 解释约束理论。
2. 理解能力约束与财务绩效指标之间的联系。
3. 识别瓶颈。
4. 应用约束理论做产品组合决策。
5. 描述如何管理组装生产线的约束。

通过运营管理创造价值

通过运营展开竞争
项目管理

流程管理

流程策略
流程分析
质量与绩效
能力规划
约束管理
精益系统

供应链管理

供应链库存管理
供应链设计
供应链选址决策
供应链整合
供应链的可持续发展与人道主义物流
预测
运营计划与生产调度计划
资源计划

假设一家公司的一个流程最近被重新设计，然而结果却令人失望。成本依然居高不下，或者客户满意度仍然很低。那么，是什么地方出了问题？答案可能是公司流程中一个或多个环节的约束。**约束**（constraint）是限制系统绩效并制约其产出的各种因素，而能力则是流程或系统的最大产出率。当某个环节像英国石油公司的供应商那样存在约束时，能力就会变得不平衡——在某些部门能力太高而在其他部门能力又太低。结果使整个系统的总体绩效受到影响。

约束可以出现在供应链的上游或下游、企业的供应商方或者客户方，以及企业的流程，比如产品 / 服务开发流程，或订单履行流程。通常可以确定三种约束：物理约束（一般指机器、劳动力、工作站能力或物料短缺，但也可以指空间或质量）；市场约束（需求低于能力）和管理约束（政策、指标体系或妨碍工作流的思维定式）。**瓶颈**（bottleneck）[1] 是一种特殊类型的约束，与流程中的能力不足有关，它定义为：当任何一种资源的可用能力限制了组织满足服务或产品数量、产品组合或波动的市场需求的能力时，这种资源就被称为瓶颈。一个业务系统或流程至少有一个约束或瓶颈，否则其产出就仅受到市场需求的限制。英国石油公司以及保健业、银行业和制造业的其他企业的经验都说明了一个道理，即约束管理对于组织的未来是非常重要的。

跨越整个组织的约束管理

企业必须同时在单个流程层面以及整个组织层面进行约束管理及适当的能力选择。因此，这一过程涉及各职能之间的协调。在每个层面所做的具体决策和选择都

1 在某些情况下，瓶颈也被称为能力受限资源（capacity constrained resource, CCR）。如果产出低于市场需求，则具有最小能力的流程称为瓶颈。如果系统中具有最小能力的资源，其产出仍然高于市场需求，则称该流程为 CCR。

将影响到资源约束或瓶颈显现的地方——可能是在部门内部，也可能是跨越了部门界线。仅在组织的一个部门消除瓶颈可能达不到期望的效果，除非也消除了组织其他部门的瓶颈。瓶颈可能是销售部门没有达到足够的销售量，也可能是贷款部门没有足够快地处理贷款申请。约束可能是缺少资金或设备，也可能是规划或调度的问题。

整个组织的管理者都必须懂得如何识别和管理各类流程的瓶颈，如何将一个流程的能力和绩效指标与另一个流程联系起来，以及如何利用这些信息来确定企业最佳的服务或产品组合。本章将说明管理者如何做最佳决策。

中国北京的交通瓶颈

约束理论

约束理论（theory of constraints，TOC）是一种系统化的管理方法，该方法集中于积极管理约束，这些约束会妨碍企业实现利润最大化并有效利用资源的目标。这一理论在 30 年前由著名的业务系统分析师伊莱·戈德拉特（Eli Goldratt）提出。该理论给出了识别和克服约束的详细过程。这一过程不仅关注单个流程的效率，同时还关注约束整个系统的瓶颈。本章开头案例中的 Pinnacle 战略咨询公司用这一理论改进了英国石油公司的运营。

TOC 方法通过使物流快速通过整个系统而更有效地提高了企业利润。它帮助企业从整体角度看问题——如何改进流程以提高企业的整体工作流；在有效利用关键资源的同时，如何降低库存和员工数量。为了做到这些，在运营层面理解相关绩效与能力指标之间的联系，以及在企业层面理解二者与人们更加熟悉的财务指标之间的联系，都是十分重要的。表 7.1 列出了对成功运用 TOC 的原理来说十分关键的指标，以及这些指标之间的关系。

根据 TOC 的观点，系统中的每一项资本投入，包括机器和在制品物料，都代表库存，因为它们都有可能被销售换来资金。生产出来但没有形成销售的产品和服务不会增加企业的产出，但是会增加库存和运营支出。为了使产出最大，最好对系统

表 7.1　企业运营指标与其财务指标之间的联系

运营指标	TOC 视角	与财务指标的关系
库存（I）	为了销售而采购物品时在系统内投入的全部资金	I 的降低可以导致净利润、投资回报率和现金流的提高
产出率（T）	系统通过销售产生资金的速度	T 的提高可以导致净利润、投资回报率和现金流的提高
运营支出（OE）	系统将库存转换为产出时所花费的所有资金	OE 的降低可以导致净利润、投资回报率和现金流的提高
利用率（U）	当前利用设备、空间或者劳动力的程度，它可以用平均产出率与最大能力之间的比值（以百分比表示）来测量	在瓶颈处 U 的提高可以导致净利润、投资回报率和现金流的提高

进行管理，使瓶颈资源的利用率达到最大。

TOC 的主要原则

TOC 背后的主要理念是遵守承诺的完成日期，同时通过对瓶颈的调度使服务或产品的产出最大。其基本假设是需求大于或等于提供服务或产品的流程能力，否则就不是内部变革，而是营销部门必须努力促销以增加需求。例如，花园里用的耙子的生产过程包括将弓形物安装到耙子的头部。耙头必须经冲压、焊接弓形物、清洁，再固定到耙柄上制成耙子，然后生产商将耙子包装起来并根据具体的交付计划最终向西尔斯百货、家得宝连锁店和沃尔玛超市发货。假定下个月对各种型号耙子的交付承诺表明，焊接站的负荷已达到其能力的 105%，而其他流程则只用到了其能力的 75%。根据 TOC 原理，焊接站是瓶颈资源，而冲压、清洗、固定耙柄、包装和运输流程都是非瓶颈资源。为了使产出最大，必须消除焊接站上的一切空闲时间。因此，管理人员应该重点关注焊接站的调度安排。

有关高效利用和调度瓶颈资源，提高流量和产出率的七个主要原则归纳于表 7.2 中。

TOC 的实际应用包括以下几个步骤的实施：

1. *识别系统瓶颈*。在生产耙子的例子中，瓶颈是焊接站，因为它限制了企业满足发货计划的能力，从而影响到总的资金增值。本章后面将更详细地介绍一些识别瓶颈的其他方法。
2. *利用瓶颈*。制订使瓶颈产出率最大的调度计划。在生产耙子的例子中，对焊接站进行调度，使利用率达到最大，同时尽可能地兑现发货承诺。此外也要确保只有质量良好的部件才被送往瓶颈。
3. *所有其他决策都要服从第 2 步*。非瓶颈资源的调度应该支持瓶颈的调度计划，非瓶颈资源的产量不超出瓶颈资源的处理能力。也就是说，冲压流程的产量不超过焊接站能够处理的产量，而清洗及后续运营活动应该以焊接站的产出率为基础。

表 7.2 约束理论的 7 个主要原则

1. 重点应该放在平衡流量，而不是放在平衡能力
2. 每种资源的产出最大和效率最高，并不能使整个系统的生产量最大
3. 在瓶颈资源或受限资源上损失一小时，就是在整个系统上损失一小时。相比之下，在非瓶颈资源上节省一小时则是于事无补的，因为这并不能使整个系统提高生产率
4. 库存只有在以下两种情况下是必需的：在瓶颈之前，防止瓶颈资源闲置；在组装处和发运点前，保护客户的进度。应该避免在其他地方产生库存
5. 作业（可以是物料、待处理的信息、文件或顾客）仅在瓶颈需要时才被释放到系统中。瓶颈流量应当与市场需求相等。将所有事情按最慢的资源来安排可以使库存和运营支出最少
6. 激活非瓶颈资源（利用它来提高效率而非提高产出率）不同于利用瓶颈资源（确实提高产出率）。激活非瓶颈资源既不能提高产出率，也不能改善表 7.1 中所列的财务绩效指标
7. 对每一项资本投入，都必须从该项投资对总产出率（T）、库存（I）和运营支出（OE）所产生的全面影响的角度来考虑

4. *提升瓶颈*。用尽第 1 步到第 3 步的调度改进之后，瓶颈仍然是产出率的约束，那么管理层就应该考虑提高瓶颈的能力。例如，如果用尽了调度改进之后，焊接站依然是约束因素，就可以考虑通过增加另一个班次或者另一台焊接机来提高其能力。还有其他一些方法可以用来增加瓶颈能力，稍后我们将讨论这些方法。
5. *别让惰性盛行*。第 3 步和第 4 步中采取的措施可以提高焊接站的产出率，也可能会改变其他流程的负荷。因此，系统约束会发生改变。然后必须重复上述第 1 步到第 4 步，以识别和管理新的约束。

Bal Seal 工程公司为不同行业（如航空航天、汽车、交通运输、医疗以及其他行业）设计并生产密封件和斜圈弹簧。通过应用包括约束理论在内的许多现代管理原则，公司得到了发展并提高了顾客满意度。

由于约束理论具有大幅度提高绩效的潜力，所以许多制造商都应用了这一理论。所有运用 TOC 原则的制造商都使其员工和管理人员的思维方式发生了巨大改变。他们不再只关注自己的职能，而是能够看到"全景"，知道系统中需要改进的其他地方。

瓶颈的识别与管理

瓶颈可以在企业内部，也可以在企业外部，它通常代表具有最小能力的一个流程、一个步骤或一个工作站。**吞吐时间**（throughput time）是指一个工件或一名顾客从开始到结束在一个或多个工作中心所花费的总时间。在一个给定的服务流程或制造流程中，瓶颈所处的位置可以用两种方法识别。当流程中的工作站出现以下情况时就是瓶颈：（1）具有最长的单位加工总时长；（2）具有最高平均利用率或总负荷。

服务流程中的瓶颈管理

例 7.1 说明如何从一家银行的贷款审批流程中识别出瓶颈步骤或瓶颈活动。

例 7.1　在服务流程中识别瓶颈

First Community 银行的管理者试图缩短顾客申请贷款所花的时间——批准贷款申请得到书面文件的时间。这一流程的流程图由几个不同活动组成，每个活动由不同的银行员工完成，如图 7.1 所示。经批准的贷款申请首先到达第 1 个活动或步骤，在这里对申请手续的完整性进行检查并排序。在第 2 步，根据贷款数量以及申请贷款的原因（个人原因还是商业原因）将贷款分为不同的类别。第 3 步开始信用核查；第 4 步与第 3 步可以并行处理，将贷款申请数据输入到信息系统保存。最后，所有建立新贷款账户的书面工作将在第 5 步完成。流程图的括号中给出了每一步骤所需的时间（以分钟为单位）。

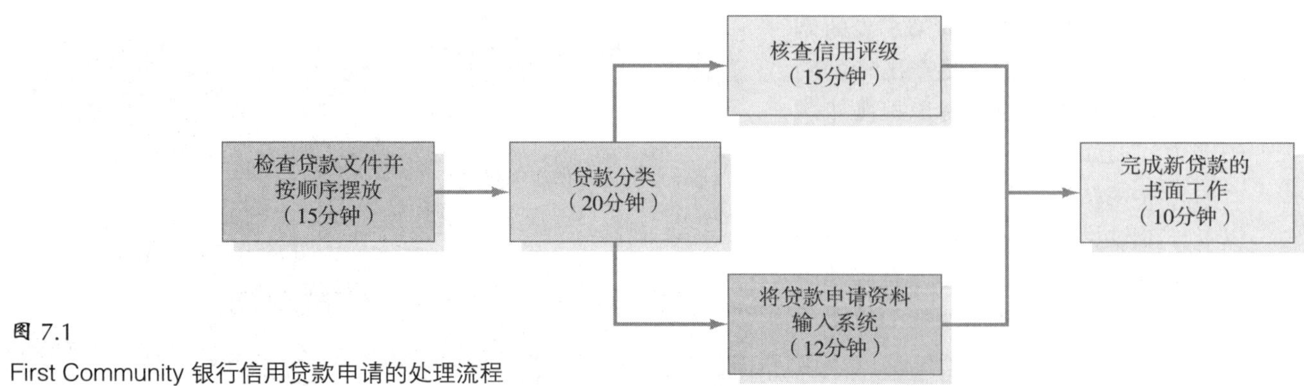

图 7.1
First Community 银行信用贷款申请的处理流程

假定贷款申请的市场需求超过了该流程的能力，那么哪一个步骤是瓶颈？管理层也想知道在一个 5 小时的工作日里，该系统能够处理的贷款审批的最大数量。

解

我们确定第 2 步是瓶颈，这一步骤处理每份贷款的时间最长。完成贷款申请审批的吞吐时间为 15 + 20 + max(15，12) + 10 = **60** 分钟。虽然我们假定在每个步骤都没有等待时间，但实际上并不总是存在这种顺畅的流程。因此完成一项贷款审批实际上花费的时间要大于 60 分钟，这是因为申请到达不一致，实际处理时间会发生变化，以及其他相关因素。

贷款完成能力由瓶颈处的“每顾客的分钟数”换算成“每小时顾客数”而得出。在 First Community 银行，其能力为每小时 3 位顾客，因为瓶颈步骤 2 每 20 分钟（60/3）才能处理一位顾客申请。

决策重点

步骤 2 是瓶颈约束。银行每个小时最多能够完成 3 个贷款账户，或者说在一个 5 小时的工作日中能够完成 15 个新贷款账户。管理层可以通过提高步骤 2 的能力直到其他步骤成为瓶颈，以此来提高贷款申请的流量。

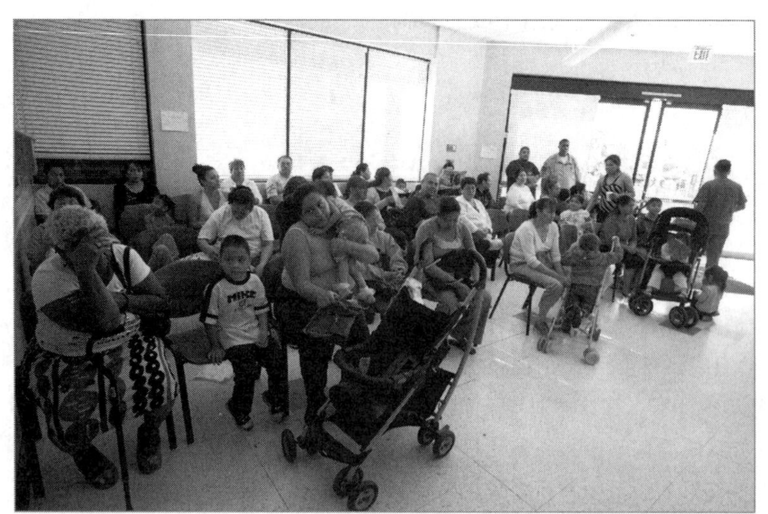
由于像医生、护士及设备这样的受限资源，在加利福尼亚州洛杉矶的中南部家庭健康中心，患者们正在拥挤的候诊室等待诊疗。

一个具有高度顾客接触和多样性的前台办公室流程，并不像例 7.1 一样拥有简单的线性流向。它的各个环节可能会面对许多不同类型的顾客，并且任何一个环节的需求量每天都可能发生很大变化。但仍然可以通过计算每个环节的平均利用率来识别瓶颈。然而，工作负荷的变动也会产生*流动瓶颈*。某一周的工作组合可能使第 1 个环节成为瓶颈，而在下一周则有可能使第 3 个环节成为瓶颈。这种可变性增加了日常调度的复杂性。在这种情况下，管理层宁愿降低利用率，这样可以有较大的松弛度来吸收未曾预料的需求激增。

这里给出的 TOC 原理应用广泛。它既可以用于评估单个流程，也可以用于评估大系统，既可以用于制造商也可以用于服务提供商。像德尔塔航空公司、联合航空公司以及包括美国空军卫生保健系统在内的全美大医院，都使用了 TOC 以获取竞争优势。

制造流程中的瓶颈管理

瓶颈可能存在于所有类型的制造流程，包括作业流程、批量流程、生产线流程和连续流程。由于这些流程在设计、战略意图以及资源配置方面各不相同（要了解更多细节，参见第 3 章“流程策略”），所以瓶颈的识别和管理也随着流程类型的不同而不同。本节首先讨论有关作业流程和批量流程的瓶颈管理问题，在后面的小节中讨论生产线流程的约束管理。

瓶颈的识别　在识别瓶颈时，制造流程常常带来一些复杂性。如果涉及多种服务或产品，工作站通常需要额外设置调整时间，以从一种服务或产品切换到另一种服务或产品，而设置调整又会增加被切换工作站的负荷。设置调整时间及与之相关的成本会影响经过作业流程或批量流程的批量大小。管理层要尽量缩短设置调整时间，因为它代表了工人或机器的非生产时间，因而设置调整时间的缩短可以允许更小更经济的批量。无论设置调整时间是否可以忽略，瓶颈环节都可以通过利用率来识别。例 7.2 说明了当设置调整时间可以忽略时，如何在一个制造环境中识别瓶颈。

例 7.2　在批量流程中识别瓶颈

Diablo 电子公司生产 4 种产品（A、B、C 和 D），这些产品用小批量流程在 5 个不同的工作站（V、W、X、Y 和 Z）进行制造和组装。每个工作站配有一名工人，每天在指定的工作站工作一个班次。批量的设置调整时间缩到很短，以致可以忽略不计。流程图表示每个产品在制造流程中所经过的路径，如图 7.2 所示，图中标明了每种产品的价格、每周的需求量以及每单位加工时间。图中的倒三角形表示每件产品在不同的工作站消耗的外购零件和原材料。Diablo 公司可以生产和销售达到每周需求上限的产品，当不能满足全部需求时不会产生罚款。

在 V、W、X、Y 和 Z 这 5 个工作站中哪一个利用率最高，从而成为 Diablo 电子公司的瓶颈?

解

因为对于每个工作站来说其利用率表达式的分母都是相同的，即流程中每个步骤的每台机器有一名工人，所以我们通过计算每个工作站的累计负荷来简单地确定瓶颈。

公司希望在一周内尽可能多地满足产品需求。每周有 2 400 分钟的可用生产时间。对每个工作站，用给定产品的处理时间乘以每周的需求数量，可以得出该产品的工作负荷。对经过一个工作站的所有产品的负荷求和，得到工作站的总负荷，然后将该工作站的总负荷与其他工作站及现有的 2 400 分钟的能力做比较。

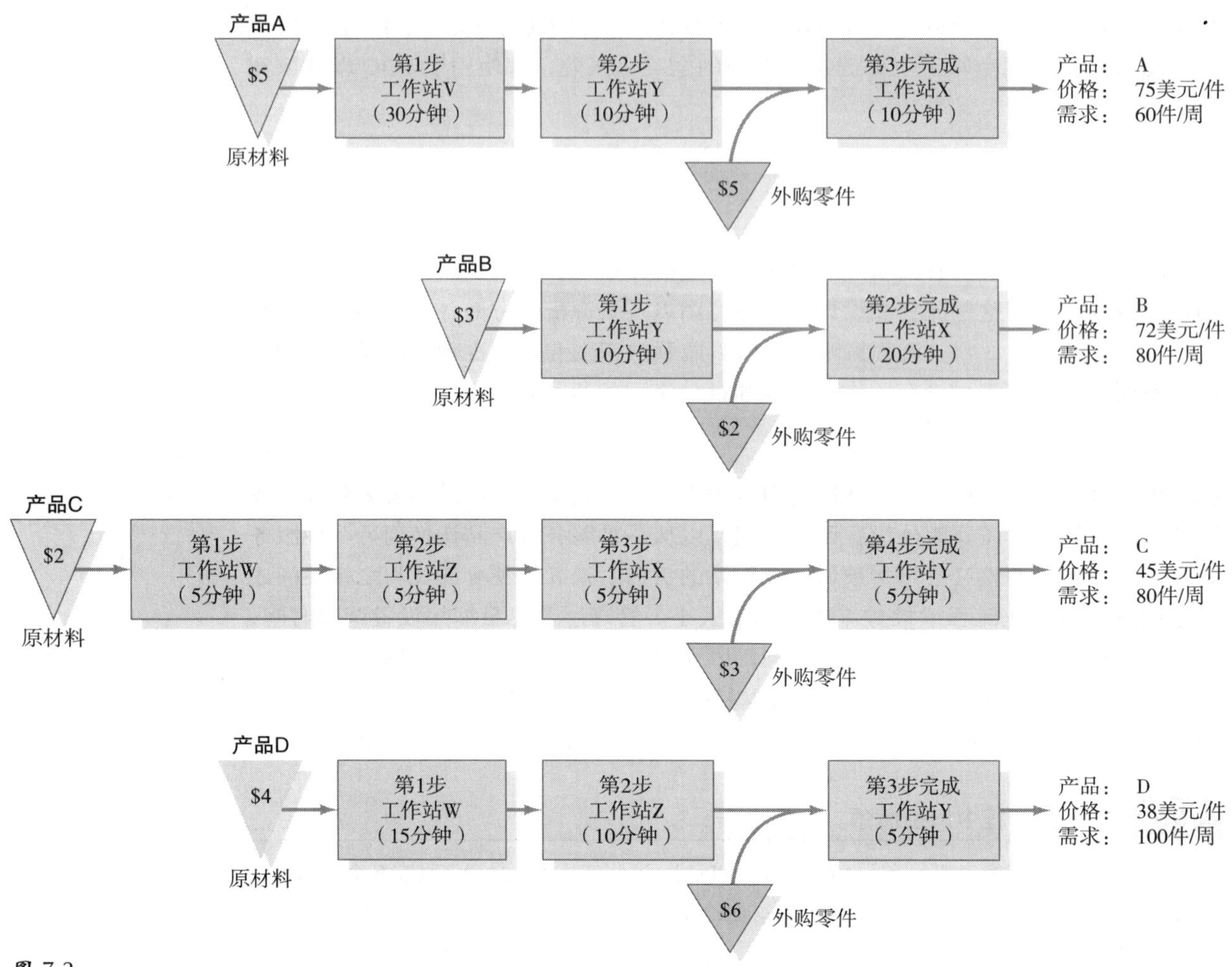

图 7.2

产品 A、B、C 和 D 的流程图

工作站	产品 A 的负荷（分钟）	产品 B 的负荷（分钟）	产品 C 的负荷（分钟）	产品 D 的负荷（分钟）	总负荷（分钟）
V	60 × 30 = 1 800	0	0	0	1 800
W	0	0	80 × 5 = 400	100 × 15 = 1 500	1 900
X	60 × 10 = 600	80 × 20 = 1 600	80 × 5 = 400	0	2 600
Y	60 × 10 = 600	80 × 10 = 800	80 × 5 = 400	100 × 5 = 500	2 300
Z	0	0	80 × 5 = 400	100 × 10 = 1 000	1 400

决策重点

工作站 X 是 Diablo 电子公司的瓶颈，因为 X 处的总负荷大于工作站 V、W、Y 和 Z 的总负荷，且超过了每周 2 400 分钟的最大可用能力。

当设置调整时间较长，并且流程的多样性程度要大于例 7.2 中所示的程度时，识别瓶颈就困难得多。当设置调整时间较长时，单位处理时间最长的环节通常就是瓶颈。工作负荷的可变性很可能再次造成瓶颈浮动，特别是当大多数流程涉及多个环节，且这些环节的能力不一致时更是如此。实际操作中，也可以通过询问工厂中的工人和主管来确定瓶颈位于何处，还可以通过寻找不同的工作站前堆积的物料来识别瓶颈。

瓶颈的消除 保持瓶颈能力的关键是仔细监测短期调度计划，保证瓶颈资源尽可能被充分利用。由于在系统中其他地方延误所导致的瓶颈闲置时间，管理者应该将其最小化，并要保证瓶颈拥有使其保持忙碌状态所需的全部资源。当在瓶颈环节设置调整或切换时，在下一次切换之前处理的产品数或顾客数应该比非关键环节处理的数量更大。在每次设置调整时使处理量最大化，意味着每年的设置调整次数更少，因而用于设置调整的总时间损失就会更小。设置调整的次数也取决于所需的产品种类，品种越多，调整切换的频率就越高。

有多种方法可以扩张瓶颈环节的长期能力。可以对新设备以及实体设施的扩张进行投资。也可通过每周运行更多的小时数来扩张瓶颈的能力，比如雇用更多员工，从单个班次变成多个班次，或者雇用更多的员工使工厂由每周工作 5 天变为工作 6 天或 7 天。管理者还可以通过重新设计流程来消除瓶颈，既可以通过*流程再造*或*流程改进*重新设计流程，还可以通过购买更多机器或是购买具有更大能力的机器重新设计流程。

产品组合决策 管理者生产产品的诱因可能是这些产品会带来最大的边际贡献或者最大的单位销售额。*边际贡献*（contribution margin）指每件产品对利润和间接成本所做的贡献。在做产品组合决策时不考虑固定成本。我们称这种方法为*传统方法*（traditional method）。这种方法的问题在于，企业实际的产出率和总体获利能力更多地取决于瓶颈产生的边际贡献，而不是每件产品的边际贡献。我们称后一种方法为*瓶颈法*（bottleneck method）。例 7.3 说明了这两种方法。

例 7.3 运用边际贡献确定产品组合

Diablo 电子公司（参见例 7.2）的高级管理层希望通过接受恰当的订单组合来提高盈利能力，并为此另外收集了一些财务数据。可变的间接成本是每周 8 500 美元。每个工人按整周工作每小时支付 18 美元的工资，而不论工人实际上有多少时间在工作。因此，劳动力成本是固定支出。工厂每天运行一个 8 小时的班次，即每周 40 小时。目前，公司按传统方法进行决策，即（在需求极限的范围内）尽可能多地接受具有最高边际贡献的产品订单，然后是边际贡献次高的产品订单，以此类推，直到没有更多能力可供使用。新聘任的生产主管 Pedro Rodriguez 懂得约束理论和基于瓶颈的调度方法。他认为如果充分利用瓶颈资源来确定产品组合，确实可以提高盈利能力。如果用 Pedro Rodriguez 主张的瓶颈法而不是 Diablo 电子公司用的传统方法来选择产品组合，利润会发生怎样的变化?

解

决策准则 1：传统方法

根据每件产品总边际贡献最高选择最佳产品组合。

第 1 步： 计算每种产品的单位边际贡献如下表

	A	B	C	D
价格	$75.00	$72.00	$45.00	$38.00
原材料和外购零件	−10.00	−5.00	−5.00	−10.00
= 边际贡献	$65.00	$67.00	$40.00	$28.00

这些产品单位边际贡献从高到低排列的顺序为 B、A、C、D。

第 2 步： 按照第 1 步得出的顺序，将资源 V、W、X、Y 和 Z 依次分配给各产品。满足每种产品的需求直到瓶颈资源（工作站 X）满负荷。在每周的每个阶段，用可利用的 2 400 分钟减去各种资源已分配的分钟数。

工作中心	初始分钟数	生产 80 件产品 B 后的剩余分钟数	生产 60 件产品 A 后的剩余分钟数	仅够生产 40 件产品 C	还够生产 100 件产品 D
V	2 400	2 400	600	600	600
W	2 400	2 400	2 400	2 200	700
X	2 400	800	200	0	0
Y	2 400	1 600	1 000	800	300
Z	2 400	2 400	2 400	2 200	1 200

因此，根据这种传统方法，最佳产品组合是 60 件 A、80 件 B、40 件 C 和 100 件 D。

第 3 步： 计算所选择的产品组合的利润。

利润		
收入	(60 × \$75) + (80 × \$72) + (40 × \$45) + (100 × \$38)	= \$15 860
原材料	(60 × \$10) + (80 × \$5) + (40 × \$5) + (100 × \$10)	= −\$2 200
劳动力	5 名工人 × 8 小时 / 天 × 5 天 / 周 × 18 美元 / 小时	= −\$3 600
间接成本		= −\$8 500
利润		= \$1 560

每周生产产品组合 60 件 A、80 件 B、40 件 C 和 100 件 D 将产生 1 560 美元的利润。

决策准则 2：瓶颈法

在瓶颈工作站 X 根据每分钟加工时间的边际贡献选择最佳产品组合。这一方法将利用约束理论的原则，从瓶颈中得到最大货币收益。

第 1 步： 计算瓶颈工作站 X 每分钟加工时间的边际贡献。

	产品 A	产品 B	产品 C	产品 D
边际贡献	$65.00	$67.00	$40.00	$28.00
瓶颈时间	10 分钟	20 分钟	5 分钟	0 分钟
每分钟边际贡献	$6.50	$3.35	$8.00	未定义

当对瓶颈处的每分钟边际贡献从高到低排列时，这些产品的生产顺序是 D、C、A、B，这正好和前面第 1 种决策准则下的顺序相反。产品 D 被第 1 个安排，是因为它不消耗任何瓶颈资源。

第 2 步： 按照第 1 步得出的顺序，将资源 V、W、X、Y 和 Z 依次分配给各产品。满足每种产品的需求直到瓶颈资源（工作站 X）满负荷。在每周的每个阶段，用可利用的 2 400 分钟减去各种资源已分配的分钟数。

工作中心	初始分钟数	生产 100 件产品 D 后的剩余分钟数	生产 80 件产品 C 后的剩余分钟数	生产 60 件产品 A 后的剩余分钟数	仅够生产 70 件产品 B
V	2 400	2 400	2 400	600	600
W	2 400	900	500	500	500
X	2 400	2 400	2 000	1 400	0
Y	2 400	1 900	1 500	900	200
Z	2 400	1 400	1 000	1 000	1 000

因此，根据这种基于瓶颈的方法，最佳产品组合是 60 件 A、70 件 B、80 件 C 和 100 件 D。

第 3 步： 计算所选择产品组合的利润。

利润		
收入	(60 × \$75) + (70 × \$72) + (80 × \$45) + (100 × \$38)	= \$16 940
原材料	(60 × \$10) + (70 × \$5) + (80 × \$5) + (100 × \$10)	= –\$2 350
劳动力	5 名工人 × 8 小时 / 天 × 5 天 / 周 × 18 美元 / 小时	= –\$3 600
间接成本		= –\$8 500
利润		= \$2 490

每周生产产品组合 60 件 A、70 件 B、80 件 C 和 100 件 D 将产生 2 490 美元的利润。

决策重点

在接受顾客订单和确定产品组合时通过关注瓶颈资源，选择产品进行生产的顺序从 **B**、**A**、**C**、**D** 变为 **D**、**C**、**A**、**B**。结果产品组合从 60 件 A、80 件 B、40 件 C 和 100 件 D 变成了 60 件 A、70 件 B、80 件 C 和 100 件 D。使用瓶颈法增加的利润为 930 美元（2 490 美元 – 1 560 美元），几乎比传统方法高出了 60%。

也可以用线性规划（参见补充资料 D）的方法求出例 7.3 的最佳产品组合。但是必须注意例 7.3 中的问题不涉及大量的设置调整时间。否则，不仅在识别瓶颈时要考虑这些设置调整时间，在确定产品组合时也要考虑。在本章最后的实验练习中，Min-Yo 服装公司就是在不能忽略设置调整时间的情况下如何确定产品组合的一个有趣例子。为了更好地确定出对企业最有利的产品组合，可以应用约束理论背后的基本原则。

鼓 – 缓冲 – 绳系统　**鼓 – 缓冲 – 绳法**（drum-buffer-rope, DBR）是一种基于约束理论的计划和控制机制，在制造企业中经常用于计划和调度生产。它通过调节瓶颈处或

者是能力受限资源（CCR）处的在制品物料流来工作。对瓶颈的调度计划是“鼓”，因为它设定了鼓点的节奏，即整个工厂的生产率，并与市场需求相联系。所谓的“缓冲”是一个时间缓冲器，使所需物料比计划提前一段时间到达瓶颈，以防受到需求波动的影响。缓冲器还可以保证在瓶颈处绝不会出现闲置。也可以在发货点前面设置一个成品库存缓冲器，用以预防客户发货计划的波动。最后，“绳子”代表将物料的释放与鼓点的节奏联系起来，鼓点的节奏就是瓶颈的产出率，它控制着整个工厂的吞吐率。因此，绳子是一个通信设备，保证原材料不会以高于瓶颈能够处理的速度进入系统。循环结束后，缓冲管理会不断监控即将到来的瓶颈工作的执行情况。同时利用鼓、缓冲器和绳子，可以帮助管理者制订生产调度计划，在提高吞吐率并保证准时交付的同时，还可以缩短提前期并降低库存。

为了更好地理解鼓 – 缓冲 – 绳机制，可以参考图 7.3 中的示意图。能力仅为每周 500 件的流程 B 是瓶颈，因为其上游流程 A 和下游流程 C 分别具有每周 800 件和每周 700 件的能力，而市场需求是平均每周 650 件。在本例中，由于流程 B 的能力小于市场需求，因此它是瓶颈。将约束时间缓冲器（其形式是物料早于需要的时间到达）设置在瓶颈（流程 B）的正前方。也可以在发货计划前设置发货缓冲器（其形式是产成品库存），以保护确定的客户订单。最后，绳子使物料的释放进度与瓶颈处的生产进度或鼓点节奏紧密联系，相互匹配。瓶颈前的物料流被鼓点的节奏拉向瓶颈，同时再向下游推向瓶颈之后的客户。

通过更好地利用瓶颈资源，以及时间缓冲器和其他地方的保护性缓冲能力来防止瓶颈资源受到干扰，DBR 系统可专门用于提高吞吐率。因此 DBR 系统中的加工批量就是使瓶颈的设置调整时间最少并能提高其利用率的数量，而对于其他非约束资源来说，其加工批量则等于当时需要生产的量。因此，在释放点物料以小批量（称之为转移批量）释放，这些小批量在约束缓冲器汇合，形成瓶颈处的整个加工批量。转移批量可以小到每批 1 件，这样可以使下游的工作站在上一个流程全部完成一个批次之前，就开始加工该批次。利用转移批量通常有助于缩短总的提前期。

当企业生产的产品相对简单，并且生产流程有较多的线性流向时，使用 DBR 系统是很有效的。在这种情况下，计划工作可以大大简化，主要是围绕约束资源制订进度计划，并令其他环节满足瓶颈的进度要求。有效地实施 DBR 系统要求对 TOC 原则有较深的理解。但是，这种系统可用于许多不同类型的制造型组织和服务型组织，既可以单独使用，也可以和其他计划与控制系统结合起来使用。管理实践 7.1 说明如何运用 DBR 系统改善位于佐治亚州奥尔巴尼市的海军陆战队维修中心（Marine

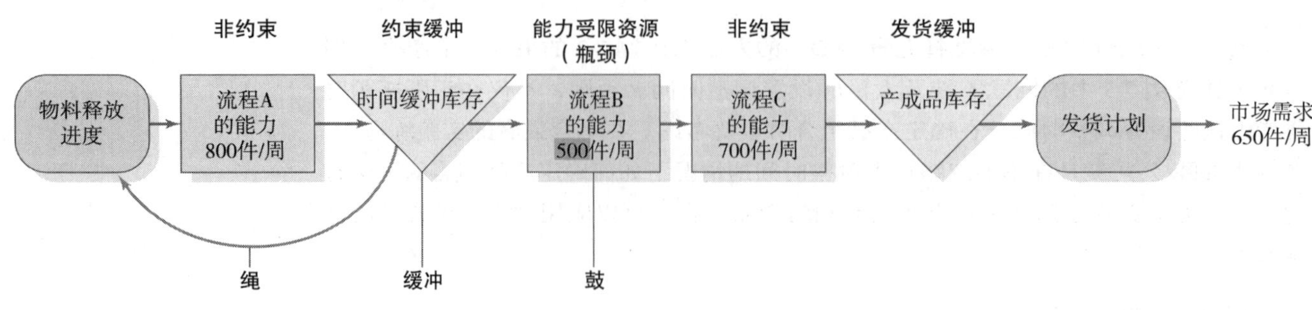

图 7.3
鼓 – 缓冲 – 绳系统

管理实践 7.1 美国海军陆战队维修中心的鼓 – 缓冲 – 绳系统

位于佐治亚州奥尔巴尼市的海军陆战队维修中心对海军陆战队使用的车辆进行检查和修理，比如油罐车、卡车、掘土设备、两栖作战车辆和轻型装甲车。检查流程从对每辆车的拆卸开始，来确定需要完成的工作量和工作性质。即使对同一型号的车辆，修理工作的类型和时间也会大不相同。面对这样的不确定性，直到 4 年前，该维修中心都一直在为准时完成设备修理而努力，那时待修理车辆的订单积压得越来越多。例如，该中心每个月只能修理 5 辆 MK-48s，而在当时需要修理的该型号车辆是修理能力的两倍，即每月 10 辆。海军陆战队的许多单位扬言，要将他们的修理订单转交给私营的修理公司。

该中心用 TOC 原则识别修理车间的瓶颈。但是，在经过对维修中心的运营进行深入研究之后，结果却出乎每个人的意料，发现中心的可用能力足够大，每个月检查和维修 10 辆 MK-48s 还绰绰有余。问题并不是生产能力，而是中心的调度机制。在不考虑车间资源状况的情况下，产品被推送到车间。因此，当时维修中心所面临的是与调度流程有关的政策约束，而不是实际的物理资源约束。

为了改进修理中心的绩效，管理者实施了如图 7.3 所示的简化的鼓 – 缓冲 – 绳系统。由于海军陆战队维修中心不再受到任何内部资源的约束，所以这个简化系统中的鼓以确定的订单为基础。当订单到达时，进行快速检查，以测量中心最小能力的资源正在处理的总负荷。如果该资源的负荷不是过重，则接受该订单并交给车间处理。绳子将发货进度直接与物料释放进度，而不是瓶颈的进度联系在一起，保留的唯一缓冲器是发货缓冲器。这样一个简化的 DBR 系统不需要任何专业软件。它只是简单地关注市场的修理需求。

在美国佐治亚州奥尔巴尼市的海军陆战队维修中心，修理攻击性车辆的时间会有很大不同。该中心一直在努力使修理速度能满足需求，直到管理者实施了简化形式的鼓 – 缓冲 – 绳系统。那么结果如何呢？修理的平均时间从 167 天缩短到了 58 天。

维修中心改革后的成果令人印象深刻。修理的周期时间从平均 167 天缩短为 58 天，在制品水平从需求量的 550% 降低到 140%，而且由于吞吐率的提高，产品修理成本下降了 25% 到 30%。中心修理 MK-48s 的能力也更具有柔性。事实上，该中心现在每月可以修理多达 23 辆 MK-48s。在实施了 TOC 原则的生产线上，该中心的准时交付率达到了 99%，修理成本下降了 25%。进行这些简单的改进之后，奥尔巴尼的维修中心成为了世界级的检查和修理机构。

资料来源：Mandyam Srinivasan, Darren Jones, and Alex Miller, "Applying Theory of Constraints Principles and Lean Thinking at the Marine Corps Maintenance Center," *Defense Acquisition Review Journal*, August–November 2004; M. Srinivasan, Darren Jones, and Alex Miller, "Corps Capabilities," APICS Magazine (March 2005), pp. 46–50.

Corps Maintenance Center）的绩效。

生产线流程的约束管理

如第 3 章“流程策略”中说明的，由生产线流程生产的产品包括计算机、汽车、家用电器及玩具的组装。这些组装线也可以存在于提供服务的流程。例如，按照固定的顺序步骤制作标准汉堡与运行一条装配生产线十分相似。生产线流程的产品组合或需求量不像作业流程或批量流程那样可以迅速改变，当生产线上组装的最终产品发生变化或生产线的总产出率改变时，工作负荷可以在工作中心之间转移。由于这类活动造成的约束，可以通过生产线上不同工作站之间工作负荷的平衡来管理，下面将对这一问题进行更详细地阐述。

生产线平衡

生产线平衡（line balancing）就是分配生产线流程上各个工作站的工作，目的是用最少的工作站数量达到期望的产出率。通常，一个工作站分配一名工人。因此，用最少的工人按照期望的速度生产的生产线，就是最有效率的生产线。这一目的实现更像约束理论，因为两种方法都考虑瓶颈。生产线平衡与约束理论的不同之处在于对瓶颈的处理方式。生产线平衡并没有采用下列两种方法：（1）在接受新客户订单时考虑瓶颈能力的最佳利用；（2）安排进度以保护瓶颈资源，而是采取了第三种方法，即建立工作站使各工作站的负荷尽可能均衡。该方法力图建立工作站，目的是使瓶颈能力的利用率不高于生产线上其他工作站。生产线平衡与约束理论的另一个区别是：生产线平衡只适用于进行组装的生产线流程，或者适用于以多种方式捆绑处理的工作，这些工作形成了生产线中每个工作站的作业。工作捆绑的情况在制造流程和服务流程中都可以找到。

当一条生产线最初建设时，当重新平衡生产线以改变它每小时的产出率，或者当产品或流程变化时，都必须进行生产线的平衡。其目的是使每个工作站都有均衡的工作负荷（例如，在有不同食物台的自助餐厅，每个顾客在每个食物台大约花 3 分钟的时间）。

分析人员首先将工作分解为**作业元素**（work elements），即能够独立完成的最小作业单位。然后分析人员获取每个作业元素的时间标准，并识别出称为紧前作业的作业元素。所谓**紧前作业**（immediate predecessors）就是在下一作业元素开始之前必须完成的作业。

前导图　大多数生产线都必须满足一些技术前提，也就是说，某些作业元素必须在下一作业开始前完成。不过，大多数生产线还允许留有一定的余地和多种操作顺序。为了帮助你更好地理解紧前作业，先看一下**前导图**（precedence diagram）[2] 的构建。用圆圈表示作业元素，在每个圆圈的下方标明完成这一作业所需要的时间。从紧前作业引出的箭头指向下一个作业。例 7.4 说明了制造流程的前导图构建过程，但服务行业的后台办公室线性流向流程也可以用类似的方法。

例 7.4　前导图的构建

草坪和园艺设备制造商 Green Grass 有限公司正在设计一条新型施肥机（称为 Big Broadcaster）的装配线。使用以下生产流程的信息来构建 Big Broadcaster 的前导图。

2　在第 2 章中涉及项目管理的完全不同的环境下，前导关系和前导图也很重要。

作业元素	描述	时间（秒）	紧前作业
A	用螺钉将支架与贮水箱连在一起	40	无
B	插入叶轮轴	30	A
C	安装轮轴	50	A
D	安装搅拌器	40	B
E	安装驱动轮	6	B
F	安装自由轮	25	C
G	固定底部支架	15	C
H	安装控制器	20	D, E
I	贴铭牌	18	F, G
		合计 244	

解

图 7.4 显示了完整的前导图。我们从没有紧前作业的作业元素 A 开始。接着，加上作业元素 B 和 C，对这两个元素来说，A 是它们唯一的紧前作业。标出时间标准并且用箭头指明方向后，再加上作业元素 D 和 E，以此类推。该图简化了解释过程。例如，只要完成了作业元素 C 就可以在生产线上的任何地方完成作业 F。然而，作业元素 I 则必须等到作业元素 F 和 G 都完成后才能进行。

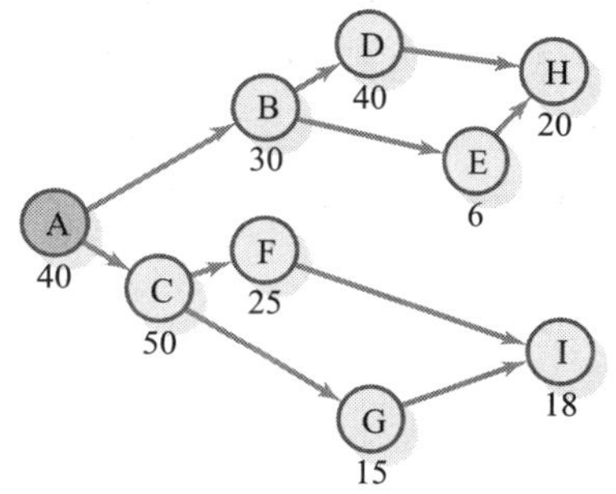

图 7.4
组装 Big Broadcaster 的前导图

决策重点

现在管理层已经拥有足够的信息来做线性流向设计，将作业元素分组形成工作站，目的是平衡工作站的负荷，并使流程所需的工作站数量最少。

期望产出率 平衡生产线的目的在于使产出率与员工配置或生产计划相匹配。例如，如果计划要求一周生产 4 800 件产品或为 4 800 名顾客服务，并且生产线每周运转 80 个小时，则理想的期望产出率就是每小时生产 60 件产品或服务 60 名顾客（4 800/80）。使产出与计划匹配可以保证准时交付，并防止出现不必要的库存，或者造成顾客服务的延误。但是，管理者应该避免频繁地平衡生产线。因为每一次重新平衡生产线，就要重新设计生产线上许多员工的工作，这会暂时降低生产率，甚至某些工作站有时需要新的详细布局。

生产节拍 在确定了一条生产线期望的产出率之后，分析人员就可以计算出这条生产线的节拍。生产线的**节拍**（cycle time）指的是每单位作业在每一工作站所允许的最大时间。[3] 如果一个工作站的作业元素所需要的时间超过了生产线的节拍，那么这个工作站就会成为瓶颈，它会妨碍该生产线达到期望的产出率。目标生产节拍就是每小时期望产出率的倒数：

3 当用于平衡生产线以外的地方时，"cycle time"这一术语具有不同的含意（称为"生产周期"），指作业开始和结束之间所花的时间。有些研究者和实践者更喜欢用 lead time（提前期）这一术语。

$$c = \frac{1}{r}$$

式中

c = 以小时计算的每单位生产节拍

r = 以小时为单位计算的期望产出率

例如，如果生产线的期望产出率为每小时 60 件，那么单位产品的生产节拍就是 c = 1/60 小时，或者说 1 分钟。

理论最小值 为了达到期望产出率，管理者利用生产线平衡将每个作业元素分配给工作站，确保满足所有前导条件并使所形成的工作站数目 n 最小。如果每个工作站都是由不同的工人操作，那么使 n 最小也就会使工人的生产率最大。当每个工作站的各作业元素生产时间之和与生产节拍 c 相等时，就达到了理想的平衡，这时所有工作站都不会有任何空闲时间。例如，如果每个工作站的各作业元素生产时间之和为 1 分钟，生产节拍也是 1 分钟，那么生产线就达到了理想的平衡。虽然由于作业元素时间的不均衡性和前导要求的刚性，在实践中理想的平衡通常是很难达到的，但它建立了可能达到的工作站最小数目的基准或目标。工作站数目的**理论最小值**（theoretical minimum，TM）为：

$$\text{TM} = \frac{\Sigma t}{c}$$

式中

Σt = 装配每个单位产品需要的总时间（所有作业元素标准时间的总和）

c = 生产节拍

例如，如果作业元素的时间总和为 15 分钟，生产节拍为 1 分钟，则 TM=15/1，即 15 个工作站。所得到的理论最小值的任何小数部分都要向上取整，因为不可能有零点几个工作站。

空闲时间、效率和平衡延迟 n 的最小化自动保证了：(1) 空闲时间最少；(2) 效率最高；(3) 平衡延迟最小。空闲时间就是在装配单位产品过程中所有工作站的非生产性时间总和：

$$\text{空闲时间} = nc - \Sigma t$$

式中

n = 工作站个数

c = 生产节拍

Σt = 组装每个单位产品所需的总标准时间

效率就是生产性时间与总时间的比率，用百分数表示：

$$\text{效率}(\%) = \frac{\Sigma t}{nc} \times 100$$

平衡延迟（balance delay）就是效率低于 100% 的数值：

$$\text{平衡延迟}(\%) = 100 - \text{效率}$$

图中是 Mlada Boleslav（捷克的一个城市）的斯柯达汽车装配线。自 1991 年，斯柯达公司成为德国大众集团公司的子公司已有 20 多年了。

只要 c 是固定的，就可以通过 n 的最小化使上述所有 3 个目标达到最优。

例 7.5　计算生产节拍、理论最小值和效率

Green Grass 公司的车间管理者刚刚接到下一年度营销部门关于 Big Broadcaster 销售的最新预测。她希望将生产线设计成至少在接下来的三个月里每周能生产 2 400 台施肥机。车间每周运转 40 个小时。

a. 生产线的节拍是多少？
b. 按照这个生产节拍，她希望设计的生产线的最小工作站数量是多少？
c. 假设她找到了一个仅需要 5 个工作站的方案。那么这条生产线的效率是多少？

解

a. 首先，将期望的产出率（每周 2 400 单位）转化为以小时为单位的产出率：用每周的产出率除以每周 40 小时得到 $r = 60$ 单位/小时。然后，解得生产节拍为：

$$c = 1/r = 1/60（小时/单位）= 1 分钟/单位 = 60 秒/单位$$

b. 现在来计算工作站数目的理论最小值：用总时间 Σt 除以生产节拍 $c = 60$ 秒。假定是理想平衡，那么

$$\text{TM} = \frac{\Sigma t}{c} = \frac{244\ 秒}{60\ 秒} = 4.067\ 或\ 5\ 个工作站$$

c. 现在计算 5 个工作站方案的效率，假定目前可以找到这一方案：

$$效率(\%) = \frac{\Sigma t}{nc} \times 100 = \frac{244\ 秒}{5 \times 60\ 秒} \times 100 = 81.3\%$$

决策重点

如果管理者找到了满足所有前导约束条件的包含5个工作站的方案，那么该解就是最优解，它具有最少的工作站数量。然而，这时的效率（有时称作理论上的最大效率）只有81.3%。也许这条生产线应该每周运转低于40小时（从而调整生产节拍），而且当生产线停止运转时，员工可以转做其他工作。

找出一个解决方案 通常，即使像Green Grass公司这样简单的问题，也可能存在多个装配线方案。其目的是将作业元素聚集到工作站，这样（1）所需要的工作站数量最少；（2）不违反前导条件和生产节拍要求。思路是根据前导条件将作业元素分配给工作站，以使工作站的工作内容等于（或接近但小于）生产线的节拍。用这种方法可以使工作站的数量最少。

这里我们用试错法求解，但也可以利用商业软件包求解。大多数这类软件包在选择将哪个作业元素分配给将要生成的下一个工作站时，采用不同的决策准则。表7.3描述了POM for Windows中使用的决策准则。对得出的解进行检验以做出改进，因为不能保证所得的解是最优的，甚至不能保证所得的解是可行的。某些作业元素不能分配给同一个工作站，可以做一些改变来减少工作站的数量，或者转移某些作业元素会使工作站之间得到更好的平衡。

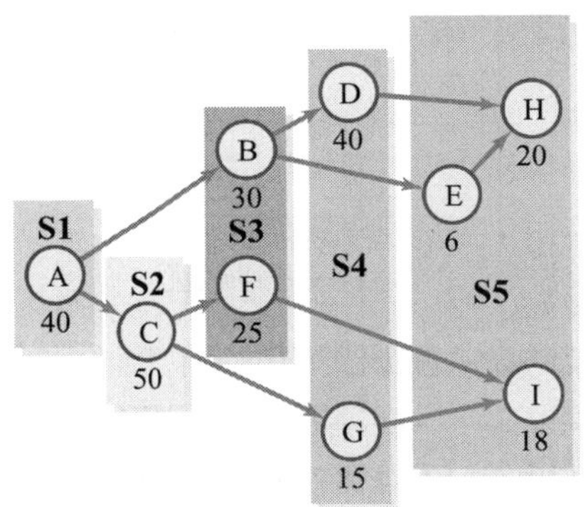

图 7.5
Big Broadcaster 前导图的解

图7.5表示正好生成5个工作站的解。我们知道，5个工作站是可能的最小数量，因为例7.5求出的理论最小值就是5。所有前导条件

表 7.3 将下一个作业元素分配给将要生成的工作站时采用的启发式决策准则

一次生成一个工作站。对于正在生成的工作站，识别出具备指派资格但尚未被指派的作业元素：具备以下条件的作业元素可以作为候选对象

1. 所有的前导活动都已指派给本工作站，或已经生成的工作站

2. 将该作业元素加到正在生成的工作站，不会使该工作站的工作负荷超过生产节拍

决策准则	理由
耗时最长的作业元素	选择耗时最长的候选对象是为了首先适应最难的作业元素，留下时间短的作业元素来“填充”工作站
耗时最短的作业元素	这一准则与耗时最长的作业元素准则正好相反，因为它在工作站的指派中优先考虑较快的作业元素。可以尝试这个准则，因为没有一个准则能够保证得到最优解。它可以提供另一种解决方案供计划人员考虑
后续作业元素最多	在为将要生成的工作站指派下一个作业元素时，（由于前导条件要求）选择具有最多后续作业的元素。在图7.4中，元素C有3个后续作业（F、G和I），而元素D只有一个后续作业（H）。这一准则追求保持灵活性，以便在生成生产线末端最后几个工作站时还保留好的选择
后续作业元素最少	选择具有最少后续作业的元素，其准则正好与最多后续作业元素的相反

和生产节拍要求也都得到了满足。因此，对于这一问题该解就是最优的。每个工作站的每名工人都必须按照适当的顺序完成作业元素。例如，工作站 S5 有一名工人，他完成来自装配线上每件产品的作业元素 E、H 和 I。每件产品的加工时间为 44 秒（6+20+18），没有超过生产节拍的时间 60 秒（参见例 5）。而且，这三个作业的紧前作业元素分别分配给了本工作站或上游工作站，因此满足了它们的前导条件。工作站 S5 的工人可以在任何时候组装元素 I，但是只有完成了元素 E 后才能开始元素 H。

管理上需要考虑的因素

除了平衡给定生产节拍的生产线以外，管理者还必须考虑其他四个方面的因素：（1）行进节奏；（2）行为因素；（3）生产的型号数；（4）不同的生产节拍。

行进节奏　产品随着生产节拍的推移，从一个工作站向下一个工作站的转移叫作**行进节奏**（pacing）。有节奏的制造流程使物料搬运自动化，且需要较少的存储空间。然而，它在处理意外延迟上缺乏柔性。意外延迟要么要求降低整个生产线的速度，要么将未完成的作业撤离生产线，等过后再来完成。

行为因素　线性流向布局中最矛盾的一面就是行为反应。研究表明，安装生产线会增加旷工、离职和员工不满。有节奏的生产和高度专业化（比如小于 2 分钟的生产节拍）会降低工作满意度。一般情况下工人喜欢将库存缓冲作为避免机械行进节奏的一种手段。有研究甚至指出，在无行进节奏的生产线上生产率会提高。

生产的型号数　生产属于同一类别的几种产品的生产线被称为**混合型号生产线**（mixed-model line）。相比之下，单一型号的生产线生产同一型号的产品。混合型号生产使工厂可以同时实现大批量生产和多品种生产。然而，它使生产进度计划更加复杂，并且增加了对在每个工作站生产特定部件做好沟通的必要性。

生产节拍　一条生产线的生产节拍依赖于期望的产出率（或者有时取决于允许的最大工作站数量）。反过来，生产线的最大效率随着选择的生产节拍的不同而大幅变化。因此，对各种生产节拍进行研究是有意义的。即使生产节拍与期望产出率不匹配，管理者也可能采用特别高效的解决方案。管理者可以通过加班、延长每个班次的工作时间或者增加班次改变生产线运转的小时数，弥补这种不匹配，甚至还可以采用多条生产线。

学习目标回顾

1. **解释约束理论**。在制造型组织和服务型组织中，约束或瓶颈以内部资源或市场需求的形式存在，反过来约束或瓶颈又在决定系统绩效方面起重要作用。参见“约束理论”（TOC）一节，复习本章开头 BP 公司应用 TOC 清理石油泄漏的案例。
2. **理解能力约束与财务绩效指标之间的联系**。复习并理解表 7.1。
3. **识别瓶颈**。TOC 为如何识别与管理约束提供了指导。“瓶颈的识别与管理”一节说明了如何识别服务型企业和制造型企业中的瓶颈。
4. **应用约束理论做产品组合决策**。复习例 7.3，了解如何运用基于瓶颈的方法进行资源分配，并确定产生最大利润的产品组合。
5. **描述如何管理组装生产线的约束**。在制造型组织和服务型组织中，作为生产线流程管理中的一种特殊形式的约束，装配线平衡也是一种有效机制。它可以将产出与计划进行匹配，并且更高效地运行这些流程。“生产线流程中的约束管理”一节说明了如何平衡装配线并生成工作站。如果要了解生产线平衡原则的应用情况，请复习问题求解 2。

关键公式

1. 生产节拍：$c = \frac{1}{r}$
2. 工作站数量的理论最小值：$\text{TM} = \frac{\Sigma t}{c}$
3. 空闲时间：$nc - \Sigma t$
4. 效率（%）：$\frac{\Sigma t}{nc} \times 100$
5. 平衡延迟（%）：100 – 效率

关键术语

约束
瓶颈
约束理论（TOC）
吞吐时间
鼓 – 缓冲 – 绳法（DBR）
生产线平衡
作业元素
紧前作业
前导图
节拍
理论最小值（TM）
平衡延迟
行进节奏
混合型号生产线

问题求解 1

Bill 的洗车店提供两种洗车选择：标准洗车和高级洗车。两种类型顾客的处理流程示于下图中。两种洗车类型都首先通过步骤 A1 和步骤 A2 处理。然后标准洗车经过步骤 A3 和 A4，而高级洗车则经过步骤 A5、A6 和 A7 处理。两种洗车都在干燥工位（A8）结束。括号中的数字指出该活动服务一名顾客所用的分钟数。

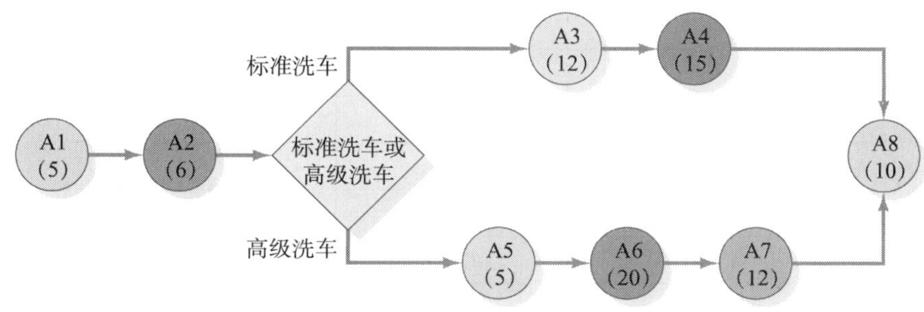

a. 标准洗车流程中的哪一个步骤是瓶颈？高级洗车流程的瓶颈是什么？
b. Bill 洗车店标准洗车和高级洗车流程的处理能力是多少（以每小时服务的顾客数计量）？假定步骤 A1、A2 或 A8 没有等待的顾客。
c. 如果有 60% 的标准洗车顾客和 40% 的高级洗车顾客，以每小时服务顾客数计量的平均能力是多少？
d. 假定新顾客总是会进店，且店中没有高级洗车顾客，你预计标准洗车顾客会在什么地方形成等待队列？假定店中没有标准洗车顾客，高级洗车顾客会在什么地方形成等待队列？

解

a. 标准洗车流程中的瓶颈是步骤 A4，高级洗车流程中的瓶颈是步骤 A6，因为这些步骤在车辆的移动中所花时间最长。
b. 标准洗车流程的能力是每小时 4 名顾客，因为瓶颈步骤 A4 每 15 分钟处理一名顾客（60/15）。高级洗车流程的能力是每小时 3 名顾客（60/20）。通过将每个瓶颈活动的“每名顾客的分钟数”换算成“每小时顾客数”，推导出这些能力。
c. 洗车的平均能力是每小时（0.6×4）+（0.4×3）= 3.6 名顾客。
d. 标准洗车的顾客会在步骤 A1、A2、A3 和 A4 之前等候，因为它们的紧前活动的产出率要高一些（即处理时间较短）。由于同样的原因，高级洗车的顾客会在步骤 A1、A2 和 A6 之前等候。两种类型的洗车都包含 A1，因为顾客的到达率总是会超过 A1 的能力。

问题求解 2

公司正在组建一条装配线，每个 8 小时的班次生产 192 个单位的产品。下表给出了作业元素、时间和紧前作业。

作业元素	时间（秒）	紧前作业
A	40	无
B	80	A
C	30	D, E, F
D	25	B
E	20	B
F	15	B
G	120	A
H	145	G
I	130	H
J	115	C, I
	合计 720	

a. 期望的生产节拍是多少（以秒为单位）？

b. 工作站数目的理论最小值是多少？

c. 用试错法求出一个解，并在前导图上表示这个解。

d. 所求出的解的效率和平衡延迟是多少？

解

a. 将所给条件代入生产节拍公式，得到

$$c=\frac{1}{r}=\frac{8\text{ 小时}}{192\text{ 单位}}（3\,600\text{ 秒 / 小时}）=150\text{ 秒 / 单位}$$

b. 因为作业元素时间的和为 720 秒，所以

$$\text{TM}=\frac{\Sigma t}{c}=\frac{720\text{ 秒 / 单位}}{150\text{ 秒 / 单位 – 工作站}}=4.8\text{ 或 5 个工作站}$$

这可能是无法实现的。

c. 前导图如图 7.6 所示。下表中的每一行显示出分配给建议解的 5 个工作站中每一个工作站的作业元素。

d. 计算效率，得到

$$\text{效率}=\frac{\Sigma t}{nc}\times 100=\frac{720\text{ 秒 / 单位}}{5\times 150\text{ 秒 / 单位}}\times 100=96\%$$

因此，平衡延迟只有 4%（100 – 96）。

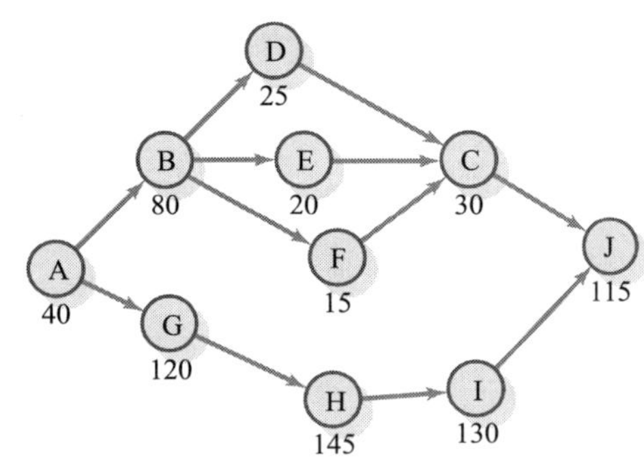

图 7.6
前导图

工作站	候选作业	选择	作业元素时间（秒）	累计时间（秒）	空闲时间（c=150 秒）
S1	A	A	40	40	110
	B	B	80	120	30
	D, E, F	D	25	145	5
S2	E, F, G	G	120	120	30
	E, F	E	20	140	10
S3	F, H	H	145	145	5
S4	F, I	I	130	130	20
	F	F	15	145	5
S5	C	C	30	30	120
	J	J	115	145	5

讨论题

1. 选一个你在日常生活中遇到的流程，如午餐厅或者从你家到学校 / 工作单位的行程，识别出该流程中限制吞吐率的瓶颈。
2. 利用讨论题 1 中相同的流程，识别出导致改变瓶颈或从现有瓶颈处转移的条件。
3. 如何进一步提高重新设计的流程效率？

练习题

1. Bill 的理发店有两位理发师为顾客理发。两位理发师的经验和技能大致相同，但其中一人比另一人稍微慢一点。图 7.7 所示流程的流向说明，所有顾客都要经过步骤 B1 和 B2，然后在步骤 B3 由两位理发师中的一位提供服务。对所有顾客的服务流程都在步骤 B4 结束。括号中的数字指出服务一名顾客所用的分钟数。
   a．平均每名顾客要花多长时间完成这一流程？
   b．整个流程中哪个活动是瓶颈？
   c．这一流程每小时可以为多少名顾客服务？
2. 图 7.8 详细描述了进入 Barbara 时装店定制服装的两类顾客的流程流向。在步骤 T1 之后，A 类顾客进入步骤 T2，然后到 T3 的 3 个工作站中的任何一个，接着再到步骤 T4 和 T7。在步骤 T1 之后，B 类顾客进入步骤 T5，然后再到步骤 T6 和 T7。括号中的数字表示服务

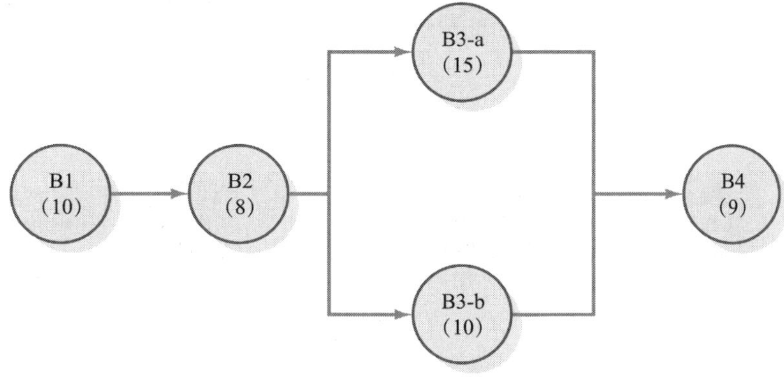

图 7.7
Bill 理发店流程的流向

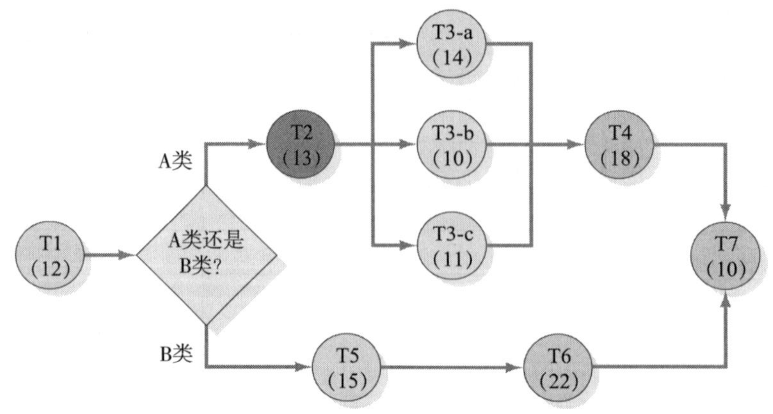

图 7.8

Barbara 时装店顾客的流程流向

一名顾客所用的分钟数。

a. 根据 1 小时内接受完服务的 A 类顾客数量，Barbara 时装店的能力是多少？假定在 T1 和 T7 步骤没有顾客等候。

b. 如果 30% 是 A 类顾客，70% 是 B 类顾客，Barbara 时装店以每小时服务顾客数计量的平均能力是多少？

c. 假定到达率大于每小时 5 名顾客，假定店中没有 B 类顾客，你预计 A 类顾客何时会形成等待队列？假定店中没有 A 类顾客，B 类顾客会在什么地方形成等待队列？

3. Canine Kernels 公司（CKC）生产两种不同类型的狗的磨牙玩具（A 和 B，以 1 000 件一箱销售）。这些玩具用小批量流程（参见图 7.9）在 3 个不同的工作站（W、X 和 Y）生产和组装。批量设置调整时间可以忽略不计。流程图给出了每个产品在制造流程中经过的路径，并且还给出了每件产品的价格、每周的需求量，以及每单位加工时间。生产中消耗的外购零件和原材料用倒三角形表示。CKC 可以按每周的需求限量生产和销售。如果不能满足全部需求，不会罚款。每个工作站配有一名工人，他专门在这个工作站工作，每小时工资为 6 美元。每周的总劳动力成本是固定的。可变间接成本是每周 3 500 美元。该工厂每天运行一个 8 小时的班次，即每周运行 40 小时。W、X 和 Y 这 3 个工作站中哪个工作站因总负荷最大而成为 CKC 的瓶颈？

4. Canine Kernels 公司（CKC）的高级管理层正在考虑现有能力的限制问题，因此他们希望接受使公司利润最大的订单组合。公司用传统方法所做的决策是（在需求限量的范围内）尽可能多地生产具有最高边际贡献

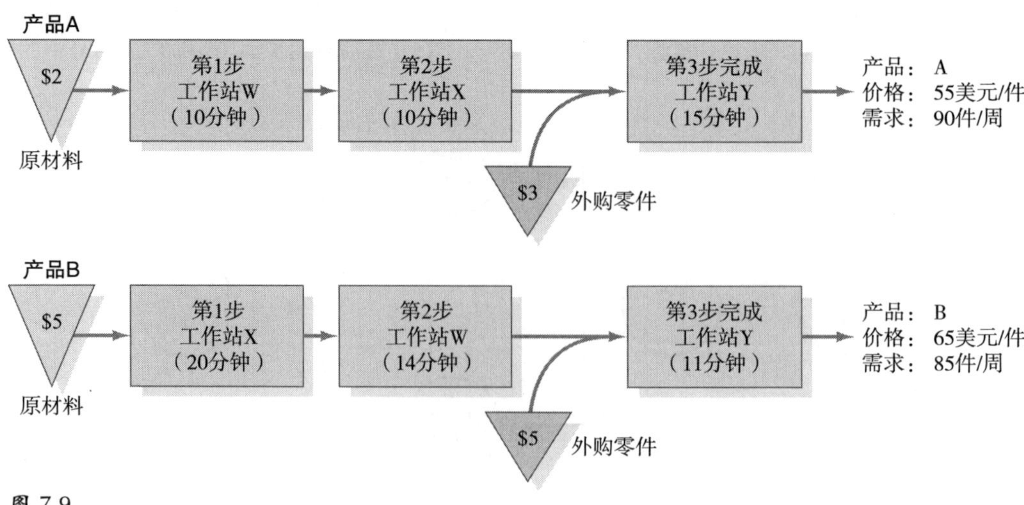

图 7.9

Canine Kernels 公司的流程图

的产品，然后是次高边际贡献的产品，以此类推，直到没有更多的能力可供使用。由于能力是有限的，因此选择合适的产品组合就显得至关重要。新聘任的生产主管 Troy Hendrix 热衷于用约束理论的原理和瓶颈法进行调度。他认为，如果充分利用瓶颈资源确定产品组合，确实可以提高盈利能力。

a. 如果用传统的边际贡献法确定 CKC 的产品组合，其利润是多少？

b. 如果用 Troy Hendrix 主张的瓶颈法选择产品组合，其利润是多少？

c. 通过用 TOC 原理确定产品组合，分别用绝对金额数和百分比计算利润的增加值。

5. 用最长作业元素准则平衡下表和图 7.10 描述的装配生产线，使它每小时生产 40 个单位的产品。

作业元素	时间（秒）	紧前作业
A	40	无
B	80	A
C	30	A
D	25	B
E	20	C
F	15	B
G	60	B
H	45	D
I	10	E, G
J	75	F
K	15	H, I, J
	合计 415	

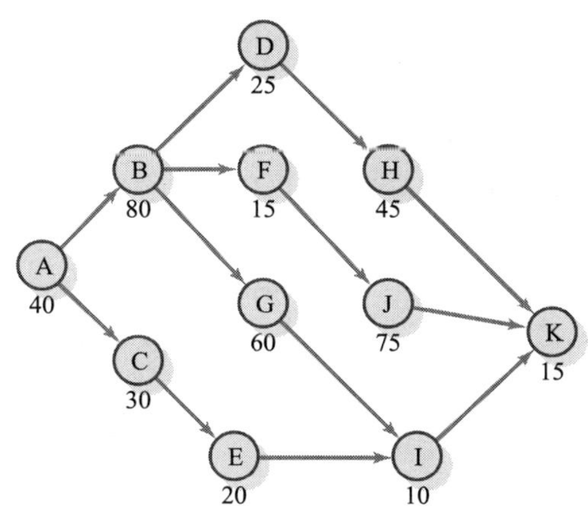

图 7.10

先导图

a. 生产节拍是多少？

b. 工作站数目的理论值最小值是多少？

c. 每个工作站都分配了哪些作业元素？

d. 得到的效率是多少？平衡延迟的百分数是多少？

e. 用最短作业元素准则平衡装配生产线。注意解是否会发生变化？

6. Johnson Cogs 想建一条每小时服务 60 位顾客的生产线。下表给出了各个作业元素以及它们的前导关系。

作业元素	时间（秒）	紧前作业
A	40	无
B	30	A
C	50	A
D	40	B
E	6	B
F	25	C
G	15	C
H	20	D, E
I	18	F, G
J	30	H, I
	合计 274	

a. 工作站数目的理论最小值是多少？

b. 如果运用最长作业元素决策准则，需要的工作站数目是多少？

c. 假定得到了一个需要 5 个工作站的方案，那么它的效率是多少？

7. PW 公司的切割生产线是一条很小的组装件生产线，它和其他这类生产线一起为最终的汽车底盘生产线服务。由 900 多个工作站组成的整条装配线生产 PW 公司新款 E 型汽车。切割生产线本身仅包括 13 个作业元素，它必须每小时加工 20 辆汽车。作业元素的数据如下：

作业元素	时间（秒）	紧前作业
A	1.8	无
B	0.4	无
C	1.6	无
D	1.5	A
E	0.7	A
F	0.5	E
G	0.8	B

（续）

作业元素	时间（秒）	紧前作业
H	1.4	C
I	1.4	D
J	1.4	F, G
K	0.5	H
L	1.0	J
M	0.8	I, K, L

a. 画出前导图。

b. 生产节拍为多少时才能达到期望的产出率（以分钟计算）？

c. 工作站数量的理论最小值是多少？

d. 使用最长作业元素决策准则平衡这条生产线，并计算所得解的效率。

e. 用后续作业最多的作业元素决策准则平衡这条生产线，并计算所得解的效率。

8. 为了满足假期的需求，Penny 的馅饼店需要一条每周生产 50 只核桃馅饼的生产线，该生产线每周只运行 40 小时。生产一个核桃馅饼只需要 4 个步骤，相应的加工时间分别为 5 分钟、5 分钟、45 分钟和 15 分钟。

a. 该生产线的生产节拍应该是多少？

b. 在设计满足这一生产节拍的生产线时，Penny 希望的最少工作站数量是多少？

c. 假定 Penny 求出了一个只需要 4 个工作站的解，这条生产线的效率是多少？

高级练习题

9. Melissa 的摄影工作室提供个人和团体照相服务。图 7.11 所示的流程流向图显示所有顾客都必须先登记，然后在两个收银台之一付款。接下来，根据他们是想要个人照还是团体照，进入不同的房间。最后，每人领取自己的照片。

a. 完成团体拍照的整个流程要花多少时间？

b. 假定流程接受同等数量的团体顾客和个人顾客，那么整个流程中的哪个活动是瓶颈？

c. 团体拍照和个人拍照的瓶颈能力各是多少？

10. Yost-Perry 工业公司（YPI）生产价格实惠的吉他（A、B 和 C），这 3 种吉他在 4 个不同的加工站（W、X、Y 和 Z）生产和组装。以批量流程进行生产，其设置调整时间很短，可以忽略不计。产品信息（价格、周需求量和加工时间）以及加工顺序如图 7.12 所示。原材料和外购零件（表示为每单位消耗量）用倒三角表示。YPI 公司可以按每周的需求限量生产和销售。如果不能满足全部需求，没有罚款。每个工作站配有一名技术精湛的工人，该工人专门在这个工作站工作，每小时工资为 15 美元。该工厂每周工作 5 天，每天运行一个 8 小时的班次（即每人每周工作 40 小时）。间接成本是每周 9 000 美元。W、X、Y 和 Z 这 4 个工作站中哪一个的总负荷最大，从而成为 YPI 的瓶颈？

11. Yost-Perry 工业公司（YPI）的高级管理团队希望通过接受恰当的订单组合提高公司的盈利能力。目前，公司用传统方法进行决策，这种方法尽可能多（直到达到需求上限）地接受具有最高边际贡献的产品订单，然后是第二高边际贡献的产品，以此类推，直到用光所有能力。由于公司不能满足全部需求，因此必须认

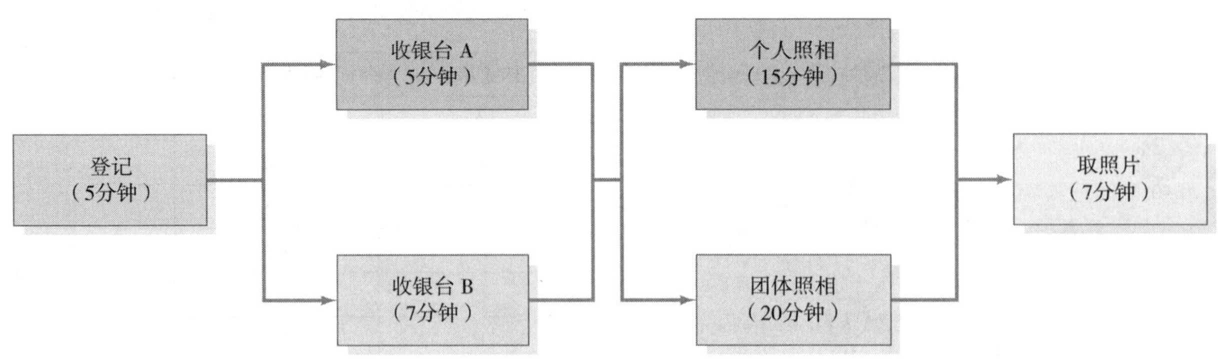

图 7.11

Melissa 的摄影工作室

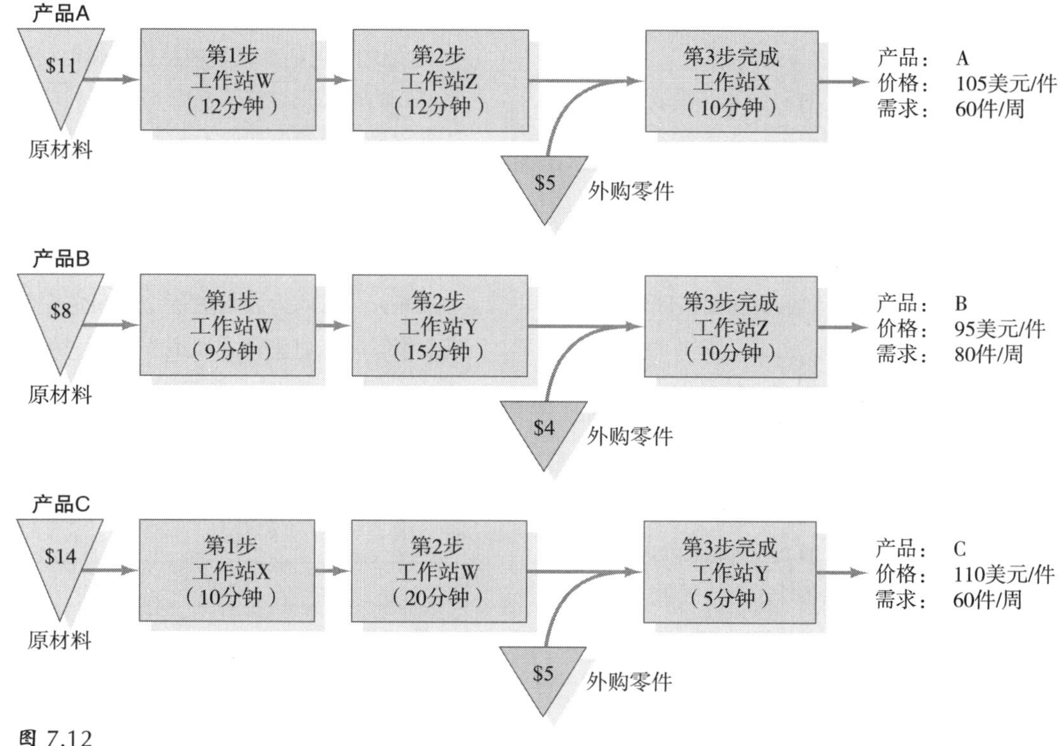

图 7.12
Yost-Perry 工业公司的流程图

真选择产品组合。新晋升的生产主管 Jay Perry 了解约束理论和基于瓶颈的调度方法。他认为，如果充分利用瓶颈资源确定产品组合，确实可以提高盈利能力。YPI 如果不用一直延用至今的传统方法，而代之以 Jay 倡导的瓶颈法选择产品组合，其利润会有什么变化？

12. A.J.'s 野生动物用品公司生产两种独特的喂鸟器（豪华型和超棒型），用小批量流程在 3 个不同的工作站（X、Y 和 Z）生产和组装。每种产品按照图 7.13 所示的流程图生产。此外，该流程图还给出了每种产品的价格、周需求量以及每单位产品的加工时间。批量的设置调整时间忽略不计。A.J. 公司可以按其每周需求的上限生产和销售。如果不能满足全部需求，没有罚款。每个工作站配有一名工人，该工人专门在这个工作站工作，每小时工资为 16 美元。该工厂每周运行 40 小时，

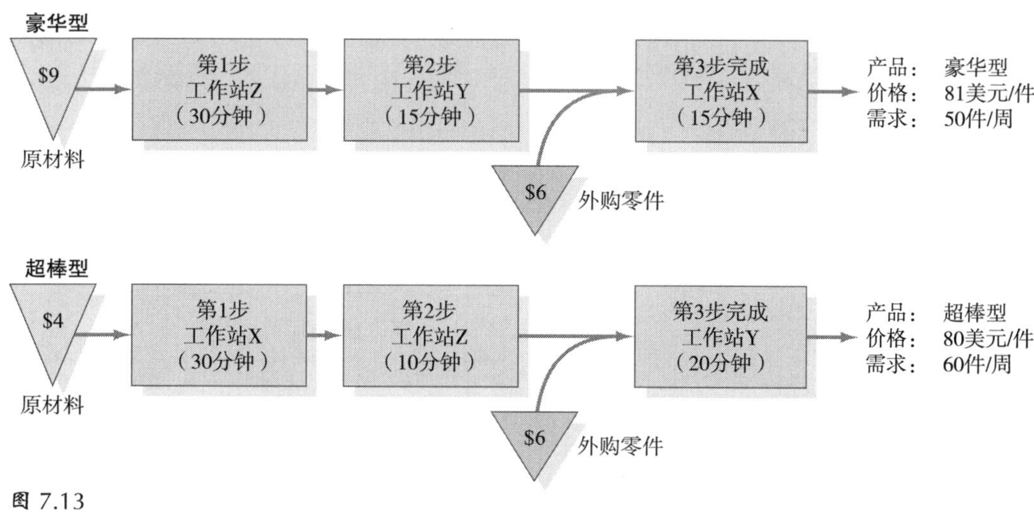

图 7.13
A.J.'s 野生动物用品公司的流程图

没有加班。间接成本是每周 2 000 美元。根据所提供的数据和图中所包含的信息，回答下列问题：

a. 利用传统方法，仅根据产品对利润和间接成本的贡献进行决策，其最佳产品组合是什么？相应的总利润率是多少？

b. 利用基于瓶颈的方法，其最佳产品组合是什么？相应的总利润率是多少？

13. Cooper River 玻璃厂（CRGW）生产 4 种不同型号的台灯，如图 7.14 所示。运营经理知道，每月的总需求量超过了可利用的生产能力。因此，她对确定产品组合（使利润最大的产品组合）很感兴趣。图 7.14 给出了每种型号的价格、工艺路线、加工时间以及材料成本。下月的需求量估计为：Alpha 型 200 件；Bravo 型 250 件；Charlie 型 150 件；以及 Delta 型 225 件。CRGW 每天只运行一个 8 小时的班次，下个月计划工作 20 天（没有加班）。并且，每个工作站需要 10% 的能力缓冲。

a. 哪一个工作站是瓶颈？

b. 利用传统方法，仅根据产品对利润和间接成本的贡献进行决策，其最佳产品组合是什么？相应的总利润率是多少？

c. 利用基于瓶颈的方法，其最佳产品组合是什么？相应的总利润率是多少？

14. Davis 船舶公司的高级管理层想要确定是否可以通过改变现有的产品组合来提高公司的盈利能力。目前，产品组合是通过给生产具有最高边际贡献产品的资源赋予最高优先级来确定的。Davis 船舶公司有一支 10 名工人的队伍，每名工人每小时工资为 25 美元。间接成本为每周 35 000 美元。该工厂每天运行 18 小时，每周生产 6 天。劳动力成本被认为是固定支出，因为工人按上班时间支付工资，而不考虑其利用情况。生产经理已经确定工作站 1 是瓶颈，下表给出了详细生产信息。

	型号		
	A	B	C
价格	\$450	\$400	\$500
物料成本	\$50	\$40	\$110
周需求量	100	75	40
工作站 1 加工时间	60 分钟	0 分钟	30 分钟
工作站 2 加工时间	0 分钟	0 分钟	60 分钟
工作站 3 加工时间	10 分钟	60 分钟	0 分钟
工作站 4 加工时间	20 分钟	30 分钟	40 分钟

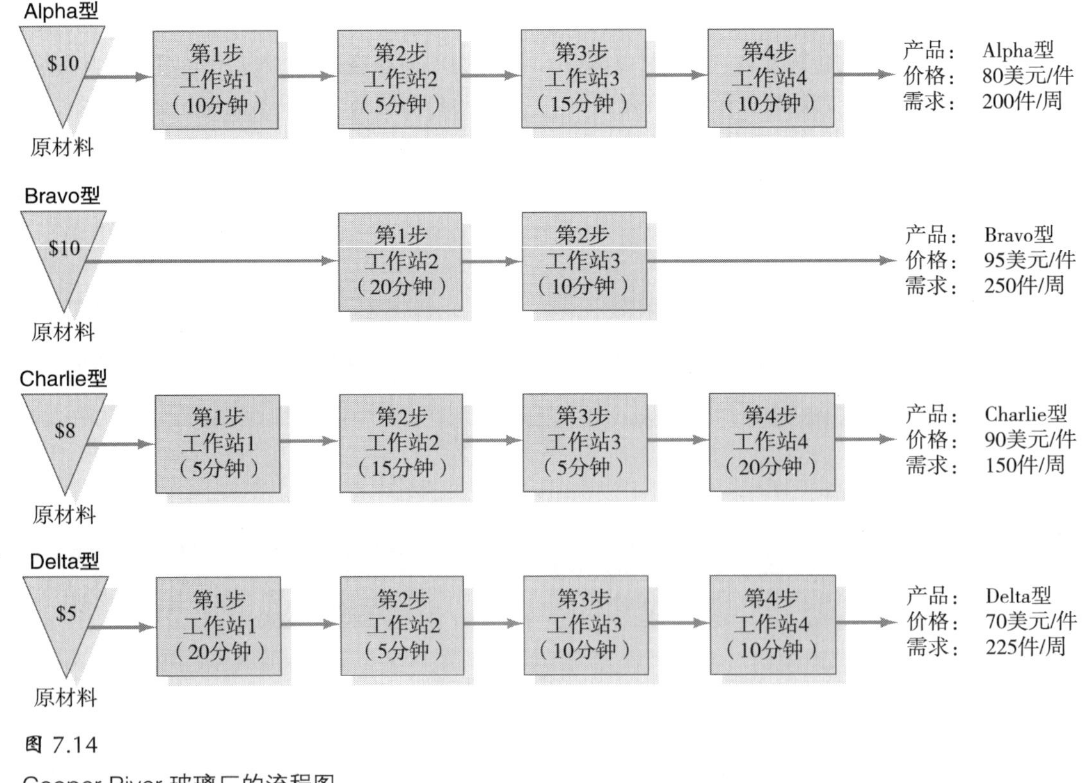

图 7.14

Cooper River 玻璃厂的流程图

a. 利用传统方法，仅根据产品对利润和间接成本的贡献进行决策，产生最高总利润的产品组合是什么？相应的总利润是多少？

b. 利用基于瓶颈的方法，产生最高总利润的产品组合是什么？相应的总利润是多少？

15. 如以下数据所示，设计了一条有行进节奏的装配线来生产计算器。

工作站	分配的作业元素	作业元素时间（分钟）
S1	A	2.7
S2	D, E	0.6, 0.9
S3	C	3
S4	B, F, G	0.7, 0.7, 0.9
S5	H, I, J	0.7, 0.3, 1.2
S6	K	2.4

a. 这条装配线上的每小时最大产出率是多少？（提示：装配线的最快速度与最慢的工作站的速度相同。）

b. 与这一最大产出率对应的生产节拍是多少？

c. 如果每个工作站都有一名工人且装配线以最大产出率运行，在每个 10 小时的班次中将浪费多少空闲时间？

d. 装配线的效率是多少？

16. Jane 用 6 种不同的作业元素生产定制贺卡。她希望在每 8 个小时的卡片制作时间里生产 10 张卡片。图 7.15 详细描述了每个作业元素与其相关的以分钟为单位计量的时间，以及它们的前导关系。

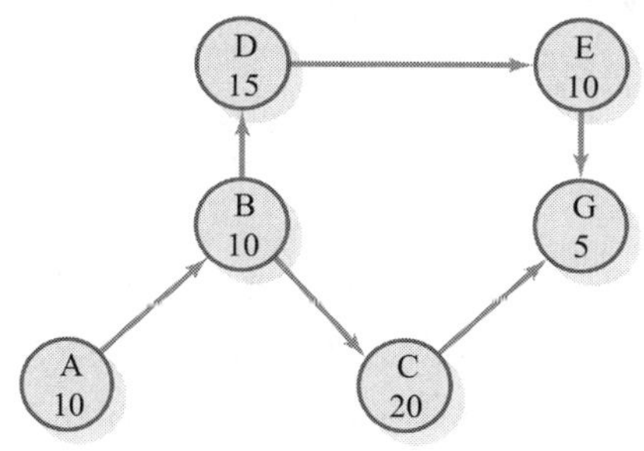

图 7.15
定制贺卡的前导图

a. 为了满足要求的产出率，需要的生产节拍应是多少？

b. 所需工作站数量的理论最小值是多少？

c. 如果 Jane 找出了一个 5 个工作站的方案，其相应的效率和平衡延迟是多少？

d. 如果生产节拍提高 100%，工作站数量的理论最小值是否也增加 100%？

17. Greg Davis 是南卡罗来纳大学商科专业的学生，他开了一家 Six Points Saco (SPS) ——位于南卡罗来纳大学校园周边有特色的长三明治和墨西哥卷饼（subs-taco）店。SPS 在开业的一年里人气很旺。Greg 打算在将其变成特许经营连锁店之前完善商业模式。他希望员工的生产率最大化，并及时为顾客提供服务。其中考虑的一个范围是中午 11 点半到 12 点半午餐时间的免下车服务。

完成一份订单的流程包括完成下表中所列的任务。

任务	时间（秒）	紧前活动
A. 在售货亭获取订单。大多数订单都是一份卷饼和一份长三明治	25	
B. 在窗口收钱	20	A
C. 取饮料	35	B
D. 做卷饼	32	B
E. 做长三明治	30	B
F. 将饮料、卷饼和长三明治放入食品袋中	25	C, D, E
G. 将食品袋递给顾客	10	F

为了经营饭店，Greg 对更好地理解所需的员工配置模式很感兴趣。在大学学习了运营管理课程之后，他了解到在 SPS 完成一份顾客订单与运行一条装配生产线十分相似。在此之前他也用过 POM for Windows 软件，想用此软件对顾客服务的不同需求进行研究。

a. 如果所有 7 项任务都由 1 名员工完成，每小时可以为多少名顾客提供服务？

b. 如果 Greg 希望每小时服务 45 名顾客，那么在需求高峰时间需要多少名员工？

c. 用 b 中所确定的员工数，每小时最多可以服务多少名顾客（即最大产出能力是多少）？

d. 假定不存在一项任务由多名员工完成的情况，该装配生产线的“最大产出能力”是多少？为了切实达到这一最大产出能力，需要多少名员工？

e. 在 d 中计算的产出值基础上，如果 Greg 决定增加另一名员工来帮助瓶颈环节的工作，他应该将该员工安排在什么地方？当增加该员工后，他每小时是否能为更多顾客提供服务？如果可以，免下车服务新的最大产出能力是多少？

18. 返回到练习题 7，假定除通常的前导关系约束之外，在切割生产线中还有两个区域约束。首先，作业元素 K 和 L 应该分配给同一个工作站，两者都使用一种普通零部件，将它们安排在同一个工作站会节省存储空间。其次，作业元素 H 和 J 不能由同一个工作站完成。
  a. 运用试错法，尽你的最大努力来平衡生产线。
  b. 你得出的解的效率是多少？

实验练习 | Min -Yo 服装公司

Min-Yo 服装公司是中国台湾的一家小企业，它生产运动服装并在批发和零售市场上销售。Min-Yo 公司因为用各种条纹布和纯色布提供精致的刺绣和针织品而独具特色。在公司存在的 20 多年里，Min-Yo 服装公司已经成为具有可靠交付能力的优质运动衫生产商，但服装业的性质已经发生了变化。过去，企业可以成功地大批量生产普通运动衫，但是款式或颜色选择很少，生产提前期很长。现在，随着商品区域化的出现和零售层面的激烈竞争，运动衫的买家寻求更短的提前期以及更多的款式和颜色。因此，对 Min-Yo 这样一个受尊重的公司来说，现在可以获得比以往任何时候都多的商业机会。

尽管商业成功的机会看起来令人振奋，但上周管理层的会议却使人沮丧。Min-Yo 服装公司的总裁兼所有者 Min-Yo Lee 先生表示了对公司绩效的担忧："我们的产品正面临激烈的竞争。大型服装公司正在依靠大批量的授权品牌压低价格，每天都有更多公司进入定制运动衫业务。我们的利润比预期的要低，交付绩效正在下降。我们必须重新审视自己的能力并且确定我们在哪方面可以做得最好。"

产品

Min-Yo 公司将产品系列分为三类：授权品牌、贴牌和专用服装。

授权品牌

授权品牌是由一家公司拥有，但通过授权协议由另一家公司进行生产并在特定地理区域进行销售的品牌。授权者可以在世界范围内授权。被授权者要向授权者支付费用以获得在区域内经销其品牌的特权，而授权者则同意为产品提供广告宣传，特别是通过国际上具有知名度的媒体进行宣传。授权协议的一项关键内容是被授权者必须同意提供足够的零售产品数量。断货会损害品牌形象。

目前，Min-Yo 公司只生产一种授权品牌。这一称为 Muscle 衬衫的品牌，由意大利一家大型"虚拟公司"拥有，这家公司没有自己的生产工厂。Min-Yo 公司被授权生产 Muscle 衬衫，并将其销售给在中国台湾的大型零售连锁店。零售连锁店要求在每个周末准时发货。由于来自其他授权品牌的竞争压力，低价是很重要的。Min-Yo 公司以每件 6 美元的价格向零售连锁店出售 Muscle 衬衫。

Muscle 衬衫的需求量为每周平均 900 件。下表是未来 12 周对 Muscle 衬衫需求量的预测。

周	需求量	周	需求量
1*	700	7	1 100
2	800	8	1 100
3	900	9	900
4	900	10	900
5	1 000	11	800
6	1 100	12	700

* 换言之，公司期望在第一个周末销售 700 件 Muscle 衬衫。

Min-Yo 公司对 Muscle 衬衫销售预测的准确度一般在每周 ±200 件的范围内。如果有任何一周出现供不应求，则过量需求就会丢失。不存在延期未交付的订单，因此，Min-Yo 公司没有因销售损失带来的惩罚成本。

贴牌

服装业的生产商常常面临着不确定需求。为了使工厂保持稳定的生产水平，许多生产商寻找转包商来生产他们的品牌。由于在行业内的声誉，Min-Yo 公司常常被当作转包生产商。虽然价格是考虑的一个因素，但被转包品牌的所有者更强调可靠交付，以及转包商忽然调整订单数量的能力。

当前，Min-Yo 公司只生产一种贴牌产品，因其鲜亮的色彩被称为 Thunder 衬衫。Thunder 衬衫是根据一家新加坡公司的订单来生产的。Min-Yo 公司向这家公司的要价是每件 7 美元。新加坡公司（客户）通常每月下两次订单，当订单下达后，客户会说明在随后两周内每周交付的具体数量。由于客户上次的订单超过了期限，Min-Yo 公司不得不支付罚款。为了避免再次被罚，Min-Yo 公司必须在第 1 周发出 200 件运动衫。公司希望新加坡方面能够在第 1 周开始时就说明对第 2 周和第 3 周的需求量，能在第 3 周开始时得到有关第 4 周和第 5 周订单的交付计划，以此类推。客户估计本年度的周平均需求量为 200 件，但这种估计经常是不准确的。

由于这家大客户对 Min-Yo 公司非常重要，并且销售部门为了得到这笔生意而进行了长时间的谈判，因此管理层总是尽量满足它的要求。管理层认为，Min-Yo 制衣公司如果拒绝接受该公司的订单，Min-Yo 就会失去 Thunder 衬衫业务。根据销售合同条款，Min-Yo 制衣公司同意为每件未能准时发货的运动衫向客户支付 1 美元，以对延期发货进行补偿。

专用服装

由于小批量及其专用特点，专用服装只面向客户订单生产。顾客找 Min-Yo 制衣公司为特定的促销活动或者公司的特殊场合生产衬衫。Min-Yo 制衣公司的专用衬衫因其精美的刺绣和具有东方色彩的款式被称为 Dragon 衬衫。由于每件衬衫都是按照客户的特定要求生产的，并且需要单独的设备调试，因此在得到确定的客户订单之前，是不会生产专用服装的。

尽管价格不是专用服装顾客所关心的主要问题，但 Min-Yo 制衣公司仍以每件仅 8 美元的价格销售 Dragon 衬衫，以此来阻挡想要进入定制运动衫市场的其他公司。客户之所以来找 Min-Yo 公司，是因为它能够高质量地生产几乎所有的款式，并且可以准时交付整个订单。当提交 Dragon 衬衫订单时，客户要说明（或者从 Min-Yo 公司的目录中选择）运动衫的款式，提供专门的标识式样，并说明订货数量和交付日期。过去，管理层要对该订单是否可以按计划完成进行审核，并以此来决定接受或者拒绝该订单。如果 Min-Yo 公司接受了一份在某个周末交付的订单，但是未能兑现这一承诺，每延迟一周就要为每件运动衫支付 2 美元的罚款。这种罚款每周计算一次，直到延迟的订单全部完成为止。公司曾经尝试预测特定款式的 Dragon 衬衫的需求，但最终还是放弃了这种努力。上周，Min-Yo 公司有 4 次接受 Dragon 衬衫订单的机会，其数量分别是 50、75、200 和 60 件，但公司选择了全部不接受。过去 Dragon 衬衫的订单量从 50 件到 300 件不等，其提前期也不同。

图 7.16 是 Min-Yo 公司当前的未结订单文件，它显示 Min-Yo 公司在前几周承接了一个要在上周交付的 400 件 Thunder 衬衫的订单。未结订单文件是很重要的，因为它包含管理层向客户做出的承诺。承诺在一个交付日期完成一定的交货量。当接收客户订单以后，管理层将订单数量输入到代表那周到期的灰色的单元格里。由于每一个 Dragon 衬衫订单都是独一无二的，因此每一个订单都有自己的订单编号，以备将来使用。在未结订单文件中没有显示出 Dragon 衬衫订单，因为在过去几周里 Min-Yo 公司没有做出生产 Dragon 衬衫的承诺。

生产

流程

Min-Yo 公司拥有行业中最先进的流程技术——一台称为制衣机的机器，在每天的 3 个班次中，每一班由一名操作员操作。这种单一机器的流程可以制作 Min-Yo 公司生产的每一种服装，但是，机器的切换时间要消耗大量的能力。公司的策略是让机器每天运转 3 个班次，每周工作 5 天。如果业务量不足以保持机器处于运转状态，就让工人休息，因为 Min-Yo 公司曾经承诺绝不解雇和裁减工人。类似地，公司还有绝不在周末工作的政策。因而，流程的能力是 5 天 ×24 小时 = 每周 120 小时。计时工资是每小时 10 美元，因此企业所承担的固定劳动力成本是 10 美元 ×120 = 每周 1 200 美元。一旦机器被设置来生产特定类型的服装，不论是什么类型，都能以每小时 10 件的速度生产。每件服装的材料成本不分类型都为 4 美元。原材料可以连夜获得，因此不是问题。

制衣机的生产调度计划

Min-Yo 公司的生产调度计划每周安排一次，通常是在本周的生产任务已经完成并发货，客户的新订单到达之后、下周生产开始之前安排。生产调度计划产生两个文件。

第一个文件是生产进度计划，如图 7.17 所示。该进度计划表示了管理层想让制衣机流程在既定一周生产的品种和数量。对既定一周生产的每种产品需要两个表格栏，用灰色的阴影单元格表示。第一栏是生产量，在图 7.17 中，进度计划显示 Min-Yo 公司上周生产了 800 件 Muscle 衬衫和 200 件 Thunder 衬衫。如果要为一种既定

MIN-YO GARMENT COMPANY

Open Order File (Record of commitments)

	Week Order is Due									
Product	1	2	3	4	5	6	7	8	9	10
Thunder Orders	400									
Dragon Order 1										
Dragon Order 2										
Dragon Order 3										
Dragon Order 4										
Dragon Order 5										
Dragon Order 6										
Dragon Order 7										
Dragon Order 8										
Dragon Order 9										
Dragon Order 10										
Dragon Order 11										
Dragon Order 12										
Dragon Order 13										
Dragon Order 14										
Dragon Order 15										

Intro　Open Order File　Week 1　Week 2　Week 3　Week 4　Week 5　Week 6　Week 7　Week 8　Week 9　Week 10　Su

图 7.16

Min-Yo 公司的未结订单文件

注：所有订单的交付都要在指定周的周末，在该周的生产全部完成之后，下周的生产开始之前。

产品进行机器的设置调整，则第二栏的输入值为“1”；如果不需要切换，则该栏为空白。图 7.17 显示上周对 Muscle 衬衫和 Thunder 衬衫的生产都需要进行切换。这一切换信息是很重要的，因为在每个周末，制衣机的流程将根据最后生产的产品进行设置。如果在下周打算最先生产与该产品相同的产品，就不需要进行新的设置。管理层必须对每周的生产顺序进行跟踪，以利用这种节约方法。这一规则的唯一例外是 Dragon 衬衫，由于每一个订单都是独一无二的，因此每一个 Dragon 衬衫订单都需要对机器重新设置。在第 0 周，Min-Yo 公司没有生产任何 Dragon 衬衫，但是先生产了 800 件 Muscle 衬衫，再接着生产了 200 件 Thunder 衬衫。最后，电子表格计算建议的进度所需要的小时数。生产 Muscle 衬衫、Thunder 衬衫和 Dragon 衬衫的机器切换时间分别是 8 小时、10 小时和 25 小时。由于无论是什么类型，制衣机流程每小时都生产 10 件运动衫，所以 Muscle 衬衫需要的时间为 8 + 800/10 = 88 小时，Thunder 衬衫的生产时间为 10 + 200/10 = 30 小时，如图 7.17 所示。制衣机流程在所有产品上花费的总时间一周不能超过 120 小时。如果违反了这一约束，电子表格将不允许你继续下去。

第二个文件是以销售额和生产成本表示的周损益表（P&L），包括罚款和库存持有成本，如图 7.18 所示。任何一种类型的产品的库存持有成本是本周发货后剩余库存每件每周 0.10 美元。电子表格自动计算损益表，在知道 Muscle 衬衫的需求量之后，该表与未结订单和生产进度计划进行链接。图 7.18 显示上周 Muscle 衬衫的实际需求量是 750 件。

说明

- 运动衫的过期数量指未能按承诺时间发货的数量，在“期末存货”栏中表示为负数。
- 可用量 = 期初存货 + 生产量
- 当需求量 < 可用量时，销售额 = 需求量 × 价格；否则，销售额 = 可用量 × 价格。
- 存货成本 = \$0.1× 存货数量。过期成本 = 过期数量 × 罚款（Thunder 衬衫 1 美元，Dragon 衬衫 2 美元）。这些成本合并在存货 / 过期成本（Inv/Past Due Cost）一栏中。

MIN-YO GARMENT COMPANY

PRODUCTION SCHEDULE

The two inputs to the Production Schedule table are:
1. The quantity you decide to produce this time period
2. Whether there is a setup/changover required (1 or 0)

PRODUCT	Changeover	Quantity		Changeover	Quantity		Changeover	Quantity
Muscle	1	800						
Hours		88						
Thunder	1	200						
Hours		30						
Dragon Order 1			Dragon Order 11			Dragon Order 21		
Dragon Order 2			Dragon Order 12			Dragon Order 22		
Dragon Order 3			Dragon Order 13			Dragon Order 23		
Dragon Order 4			Dragon Order 14			Dragon Order 24		
Dragon Order 5			Dragon Order 15			Dragon Order 25		
Dragon Order 6			Dragon Order 16			Dragon Order 26		
Dragon Order 7			Dragon Order 17			Dragon Order 27		
Dragon Order 8			Dragon Order 18			Dragon Order 28		
Dragon Order 9			Dragon Order 19			Dragon Order 29		
Dragon Order 10			Dragon Order 20			Dragon Order 30		
Total Dragon Hours		0						
Total Dragon Production		0						
Total Hours scheduled		118						

Is production within capacity?　Yes

图 7.17

Min–Yo 公司的生产进度计划

P&L STATEMENT

Product	Price	Beg Inv	Production	Available	Demand	Sales	End Inv	Inv/Past due costs
Muscle	$6	550	800	1350	750	4500	600	60
Thunder	$7		200	200	400	1400	-200	200
Dragon Orders	$8		0	0	0	0	0	0
Totals			1000			5900		260

		Current	Cumulative
Sales Total		$5,900	$5,900
Labor	$1,200		
Materials	$4,000		
Inv/Past due	$260		
Total Cost		$5,460	
Profit Contribution		**$440**	**$440**

图 7.18

Min–Yo 公司的损益表

仿真

在 Min-Yo 制衣公司，执行委员会每周召开一次会议来讨论接受新订单的可能性以及制衣机流程的负荷问题。执行委员会由来自财务、营销及运营部门的高层管理代表组成。你可能会被要求参加班级中的一个小组，并扮演执行委员会中一个成员的角色。在这一练习过程中，你必须决定未来的计划期有多长。有些决策，比如你想要开拓的市场，在本质上是长期决策。在上课前，你可能要考虑一下市场及其对生产的影响。另一些决策则是短期的，它对企业满足其承诺的能力产生影响。在课堂上，仿真将按以下步骤进行：

1. 使用 OM Explorer 的 Min-Yo 公司电子表格。在求解软件菜单中的约束管理（Constraint Management）目录下可以找到该选项。首先，根据所述案例中对

Muscle 衬衫第 1 周的预测，以及由教师给出的定制运动衫新订单和已有订单的其他附加信息，说明第 1 周的生产进度计划。假定前面的管理者将制衣机设置成生产 Thunder 衬衫。生产进度计划应该在课堂上与执行委员会的同事合作制订。

2. 当所有小组都完成第 1 周的生产计划之后，教师将提供 Muscle 衬衫第 1 周的实际需求。将该数据输入电子表格第 1 周的损益表中。
3. 当第 1 周的损益表完成后，教师就会宣布第 2 周及其以后各周要发货的 Thunder 衬衫和 Dragon 衬衫的新订单要求。
4. 你应该考虑订单要求，接受你想要的订单而拒绝其余订单。将那些已接受在未来时期内交付的订单加入你的未结订单文件。将该数量输入代表订单到期周的单元格中。然后，你不能撤消这些承诺，并要承担由此而造成的一切后果。
5. 你应该随后制订新的生产进度计划，说明你要制衣机流程在下一周内所做的事情（那时，应该是第 2 周的生产计划）。
6. 教师将为每个仿真阶段设置时间限制。当到达一个阶段的时限时，仿真继续向前进入下一周。每周电子表格都会自动更新汇总表中的生产信息和财务信息。

参考文献

Brown, A. "Theory of Constraints Tapped to Accelerate BP's Gulf of Mexico Cleanup." *Industry Week* (March 18, 2011).

Corominas, Albert, Rafael Pastor, and Joan Plans. "Balancing Assembly Line with Skilled and Unskilled Workers." *Omega*, vol. 36, no. 6 (2008), pp. 1126–1132.

Goldratt, E.M., and J. Cox. *The Goal*, 3rd rev. ed. New York: North River Press, 2004.

McClain, John O., and L. Joseph Thomas. "Overcoming the Dark Side of Worker Flexibility." *Journal of Operations Management*, vol. 21, (2003), pp. 81–92.

Srikanth, Mokshagundam L., and Michael Umble. *Synchronous Management: Profit-Based Manufacturing for the 21st Century*, vol. 1. Guilford, CT: Spectrum Publishing Company, 1997.

Srinivasan, Mandyam, Darren Jones, and Alex Miller. 2004. "Applying Theory of Constraints Principles and Lean Thinking at the Marine Corps Maintenance Center." *Defense Acquisition Rev. Quart.* (August–November 2004), pp. 134–145.

Srinivasan, Mandyam, Darren Jones, and Alex Miller. "Corps Capabilities." *APICS Magazine* (March 2005), pp. 46–50.

Steele, Daniel C., Patrick R. Philipoom, Manoj K. Malhotra, and Timothy D. Fry. "Comparisons Between Drum-Buffer-Rope and Material Requirements Planning: A Case Study." *International Journal of Production Research*, vol. 43, no. 15 (2005), pp. 3181–3208.

Umble, M., E. Umble, and S. Murakami. "Implementing Theory of Constraints in a Traditional Japanese Manufacturing Environment: The Case of Hitachi Tool Engineering." *International Journal of Production Research*, vol. 44, no. 15 (2006), pp. 1863–1880.

8 精益系统

在日本兵库县加藤市的松下生态技术中心，松下公司的员工正在 CRT 电视机拆解线上工作。除了全力开发易回收的产品，松下公司还在开发新的回收技术，并致力于精益运营。为了防止浪费，一年总计有 30 700 吨家用电器被松下的工厂回收，其中包括 29 400 台电视机、135 700 台空调、173 300 台洗衣机以及 149 100 台冰箱。

松下公司

松下公司成立于 1918 年，成立之初时名为 Matsushita Corporation。当时它主要生产灯具，现在松下公司已成长为世界最大的电子产品制造企业之一，它拥有超过 38.4 万名员工，680 个附属公司，是日本最大的生产商。松下公司以 Panasonic、National、Quasar 以及 Technics 等品牌生产超过 1.5 万种电子产品。松下公司在全球以注重效率和精益生产而闻名，其追求卓越的最好范例莫过于日本南部九州岛佐贺松下电器公司的工厂——在一尘不染的工厂里，机器以破纪录的时间生产无绳电话、传真机以及监控摄像机。

尽管工厂的效率在 4 年的时间里提高了一倍，但是管理者仍然觉得有“减肥”并进一步改进的机会。工厂的传送带被一群机器人替代，这些机器人可以无缝交接作业，灵活地替换出故障的机器人，并用软件使生产同步。因此，生产时间从 2.5 天缩短为 40 分钟，这使佐贺工厂每周生产的电话机翻倍，反过来它又降低了库存，因为芯片和电路板等元器件在工厂的停留时间大大缩短。能够更快生产产品意味着即使在顾客需求发生变化或者推出新产品的情况下，工厂也能够迅速地改变产品组合，这使松下公司能够一直领先于韩国、中国及其他亚洲国家的低成本竞争对手。

松下公司将从佐贺母工厂学习到的经验，应用于中国、马来西亚、墨西哥和英国其他 6 家工厂的布局改变和设置调整上。这些工厂同样削减了库存并提高了生产率，就连每个工厂当地员工的想法也都融入了这些变革。下一步改进的重点是将装配线分解为生产单元以及更好地利用闲置机器人。此外，为了减少针对每种电路板的机器人改装量，公司对大量终端产品进行了通用的标准电路板设计。通过持续聚焦于减少浪费及持续提高效率，松下公司的利润增长创下新纪录，成为其他电子企业的楷模。

资料来源：Kenji Hall, “No One Does Lean like the Japanese,” *Business Week* (July 10, 2006), pp. 40–41.

学习目标 学完本章内容后，你应该能够：

1. 说明精益生产系统如何有利于流程的持续改进。
2. 确定精益系统的特征和战略优势。
3. 理解价值流图及其在减少浪费中的作用。
4. 理解看板系统，利用该方法制订精益系统的生产进度计划。
5. 说明与应用精益系统有关的实施问题。

通过运营管理创造价值

通过运营展开竞争
项目管理

流程管理

流程策略
流程分析
质量与绩效
能力规划
约束管理
精益系统

供应链管理

供应链库存管理
供应链设计
供应链选址决策
供应链整合
供应链的可持续发展与人道主义物流
预测
运营计划与生产调度计划
资源计划

松下公司是一个学习型组织，也是以**精益系统**（lean system）著称的供应链设计方法的杰出典范。精益系统使松下公司这样的企业持续改进其运营系统，并将从中学到的经验推广到整个企业。精益系统是一个运营系统，它通过消除各种活动中不必要的浪费和延误，使企业每个活动所增加的价值最大化。精益系统将公司的运营战略、流程设计、质量管理、约束管理、布局设计、供应链设计以及技术和库存管理结合在一起，它既可以用于服务型企业，也可以用于制造型企业。和制造企业一样，每个服务企业都要从顾客处接收订单、提供服务，然后获取收入。每个服务企业必须购买、接收服务或产品，并为此支付相关费用，聘用员工并支付薪水。这些活动中的每一项都与制造型企业的活动具有很大的相似性。这些活动通常也会有大量的浪费。在本书的前两编已阐述了很多流程改进方法，不论它们是制造流程还是非制造流程。这些原理同样也可用于构造精益的服务流程，不论这些流程是前台办公室流程、混合办公室流程还是后台办公室流程。作为本书第二编的结尾，本章将说明如何应用流程改进方法来构建精益企业。

本章首先讨论精益系统中持续改进的内容，接着讨论精益系统的特征以及实现这些特征所需的布局设计，然后探讨实践中使用的不同类型的精益系统，最后讨论企业面临的一些实施问题。

跨越整个组织的精益系统

精益系统会影响企业核心流程和支持流程之间的内部联系，也会影响与供应商和客户之间的外部联系。利用精益系统方法进行供应链设计对整个组织的各个部门和职能领域都是十分重要的。营销部门依托精益系统以合理的价格准时提供高质量的服务或产品。人力资源部门必须有恰当的激励机制来奖励团队，还必须招聘、培训和评估所需的员工，以建立一支能够成功运行精益系统的柔性员工队伍。工程部门必须设计出使用更多通用部件的产品，这样就需要更少的设置调整，并可使用集中式工厂。运营部门负责与供应商保持密切联系，设计精益系统，并将精益系统用于提供服务或生产产品。会计部门必须调整记账和成本核算方式，以提供管理精益系统所需的支持。最后，最高管理层必须充分领会精益理念，就像本章开头松下公司的案例那样，使它成为组织文化和组织学习的一部分。

运用精益系统方法持续改进

包含精益系统各基本要素的一个最受欢迎的系统是准时制（just-in-time，JIT）系统。根据丰田公司早期实践者之一大野耐一的说法，**准时制理念**（just-in-time philosophy）简单但作用强大——通过削减多余的生产能力或库存以及消除非增值活动而消除浪费。表 8.1 展示了企业中以相互关联的方式经常出现的八类浪费，在实施精益系统时必须消除。

因此，精益系统的目标是消除这八类浪费，只根据需要提供服务或产品，并持续提高运营的增值收益。**JIT 系统**对资源、信息流和决策规则进行组织，使企业获得 JIT 原理所带来的收益。

表 8.1　八类浪费[1]

浪费	定义
1. 生产过剩	在需要之前就生产一种产品，因而难以发现缺陷，并造成过长的提前期和过量的库存
2. 不当加工	当简单机器就足够时，而使用昂贵的高精度设备。这导致过度使用昂贵的固定资产。投资柔性较小的设备，过度维护旧设备，在适当减少与不当加工有关的浪费的情况下合并加工步骤
3. 等待	当不移动或加工产品时，就出现了时间上的浪费。长时间的生产运行，不良的物料流动、相互之间连接不紧密的加工流程会使产品提前期中 90% 的时间用在等待上
4. 搬运	在加工流程之间过多的产品移动和物料搬运，会在不增加任何显著顾客价值的同时造成产品损坏或产品质量下降
5. 动作	与人体工程学有关的不必要的弯腰、伸臂、伸手、举起及行走。对有过多动作的作业必须重新设计
6. 库存	过多的库存会掩盖车间中存在的问题，占用空间、增加提前期、妨碍沟通。在制品库存就是生产过剩和等待的直接结果
7. 次品	质量缺陷导致返工和废品，并以丧失生产能力、重新调度、增加检查以及对顾客失去信誉的形式增加系统浪费
8. 员工未充分利用	如果企业不能从员工身上学习和利用他们的知识和创造力，就会阻碍其消除浪费的长期努力

精益生产系统通过强调需要改进的领域，使质量和生产率持续提高。这一流程改进方法在日本的专业术语是 *kaizen*（*kaizen* 为“改进”的音读）。改进的关键是理解这样一个观点：多余的生产能力或库存会掩盖提供服务或产品的流程中存在的根本问题。精益系统为管理层提供了一种揭露问题的机制，即系统性地降低产能或库存，直到问题暴露出来为止。例如，图 8.1 描绘了运用精益系统持续改进背后的理念。在服务业中，图中的水面代表服务系统的生产能力，如员工数量。在制造业中，水面代表产品和零部件的库存水平。水中的暗礁代表在服务或产品的提供中所遇到的问题。当水面足够高时，船只可以在暗礁上方顺利通过，因为高水平的生产能力或库存掩盖了问题。随着产能或库存的降低，暗礁就会露出水面。最终，如果水面下降足够多时，船只就会撞上暗礁。通过精益生产系统，工人、管理人员、工程技术人员和分析人员共同应用持续改进方法来拆除暴露出来的暗礁。精益生产系统中为实现顺畅的物料流动所需要的协调工作，可以及时发现问题，以便采取相应的措施。

1 David McBride, “The Seven Manufacturing Wastes,” August 29, 2003.

图 8.1
运用精益系统持续改进

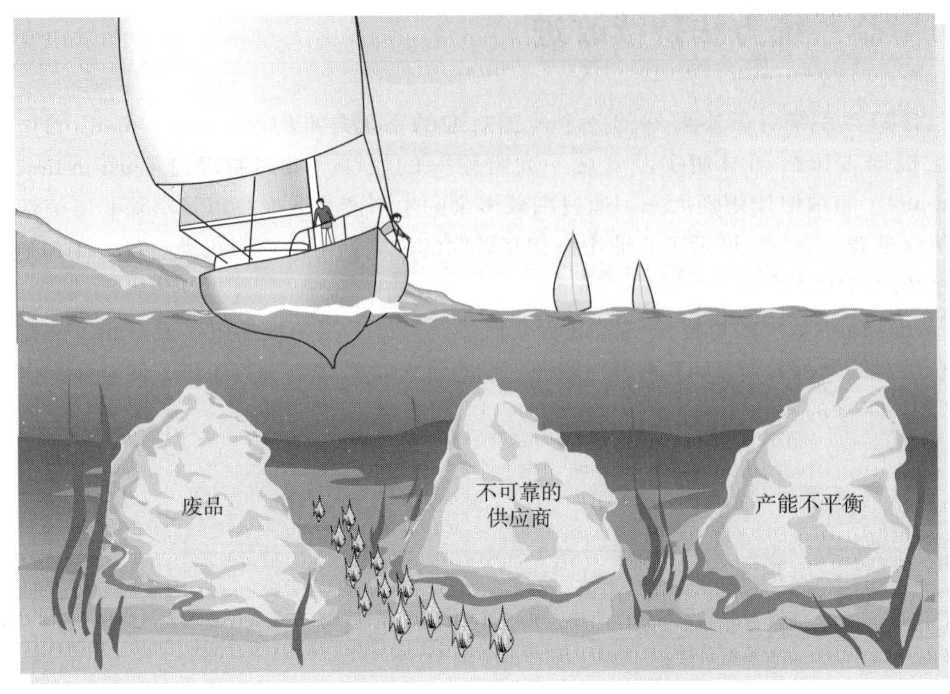

维持低库存量，通过定期向系统施压来识别问题，以及关注精益系统的要素是持续改进的核心。例如，内布拉斯加州林肯市的川崎工厂定期将安全库存削减到几乎为零。工厂的问题就被暴露并且记录下来，如此作为改进项目分配给员工。在完成该改进后，将库存永久性地削减至新的水平。许多企业用这种试错过程来找到更高效的生产运营方法。此外，使用专用冲床的工人常常按照所需数量来生产装配线上所用的零件。服务流程（如进度计划、账单处理、订单接收、会计和财务计划）也可以用精益系统进行改进。在服务型运营机构中，管理人员常用的方法是通过削减从事一项特定活动或一系列活动的员工数量来向系统施加压力，直到流程的运作开始变缓或停滞为止。这样就可识别问题，并探索出解决问题的方法。企业也可以应用其他改进策略。在制造型企业，要消除过多的废品可能要求改进企业的工作流程、给员工提供额外的培训或者寻找更高质量的供应商。如果希望消除产能不平衡，可能涉及修订企业的主生产计划并提高劳动力的柔性。无论解决了哪个问题，总是会有新的问题出现，解决新问题可提高系统的绩效。

在持续改进中常常有员工的不断参与，并且他们会提出新的设想，员工在实施 JIT 理念时起着十分重要的作用。仅在 2007 年，丰田公司就在整个公司范围内收到了超过 74 万条改进建议。其中大多数建议都得到了实施，提出这些建议的员工都得到了奖励，根据建议对利润的贡献，奖金范围从 500 日元（约 5 美元）到 5 万日元（约 500 美元）不等。

精益系统中供应链的考虑因素

本节将讨论与供应链中物料流的生成和管理相关的两个突出特征。这两个特征分别是：密切的供应商关系和小批量生产。

密切的供应商关系

由于精益生产系统以很低的能力缓冲水平或低库存水平运行，因此运用精益系统的企业就需要与供应商保持密切关系。供应品必须频繁发货、有较短的提前期、按时送达，而且具有高质量。采购合同甚至会要求供应商每天给工厂送好几次货。

精益系统理念就是在整个供应链范围内寻找提高效率和降低库存的方法。企业和供应商之间的紧密合作对双方来说是一种双赢。例如，更好地沟通零部件需求，可以使供应商更有效地规划库存并安排交付时间，从而提高供应商的利润率。客户也可以经过协商获得更低的零部件价格。如果企业在合同谈判时把供应商看成自己的对手，那么就不可能建立和维持密切的供应商关系。相反，他们应该把供应商看成和自己共担风险的合作伙伴，这样双方都会有兴趣去维持长期的、互利的关系。因此，实施精益系统所采取的第一个行动就是减少供应商的数量，并确保供应商在地理位置上靠得很近，以促进强有力的伙伴关系并更好地同步产品流。

通过精益系统与供应商建立伙伴关系的一种形式是 JIT Ⅱ系统，它是由 Bose 公司设计和实施的，Bose 是一家生产高质量专业扬声器系统的生产商。在 JIT Ⅱ系统中，供应商被邀请到工厂成为买方采购办公室的一名积极成员。这个驻厂代表是由供应商支付工资的现场全职员工，他被授权计划和安排供应商的物料补充。因此，JIT Ⅱ极大地促进了买方与供应商之间的密切交流。它对加入该计划的供应商资格审查是非常严格的。

总的来说，JIT Ⅱ可以给买方和供应商双方带来好处，因为它提供了一种组织结构，通过整合物流、生产和采购流程来改进买方与供应商之间的合作。在第 12 章“供应链整合”中，还会进一步探讨供应商关系。

小批量生产

精益系统采用尽可能小的生产批量。**批量**（lot）就是同时加工的产品数量。相对于大批量而言，小批量具有降低平均库存水平的优势。因为它不会让物料处于等待状态，小批量可以比大批量更快地通过系统。除此之外，一旦发现次品，由于需要检查整个批次以发现所有需要返工的产品，因此大批量引起的时间延误更长。最后，小批量有助于使系统的工作负荷达到均衡并防止生产过剩。大批量消耗工作站大量的生产能力，因此使生产调度变得复杂。小批量则能更灵活有效地选择加工路线，从而使生产调度人员可以更高效地利用生产能力。

虽然小批量对运营很有利，但它还是有缺点的，即增加了设备的设置调整次数。**设置调整**（setup）是指在相继的产品批次之间需要对流程进行变更或者重新调整的一系列活动，有时候称为**切换**（changeover）。这种切换本身就是一个流程，可以做得更高效。设置调整包含试验性运行，当对机器进行微调来生产新零件时，物料浪费是很大的。一般而言，无论批量大小，设置调整所花的时间是相同的。因此，大量的小批量生产相对于少数的几个大批量而言，会导致以下形式的浪费——员工和设备的闲置与物料的浪费。想要实现小批量生产带来的优势，就必须缩短设置调整的时间。

为了缩短设置调整时间，经常需要工程设计部门、管理部门和操作人员的密切合作。例如，更换将钢板加工成汽车零部件的大型冲压模具需要花费 3 到 4 个小时。

在俄亥俄州本田公司的马里斯维尔工厂有 4 条冲压生产线生产雅阁汽车的所有车身外部钢板和主要的车体内部钢板，那里的工作团队致力于寻找缩短巨大冲模切换时间的工作方法。经过调整，现在完成一个重 2 400 吨的巨大冲压模具的切换只需要不到 8 分钟的时间。**个位数设置调整**（single-digit setup）的目标是指设置调整时间不超过 10 分钟。马里斯维尔工厂用于缩短设置调整时间的一些方法主要包括：用传送带运送存储的冲模，用起重机移动大型冲模，简化冲模设计，实施机器控制，用微机对工件自动进料和定位，以及在加工当前作业的同时做好切换准备工作。

精益系统中流程的考虑因素

本节将讨论精益系统的如下特征：工作流的拉动式方法、源头质量、均衡的工作站负荷、标准化的零部件和工作方法、柔性劳动力、自动化、5S 法以及全面预防性维护。

工作流的拉动式方法

在一个流程或供应链中，管理者可以对物料流的性质进行选择。大多数采用精益生产系统的企业使用**拉动式方法**（pull method），根据客户的需求来启动产品生产或服务提供过程。相比之下，在不强调精益系统的传统系统中常用的一种方法是**推动式方法**（push method），它涉及利用需求预测，以及在收到客户订单之前进行产品生产。为了区别这两种方法，下面用包括娱乐和餐饮在内的服务业的例子进行说明。

以一家五星级饭店为例来说明拉动式方法。你坐在餐桌旁，餐厅给你提供了一份列有各种精美的主菜、开胃菜、汤、沙拉和餐后甜品的菜谱。你可以从菲力牛排、上等腰肉牛排、黄鳍金枪鱼、鲶鱼和羊排等菜肴中进行选择。餐厅还有几种沙拉可供选择，是在餐桌旁当场制作的。虽然其他一些开胃菜、汤和甜点一类的食物可以提前做好，在端上餐桌前加热即可，但是主菜和沙拉却不能这么做。你的沙拉和主菜订单便成了厨师开始准备特定食物的信号。对于这些食物,饭店采用了*拉动式方法*。采用拉动式方法的企业必须能够在可接受的时间内满足顾客需求。

在自助餐馆，就餐者正往盘子里装食物。由于食物必须提前制作，该餐馆使用了工作流的推动式方法。

以在繁忙市区街角处的一家自助餐厅为例来说明推动式方法。在中午 12 点到下午 5 点这段繁忙时段里，饥肠辘辘的顾客们开始排队，他们迫不及待地想吃东西，然后再转向其他活动。餐厅提供的选择有：鸡肉（烤鸡或炸鸡）、烤牛肉、排骨、汉堡包、热狗、沙拉、汤（鸡汤、豌豆汤和蛤蜊汤）、面包（3 种）、饮料，以及餐后甜点（西式馅饼、冰淇淋和曲奇饼）等。餐厅员工与顾客打交道的“前台办公室”与在厨房制作食物然后将其摆上自助餐台的“后台办公室”之间需要密切协调。由于某些食物的烹饪需要相当长的时间，所以餐厅采用了*推动式方法*。自助餐厅如果使用拉动式方法就会有困难，因为不能等到顾客需要某种食物后才要求厨房开始烹制。毕竟，食物的短缺会引起混乱（回想一下顾客处于饥饿状态），但准备过量的食物又会因为没有吃完而造成浪费。为了避免出现上述两种情况，自助餐厅必须准确预测它期望服务的顾客数量。

对推动式方法和拉动式方法的选择通常要视情况而定。采用按订单组装策略的企业有时会同时使用两种方法：用推动式方法生产标准化的零部件，再用拉动式方法来满足顾客对零部件特定组合的需求。

源头质量

一致地满足顾客期望是精益系统的一个重要特征。达到这种目标的一种方式是遵循称为*源头质量*（quality at the source）的方法，这种方法的原理是在缺陷产生时就发现并予以纠正。工人的目标是成为他们自己的质量检验员，并且绝不让有瑕疵的产品进入下一个流程。当出现异常情况时，流程自动停止并就地解决问题，即众所周知的 ***jidoka***（“自动化”的音读）。*jidoka* 将工人的活动和机器的活动分开，使工人不必一直查看机器，因此工人可以同时操作多台机器。*jidoka* 代表了一种可视化管理系统，车间工人在任何时候都可以清楚地看到与某条装配线的某个给定制造单元或工作站目标有关的安全、质量、交付以及成本绩效等系统状态。

与 *jidoka* 或源头质量不同的另一种方法是传统做法，它将有问题的产品从生产线上撤下来留待以后解决。这种方法经常是无效的。例如，德州仪器公司天线部门的焊接操作环节每天的不合格品率从 0 到 50% 不等，平均不合格率约为 20%。为了补充不合格品造成的短缺，生产计划人员增加了生产的批量，但这仅仅是增加了库存水平，对减少缺陷产品的数量于事无补。公司的工程技术人员通过实验发现焊接气体的温度是生产无缺陷产品的一个关键变量。因此，他们设计了供操作人员使用的统计控制图，用它来监测焊接气体的温度并自行调节温度。这样，流程的产出合格率立即提高了，并稳定在 95% 的水平上，这使德州仪器公司最终能够实施精益生产系统。

一种在源头上成功控制质量的方式是使用 ***poka-yoke*** 法，或称防错法，旨在设计一种故障自动防护系统，可以干预并最小化人为错误。*poka-yoke* 法在实践中效果良好。例如，一家生产模块化产品的公司。该公司运用 *poka-yoke* 法，对模块化产品的不同零部件进行设计，使这些零部件只能用一种方式，也就是正确的方式进行组装。类似地，企业的发货箱可以设计成只能以某种方式包装，以减少损坏并消除所有装错的可能性。在丰田工厂，正在组装的每一辆汽车都带有一个含

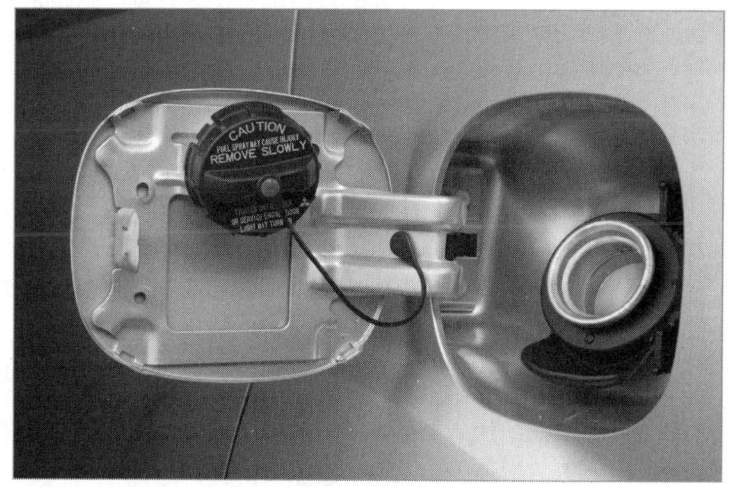

poka-yoke 法的一个例子是汽车新加油口的设计。该加油口具有防错功能，注油管的插口可以阻止较大的含铅燃油的喷嘴插入。此外，油箱盖的系链使开车人在没有盖上盖子的情况下不能开车，而且油箱盖上还固定一个棘轮，示意恰当的拧紧程度，防止盖子拧得过紧。

有信息的 RFID 芯片，说明一个既定工作站的操作环节需要在该辆汽车上拧紧多少螺母和螺栓。当拧紧的螺母数量正确时，绿灯就会亮。只有这样汽车才能在装配线上继续向前移动。

还有另一种源头质量的实施方法是 *andon*。当出现器械故障、零件短缺或产品不符合设计规格等异常情况时，这种方法使机器或者机器操作人员能够发出信号。信号的形式可以是语音警告、闪烁的灯光、LCD 文字显示、由工人拉弦发出求助信号，或在必要时关停生产线。但是，停产可能会导致每分钟高达数千美元的损失。毫无疑问，管理层必须意识到这种方法使员工肩负了巨大责任，因此也必须让员工做好适当准备。

均衡的工作站负荷

当各工作站每日的工作负荷相对均衡时，精益生产系统达到最佳的运行状态。服务流程可以通过预约系统来均衡各工作站的工作负荷。例如，医院在实际提供服务之前提前安排好外科手术时间，以便所有的设施和辅助用品都准备就绪。医院可以对手术室和外科医生的工作负荷进行均衡，以便最有效地利用这些资源。另一种方法就是使用不同的服务定价来控制对这些服务的需求。航空公司之所以对周末航班或者夜晚起飞清晨抵达的红眼航班进行促销，其背后的原因就是为了均衡工作负荷。当企业的资源负荷可以得到控制时，效率就会提高。

制造流程可以通过每天装配相同的产品类型和数量来实现均衡负荷，从而在各工作站产生均衡的日需求量。用识别关键工作站能力约束的能力规划法和生产线平衡法来制订主生产计划。例如，在丰田公司，生产计划要求下个月每周生产 4 500 辆汽车。这需要两个班次轮流生产，每周 5 天，每天生产 900 辆汽车或每班生产 450 辆汽车。生产 3 个型号的汽车，分别是凯美瑞（C）、艾维龙（A）和速拉娜（S）。假设丰田每个班次需要生产 200 辆凯美瑞、150 辆艾维龙和 100 辆速拉娜来满足市场需求。为了在 480 分钟的一个班次内生产 450 辆汽车，生产线必须每 480/450=1.067 分钟下线一辆汽车。1.067 分钟或 64 秒代表了流程的**节拍时间**（takt time）——将生产速度与销售速度或消费速度相匹配所需要的生产节拍。

如果用传统的大批量方式生产，那么在生产其他型号之前，将一个型号的日需求量通过一个批次全部生产出来。每个班次都要按照 200 辆 C、150 辆 A 和 100 辆 S 的顺序重复一次。这种大批量的方法不仅增加了平均库存水平，还会引起对给生产线提供零部件的工作站的大量集中需求。

但是还有另外两种设计汽车生产调度的方法。这两种方法是基于日本概念 ***heijunka***（平准化的音读，意为均衡化），即同时在产品批量和品种组合上对生产负荷进行平衡。它并不完全按照实际的客户订单顺序生产，而是平衡生产周期内的订单总量，这样每天就可以生产相同的数量和品种组合。[2]

我们来探讨一下两种可能的 *heijunka* 方法。第一种方法是**混合型号装配**（mixed-model assembly），以小批次生产几种型号汽车的组合。注意丰田公司生产要求的比率是 4C:3A:2S，通过用各型号产品的需求量除以最大公约数 50 得出。所以丰田公司的计划人员可以开发出由 9 个单位（即 4C、3A 和 2S）组成的生产循环周期。该循

---

2 David McBride, “Heijunka, Leveling the Load,” September 1, 2004.

环每 9×1.067=9.6 分钟重复一次，每个班次可以重复 50 次（480 min/9.6 min = 50）。

第二种 *heijunka* 方法以 1 件产品为一个批次，比如每个班次按照 C-S-C-A-C-A-C-S-A 的生产顺序重复 50 次。这一顺序也可以达到和其他方法一样的总产量；但是，这种方法只有在设置调整时间很短的情况下才是可行的。这一生产顺序对各种不同型号汽车所需零部件的需求速度稳定，这使那些为装配线生产零部件的工作站可以采用小批量的生产规模。因此，那些工作站的能力需求是非常平稳的。这些能力需求可以与计划期的实际能力进行对比，而且在必要时可以对生产周期、生产要求或生产能力进行调整。

印第安纳州丰田汽车制造厂（TMMI）正在扩建后的工厂的一条新的混合型号装配生产线上，组装 Sienna 小型货车和 Sequoia 运动型多用途车。

标准化的零部件和工作方法

在具有高度重复性的服务型运营机构中，通过分析工作方法并记录得到的改进，以供全体员工使用，以此可以获得高效率。例如，联合包裹服务公司（UPS）通过持续监测从包裹分拣到投递的工作方法，并在必要时对其进行修正来提高服务质量。在制造业，零部件的标准化增加了特定零部件的总生产数量。例如，一家用 1 000 种不同零部件生产 10 种产品的企业，可以对其产品进行重新设计，使这些产品仅由 100 种日需求量很大的零部件组成。本章开头案例中，松下公司对其印刷电路板进行了类似的标准化。由于每种零部件的需求量增加，每个员工每天完成标准化的任务或运用标准化的工作方法更加频繁。随着重复性增加，员工学会了更高效地完成任务，所以生产率会提高。零部件和工作方法的标准化有助于企业实现精益系统中高生产率和低库存的目标。

柔性劳动力

精益生产系统中工人的作用更加重要。具备柔性劳动力特点的工人经过培训可以完成多项工作。柔性劳动力的优越性在于员工可以在不同工作站之间轮换工作，以帮助解决出现的瓶颈问题，而不必借助于库存缓冲——这是精益生产系统均衡工作流量的一个重要方面。而且，员工可以代替那些休假或生病的员工去工作。虽然指派员工去做他们不经常做的工作可能会暂时降低效率，但是工作轮换可以消除员工的枯燥感而使员工精力旺盛。在一些实施了精益系统的企业里，经过多技能培训的工人可以每两小时交换一次工作。

服务或产品的定制化程度越高，企业对复合技能劳动力的需求量就越大。例如，音响修理店就需要经过全面培训的员工，当顾客将有故障的音响拿来时，他们能够识别出各种部件问题并进行修理。还有一种相反情况，比如一个大型邮局里面的邮件处理操作这样的后台工作，由于其工作的高度重复性，员工的工作被限定在较窄的范围内。这些员工不需要掌握多种不同的技能。在某些情况下，要使员工从

位于苏格兰普瑞斯维克的 Spirit AreoSystems 工厂发生了一些重大变化。其变化之一是工厂在 A320 飞机生产线上对自动化设备进行了投资。

事其他工作就需要对员工进行大量成本高昂的培训。

自动化

自动化在精益生产系统中起着十分重要的作用，是低成本运营的关键所在。因削减库存或其他效率而省下来的资金，可以投资于自动化设备来降低成本。当然，这样做的好处就是可以获得更大的利润或更大的市场份额（因为可以降低价格），或二者兼而有之。自动化在提供精益服务方面也起着重要作用。例如，银行利用自动柜员机每天 24 小时提供各种银行服务。但是，实施自动化应该经过仔细规划。许多管理者认为，如果某种自动化可以带来好处，那么就应该多多益善，然而事实并非总是如此。有时，人类可以比机器人或自动化装配系统更好地完成某些工作。

5S 法

5S 法（five S）是管理、清理、建立和保持高效工作环境的一套方法。它代表 5 个相关术语，这 5 个术语的英文单词首字母都是 S，描述了在工作场所开展的实践活动，其目的是实现可视化管理和精益生产。如图 8.2 所示，整理（sort）、整顿（straighten）、清扫（shine）、标准化（standardize）和保持（sustain）这 5 种实践活动相互依赖而生，并被系统地执行，以达到精益系统的要求。这些活动是相互关联的，不能作为独立程序完成。因此，它们是精益系统的促成手段和必要条件。表 8.2 给出了这 5 个 S 所代表的术语[3]及其含义。

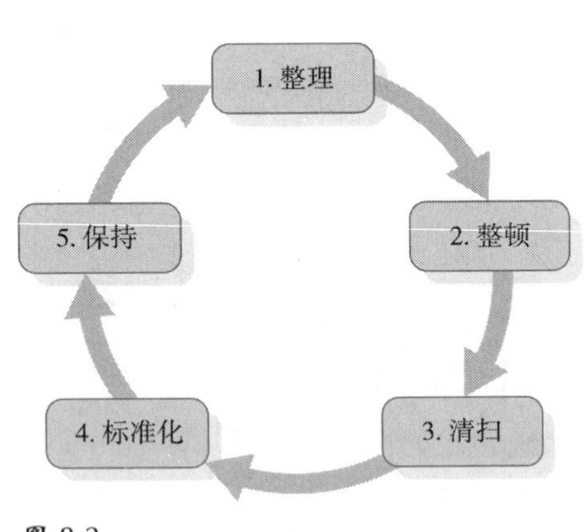

图 8.2
5S 法

大家普遍认可 5S 方法是减少浪费，免除不必要任务、活动和原材料的重要基石。5S 法可使工人从不同角度看待事物，给任务排出优先顺序，并达到更高的专注度。5S 法也可以用于各种不同的制造和服务环境，包括管理工作空间、办公室、工具库、车间等。实践证明，实施 5S 法可以带来更低的成本、更高的准时交付率和生产率、更高的产品质量、更有效的车间空间利用以及安全的工作环境。同时它还规定了使精益系统正常运行所必须遵守的制度。

全面预防性维护

由于精益生产系统强调精密的工作流，在各工作站之间几乎没有冗余能力或缓冲库存，因此计划之外的机器停转造成的损失将是灾难性的。全面预防性维护（total

3　日语中这 5 个 S 所代表的术语分别是：*seiri, seiton, seiso, seiketsu* 和 *shitsuke*。

表 8.2　5S 定义

5S 术语	定义
1. 整理	将需要的物品与不需要的物品分开（包括工具、零件、原材料和纸张），将不需要的东西丢弃
2. 整顿	将整理后留下的东西摆放整齐，每个地方都有要放的东西，每样东西都有自己的位置。对工作现场进行管理，方便找到所需物品
3. 清扫	对工作现场进行打扫和清洗，使其干净明亮
4. 标准化	制订完成清扫和整理的计划与方法，使定期进行的前 3 项 S 实践活动中得到的整洁效果规范化，保持永久的整洁和一切就绪的状态
5. 保持	建立完成上述 4 个 S 的制度，每个人在工厂中都要理解、遵守并实践这些规则。建立一种机制，通过员工参与以及利用绩效测评体系使能做到这些的员工得到认可，以此来保持所取得的成果

preventive maintenance, TPM），有时也称为全面生产性维护，可以减少机器故障发生的次数和故障持续时间。在完成了日常维护活动之后，技师可以对其他可能需要更换的零部件进行检测。在定期安排的维护期内更换零部件比在生产过程中机器出故障时更换要容易且迅速得多。维护活动的安排要在预防性维护计划的成本与因机器故障而带来的风险和成本之间取得平衡。例行的预防性维护对于高度依赖于机器的服务企业来说非常重要，例如像迪士尼乐园或环球影城那样的乘骑设施等。

另一个策略是让员工负责自己所用设备的日常维护，这会建立起员工保持机器处于最佳工作状态的自豪感。然而，这种策略一般仅限于辅助性杂务、简单的润滑和调整。高技术含量的机器维护则需要经过专门培训的专业人士来负责。但是，即使执行非常简单的维护任务也会对改善机器性能有很大帮助。

对于长期改进来说，可以通过搜集数据来建立机器故障模式的趋势，然后分析这些数据，为预防性维护建立更好的标准和程序。这些数据还可以提供机器故障的历史信息以及系统维护所产生的成本信息。

丰田生产系统

如果你想选择一家具有上述精益系统特征，而且在汽车制造方面也表现卓越的公司，那么丰田公司也许是最佳之选。尽管最近出现了质量及产品召回问题，以及 2011 年 3 月日本大地震造成了零部件短缺和新车型发布的推迟，丰田公司仍然是世界上最大的汽车制造商之一，并且也是为世人所称赞的公司之一。丰田公司的工厂遍布全球，仅在北美地区就有 12 家制造工厂，年产汽车超过 150 万辆。这种成功主要归功于著名的丰田生产系统（Toyota Production System，TPS），这是现有精益生产系统中最值得称赞的系统。但是要完全复制这个系统恐怕很难。该系统是如何运转的？为什么丰田公司能够在众多不同的工厂中如此成功地应用精益系统？

很多外部人士把 TPS 仅仅看成在参观工厂时能够看得见的一系列方法和程序。虽然这些方法和程序对 TPS 的成功来说很重要，但它们并不是这个系统最核心的东西。被许多人所忽视的是在过去 50 年的历程中，丰田公司已通过持续改进过程，建立了一个学习型组织。精益生产系统需要不断改进来提高效率和减少浪费。丰田公司的系统激励员工进行实验来寻找更好的工作方法。事实上，丰田公司将所有的操作环节都当成“实验”系统，并且教会各个层面的员工如何运用科学的方法来解决问题。

TPS 的基础是四条基本原则。第一，对所有工作都必须明确其内容、顺序、时间和结果。细节很重要，否则就失去了改进的基础。第二，每个顾客－供应商的联系都必须是直接的，同时要非常清晰地说明所涉及的人、所提供的服务或产品的形式和数量、每位顾客提出需求的方式以及需求被满足的期望时间。这种顾客－供应商联系可以是内部的（员工与员工之间），也可以是外部的（企业与企业之间）。第三，每项服务或产品的路径必须简单而直接。也就是说，服务或产品不是传递给下一个可利用的人或机器，而是传递给特定的人或机器。例如，员工可以应用这个原则确定一个特定工作站是否存在生产能力问题，并对解决问题的方法进行分析。

前三条原则通过说明员工的工作方式、互相交流的方式以及工作流的设计方式，对系统进行了详细定义。但是，这些说明实际上就是有关系统工作方式的“假设”。例如，如果某个工作站出现问题的时间足够长，就证明有关员工工作方法的假设是错误的。那么第四条原则就是对系统所做的任何改进都必须应用科学方法、在老师的指导下、在尽可能低的组织层面进行。这一科学方法包括用下述方式对可以被证实的假设做清晰的陈述：“如果我们做了如下具体改变，就希望得到这种特定结果。”然后必须在各种条件下检验假设。让员工在老师的指导下工作是成为学习型组织的关键，这里的老师通常是员工的上司。员工可以学会这些科学方法，最终成为其他人的老师。最后，在组织的最低层面进行改进意味着从事实际工作的员工可以积极参与到改进工作中。对管理人员的建议就是只对员工进行指导，而不是替他们解决问题。

这四条原则看似非常简单却难以复制，但不是不可能复制。那些成功实施了这四条原则的组织已经享受到了适应变化的精益生产系统所带来的好处。丰田公司的精益生产系统使其成为汽车行业的创新领导者，也是它成功的重要基石。

在日本中部的丰田市，一名员工正在组装汽车。丰田公司的生产系统是世界上最令人赞赏的精益生产系统之一。

丰田屋

大野耐一和丰田英二为了向其员工和供应商解释丰田生产系统（TPS），创造了如图 8.3 所示的图形表示法，这就是现在众所周知的丰田屋（House of Toyota）。它将前述的丰田生产系统四条原则集中在一个架构中，代表了使丰田生产系统顺利运行的精益系统的全部基本要素。丰田屋表示了一种稳定的结构。屋顶代表高质量、低成本、消除浪费、缩短提前期等主要目标，由 JIT 和 *jidoka* 两根柱子支撑。在 JIT 中，TPS 采用拉动式系统，其重点是单件流（one-piece flow）生产法，它可以改变流程的节拍时间，使流程节拍与市场实际需求相匹配。之所以能做到这一点，是因为单元布局中经过多技能培训的工人有助于减少设置调整次数和缩短切换时间。各种 *jidoka* 方法的实施确保将质量融入产品的生产过程，而不只是在最后进行质量检验。最后，在持续改进的环境中，通过利用其他精益概念，比如 *heijunka*、标准化工作方法、5S 法、全面预防性维护，以及在丰田产品到达其最终顾客过程的整个供应链上消除浪费，丰田屋在底部提供了运行的稳定性。

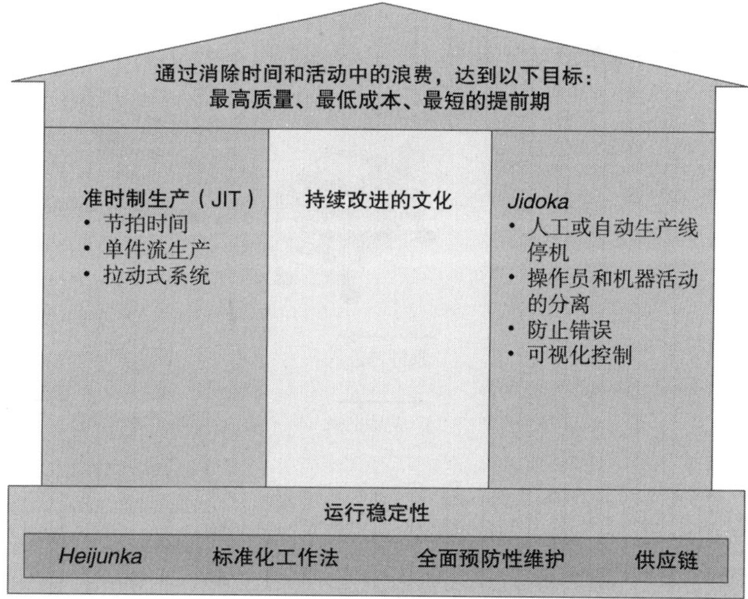

图 8.3
丰田屋[4]

精益系统的布局设计

在精益系统的布局设计中推荐采用线性流向，因为这样可以通过减少设置调整次数而消除浪费。当特定产品的批量足够大时，可以将一组机器和工人组织成线性流向布局，从而完全取消设置调整。在服务环境中，后台办公室服务流程的管理者可以用类似的方法将员工和设备组织起来，形成通过流程的均衡工作流，从而消除员工在时间上的浪费。就像联合包裹服务公司在其包裹分拣流程中所做的那样，银行在支票处理环节中也采用了这种策略。

对于单一顾客类型和产品，批量没有大到需要设立一条由多个工人组成的专门生产线，管理者仍然可以通过在设施中的某部分建立线性流向布局而获益——物料搬运简单、设置调整次数少、劳动力成本低。形成这种布局的两种方法是一人多机（OWMM）作业单元和成组技术（GT）单元。

一人多机

如果产品的批量不足以使一条生产线上的几名工人保持忙碌状态，那么管理者应当设立足以使一名工人保持忙碌状态的一条小型生产线。**一人多机**（one-worker, multiple-machines，OWMM）**作业单元**就是这样一个工作站：一名工人同时操作几台不同的机器从而形成一个线性流向。让一名工人操作多台同样的机器不足为奇。然而，在一人多机作业单元里，生产线上的机器是不同的。

图 8.4 表示一个由 5 台机器组成的用于生产金属法兰的一人多机作业单元，这些机器围着中间的一名操作员排列（U 形排列也是很常见的）。操作员绕着这样一个圆圈移动，完成那些未被自动化的任务（主要是安装和拆卸零件）。在一人多机的作业单元内，可以通过改变机器设置来生产不同的产品或零件。如果生产某特定零件

4 TBM Consulting Group.

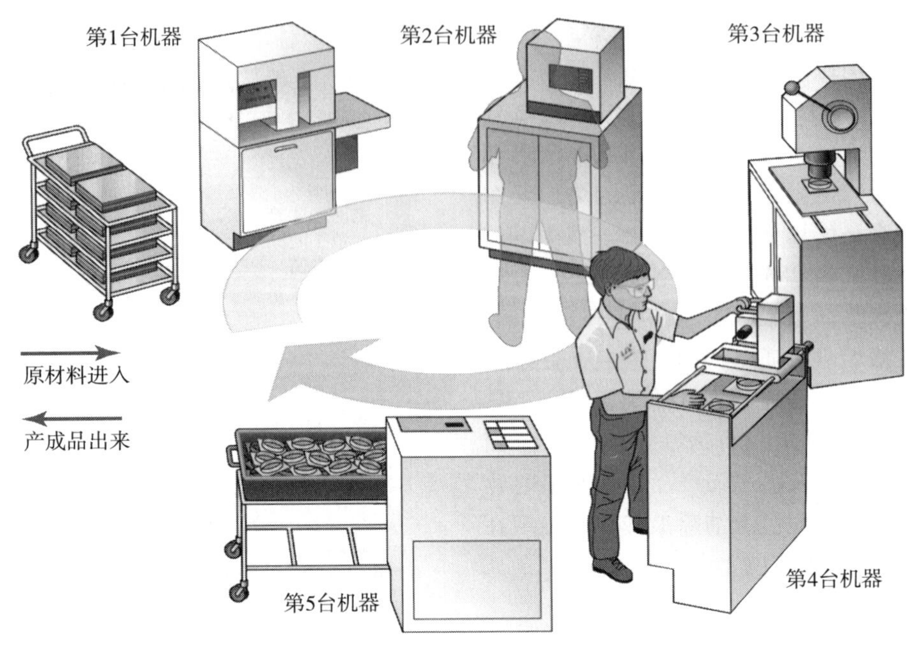

图 8.4
一人多机作业单元

的某台机器设置调整很费时间，管理部门可以给这个作业单元增加一台同样的机器，以便随时生产这种零件。

一人多机的安排减少了库存和劳动力需求。库存量降低是因为物料不需要排队等候运往工厂的另一个地方，而是直接进入下一道工序的操作。劳动力需求降低是因为更多工作都是自动化的。添加几件低成本的自动化设备能在一人多机的安排中使机器设备的数量最大化：自动刀具更换设备、自动安装和拆卸设备、自动开启和停机设备，以及检验不合格零件或产品的自动防故障装备。由于力求达到低库存，制造型企业广泛应用了一人多机的概念。

成组技术

用小批量流程实现线性流向布局的第二种选择是**成组技术**（group technology，GT）。这种制造技术所建立的作业单元并不仅仅局限于只有一名员工，而是用独特的方法来选择将要由单元完成的任务。成组技术方法将具有相似特征的零件或产品集中归为一族，专门用一组机器来生产这些零件或产品。族的划分依据可以是尺寸、形状、制造或工艺要求，以及需求状况。其目标是找出那些工艺要求相似的产品，从而使机器切换或调整设置时间最少。例如，所有的螺栓会被归为一族，这是因为尽管它们的尺寸或形状存在差异，但它们需要的基本加工步骤是相同的。

一旦零部件被划分成不同的零件族，接下来就是将加工这些零部件所需要的机械工具分配给各个不同单元。在每个作业单元内，机器设备只需要稍微进行调整就可以适应同一族中从一种零件到另一种零件的转换。通过简化产品的移动路径，GT单元减少了作业在车间里逗留的时间。等候加工物料的队列被缩短或者消除。物料搬运经常是自动完成的，因此当物料被送往某个作业单元后，直到作业完成，工人都不需要搬运被加工的零件。

图 8.5 比较了创建成组单元前后的流程流向。图 8.5（a）展示的是一个按照机器

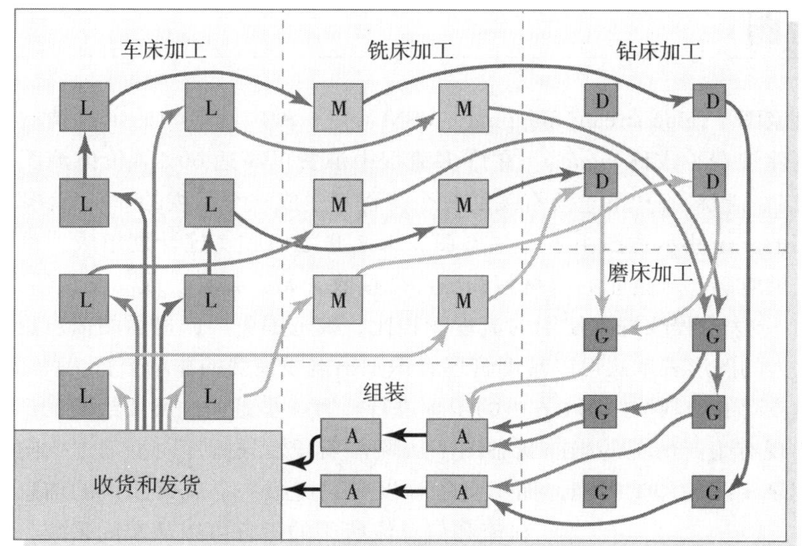

（a）一个未采用成组技术单元车间的杂乱流向

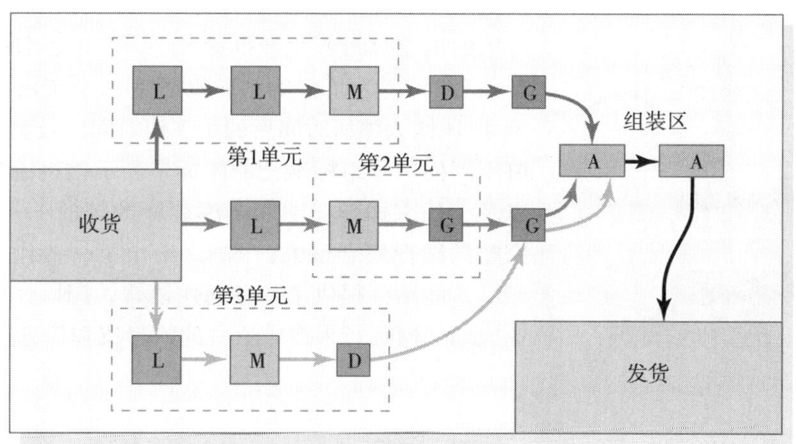

（b）采用三个成组技术单元车间的线性流向

图 8.5
使用成组技术单元前后的流程流向

资料来源：Mikell P. Groover. *Automation, Production Systems, and Computer-Aided Manufacturing*. 1st Edition, © 1980. Reprinted by permission of Pearson Education, Inc., Upper Saddle River, NJ.

功能归类放置的车间平面图：车床、铣床、钻床、磨床和组装。一个零件在车床加工后，被送往一台铣床，在那里排队等候，直到获得比竞争该机器加工的任何其他作业更高的优先权。当铣加工结束后，这个零件再被送往钻床，等等。等候的队列可能会很长，造成大量的时间延迟。由于在车间任何区域加工的零件都有很多不同路径，因此物料的流向非常杂乱。

与上述情况相反，图 8.5（b）所示的车间管理者将公司的大部分产品划分为三个产品族。第一类产品通常需要两次车床加工后接着用铣床加工。第二类产品通常是经一台铣床加工后接着用一台磨床加工。第三类则是需要车床、铣床和钻床加工。为简单起见，仅将这三个产品族零件的加工流程在图中表示出来。其余的零件被安排在这些作业单元之外进行生产，它们的路径依旧是杂乱的。一些设备需要重复购置，因为一台机器可能同时被一个或几个作业单元以及作业单元以外的操作环节需要。然而，通过建立这样三个成组技术作业单元，管理人员显然建立了更多的线性流向并简化了加工路径。

价值流图

价值流图（value stream mapping，VSM）是一种广泛应用的定性精益方法，其目标是消除浪费（或称 *muda*）。在许多流程中浪费可高达 60%。价值流图对一个产品价值链上与物料流和信息流有关的每个流程都生成一个可视的“示意图”，因此是十分有用的。这些示意图由当前状态图、未来状态图和实施计划组成。价值流图跨越了整个供应链，从企业的原材料和零部件接收开始，到将产成品交付给顾客为止。因此，与 6σ 法流程改进中使用的流程图相比，其范围更广，显示的信息更多。创建一个如此大的图形表示法可以帮助管理者识别出造成浪费的非增值行为的根源。

价值流图的绘制按照图 8.6 中的步骤进行。第一步是关注所要绘制的产品族。下一步画出现有生产情况的当前状态图：从顾客端开始分析，用手工方式向上游方向画图，记录实际的加工时间，而不是依赖没有通过第一手观察获得的信息。绘制物料流和信息流所用的信息可以从车间采集，包括与每个流程有关的数据：生产节拍（C/T）、设置调整或切换时间（C/O）、正常运行时间（以百分比表示的随时可用的机器时间）、生产批量大小、流程运行所需人数、产品种类、（为了将物料移动到下一个工序的）包装尺寸、（减去停机时间后的）工作时间以及废品率。价值流图使用一组标准化的图标来表示物料流、信息流以及（代表操作员、安全库存缓冲等的）一般信息。完整的图标集合很大，图 8.7 给出了一些代表性的图标。这些图标提供了一种通用语言，用以详细描述企业应该如何运行来产生更好的物料流和信息流。

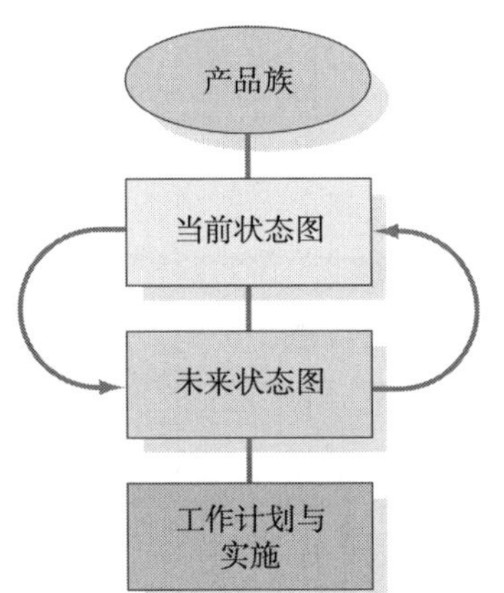

图 8.6
绘制价值流图的步骤
资料来源：Mike Rother and John Shook, *Learning to See* (Brookline, MA: The Lean Enterprise Institute, 2003), p. 9. Copyright © Lean Enterprise Institute, Inc. All right reserved, 2003.

图 8.7
价值流图的部分图标

物料流图标

处理框	供应商/顾客（外部来源）	数据框	库存
组装	公司名称	数据框 C/T= C/O= 正常运行时间= 班次 可用时间	I 件数
货车运输 1次/天	推动式的物料移动	给顾客的产成品	

信息流图标

一般图标

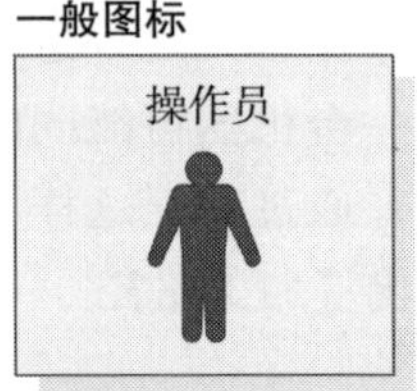

例 8.1 确定价值流图、节拍时间和总生产能力

Jensen 轴承有限公司是位于南卡罗来纳州列克星顿的一家轴承制造公司，该公司每周一接收来自 Kline 钢铁公司的原料钢板，用来生产轴承支撑架（支撑滚珠轴承的铸造件）产品族的产品，然后每天将产成品运往一个叫 GNK 公司的第二级汽车生产商客户。该轴承生产公司的产品族包括两种型号的支撑架——大号（L）和小号（S），按照每个货盘盛放 60 个支撑架的包装要求装在可退回的货盘中，便于向客户发货。生产过程在一个作业单元中进行，包括冲压、冲孔和成型加工以及表面抛光处理，在这些环节都完成后，两类支撑架暂存起来等待发货。Jensen 轴承有限公司的运营经理收集的数据如表 8.3 所示。

表 8.3　Jensen 轴承有限公司轴承支撑架产品族运营数据

整体加工属性	平均需求：3 200 件 / 天（1 000 件 "L"，2 200 件 "S"） 批量大小：1 000 每天班次：1 可用时间：每班 8 小时，其中有两个 30 分钟的就餐时间	
工序 1	冲压	生产节拍 = 3 秒 设置调整时间 = 2 小时 正常运行时间 = 90% 操作员 = 1 EPE = 1 周 在制品 = 5 天的钢板（冲压之前）
工序 2	冲孔和成型	生产节拍 = 22 秒 设置调整时间 = 30 分钟 正常运行时间 = 100% 操作员 = 1 在制品 = 1 000 件 "L"，1 250 件 "S"（冲孔和成型之前）
工序 3	表面抛光	生产节拍 = 35 秒 设置调整时间 = 45 分钟 正常运行时间 = 100% 操作员 = 1 在制品 = 1 050 件 "L"，2 300 件 "S"（表面抛光之前）
工序 4	发货	在制品 = 500 件 "L"，975 件 "S"（表面抛光之后）
向客户发货	每个货盘 60 件，每天一次发货 3 200 件	
信息流	所有从客户处收到的联络通信都是电子化的： 180/90/60/30/ 天 预测值 每日订单 所有向供应商发出的联络通信都是电子化的： 4 周 预测值 每周传真 每周一次人工递交冲压、冲孔和成型、表面抛光操作环节的生产进度计划，每天一次人工递交发货环节的发运计划 所有物料都是推动式的	

a. 用表 8.3 所示的数据生成 Jensen 轴承有限公司的价值流图，并说明如何计算数据框中的值。

b. 这一制造单元的节拍时间是多少？

c. 这一制造单元中每道工序的生产提前期是多少？

d. 这一制造单元的总加工时间是多少？

e. 这一制造单元的生产能力是多少？

解

a. 在图 8.8 中我们用 VSM 图标说明 Jensen 轴承有限公司的当前状态。图 8.8 所示的当前状态图中表示出了流程特征和每道工序前面的库存缓冲。每个工作站由一名工人操作，图 8.8 底部表示的流程流向与第 4 章“流程分析”中介绍的流程图类似，不同的是这里对每道工序的描述更加具体。但是，真正将价值流图与流程图区分开的是图 8.8 顶部包含的信息流，这些信息流对所有的流程活动进行计划和协调。价值流图比流程图更加全面，它将（第 16 章“资源计划”中将要详细阐述的）计划和控制系统与（第 4 章所讨论的）详细的流程图融合在一起，建立了一个综合性的供应链视图——它包含了企业及其供应商和顾客之间的信息流和物料流。

b. 该制造单元的节拍时间等于该单元为了与需求相匹配所需的产品生产速度。

日需求量 = 每周（1 000+2 200）件 / 每周 5 个工作日 = 640 件 / 天

每日可用时间 = 7 小时 / 天 × 3 600 秒 / 小时 = 25 200 秒 / 天

节拍时间 = 每日可用时间 / 日需求量 =（25 200 秒 / 天）÷（640 件 / 天）= 每件 39.375 秒

c.（以天为单位计量的）生产提前期通过对每道工序之间持有的库存求和，再除以日需求量得出。

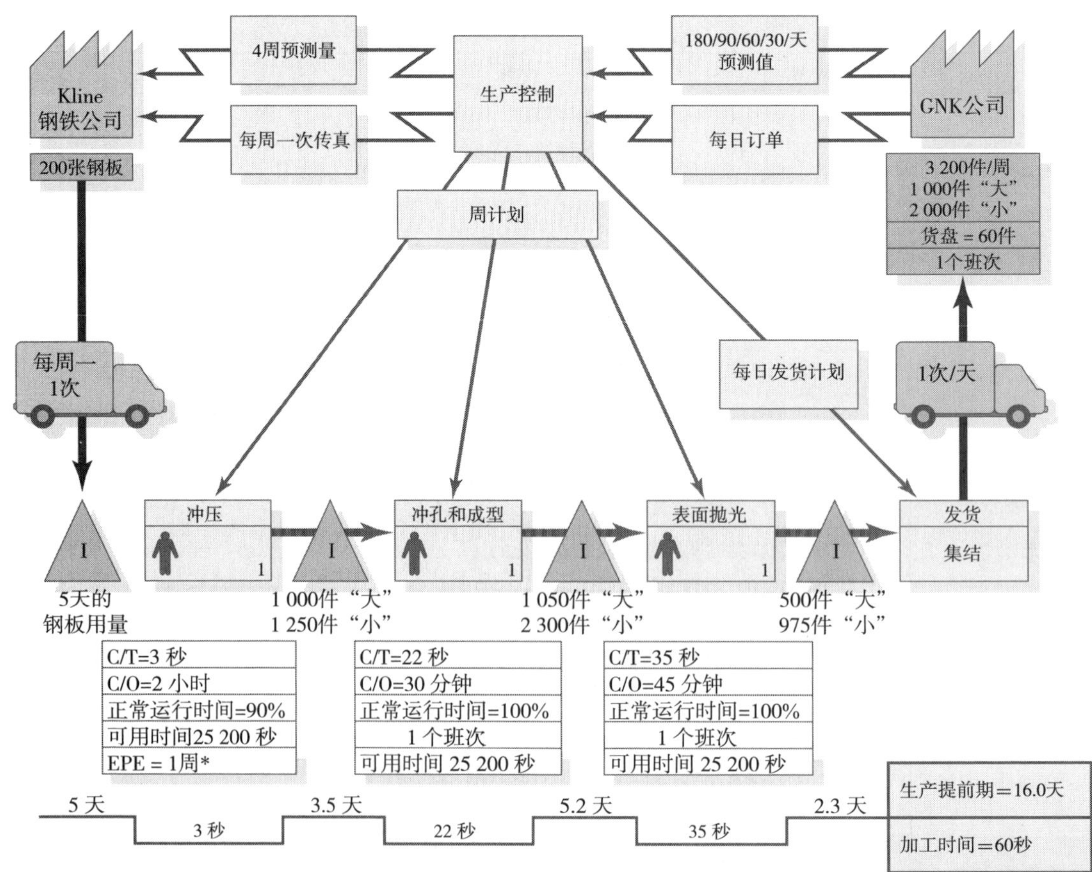

图 8.8 Jensen 轴承有限公司的轴承支撑架产品族的当前状态图

原材料提前期 = 5.0 天

冲压与冲孔和成型之间的在制品提前期 = 2 250/640=3.5 天

冲孔和成型与表面抛光之间的在制品提前期 = 3 350/640=5.2 天

表面抛光与发货之间的在制品提前期 = 1 475/640=2.3 天

总生产提前期 =（5+3.5+5.2+2.3）= 16 天

d. 每道工序的加工时间相加后得到总加工时间。该制造单元的总加工时间为（3+22+35）= 60 秒。

e. 该制造单元的生产能力可用以下方法计算：首先找出瓶颈所在位置，然后用给定的 1 000 件的批量，计算瓶颈处每天在可用时间内加工的数量。

冲压工序的能力	冲孔和成型工序的能力	表面抛光工序的能力
生产节拍 = 3 秒	生产节拍 = 22 秒	生产节拍 = 35 秒
设置调整时间 =（2 小时 * × 每小时 3 600 秒）/ 每批 1 000 件 = **7.2 秒**	设置调整时间 =（30 分钟 * × 每分钟 60 秒）/ 每批 1 000 件 = **1.8 秒**	设置调整时间 =（45 分钟 * × 每分钟 60 秒）/ 每批 1 000 件 = **2.7 秒**
每单位加工时间 =（3+7.2）= **10.2 秒**	每单位加工时间 =（22+1.8）= **23.8 秒**	每单位加工时间 =（35+2.7）= **37.7 秒**

在批量为 1 000 件的情况下，表面抛光工序是瓶颈。

抛光工序可用时间 = 每天 25 200 秒

瓶颈处的单位加工时间（含设置调整）= 37.7 秒

能力（可用时间 / 瓶颈处的加工时间）= 25 200/37.7 = 668 件 / 天

决策重点

虽然每个轴承支撑架的总加工时间都只有 1 分钟，但是累计的提前期却长达 16 天。显然存在着浪费，因此工厂有机会对现有流程进行重新配置，来削减库存并缩短累计的生产提前期。

一旦画好了当前状态图，分析人员就可以应用精益系统的原理生成一个具有更加顺畅的产品流向的未来状态图。未来状态图突出了浪费的根源并指出了消除浪费的方法。当前状态图和未来状态图的绘制过程是交叉重叠的过程。价值流图的最后一个步骤是制订并积极应用实施计划以到达未来状态。从未来状态图的绘制到开始对单一的产品族实施也许只需要两三天的时间。在这一阶段，未来状态图就是实施精益系统的蓝图，并在实施过程中进行微调。当未来的状态成为现实时，就要画出新的未来状态图，以此表示在价值流层面的持续改进。

价值流图与约束理论（参见第 7 章"约束管理"）不同：约束理论接受现有的系统瓶颈并努力使给定约束下的吞吐量达到最大，而价值流图则是通过当前状态图和未来状态图了解如何改变现有流程，从而消除瓶颈以及其他浪费活动。其目的是使整个流程的生产速度与顾客期望的需求速度相适应。应用这种方法消除浪费的好处包括：缩短提前期和减少在制品库存、降低返工率和废品率，以及降低间接的劳动力成本。

看板系统

精益生产系统，特别是丰田生产系统（TPS）中最引人注意的是丰田汽车公司开

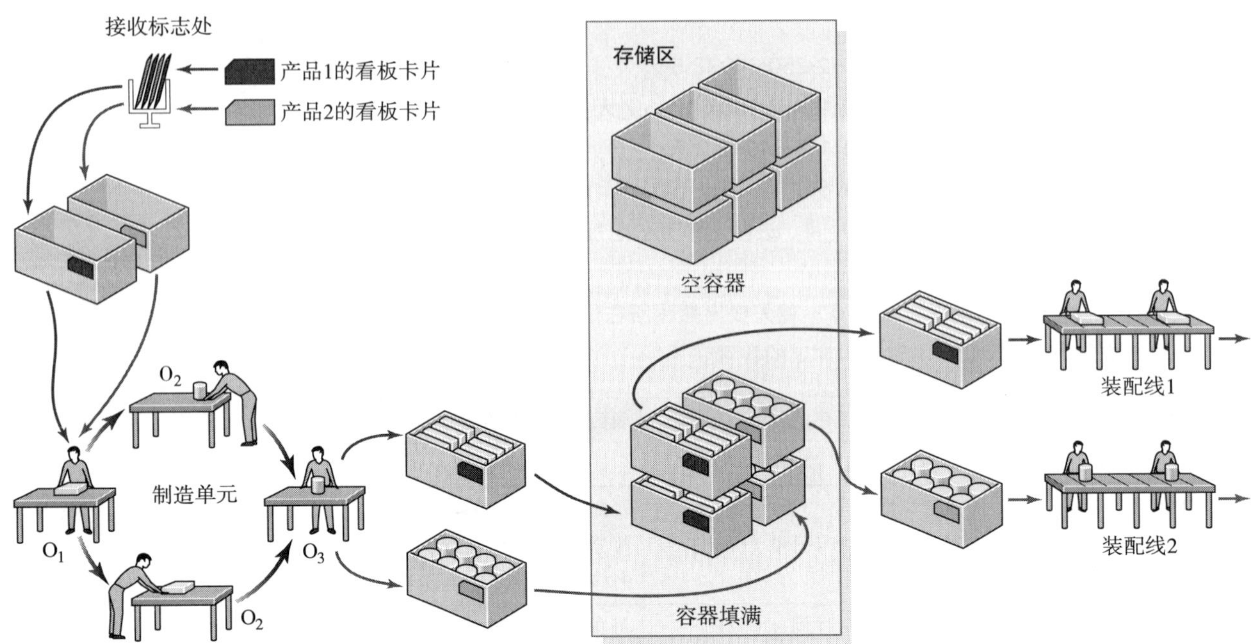

图 8.9
单卡片看板系统

发的看板系统。**看板**（kanban），在日语中是“卡片”或“可视记录”的意思，指在整个工厂中用于控制生产流的卡片。在最基本的看板系统中，每个盛放生产出来的零部件的容器上都附有一张卡片。该容器按某种产品日产量的一定百分比盛装零部件。当使用者用完容器内的零件，卡片就被从容器上取下来放在接收标志处。空出来的容器被送到存储区，卡片发出信号——需要生产另一种装在容器的部件。当容器再被装满时，卡片又被放回到容器上，然后将装满的容器再送到存储区。当零件使用者取走带有卡片的容器时，循环再一次开始。

图 8.9 显示在一个制造单元要同时向两条装配线供应零件的情况下，单卡片看板系统是如何运行的。当一条装配线需要更多零件时，这些零件的看板卡片就会被送往接收处，同时将整箱的零件从存储区搬走。接收标志处累积了装配线的卡片，然后由调度员安排待补货零件的生产顺序。在这个例子中，制造单元将在生产第一种产品（深灰色卡片）之前先生产第二种产品（浅灰色卡片）。该制造单元有三道不同工序，但第二道工序有两个工作站。制造单元一旦开始生产，产品首先经过第一道工序，接下来根据当时的工作负荷，传送至第二道工序的其中一个工作站。产品在送达存储区之前还要进行第三道工序的加工。

一般运行规则

单卡片系统的运行规则很简单，其目的是在控制库存水平的同时使物料流变得顺畅。

1. 每个容器必须附有一张卡片。
2. 装配线总是从制造单元提取物料。制造单元从不主动向装配线推送零部件，因为这样迟早都会供应生产中并不需要的零部件。
3. 如果看板事先没有被放到接收标志处，就不能从存储区取出装零部件的容器。

4. 容器总是装有相同数量的质量合格的零部件。使用非标准容器或不规则装填的容器会扰乱装配线的生产流。
5. 只有质量合格的零部件才能被传送到装配线，以确保最好地利用原材料和员工的时间。这一规则强调源头质量的理念，这是精益系统的重要特征。
6. 总产量不应该超过系统中看板核准的总量。

丰田汽车公司使用了双卡片系统，即用一张提货卡片和一张生产订单卡片来更严格地控制库存数量。提货卡片说明了使用者应该从生产者那里获得的零件种类和数量，同时也向使用者和生产者说明存放位置。生产订单卡片说明了需要生产的产品种类和数量、所需要的物料以及从何处得到该物料、将完成的产品存放在哪里。如果没有提货卡片就不能提取物料，如果没有生产订单卡片就不能开始生产。当生产开始时，卡片就被附到容器上。通过控制在任何时间都起作用的提货卡片和生产卡片的数量，管理层可以控制生产系统中的物料流。

容器数量的确定

TPS 中核准的容器数量决定了核准的库存数量。管理层必须做出两个决策：（1）每个容器盛放零部件的数量；（2）在供应站和使用站之间来回往返的容器数量。其中第一个决策的数量决定了生产批量的大小。

在两个工作站之间往返的容器数量直接影响在制品库存的数量，其中包括应对意外需求的安全库存量。[5] 容器在生产、排队等候、存储区域和传送过程中都会花一些时间。决定所需容器数量的关键是估计生产一个容器零部件所需要的平均提前期。该提前期是由每个容器在供应站的加工时间、在生产过程中的等待时间以及物料搬运所需时间决定的。利特尔法则认为平均在制品库存（WIP）等于平均需求率乘以产品在制造过程中所花的平均时间，该法则可用于确定使用站所需的容器数量（参见补充资料 B“等待线”）。

WIP = 平均需求率 × 一个容器在制造流程中所花的平均时间 + 安全库存量

在确定一种零件所需容器数量的应用中，WIP 是容器数量 κ 和每个容器所装零件数 c 的乘积，因此

$$\kappa c = \bar{d}(\bar{\omega} + \bar{\rho})(1 + \alpha)$$

$$\kappa = \frac{\bar{d}(\bar{\omega} + \bar{\rho})(1 + \alpha)}{c}$$

式中：

κ = 一种零件的容器数量

$\bar{d}$ = 以件数为单位计算的零件日需求量的期望值

$\bar{\omega}$ = 每个容器在生产过程中的平均等待时间加上物料搬运时间，以天为单位，用小数表示。

$\bar{\rho}$ = 每个容器的平均加工时间，以天为单位，用小数表示。

5 我们将在第 9 章“供应链库存管理”和第 10 章“供应链设计”中更详细地讨论安全库存及其应用。

c = 标准容器盛装零件的数量。

α = 为应对意外情况而增加安全库存的政策变量（丰田公司对它的取值不超过10%）。

当然，容器的数量必须是整数。对 κ 向上取整会比预计的库存多，而向下取整则会比预计的库存少。

容器的数量 c 和效率因子 α 是管理层可以用来控制库存的两个变量。调整 c 可以改变生产批量大小，而调整 α 则可以改变安全库存的数量。看板系统使管理层以一种直接的方式微调系统中的物料流。例如，从系统中去除卡片就可以减少盛装某种零件的容器核准数量，所以也就降低了该零件的库存。因此，其主要优点就是系统的简单性，通过调整系统中看板的数量，就可以轻易完成产品组合和批量的变化。

例 8.2 确定合适的容器数量

Westerville 汽车配件公司生产用于四轮驱动卡车转向与悬挂系统的摇臂总成，典型的 1 容器单位的零件在其制造周期中花 0.02 天加工、0.08 天搬运物料和等待。该零件每天的需求量为 2 000 件。管理层认为摇臂总成的需求不够稳定，应保证持有相当于正常库存的 10%的库存量作为安全库存。

a. 如果每个容器装 22 个零件，那么应该使用多少个容器?

b. 假设一项改变工厂布局的建议将使每个容器的物料搬运和等待时间缩短为 0.06 天。这时需要多少个容器?

软件求解容器的数量

在阴影部分输入数据

日期望需求量	2 000
标准容器盛装数量	22
容器等待时间（天）	0.06
加工时间（天）	0.02
政策变量	10%
所需容器数量	8

图 8.10

用 OM Explorer 求解容器的数量

解

a. 如果 $\overline{d}$ = 2 000 件 / 日，$\overline{p}$ = 0.02 天，α = 0.10，$\overline{\omega}$ = 0.08 天，且 c = 22 件，则

$$\kappa = \frac{2\ 000 \times (0.08+0.02) \times 1.10}{22} = \frac{220}{22} = 10 \text{ 个容器}$$

b. 通过 OM Explorer 得到的图 8.10 所示的计算结果显示容器数量减少为 8 个。

决策重点

每个容器的平均提前期为 $\overline{\omega} + \overline{p}$。当提前期为 0.10 天时，就需要 10 个容器。然而，如果改变工厂布局会使每个容器的物料搬运和等待时间 $\overline{\omega}$ 缩短为 0.06 天，则只需要 8 个容器。摇臂总成的最大核准库存量为 $\kappa \times c$ 个单位。因此，在（a）中的最大核准库存为 220 件，而在（b）中则仅有 176 件。$\overline{\omega} + \overline{p}$ 减少了 20%，使零件库存下降了 20%。管理层必须在改变布局所花的成本（一次性费用）和由于库存下降所带来的长期利益之间进行权衡。

其他看板信号

卡片并不是需要生产更多零件的唯一信号。也可以用其他不太正式的方法发出信号，其中包括容器系统和无容器系统。

容器系统 有时候容器本身就可以作为信号装置：一个空容器发出需要产品来填满它的信号。Unisys 公司将该方法应用于低价值的物品。通过增加或减少容器来调整某种零件的库存数量。当容器是为特定零件而专门设计，不会有其他零件被偶然错放进该容器时，这个系统的效果会很好。当容器事实上是一个在精密加工过程中放置某种零件的货盘或固定装置时，就属于这种情况。

无容器系统 不需要任何容器的系统已诞生。在装配线运行中，操作员把已完成的零件放进自己工作台区域着色的方框内——每个方框放一个单位的零件。每个着色的方框代表一个容器，每个操作员工作台上的着色方框的数量是根据生产线流量的平衡来计算的。当下一个工位的使用者从该生产者的方框内取走一个单位的零件以后，空着的方框就是需要再生产一个单位零件的信号。麦当劳就使用了无容器系统。从收银机录入的订单信息被传送给厨师和配餐员，由他们来生产顾客所需要的汉堡包。

管理实践 8.1 说明匹兹堡大学谢迪赛德（Shadyside）医学中心如何运用看板系统原理、5S 法、蜂窝式布局以及线性流量来大幅提高病理科的绩效。

运营优势及实施问题

为了获取竞争优势并做重大改进，可以将精益生产系统作为解决方案。精益系统可以是基于速度的企业战略的一部分，因为精益系统方法可以缩短周期时间、提高库存周转率和劳动生产率。最近的研究还表明，代表精益系统不同组成的实践活动，比如 JIT、TQM、6σ、全面预防性维护以及人力资源管理，无论是单独运用或者是组合起来运用，都可以提高制造工厂以及服务机构的绩效。精益生产系统也包括大量通过小组交流会的形式而开展的员工参与活动，这些活动不仅提高了服务或产品的质量，而且使生产运营中的许多方面都得到了改进。

虽然精益生产系统的优势看起来很明显，但是精益生产系统在已经运行很长时间的情况下仍然有可能出现问题。最近的产品召回事件，以及作为丰田标准严格控制的质量总是出现偏移就说明了这一点。此外，实施精益系统要用很长的时间。本节接下来将阐述在实施精益生产系统的过程中管理者应该了解的一些问题。

在缅因州斯考希根的新百伦工厂，一个工人正将一大摞未完全缝好的运动鞋从她的缝制台搬走。她与小组中另外 5 名成员一起制订了一项计划，以使每个人都通过多技能培训而掌握其他人的技能。对于提高熟练程度的类似想法，在每两周一次的工人和管理者会议上都进行讨论，这使新百伦公司的绩效得到了提高。

组织方面的考虑因素

实施精益生产系统要求管理层考虑员工的压力、员工与管理层之间的相互合作与信任，以及薪酬体系和员工分级等问题。

管理实践 8.1 匹兹堡大学谢迪赛德医学中心的精益系统

匹兹堡大学医学中心（University of Pittsburgh Medical Center，UPMC）由 20 家医院组成，拥有 5 万名员工、400 间医生办公室和诊室，每年为 400 万人提供服务。匹兹堡大学谢迪赛德医学中心是 UPMC 体系的一部分，是一家有 520 张床位的三级护理医院，它拥有近 1 000 名初级保健医生和专科医生。UPMC 总是在寻求改进，2001 年它首次在外科的 40 张床位上应用丰田生产系统，然后将这一概念系统化为临床设计行动（Clinical Design Initiative，CDI）的精益方法。这一方法的重点是通过直接观察来确定问题的根源，然后通过设计可视的、简单而清晰的方案来解决问题。UPMC 对这些方案进行小范围试验并进行改进，同时提高患者和员工的满意度，直到达到所希望的临床效果和成本水平。一旦试验成功，就会将经过改进的流程向医院其他领域推广。

UPMC 最近应用 CDI 方法加快病理实验室的周转时间。实验室原来是基于批量排队的推动式系统来确定布局和工作流向的，导致提前期长，跟踪和传送大批量结果的过程复杂，要延迟很长时间才能发现质量问题，而且存储成本高。在转换为精益系统之前，UPMC 为实验室的员工开设了精益概念课程，并在此基础上进行了 5S 实践，以更好地管理该部门。实验台做了整理，实验室设备得以重新排列。将不需要的物品用红色标签标记并搬走。然后对剩下的物品进行可视化管理，既整洁又易于使用。

清理房间的 5S 实践鼓舞了员工的士气。UPMC 将带有再订购信息的看板卡片附在了大多数物品上。现在每天再订购日常医疗用品只需要几分钟的时间。缺货和昂贵的加急订货现象都消除了，医疗用品的整体库存水平下降了 50%—60%。

在匹兹堡大学谢迪赛德医学中心采用了基于线性流向的精益运营方法后，与批量排队系统相比，样本的处理时间从几天缩短为几个小时。因此可以更快地做出诊断，缩短了患者待在医院里的时间。

为了从批量排队系统转向基于线性流向的系统，移动设备使其围绕实验室排列成蜂窝式布局。这种新的排列使组织样本的处理按照从包埋、到切片、到烘箱、再到医学染色的顺序经过整个实验室的工作单元。样本的移动速度更快，很少或没有样本在化验环节之间因等待而停留。由此，准备和分析组织样本所需的时间从 1 到 2 天缩短为不到 1 天。周转时间的缩短意味着医生们可以更快地得到病理报告，这样又加快了诊疗速度，患者留在医院的时间就会缩短。此外，实验室在人数减少 28% 的情况下可以完成同样的工作量，并且由于质量错误被立即发现，差错也减少了。

资料来源："The Anatomy of Innovation," *Lean Enterprise Institute*.

精益生产系统的人力成本 精益生产系统可以与统计过程控制（statistical process control，SPC）方法相结合来减少产出的变化。然而，这种结合需要高度的纪律性，有时会给员工带来很大的压力。例如，在丰田生产系统中，员工必须满足特定的生产节拍要求，而且，在运用 SPC 时必须遵循事先规定的问题解决方法。这样的系统使员工感到紧张和压抑，从而导致生产率或质量下降。此外，员工们感觉丧失了某种自主权，因为在冗余生产能力或安全库存很少或几乎没有的情况下，必须保持工作站之间工作流的紧密衔接。管理人员可以通过在系统中允许有一些缓冲（使用安全库存或能力缓冲），以及强调工作流而不是工人的速度来减轻对员工的不利影响。

管理人员也可以鼓励员工以团队形式工作，并允许他们在自己的职责范围内确定任务分配。

合作与信任　在精益生产系统中，工人和基层管理人员必须承担原先分配给中层管理人员和后勤人员的职责。像进度计划、赶工和提高劳动生产率这样的活动就变成基层员工职责的一部分。因此，必须对组织中的工作关系重新定位以在员工和管理层之间建立起密切合作与相互信任的关系。但是，这种合作和信任的环境很难实现，特别是考虑到员工和管理层这两个群体以往的对抗关系的情况下更是如此。

薪酬体系与劳动分工　在某些情况下，当实施精益生产系统时，必须对薪酬体系进行重新设计。例如，在通用汽车公司，一项在一家工厂削减库存的计划遇到了麻烦，因为该厂的生产主管拒绝削减正在生产中但并不需要的零件产量。为什么？因为他的薪水是与工厂的产量挂钩的。

重新调整薪酬体系并不是唯一的障碍。传统的劳动合同降低了企业在需要时重新为员工分配其他任务的能力。例如，在美国一家典型的汽车工厂里有多个工会和几十个工种。一般来说，某一工种的员工只允许做有限范围的工作。在有些情况下，通过同意对工会做出其他让步并给予工会要求的福利，企业设法给这些员工更多的灵活性。在有些情况下，企业通过工厂迁址来利用非工会或国外的劳动力。

流程方面的考虑因素

实施精益生产系统的企业一般都会拥有一些有优势的工作流。为了利用精益生产活动的优势，企业必须改变现有的生产布局。某些工作站可能要搬到相互靠近的地方，并且要建立专门生产特定零件族的机器单元。但是，重新布局一家工厂来适应精益生产活动的要求要付出很大的代价。例如，尽管很多工厂目前通过铁路运输接收原材料和外购件，但是为了实现少量多次运输，工厂更适宜采用卡车运输。因此要对装卸码头进行重建或扩建，并且某些运营机构要重新选址来适应到达物料的运输模式和数量变化。

库存与生产进度计划

制造企业需要有稳定的主生产计划、较短的设置调整时间、频繁而可靠的原材料和零部件供应，才能获得精益生产系统概念的所有潜能。

生产进度计划的稳定性　在大批量、面向库存生产的环境中，每日生产进度计划必须长时间保持稳定。在丰田公司，主生产计划是在 3 个月的时间周期内以零点几天为单位表示的，而且每个月只修订一次。为了避免给各工作站的日生产计划带来干扰，需要将第一个月的生产进度计划固定下来。也就是说，各工作站在这个月的每一天完成相同的生产进度。每个月月初，会重新公布代表新的日生产率的看板系统。稳定的生产进度安排是必要的，这样可以保证生产线的平衡并给工作量不饱和的员工重新分配工作。用于大批量、面向库存生产环境的精益生产系统不能对生产进度计划的改变做出快速响应，因为几乎没有多余的库存或生产能力可用于应对这些变化。

设置调整 如果想要实现精益生产系统的库存优势，就必须采用小批量生产。但是，由于小批量生产要求大量的设置调整，所以企业必须大大缩短设置调整时间。有些企业还不能实现短的调整时间，因此必须放弃精益生产的某些优势而进行大批量生产。对耗费时间较长的转产新产品，精益生产系统的适应能力较差，因为在系统停产期间，低水平的产成品库存不足以满足需求。如果不能缩短切换时间，就必须持有大量老产品的产成品库存来弥补。在汽车行业，为了转产新型号，工厂每停产一周就会损失 1 600 万到 2 000 万美元的税前利润。

采购与物流 如果供应商无法安排企业的采购物品经常性、小批量送货，就无法实现这些物品在库存方面的大量节约。例如在美国，由于供应商在地理位置上的分散性，这种安排实际上很难实现。

由于精益生产系统的低库存，原材料和零部件的发货必须可靠。工厂可能会因为缺少原材料而停产。同理，在供应链受到干扰后，精益系统的恢复时间更长，也更加困难，“9·11”事件之后发生的情况就是如此。

流程设计与持续改进是成功的运营战略的关键要素。在本书第二编的结尾，我们强调将精益系统作为高效流程设计的指导方法以及实现持续改进的途径。我们说明如何将准时制生产这种普及的精益系统方法用于持续改进，如何将看板系统用于控制在制品库存数量。将当前的流程设计转变为一种融入了精益系统的理念，对管理层来说是一个持续挑战，他们常常会遇到各种实施问题。但是，这种转变可以通过像松下和丰田等公司所用的适当管理方法以及通过运用价值流图一类的工具来推进。这里需要记住的要点是，适用于流程层面的精益系统原理，同样也适用于供应链层面。在本书的第三编，我们将重点介绍供应链管理，其中包括有效供应链的设计与整合。

学习目标回顾

1. **说明精益生产系统如何有利于流程的持续改进。**参见“运用精益系统方法持续改进”一节。复习图 8.1 和本章开头的松下公司案例。
2. **确定精益系统的特征和战略优势。**参见“精益系统中供应链的考虑因素”和“精益系统中流程的考虑因素”这两节。“丰田生产系统”一节对企业在竞争中如何用精益系统的特点来获取战略优势进行了说明。
3. **理解价值流图及其在减少浪费中的作用。**“价值流图”一节说明如何构造价值流图并识别流程中的浪费。复习例 8.1，掌握价值流图的画法和数据框的计算方法。
4. **理解看板系统，利用该方法制订精益系统的生产进度计划。**“看板系统”一节说明像丰田公司这样的企业如何用简单的可视化系统来拉动生产过程，并准确按照市场需求进行生产。例 8.2 说明如何计算所需要的看板卡片的数量。
5. **说明与应用精益系统有关的实施问题。**“运营优势及实施问题”一节对成功实施精益系统并获取优势需要进行的组织方面和流程方面的考虑因素进行了回顾。

关键公式

容器数量

$$\kappa = \frac{\bar{d}(\bar{\omega} + \bar{\rho})(1 + \alpha)}{c}$$

关键术语

精益系统	推动式方法	5S 法
准时制（JIT）原理	自动化	一人多机（OWMM）作业单元
准时制系统	防错法	成组技术
批量	节拍时间	价值流图（VSM）
个位数设置调整	均衡化	看板
拉动式方法	混合型号装配	

问题求解 1

Metcalf 有限公司为两个大型汽车制造客户生产发动机支架总成。发动机支架的生产流程由一个包括成型操作、钻孔操作、表面抛光操作以及包装过程的制造单元组成，之后的工序是准备发货。Metcalf 有限公司运营经理搜集的信息如表 8.4 所示。

表 8.4　Metcalf 有限公司发动机支架生产数据

整个流程属性	平均需求：2 700/ 天 批量大小：50 每天班次：2 可用时间：每班 8 小时，其中有 30 分钟午餐时间	
流程步骤 1	成型	加工时间 = 11 秒 设置调整时间 = 3 分钟 正常运行时间 = 100% 操作员 = 1 在制品 = 4 000 件（成型前）
流程步骤 2	钻孔	加工时间 = 10 秒 设置调整时间 = 2 分钟 正常运行时间 = 90% 操作员 = 1 在制品 = 5 000 件（钻孔前）
流程步骤 3	磨削	加工时间 = 17 秒 设置调整时间 = 0 秒 正常运行时间 = 100% 操作员 = 1 在制品 = 2 000 件（磨削前）
流程步骤 4	包装	加工时间 = 15 秒 设置调整时间 = 0 秒 正常运行时间 = 100% 操作员 = 1 在制品 = 1 600 件（包装前） 在制品 = 15 700 件（发货前）
向客户发货	每周发货一次，数量为 13 500 件	
信息流	与客户的所有通信方式都是电子的 每周向成型环节下一次订单 所有物料都是推动式的	

a. 利用表 8.4 中的数据，为 Metcalf 有限公司建立一个价值流图，并说明如何计算数据框中的数值。
b. 该制造单元的节拍时间是多少？
c. 该制造单元中每一道工序的生产提前期是多少？
d. 该制造单元的总加工时间是多少？
e. 该制造单元的生产能力是多少？

解

a. 图 8.11 显示了 Metcalf 有限公司的当前状态价值流图。
b. 日需求量 = 每天 2 700 件。
每天可用时间 =（每天 7.5 小时）×（每小时 3 600 秒）× 每天 2 个班次 = 每天 54 000 秒
节拍时间 = 每天可用时间 / 日需求量 = 每天 54 000 秒 / 每天 2 700 件 = 每件 20 秒
c.（以天为单位计量的）生产提前期通过对每个加工环节之间持有的库存求和，再除以日需求量得出。

原材料提前期 = 4 000/2 700 = 1.48 天
成型与钻孔之间的 WIP 提前期 = 5 000/2 700 = 1.85 天
钻孔与磨削之间的 WIP 提前期 = 2 000/2 700 = 0.74 天

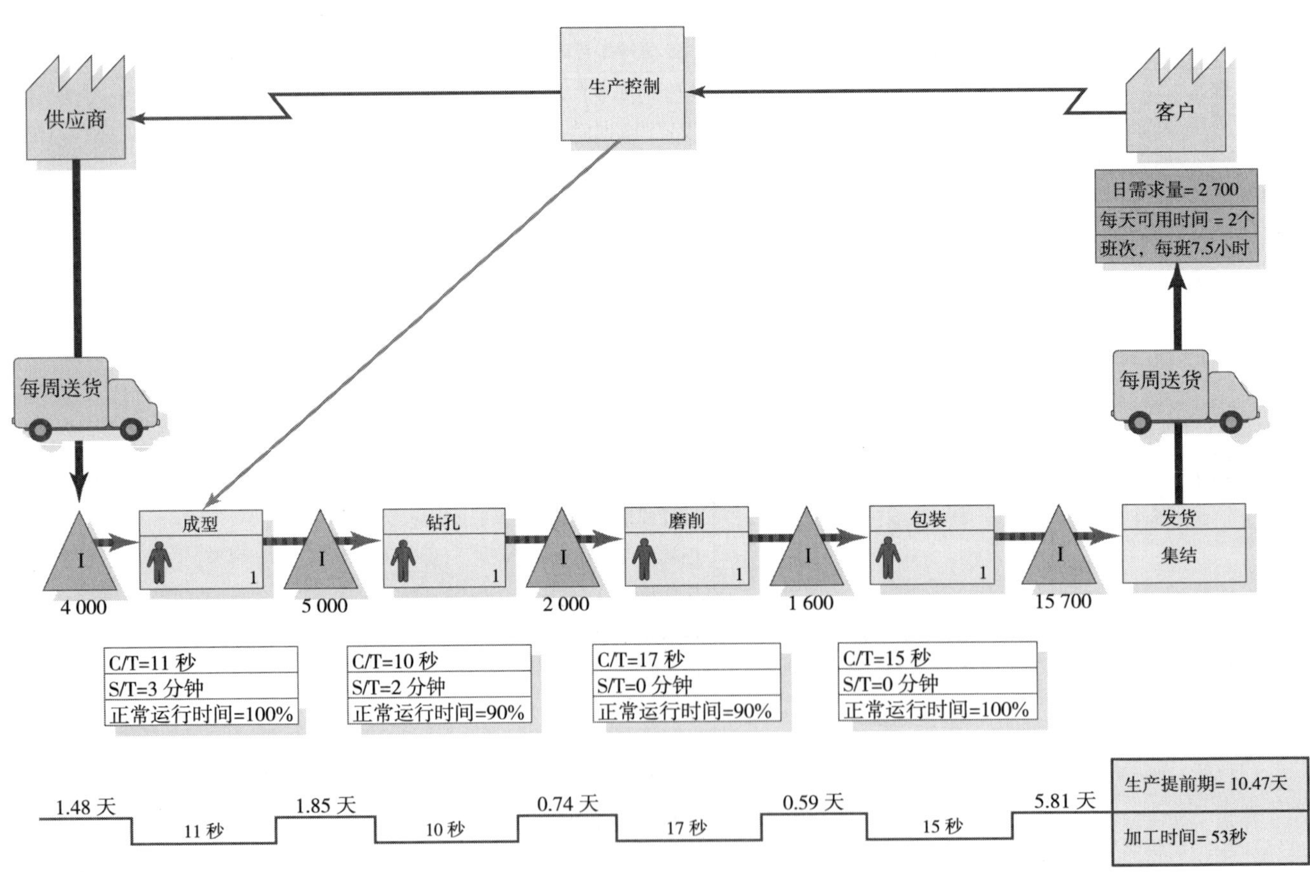

图 8.11
Metcalf 有限公司的当前状态价值流图

磨削与包装之间的 WIP 提前期 = 1 600/2 700 = 0.59 天

发货之前的产成品提前期 = 15 700/2 700 = 5.81 天

该制造单元的总生产提前期为：1.48 + 1.85 + 0.74 + 0.59 + 5.81 = 10.47 天

d. 该制造单元的总加工时间为（11 + 10 + 17 + 15）= 53 秒。

e. 该制造单元的生产能力可用以下方法计算：首先找出瓶颈所在位置，然后计算瓶颈处在每天的可用时间里能够加工的数量。

成型工序的产能	钻孔工序的产能	磨削工序的产能	包装工序的产能
加工时间 = 11 秒	加工时间 = 10 秒	加工时间 = 17 秒	加工时间 = 15 秒
设置调整时间 =（3 分钟 × 每分钟 60 秒）/ 每批 50 件 = 3.6 秒	设置调整时间 =（2 分钟 × 每分钟 60 秒）/ 每批 50 件 = 2.4 秒	设置调整时间 = 0 秒	设置调整时间 = 0 秒
每单位加工时间 =（11+3.6）= 14.6 秒	每单位加工时间 =（10+2.4）= 12.4 秒	每单位加工时间 =（17+0）= 17 秒	每单位加工时间 =（15+0）= 15 秒

在批量为 50 的情况下，磨削工序是瓶颈。

磨削工序可用时间 = 每天 54 000 秒

瓶颈处的单位加工时间（含设置调整）= 17.0 秒

产能（可用时间 / 瓶颈处的加工时间）= 54 000/17 = 每天 3 176 件

问题求解 2

一家应用看板系统的公司有一组低效率机器。例如，对零件 L105A 的日需求量为 3 000 件。一容器该零件的平均等待时间为 0.8 天，一容器该零件的加工时间为 0.2 天，每个容器中装 270 个零件。目前装这种零件的容器有 20 个。

a. 政策变量 α 的值是多少？

b. 零件 L105A 的总计划库存（包括在制品和产成品）是多少？

c. 假设政策变量 α 为 0，那么现在需要多少容器？在这个例子中政策变量的作用是什么？

解

a. 应用容器数量公式求出 α：

因为

$$\kappa = \frac{\overline{d}(\overline{\omega} + \overline{\rho})(1 + \alpha)}{c}$$

$$20 = \frac{3\ 000 \times (0.8 + 0.2) \times (1 + \alpha)}{270}$$

则

$$(1 + \alpha) = \frac{20 \times 270}{3\ 000 \times (0.8 + 0.2)} = 1.8$$

所以

$$\alpha = 1.8 - 1 = 0.8$$

b. 因为系统中共有 20 个容器，且每个容器装 270 个零件，所以总的计划库存为 20 × 270 = 5 400 件。

c. 如果 $\alpha = 0$，则

$$\kappa = \frac{3\ 000 \times (0.8 + 0.2) \times (1 + 0)}{270} = 11.11 \text{ 或 } 12 \text{ 个容器}$$

政策变量 α 的作用是调整容器的数量。在本例中，α 对容器数量的影响很大，这是因为 $\overline{\omega} + \overline{\rho}$ 相当大而每个容器中装的零件数量相对于日需求量又较小。

讨论题

1. 比较和分析下面两种情况的异同：
   a. 一家公司的精益生产系统强调团队工作。员工有较高的参与感，因此公司的生产率和产品质量都有所提高。但问题是员工们丧失了个人的自主权。
   b. 一名人类学教授认为所有的学生都有学习的愿望。为了鼓励学生之间进行合作并相互学习，从而提高学习过程的参与性、效率和质量，该教授宣布这个班的所有学生都将根据集体表现获得同样的成绩。
2. 在制造商实施精益生产系统时最有可能出问题的是哪些要素？为什么？
3. 列出精益系统给供应链造成的压力，无论是因为库存短缺还是因为员工停机造成的流程失败。思考一下对那些在运营中实施了精益系统原理的企业来说，这些压力会有什么影响。
4. 找出一个你所熟悉的服务流程或制造流程，画出其当前状态价值流图，说明现有的信息流和物料流。

练习题

1. Harvey 摩托车公司生产三种型号的车：Tiger，一种结实的越野摩托车；LX2000，一种灵巧的咖啡赛车；Golden，一种大型的州际旅行车。这个月的主生产计划要求每个 7 小时的班次生产 54 辆 Golden、42 辆 LX2000 和 30 辆 Tiger。
   a. 为了完成 7 小时的生产定额，装配线的平均生产节拍应该是多少？
   b. 如果采用混合型号装配计划，那么在每个循环期内应生产各种型号的车各多少辆？
   c. 为最终的小批量生产（1 辆车）确定一种满意的生产顺序。
   d. 一种新车型 Cheetah 的设计融合了 Tiger、LX2000 和 Golden 车型的特征。这种混合型设计的特性不是十分明显，预计会从其他 3 种车型中分流掉一些销售量。试确定一种在每个 7 小时的班次内生产 52 辆 Golden、39 辆 LX2000、26 辆 Tiger 和 13 辆 Cheetah 的混合型号生产计划。虽然每天生产的摩托车数量只略微增加，但是这种对（b）确定的生产计划做出的改变可能会出现什么问题？
2. Spradley's Sprockets 的一个制造单元用拉动式方法向一条装配线供应齿轮。George 主管这条每天需要 500 个齿轮的装配线。容器一般在制造单元等待 0.2 天。每个容器可以装 20 个齿轮，且每个容器的齿轮需 1.8 天的加工时间。设置调整时间可忽略不计。如果应对不可预见事件的政策变量取值为 5%，那么 George 应该为齿轮供应系统核准多少个容器？
3. 假设要求你分析 LeWin 公司（一家法国博彩设备制造商）的看板系统。一个工作站为装配线生产型号为 M670N 的零件。该零件的日需求量为 1 800 个。每个零件的加工时间为 0.003 天。LeWin 公司的记录表明每个容器在零件工作站的平均等待时间为 1.05 天。每个容器可以盛装 300 个 M670N 零件。该零件核准的容器数量为 12 个。注意：$\overline{\rho}$ 是每个容器而非单个零件的平均加工时间。
   a. 求出政策变量 α 的值，该值表示这个系统中隐含的安全库存量。

b. 如果减少 1 个容器，假设其他参数保持不变，利用从 a 中得到的 α 值来确定等待时间应该缩短的长度。

4. 一条装配线需要两种组件：gadjits 和 widjits。其中 gadjits 由第 1 加工中心生产，widjits 由第 2 加工中心生产。如图 8.12 所示，其最终产品为 jit-together，由 3 件 gadjits 和 2 件 widjits 组成。装配线上每日的生产定额为 800 件 jit-together。

每个盛装 gadjits 的容器可以装 80 件，第 1 加工中心的政策变量取值为 0.09，该容器的平均等待时间为 0.09 天，生产一容器零件需 0.06 天。每个盛装 widjits 的容器可以装 50 件，第 2 加工中心的政策变量取值 0.08，该容器的平均等待时间为 0.14 天，生产一容器零件需 0.20 天。

a. 零件 gadjits 需要多少个容器？

b. 零件 widjits 需要多少个容器？

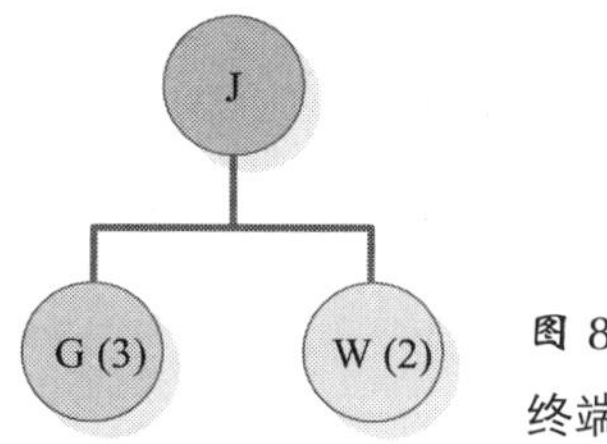

图 8.12
终端产品 J 的组件

5. Gestalt 有限公司在德国的汽车生产厂应用了*看板*系统。该工厂每天运行 8 小时，生产型号为 Jitterbug 的汽车，这是一种虽已过时但非常受欢迎的 Jitney Beetle 车的替代车型。假设某种零件在加工单元 33B 需要 150 秒的加工时间，一容器零件的平均等待时间为 1.6 小时。管理层为应对意外情况允许有 10% 的缓冲库存。每个容器盛装 30 个零件，且核准使用 8 个容器。问该系统可以满足多大的日需求量？（提示：注意 $\bar{p}$ 是整个容器而非单个零件的平均加工时间）

6. 美国邮政服务公司的一位主管正在寻找减轻分拣部门压力的办法。在现有的安排下，对贴有邮票的信件用机器盖戳并以每桶 375 封信的容量装入桶中。然后，将装满邮件的桶推给分拣员，分拣员以每桶 375 秒的速度读取邮政编码并将邮政编码输入到一部自动分拣机中。邮票盖戳机的速度快于分拣员，为缓解此压力，打算使用拉动式系统。当分拣员准备处理另一桶邮件时，就会从邮票盖戳机区域取一桶邮件。如果在 8 小时的一个班次中要分拣 90 000 封信件，安全库存政策变量 α 为 0.18，每桶的平均等待时间加搬运时间为 25 分钟，在分拣员和盖戳机之间应该有多少个用于周转的桶？

7. 马自达公司的生产进度计划要求在 1 月份的 22 个生产日内每天生产 1 200 辆车，在 2 月份的 20 个生产日内每天生产 900 辆车。马自达公司用一个*看板*系统与附近的一个轮胎供应商 Gesundheit 公司进行沟通。马自达公司从 Gesundheit 公司为每辆汽车购买 4 个轮胎。安全库存政策变量 α 为 0.15。容器（一辆运货卡车）的装载量为 200 个轮胎。每个容器的平均等待时间加物料搬运时间为 0.16 天。每个月月初对装配线重新平衡一次。1 月份每个容器的平均加工时间为 0.10 天。2 月份每个容器的平均加工时间为 0.125 天。那么 1 月份需要多少个容器？ 2 月份又需要多少个容器？

8. Jitsmart 公司是一家塑料活动人偶玩具的零售商。公司从 Tacky 玩具公司购买活动玩偶，以每箱 48 个为单位整箱到货。整箱的玩具被存放在顾客够不着的高架上，少量的存货放在儿童够得着的矮架上。矮架上货物的减少预示着需要从高架上拿出一箱玩偶来补充库存。同时，将一张再订货卡片从箱子上取下来送到 Tacky 玩具公司，进行一容器玩偶的补货。对一种流行玩偶 Agent 99 的平均需求率为每天 36 个。总提前期（等待和加工）为 11 天。Jitsmart 公司的安全库存政策变量 α 为 0.25。Jitsmart 的核准库存量是多少？

9. Markland First National Bank of Rolla 在其支票处理机构应用*看板*方法。以下是流程的相关信息：每个*看板*容器装有 50 张支票，每天花 24 分钟进行处理，每天 2 小时处于搬运和等待状态。最后，该机构每天运行 24 小时，利用政策变量处理应急情况的取值是 0.25。

a. 如果使用 20 个*看板*容器，该支票处理机构当前的日需求量是多少？

b. 如果完全消除系统中的浪费，那么需要多少个容器？

高级练习题

10. Farm-4-Less 拖拉机公司除生产大型拖拉机（LT）和小型拖拉机（SM）外，还生产谷物联合收割机（GC）。该公司的生产经理希望用一个混合型号生产线来按照客户需求进行生产。当前一个班次重复 30 遍的生产顺序为 SM-GC-SM-LT-SM-GC-LT-SM。每两分钟生产一台新机器。该厂每天运行两个 8 小时的班次。不存在停机时间，因为每两个班次之间的 4 个小时专门用于维护设备和补充原材料。根据上述信息，回答下列问题：
    a. 完成生产周期需要多长时间？
    b. Farm-4-Less 公司在一个班次中生产各种型号的机器各多少台？
11. 图 8.13 给出了例 8.1 中所述的 Jensen 轴承有限公司轴承支撑架产品族的一个新的当前价值流图。该图描述了 Kline 钢铁公司同意每天接收钢板订单并同意每天交付产成品之后的价值流。

    计算新价值流图每个组成部分所减少的提前期。
    a. 该轴承厂现在持有多少天的原材料库存？
    b. 在冲压工序与冲孔和成型工序之间持有多少天的在制品库存？
    c. 在冲孔和成型工序与表面抛光工序之间持有多少天的在制品库存？
    d. 在表面抛光工序与发货之间持有多少天的在制品库存？
    e. 新价值流图的生产提前期是多少？
    f. 新价值流图的加工时间是多少？
12. Ormonde 有限公司的经理从工厂中最容易出问题的生产洗衣机零件的制造单元收集了绘制价值流图的数据。这些数据如表 8.5 所示。根据表中的数据，计算该制造单元当前的绩效并回答下列问题。
    a. 该制造单元当前的库存水平是多少？
    b. 该制造单元的节拍时间是多少？
    c. 该制造单元中每道工序的生产提前期是多少？
    d. 该制造单元的总加工时间是多少？
    e. 该制造单元的生产能力是多少？

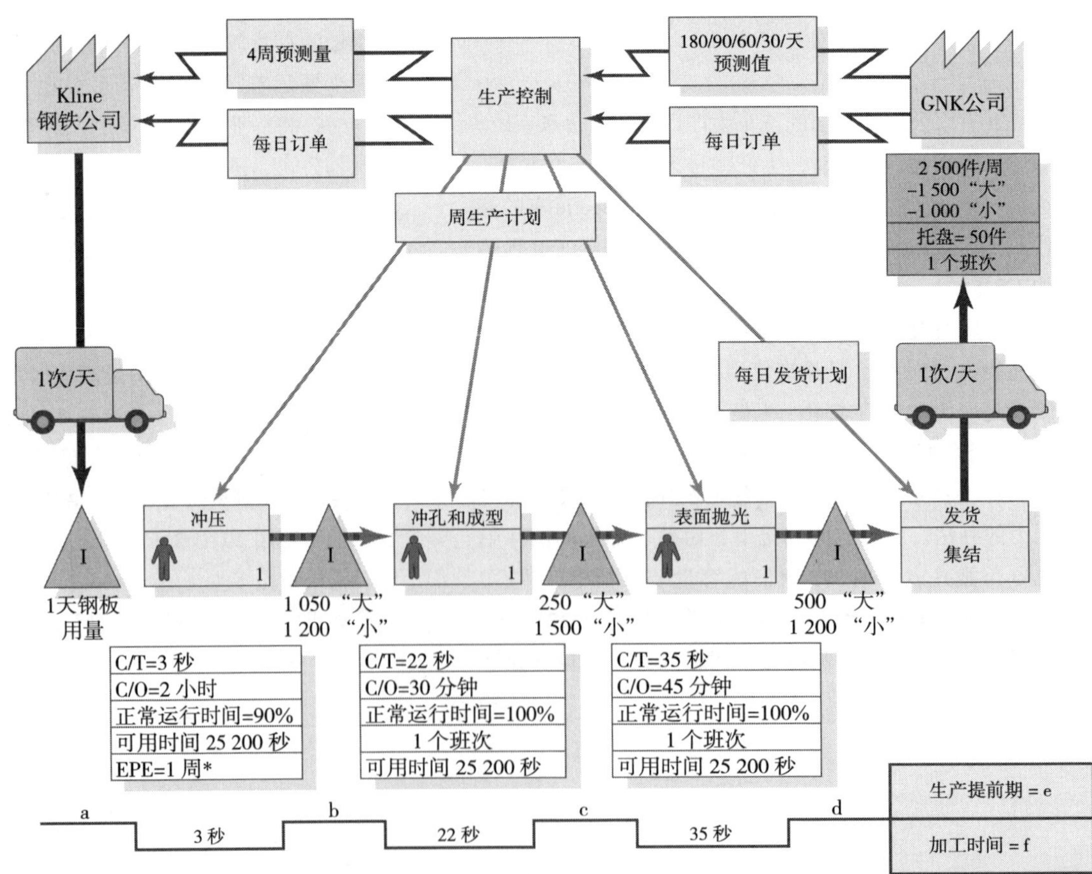

图 8.13
Jensen 轴承有限公司新的当前状态价值流图

表 8.5 Ormonde 有限公司生产数据

总流程属性	平均需求：550/ 天 批量大小：20 每天班次：3 可用时间：每班 8 小时，其中有 45 分钟午餐时间	
流程步骤 1	切割	加工时间 = 120 秒 设置调整时间 = 3 分钟 正常运行时间 = 100% 操作员 = 1 在制品 = 400 件（切割前）
流程步骤 2	弯曲	加工时间 = 250 秒 设置调整时间 = 5 分钟 正常运行时间 = 99% 操作员 = 2 在制品 = 500 件（弯曲前）
流程步骤 3	冲孔	加工时间 = 140 秒 设置调整时间 = 无 正常运行时间 = 100% 操作员 = 1 在制品 = 200 件（冲孔前） 在制品 = 1 000 件（冲孔后）
向客户发货	每周发货一次，数量为 2 750 件	
信息流	与客户的所有通信都用电子方式 每周向切割环节下一次订单 所有物料都是推动式的	

案例 Copper Kettle 餐饮公司

Copper Kettle 餐饮公司（CKC）是一家提供全面服务的餐饮公司，其服务范围从为野餐或午餐会准备的午餐盒饭到大型婚宴、晚宴或公司聚会。CKC 是在 1972 年由韦恩·威廉姆斯和珍妮特·威廉姆斯创立的，其最初业务是给办公室提供午餐送餐服务，如今已发展成为北卡罗来纳州罗利地区最大的餐饮公司。威廉姆斯夫妇将顾客需求分为两类：仅送餐和送餐兼服务。

仅送餐业务提供由三明治、沙拉、甜点和水果组成的盒饭。该项服务的菜单品种有限：6 种三明治、3 种沙拉或薯条以及 1 块核仁巧克力饼或 1 份水果。每份盒饭都有葡萄和桔子瓣，且可以同时订购冰茶。虽然送出的盒饭中的菜单组合有所变化，但该项服务的总体需求在一年当中是相当稳定的。对这部分业务的计划期是很短的：顾客提前打电话预订的时间通常不会超过 1 天。CKC 要求顾客在上午 10 点以前打进送餐服务的预订电话，以保证能当天送货。

送餐兼服务业务主要为大型聚会、晚宴和婚宴提供餐饮服务。菜单选择面很广，包括各种饭前点心、主菜、饮料和特殊要求的食物。该项服务的需求具有很强的季节性，春末夏初期间对婚宴的需求比较旺盛；而秋末冬初期间对假日聚会的需求比较旺盛。然而，这部分业务的计划期较长。顾客一般会提前几周或几个月预订日期和选择菜单中的食物。

CKC 的食物制作设备可以支持以上两种运营方式。其实体设备布局类似一个作业流程。有 5 个主要工作区域：一个制作热菜的火炉和烤箱区；一个制作沙拉的冷菜区；一个用于制作饭前点心的区域；一个制作三明治的区域和一个配餐区。在配餐区里，对仅送餐业务的订单进行装盒，而对送餐兼服务业务的订单进行搭配并装入托盘。有 3 个人可以进入的小型冷藏室用于存放需要冷藏的食物，还有一间很大的食品储藏室用来存放不易变质的食物。空间的约束和食物变质的风险限制了可以作为库存保存的原材料和制作好的食物的数量。CKC 从外面的厂家购买甜点。一些厂商将甜点送到 CKC，而另一些厂商则要求 CKC 派人去取货。

订单安排是一个两阶段的流程。每个周一，威廉姆斯夫妇安排每天需要处理的送餐兼服务订单的时间。CKC 一般在一周中的每一天都有多个送餐兼服务订单需要履行。这样的需求水平允许多个订单的准备过程具有一定的效率。仅送餐订单的提前期较短，所以这种订单的计划要每天安排一次。由于库存空间的限制，CKC 公司有时会用光仅送餐服务菜单的配料。

韦恩和珍妮特雇用了 10 名全职员工：2 名厨师和 8 名食物准备人员，他们也是送餐兼服务订单的服务员。在需求高峰时期，韦恩和珍妮特要另外雇用兼职服务员。厨师职位的专业性强，需要高水平的培训和技能。其他员工则相当灵活，必要时可以在任务之间轮换。

餐饮业的商业环境竞争激烈。其竞争优先级按其重要性依次为高质量的食物、送餐可靠性、柔性及成本。韦恩说：“食物的质量及其制作是极为重要的。食物质量差的餐饮公司不会长久经营下去。”质量是用新鲜度和味道来衡量的。送餐可靠性包括准时送餐和对顾客订单的响应时间（实际上就是订单提前期）。柔性主要表现在公司可以满足餐饮要求的范围和菜单的品种。

最近，CKC 注意到顾客开始要求更大的菜单灵活性和更快的响应时间。进入市场的小型专业餐饮公司瞄准了特定的细分市场。其中的一个例子是一家叫 Lunches-R-US 的小型餐饮公司，它在一个大型办公区的中心地带开店，提供午餐服务并与 CKC 在成本上展开竞争。

韦恩和珍妮特受到精益生产系统理念的影响，尤其受到提高柔性、缩短提前期以及降低成本的影响。这些看起来正是 CKC 为维持竞争地位应该做的。但威廉姆斯夫妇想知道的是精益系统的理念和实践是否可以移植到服务行业。

思考题

1. CKC 的运营是否适宜运用精益思想并进行精益系统实践？请做出解释。
2. 如果存在障碍，那么 CKC 实施精益生产系统的主要障碍是什么？
3. 为了在 CKC 的经营中充分利用精益系统的理念，你会建议韦恩和珍妮特做什么？

资料来源：This case was prepared by Dr. Brooke Saladin, Wake Forest University, as a basis for classroom discussion.

参考文献

Holweg, Matthias. "The Genealogy of Lean Production." *Journal of Operations Management*, vol. 25 (2007), pp. 420–437.

Klein, J. A. "The Human Costs of Manufacturing Reform." *Harvard Business Review* (March–April 1989), pp. 60–66.

Manufacturing Engineering Web site.

Mascitelli, Ron. "Lean Thinking: It's About Efficient Value Creation." *Target*, vol. 16, no. 2 (Second Quarter 2000), pp. 22–26.

McBride, David. "Toyota and Total Productive Maintenance." May 2004.

Millstein, Mitchell. "How to Make Your MRP System Flow." *APICS—The Performance Advantage* (July 2000), pp. 47–49.

Rother, Mike, and John Shook. *Learning to See*. Brookline, MA: The Lean Enterprise Institute, 2003.

Schaller, Jeff. "A 'Just Do It Now' Philosophy Rapidly Creates a Lean Culture, Produces Dramatic Results at Novametix Medical Systems." *Target*, vol. 18, no. 2 (Second Quarter 2002), pp. 48–54.

Schonberger, Richard J. "Japanese Production Management: An Evolution—With Mixed Success." *Journal of Operations Management*, vol. 25 (2007), pp. 403–419.

Shah, Rachna, and Peter T. Ward. "Defining and Developing Measures of Lean Production." *Journal of Operations Management*, vol. 25 (2007), pp. 785–805.

Spear, Steven, and H. Kent Bowen. "Decoding the DNA of the Toyota Production System." *Harvard Business Review* (September–October 1999), pp. 97–106.

Spear, Steven J. "Learning to Lead at Toyota." *Harvard Business Review* (May 2004), pp. 78–86.

Stewart, Douglas M., and John R. Grout. "The Human Side of Mistake Proofing." *Production and Operations Management*, vol. 10, no. 4 (Winter 2001), pp. 440–459.

Tonkin, Lea. "System Sensor's Lean Journey." *Target*, vol. 18, no. 2 (Second Quarter 2002), pp. 44–47.

Womack, James P., and Daniel T. Jones. "Lean Consumption" *Harvard Business Review* (March 2005) pp. 1–12.

附录 1

正态分布

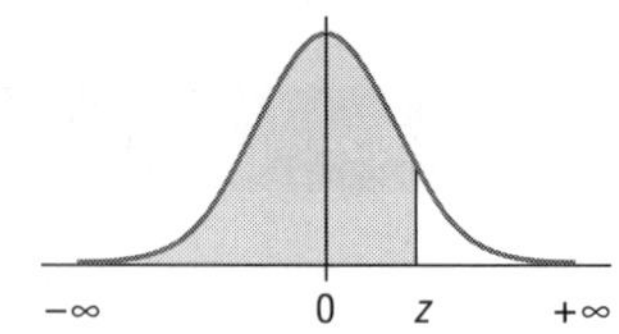

	0.00	0.01	0.02	0.03	0.04	0.05	0.06	0.07	0.08	0.09
0.0	0.5000	0.5040	0.5080	0.5120	0.5160	0.5199	0.5239	0.5279	0.5319	0.5359
0.1	0.5398	0.5438	0.5478	0.5517	0.5557	0.5596	0.5636	0.5675	0.5714	0.5753
0.2	0.5793	0.5832	0.5871	0.5910	0.5948	0.5987	0.6026	0.6064	0.6103	0.6141
0.3	0.6179	0.6217	0.6255	0.6293	0.6331	0.6368	0.6406	0.6443	0.6480	0.6517
0.4	0.6554	0.6591	0.6628	0.6664	0.6700	0.6736	0.6772	0.6808	0.6844	0.6879
0.5	0.6915	0.6950	0.6985	0.7019	0.7054	0.7088	0.7123	0.7157	0.7190	0.7224
0.6	0.7257	0.7291	0.7324	0.7357	0.7389	0.7422	0.7454	0.7486	0.7517	0.7549
0.7	0.7580	0.7611	0.7642	0.7673	0.7704	0.7734	0.7764	0.7794	0.7823	0.7852
0.8	0.7881	0.7910	0.7939	0.7967	0.7995	0.8023	0.8051	0.8078	0.8106	0.8133
0.9	0.8159	0.8186	0.8212	0.8238	0.8264	0.8289	0.8315	0.8340	0.8365	0.8389
1.0	0.8413	0.8438	0.8461	0.8485	0.8508	0.8531	0.8554	0.8577	0.8599	0.8621
1.1	0.8643	0.8665	0.8686	0.8708	0.8729	0.8749	0.8770	0.8790	0.8810	0.8830
1.2	0.8849	0.8869	0.8888	0.8907	0.8925	0.8944	0.8962	0.8980	0.8997	0.9015
1.3	0.9032	0.9049	0.9066	0.9082	0.9099	0.9115	0.9131	0.9147	0.9162	0.9177
1.4	0.9192	0.9207	0.9222	0.9236	0.9251	0.9265	0.9279	0.9292	0.9306	0.9319
1.5	0.9332	0.9345	0.9357	0.9370	0.9382	0.9394	0.9406	0.9418	0.9429	0.9441
1.6	0.9452	0.9463	0.9474	0.9484	0.9495	0.9505	0.9515	0.9525	0.9535	0.9545
1.7	0.9554	0.9564	0.9573	0.9582	0.9591	0.9599	0.9608	0.9616	0.9625	0.9633
1.8	0.9641	0.9649	0.9656	0.9664	0.9671	0.9678	0.9686	0.9693	0.9699	0.9706
1.9	0.9713	0.9719	0.9726	0.9732	0.9738	0.9744	0.9750	0.9756	0.9761	0.9767
2.0	0.9772	0.9778	0.9783	0.9788	0.9793	0.9798	0.9803	0.9808	0.9812	0.9817
2.1	0.9821	0.9826	0.9830	0.9834	0.9838	0.9842	0.9846	0.9850	0.9854	0.9857
2.2	0.9861	0.9864	0.9868	0.9871	0.9875	0.9878	0.9881	0.9884	0.9887	0.9890
2.3	0.9893	0.9896	0.9898	0.9901	0.9904	0.9906	0.9909	0.9911	0.9913	0.9916
2.4	0.9918	0.9920	0.9922	0.9925	0.9927	0.9929	0.9931	0.9932	0.9934	0.9936
2.5	0.9938	0.9940	0.9941	0.9943	0.9945	0.9946	0.9948	0.9949	0.9951	0.9952
2.6	0.9953	0.9955	0.9956	0.9957	0.9959	0.9960	0.9961	0.9962	0.9963	0.9964
2.7	0.9965	0.9966	0.9967	0.9968	0.9969	0.9970	0.9971	0.9972	0.9973	0.9974
2.8	0.9974	0.9975	0.9976	0.9977	0.9977	0.9978	0.9979	0.9979	0.9980	0.9981
2.9	0.9981	0.9982	0.9982	0.9983	0.9984	0.9984	0.9985	0.9985	0.9986	0.9986
3.0	0.9987	0.9987	0.9987	0.9988	0.9988	0.9989	0.9989	0.9989	0.9990	0.9990
3.1	0.9990	0.9991	0.9991	0.9991	0.9992	0.9992	0.9992	0.9992	0.9993	0.9993
3.2	0.9993	0.9993	0.9994	0.9994	0.9994	0.9994	0.9994	0.9995	0.9995	0.9995
3.3	0.9995	0.9995	0.9995	0.9996	0.9996	0.9996	0.9996	0.9996	0.9996	0.9997
3.4	0.9997	0.9997	0.9997	0.9997	0.9997	0.9997	0.9997	0.9997	0.9997	0.9998

附录 2

随机数表

71509	68310	48213	99928	64650	13229	36921	58732	13459	93487
21949	30920	23287	89514	58502	46185	00368	82613	02668	37444
50639	54968	11409	36148	82090	87298	41396	71111	00076	60029
47837	76716	09653	54466	87987	82362	17933	52793	17641	19502
31735	36901	92295	19293	57582	86043	69502	12601	00535	82697
04174	32342	66532	07875	54445	08795	63563	42295	74646	73120
96980	68728	21154	56181	71843	66134	52396	89723	96435	17871
21823	04027	76402	04655	87276	32593	17097	06913	05136	05115
25922	07122	31485	52166	07645	85122	20945	06369	70254	22806
32530	98882	19105	01769	20276	59401	60426	03316	41438	22012
00159	08461	51810	14650	45119	97920	08063	70819	01832	53295
66574	21384	75357	55888	83429	96916	73977	87883	13249	28870
00995	28829	15048	49573	65277	61493	44031	88719	73057	66010
55114	79226	27929	23392	06432	50200	39054	15528	53483	33972
10614	25190	52647	62580	51183	31338	60008	66595	64357	14985
31359	77469	58126	59192	23371	25190	37841	44386	92420	42965
09736	51873	94595	61367	82091	63835	86858	10677	58209	59820
24709	23224	45788	21426	63353	29874	51058	29958	61220	61199
79957	67598	74102	49824	39305	15069	56327	26905	34453	53964
66616	22137	72805	64420	58711	68435	60301	28620	91919	96080
01413	27281	19397	36231	05010	42003	99865	20924	76151	54089
88238	80731	20777	45725	41480	48277	45704	96457	13918	52375
57457	87883	64273	26236	61095	01309	48632	00431	63730	18917
21614	06412	71007	20255	39890	75336	89451	88091	61011	38072
26466	03735	39891	26361	86816	48193	33492	70484	77322	01016
97314	03944	04509	46143	88908	55261	73433	62538	63187	57352
91207	33555	75942	41668	64650	38741	86189	38197	99112	59694
46791	78974	01999	78891	16177	95746	78076	75001	51309	18791
34161	32258	05345	79267	75607	29916	37005	09213	10991	50451
02376	40372	45077	73705	56076	01853	83512	81567	55951	27156
33994	56809	58377	45976	01581	78389	18268	90057	93382	28494
92588	92024	15048	87841	38008	80689	73098	39201	10907	88092
73767	61534	66197	47147	22994	38197	60844	86962	27595	49907
51517	39870	94094	77092	94595	37904	27553	02229	44993	10468
33910	05156	60844	89012	21154	68937	96477	05867	95809	72827
09444	93069	61764	99301	55826	78849	26131	28201	91417	98172
96896	43769	72890	78682	78243	24061	55449	53587	77574	51580
97523	54633	99656	08503	52563	12099	52479	74374	79581	57143
42568	30794	32613	21802	73809	60237	70087	36650	54487	43718
45453	33136	90246	61953	17724	42421	87611	95369	42108	95369
52814	26445	73516	24897	90622	35018	70087	60112	09025	05324
87318	33345	14546	15445	81588	75461	12246	47858	08983	18205
08063	83575	26294	93027	09988	04487	88364	31087	22200	91019
53400	82078	52103	25650	75315	18916	06809	88217	12245	33053
90789	60614	20862	34475	11744	24437	55198	55219	74730	59820
73684	25859	86858	48946	30941	79017	53776	72534	83638	44680
82007	12183	89326	53713	77782	50368	01748	39033	47042	65758
80208	30920	97774	41417	79038	60531	32990	57770	53441	58732
62434	96122	63019	58439	89702	38657	60049	88761	22785	66093
04718	83199	65863	58857	49886	70275	27511	99426	53985	84077

专业术语表

ABC 分析法

ABC analysis The process of dividing SKUs into three classes, according to their dollar usage, so that managers can focus on items that have the highest dollar value.

可接受的质量水平

acceptable quality level (AQL) A statement of the proportion of defective items (outside of specifications) that the buyer will accept in a shipment.

验收抽样

acceptance sampling The application of statistical techniques to determine whether a quantity of material should be accepted or rejected based on the inspection or test of a sample.

行动通告

action notice A computer-generated memo alerting planners about releasing new orders and adjusting the due dates of scheduled receipts.

活动

activity The smallest unit of work effort consuming both time and resources that the project manager can schedule and control.

节点网络图法

activity-on-node (AON) network An approach used to create a network diagram, in which nodes represent activities and arcs represent the precedence relationships between them.

活动松弛时间

activity slack The maximum length of time that an activity can be delayed without delaying the entire project, calculated as S = LS – ES or S = LF – EF.

加法季节模型法

additive seasonal method A method in which seasonal forecasts are generated by adding a constant to the estimate of average demand per season.

高级计划与调度（APS）系统

advanced planning and scheduling (APS) systems Computer software systems that seek to optimize resources across the supply chain and align daily operations with strategic goals.

综合计划

aggregate plan See sales and operations plan.

聚合

aggregation The act of clustering several similar services or products so that forecasts and plans can be made for whole families.

冗余时间

allowance time The time added to the normal time to adjust for certain factors.

年度计划或财务计划

annual plan or financial plan A plan for financial assessment used by a nonprofit service organization.

预期库存

anticipation inventory Inventory used to absorb uneven rates of demand or supply.

评估成本

appraisal costs Costs incurred when the firm assesses the performance level of its processes.

面向订单组装策略

assemble-to-order strategy A strategy for producing a wide variety of products from relatively few subassemblies and components after the customer orders are received.

变化的非偶然原因

assignable causes of variation Any variation-causing factors that can be identified and eliminated.

属性

attributes Service or product characteristics that can be quickly counted for acceptable performance.

拍卖网站

auction A marketplace where firms place competitive bids to buy something.

自动化

automation A system, process, or piece of equipment that is self-acting and self-regulating.

可承诺库存量

available-to-promise (ATP) inventory The quantity of end items that marketing can promise to deliver on specified dates.

平均库存总值

average aggregate inventory value The total average value of all items held in inventory for a firm.

后台办公室

back office A process with low customer contact and little service customization.

备货

backlog An accumulation of customer orders that a manufacturer has promised for delivery at some future date.

积压订单

backorder A customer order that cannot be filled when promised or demanded but is filled later.

备货和缺货

backorder and stockout Additional costs to expedite past-due orders, the costs of lost sales, and the potential cost of losing a customer to a competitor (sometimes called loss of goodwill).

后向整合，或后向一体化

backward integration A firm's movement upstream toward the sources of raw materials, parts, and services through acquisitions.

平衡延迟

balance delay The amount by which efficiency falls short of 100 percent.

鲍德里奇卓越绩效计划

Baldrige Performance Excellence Program A program that promotes, recognizes, and publicizes quality strategies and achievements.

柱状图

bar chart A series of bars representing the frequency of occurrence of data characteristics measured on a yes-or-no basis.

基础方案

base case The act of doing nothing and losing orders from any demand that exceeds current capacity, or incur costs because capacity is too large.

基本存量系统

base-stock system An inventory control system that issues a replenishment order, Q, each time a withdrawal is made, for the same amount of the withdrawal.

批量流程

batch process A process that differs from the job process with respect to volume, variety, and quantity.

标杆法

benchmarking A systematic procedure that measures a firm's processes, services, and products against those of industry leaders.

物料清单（BOM）

bill of materials (BOM) A record of all the components of an item, the parent–component relationships, and the usage quantities derived from engineering and process designs.

资源清单（BOR）

bill of resources (BOR) A record of a service firm's parent-component relationships and all of the materials, equipment time, staff, and other resources associated with them, including usage quantities.

紧约束

binding constraint A constraint that helps form the optimal corner point; it limits the ability to improve the objective function.

黑带教师

Black Belt An employee who reached the highest level of training in a Six Sigma program and spends all of his or her time teaching and leading teams involved in Six Sigma projects.

方块图

block plan A plan that allocates space and indicates placement of each operation.

瓶颈

bottleneck A capacity constraint resource (CCR) whose available capacity limits the organization's ability to meet the product volume, product mix, or demand fluctuation required by the marketplace.

头脑风暴

brainstorming Letting a group of people, knowledgeable about the process, propose ideas for change by saying whatever comes to mind.

盈亏平衡分析法

break-even analysis The use of the break-even quantity; it can be used to compare processes by finding the volume at which two different processes have equal total costs.

盈亏平衡量

break-even quantity The volume at which total revenues equal total costs.

牛鞭效应

bullwhip effect The phenomenon in supply chains whereby ordering patterns experience increasing variance as you proceed upstream in the chain.

经营计划

business plan A projected statement of income, costs, and profits.

c-图

***c*-chart** A chart used for controlling the number of defects when more than one defect can be present in a service or product.

能力

capacity The maximum rate of output of a process or a system.

能力缓冲

capacity cushion The amount of reserve capacity a process uses to handle sudden increases in demand or temporary losses of production capacity; it measures the amount by which the average utilization (in terms of total capacity) falls below 100 percent.

能力差距

capacity gap Positive or negative difference between projected demand and current capacity.

能力需求

capacity requirement What a process's capacity should be for some future time period to meet the demand of customers (external or internal), given the firm's desired capacity cushion.

能力需求计划

capacity requirements planning (CRP) A technique used for projecting time-phased capacity requirements for workstations; its purpose is to match the material requirements plan with the capacity of key processes.

资本密集度

capital intensity The mix of equipment and human skills in a process.

碳排放量

carbon footprint The total amount of greenhouse gasses produced to support operations, usually expressed in equivalent tons of carbon dioxide (CO_2).

现金流量

cash flow The difference between the flows of funds into and out of an organization over a period of time, including revenues, costs, and changes in assets and liabilities.

目录中心

catalog hub A system whereby suppliers post their catalog of items on the Internet and buyers select what they need and purchase them electronically.

因果关系法

causal methods A quantitative forecasting method that uses historical data on independent variables, such as promotional campaigns, economic conditions, and competitors' actions, to predict demand.

因果图

cause-and-effect diagram A diagram that relates a key performance problem to its potential causes.

重心法

center of gravity A good starting point to evaluate locations in the target area using the load–distance model.

集中式设置

centralized placement Keeping all the inventory of a product at a single location such as a firm's manufacturing plant or a warehouse and shipping directly to each of its customers.

确定

certainty The word that is used to describe that a fact is known without doubt.

通道

channel One or more facilities required to perform a given service.

渠道组装

channel assembly The process of using members of the distribution channel as if they were assembly stations in the factory.

跟随策略

chase strategy A strategy that involves hiring and laying off employees to match the demand forecast.

检查表

checklist A form used to record the frequency of occurrence of certain process failures.

项目完结

close out An activity that includes writing final reports, completing remaining deliverables, and compiling the team's recommendations for improving the project process.

闭环供应链

closed-loop supply chain A supply chain that integrates forward logistics with reverse logistics, thereby focusing on the complete chain of operations from the birth to the death of a product.

关联度矩阵

closeness matrix A table that gives a measure of the relative importance of each pair of operations being located close together.

协同计划、预测和补货（CPFR）

collaborative planning, forecasting, and replenishment (CPFR) A nine-step process for supply chain integration that allows a supplier and its customers to collaborate on making the forecast by using the Internet.

组合预测

combination forecasts Forecasts that are produced by averaging independent forecasts based on different methods, different sources, or different data.

变化的偶然原因

common causes of variation The purely random, unidentifiable sources of variation that are unavoidable with the current process.

竞争能力

competitive capabilities The cost, quality, time, and flexibility dimensions that a process or supply chain actually possesses and is able to deliver.

竞争导向型

competitive orientation A supplier relation that views negotiations between buyer and seller as a zerosum game: Whatever one side loses, the other side gains, and short-term advantages are prized over long-term commitments.

竞争优先级

competitive priorities The critical dimensions that a process or supply chain must possess to satisfy its internal or external customers, both now and in the future.

互补产品

complementary products Services or products that have similar resource requirements but different demand cycles.

零部件

component An item that goes through one or more operations to be transformed into or become part of one or more parents.

并行工程

concurrent engineering A concept that brings product engineers, process engineers, marketers, buyers, information specialists, quality specialists, and suppliers together to design a product and the processes that will meet customer expectations.

一致性质量

consistent quality Producing services or products that meet design specifications on a consistent basis.

约束条件

constraint Any factor that limits the performance of a system and restricts its output.

连续流程

continuous flow process The extreme end of high-volume standardized production and rigid line flows, with production not starting and stopping for long time intervals.

持续改进

continuous improvement The philosophy of continually seeking ways to improve processes based on a Japanese concept called *kaizen*.

连续观测（*Q*）系统

continuous review (*Q*) system A system designed to track the remaining inventory of a SKU each time a withdrawal is made to determine whether it is time to reorder.

控制图

control chart A time-ordered diagram that is used to determine whether observed variations are abnormal.

合作导向型

cooperative orientation A supplier relation in which the buyer and seller are partners, each helping the other as much as possible.

核心能力，核心竞争力

core competencies The unique resources and strengths that an organization's management considers when formulating strategy.

核心流程

core process A set of activities that delivers value to external customers.

角点

corner point A point that lies at the intersection of two (or possibly more) constraint lines on the boundary of the feasible region.

赶工成本

crash cost (CC) The activity cost associated with the crash time.

赶工时间

crash time (CT) The shortest possible time to complete an activity.

临界规模

critical mass A situation whereby several competing firms clustered in one location attract more customers than the total number who would shop at the same stores at scattered locations.

关键路径

critical path The sequence of activities between a project's start and finish that takes the longest time to complete.

关键路径法

critical path method (CPM) A network planning method developed in the 1950s as a means of scheduling maintenance shutdowns at chemicalprocessing plants.

接驳式转运

cross-docking The packing of products on incoming shipments so that they can be easily sorted at intermediate warehouses for outgoing shipments based on their final destinations; the items are carried from the incoming-vehicle docking point to the outgoing-vehicle docking point without being stored in inventory at the warehouse.

累积预测误差（CFE）

cumulative sum of forecast errors (CFE) A measurement of the total forecast error that assesses the bias in a forecast.

顾客接触度

customer contact The extent to which the customer is present, is actively involved, and receives personal attention during the service process.

顾客参与

customer involvement The ways in which customers become part of the process and the extent of their participation.

顾客源

customer population An input that generates potential customers.

客户关系流程

customer relationship process A process that identifies, attracts, and builds relationships with external customers, and facilitates the placement of orders by customers; sometimes referred to as *customer relationship management*.

定制化

customization Satisfying the unique needs of each customer by changing service or product designs.

周期盘点法

cycle counting An inventory control method, whereby storeroom personnel physically count a small percentage of the total number of items each day, correcting errors that they find.

周转库存

cycle inventory The portion of total inventory that varies directly with lot size.

周期服务水平

cycle-service level See service level.

节拍

cycle time The maximum time allowed for work on a unit at each station.

决策论

decision theory A general approach to decision making when the outcomes associated with alternatives are often in doubt.

决策树

decision tree A schematic model of alternatives available to the decision maker, along with their possible consequences.

决策变量

decision variables Variables that represent the choices the decision maker can control.

缺陷

defect Any instance when a process fails to satisfy its customer.

退化

degeneracy A condition that occurs when the number of nonzero variables in the optimal solution is less than the number of constraints.

交付速度

delivery speed Quickly filling a customer's order.

德尔菲法

Delphi method A process of gaining consensus from a group of experts while maintaining their anonymity.

需求管理

demand management The process of changing demand patterns using one or more demand options.

从属需求

dependent demand The demand for an item that occurs because the quantity required varies with the production plans for other items held in the firm's inventory.

因变量

dependent variable The variable that one wants to forecast.

设计小组

design team A group of knowledgeable, team-oriented individuals who work at one or more steps in the process, conduct the process analysis, and make the necessary changes.

开发速度

development speed Quickly introducing a new service or a product.

折扣率

discount rate The interest rate used in discounting the future value to its present value.

折扣

discounting The process of finding the present value of an investment when the future value and the interest rate are known.

规模不经济

diseconomies of scale Occurs when the average cost per unit increases as the facility's size increases.

分销中心

distribution center A warehouse or stocking point where

goods are stored for subsequent distribution to manufacturers, wholesalers, retailers, and customers.

两次抽样计划

double-sampling plan A plan in which management specifies two sample sizes and two acceptance numbers; if the quality of the lot is very good or very bad, the consumer can make a decision to accept or reject the lot on the basis of the first sample, which is smaller than in the single-sampling plan.

鼓 – 缓冲 – 绳法

drum-buffer-rope (DBR) A planning and control system that regulates the flow of work-in-process materials at the bottleneck or the capacity constrained resource (CCR) in a productive system.

最早完成日期

earliest due date (EDD) A priority sequencing rule that specifies that the job or customer with the earliest due date is the next job to be processed.

最早结束时间

earliest finish time (EF) An activity's earliest start time plus its estimated duration, t, or EF = ES + t.

最早开始时间（ES）

earliest start time (ES) The earliest finish time of the immediately preceding activity.

供应商早期参与

early supplier involvement A program that includes suppliers in the design phase of a service or product.

经济订货批量

economic order quantity (EOQ) The lot size that minimizes total annual inventory holding and ordering costs.

经济生产批量

economic production lot size (ELS) The optimal lot size in a situation in which replenishment is not instantaneous.

规模经济

economies of scale A concept that states that the average unit cost of a service or good can be reduced by increasing its output rate.

范围经济

economies of scope Economies that reflect the ability to produce multiple products more cheaply in combination than separately.

电子商务

electronic commerce (e-commerce) The application of information and communication technology anywhere along the supply chain of business processes.

电子数据交换

electronic data interchange (EDI) A technology that enables the transmission of routine business documents having a standard format from computer to computer over telephone or direct leased lines.

标准要素数据

elemental standard data A database of standards compiled by a firm's analysts for basic elements that they can draw on later to estimate the time required for a particular job, which is most appropriate when products or services are highly customized, job processes prevail, and process divergence is great.

员工授权

employee empowerment An approach to teamwork that moves responsibility for decisions further down the organizational chart—to the level of the employee actually doing the job.

最终产品

end item The final product sold to a customer.

企业流程

enterprise process A companywide process that cuts across functional areas, business units, geographical regions, and product lines.

企业资源计划系统

enterprise resource planning (ERP) systems Large, integrated information systems that support many enterprise processes and data storage needs.

环境责任

environmental responsibility An element of sustainability that addresses the ecological needs of the planet and the firm's stewardship of the natural resources used in the production of services and products.

欧氏距离

Euclidean distance The straight-line distance, or shortest possible path, between two points.

交易平台

exchange An electronic marketplace where buying firms and selling firms come together to do business.

管理人员意见法

executive opinion A forecasting method in which the opinions, experience, and technical knowledge of one or more managers are summarized to arrive at a single forecast.

加快进度

expediting The process of completing a job or finishing with a customer sooner than would otherwise be done.

指数平滑法
exponential smoothing method A weighted moving average method that calculates the average of a time series by implicitly giving recent demands more weight than earlier demands.

外部顾客
external customers A customer who is either an end user or an intermediary (e.g., manufacturers, financial institutions, or retailers) buying the firm's finished services or products.

外部缺陷成本
external failure costs Costs that arise when a defect is discovered after the customer receives the service or product.

外部供应商
external suppliers The businesses or individuals who provide the resources, services, products, and materials for the firm's short-term and long-term needs.

设施选址
facility location The process of determining geographic sites for a firm's operations.

可行域
feasible region A region that represents all permissible combinations of the decision variables in a linear programming model.

经济责任
financial responsibility An element of sustainability that addresses the financial needs of the shareholders, employees, customers, business partners, financial institutions, and any other entity that supplies the capital for the production of services or products or relies on the firm for wages or reimbursements.

产成品
finished goods (FG) The items in manufacturing plants, warehouses, and retail outlets that are sold to the firm's customers.

先到先服务
first-come, first served (FCFS) A priority sequencing rule that specifies that the job or customer arriving at the workstation first has the highest priority.

5S 法
five S (5S) A methodology consisting of five workplace practices—sorting, straightening, shining, standardizing, and sustaining—that are conducive to visual controls and lean production.

刚性自动化
fixed automation A manufacturing process that produces one type of part or product in a fixed sequence of simple operations.

固定成本
fixed cost The portion of the total cost that remains constant regardless of changes in levels of output.

固定订货批量
fixed order quantity (FOQ) A rule that maintains the same order quantity each time an order is issued.

固定调度计划
fixed schedule A schedule that calls for each employee to work the same days and hours each week.

柔性自动化（或可编程自动化）
flexible (or programmable) automation A manufacturing process that can be changed easily to handle various products.

柔性流向
flexible flow The customers, materials, or information move in diverse ways, with the path of one customer or job often crisscrossing the path that the next one takes.

柔性劳动力
flexible workforce A workforce whose members are capable of doing many tasks, either at their own workstations or as they move from one workstation to another.

流程时间
flow time The amount of time a job spends in the service or manufacturing system.

流程图
flowchart A diagram that traces the flow of information, customers, equipment, or materials through the various steps of a process.

重点预测
focus forecasting A method of forecasting that selects the best forecast from a group of forecasts generated by individual techniques.

集中式工厂
focused factories The result of a firm's splitting large plants that produced all the company's products into several specialized smaller plants.

预测
forecast A prediction of future events used for planning purposes.

预测误差
forecast error The difference found by subtracting the forecast from actual demand for a given period.

前向整合，或前向一体化

forward integration Acquiring more channels of distribution, such as distribution centers (warehouses) and retail stores, or even business customers.

前向设置

forward placement Locating stock closer to customers at a warehouse, DC, wholesaler, or retailer.

前台办公室

front office A process with high customer contact where the service provider interacts directly with the internal or external customer.

甘特图

Gantt chart A project schedule, usually created by the project manager using computer software, that superimposes project activities, with their precedence relationships and estimated duration times, on a time line.

地理信息系统

geographical information system (GIS) A system of computer software, hardware, and data that the firm's personnel can use to manipulate, analyze, and present information relevant to a location decision.

线性规划的图解法

graphic method of linear programming A type of graphic analysis that involves the following five steps: plotting the constraints, identifying the feasible region, plotting an objective function line, finding a visual solution, and finding the algebraic solution.

图表

graphs Representations of data in a variety of pictorial forms, such as line charts and pie charts.

绿带教师

Green Belt An employee who achieved the first level of training in a Six Sigma program and spends part of his or her time teaching and helping teams with their projects.

绿色采购

green purchasing The process of identifying, assessing, and managing the flow of environmental waste and finding ways to reduce it and minimize its impact on the environment.

总需求量

gross requirements The total demand derived from *all* parent production plans.

成组技术

group technology (GT) An option for achieving lineflow layouts with low volume processes; this technique creates cells not limited to just one worker and has a unique way of selecting work to be done by the cell.

均衡化

heijunka The leveling of production load by both volume and product mix.

雇用及解雇

hiring and layoff Costs of advertising jobs, interviews, training programs for new employees, scrap caused by the inexperience of new employees, loss of productivity, and initial paperwork. Layoff costs include the costs of exit interviews, severance pay, retaining and retraining remaining workers and managers, and lost productivity.

直方图

histogram A summarization of data measured on a continuous scale, showing the frequency distribution of some process failure (in statistical terms, the central tendency and dispersion of the data).

预留样本集

holdout set Actual demands from the more recent time periods in the time series that are set aside to test different models developed from the earlier time periods.

人道主义物流

humanitarian logistics The process of planning, implementing and controlling the efficient, costeffective flow and storage of goods and materials, as well as related information, from the point of origin to the point of consumption for the purpose of alleviating the suffering of vulnerable people.

最低预期回报率

hurdle rate The interest rate that is the lowest desired return on an investment; the hurdle over which the investment must pass.

混合办公室

hybrid office A process with moderate levels of customer contact and standard services with some options available.

紧前作业

immediate predecessors Work elements that must be done before the next element can begin.

独立需求物品

independent demand items Items for which demand is influenced by market conditions and is not related to the inventory decisions for any other item held in stock or produced.

自变量

independent variables Variables that are assumed to affect the dependent variable and thereby "cause" the results observed in the past.

工业机器人

industrial robot Versatile, computer-controlled machine programmed to perform various tasks.

到达间隔时间

interarrival times The time between customer arrivals.

中间产品

intermediate item An item that has at least one parent and at least one component.

联运

intermodal shipments Mixing the modes of transportation for a given shipment, such as moving shipping containers or truck trailers on rail cars.

内部顾客

internal customers One or more employees or processes that rely on inputs from other employees or processes in order to perform their work.

内部缺陷成本

internal failure costs Costs resulting from defects that are discovered during the production of a service or product.

内部供应商

internal suppliers The employees or processes that supply important information or materials to a firm's processes.

库存

inventory A stock of materials used to satisfy customer demand or to support the production of services or goods.

库存持有成本

inventory holding cost The sum of the cost of capital and the variable costs of keeping items on hand, such as storage and handling, taxes, insurance, and shrinkage.

库存管理

inventory management The planning and controlling of inventories in order to meet the competitive priorities of the organization.

集中库存

inventory pooling A reduction in inventory and safety stock because of the merging of variable demands from customers.

库存状况

inventory position (IP) The measurement of a SKU's ability to satisfy future demand.

库存记录

inventory record A record that shows an item's lot-size policy, lead time, and various time-phased data.

库存周转率

inventory turnover An inventory measure obtained by dividing annual sales at cost by the average aggregate inventory value maintained during the year.

ISO 9001:2008 标准

ISO 9001:2008 A set of standards governing documentation of a quality program.

ISO 14000:2004 标准

ISO 14000:2004 Documentation standards that require participating companies to keep track of their raw materials use and their generation, treatment, and disposal of hazardous wastes.

ISO 26000:2010 标准

ISO 26000:2010 International guidelines for organizational social responsibility.

自动化

jidoka Automatically stopping the process when something is wrong and then fixing the problems on the line itself as they occur.

准时制系统

JIT system A system that organizes the resources, information flows, and decision rules that enable a firm to realize the benefits of JIT principles.

作业流程

job process A process with the flexibility needed to produce a wide variety of products in significant quantities, with considerable divergence in the steps performed.

作业车间

job shop A manufacturer's operation that specializes in low- to medium-volume production and utilizes job or batch processes.

主观判断法

judgment methods A forecasting method that translates the opinions of managers, expert opinions, consumer surveys, and salesforce estimates into quantitative estimates.

主观判断法调整

judgmental adjustment An adjustment made to forecasts from one or more quantitative models that accounts for recognizing which models are performing particularly well in recent past, or take into account contextual information.

准时制原理

just-in-time (JIT) philosophy The belief that waste can be eliminated by cutting unnecessary capacity or inventory and removing non-value-added activities in operations.

看板

kanban A Japanese word meaning "card" or "visible record" that refers to cards used to control the flow of production through a factory.

最晚结束时间

latest finish time (LF) The latest start time of the activity that immediately follows.

最晚开始时间

latest start time (LS) The latest finish time minus its estimated duration, t, or LS = LF – t.

布局

layout The physical arrangement of operations created by the various processes.

提前期

lead time The elapsed time between the receipt of a customer order and filling it.

精益系统

lean systems Operations systems that maximize the value added by each of a company's activities by removing waste and delays from them.

学习曲线

learning curve A line that displays the relationship between processing time and the cumulative quantity of a product or service produced.

学习曲线分析

learning curve analysis A time estimation technique that takes into account the learning that takes place on an ongoing basis, such as where new products or services are introduced.

均衡策略

level strategy A strategy that keeps the workforce constant, but varies its utilization with overtime, undertime, and vacation planning to match the demand forecast.

生产线平衡

line balancing The assignment of work to stations in a line process so as to achieve the desired output rate with the smallest number of workstations.

线性流向

line flow The customers, materials, or information move linearly from one operation to the next, according to a fixed sequence.

生产线流程

line process A process that lies between the batch and continuous processes on the continuum; volumes are high and products are standardized, which allows resources to be organized around particular products.

线性规划

linear programming A technique that is useful for allocating scarce resources among competing demands.

线性回归

linear regression A causal method in which one variable (the dependent variable) is related to one or more independent variables by a linear equation.

线性

linearity A characteristic of linear programming models that implies proportionality and additivity—there can be no products or powers of decision variables.

利特尔法则

Little's law A fundamental law that relates the number of customers in a waiting-line system to the arrival rate and waiting time of customers.

负荷距离法

load–distance method A mathematical model used to evaluate locations based on proximity factors.

批次

lot A quantity of items that are processed together.

按需订货法准则

lot-for-lot (L4L) rule A rule under which the lot size ordered covers the gross requirements of a single week.

批量

lot size The quantity of an inventory item management either buys from a supplier or manufactures using internal processes.

批量决策

lot sizing The determination of how frequently and in what quantity to order inventory.

低成本运营

low-cost operation Delivering a service or a product at the lowest possible cost to the satisfaction of external or internal customers of the process or supply chain.

自制或外购决策

make-or-buy decision A managerial choice between whether to outsource a process or do it in-house.

面向订单生产策略

make-to-order strategy A strategy used by manufacturers that make products to customer specifications in low volumes.

面向库存生产策略

make-to-stock strategy A strategy that involves holding items in stock for immediate delivery, thereby minimizing customer delivery times.

制造资源规划

manufacturing resource planning (MRP II) A system that ties the basic MRP system to the company's financial system and to other core and supporting processes.

市场调研法

market research A systematic approach to determine external consumer interest in a service or product by creating and testing hypotheses through datagathering surveys.

大规模定制

mass customization The strategy that uses highly divergent processes to generate a wide variety of customized products at reasonably low costs.

大规模生产

mass production A term sometimes used in the popular press for a line process that uses the make-to-stock strategy.

高级黑带教师

Master Black Belt Full-time teachers and mentors to several Black Belts.

主生产计划

master production schedule (MPS) A part of the material requirements plan that details how many end items will be produced within specified periods of time.

物料需求计划

material requirements planning (MRP) A computerized information system developed specifically to help manufacturers manage dependent demand inventory and schedule replenishment orders.

平均绝对偏差

mean absolute deviation (MAD) A measurement of the dispersion of forecast errors.

平均绝对百分比误差

mean absolute percent error (MAPE) A measurement that relates the forecast error to the level of demand and is useful for putting forecast performance in the proper perspective.

均方差

mean squared error (MSE) A measurement of the dispersion of forecast errors.

指标体系

metrics Performance measures that are established for a process and the steps within it.

最小成本进度计划

minimum-cost schedule A schedule determined by starting with the normal time schedule and crashing activities along the critical path, in such a way that the costs of crashing do not exceed the savings in indirect and penalty costs.

混合型号装配

mixed-model assembly A type of assembly that produces a mix of models in smaller lots.

混合型号生产线

mixed-model line A production line that produces several items belonging to the same family.

混合策略

mixed strategy A strategy that considers the full range of supply options.

最可能时间

most likely time (*m*) The probable time required to perform an activity.

MRP 展开

MRP explosion A process that converts the requirements of various final products into a material requirements plan that specifies the replenishment schedules of all the subassemblies, components, and raw materials needed to produce final products.

乘积季节模型法

multiplicative seasonal method A method whereby seasonal factors are multiplied by an estimate of average demand to arrive at a seasonal forecast.

最近邻算法

nearest neighbor (NN) heuristic A technique that creates a route by deciding the next city to visit on the basis of its proximity.

简单预测法

naïve forecast A time-series method whereby the forecast for the next period equals the demand for the current period, or Forecast = D_t.

嵌套流程

nested process The concept of a process within a process.

净现值法

net present value (NPV) method The method that evaluates an investment by calculating the present values of all after-tax total cash flows and then subtracting the initial investment amount for their total.

网络图

network diagram A network planning method, designed to depict the relationships between activities, that consists of nodes (circles) and arcs (arrows).

新服务/新产品开发流程
new service/product development process A process that designs and develops new services or products from inputs received from external customer specifications or from the market in general through the customer relationship process.

标称值
nominal value A target for design specifications.

非负性
nonnegativity An assumption that the decision variables must be positive or zero.

正常成本
normal cost (NC) The activity cost associated with the normal time.

正常时间
normal time (NT) In the context of project management, the time necessary to complete an activity under normal conditions.

正常时间
normal time (NT) In the context of time study, a measurement found by multiplying the select time ($\bar{t}$), the frequency (F) of the work element per cycle, and the rating factor (RF).

目标函数
objective function An expression in linear programming models that states mathematically what is being maximized or minimized.

离岸外包
offshoring A supply chain strategy that involves moving processes to another country.

一人多机作业单元
one-worker, multiple-machines (OWMM) cell A oneperson cell in which a worker operates several different machines simultaneously to achieve a line flow.

准时交付
on-time delivery Meeting delivery-time promises.

未结订单
open orders See scheduled receipts (SR).

运行特征曲线
operating characteristic (OC) curve A graph that describes how well a sampling plan discriminates between good and bad lots.

运营管理
operations management The systematic design, direction, and control of processes that transform inputs into services and products for internal, as well as external, customers.

运营计划与生产调度计划
operations planning and scheduling The process of balancing supply with demand, from the aggregate level down to the short-term scheduling level.

运营策略
operations strategy The means by which operations implements the firm's corporate strategy and helps to build a customer-driven firm.

乐观时间
optimistic time (*a*) The shortest time in which an activity can be completed, if all goes exceptionally well.

选择性补货系统
optional replenishment system A system used to review the inventory position at fixed time intervals and, if the position has dropped to (or below) a predetermined level, to place a variable-sized order to cover expected needs.

订单履行流程
order fulfillment process A process that includes the activities required to produce and deliver the service or product to the external customer.

订单资格要素
order qualifier Minimal level required from a set of criteria for a firm to do business in a particular market segment.

订单赢得要素
order winner A criterion customers use to differentiate the services or products of one firm from those of another.

订货成本
ordering cost The cost of preparing a purchase order for a supplier or a production order for manufacturing.

外包
outsourcing Paying suppliers and distributors to perform processes and provide needed services and materials.

加班
overtime The time that employees work that is longer than the regular workday or workweek for which they receive additional pay.

p-图
***p*-chart** A chart used for controlling the proportion of defective services or products generated by the process.

行进节奏
pacing The movement of product from one station to the next as soon as the cycle time has elapsed.

参数
parameter A value that the decision maker cannot control and

that does not change when the solution is implemented.

父项

parent Any product that is manufactured from one or more components.

排列图

Pareto chart A bar chart on which factors are plotted along the horizontal axis in decreasing order of frequency.

零件的通用性

part commonality The degree to which a component has more than one immediate parent.

逾期量

past due The amount of time by which a job missed its due date.

路径

path The sequence of activities between a project's start and finish.

支付矩阵

payoff table A table that shows the amount for each alternative if each possible event occurs.

绩效额定值系数

performance rating factor (RF) An assessment that describes *how much* above or below average the worker's performance is on each work element.

定期订货批量

periodic order quantity (POQ) A rule that allows a different order quantity for each order issued but issues the order for predetermined time intervals.

定期观测系统

periodic review (*P*) system A system in which an item's inventory position is reviewed periodically rather than continuously.

永续盘存系统

perpetual inventory system A system of inventory control in which the inventory records are always current.

悲观时间

pessimistic time (*b*) The longest estimated time required to perform an activity.

阶段

phase A single step in providing a service.

在途库存

pipeline inventory Inventory that is created when an order for an item is issued but not yet received.

计划－实施－检查－行动循环

plan-do-study-act cycle A cycle, also called the Deming Wheel, used by firms actively engaged in continuous improvement to train their work teams in problem solving.

计划发出订单

planned order release An indication of when an order for a specified quantity of an item is to be issued.

计划到货量

planned receipts Orders that are not yet released to the shop or the supplier.

规划周期

planning horizon The set of consecutive time periods considered for planning purposes.

厂中厂

plants within plants (PWPs) Different operations within a facility with individualized competitive priorities, processes, and workforces under the same roof.

防错法

poka-yoke Mistake-proofing methods aimed at designing fail-safe systems that minimize human error.

延迟

postponement The strategy of delaying final activities in the provision of a product until the orders are received.

前导图

precedence diagram A diagram that allows one to visualize immediate predecessors better; work elements are denoted by circles, with the time required to perform the work shown below each circle.

前导关系

precedence relationship A relationship that determines a sequence for undertaking activities; it specifies that one activity cannot start until a preceding activity has been completed.

给定数据法

predetermined data approach A database approach that divides each work element into a series of micromotions that make up the element. The analyst then consults a published database that contains the normal times for the full array of possible micromotions.

强占优先规则

preemptive discipline A rule that allows a customer of higher priority to interrupt the service of another customer.

偏好矩阵

preference matrix A table that allows the manager to rate an alternative according to several performance criteria.

投资的现值

present value of an investment The amount that must be invested now to accumulate to a certain amount in the future at a specific interest rate.

资源预配

presourcing A level of supplier involvement in which suppliers are selected early in a product's concept development stage and are given significant, if not total, responsibility for the design of certain components or systems of the product.

预防成本

prevention costs Costs associated with preventing defects before they happen.

优先规则

priority rule A rule that selects the next customer to be served by the service facility.

优先排序准则

priority sequencing rule A rule that specifies the job or customer processing sequence when several jobs are waiting in line at a workstation.

流程

process Any activity or group of activities that takes one or more inputs, transforms them, and provides one or more outputs for its customers.

流程分析

process analysis The documentation and detailed understanding of how work is performed and how it can be redesigned.

流程性能

process capability The ability of the process to meet the design specifications for a service or product.

流程性能指数

process capability index, C_{pk} An index that measures the potential for a process to generate defective outputs relative to either upper or lower specifications.

流程性能系数

process capability ratio, C_p The tolerance width divided by six standard deviations.

工序图

process chart An organized way of documenting all the activities performed by a person or group of people, at a workstation, with a customer, or on materials.

流程选择

process choice A way of structuring the process by organizing resources around the process or organizing them around the products.

流程多样性

process divergence The extent to which the process is highly customized with considerable latitude as to how its tasks are performed.

流程错误

process failure Any performance shortfall, such as error, delay, environmental waste, rework, and the like.

流程改进

process improvement The systematic study of the activities and flows of each process to improve it.

流程仿真

process simulation The act of reproducing the behavior of a process, using a model that describes each step.

流程策略

process strategy The pattern of decisions made in managing processes so that they will achieve their competitive priorities.

流程结构

process structure A process decision that determines the process type relative to the kinds of resources needed, how resources are partitioned between them, and their key characteristics.

产品族

product family A group of services or products that have similar demand requirements and common process, labor, and materials requirements.

生产计划

production plan A manufacturing firm's sales and operations plan that centers on production rates and inventory holdings.

产品组合问题

product-mix problem A one-period type of planning problem, the solution of which yields optimal output quantities (or product mix) of a group of services or products subject to resource capacity and market demand constraints.

生产率

productivity The value of outputs (services and products) produced divided by the values of input resources (wages, costs of equipment, and so on).

项目群

program An interdependent set of projects that have a common strategic purpose.

计划评审术

program evaluation and review technique (PERT) A network planning method created for the U.S. Navy's Polaris missile project in the 1950s, which involved 3,000 separate contractors and suppliers.

项目

project An interrelated set of activities with a definite starting and ending point, which results in a unique outcome for a specific allocation of resources.

项目管理

project management A systemized, phased approach to defining, organizing, planning, monitoring, and controlling projects.

预计库存量

projected on-hand inventory An estimate of the amount of inventory available each week after gross requirements have been satisfied.

保护区间

protection interval The period over which safety stock must protect the user from running out of stock.

拉动式方法

pull method A method in which customer demand activates production of the service or item.

外购件

purchased item An item that has one or more parents but no components because it comes from a supplier.

采购

purchasing The activity that decides which suppliers to use, negotiates contracts, and determines whether to buy locally.

推动式方法

push method A method in which production of the item begins in advance of customer needs.

质量

quality A term used by customers to describe their general satisfaction with a service or product.

源头质量

quality at the source A philosophy whereby defects are caught and corrected where they were created.

质量环

quality circles Another name for problem-solving teams; small groups of supervisors and employees who meet to identify, analyze, and solve process and quality problems.

质量工程

quality engineering An approach originated by Genichi Taguchi that involves combining engineering and statistical methods to reduce costs and improve quality by optimizing product design and manufacturing processes.

质量损失函数

quality loss function The rationale that a service or product that barely conforms to the specifications is more like a defective service or product than a perfect one.

生活质量

quality of life A factor that considers the availability of good schools, recreational facilities, cultural events, and an attractive lifestyle.

数量折扣

quantity discount A drop in the price per unit when an order is sufficiently large.

R- 图

***R*-chart** A chart used to monitor process variability.

射频识别

radio frequency identification (RFID) A method for identifying items through the use of radio signals from a tag attached to an item.

随机数

random number A number that has the same probability of being selected as any other number.

可行范围

range of feasibility The interval (lower and upper bounds) over which the right-hand-side parameter of a constraint can vary while its shadow price remains valid.

最优范围

range of optimality The interval (lower and upper bounds) of an objective function coefficient over which the optimal values of the decision variables remain unchanged.

原材料

raw materials (RM) The inventories needed for the production of services or goods.

直角距离

rectilinear distance The distance between two points with a series of 90-degree turns, as along city blocks.

差额成本

reduced cost How much the objective function coefficient of a decision variable must improve (increase for maximization or decrease for minimization) before the optimal solution changes and the decision variable “enters” the solution with some positive number.

流程再造

reengineering The fundamental rethinking and radical redesign of processes to improve performance dramatically in terms of cost, quality, service, and speed.

正常工时

regular time Wages paid to employees plus contributions to benefits.

再订货点

reorder point (*R*) The predetermined minimum level that an inventory position must reach before a fixed quantity *Q* of the SKU is ordered.

再订货点系统

reorder point (ROP) system See continuous review (*Q*) system.

可重复性

repeatability The degree to which the same work can be done again.

资源柔性

resource flexibility The ease with which employees and equipment can handle a wide variety of products, output levels, duties, and functions.

资源计划

resource plan A plan that determines the requirements for materials and other resources on a more detailed level than the sales and operations plan.

资源计划

resource planning A process that takes sales and operations plans; processes information in the way of time standards, routings, and other information on how services or products are produced; and then plans the input requirements.

收入管理

revenue management Varying price at the right time for different customer segments to maximize revenues yielded by existing supply capacity.

逆向物流

reverse logistics The process of planning, implementing, and controlling the efficient, cost effective flow of products, materials, and information from the point of consumption back to the point of origin for returns, repair, remanufacture, or recycling.

风险管理计划

risk-management plan A plan that identifies the key risks to a project's success and prescribes ways to circumvent them.

轮班调度计划

rotating schedule A schedule that rotates employees through a series of workdays or hours.

路径规划

route planning An activity that seeks to find the shortest route to deliver a service or product.

SA8000:2008 标准

SA8000:2008 A list of standards covering nine dimensions of ethical workforce management.

安全库存

safety stock inventory Surplus inventory that a company holds to protect against uncertainties in demand, lead time, and supply changes.

销售和运营计划

sales and operations plan (S&OP) A plan of future aggregate resource levels so that supply is in balance with demand.

销售人员估计法

salesforce estimates The forecasts that are compiled from estimates of future demands made periodically by members of a company's salesforce.

残值

salvage value The cash flow from the sale or disposal of plant and equipment at the end of a project's life.

样本大小

sample size A quantity of randomly selected observations of process outputs.

抽样计划

sampling plan A plan that specifies a sample size, the time between successive samples, and decision rules that determine when action should be taken.

散点图

scatter diagram A plot of two variables showing whether they are related.

调度计划

schedule A detailed plan that allocates resources over short time horizons to accomplish specific tasks.

预计到货量

scheduled receipts (SR) Orders that have been placed but have not yet been received.

供应链运营参考模型

SCOR model A framework that focuses on a basic supply chain of plan, source, make, deliver, and return processes, repeated again and again along the supply chain.

选择时间

select time ($\bar{t}$) The average observed time based only on representative times.

自我管理团队

self-managed team A small group of employees who work

together to produce a major portion, or sometimes all, of a service or product.

灵敏度分析

sensitivity analysis A technique for systematically changing parameters in a model to determine the effects of such changes.

排序

sequencing Determining the order in which jobs or customers are processed in the waiting line at a workstation.

服务蓝图

service blueprint A special flowchart of a service process that shows which steps have high customer contact.

服务设施

service facility A person (or crew), a machine (or group of machines), or both necessary to perform the service for the customer.

服务水平

service level The desired probability of not running out of stock in any one ordering cycle, which begins at the time an order is placed and ends when it arrives in stock.

服务系统

service system The number of lines and the arrangement of the facilities.

设置调整成本

setup cost The cost involved in changing over a machine or workspace to produce a different item.

设置调整时间

setup time The time required to change a process or an operation from making one service or product to making another.

影子价格

shadow price The marginal improvement in Z (increase for maximization and decrease for minimization) caused by relaxing the constraint by one unit.

最短处理时间

shortest processing time (SPT) A priority sequencing rule that specifies that the job requiring the shortest processing time is the next job to be processed.

最短路径问题

shortest route problem A problem whose objective is to find the shortest distance between two cities in a network or map.

简单移动平均法

simple moving average method A time-series method used to estimate the average of a demand time series by averaging the demand for the n most recent time periods.

单纯形法

simplex method An iterative algebraic procedure for solving linear programming problems.

仿真

simulation The act of reproducing the behavior of a system using a model that describes the processes of the system.

单仓系统

single-bin system A system of inventory control in which a maximum level is marked on the storage shelf or bin, and the inventor is brought up to the mark periodically.

个位数设置调整

single-digit setup The goal of having a setup time of less than 10 minutes.

单一准则

single-dimension rules A set of rules that bases the priority of a job on a single aspect of the job, such as arrival time at the workstation, the due date, or the processing time.

6σ 法

Six Sigma A comprehensive and flexible system for achieving, sustaining, and maximizing business success by minimizing defects and variability in processes.

松弛量

slack The amount by which the left-hand side of a linear programming constraint falls short of the righthand side.

每个剩余工序的松弛时间

slack per remaining operations (S/RO) A priority sequencing rule that determines priority by dividing the slack by the number of operations that remain, including the one being scheduled.

社会责任

social responsibility An element of sustainability that addresses the moral, ethical, and philanthropic expectations that society has of an organization.

独家采购

sole sourcing The awarding of a contract for a service or item to only one supplier.

专项任务团队

special-purpose teams Groups that address issues of paramount concern to management, labor, or both.

人员配置计划

staffing plan A sales and operations plan for a service firm, which centers on staffing and other human resource-related factors.

预测的标准差
standard deviation (σ) for forecasting A measurement of the dispersion of forecast errors.

统计质量控制的标准差
standard deviation (σ) for statistical quality control The square root of the variance of a distribution.

标准时间
standard time (ST) A measurement found by incorporating the normal time and allowances; $ST = NTC(1 + A)$, where A equals the proportion of the normal time added for allowances.

统计过程控制
statistical process control (SPC) The application of statistical techniques to determine whether a process is delivering what the customer wants.

最小存货单位
stock-keeping unit (SKU) An individual item or product that has an identifying code and is held in inventory somewhere along the supply chain.

缺货
stockout An order that cannot be satisfied, resulting in a loss of the sale.

直线折旧法
straight-line depreciation method The simplest method of calculating annual depreciation; found by subtracting the estimated salvage value from the amount of investment required at the beginning of the project, and then dividing by the asset's expected economic life.

组装件
subassembly An intermediate item that is *assembled* (as opposed to being transformed by other means) from more than one component.

建议机制
suggestion system A voluntary system by which employees submit their ideas on process improvements.

供应商关系流程
supplier relationship process A process that selects the suppliers of services, materials, and information and facilitates the timely and efficient flow of these items into the firm.

供应链
supply chain An interrelated series of processes within and across firms that produces a service or product to the satisfaction of customers.

供应链设计
supply chain design Designing a firm's supply chain to meet the competitive priorities of the firm's operations strategy.

供应链流程
supply chain processes Business processes that have external customers or suppliers.

供应链整合
supply chain integration The effective coordination of supply chain processes through the seamless flow of information up and down the supply chain.

供应链管理
supply chain management The synchronization of a firm's processes with those of its suppliers and customers to match the flow of materials, services, and information with customer demand.

支持流程
support process A process that provides vital resources and inputs to the core processes and therefore is essential to the management of the business.

剩余量
surplus The amount by which the left-hand side of a linear programming constraint exceeds the righthand side.

可持续发展
sustainability A characteristic of processes that are meeting humanity's needs without harming future generations.

泳道流程图
swim lane flowchart A visual representation that groups functional areas responsible for different sub-processes into lanes.

节拍时间
takt time Cycle time needed to match the rate of production to the rate of sales or consumption.

延迟量
tardiness See past due.

团队
teams Small groups of people who have a common purpose, set their own performance goals and approaches, and hold themselves accountable for success.

技术预测
technological forecasting An application of executive opinion to keep abreast of the latest advances in technology.

理论最小值
theoretical minimum (TM) A benchmark or goal for the smallest number of stations possible, where the total time required to assemble each unit (the sum of all work-element standard times) is divided by the cycle time.

约束理论

theory of constraints (TOC) A systematic management approach that focuses on actively managing those constraints that impede a firm's progress toward its goal.

吞吐时间

throughput time Total elapsed time from the start to the finish of a job or a customer being processed at one or more workcenters.

基于时间的竞争

time-based competition A strategy that focuses on the competitive priorities of delivery speed and development speed.

订货间隔时间

time between orders (TBO) The average elapsed time between receiving (or placing) replenishment orders of Q units for a particular lot size.

时间序列

time series The repeated observations of demand for a service or product in their order of occurrence.

时间序列分析

time-series analysis A statistical approach that relies heavily on historical demand data to project the future size of demand and recognizes trends and seasonal patterns.

时间研究

time study A work measurement method using a trained analyst to perform four basic steps in setting a time standard for a job or process: selecting the work elements (or nested processes) within the process to be studied, timing the elements, determining the sample size, and setting the final standard.

货币的时间价值

time value of money The concept that a dollar in hand can be invested to earn a return so that more than one dollar will be available in the future.

公差

tolerance An allowance above or below the nominal value.

顶级质量

top quality Delivering an outstanding service or product.

总库存量

total inventory The sum of scheduled receipts and onhand inventories.

全面质量管理

total quality management (TQM) A philosophy that stresses three principles for achieving high levels of process performance and quality: (1) customer satisfaction, (2) employee involvement, and (3) continuous improvement in performance.

跟踪信号

tracking signal A measure that indicates whether a method of forecasting is accurately predicting actual changes in demand.

运输法

transportation method A more efficient solution technique than the simplex method for solving transportation problems.

选址问题的运输法

transportation method for location problems A quantitative approach that can help solve multiplefacility location problems.

运输问题

transportation problem A special case of linear programming that has linear constraints for capacity limitations and demand requirements.

旅行商问题

traveling salesman problem A problem whose objective is to find the shortest possible route that visits each city exactly once and returns to the starting city.

趋势投影回归法

trend projection with regression A forecasting model that is a hybrid between a time-series technique and the causal method.

双仓系统

two-bin system A visual system version of the Q system in which a SKU's inventory is stored at two different locations.

第一类错误

type I error An error that occurs when the employee concludes that the process is out of control based on a sample result that falls outside the control limits, when in fact it was due to pure randomness.

第二类错误

type II error An error that occurs when the employee concludes that the process is in control and only randomness is present, when actually the process is out of statistical control.

空闲工时

undertime The situation that occurs when employees do not have enough work for the regular-time workday or workweek.

用量

usage quantity The number of units of a component that are needed to make one unit of its immediate parent.

利用率

utilization The degree to which equipment, space, or the workforce is currently being used, and is measured as the ratio of average output rate to maximum capacity (expressed as a percent).

价值分析

value analysis A systematic effort to reduce the cost or improve the performance of services or products, either purchased or produced.

价值流图

value stream mapping (VSM) A qualitative lean tool for eliminating waste or *muda* that involves a current state drawing, a future state drawing, and an implementation plan.

可变成本

variable cost The portion of the total cost that varies directly with volume of output.

变量

variables Service or product characteristics, such as weight, length, volume, or time that can be measured.

多样性

variety Handling a wide assortment of services or products efficiently.

供应商管理库存

vendor-managed inventories (VMI) A system in which the supplier has access to the customer's inventory data and is responsible for maintaining the inventory on the customer's site.

可视化系统

visual system A system that allows employees to place orders when inventory visibly reaches a certain marker.

批量柔性

volume flexibility Accelerating or decelerating the rate of production of services or products quickly to handle large fluctuations in demand.

等待线

waiting line One or more "customers" waiting for service.

保修单

warranty A written guarantee that the producer will replace or repair defective parts or perform the service to the customer's satisfaction.

存货周数

weeks of supply An inventory measure obtained by dividing the average aggregate inventory value by sales per week at cost.

加权距离法

weighted-distance method A mathematical model used to evaluate layouts (of facility locations) based on proximity factors.

加权移动平均法

weighted moving average method A time-series method in which each historical demand in the average can have its own weight; the sum of the weights equals 1.0.

工作分解结构

work breakdown structure (WBS) A statement of all work that has to be completed.

作业元素

work elements The smallest units of work that can be performed independently.

在制品

work-in-process (WIP) Items, such as components or assemblies, needed to produce a final product in manufacturing or service operations.

工作测量

work measurement The process of creating labor standards based on the judgment of skilled observers.

工作抽样法

work sampling method A process that estimates the proportion of time spent by people or machines on different activities, based on observations randomized over time.

工作标准

work standard The time required for a trained worker to perform a task following a prescribed method with normal effort and skill.

劳动力调度

workforce scheduling A type of scheduling that determines when employees work.

$\bar{x}$– 图

$\bar{x}$–chart A chart used to see whether the process is generating output, on average, consistent with a target value set by management for the process or whether its current performance, with respect to the average of the performance measure, is consistent with past performance.